규칙으로 배우는
임베디드 시스템

규칙으로 배우는 임베디드 시스템:
기초 DSP와 제어 시스템

발행일	2024년 10월 28일

지은이	장선웅		
펴낸이	손형국		
펴낸곳	(주)북랩		
편집인	선일영	편집	김은수, 배진용, 김현아, 김다빈, 김부경
디자인	이현수, 김민하, 임진형, 안유경	제작	박기성, 구성우, 이창영, 배상진
마케팅	김회란, 박진관		
출판등록	2004. 12. 1(제2012-000051호)		
주소	서울특별시 금천구 가산디지털 1로 168, 우림라이온스밸리 B동 B111호, B113~115호		
홈페이지	www.book.co.kr		
전화번호	(02)2026-5777	팩스	(02)3159-9637

ISBN	979-11-7224-347-0 93000 (종이책)	979-11-7224-348-7 95000 (전자책)	

(주)북랩 성공출판의 파트너

북랩 홈페이지와 패밀리 사이트에서 다양한 출판 솔루션을 만나 보세요!

홈페이지 book.co.kr • **블로그** blog.naver.com/essaybook • **출판문의** text@book.co.kr

---

작가 연락처 문의 ▸ ask.book.co.kr

작가 연락처는 개인정보이므로 북랩에서 알려드릴 수 없습니다.

전기/전자 시스템 개발 전문가 길잡이

Embedded system

규칙으로 배우는 임베디드 시스템

기초 DSP와 제어 시스템

장선웅 지음

규칙으로 배우는 임베디드 시스템

『기초 DSP 와 제어 시스템 』

DSP(디지털 신호 처리)와 제어 시스템의 기초를 이 한 권으로

저자의 말

이 책에서는 디지털 신호 처리(Digital Signal Processing, DSP)와 제어 시스템의 기초 개념과 이론을 살펴보고, 자주 사용되는 디지털 필터들과 PID 제어기의 설계와 구현 방법에 대해 경험규칙과 함께 다루고 있습니다.

실제 임베디드 분야 중 제어 분야가 아니더라도, 해당 분야에서 기술자가 아닌 전문가가 되기 위해서는 DSP와 제어 시스템의 개념을 알아 두어야 하며, 이를 이해한다면 시스템을 보는 시각이 달라지게 됩니다.

제어 시스템은 원하는 목표를 달성하기 위하여 시스템의 동작을 조절하는 기술로, 로봇 시스템, 차량 안전 시스템, 발전기 제어 등 다양한 응용 분야에 사용되고 있습니다. 이런 제어 시스템 분야는 전기, 전자, 컴퓨터 공학, 기계 등 다양한 학문들이 밀접하게 연관되어 있습니다.

특히, 하드웨어의 속도 향상에 따라 연산 속도가 빨라져 기존 아날로그 시스템의 많은 영역이 디지털 시스템으로 대체되고 있기 때문에, 디지털 신호 처리(Digital Signal Processing, DSP)와 제어 시스템은 서로 떼어놓고 생각할 수 없습니다.

이런 이유로 한 권의 책 안에 아날로그 시스템과 디지털 시스템을 함께 다룸으로써 디지털 필터와 제어 시스템에 대해 이해할 수 있도록 하였으며, 실제 제어 시스템 구현을 통해 독자가 이론을 실제로 적용하고 응용할 수 있는 능력을 키울 수 있도록 구성되어 있습니다.
또한, 저자가 실무를 하면서 꼭 필요하다고 생각했던 내용들을 C 코드 또는 MATLAB/OCTAVE 코드들로 예시를 들며 설명하고 있으므로 이론보다는 실습에 가까운 책입니다.

저자는 독자들이 이 책을 통해 DSP와 제어 시스템에 대해 이해를 하고, 실제 응용에서 능숙하게 활용할 수 있기를 바랍니다.

감사합니다.

- 저자. 장선웅 (sohnet@naver.com) -

목 차

상세 목차

I. DSP 와 제어 시스템 기초 이론

시스템의 해석

시스템 이론의 목적은 결국 시스템 해석에 있으며, 시스템 해석은 시스템에 입력되는 신호에 대해 어떤 출력을 할 것인지 예측하여, 시스템의 성능을 평가, 개선, 최적화하고, 잠재적 위험 요소를 식별하여 위험을 관리하는 것이다.

이런 시스템 해석을 통한 예측은 시행착오를 예방할 수 있는 매우 중요한 작업이며, 보통은 수학적 해석을 의미한다.

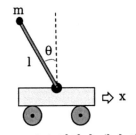

Figure I-1 역진자 제어 시스템

위의 그림은 제어 시스템 이론에서 항상 나오는 역진자 제어인데, 막대가 넘어지지 않고 똑바로 서있을 수 있도록 카트의 움직임을 제어하는 분야이다.

단순히 생각하면 막대가 오른쪽으로 기울였다면, 카트를 오른쪽 방향으로 움직이도록 바퀴를 제어하면 되고, 막대가 왼쪽으로 기울었다면 카트를 왼쪽 방향으로 움직이도록 바퀴를 제어하면 된다.

하지만, 실제 시스템을 설계하기 위해서는 플랜트 설계부터 고려해야 할 사항이 많다.

이런 시스템 설계는 모델링을 통해 카트의 무게, 진자의 무게 등을 고려하여, 필요한 바퀴의 속도, 이동을 위해서 필요한 힘 등을 계산한 후 필요한 플랜트의 구성 요소를 선정하고 설계할 수 있다. 또한, 이런 모델링을 통해 막대가 떨어지는 가속도와 속도에 대해 얼마의 속도로 바퀴를 회전시켜야 하는 지의 수학적 수식이 도출된다.

예를 들어, 필요한 이동 속도는 아래와 같은 수식으로 모델링되는데, l 은 역진자 길이, g 는 중력 가속도이다.

$$l\ddot{\theta} - g\sin\theta = \ddot{x}\cos\theta$$

따라서, 자이로 센서나 엔코더 센서 등을 이용하여 막대가 움직이는 각가속도와 기울어진 각도를 측정하면, 카트를 얼마의 가속도를 가지고 움직여야 하는지 알 수 있다.

이보써 요구사항에 맞는 플랜트를 설계할 수 있으며, 제어기가 갖춰야 할 성능을 정의할 수 있다. 이렇게 원하는 동작을 할 수 있는 제어 시스템을 설계/개발하기 위하여 필요한 수학적 모델링과 이에 대한 해석을 하는 분야가 제어 시스템의 이론이다.

이런 제어 시스템은 작은 제어 시스템들이 모여 하나의 큰 시스템으로 구현되는데, 위 역진자 제어 시스템을 나누어 보면, 역진자가 쓰러지지 않도록 움직일 속도를 계산하여 출력하는 팬들럼 제어기와 이 제어기에서 지령을 받아 실제 모터를 원하는 속도로 회전시키는 작은 모터 제어기의 구성으로 생각할 수 있다.

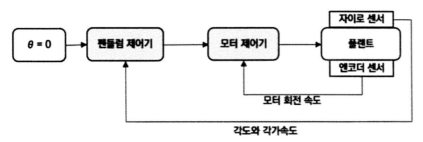

Figure I-2 팬들럼 블록 다이어그램

이렇듯 로봇 분야와 같은 큰 시스템도 이처럼 작은 시스템들이 모여 하나의 시스템으로 구현되는데, 구성하고 있는 작은 제어 시스템인 모터 시스템이 명령을 추종하는데 너무 느리거나, 발진 등 이상 동작을 한다면, 원하는 목표를 얻기 힘들 것이다. 따라서, 전체 시스템을 구성하고 있는 작은 제어기부터 충분한 성능을 발휘해 주어야 전체 시스템의 성능도 증가하게 된다.

이와 같은 작거나 큰 제어 시스템들의 동작 원리와 이론은 동일하기 때문에, 이 책에서는 작은 모터 제어 시스템에 대한 설계와 구현을 통하여 제어 시스템 전반을 살펴보도록 할 것이다.
이런 제어 시스템은 위와 같은 기계적 운동 에너지의 제어뿐 아니라, 기계, 전기, 전자, 컴퓨터 공학 등 다양한 분야에 활용되는데, 예를 들어 전기/전자 시스템의 DC-DC 컨버터 경우에도 출력되고 있는 전압을 측정하여 목표하는 전압을 맞추기 위한 제어기가 내장된다. 따라서, 이런 제어 시스템의 기본적인 이해는 매우 중요하다.

또한, CPU 등 디지털 로직 속도의 발전으로 많은 분야에서 디지털 시스템이 아날로그 시스템을 대체 가능하게 되었기 때문에, 제어 시스템을 설계하고 구현하기 위해서는 제어 시스템 이론뿐 아니라, 디지털 시스템에서 아날로그 신호를 처리하는 디지털 신호 처리(DSP, Digital Signal Processing) 기술에 대해서 알아야 한다. 이런 이유로, 디지털 제어기 설계 및 구현에 필요한 기초적인 필터 시스템과 제어 시스템의 이론을 다룬다.

기초 이론의 흐름

아날로그 시스템의 영역을 연속 시간 영역, 디지털 시스템의 영역을 이산 시간 영역이라 한다. 이 장에서는 아래 그림과 같은 흐름으로 연속 시간과 이산 시간 영역에서의 기초 이론들에 대해서 살펴볼 것이다.

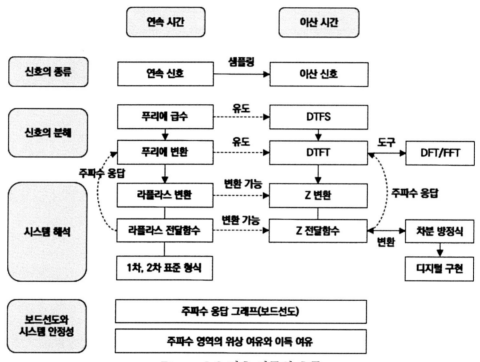

Figure I-3 기초 이론의 흐름

아날로그 필터/제어 시스템의 관점에서 대략적인 이론의 흐름을 보고, 이 이론들의 필요성에 대해 이해한다면 쉽게 접근할 수 있다.

입력(Input) / 출력(Output)

특정 기능의 수행 목적을 가지는 시스템은 처리해야 할 신호인 입력(Input)과 처리된 결과인 출력(Output)을 가진다. 또한, 입력에 대한 반응을 응답(Response)이라 한다.

Figure I-4 시스템의 입력과 출력 응답

시스템 해석을 위해서는 임의의 입력을 시스템에 주었을 때 어떤 출력 응답이 나오는지를 관찰한 후, 이로부터 다른 입력에 대한 출력 응답을 추정할 수 있다.

하지만, 위의 그림과 같은 불규칙한 입력 신호에 대한 불규칙한 출력 응답 신호를 관찰해서는 시스템의 특성을 해석하기란 쉽지 않을 것이다.

따라서, 어떤 규칙이 있는 입력 신호를 주고 그에 대한 출력 응답 신호를 분석하여 서로의 상관관계를 찾아야 하는데, 이는 시스템 특성과 관계된다.

입력 신호의 종류

이렇게 시스템 해석을 위하여 사용되는 입력 신호에는 임펄스(Impulse) 신호, 계단(Step) 신호, 정현파(Sinusoidal) 신호 등이 있다.

이들 신호들을 입력 신호로 사용하여 그에 반응하여 나오는 출력 응답 신호를 보고 시스템의 특성을 분석하고 해석하게 된다. 이 입력 신호들에 대한 응답을 각각 임펄스 응답(Impulse Response), 계단 응답(Step Response), 정현파 응답이라 한다.

아래는 계단 신호 입력에 대한 계단 응답의 예이다.

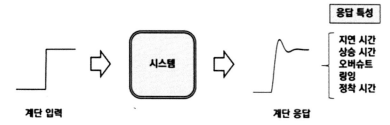

Figure I-5 시간 영역의 계단 응답

계단 입력은 다양한 주파수 성분을 포함하고 있기 때문에, 시스템의 특성을 잘 반영할 수 있어 시간 영역에서 시스템 특성을 관찰하기 위해 사용되는 대표적인 신호이다.

이 계단 입력에 대한 계단 응답을 보고, 입력과 응답 간에 신호가 얼마나 지연되는지, 상승 시간은 얼마나 오래 걸리는지, 오버슈트는 얼마나 생기는지 등 시스템의 성능을 확인할 수 있는 특성들을 관찰할 수 있다.

주파수 응답

실제 시스템에 입력되는 신호는 수많은 다양한 입력들이 인가될 수 있고 그에 따른 출력 응답을 예측할 수 있어야 하는데, 그렇다고 모든 신호들에 대한 출력 응답을 관찰할 수는 없다. 이것이 시간 영역 해석의 한계가 되지만, 주파수 영역에서는 해석이 가능하다.

이후 보게 되겠지만, 모든 신호는 정현파들의 합으로 구성되어 있고, LTI 선형 시스템에서는 임의의 신호에 대한 각각의 구성원 정현파들을 각각 입력으로 주었을 때 나오는 응답들의 합은 임의의 신호에 대한 출력 응답과 동일하다. 이것이 주파수 영역 해석의 핵심이다.

신호는 푸리에 변환을 통하여 다양한 주파수의 정현파 신호들로 분해할 수 있는데, LTI 선형 시스템에 이렇게 분해된 정현파 신호들을 각각 입력하였을 때 출력 응답이 어떻게 나오는지 알고 있다면, 임의의 다양한 입력 신호에 대해서도 출력 응답을 예측할 수 있다.

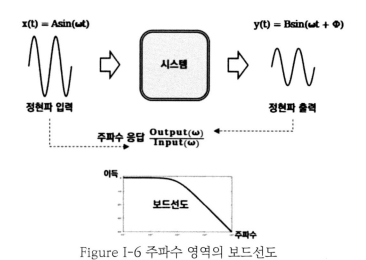

Figure I-6 주파수 영역의 보드선도

즉, 여러 주파수의 정현파를 입력으로 주고, 이때 각각의 입력에 대해 출력된 신호의 크기, 위상을 입력 신호와 비교하여 둔 데이터가 있다면, 다른 임의의 신호가 입력되더라도 신호는 정현파들로 분해될 수 있기 때문에 어떤 출력 응답이 될 지 예측할 수 있는 것이다.

이런 각각의 주파수를 가진 정현파 입력 신호와 그에 대한 정현파 응답 신호의 크기의 비인 이득(Gain)과 입력 대비 출력 응답이 얼마나 지연되어 나오는지에 대한 위상 지연

(Phase Delay)을 주파수 응답(Frequency Response)이라 하고, 이 데이터들을 표현한 그래프를 보드선도(Bode Plot)라 한다.

이렇게 주파수를 가진 정현파 입/출력에 대한 해석을 주파수 영역(Frequency Domain) 해석이라 하고, 앞에서 본 계단 응답과 같이 시간에 따른 신호의 파형을 보고 해석하는 것을 시간 영역(Time Domain)의 해석이라 한다.

모델링과 전달함수

시스템 해석의 주요 목적 중 하나는 시스템 제작 전 설계된 시스템이 충분한 성능을 발휘할 수 있는가를 미리 예측하여 시행착오를 줄이는 데 있다.

하지만, 시스템 해석을 위하여 직접 신호를 입력해서 실제 출력 응답을 확인해야 한다면 이 목적을 달성할 수 없을 것이기 때문에, 시스템을 수학적 함수처럼 만들어 계산으로 해석 가능하게 한다. 이와 같이 시스템에 대해 수학적 표현식으로 만드는 작업을 모델링(Modeling)이라 한다.

물론, 현실 세계의 출력 응답은 과거의 입력에도 영향을 받으므로, 시스템을 단순히 입력 x 에 대한 출력 $f(x)$와 같은 함수식으로 만들어 간단히 계산할 수 있는 것은 아니다.

시간 영역에서는 입력 신호에 대한 출력 응답을 계산하기 위하여 임펄스 응답과 입력 신호를 컨볼루션(Convolution)이라는 적분이 포함된 복잡한 연산을 해야 한다.

때문에, 연속 시간에서의 시스템 해석에서는 시간 함수의 복잡한 컨볼루션 연산을 산술 연산만으로도 가능하게 하는 라플라스 변환을 사용하여 시간 영역, 주파수 영역 모두 해석을 용이하게 한다.

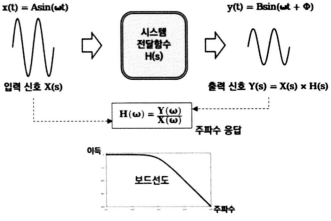

Figure I-7 전달함수와 보드선도

시스템의 임펄스 응답을 라플라스 변환한 함수를 전달함수(Transfer Function)라 하고, 위의 그림처럼 출력 Y(s)는 입력 X(s)와 전달함수 H(s)의 단순 곱하기 연산으로 계산할 수 있다. 또한, 이 전달함수를 통하여 주파수 응답 곡선인 보드선도도 알 수 있다.

정리하자면, 전기/전자 시스템, 기계 시스템 등의 시스템에 대한 수학석 표현인 전달함수를 구하는 작업을 모델링(Modeling)이라 하며, 연속 시간 영역에서는 라플라스 변환 형식, 이산 시간 영역에서는 Z 변환 형식을 가진다. 이 전달함수를 통하여 시스템의 시간 영역과 주파수 영역에서의 해석이 가능하다.

해석을 위한 소프트웨어 도구

이런 시스템 해석을 위하여 직접 손으로 계산하는 일은 드물고, 대부분은 해석 소프트웨어를 사용하여 시뮬레이션한다. 시뮬레이션(Simulation)은 실제 구현된 시스템 하드웨어 없이도 시스템을 모델링하여 컴퓨터 등을 사용해 가상 환경에서 실행하여 동작을 확인하고, 분석/예측하는 작업을 의미한다.
따라서, DSP 와 제어 시스템을 다루기 위해서는 적어도 하나의 소프트웨어 사용법을 아는 것은 거의 필수라고 할 수 있다.

해석 소프트웨어로는 대표적으로 Mathworks 사에서 만든 매트랩(MATLAB)이라는 소프트웨어가 있다. 이 매트랩은 수치해석 및 필터, 제어, 영상, 음성 등 다양한 분야에서 사용되는 수학적 해석과 시뮬레이션 환경을 제공하는데, 특히, 내장된 시뮬링크라는 GUI 시뮬레이션 툴은 많은 분야에서 사용된다. 하지만, 가격이 조금 비싸다는 단점이 있다.
이 밖에 매트랩의 강력한 장점인 시뮬링크 기능은 없지만, 명령/문법 등이 호환 가능한 무료 프로그램인 OCTAVE 도 강력하기 때문에, 가격적 부담이 된다면 이 OCTAVE 를 사용하면 된다.

이 책에서는 이론들을 살펴보며, 이 MATLAB 과 OCTAVE 코드도 함께 보도록 할 것이다. 따라서, 이들 도구들의 기본 문법을 미리 알고 있는 것이 좋은데, 이에 대해서는 마지막 [첨부] 편의 기초 문법 편을 먼저 살펴보는 것이 좋다. 혹은, 시중에 많이 나와있는 책자를 보거나, https://blog.naver.com/sohnet 블로그에 소개된 MATLAB/OCTAVE 자료를 참고할 수도 있다.

1. 시스템과 신호의 종류

시스템(SYTSTEM)이란 원하는 목적 또는 기능을 수행하기 위한 일련의 기계/전기/전자/화학 등으로 구현된 하드웨어와 소프트웨어 집합으로 정의된다.

시스템의 해석은 임의의 입력에 대한 출력 응답의 예측을 하기 위한 것이며, 이를 위하여 입력과 출력을 정의한 다음 시스템의 종류를 알고 적절한 신호를 인가하여 시스템의 특성을 해석할 수 있다.
이 장에서는 이런 시스템 해석을 위한 시스템과 신호의 종류에 대해 살펴볼 것이다.

내용에 들어가기에 앞서, 아래 폐루프 시스템(Closed Loop System)을 예로 책 전반에서 사용하게 될 시스템의 구성 요소에 대한 용어를 정의하도록 한다. 각각의 요소에 대한 세부적인 내용은 해당 편에서 다루게 될 것이다.

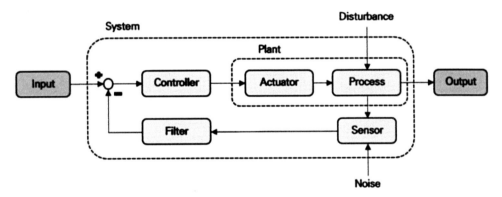

Figure I-8 폐루프 시스템 구조

위 폐루프 시스템을 주 시스템으로 본다면, 구성 요소인 제어기(Controller), 필터기(Filter), 액츄에이터(Actuator), 센서(Sensor) 등의 요소들도 각각 입/출력이 있으므로, 하나의 작은 시스템으로 구분될 수 있다.

입력과 출력

시스템은 원하는 목적을 수행하기 위해 시스템에서 처리해야 할 입력(Input)과 시스템에서 처리된 결과인 출력(Output)을 가지는데, 이 입/출력은 목적에 따라 신호가 될 수도 있고 데이터가 될 수도 있으며 다른 형태의 무엇이든 될 수 있다. 시스템의 해석은 이런 입력과 출력의 정의부터 시작한다.

Figure I-9 SISO 시스템

 위 그림과 같이 입력이 하나이고 출력이 하나인 시스템을 SISO(Single Input Single Output) 시스템이라 하고, 여러 개의 입력 신호에 하나의 출력인 시스템을 MISO (Multiple Input Single Output) 시스템이라 한다. 이 책에서는 SISO 시스템에 대해서 살펴보도록 할 것이다.

 앞서 대략적인 개요를 살펴보면서, 출력과 응답의 용어를 혼용해서 사용했었다.
 하지만, 엄밀히 출력(Output)과 응답(Response)은 다른 의미인데, 출력은 시스템이 입력에 따라 반응하여 생성한 처리 결과이고, 응답은 입력에 대한 시스템의 과도 상태와 정상 상태를 포함한 시간에 따른 반응을 의미한다.
 예를 들어, 온도 제어 시스템에서의 입력은 목표 온도, 출력은 현재 측정된 온도이고, 응답은 입력을 받고 제어 시간이 지나면서 현재 온도가 목표 온도에 도달하는 과정이라 볼 수 있다.

 이와 같이 응답은 출력의 시간 함수로 이해할 수 있으므로, 이 책에서는 문맥 상의 이해를 위해 필요하다면 출력과 응답의 용어를 구분하지 않고 혼용하여 사용할 것이다.

제어기
제어기(Controller)는 목표하는 입력 명령을 받아 명령에 추종하기 위해 특정 연산을 통해 플랜트로 제어 신호를 출력하는 장치를 의미하며, 제어 시스템의 핵심 장치라고 할 수 있다.
 이런 제어기의 종류는 ON/OFF 제어기, 퍼지 제어기, PID 선형 제어기 등과 같은 수많은 제어기가 있다. 이 중 제어기 편에서는 PID 제어기에 대해서 살펴보도록 할 것이다.

플랜트
플랜트(Plant)는 시스템의 공정 전체나 설비를 의미하는데, 제어 측면에서 제어기에서 출력되는 제어 신호를 받아 시스템의 출력 응답을 만들어 내는 부분을 의미하며, 액츄에이터와 구동부, 센서 등을 포함하는 장치 또는 시스템으로 정의할 수 있다. 이 플랜트의 전달함수를 통해 제어 시스템의 출력을 해석하고 예측하게 된다.

프로세스
프로세스(Process)는 목표를 위하여 일련의 상태 변화를 일으키게 하는 단계나 과정을 의미한다. 제어 시스템에 입력이 주어졌을 때 프로세스의 상태 변화는 플랜트의 응답과 동일한 의미로 사용되는 경우가 많다.

예를 들어, 온도 조절을 위한 가열 시스템 응답인 온도 변화, 로봇의 움직임 제어 응답인 움직임 변화 등이 있다. 제어 시스템은 특정 목표를 달성하기 위해 이런 프로세스의 상태값(Process Value, PV)을 감시하여 제어하게 된다.

액츄에이터

액츄에이터(Actuator)는 일반적으로 전기 신호 등의 제어 신호를 받아 회전 속도, 거리 이동 등과 같은 물리적 동력을 만들어 내는 장치를 의미한다.

예를 들면, 회전 또는 직선 움직임을 만들어 내는 모터, 빛을 발하는 램프, 액체 또는 기체의 흐름을 제어하는 솔레이노드 밸브 등의 많은 종류가 있다.

센서와 필터

센서(Sensor)는 특정 물리량을 전기적으로 측정이 가능하도록 만드는 장치로 이를 측정하여 회전 속도, 현재 위치 등과 같은 현재 프로세스 상태값를 알 수 있도록 한다.

예를 들면, 온도 측정을 온도 센서, 무게 측정을 위한 로드셀, 회전 속도 측정을 위한 엔코더, 전류 측정을 위한 전류 센서, 각가속도 측정을 위한 자이로 센서 등 수많은 센서가 있다.

필터(Filter)는 입력된 신호에서 노이즈(잡음)를 배제하고 원하는 신호만 받을 수 있는 장치이며, 위 그림에서는 센서의 전기적 신호 측정에 포함되는 노이즈를 제거하는 역할을 한다.

외란과 노이즈

외란과 노이즈는 시스템의 동작을 방해하는 요소들로, 외란(Disturbance)은 출력 응답에 영향을 주는 요소로 일반적으로 저주파 영역이며, 노이즈(Noise)는 센서 신호의 측정에 영향을 주는 잡음 요소로 보통의 경우 고주파 영역이다.

제어 시스템의 구성 예

예를 들어, 아래와 같은 모터 속도 제어 시스템을 볼 수 있다.

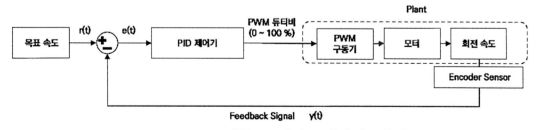

Figure I-10 폐루프 모터 속도 제어 시스템 예

[제어기]는 목표하는 회전 속도를 위하여 센서에서 측정된 속도를 보고, 목표 속도보다 낮으면 플랜트로의 출력을 올려 속도를 증가시키고, 목표 속도보다 높으면 출력을 낮춰 속도를 감소시키는 동작을 할 것이다.

이렇게 제어기는 목표 입력과 피드백 되는 현재 센서의 신호를 비교하여 원하는 동작을 수행할 수 있도록 특정 연산 후 플랜트로 제어 신호를 준다. 만일, 플랜트가 모터의 속도 제어를 PWM 신호로 한다면, 출력되는 제어 신호는 PWM 의 듀티비인 0% ~ 100%가 된다.

[플랜트]는 정의하기 나름인데 예를 들면, [구동기 + 모터] 블록으로 정의할 수 있으며, 이때 전달 함수는 구동기에 입력되는 제어 신호와 모터의 회전 속도와의 상관 관계가 될 수 있다.

[프로세스]는 모터가 동작하며 회전 속도를 만드는 과정으로 볼 수 있고, 이 프로세스의 상태값인 회전 속도의 변화가 응답이 된다.

[엔코더 센서]는 프로세스 상태값인 회전 속도를 측정하여 제어기에 정보를 제공하는 용도로 피드백(궤환) 신호라고 하며, 피드백 전달함수에 포함된다.

[외란]은 속도 운동을 방해하는 바퀴와 바닥과의 마찰력 등을 들 수 있겠고, [노이즈]는 센서 측정 시 영향을 미치는 전기적 노이즈 등을 들 수 있다.

1.1. 아날로그 시스템과 디지털 시스템

시스템의 구현 방식에 따라 크게 아날로그 시스템과 디지털 시스템으로 구분할 수 있다.

아날로그 시스템

원하는 목적을 구현하기 위해 하드웨어만으로 구성하여 연속적인 신호를 처리하는 시스템을 아날로그 시스템(Analog System)이라 정의한다.

아래는 전기/전자 시스템의 저항 R 과 커패시터 C 인 하드웨어 만으로 구성된 아날로그 타입의 RC 저주파 통과 필터의 예이다.

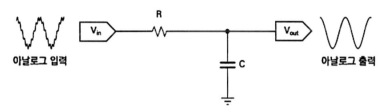

Figure I-11 아날로그 RC 필터

위 그림처럼 아날로그 시스템은 하드웨어 만으로 구성되는데, 아래에서 볼 디지털 시스템과의 구분이 애매한 경우가 있다. 이런 경우 아날로그 시스템은 전대역 주파수 처리가 가능한 시스템이므로, 처리할 수 있는 주파수 대역이 제한되지 않는가로 구분되어질 수 있다.

디지털 시스템

CPU 또는 FPGA 등의 ASIC 을 이용하여 연속된 신호를 변환하여 취득한 이산 데이터(디지털 데이터)를 처리하는 하는 시스템을 디지털 시스템이라 한다.

이렇게 변환된 디지털 데이터를 처리하는 기술인 DSP(Digital Signal Processing) 이론은 음성과 같은 아날로그 신호에 대해 FFT/DFT 주파수 해석 도구를 이용한 신호의 분석 및 해석 분야, 변조와 복조를 하는 통신 분야, 신호 내의 잡음 제거와 특정 주파수의 신호 검출 등의 필터링을 목적으로 하는 디지털 필터 분야, 제어기 구현을 위한 디지털 제어기 분야 등 다양한 분야에서 사용되는 이론이다.

아래는 디지털 시스템으로 구성된 필터의 예이다.

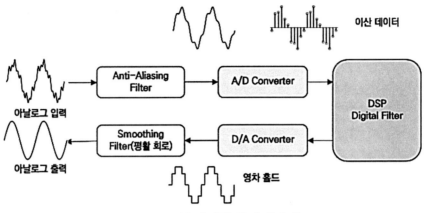

Figure I-12 디지털 필터 시스템

위의 디지털 시스템은 노이즈가 있는 아날로그 전압 신호를 받아 노이즈만 필터링 한 후 깨끗한 아날로그 전압 신호를 출력하는 저주파 통과 필터이다.

간단히 살펴보면, 저주파 통과 필터인 안티-애일리아싱 필터를 거쳐 나온 아날로그 전압 신호를 일정한 주기 시간마다 A/D 변환기 등을 통해 디지털 숫자 형태의 데이터로 변환하여 CPU(or Logic)를 통해 소프트웨어적으로 필터링을 한다. 이 소프트웨어적 필터링 작업은 디지털 신호 처리(DSP) 이론을 통해 이루어 진다.

이렇게 노이즈가 필터링된 디지털 데이터는 다시 D/A 변환기를 통해 깨끗한 아날로그 전압 신호로 출력한다.

위 시스템은 엄밀히는 디지털 시스템과 안티-애일리아싱 필터, 평활 회로와 같은 아날로그 시스템이 혼합해 있는 혼합 (신호) 시스템이며, 대부분은 이렇게 혼합된 시스템이 사용된다.

아날로그 시스템은 연속적인 시간의 신호를 처리할 수 있어 연속적인 시스템(Continuous System)이라 하고, 디지털 시스템은 일정 주기로 입력 받은 이산 데이터, 즉 비연속적 시간의 신호를 처리하는 시스템이므로 이산 시스템(Discrete System)이라 한다.

고전적인 방식의 아날로그 시스템 대비 디지털 시스템의 장점과 단점에 대해 살펴보도록 하자.

디지털 시스템의 장점

디지털 시스템의 장점은 아래와 같은 것들이 있다.

장 점	설 명
상대적으로 작은 크기	디지털 시스템은 복잡한 필터의 구현 시 아날로그 필터들에 비하여 상대적으로 작은 크기를 가진다.

	위에서 예시로 든 RC 수동(Passive) 필터와 같이 간단한 형태의 필터는 아날로그가 더 간단해 보일 수 있겠지만, 차수가 높은 필터나 여러 가지 필터들이 복합적으로 구성되어야 하는 경우 아날로그 필터의 하드웨어는 급격하게 복잡해지고, 설계 자체도 어려워진다. 이에 반해 디지털 시스템은 소프트웨어나 FPGA 등의 로직으로 구현되기 때문에 일반적으로 아날로그 필터들 보다 적은 소자로 구현이 가능하여 상대적으로 작은 크기를 가질 수 있다.
높은 정확도	아날로그 타입의 필터를 구현함에 있어 전기/전자 소자들의 용량이 정확해야 하지만, 사실상 소자들은 생산 공정에서의 공정 오차, 주위 온도 등 환경 특성에 의한 환경 오차가 발생되어 대량으로 튜닝을 하기에는 어려운 일일 수 있다. 이에 반해 디지털 필터는 상대적으로 높은 정확도로 원하는 동작을 행할 수 있다.
손쉬운 구현과 수정	아날로그 타입의 경우 수정을 하려면 단지 소자의 교체뿐 아니라 전반적인 하드웨어 설계 자체를 수정하여야 할 수도 있고, 이는 매우 큰 작업이 된다. 하지만, 디지털 시스템은 소프트웨어를 수정하는 것만으로 충분할 수 있다.
신호의 증폭	아날로그의 경우 신호의 증폭을 하려면 능동(Active) 필터를 사용하여야 하며, 이는 OPAMP나 트랜지스터 등의 능동 소자를 사용하여야 하는데, 이렇게 되면 회로가 다소 복잡해진다. 반면, 디지털 필터는 단순 곱셈 연산 등 소프트웨어 조작만으로 손쉽게 증폭이 가능하다.

디지털 시스템의 단점

디지털 시스템은 아래와 같은 단점들이 있음에도 단점에 비해 장점이 크기 때문에 점점 더 많은 곳에서 사용되고 있다.

단 점	설 명
제한된 주파수 대역	디지털 데이터를 취득하는 시간 간격과 소프트웨어 연산 시간이 한계가 있기 때문에, 입력되는 아날로그 신호의 전체 주파수 대역을 처리할 수는 없다. 나중에 살펴볼 나이퀴스트 샘플링 이론과 관련이 있는데, 주기적인 데이터 취득 주파수인 샘플링 주파수의 1/2 배보다 큰 주파수는 처리할 수 없다. 하지만, 디지털 하드웨어의 속도가 급속도로 빨라지고 있어 앞으로는 더욱 디지털 신호 처리의 중요성이 커질 수밖에 없다.
해상도로 인한 오차	D/A 변환기(DAC), A/D 변환기(ADC)의 유한한 해상도로 인해 오차가 발생한다. 양자화 오차, 절단 오차 등의 오차가 필연적으로 발생하게 되며, 이러한 오차들을 고려하여 DSP를 설계해야 한다.

이와 같은 디지털 시스템의 단점들로 인하여 아날로그 시스템을 모두 대체할 수는 없다. 특히, 디지털 시스템으로 처리할 수 없는 영역인 고주파 신호의 경우 아날로그 시스템은 여전히 필수적이라 하겠다.

1.2. 선형 시스템

시스템의 목적에 의한 종류는 명령에 따른 추종을 목적으로 하는 제어 시스템, 데이터 취득과 분석/해석을 목적으로 하는 계측 시스템, 특정 신호의 노이즈 제거 또는 특정 주파수 대역 신호의 차단/통과를 목적으로 하는 필터 시스템, 신호를 분해하여 분석/해석하고 분류하는 인식 시스템 등 목적에 따라 여러 시스템 종류로 나뉜다.

이번 장에서는 이런 시스템의 목적에 의한 분류가 아닌, 시스템 해석에 있어서 가장 중요한 LTI 시스템의 특성에 대해 알아보도록 한다.

1.2.1. LTI(선형 시불변) 시스템

시간적으로 변하지 않고, 입력에 대해 선형적인 출력을 하는 선형 시스템을 LTI 시스템, 선형 시불변 시스템이라 한다.

가. 선형 시스템(Linear System)

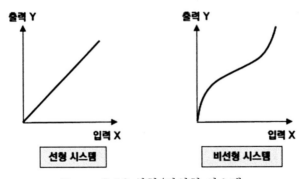

Figure I-13 선형/비선형 시스템

선형 시스템(Linear System)은 입력에 대한 출력이 선형적인 특성을 갖는 시스템을 의미하고, 그렇지 않는 시스템은 비선형 시스템(Non-Linear System)이라 한다.
선형적인 출력 특성은 입력의 변화량에 대한 출력의 변화량이 일정한 비율로 발생하는 것을 의미하는데, 예를 들어, 입력 전압이 0V 일 때 출력 전압이 0V, 입력 전압이 1V 일 때 출력 전압이 10V 나왔다면 y = 10x 와 같이 직선 방정식의 특성을 가지며, 입력 전압이 0.5V 일 때는 5V 의 출력 전압이 나오는 시스템이다.

나. 선형 시불변 시스템(LTI 시스템)

위와 같은 선형 시스템이라 해도, 이 시스템이 시간에 따라 시스템 특성이 선형이었다가 비선형이었다가 한다면, 시스템의 특성이 변하는 모든 경우 각각에 대한 해석을 한다는 것은 거의 불가능할 수 있다.

따라서, 시간에 변함없이 항상 선형성(Linearity)을 유지하는 시스템이어야 시스템에 대해 수학적 해석을 할 수 있는데, 이런 시스템을 선형 시불변 시스템, LTI 시스템(Linear Time Invariant System)이라 한다.

또한, 시스템은 인과 시스템(Causal system)과 비인과 시스템(Non-causal system)으로 구분될 수 있다. 인과 시스템은 현재 출력이 현재 입력과 과거의 입력에만 의존하는 시스템인데, 신호 x(t)에 대해 시간 t < 0 일 때는 0 의 값을 가지며, t ≥ 0 일 때만 유효값을 가진다. 비인과 시스템은 현재 출력이 현재 입력, 과거 입력, 미래 입력에 의존할 수 있는 시스템이다.

전기/전자 회로, 기계 시스템 등 대부분의 물리적 시스템들은 인과 시스템이므로, 이 책에서는 시스템을 LTI 인과 시스템이라 가정하고 해석하기로 한다.

다. 선형 시스템의 중첩의 원리

선형 시스템은 아래와 같은 조건을 만족하는 시스템을 말하며, 이 조건을 중첩의 원리(Superposition Principle)라 한다.

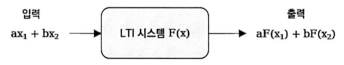

Figure I-14 선형 시스템의 중첩의 원리

비례성

입력 x 에 대해 출력 F(x)를 가지는 시스템에서 입력 x 에 어떤 수를 곱해서 입력하면, 출력 또한 그 수에 비례해서 나오는 성질인 비례성(Homogeneity)을 만족한다.

$$F(ax) = aF(x)$$

가산성

입력 x 에 대해 F(x)의 출력을 가지는 시스템에 입력 x_1 에 x_2 를 더해서 입력했을 때, 출력은 x_1 에 대한 출력 $F(x_1)$과 x_2 에 대한 출력 $F(x_2)$를 더한 $[F(x_1) + F(x_2)]$ 값이 나오는 성질인 가산성(Additivity)을 만족한다.

$$F(x_1+x_2) = F(x_1)+F(x_2)$$

결국, 중첩의 원리는 아래와 같이 표현할 수 있다.

$$F(ax_1+bx_2) = aF(x_1)+bF(x_2)$$

라. 선형 시스템의 정현파 응답

Figure I-15 LTI 정현파 응답

선형 시스템에서 또 하나 주목해야 할 점은 위의 그림과 같이 입력에 어떤 주파수 성분이 들어가면, 출력은 선형성에 의해 입력의 기본 주파수 성분은 바뀌지 않고, 크기(Amplitude)와 위상(Phase, φ)만 변하는 출력 특성을 가지게 된다.
이런 선형 시스템의 정현파 특성으로 인해 시스템을 주파수 영역에서 얼마나 편리하게 해석을 할 수 있는지 앞으로 보게 될 것이다.

1.2.2. LTI 선형 시스템과 시스템 해석

앞에서 선형 시스템은 아래와 같은 중첩의 원리를 만족하는 시스템이라는 것을 살펴봤다.

$$F(ax_1+bx_2) = aF(x_1)+bF(x_2)$$

이 원리에 의해 선형 시스템은 입력들을 분리하여 각각의 입력에 대한 출력을 해석한 후 더하거나 곱해서 최종 출력을 해석을 할 수 있다.

중첩의 원리와 시스템 해석

LTI 선형 시스템의 입력으로 X 를 주었을 때 출력 Y 를 알고자 한다면 선형 시스템의 중첩의 원리에 의해 아래와 같이 해석할 수 있다.

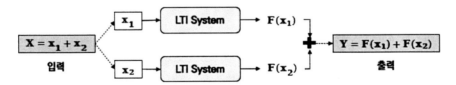

Figure I-16 LTI 선형 시스템에서의 신호 분해와 출력 해석

즉, 위의 그림과 같이 입력 신호 X 를 x_1과 x_2로 분해할 수 있다면 각 분해된 x_1과 x_2에 대한 각각의 출력 응답을 구하여 모두 더하면 최종 출력 응답 Y 를 구할 수 있으므로, 수학적 해석이 매우 간단해진다.
이렇듯 선형 시스템의 중첩의 원리 성질은 시스템을 수학적으로 해석하기 위한 가장 중요한 성질이다.

신호 분해와 시스템 해석

아래 그림은 입력된 신호의 2 배 크기를 출력하는 LTI 선형 시스템에서 중첩의 원리가 시스템 해석에 어떻게 사용되는지 나타낸 그림이다.

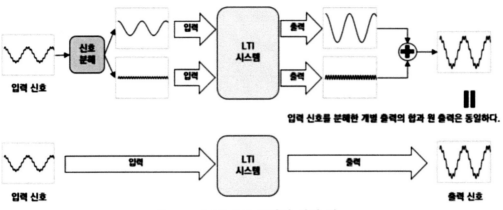

Figure I-17 LTI 중첩의 원리 예

선형 시스템의 중첩의 원리에 의해 입력 신호를 분해하여 각각의 출력 응답을 구한 후 더하면, 원 입력 신호를 입력한 출력 응답과 같은 응답 특성을 가진다.

이후 보겠지만, 이 입력 신호의 분해는 푸리에 변환을 통해 이루어 지며, 각각의 출력 응답을 더하여 계산하는 과정은 역 푸리에 변환을 통해 출력 응답의 시간 함수를 계산할 수 있다.

이런 중첩의 원리의 유용한 사용 예는 전기/전자 시스템에서 찾아볼 수 있다. 다중 전원을 가지는 선형 전기 회로의 경우 수학적 해석이 어려운 경우가 있는데, 중첩의 원리를 이용하면 쉽게 해석할 수 있다. 선형 회로에서 다른 전원들은 제거한 후 각각의 해당 전원에 대해서만 출력들을 구한 후 모두 더하면 손쉽게 출력을 구할 수 있는데, 다른 전원을 제거할 때는 전압원이라면 단락시키고, 전류원이라면 개방시킨다.

시스템 해석에 있어 이렇게 각각의 입력 신호를 분해하여 해석할 수 있다는 선형 시스템의 특성은 복잡한 신호의 해석에서는 필수이기 때문에, 시스템에 대한 수학적 해석에 있어 시스템이 LTI 선형 시스템이라 가정하고 해석을 진행하는 것이다.

사실 현실 세계에서 완전한 LTI 시스템은 없지만, 시스템의 해석을 위해서는 입력에 대한 출력이 선형이라서 중첩의 원리가 적용 가능해야 수학적 해석이 가능하므로, 비선형 시스템인 경우 선형 구간만 분리하여 설계/해석하거나, 근사 또는 보정 등의 방법을 통해 비선형 시스템을 선형화하여 시스템 해석을 한다.

1.3. 신호의 종류

신호(Signal)란 송신자가 수신자에게 어떤 의미 있는 유용한 정보를 전달하기 위한 전달 매체이다. 어떤 몸짓 등의 행위, 소리, 빛 등 정보를 전달할 수 있는 어떤 것이라도 전달 매체가 될 수 있다. 예를 들어, 전기/전자 시스템에서 전달 매체는 전압, 전류, 전자기장 등이 된다.

1.3.1. 연속 신호와 이산 신호

앞서 아날로그 시스템과 디지털 시스템을 보았듯이, 시간의 끊김이 있는지 여부에 따라 신호는 연속 신호와 이산 신호로 구분될 수 있으며, 디지털 처리와 관련된 이 둘의 관계는 이 책 전반에서 다루게 될 것이다.

가. 연속 신호(Continuous Signal)

연속 신호는 시간적 끊김이 없는 신호를 말하는데 아날로그 신호라고도 한다. 예를 들어, 아래와 같이 수학적 표현으로 연속적인 실수 시간 t 로 표현할 수 있다.

$$x_c(t) = \sin(\omega t) : t \text{ 는 연속적인 실수}$$

이런 아날로그 신호의 예로 전압, 전류, 온도, 속도, 거리 등의 연속적인 물리량이 있다.

나. 이산 신호(Discrete Signal)

이산 신호는 불연속적인 값을 가지는 신호를 의미하며, 디지털 신호라고도 한다.

연속 신호를 소프트웨어 등 디지털 시스템으로 처리하기 위해서는 연속적인 아날로그 신호를 디지털화, 즉 숫자화해야 하는데, 특정 변환기를 통해 연속적인 물리량을 디지털 숫자로 변환한다.

아날로그 연속 신호에서 디지털 이산 신호로의 변환 장치에는 대표적으로 전압을 코드로 변환하는 ADC(Analog to Digital Converter)와 특정 동작에 의해 발생되는 펄스의 개수로 속도 또는 위치를 측정할 수 있는 엔코더(Encoder) 등이 있다.

디지털 신호에서 아날로그 연속 신호로의 변환 장치에는 대표적인 것인 디지털 코드를 전압으로 변환하는 DAC(Digital To Analog Converter)와 펄스 듀티 조정으로 전압을 조정할 수 있는 PWM 등의 방식이 있다.

이 변환기들은 아날로그 신호와 디지털 신호를 상호 변환하는 다리 역할을 하게 된다.

샘플링(Sampling)

이런 변환기들을 통해 아날로그 신호를 취득하여 디지털 데이터로 변환하는 과정을 샘플링(Sampling) 과정이라 하고, 보통 일정한 시간 간격으로 샘플링하는데, 이 주기적인 시간을 샘플링 시간(Sampling Time) T_s(초)라 한다.

이런 주기적인 데이터 취득 시간 T_s 를 1 초마다 취득되는 샘플링 데이터 수인 주파수로 표현한 것을 샘플링 주파수(Sampling Rate, Sampling Frequency) f_s(Hz) 또는 샘플링 속도(Sampling Rate)라 하며 아래와 같은 관계를 가진다.

$$f_s(Hz) = \frac{1}{T_s}$$

이산 데이터(Discrete Data)

이렇게 취득된 데이터들은 수열의 형태를 취하는데, 이를 디지털 데이터, 이산 데이터(Discrete Time Data)라 한다.

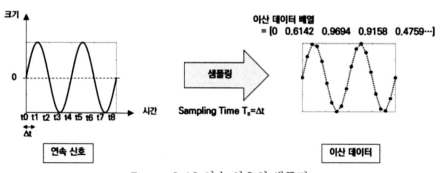

Figure I-18 연속 신호의 샘플링

이산 데이터는 아래와 같이 정수인 인덱스 n 으로 수학적 표현을 할 수 있다.

$$x_d[n] = \{0, 0.6142, 0.9694, 0.9158, 0.4759 \dots\} \;:\; n \text{ 은 정수}$$

이 이산 데이터를 취득하는 시간 간격을 빠르게 하여 취득하면 아날로그 신호와 더욱 비슷해진다. 하지만, 데이터의 양이 많아지게 되고 이로 인해 연산의 양이 많아지며 속도가 느려지게 된다. 물론, 더 빠른 디지털 하드웨어를 사용하면 되겠지만, 이는 비용 상승과 직결되는 문제가 있다.

따라서, 어느 정도의 빠르기로 데이터를 취득할 것인가가 디지털 시스템에서는 중요한 조건이 되며, 나이퀴스트 샘플링 이론에서 이를 살펴볼 것이다.

이산 신호와 연속 신호 관계

연속 신호 x_c 와 이산 신호 x_d 와의 관계를 수학적 표현으로 아래와 같이 나타낼 수 있는데, T_s 는 이산 신호를 취득하는 샘플링 주기 시간, n 은 데이터가 취득된 순서이다.

$$x_d[n] = x_c(nT_s)$$

$x_d[n]$ 데이터는 아날로그 신호 $x_c(t)$를 $T_s \times n$ 시간에 취득한 이산 데이터를 의미한다. 이 연속 시간과 이산 시간의 $t \rightarrow nT_s$ 의 관계는 앞으로 계속 사용될 것이므로 외워 두도록 한다.

가령, 연속 시간 함수 $x_c(t) = \sin(\omega t)$는 이산 시간 함수 $x_d[n] = x_c(nT_s) = \sin(\omega nT_s)$로 표현할 수 있다.

1.3.2. 신호의 종류

시스템은 결국 신호들의 처리를 통해 원하는 목적을 달성하게 되는데, 여기서는 시스템의 특성을 해석하기 위하여 사용되는 대표적인 신호들의 종류와 특성에 대해서 알아보도록 한다. 이 신호들은 시스템에 입력 신호로 주어 출력 응답을 확인함으로써 시스템의 특성을 해석할 수 있게 하는 중요 신호들이다. 각각의 신호들의 사용에 대해서는 이후 살펴보도록 할 것이다.

가. 주기 신호 vs 비주기 신호

신호는 일정 시간 간격으로 파형이 반복되는 주기 신호(Periodic Signal)와 반복성이 없는 비주기 신호(Aperiodic Signal)로 구분할 수 있다.

일정 시간 간격 즉, 일정한 주기로 똑같은 값을 가지는 주기 신호의 수학적 표현은 아래와 같다.

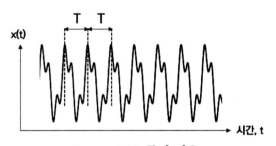

Figure I-19 주기 신호

$$x_c(t) = x_c(t+T) = x_c(t+2T)...$$

이렇게 같은 값을 가지는 일정한 시간 T(초)를 주기 시간이라 하고, 1 초에 동일한 신호가 몇 번 반복되는가를 나타내는 것을 주파수(Frequency)라 하며 Hz(헤르쯔) 단위를 사용한다.

주기 시간 T 와 주파수 f 는 아래와 같은 관계를 가진다.

$$f = \frac{1}{T} \text{ (Hz, Cycles/sec)}$$

만일, f = 10Hz 의 신호라 하면 T = 0.1 초 동안 발생한 진동 신호가 0.1 초 주기마다 동일하게 발생되니, 1 초에 10 번의 동일한 진동 신호가 발생된다는 것을 의미한다.

대표적인 주기 신호로는 sin, cos 정현파를 들 수 있다.

> ### 이산 시간 주기 신호

마찬가지로 이산 시간에서의 주기 신호는 아래와 같이 표현된다.

$$x_d[n] = x_d[n + N_{period}] = x_d[n + 2N_{period}] \cdots$$

N_{period} 는 주기성을 가지는 인덱스 n 의 범위를 의미하는 정수이다. 만일, 이산 데이터가 $x[n] = \{0, 1, 0, 1, \dots\}$이라면, 데이터가 2 개의 n 마다 반복되므로 주기 N_{period} 는 2 가 된다.

여기에서 보듯이 이산 신호에는 시간 정보가 없는데, 이에 관한 샘플링 시간과 연속 시간과의 관계에 대해서는 추후 살펴보도록 할 것이다.

나. 단위 임펄스 신호 (Unit Impulse Signal)

단위 임펄스 신호의 정의는 시간 t = 0 에서 면적이 1 이 되는 함수를 말한다.

> ### 연속 시간의 단위 임펄스 신호

연속 시간에서의 단위 임펄스 신호는 아래와 같이 정의된다.

$$\delta(t) = \begin{cases} 0, & t \neq 0 \\ \infty, & t = 0 \end{cases}$$

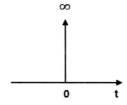

Figure I-20 단위 임펄스 신호

면적이 1 로 정의되는 임펄스 신호는 수학적 수식으로 아래와 같다.

$$\int_{-\infty}^{\infty} \delta(t)\, dt = 1$$

시간 t = 1 에서 임펄스 신호가 있으려면, δ(t − 1)과 같이 t = 1 일 때 δ(0)이 될 수 있도록 만들면 된다. 이를 시간 이동(Time Shift)라 한다.

연속 시간에서의 임펄스 함수 δ(t) (Delta, 델타)는 t = 0 에서 너비가 0 이기 때문에, 크기는 무한대가 된다. 이런 신호를 실제로 구현하는 것은 불가능하지만, 임펄스 신호에 대한 시스템의 응답은 시스템 특성을 분석하는 중요한 수학적 신호가 된다.

특히, 시간 영역에서 입력 신호와 임펄스 응답의 곱을 적분함으로써 시스템의 출력 응답을 해석할 수 있는데, 이를 컨볼루션(Convolution)이라 하며 이후에 살펴볼 것이다.

아래에서 보게 될 단위 계단 신호와는 아래와 같은 관계를 가진다.

$$\delta(t) = \frac{du(t)}{dt}$$

이산 시간의 단위 임펄스 신호

이산 신호에서는 데이터 당 너비를 1 로 보기 때문에, 크기를 1 로 두고 아래와 같이 인덱스 n 으로 표현할 수 있다.

$$\delta[n] = \begin{cases} 0, n \neq 0 \\ 1, n = 0 \end{cases}$$

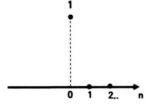

Figure I-21 이산 시간 단위 임펄스 신호

이산 신호에서는 단위 계단 신호와의 아래와 같은 관계를 가진다.

$$\delta[n] = u[n] - u[n - 1]$$

MATLAB/OCTAVE

MATLAB/OCTAVE 를 이용하여 위의 임펄스 신호에 대해 아래와 같이 그래프로 그려볼 수 있다.

MATLAB/OCTAVE	
pkg load symbolic	% symbolic 패키지 로드 : for OCTAVE only
close all	% 모든 그래프 창을 닫음
t = -1:0.1:1;	% t 범위
y = dirac(t);	% dirac 델타 함수 : t 가 0 이 되는 요소의 값을 무한대 Inf 로 만듦
y = (y == Inf);	% 무한대 Inf 를 찾아 1 로 만들고 나머지는 0 으로 만듦
stem(t, y)	% stem 그래프

다. 단위 계단 신호 (Unit Step Signal)

단위 계단 신호는 시간 t < 0 에서 0 이며, 시간 t > 0 에서 신호의 크기가 1 이 되는 계단 모양의 신호를 말한다.

연속 시간의 단위 계단 신호

연속 시간에서의 단위 계단 신호는 아래와 같이 정의된다.

$$u(t) = \begin{cases} 1, t > 0 \\ 0, t < 0 \end{cases}$$

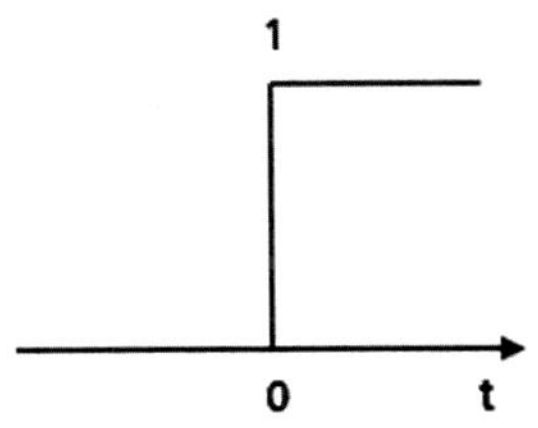

Figure I-22 단위 계단 신호

만약, 단위 계단 신호 u(t - 2) 라면, u(0) 부터 1 이 되기 때문에, 시간 t < 2 에서의 값은 0 이고 시간 t 가 2 부터 1 로 된다.

또한, 크기가 A 인 계단 입력이라면 Au(t)와 같이 단위 계단 신호에 A 를 곱한 것으로 표현할 수 있다.

이런 단위 계단 신호는 ON/OFF 스위칭 동작의 수학적 해석에 사용되므로 매우 유용한 함수이다. 또한, 푸리에 변환에서 살펴보겠지만, 계단 신호 자체에 수많은 고주파 성분을 포함하고 있으므로, 이를 입력 신호로 준다면 다양한 주파수 성분에 대한 시스템의 출력 응답을 확인해 볼 수 있다.

이런 이유로 시스템의 응답 특성을 시간 영역에서 분석할 때 계단 신호를 입력 신호로 많이 사용하는데, 이에 대한 응답을 계단 응답(Step Response)이라 한다.

추후 시간 영역에서의 응답에서 자세히 살펴보도록 한다.

이산 시간의 단위 계단 신호

이산 시간에서는 아래와 같이 인덱스 n 으로 표현된다.

$$u[n] = \begin{cases} 1, n \geq 0 \\ 0, n < 0 \end{cases}$$

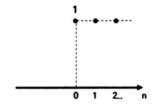

Figure I-23 이산 시간 단위 계단 신호

MATLAB/OCTAVE

MATLAB/OCTAVE 에서 위 계단 신호는 헤비사이드 함수를 사용하여 아래와 같이 그래프로 그려 볼 수 있다.

MATLAB/OCTAVE	
close all	% 모든 그래프 창을 닫음
t = linspace(0, 1, 100);	% 0 ~ 1 까지 100 등분
u = heaviside(t − 0.5);	% u(t-0.5) 신호 생성
plot(t, u);	% 그래프
xlabel('t');	
ylabel('u');	

또는, 아래와 같이 비교 구문을 사용하여서도 간단하게 그릴 수 있다.

MATLAB/OCTAVE	
close all	% 모든 그래프 창을 닫음
t = linspace(0, 1, 100);	% 0 ~ 1 까지 100 등분
u = (t > 0.5);	% t 가 0.5 보다 크다면 1, 작다면 0 으로 채움
plot(t, u);	% 그래프
xlabel('t');	
ylabel('u');	

라. 정현파 신호 (Sinusoidal Signal)

정현파 신호는 사인파라고도 하며, 기본 주파수 성분만 있을 뿐 고조파(Higher Harmonic Wave) 성분이 없기 때문에 교류(AC) 파형의 기본적인 형태로 쓰이며 sin, cos 의 수학적 함수로 표현하는 대표적인 주기 신호다.

특히, 주파수 영역의 해석은 이 정현파 입/출력 응답에 대한 특성 해석이므로 정현파 신호에 대해 사용되는 용어들을 알고 있어야 한다.

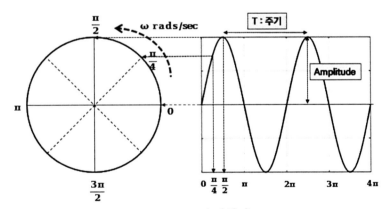

Figure I-24 정현파

아래와 같이 정현파를 표현할 수 있으며, 이의 특성을 알아본다.

$$x(t) = A \sin(\omega t + \phi)$$

크기(Amplitude)

크기 A 는 정현파 신호의 피크(Peak) 즉, 최대 크기를 의미한다. 반면, Peak to Peak 는 양의 피크와 음의 피크 간의 크기를 의미하므로 2A 가 된다.

주파수(Frequency)와 주기(Period)

주파수(Frequency)는 주기 함수에서 같은 주기의 파형이 1 초에 몇 번 반복되는지 나타내며, f 로 표기하고 Hz 단위를 사용한다. 또는, 1 초에 반복되는 숫자를 의미하므로 Cycles/sec 단위로 사용하기도 한다.

예를 들어, 1000Hz 정현파라면 1 초에 1000 번의 정현파 파형이 반복됨을 의미하고, 한 번의 파형에 대한 시간은 1ms 가 됨을 의미한다.

주파수와 반복되는 파형의 주기 시간 T(초) 관계는 아래와 같다.

$$f = \frac{1}{T} \ (Hz)$$

sin 함수는 2π 의 주기를 가지므로, 정현파는 주파수와 시간의 관계로 sin($2\pi ft$)로 표기하는데, 이는 시간 t 가 주기 시간 T 즉, $\frac{1}{f}$ 초가 될 때마다 $2\pi ft$ 가 2π 의 배수가 되며 파형이 반복되는 것을 의미한다.

각주파수 ω(오메가)

각주파수(Radian Frequency) ω(오메가)는 위의 그림과 같이 시간 영역의 정현파를 원상에 투영하였을 때 1 초에 원을 몇 라디안(radian) 회전하는가를 의미하는 것으로, 주파수 f 와의 관계는 아래와 같다.

$$\omega = 2\pi f \ (radian/sec)$$

이 각주파수는 신호 연산 시 유용하게 사용되는 단위로 주파수 f 를 가지는 정현파를 아래와 같이 간단히 표현할 수 있다.

$$sin\,(2\pi ft)\ =\ sin\,(\omega t)$$

위상(Phase)

위상(Phase)을 의미하는 ϕ (파이)는 신호가 기준 신호 대비 얼마나 앞서거나 지연되어 나오는지를 의미한다.

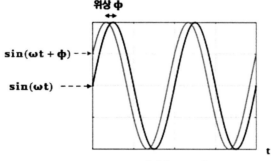

Figure I-25 위상(Phase)

즉, $sin\,(\omega t + \phi)$는 $sin\,(\omega t)$가 기준 신호가 되어 $\phi = 0$이면 동일 위상, $\phi > 0$이면 앞선(Lead) 위상, $\phi < 0$이면 지연(Lag) 위상이 된다.

$sin\,(2\pi ft + \phi)$와 같은 시간 함수에서 위상 ϕ (rad)에 대한 시간 t_{phase} 는 sin 함수가 한 주기 $T = \frac{1}{f}$ 초 동안 2π 회전하므로 아래와 같이 표현할 수 있다.

$$t_{phase}(sec)\ =\ \frac{T}{2\pi} \times \phi$$

예를 들어, 주파수 f = 1Hz 즉 주기 T 가 1 초인 정현파에서 $\frac{\pi}{2}$의 위상 지연을 가진다면, 0.25 초의 신호의 지연이 발생함을 의미하는 것이다.

대부분의 시스템에서는 입력 신호 대비 출력 신호가 늦게 출력되는데, 이를 위상 지연 또는 Phase Delay 라 한다.

이 부분에 대해서는 보드선도 편에서 살펴볼 것이다.

마. 정현파 신호의 복소수 표현

정현파 신호들의 연산은 신호의 복소수 표현으로 간단해질 수 있다.

> ### 페이저(Phasor) 표현

정현파 $x(t) = A\cos(\omega t + \phi)$에 대한 복소수 표현은 아래와 같이, 오일러의 공식(Euler's formula) $e^{j\theta} = \cos(\theta) + j\sin(\theta)$를 이용하여 실수 부분만 취한 식으로 표현한다.

$$A\cos(\omega t + \phi) = \text{Re}\{Ae^{j(\omega t + \phi)}\} = \text{Re}\{A(\cos(\omega t + \phi) + j\sin(\omega t + \phi))\}$$

반면, sin 함수는 허수 부분만 취한 $\sin(\omega t + \phi) = \text{Im}\{Ae^{j(\omega t + \phi)}\}$으로 표현할 수 있다. Re 는 실수부만 취하는 연산자, Im 은 허수부만 취하는 연산자이다.

여기에서 시간에 따른 변화인 주파수 정보를 빼고, 정현파의 크기와 위상만 복소수로 표현하는 방식을 페이저(Phasor) 표현 방식이라 하며, 페이져 X 는 아래와 같이 복소수로 표현된다.

$$X = Ae^{j\phi} = A(\cos(\phi) + j\sin(\phi)) = a + jb$$

앞서 살펴본 선형 시스템은 주파수 ω 인 정현파 입력 X 에 대해 출력 Y 는 기본 주파수 ω 성분은 변하지 않고 크기와 위상만 변하기 때문에, 이런 주파수 정보는 제외하고 크기와 위상 연산만 하는 정현파의 페이저 복소수는 선형 시스템의 주파수 영역 연산에서 연산을 간소화할 수 있는 큰 장점을 가진다.

이후 보게 되겠지만, 선형 시스템은 입/출력이 동일한 ω 주파수 성분을 가지므로, $Y(\omega) = X(\omega) \times H(\omega)$와 같이 크기와 위상 정보인 ω 주파수 성분들의 곱셈으로 시스템의 주파수 응답을 해석할 수 있다.

> ### 페이저의 표현 방식

이런 정현파의 크기와 위상 정보인 페이저 복소수는 직교좌표 형식, 복소지수 형식, 극 형식으로 표현할 수 있다.

☞ 직교좌표 형식

복소수를 A = a + jb의 형태로 표현하는 방식으로, a 는 실수부 Re(A), b 는 허수부 Im(A)로 표현한다. 기하학적 표시를 하기 위한 직각 좌표계에서 X 축은 실수(Real), Y 축은 허수(Imaginary)인 복소 평면(Complex Plane)에 표현할 수 있다.

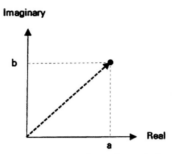

Figure I-26 직교 좌표 형식

이런 직교 좌표 형식은 복소수 신호의 덧셈과 뺄셈 연산에 유리한데, 만일, $z_1 = a_1 + jb_1$이고 $z_2 = a_2 + jb_2$라면, $z_1 + z_2 = (a_1 + a_2) + j(b_1 + jb_2)$가 된다.

☞ 복소지수 형식 (Polar Form)

위의 직교좌표 형식은 삼각함수 형식으로 $a + jb = \sqrt{a^2 + b^2} \times \left(\frac{a}{\sqrt{a^2+b^2}} + j \frac{b}{\sqrt{a^2+b^2}} \right) = A(\cos\phi + j\sin\phi)$로 표현할 수 있다.

이 삼각 함수 형식은 아래와 같이 오일러 공식 $e^{j\phi} = \cos(\phi) + j\sin(\phi)$를 통해 복소지수 형식으로 표현될 수 있다.

$$a + jb = A(\cos\phi + j\sin\phi) = Ae^{j\phi}$$

$$\{ A = \sqrt{a^2 + b^2} , \ \phi = \tan^{-1}\frac{b}{a} \}$$

여기에서 A(Amplitude)는 정현파 신호의 크기, ϕ는 위상이다.
이는 극좌표 형식(Polar form)으로 복소수의 크기와 위상을 아래와 같이 표현할 수 있다.

$$a + jb = A\angle\phi$$

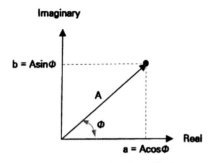

Figure I-27 극좌표 형식

특히, 복소지수 형식 $Ae^{j\phi}$은 앞으로 주파수 영역 해석의 연산에서 계속 사용하게 될 복소수의 곱셈과 나눗셈 연산을 간단하게 한다.

예를 들어, $z_1 = r_1 e^{j\phi_1}$이고, $z_2 = r_2 e^{j\phi_2}$ 라면, 복소 곱셈과 나눗셈은 각각 아래와 같이 간단하게 연산될 수 있기 때문에, 이 형태가 앞으로 자주 보게 될 형태이다.

$$z_1 \times z_2 = (r_1 r_2)e^{j(\phi_1 + \phi_2)}$$

$$\frac{z_1}{z_2} = (\frac{r_1}{r_2})e^{j(\phi_1 - \phi_2)}$$

복소수와 정현파 위상

이런 복소수 표현과 정현파 위상과의 관계에 대해서 알아보자.

☞ 허수 j 의 곱셈의 의미

신호에 허수 j 를 곱하는 것은 아래와 같이 복소 평면에서 시계 반대 방향으로 90° 즉, +90° 회전의 의미를 가진다.

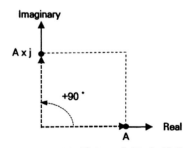

Figure I-28 허수 j 의 곱과 위상

반대로, 허수 j 로 나누는 것은 -j 를 곱하는 것과 같고, 이는 시계 방향으로 -90°의 회전을 의미한다.

이 시계 반대 방향으로의 회전은 신호의 위상에서 90° 앞서게 만드는 것을 의미하며, 반대로 시계 방향으로의 회전은 위상에서 90° 뒤진다는 것을 의미한다.

☞ 두 복소수 A, B 의 위상 비교

동일한 주파수 ω 에 대한 A, B 두 복소수의 위상을 비교할 때, 위상은 복소 평면에서 시계 반대 방향이 위상이 앞서는 것이 된다 했으므로, 아래 그림과 같은 경우 $\phi_B > \phi_A$이므로 신호 B 가 신호 A 보다 $\phi_B - \phi_A$ 만큼 위상이 앞선다는 것을 알 수 있다.

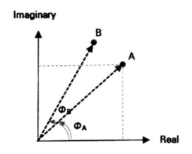

Figure I-29 두 복소수의 위상 차이

이런 위상 연산에 대해서는 보드선도 편에서 살펴보도록 할 것이다.

MATLAB/OCTAVE 복소수 크기와 위상 함수

MATLAB/OCTAVE 에서는 아래와 같이 복소수의 크기는 abs() 함수로 얻을 수 있고, 위상(각도)은 arg() 함수를 이용하여 얻을 수 있는데, 출력은 라디안 단위이다.

MATLAB/OCTAVE 명령창	
〉〉 c = 1 - j	% 복소수
〉〉 abs(c)	% 크기
ans = 1.4142	
〉〉 arg(c) * 180 / pi	%위상 : degree 단위로 변환
ans = −45	

위의 abs() 함수의 결과는 $\sqrt{1^2 + (-1)^2}$ 인 sqrt($1^2 + (-1)^2$) 함수와 동일하고, arg() 함수의 결과는 $\tan^{-1}(\frac{-1}{1})$인 atan ((−1)/1) 함수와 동일하다.

2. 이산 시간의 나이퀴스트 샘플링 이론

샘플링(Sampling)은 아날로그 데이터를 취득하여 이산 데이터로 만드는 것을 말하며, 샘플링을 하는 주기적인 시간을 샘플링 시간(Sampling Time) T_s 라 하고, 주파수의 표현으로 샘플링 주파수(Sampling Frequency, Sampling Rate) f_s 라 한다.

이 샘플링 시간은 이산 시간 영역과 연속 시간 영역 사이의 변환에 매우 중요한 의미를 가진다.

2.1. 연속 시간과 이산 시간의 주파수 관계

다음 장에서 보게 될 주파수 영역 해석에서의 신호는 정현파에 대한 내용이 된다. 따라서, 정현파 신호에 대한 연속 신호와 이산 신호와의 관계를 알고 있어야 한다.

연속 시간의 신호를 샘플링하여 얻은 디지털 이산 데이터의 처리 결과는 결국 실세계의 연속 시간으로 변환되어야 의미가 있기 때문이다.

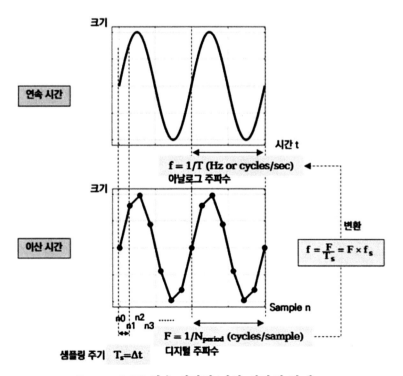

Figure I-30 연속 시간과 이산 시간의 관계

위의 그림에서 T_s[sec]는 샘플링 주기, f_s[Hz]는 샘플링 주파수로 $\frac{1}{T_s}$, f[Hz]는 아날로그 신호의 주파수, F[cycles/sample]는 디지털 주파수를 의미한다.

연속 시간의 주파수

연속 시간 정현파는 아래와 같이 주파수 f 로 표현된다.

$$x(t) = \sin(\omega t) = \sin(2\pi f t)$$

정현파 sin 함수의 주기는 2π 이므로, 시간 t 가 $\frac{k}{f}$(k 는 정수)가 될 때마다 $\sin(2\pi k) = 0$ 으로 주기적으로 항상 동일해지며 이를 반복하게 되므로, 주파수는 f, 주기 시간 T 는 $\frac{1}{f}$ 초가 된다. 이것이 앞서 보았던 주파수의 정의이고, 단위는 Hz 또는 1 초에 반복되는 수를 나타내는 Cycles/sec 를 사용한다.

이산 시간의 주파수

아래와 같이 단순 배열 데이터인 이산 데이터에서는 샘플링 순서 n 의 개념만 있을 뿐 원칙적으로 시간의 개념은 없다는 것을 이해해야 한다.

$$x[n] = \{0, 0.7818, 0.9749, 0.4339, -0.4339, -0.9749, -0.7818, 0, 0.7818, \dots\}$$

위 이산 데이터의 아날로그 정현파 신호의 주파수를 모르는 상태라면, 단순한 정현파 이산 데이터 배열이므로, 아래와 같이 표현할 수 있다.

$$x[n] = \sin(\Omega n + \phi) = \sin(2\pi F n + \phi)$$

여기에서 n 은 정수이고, Ω(오메가)는 디지털 각주파수라 하며, 디지털 주파수 F(Cycles/sample)와의 관계는 아래와 같이 나타낼 수 있다.

$$\Omega(\text{raidan/sample}) = 2\pi F$$

이 이산 신호가 N_{period} 주기를 가지는 주기 신호가 되기 위한 조건은 아래와 같다. 여기서 N_{period} 는 이산 데이터 샘플들에서 주기성을 가지는 n 의 범위를 의미한다.

$$\sin(\Omega n + \phi) = \sin(\Omega(n + N_{period}) + \phi) = \sin(\Omega n + \Omega N_{period} + \phi)$$

위의 조건이 만족하려면, 정현파 sin 함수의 주기는 2π 이므로 $\Omega N_{period} = 2k\pi$가 되면 된다. 이때 N_{period} 와 k 는 정수이다.

$$\Omega(raidan/sample) = \frac{2\pi}{N_{period}}$$

위의 이산 데이터 $x[n]$의 예에서 7 개의 샘플 n 마다 데이터가 반복되므로, N_{period} 는 7 이고, 디지털 각주파수 $\Omega = \frac{2\pi}{7} \approx 0.8976(raidan/sample)$이 되고, 데이터의 패턴을 보면 위상은 0 이다.

또한, $\sin(\Omega n + \phi)$에서 n 이 정수이므로, 디지털 각주파수 Ω (오메가)는 아래와 같이 2π 구간마다 같은 값을 가지게 된다.

$$0 \leq \Omega < 2\pi \text{ or} - \pi \leq \Omega < \pi$$

$$0 \leq F < 1 \text{ or} - 0.5 \leq F < 0.5$$

만일, $\sin(\Omega n)$ 에서 $\Omega = 2.1\pi(raidan/sample)$ 라면, $\sin(2.1\pi n) = \sin(2\pi n + 0.1\pi n) = \sin(0.1\pi n)$이 되므로, 2π 주기를 가짐을 알 수 있다.

위에서 디지털 주파수 F 의 범위를 보면, 음의 주파수와 양의 주파수를 포함하는 범위 표현으로 $-0.5 \leq F < 0.5$의 표현도 사용하고 있는데, $0 \leq F < 1$ 범위에서 이후 보게 될 나이퀴스트 주파수에 의해 0.5 이상의 F 주파수를 음의 주파수로 간주하므로, 결국 이 두가지 표현 방식은 동일한 표현이다.
특히, 이 음의 주파수를 포함하는 $-0.5 \leq F < 0.5$ 범위 표현의 사용은 이후 보게 될 주파수 스펙트럼의 대칭성을 나타내기 쉽게 하고, 푸리에 변환 등에서 더 직관적으로 주파수를 다룰 수 있어 유리한 경우가 많다.
따라서, 이해의 편의를 위해 이 2 가지의 범위 표현 방식 중 상황에 따라 선택적으로 사용하도록 할 것이다.

이산 시간과 연속 시간 간의 주파수 변환

디지털 신호는 앞서 봤듯이 샘플링 시간 T_s 와의 관계로 아날로그 신호 x(t)를 n 번째 샘플링 주기에서 취득한 데이터 x[n]으로 표현할 수 있다.

$$x[n] = x(nT_s)$$

따라서, 정현파 신호 x(t) = sin(ωt)를 샘플링한 이산 신호 x[n]은 아래와 같이 표현 가능하다.

$$x[n] = \sin(\omega nT_s) = \sin(\Omega n)$$

결국, 정현파에서 디지털 각주파수 Ω(오메가)와 연속 시간 각주파수 ω(rad/sec) 와의 관계는 아래와 같다.

$$\Omega(\text{raidan/sample}) = \omega T_s = \frac{\omega}{f_s}$$

$$F(\text{cycles/sample}) = \frac{\Omega}{2\pi} = \frac{f}{f_s}$$

디지털 신호 처리에서 샘플링 주파수 f_s 의 단위는 Hz 인데, 이는 초 당 취득되는 샘플링 수 samples/sec 로 표현될 수 있기 때문에 위와 같이 표현 가능하며, 이 관계는 앞으로 계속 볼 것이므로 이해해 두도록 한다.

앞에서 예로 들었던 이산 데이터 x[n]은 아날로그 신호의 주기 T 가 1 초, 즉 1 Hz 인 x(t) = sin (2πt)의 신호를 샘플링 주기 T_s = 0.1429 초 마다 샘플링한 예이다.
이 x[n]의 디지털 각주파수은 앞에서 계산해 본 것과 같이 Ω ≈ 0.8976(raidan/sample) 이고, T_s = 0.1429 초 이므로, 연속 시간 주파수는 $f = \frac{\Omega}{2\pi} \times \frac{1}{T_s} = \frac{0.8976}{2\pi} \times \frac{1}{0.1429} \approx 1$ Hz 가 됨을 알 수 있다.

이렇게 연속 신호와 이산 신호 사이에는 샘플링 주기 T_s 의 정보가 있어야 상호 변환 가능하다.

또한, 이산 신호 주파수 F 는 $-0.5 \leq F < 0.5$ 의 범위를 가지므로, 이산 데이터에서 복원된 연속 시간 주파수 f 는 샘플링 주파수 f_s 의 관계로 아래 범위를 가진다.

$$-0.5f_s \leq f < 0.5f_s$$

이렇게 이산 디지털 영역에서 처리할 수 있는 아날로그 주파수 범위는 샘플링 주파수 f_s 에 밀접한 관계가 있음을 알 수 있는데, 이는 나이퀴스트 샘플링 이론에서 다시 살펴보도록 한다.

2.2. 나이퀴스트 샘플링 이론

앞서 보았듯이 연속 신호를 샘플링하여 만들어지는 이산 신호는 그 샘플링 시간(Sampling Time)이 빠를수록 아날로그 신호와 비슷해지게 되고, 비슷한 성능을 발휘할 수 있다.

이를 위하여 얼마나 더 빠르게 데이터를 취득해야 할 것인가에 대해 증명하여 정의한 것이 나이퀴스트-섀넌 샘플링 이론(Nyquist Sampling Theorem) 이다.

2.2.1. 나이퀴스트 샘플링 주파수

나이퀴스트 샘플링 정리는 측정하려는 대역 제한(Band-Limit)된 연속 신호의 최대 주파수 f_m 보다 최소 2 배 이상의 샘플링 주파수 f_s 를 가지면, 주파수의 간섭(Aliasing, 애일리아싱)없이 원본 신호를 완전히 복원 가능하다는 정리이다.

여기서 대역 제한 신호란 신호에 포함된 모든 주파수 성분이 유한한 주파수 구간 내에 존재하는 신호를 의미한다.

반대로 얘기하면, 샘플링 주파수가 f_s 라면 디지털 시스템에서 처리할 수 있는 아날로그 신호의 최대 주파수 f_m 은 $\frac{f_s}{2}$ 까지 라는 말이 되고, 따라서, 최대 주파수 f_m 신호를 복원하여 처리하려면 샘플링 주파수 f_s 와 f_m 과의 관계는 아래를 만족해야 한다.

$$f_s > 2f_m$$

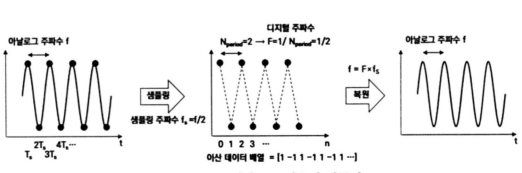

Figure I-31 아날로그 신호의 샘플링

위의 그림은 이해를 위해서 $f_s = 2f_m$인 예이다. $f_s > 2f_m$면 더 많은 샘플 데이터들로 데이터의 평활화 또는 보간법 등의 복원 알고리즘을 통해 아날로그 신호로 완벽히 복원될 수 있다.

앞에서 본 것과 같이 샘플링된 이산 데이터를 아날로그 신호로 복원한 아날로그 주파수 f 의 범위는 $-0.5f_s \leq f < 0.5f_s$ 를 가지고 f_s 마다 반복되므로, 실제 주파수와의 관계를 아래와 같은 그래프로 표현할 수 있다.

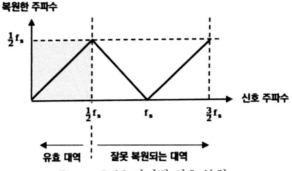

Figure I-32 디지털 신호 복원

위 그림과 같이 샘플링 주파수 f_s 로 샘플링된 이산 데이터를 복원한 주파수는 $0.5f_s$ 까지가 정확한 주파수로 복원되며, 이보다 큰 주파수 영역의 아날로그 신호는 이산 시간에서 주파수 $\frac{f_s}{2}$ 를 기준으로 대칭으로 접은 형태로 잘못 복원된다. 이 $\frac{f_s}{2}$ 주파수를 꺾기 주파수 (Folding Frequency) 또는 나이퀴스트 주파수라 한다.

위 그림에서 보듯이, 샘플링 주파수 f_s 로 취득된 이산 데이터를 처리하는 디지털 시스템에서 $\frac{f_s}{2}$ 보다 높은 주파수 f 는 「f_s - f」 저주파 신호로 잘못 해석되기 때문에, 최대로 처리할 수 있는 주파수는 $\frac{f_s}{2}$ 까지가 된다.

예를 들어, 샘플링 주파수 f_s 를 100Hz 로 샘플링한 데이터는 50Hz 의 아날로그 신호까지는 완벽히 복원하지만, 이 디지털 시스템에서 50Hz 가 넘어가는 주파수인 75Hz 의 아날로그 신호를 샘플링한 경우 그 신호는 $f' = f_s - f = 100Hz - 75Hz = 25Hz$로 잘못 복원되어 해석된다는 의미이다.

2.2.2. 애일리아싱(Aliliasing)

애일리아싱(Aliasing)은 샘플링 주파수 $f_s/2$ 보다 높은 주파수의 신호가 잘못된 복원이 되기 때문에 나타나는 주파수 간섭 현상을 의미한다. 즉, 애일리아싱 현상은 잘못 복원된 신호의 왜곡 현상으로 인한 오동작으로 정의한다.

아래 샘플링 주파수 f_s 와 저주파 통과 필터(LPF, Low Pass Filter)의 대역폭(Bandwidth) f_{BW} 와의 관계를 보며 동작을 이해해 보도록 하자.
여기서 대역폭은 신호가 출력되는 주파수 구간이고, 나머지는 신호가 차단되는 주파수 구간으로만 이해하도록 한다.

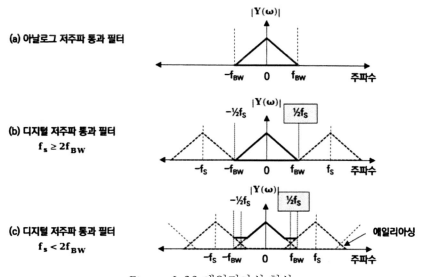

Figure I-33 애일리아싱 현상

위 그림에서 Y 축의 $|Y(\omega)|$는 저주파 통과 필터에서 처리되어 출력되는 신호의 크기로 이해하도록 하며, 아래 내용은 나이퀴스트 샘플링 이론을 이해하기 위한 개념적 접근이다.

위 (a) 그림의 전대역 주파수를 처리할 수 있는 아날로그 저주파 통과 필터는 대역폭 f_{BW} 대역 내의 저주파 신호를 제외한 다른 고주파 대역의 주파수 신호는 크기 0 으로 차단한다.

하지만, 디지털 저주파 통과 필터의 경우 앞에서 본 나이퀴스트 샘플링 이론에 따라 다룰 수 있는 주파수 대역은 샘플링 주파수 $\frac{f_s}{2}$로 정해진다.

(b) 그림의 디지털 저주파 통과 필터(LPF, Low Pass Filter)는 샘플링 주파수 f_s 가 신호 대역폭 $2 \times f_{BW}$ 보다 큰 경우로 나이퀴스트 주파수 정리를 만족하며, 이 경우 $[-\frac{f_s}{2} \sim +\frac{f_s}{2}]$ 내에서 주파수 중첩없이 아날로그 필터와 동일한 성능으로 차단 동작을 하게 된다.

하지만, $\frac{f_s}{2}$ 보다 큰 입력 주파수 신호가 들어오게 되면, 필터의 출력은 점선과 같이 잘못 복원된 주파수 신호로 인하여 제대로 차단하지 못하고 통과시킬 수 있다. 따라서, 디지털 필터로 입력되는 신호의 최대 주파수 또한 $\frac{f_s}{2}$ 보다 작아야 한다. 이런 $\frac{f_s}{2}$ 보다 높은 주파수의 차단 역할을 하는 필터를 안티-애일리아싱 필터라고 하며 아래에서 살펴보도록 한다.

(c) 그림의 디지털 저주파 통과 필터는 샘플링 주파수 f_s 가 디지털 필터의 신호 대역폭 $2 \times f_{BW}$ 보다 작은 경우로, $f_s/2$ 보다 빠른 신호가 저주파 신호로 잘못 해석되며 오동작하는 부분이 발생될 뿐 아니라 디지털 처리의 주파수 스펙트럼이 f_s 마다 반복되기 때문에 이로 인해서 겹치는 부분에서도 저주파 통과 필터의 차단 동작에서 오동작이 발생되는데, 이런 현상을 애일리아싱(Aliasing) 현상 또는 주파수 중첩 현상이라 한다.

예를 들어, 원래 입력 신호의 주파수가 $f = f_s/2 + \Delta f$ 라면, 이 성분은 나이퀴스트 주파수 $f_s/2$ 를 초과한 고주파 성분이므로, $f' = f_s - (f_s/2 + \Delta f) = f_s/2 - \Delta f$ 로 나이퀴스트 주파수 이하의 저주파 성분으로 잘못 해석된다. 이 고주파 주파수의 잘못된 해석은 저주파 성분과 서로 겹치는 주파수 영역에서 중첩의 원리에 의해 원래 저주파 성분과 진폭(크기)이 합쳐져서 결국 주파수와 크기가 왜곡되어 보이게 되고, 이로 인해 오동작으로 나타나는 것이다.

따라서, 나이퀴스트 샘플링 이론처럼 디지털 시스템에서의 샘플링 주파수는 측정 또는 처리해야 하는 아날로그 신호의 최대 주파수보다 최소 2 배 이상 빠르게 해야 한다.

안티 애일리아싱(Anti-Aliasing) 필터

앞서 (b)에서 보았듯이 디지털 필터의 대역폭 보다 2 배 이상 큰 샘플링 주파수를 사용했다면, $[-\frac{f_s}{2} \sim +\frac{f_s}{2}]$의 주파수 구간에서 주파수 중첩없이 아날로그 필터와 동일한 성능으로 신호를 처리할 수 있다.

하지만, 대부분의 실제 아날로그 신호는 대역 제한되어 있지 않으므로, (b) 경우 역시 $\frac{f_s}{2}$ 보다 큰 주파수의 아날로그 신호가 입력되며 디지털 시스템에서는 이 고주파 신호가 저주파로 잘못 복원되어 애일리아싱 현상을 일으키게 된다.

따라서, 이 디지털 시스템으로 들어올 수 있는 $\frac{f_s}{2}$ 이상의 주파수 영역 신호를 입력단에서 제거해 주어야 하는데, 이런 용도의 필터를 안티-애일리아싱(Anti-Aliasing) 필터라 한다.

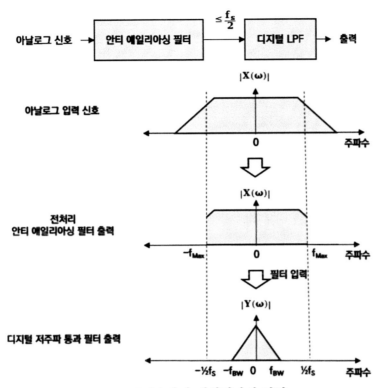

Figure I-34 안티 애일리아싱 필터

위 그림과 같이 아날로그 신호를 안티 애일리아싱 필터를 통하여 디지털 필터에서 처리 가능한 주파수 범위로 대역 제한하고, 이를 디지털 필터의 입력으로 줌으로써 아날로그 필터와 동일한 성능의 필터링이 가능하다.

이런 안티-애일리아싱(Anti-Aliasing) 필터는 일반적으로 모든 주파수 대역을 처리할 수 있는 아날로그 형태의 저주파 통과 필터를 사용하여 $\frac{f_s}{2}$ 이상의 주파수를 제거하여 디지털 필터로 제공될 수 있도록 구성된다.

2.2.3. 샘플링 주파수의 선택

나이퀴스트 샘플링 이론에 의하면 측정하려는 대역 제한(Band Limit)된 신호의 최대 주파수보다 2 배 이상 큰 샘플링 주파수를 선택하면 완전 복원 가능하다.

이는 분야마다 조금씩 다를 수 있는데, 2 배의 주파수로도 신호 복원이 가능하기 때문에 이로써 충분한 분야가 있을 수 있지만, 실시간 응답이 중요한 제어/필터 시스템에서는 보통 아래와 같은 규칙을 적용한다.

> 실시간 신호 복원 분야에서의 샘플링 주파수

실시간으로 반응을 해야 하는 제어 시스템이나 필터 시스템 등에서 샘플링 주파수는 일반적으로 나이퀴스트 샘플링 주파수보다 높은 주파수를 선택한다.

아래 그림을 보자.

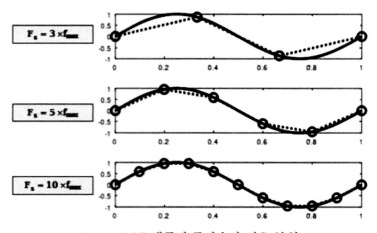

Figure I-35 샘플링 주파수와 신호 복원

위 그림과 같이 나이퀴스트 샘플링 주파수인 2 배에 여유를 둔 3 배의 샘플링 주파수를 가지고 처리하게 되더라도, 실시간 처리에서는 신호의 크기 정보가 소실될 수 있다. 물론, 더 많은 데이터를 샘플링하여 복원 알고리즘을 이용한다면 원신호를 완전히 복원할 수 있겠지만, 바로 반응해야 하는 실시간 응용 분야에서는 적당하지 않다.

하지만, 10 배의 샘플링 주파수를 가지면, 별도의 복원 기법을 사용하지 않더라도 신호의 위상, 크기, 파형의 모양 특성을 충분히 정확하게 취득하여 처리할 수 있게 된다.

 이런 이유로, 실시간 신호의 위상, 크기, 모양 등이 중요한 영역인 제어 영역이나 필터 영역 등에서는 처리해야 할 최대 주파수 f_m 에 대한 샘플링 주파수를 나이퀴스트 이론 $f_s > 2f_m$ 보다 높은 10 배 이상을 경험 규칙으로 사용한다.

 시스템의 속도 한계로 10 배 이상의 샘플링이 어려운 경우 최소 5 배 이상은 지키도록 한다.

$$f_s \geq 10f_m$$

 따라서, 필터 시스템에서는 샘플링 주파수 f_s 를 설계한 대역폭 f_{BW} 의 5 ~ 10 배 이상으로 선정할 수 있다.

 제어 시스템에서는 5 ~ 10 배 이상이라는 조건은 같지만, 대역폭 기준 외에 안정성을 위하여 조금 더 신경써야 할 부분이 있는데, 이에 대해서는 PID 제어기의 샘플링 주파수 편에서 살펴보도록 할 것이다.

3. 신호의 주파수 성분 분해

이번 장에서는 신호를 정현파들로 분해하는 수학적 도구에 대해 살펴보도록 한다.

이런 신호의 분해는 정보의 분석 및 해석을 더욱 쉽게 한다. 예를 들어 음성 신호 분해의 경우 한 음성이 어떤 주파수의 정현파들로 구성되어 있는가를 해석하여, 음성 인식, 음성 구분 등의 분야에 활용될 수 있다.

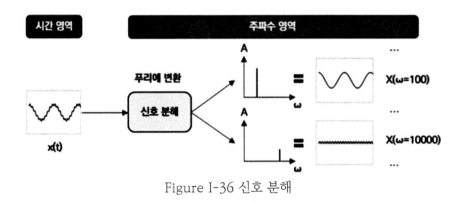

Figure I-36 신호 분해

위 그림과 같이 연속 시간의 임의의 신호에 포함된 각 정현파들을 주파수별로 분해하는 이론은 푸리에 급수와 푸리에 변환이다.

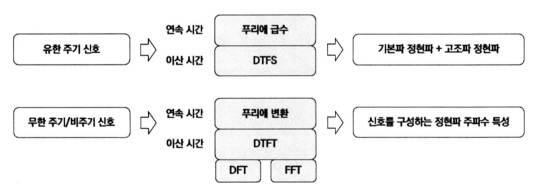

Figure I-37 연속 시간과 이산 시간의 주파수 해석 도구

연속 시간의 푸리에 급수(Fourier Series)는 주기 신호에 대해서 정의되며, 푸리에 변환(Fourier Transform)은 주기/비주기의 모든 신호에 대해 구성하고 있는 다양한 주파수의 정현파들로 분해할 수 있는 수학적 방법을 제공한다.

이 연속 시간 영역의 푸리에 급수와 푸리에 변환 이론을 디지털 시스템의 이산 시간에 적용하기 위하여 나온 이론들이 푸리에 급수에 대응되는 DTFS(Discrete Time Fourier Series, 이산 시간 푸리에 급수)와 푸리에 변환에 대응되는 DTFT(Discrete Time Fourier Transform, 이산 시간 푸리에 변환) 이다.

위의 변환들은 임의의 신호에 대한 주파수 성분을 이론적인 수식으로 분해하고 해석할 수 있는 힘을 가진 이론들이다.

실제 이산 데이터를 가지고 신호를 분해하고 분석하기 위해서는 디지털 영역에서 구현해야 하는데, 위의 푸리에 변환을 이산 시간으로 변환하는 DTFT 이론은 무한 샘플링 데이터 수로 정의되므로, 현실적으로 구현할 수 없다.

이런 디지털 구현에 사용되는 도구가 유한한 데이터로 해석할 수 있도록 DTFT 이론에서 유도된 DFT(Discrete Fourier Transform, 이산 푸리에 변환)와 FFT(Fast Fourier Transform)이다.

이번 장에서는 시간 영역과 주파수 영역에 대한 충분한 이해와 푸리에 급수(vs DTFS) → 푸리에 변환(vs DTFT, DFT, FFT) → 라플라스 변환(vs Z 변환) → 전달함수로 이어지는 일련의 이론 흐름에 대한 이해를 목표로 한다.

변환 연산의 선형성

이 장에서 보게 될 푸리에 급수, DTFS, 푸리에 변환, DTFT, DFT, FFT 변환 연산들은 모두 아래와 같이 선형성을 가진다. 다음 장에서 보게 될 라플라스 변환과 Z 변환도 마찬가지로 선형성을 가진다.

$$F\{ax(t) + by(t)\} = aF\{x(t)\} + bF\{y(t)\}$$

즉, 복합 신호의 변환은 각 신호들을 변환하여 더한 결과와 동일하다. 예를 들어, $y(t) = 10t + 2e^{-t}$ 를 라플라스 변환하려면, $\mathcal{L}\{y(t)\} = 10\mathcal{L}\{t\} + 2\mathcal{L}\{e^{-t}\}$와 같이 따로 변환하여 더하면 되므로, 연산이 간단하고 편리해진다.

이와 같이 이런 변환의 선형성은 매우 중요한 특성으로, 복잡한 시스템과 신호의 분석 및 설계를 크게 단순화할 수 있다.

3.1. 시간 영역과 주파수 영역

시간 영역(Time Domain)에서의 신호를 보고 주파수 영역(Frequency Domain)에서의 해석이 필요한 이유에 대해 이해해 보도록 한다.

시간 영역(Time Domain)에서의 신호 분석이란 시간을 변수로 시간에 따라 변하는 파형을 관찰하고 분석하는 것으로 예를 들어, 전기/전자 시스템의 전압 파형을 들 수 있다.
아래 그래프는 $x(t) = \cos\left(2\pi 10t - \frac{\pi}{3}\right) + 0.1\cos\left(2\pi 100t + \frac{\pi}{4}\right)$ 에 대한 시간 그래프이다.

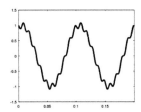

Figure I-38 시간 영역의 신호

당연히 파형의 수식을 알고 있으니, 위 파형 그래프는 크기 1 의 10Hz 정현파와 크기 0.1 의 100Hz 정현파의 합으로 구성된 신호임을 알 수 있다. 이렇게 시간의 흐름에 따른 신호의 파형을 해석하는 것을 시간 영역 해석이라 한다.
하지만, 실제 측정된 신호의 수식을 알지 못하는 경우가 대부분이며, 이렇게 수식을 알지 못하는 신호의 경우 위의 파형을 어떻게 설명할 것인가? 시간 영역에서의 해석은 이처럼 해석이 모호한 경우가 있다.

이에 반해 주파수 영역(Frequency Domain)에서의 신호 분석이란 시간 변수 대신 주파수를 변수로 신호가 어떤 주파수 성분을 가지고 있는지 분석하는 방식으로, 위 시간 영역의 신호를 아래와 같이 각각의 주파수 성분으로 분리함으로써 해석이 용이해진다.

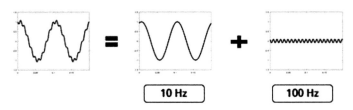

Figure I-39 신호의 분해

이렇게 분해된 정현파 신호는 아래 그림과 같이 주파수에 따른 크기와 위상을 막대 그래프로 표현할 수 있다.

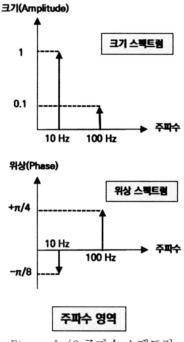

Figure I-40 주파수 스펙트럼

위의 그래프처럼 10Hz 와 100Hz 에 막대 그래프로 표시하여 신호가 1 크기의 -π/8 의 위상을 가지는 10Hz 정현파와 0.1 크기의 π/4 의 위상을 가지는 100Hz 의 정현파로 구성되어 있다는 것을 손쉽게 알아볼 수 있다.

☞ 주파수 성분(Frequency Components)

주파수 성분은 신호가 포함하고 있는 주파수를 가진 정현파들의 집합을 의미한다. 신호 x(t)에 포함된 주파수 성분은 이후 보게 될 푸리에 변환을 통해 각각의 주파수 ω 를 가진 정현파들로 분해할 수 있으며, X(ω)와 같이 표현한다.

이 X(ω)는 신호 x(t)에 포함된 ω 주파수의 정현파의 크기와 위상 정보를 가지는 복소수 형태이다.

☞ 주파수 스펙트럼(Spectrum)

스펙트럼(Spectrum)이란 주파수 성분의 특성인 크기와 위상을 주파수 순서대로 배열해 놓은 그래프이다. 위 그래프와 같이 신호를 구성하고 있는 주파수별 정현파의 신호 크기에 대한 그래프를 크기 스펙트럼(Amplitude Spectrum) 또는 진폭 스펙트럼이라 하고, 주파수별 위상에 대한 그래프를 위상 스펙트럼이라 한다. 이 둘을 합쳐 주파수 스펙트럼(Frequency Spectrum)이라 한다.

실제 시스템의 분석 및 해석에서 실제 눈으로 보이는 시간 영역의 신호 파형을 보고 분석/해석하는 것에 익숙해져 있지만, 주파수 영역과 함께 했을 때 더 많은 것을 볼 수 있다

특히, 이렇게 신호를 각각의 주파수로 분해한다는 것은 시스템 해석에 있어서 LTI 시스템에서의 중첩의 원리에 의해 분해된 정현파 신호 각각에 대한 응답을 구한 후 더해주면 복합 신호에 대한 응답을 계산할 수 있어 해석을 단순화할 수 있다는 측면에서 매우 중요하다.

이번 장에서는 신호를 주파수로 분해하는 연속 시간 영역과 이산 시간 영역에서의 방법들에 대해 각각 살펴보도록 할 것이며, 이 두 영역 간의 관계를 이해하는 것을 목표로 한다.

3.2. 푸리에 급수와 DTFS

푸리에 급수 (Fourier Series, 푸리에 시리즈)는 19 세기 프랑스의 수학자 장 밥티스트 조제프 푸리에에 의해 개발된 이론으로 "모든 주기 신호는 기본 주파수(Fundamental Frequency)의 정현파와 그의 정수배의 주파수인 정현파들의 합으로 구성된다" 라는 이론이다. 즉, 모든 주기적인 함수는 삼각 함수(사인과 코사인)의 무한 급수로 표현될 수 있다.

신호의 기본 주파수 ω_0 의 정수배 주파수를 가지는 정현파들을 고조파(Higher Harmonic Wave)라고 하며, 하모닉(Harmonic) 주파수 또는 하모닉 성분이라고도 한다. 높은 주파수를 의미하는 고주파(High Frequency Wave)와 이름이 비슷해서 혼동될 수 있지만, 전혀 다른 의미의 용어이다.

푸리에 급수는 주기 신호에 한정된다는 제약이 있는 반면, 다음 장에서 보게 될 푸리에 변환은 주기/비주기 신호 모두에 대해 분해 가능하기 때문에, 주파수를 분해한다고 하면 푸리에 변환을 의미하는 경우가 많다.
이 푸리에 변환 역시 푸리에 급수에서 나온 이론이므로 푸리에 급수 먼저 살펴보도록 한다.

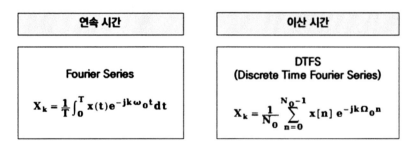

위 수식의 X_k 는 연속 시간 신호 x(t)를 구성하는 정수 k 번째 고조파(하모닉) 정현파 성분 즉, 주파수 k× ω_0 를 가지는 정현파 성분의 크기와 위상을 의미한다.

3.2.1. 연속 시간의 푸리에 급수(CTFS)

연속 주기 신호인 시간 함수 x(t) 신호를 푸리에 급수(Fourier Series, Continuous Fourier Series, CTFS)로 표현하면 아래와 같이 코사인과 사인 함수의 합으로 표현된다.

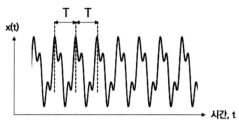

Figure I-41 주기 신호

$$x(t) \ = \ a_0 + \sum_{k=1}^{\infty} (a_k \cos(k\omega_0 t) + b_k \sin(k\omega_0 t))$$

위 푸리에 급수 수식에서 k 는 정수이며, $\omega_0 = \frac{2\pi}{T}$ 는 신호가 가지고 있는 주기에 대한 기본 주파수(Fundamental Frequency) 이고, a_0 는 신호의 주기(T)에 대한 평균을 의미하는 것으로 주파수가 0 인 DC 오프셋을 의미한다.

a_k 와 b_k 는 푸리에 계수라 하며, 아래와 같이 정의되어 x(t) 신호를 구성하고 있는 정수 k 번째 고조파들의 크기를 의미한다.

$$a_0 \ = \ \frac{1}{T}\int_0^T x(t)\,dt$$

$$a_k \ = \ \frac{2}{T}\int_0^T x(t)\cos(k\omega_0 t)\,dt$$

$$b_k \ = \ \frac{2}{T}\int_0^T x(t)\sin(k\omega_0 t)\,dt$$

> 푸리에 계수 a_k 유도

이해를 위해 푸리에 계수 a_k 의 유도 과정을 살펴보면 아래와 같다.

> •함수의 직교성

a_k 의 유도를 하기 전에 함수의 직교성에 대해 살펴보도록 한다.

아래와 같이 함수를 곱하여 일정 구간 정적분한 값이 0 이 되는 성질을 가지면 두 함수 $f(x)$와 $g(x)$는 서로 직교한다고 한다. 이런 함수의 직교성을 이용하면 푸리에 급수와 같은 특정 문제를 해결하는데 있어서 계산이 단순해지고 효율적이다.

$$\int_a^b f(x)g(x)dx = 0$$

n 과 k 가 정수인 경우 $\cos(nx)$, $\cos(kx)$가 함수의 직교성을 가지는지 알아보도록 하자.

두 함수의 직교성을 알아보기 위하여 주기 구간을 아래와 같이 적분 상수는 무시하고 정적분을 해본다.

$$\int_0^{2\pi} \cos(nx)\cos(kx)\,dx$$

아래와 같이 2 가지 경우에 대해 풀어볼 수 있다.

→ $n \mathrel{!}= k$ 인 경우

아래에서 사용되는 $\cos$ 함수의 곱은 삼각함수 공식에 의해 아래와 같다.

$$\cos(nx)\cos(kx) = \frac{1}{2}\cos(nx+kx) + \frac{1}{2}\cos(nx-kx)$$

삼각함수 공식을 이용하면, 아래와 같이 정리된다.

$$\int_0^{2\pi} \cos(nx)\cos(kx)\,dx = \int_0^{2\pi} \frac{1}{2}\cos(nx+kx)\,dx + \int_{-\pi}^{\pi} \frac{1}{2}\cos(nx-kx)\,dx$$
$$= \frac{1}{2}\left[\frac{1}{n+k}(\sin((n+k)2\pi) - \sin(-(n+k)0))\right] + \frac{1}{2}\left[\frac{1}{n-k}(\sin((n-k)2\pi) - \sin(-(n-k)0))\right]$$
$$= 0$$

위와 같이 0 이 되는 것을 볼 수 있다.

→ $n = k$ 인 경우

아래에서 사용되는 $\cos^2$ 함수는 삼각함수 공식에 의해 아래와 같다.

$$\cos^2(kx) = \frac{1}{2}(1 + \cos(2kx))$$

이 공식을 이용하면 아래와 같이 정리된다.

$$\int_0^{2\pi} \cos(nx)\cos(kx)\,dx = \int_0^{2\pi} \cos^2(kx)\,dx = \int_0^{2\pi} \frac{1}{2}(1 + \cos(2kx))\,dx$$
$$= \frac{1}{2}[2\pi - 0] + \frac{1}{2}\left[\frac{1}{2k}\sin((2k)2\pi) - \sin((2k)0)\right] = \pi$$

마찬가지로 $\sin$ 함수와 $\cos$ 함수는 직교성을 가지는데 이는 아래 삼각함수 공식으로 쉽게 유도해볼 수 있다.

$$\sin(nx)\cos(kx) = \frac{1}{2}\sin(nx + kx) + \frac{1}{2}\sin(nx - kx)$$

•푸리에 계수 a_k 유도

위에서 본 함수의 직교성 성질을 이용하여 푸리에 급수 수식으로부터 a_k를 유도해 보도록 하자.

$$x(t) = \sum_{k=0}^{\infty}(a_k\cos(k\omega_0 t) + b_k\sin(k\omega_0 t))$$

위의 푸리에 급수 수식의 양변에 $\cos(n\omega_0 t)$를 곱해 보도록 한다.

$$x(t)\cos(n\omega_0 t) = \sum_{k=0}^{\infty}(a_k\cos(k\omega_0 t)\cos(n\omega_0 t) + b_k\sin(k\omega_0 t)\cos(n\omega_0 t))$$

양변을 정현파의 한 주기인 $0 \sim 2\pi$ 까지 정적분을 해보면 아래와 같다.

$$\int_0^{2\pi}x(t)\cos(n\omega_0 t)\,dt$$
$$= \int_0^{2\pi}\sum_{k=0}^{\infty}(a_k\cos(k\omega_0 t)\cos(n\omega_0 t))\,dt + \int_0^{2\pi}\sum_{k=0}^{\infty}(b_k\sin(k\omega_0 t)\cos(n\omega_0 t))\,dt$$

에서 sin 과 cos 는 위에서 본 것과 같이 직교 관계에 있기 때문에 곱의 적분은 0 이 되고, cos 함수의 곱만 신경쓰면 된다.

$$\int_0^{2\pi}x(t)\cos(n\omega_0 t)\,dt = \int_0^{2\pi}\sum_{k=0}^{\infty}(a_k\cos(k\omega_0 t)\cos(n\omega_0 t))\,dt$$

위에서 본 바와 같이 k 와 n 이 다른 경우에는 0 이 되고 오직 k 와 n 이 같은 경우에만 π 값을 가지게 된다. 즉, k = n 일 때만 값을 가지며, 아래와 같다.

$$\int_0^{2\pi}x(t)\cos(k\omega_0 t)\,dt = a_k\pi \rightarrow a_k = \frac{1}{\pi}\int_0^{2\pi}x(t)\cos(k\omega_0 t)\,dt$$

결국 주기 2π 를 주기 T 로 두면 아래와 같이 표현할 수 있다

$$a_k = \frac{2}{T}\int_0^{T}x(t)\cos(k\omega_0 t)\,dt$$

이와 같은 방식으로 푸리에 계수 b_k 도 구해볼 수 있다.

가. 푸리에 급수로 보는 구형파(Square wave)

양의 구형파는 신호의 한 주기 내에서 HIGH 구간 시간과 LOW 구간 시간이 같은 즉, 듀티 (Duty)가 50%인 펄스 신호를 의미하는데, 예를 들어 전기/전자 시스템의 클럭 파형 등 자주 언급되는 신호 파형이므로 이에 대해 알아보도록 한다.

Figure I-42 구형파

위 구형파는 평균을 빼면, f(x) = -f(-x)인 신호가 되는데, 이런 신호를 기함수(Odd Function)라 하며, 기함수는 푸리에 급수로 풀이하면 cos 항은 없고 sin 항인 b_k 만 남게 된다. 반대로 우함수(Even Function) 즉, f(x) = f(-x)일 경우 cos 항인 a_k 만 남게 된다 는 것을 염두해 두고 아래 풀이 과정을 보도록 하자.

우선 DC 평균을 의미하는 푸리에 계수 a_0 는 아래와 같이 구해질 수 있다.

$$a_0 \ = \ \frac{1}{T}\int_0^T x(t)\,dt \ = \ \frac{1}{T}\int_0^{\frac{T}{2}} A\,dt + \frac{1}{T}\int_{\frac{T}{2}}^T 0\,dt \ = \ \frac{A}{2}$$

기함수에서의 a_k 는 0 이 나오게 되는데 아래와 같다. $[\frac{T}{2} \sim T]$ 구간은 위 구형파 그림과 같 이 0 이므로 생략하고, $\omega_0 = \frac{2\pi}{T}$ 이므로 이를 대입하여 풀어보도록 한다.

$$a_k \ = \ \frac{2}{T}\int_0^T x(t)\cos(k\omega_0 t)\,dt \ = \ \frac{2}{T}\int_0^{\frac{T}{2}} A\cos\left(k\frac{2\pi}{T}t\right)dt \ = \ \frac{A}{k\pi}\sin\left(k\frac{2\pi}{T}t\right)\Big|_0^{\frac{T}{2}} \ = \ 0$$

b_k 는 아래와 같이 구해질 수 있다.

$$b_k \ = \ \frac{2}{T}\int_0^T x(t)\sin(k\omega_0 t)\,dt \ = \ \frac{2}{T}\int_0^{\frac{T}{2}} A\sin\left(k\frac{2\pi}{T}t\right)dt \ = \ -\frac{A}{k\pi}\cos\left(k\frac{2\pi}{T}t\right)\Big|_0^{\frac{T}{2}}$$
$$= \ -\frac{A}{k\pi}\left(\cos(k\pi) - \cos(0)\right)$$

결국, b_k 는 아래와 같이 홀수의 고조파 성분들만 남게 된다.

$$b_k = \begin{cases} 0 & : k = even \\ \dfrac{2A}{k\pi} & : k = odd \end{cases}$$

즉, 양의 구형파는 아래와 같이 평균값 $\frac{A}{2}$ 인 DC 항이 있는 형태가 되며, 1, 3, 5... 홀수 고조파들의 합으로 구성된다.

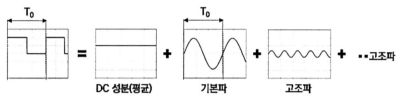

Figure I-43 구형파의 푸리에 급수

결국, 위의 구형파는 아래와 같이 홀수의 고조파들의 합으로 구성됨을 알 수 있다.

$$x(t) = \frac{A}{2} + \frac{2A}{\pi}\left(\sin(\omega_0 t) + \frac{1}{3}\sin(3\omega_0 t) + \frac{1}{5}\sin(5\omega_0 t) + \cdots\right)$$

$$\omega_0 = \frac{2\pi}{T}, A = Amplitude$$

위 구형파의 주파수 특성을 주파수 스펙트럼으로 표시하면 아래와 같이 표시할 수 있다.

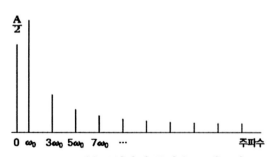

Figure I-44 구형파의 주파수 스펙트럼

기본 주파수 성분의 크기가 가장 크고, 고주파로 갈수록 고조파 신호들의 크기는 작아지는 경향을 가지는데, ω_0 에서는 $2A/\pi$, ω_{10} 에서 근사하면 $2A/10\pi$가 되므로, 데시벨 단위로 $20\log_{10}(1/10) = -20dB/decade$ 의 기울기를 가진다.

아래는 MATLAB/OCTAVE 를 이용하여 DC 항과 기본 주파수 정현파에 고조파 정현파들을 더한 파형을 표시하는 코드이다.

MATLAB/OCTAVE

```
close all          % 모든 창 닫기
clear all          % 사용된 변수 초기화
t = 0:0.01:20;     % 시간
w0 = 1;            % 기본 주파수
sum = 1/2;         % 평균값
% 그래프 그리기
figure(1)
hold on
for n = 1:2:1501
    sum += 2/pi * sin(n*w0*t)/n;    % 구형파 푸리에 급수
    % 3, 15, 1501 까지의 각각의 고조파 합을 그래프로 그림
    if n == 3
        plot(t, sum, 'b:', 'linewidth', 1.2);
    elseif n == 15
        plot(t, sum, 'b', 'linewidth', 1.2);
    elseif n == 1501
        plot(t, sum, 'k', 'linewidth', 2.0);
    endif
endfor
hold off
grid on
legend('3w0', '15w0', '1501w0')
title('Building square wave')
```

위 코드를 실행하면 아래와 같이 DC 항과 기본 주파수 정현파에 고조파 정현파들을 3 고조파까지 더한 파형, 15 고조파까지 더한 파형, 1501 고조파까지 더한 파형이 그려진다.

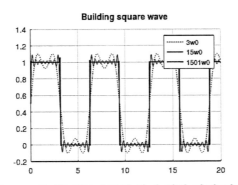

Figure I-45 고조파들의 합에 의한 파형 변화

이렇게 구형파 신호를 구성하고 있는 더 높은 주파수의 고조파(=고주파 하모닉) 정현파들까지 더해질수록 구형파 신호에 근접해가는 것을 볼 수 있으며, 무한대 고조파까지 계속 더하면 구형파와 완전히 동일한 파형이 된다. 즉, 정확한 구형파가 되기 위해서는 푸리에 급수에 의해 구해진 정확한 크기의 모든 고조파들의 합이 필요하다.

또한, 위 결과에서 고주파의 고조파들이 더해질수록 파형의 상승 시간이 빨라지고 있음에 주목한다. 이후 저주파 통과 필터를 통과하면 왜 파형의 상승이 느려지는가에 대해서 살펴볼 것이다.

앞서 본 구형파는 듀티비가 50%인 파형 즉 HIGH 구간과 LOW 구간의 시간이 같은 파형이며, 실제 디지털 신호는 듀티비가 50%가 아닌 펄스(Pulse) 신호인 경우가 많다. 이런 경우 아래 주파수 스펙트럼과 같이 홀수의 고조파뿐 아니라 짝수의 고조파도 함께 구성된다.

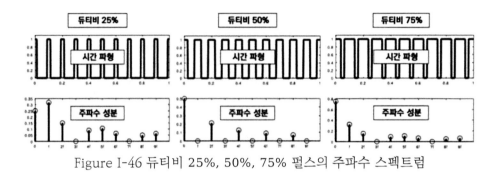

Figure I-46 듀티비 25%, 50%, 75% 펄스의 주파수 스펙트럼

나. 푸리에 급수의 복소 지수 형태

앞서 푸리에 급수에 대한 수식으로 살펴보았지만, 사실 실제 연산에서는 복소 지수 형태가 많이 사용된다.

> **오일러 공식**

오일러 공식은 복소수 지수 함수를 아래와 같이 삼각함수 형태로 나타낸 식을 말하는데, 수학적 계산의 편이를 위한 매우 유용한 공식이다.

$$e^{j\phi} = \cos\phi + j\sin\phi$$

이 공식에 의해, $e^{j\pi}, e^{j2\pi}$ 는 아래와 같이 각각 -1 과 1 이 됨을 알 수 있다.

$$e^{j\pi} = \cos\pi + j\sin\pi = -1$$

$$e^{j2\pi} = \cos 2\pi + j\sin 2\pi = 1$$

또한, 삼각함수에 대해 아래와 같이 복소수 지수로 나타낼 수 있다.

$$\cos\phi = \frac{e^{j\phi} + e^{-j\phi}}{2}$$

$$\sin\phi = \frac{e^{j\phi} - e^{-j\phi}}{2j}$$

앞으로 보게 될 푸리에 변환, 라플라스 변환 등에서도 삼각함수 형태가 아닌 지수 형태를 사용하는데, 그 이유는 지수 형태가 미분, 적분을 하더라도 형태를 유지하기 때문에 수학적 계산이 편리하기 때문이다.

즉, 미분에서는 $\frac{de^{at}}{dt} = ae^{at}$와 같이 형태를 유지하고, 적분에서는 $\int e^{at}dt = \frac{1}{a}e^{at}$와 같이 형태를 유지하기 때문에, 삼각함수를 다루는 것보다 수학적 계산을 쉽게 할 수 있다.

푸리에 급수의 복소 지수 형태

앞서 본 푸리에 급수의 수식을 오일러 공식을 이용하여 복소 지수 형태로 정리해보자.

푸리에 급수 수식 $x(t) = a_0 + \sum_{k=1}^{\infty}(a_k\cos(k\omega_0 t) + b_k\sin(k\omega_0 t))$ 에 오일러 공식 $\cos\phi = \frac{e^{j\phi}+e^{-j\phi}}{2}$, $\sin\phi = \frac{e^{j\phi}-e^{-j\phi}}{2j}$ 을 넣어 정리하면,

$x(t) = a_0 + \sum_{k=1}^{\infty}(a_k(\frac{e^{jk\omega_0 t}+e^{-jk\omega_0 t}}{2}) + b_k(\frac{e^{jk\omega_0 t}-e^{-jk\omega_0 t}}{2j})) = a_0 + \sum_{k=1}^{\infty}((\frac{a_k}{2} - j\frac{b_k}{2})e^{jk\omega_0 t} + (\frac{a_k}{2}+j\frac{b_k}{2})e^{-jk\omega_0 t})$ 가 된다. 여기서 $x_0 = a_0$, $x_k = \frac{a_k}{2} - j\frac{b_k}{2}$, $x_{-k} = \frac{a_k}{2} + j\frac{b_k}{2}$ 로 정의하면, 아래와 같이 정리된다.

$$x(t) = \sum_{k=-\infty}^{\infty}\left(x_k e^{jk\omega_0 t}\right)$$

이때, 복소 푸리에 계수 x_k 는 아래와 같다.

$$x_k = \frac{1}{T}\int_0^T x(t)\, e^{-jk\omega_0 t}dt$$

$x(t)$ 신호를 구성하는 정수 k 번째 고조파 정현파들의 크기와 위상을 의미하는 복소 푸리에 계수 x_k 는 다음 장에 보게 될 푸리에 변환과 매우 흡사함을 볼 수 있다.

3.2.2. 이산 시간의 푸리에 급수(DTFS)

이산 시간에서의 푸리에 급수는 이산 시간 푸리에 급수 DTFS(Discrete Time Fourier Series)라 부른다.

앞서 연속 시간과 이산 시간과의 관계에는 샘플링 시간 T_s(sec)가 다리 역할을 한다는 것과 연속 시간 t(sec)와 이산 시간 n 은 아래와 같은 관계가 있음을 보았다.

$$t \rightarrow nT_s$$

또한, 정현파에서 디지털 주파수 F(cycles/sample)와 샘플링 주파수 f_s(hz, samples/sec)가 연속 시간 주파수 f(hz, cycles/sec)와 아래와 같은 관계를 가진다. N_{Peroid} 는 이산 데이터가 주기성을 가지는 n 구간을 의미한다.

$$F = \frac{f}{f_s} \rightarrow f = F \times f_s = \frac{1}{N_{Period}} \times \frac{1}{T_s}$$

따라서, 기본 각주파수인 ω_0(rad/sec)는 아래와 같이 표현 가능하다.

$$\omega_0 = 2\pi f_0 = \frac{2\pi}{N_0 T_s}$$

여기에서, N_0 는 이산 데이터 n 의 기본 주기 구간을 의미한다.

연속 시간의 푸리에 급수 수식

$$x(t) = \sum_{k=-\infty}^{\infty} \left(x_k e^{jk\omega_0 t} \right)$$

에 위의 관계들을 적용하면 아래와 같이 된다.

$$x[n] = x(nT_s) = \sum_{k=-\infty}^{\infty} \left(x_k e^{jk \times \frac{2\pi}{N_0 T_s} \times nT_s} \right) = \sum_{k=-\infty}^{\infty} \left(x_k e^{jk\frac{2\pi}{N_0}n} \right)$$

오일러 공식에 의해

$$e^{2\pi n} = \cos(2\pi n) + j\sin(2\pi n) = 1$$

이기 때문에, 위의 수식은 [0 ~ N_0 - 1] 구간마다 반복되므로, 이산 시간 푸리에 급수 DTFS 는 아래와 같이 유한한 한 주기 구간으로 표현될 수 있다.

$$x[n] = \sum_{k=0}^{N_0-1} \left(x_k e^{jk\frac{2\pi}{N_0}n} \right)$$

k 번째 고조파 정현파의 크기와 위상 정보인 복소 DTFS 계수 x_k 는 아래와 같이 정의된다.

$$x_k = \frac{1}{N_0} \sum_{n=0}^{N_0-1} \left(x[n] e^{-jk\frac{2\pi}{N_0}n} \right)$$

DTFS x_k 유도

이해를 위해 DTFS 의 복소 DTFS 계수 x_k 의 유도 과정을 살펴보자.

• 복소 지수 함수의 직교성

앞 장에서 함수의 직교성을 살펴보았다. 여기에서는 복소 지수 함수의 직교에 대해서 살펴보도록 한다.

아래와 같이 함수를 곱하여 일정 구간 정적분한 값이 0 이 되는 성질을 가지면 직교하는데, $e^{jk\frac{2\pi}{N}n}$ 함수와 $e^{-jp\frac{2\pi}{N}n}$ 함수가 서로 직교하는지 살펴보자.

$$\sum_{n=0}^{N-1} e^{jk\frac{2\pi}{N}n} e^{-jp\frac{2\pi}{N}n} = \sum_{n=0}^{N-1} e^{j(k-p)\frac{2\pi}{N}n} = 0 \ : k! = p \ 일때$$

여기에서, k, p, n 은 정수이다.

아래와 같이 2 가지 경우에 대해 풀어볼 수 있다.

→ k = p 인 경우

$$\sum_{n=0}^{N-1} e^{j(0)} = N$$

→ k != p 인 경우

$$\sum_{n=0}^{N-1} e^{j(k-p)\frac{2\pi}{N}n}$$

위의 식은 초항은 $e^{j(k-p)\frac{2\pi}{N}}$이고, 공비가 n 인 등비 수열의 형태가 된다. 따라서, 아래와 같이 쓸 수 있다.

$$\sum_{n=0}^{N-1} e^{j(k-p)n} = \frac{1 - e^{j(k-p)\frac{2\pi}{N}N}}{1 - e^{j(k-p)\frac{2\pi}{N}}}$$

오일러 공식에 의해

$$e^{j2\pi n} = \cos(2\pi n) + j\sin(2\pi n) = 1$$

이므로,

$$\sum_{n=0}^{N-1} e^{j(k-p)n} = \frac{1 - e^{j(k-p)2\pi}}{1 - e^{j(k-p)\frac{2\pi}{N}}} = 0$$

k != p 인 경우 서로 직교한다.

• x_k 유도

위에서 본 함수의 직교성 성질을 이용하여 이산 시간 푸리에 급수 수식으로부터 x_k 를 유도해 보도록 하자.

$$x[n] = \sum_{k=0}^{N_0-1} \left(x_k e^{jk\frac{2\pi}{N_0}n} \right)$$

의 양변에 $e^{-jp\frac{2\pi}{N_0}n}$ 를 곱하고 한 주기에 대해 합을 취해보면 아래와 같다.

$$\sum_{n=0}^{N_0-1} x[n]e^{-jp\frac{2\pi}{N_0}n} = \sum_{n=0}^{N_0-1}\sum_{k=0}^{N_0-1} \left(x_k e^{jk\frac{2\pi}{N_0}n} e^{-jp\frac{2\pi}{N_0}n} \right) = \sum_{k=0}^{N_0-1} x_k \sum_{n=0}^{N_0-1} \left(e^{j(k-p)\frac{2\pi}{N_0}n} \right)$$

에서 우항은 위에서 본 직교 성질에 의해 결국 k = p 인 경우에만 0 이 아닌 값 N_0 를 가지게 된다.

$$\sum_{n=0}^{N_0-1} x[n]e^{-jp\frac{2\pi}{N_0}n} = \sum_{k=0}^{N_0-1} x_k N_0 \delta[k-p] = x_k N_0$$

따라서, x_k 는 아래와 같이 표현할 수 있다.

$$x_k = \frac{1}{N_0} \sum_{n=0}^{N_0-1} x[n]e^{-jk\frac{2\pi}{N_0}n}$$

3.3. 푸리에 변환과 DTFT

앞서 살펴본 푸리에 급수(시리즈)와 DTFS 는 주기 함수만에 대한 정의이지만, 실제 신호들은 주기 함수가 아닌 경우가 많다.

푸리에 변환(Fourier Transform)은 주기 함수만 아니라 비주기 함수에 대해서도 주파수 분해를 할 수 있다.

이 푸리에 변환에 대응되는 이산 시간에서의 이산 시간 푸리에 변환 DTFT(Discrete Time Fourier Transform) 변환 이론이 있는데, 이와 용어의 구분을 위하여 연속 시간 푸리에 변환 CTFT(Continuous Time Fourier Transform) 또는 CT 라 하기도 한다.

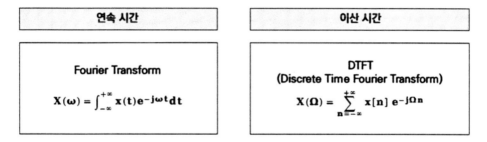

위 수식의 $X(\omega)$ 의미는 신호 x(t)에 포함되어 있는 각주파수 ω 주파수 성분을 의미하며, 정현파의 크기와 위상 정보인 복소수 형태를 가진다. 이에 대해서 살펴보도록 하자.

3.3.1. 연속 시간의 푸리에 변환(CTFT)

 푸리에 급수는 주기 함수에 대해서 정의된 반면, 푸리에 변환(Fourier Transform, Continuous Fourier Transform, CTFT)은 비주기 신호도 무한대의 주기 시간을 가진 주기 신호로 간주 가능하다는 개념으로, 푸리에 급수의 x(t) 수식에서 주기 T 를 무한대로 확장하여 비주기 함수에 대해서도 변환 가능하도록 제시된 이론이다.

 따라서, 아래 그림과 같이 시간 영역과 주파수 영역 간의 변환은 푸리에 변환과 역 푸리에 변환으로 가능하다.

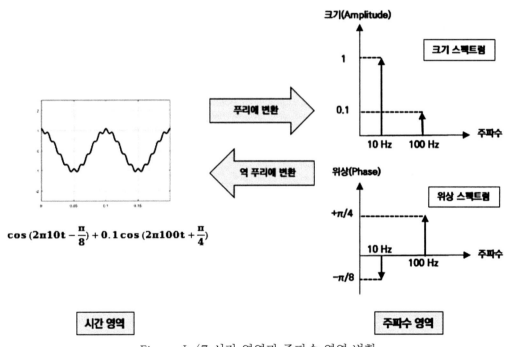

Figure I-47 시간 영역과 주파수 영역 변환

푸리에 변환 수식

푸리에 급수에서 푸리에 변환식을 유도하는 과정은 아래와 같다.
앞에서 본 신호 x(t)에 대한 푸리에 급수의 지수 형태 식에서 $\frac{1}{T} = \frac{\omega_0}{2\pi}$ 와 같이 표현 가능하고, x_k 의 수식을 넣어 정리하면 아래와 같다.

$$x(t) = \sum_{k=-\infty}^{\infty} \left(x_k e^{jk\omega_0 t} \right) = \sum_{k=-\infty}^{\infty} \left(\frac{1}{T} \int_{-\frac{T}{2}}^{\frac{T}{2}} x(t) e^{-jkw_0 t} dt \right) e^{jk\omega_0 t}$$

$$= \sum_{k=-\infty}^{\infty} \left(\frac{\omega_0}{2\pi} \int_{-\frac{T}{2}}^{\frac{T}{2}} x(t) e^{-jkw_0 t} dt \right) e^{jk\omega_0 t}$$

여기에서 주기 T 가 ∞로 가게 되면, 결국 주파수 ω_0가 무한히 작은 값 즉, 무한소가 되므로, 무한히 작은 실수 ω_0의 정수 k 배인 $k\omega_0$는 연속적인 실수 ω 로 두어, x(t) 신호는 아래와 같이 무한대 적분으로 표현할 수 있다.

$$x(t) = \frac{1}{2\pi} \int_{-\infty}^{\infty} \left\{ \int_{-\infty}^{\infty} x(t) e^{-j\omega t} dt \right\} e^{j\omega t} d\omega$$

이를 역 푸리에 변환이라 하는데, 대괄호 안의 식을 푸리에 변환식이라 하며, 시간 함수 x(t)에 대한 푸리에 변환은 X(ω)로 표기하며, 아래와 같이 정의된다.

$$X(\omega) = \int_{-\infty}^{\infty} x(t) e^{-j\omega t} dt$$

이 X(ω)는 신호 x(t)에 포함된 ω 의 주파수 성분의 특성 즉, 정현파에 대한 크기와 위상 정보를 가지는 복소수의 형태이다.

만약, 신호 x(t)가 주파수 f 인 정현파 성분을 포함하는지 알아보기 위하여 푸리에 변환한 결과가 X(2πf) = a + jb 의 복소수 형식으로 되었다면, 신호에 포함된 주파수 f 인 정현파 신호의 크기(Amplitude)와 위상(Phase)은 아래와 같다.

$$크기(Amplitude) = |X(2\pi f)| = \sqrt{a^2 + b^2}$$

$$위상(Phase) = \angle(X(2\pi f) = \tan^{-1}\frac{b}{a}$$

주파수 스펙트럼은 이런 방식으로 주파수를 0Hz 부터 증가시켜 가며 푸리에 변환으로 계산된 주파수 특성 X(ω)를 각각의 주파수 위치에 해당 정현파의 크기와 위상을 막대로 그린 그래프이다.

푸리에 변환 주파수 특성 $X(\omega)$를 반대로 시간 함수 $x(t)$로 재구성하는 변환이 위에서 유도했던 역 푸리에 변환(Inverse Fourier Transform)이며, 아래와 같이 표현할 수 있다.

$$x(t) = \frac{1}{2\pi}\int_{-\infty}^{\infty} X(\omega)e^{j\omega t}d\omega$$

푸리에 변환 예제

아래와 같은 간단한 지수 함수에 대해 푸리에 변환을 해보도록 하자.

$$x(t) = e^{-t} \quad (t > 0)$$

푸리에 변환 수식에 넣어 계산하면 아래와 같다.

$$X(\omega) = \int_0^\infty e^{-t}e^{-j\omega t}dt = \int_0^\infty e^{(-1-j\omega)t}dt = \frac{-1}{1+j\omega}e^{(-1-j\omega)t}\Big|_0^\infty = \frac{1}{1+j\omega}$$

결국, e^{-t}에 포함된 정현파들의 크기와 위상은 아래와 같다.

$$|X(\omega)| = \left|\frac{1}{1+j\omega}\right| = \frac{1}{\sqrt{1^2+\omega^2}} \qquad \arg(X(\omega)) = -\arctan\left(\frac{\omega}{1}\right)$$

아래는 주파수 ω 를 0 부터 증가시키며 구한 $X(\omega)$에 대한 크기와 위상 스펙트럼이다.

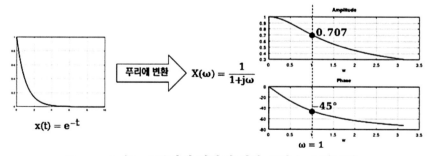

Figure I-48 e^{-t} 푸리에 변환에 의한 주파수 스펙트럼

이 지수 함수에 포함된 $\omega = 1$ 주파수 성분인 정현파의 크기는 $|X(\omega = 1)| = \left|\frac{1}{1+j1}\right| = \frac{1}{\sqrt{1^2+1^2}} = \frac{1}{\sqrt{2}} \approx 0.707$ 이 된다.

3.3.2. 이산 시간의 푸리에 변환 DTFT

이산 시간의 푸리에 변환은 이산 시간 푸리에 변환 DTFT(Discrete Time Fourier Transform)라 부른다. 이산 시간 푸리에 변환 DTFT 의 수식은 아래와 같다.

$$X(\Omega) = \sum_{n=-\infty}^{\infty} \left(x[n]e^{-j\Omega n} \right)$$

연속 시간의 푸리에 변환과 마찬가지로 이산 시간에서는 이 DTFT 변환 복소수인 $X(\Omega)$를 통해서 주파수 성분들의 이득과 위상을 구할 수 있다.

디지털 각주파수 Ω 는 연속적인 실수로 $0 \leq \Omega < 2\pi$의 범위를 가진다. 따라서, 아래와 같이 반복된다.

$$X(\Omega) = X(\Omega + 2\pi)$$

위 DTFT 수식에서 보듯이, $x[n]$의 절대값이 총합이 수렴해야 즉, 유한해야 이 DTFT 변환이 존재할 수 있다.

$$\sum_{n=-\infty}^{\infty} |x[n]| < \infty$$

역 이산 시간 푸리에 변환 DTFT 의 수식은 아래와 같다. 이는 위의 $X(\Omega)$를 아래 수식에 넣어 보면 알 수 있다.

$$x[n] = \frac{1}{2\pi} \int_{0}^{2\pi} X(\Omega)e^{j\Omega n}d\Omega$$

DTFT 유도

연속 시간 역 푸리에 변환 수식인 $x(t) = \frac{1}{2\pi} \int_{-\infty}^{\infty} \{ \int_{-\infty}^{\infty} x(t)e^{-j\omega t}dt \} e^{j\omega t}d\omega$ 에 이산 데이터와 연속 신호의 $x[n] = x(nT_s)$ 의 관계로 t 대신 nT_s 를 대입하고, $\Omega = \omega T_s$ 관계를 이용하여 DTFS 수식을 간단하게 유도할 수 있다. 여기에서는 푸리에 변환 수식에서 DTFS 수식을 유도해 보도록 하자.

이산 데이터의 n 번째 샘플 x[n]은 연속 시간 함수 x(t)에서 샘플링 시간 T_s 로 x(nTs)와 같이 표현 가능하다. 따라서, 임펄스 함수와 함께 아래와 같이 표현할 수 있다.

$$x[n] = \sum_{n=-\infty}^{\infty} x(nT_s)\delta(t - nT_s)$$

이것을 연속 시간 푸리에 변환 CTFT 수식에 적용시켜 보자.

$$X(\omega) \;=\; \int_{-\infty}^{\infty} x(t)e^{-j\omega t}dt$$

$$X(\omega) \;=\; \int_{-\infty}^{\infty} \sum_{n=-\infty}^{\infty} (x(nT_s)\delta(t - nT_s))e^{-j\omega t}dt \;=\; \sum_{n=-\infty}^{\infty} x(nT_s) \int_{-\infty}^{\infty} \delta(t - nT_s)e^{-j\omega t}dt$$

에서 $\delta(t - nT_s)$는 nT_s 에서만 1 의 값을 가지므로 아래와 같이 정리된다.

$$X(\omega) = \sum_{n=-\infty}^{\infty} x(nT_s)\, e^{-j\omega n T_s}$$

디지털 주파수 $F = \frac{f}{f_s}$의 관계이므로, 연속 시간 각주파수 ω 는 디지털 각주파수로 Ω/T_s 가 된다. 따라서, 아래와 같이 정리할 수 있다.

$$X(\omega) = X\left(\frac{\Omega}{T_s}\right) = X_{DT}(\Omega) = \sum_{n=-\infty}^{\infty} x(nT_s)\, e^{-j\omega n T_s} = \sum_{n=-\infty}^{\infty} x[n]\, e^{-j\Omega n}$$

3.4. 주파수 해석 도구 DFT 와 FFT

 앞서 보았듯이 푸리에 변환(CTFT, Continuous Time Fourier Transform)이 연속 시간에 대한 주파수 분석 방법인데, 푸리에 변환을 이산 데이터 처리를 할 수 있는 형식으로 바꾼 것이 DTFT 이다. 이 DTFT 이론은 이산 신호 함수 또는 이산 전달함수 등에 대해 수학적으로 주파수 해석을 할 수 있는 힘이 있는 이론이다.
 이후 보게 될 연속 시간의 라플라스 변환, 이산 시간의 Z 변환의 주파수 영역 해석은 이 푸리에 변환과 DTFT 이론들로 해석할 수 있다.

 여기에서 살펴볼 DFT 와 FFT 는 이런 이론적인 해석이 아니라, 실제 샘플링된 이산 데이터를 이용하여 소프트웨어 또는 디지털 로직으로 신호에 포함된 주파수 성분을 분해할 수 있도록 구현할 수 있는 도구들로 이 장에서 살펴보도록 한다. 이 중 DFT 는 제어 시스템 편의 주파수 응답 측정 편에서 실제 사용하게 될 것이다.

 실제 구현에서는 DTFT 수식과 같이 무한대 개수의 샘플 N 을 다룰 수 없기 때문에, 유한한 개수의 이산 데이터로 주파수 분석을 할 수 있도록 나온 도구가 이산 푸리에 변환 DFT(Discrete Fourier Transform)이다.

 이 DFT 변환은 $O(N^2)$의 연산량으로 계산량이 많아 속도가 느리다는 단점을 가지는데, 이 느린 속도를 극복하기 위하여 나온 것이 고속 푸리에 변환 FFT(Fast Fourier Transform)이며 $O(N\log(N))$의 연산량을 가진다.
 따라서, FFT 는 DFT 와 같으며 연산 속도를 빠르게 하기 위한 기법이 들어간 도구로 보면 되겠다.

유한한 이산 데이터 도구

DFT
(Discrete Fourier Transform)

$$X[k] = \sum_{n=0}^{N-1} x[n]\, e^{-jk\frac{2\pi}{N}n}$$

FFT
(Fast Fourier Transform)

빠른 DFT 계산 도구

3.4.1. 이산 푸리에 변환 DFT

아래는 앞서 보았던 이산 시간 푸리에 변환(DTFT, Discrete Time Fourier Transform)의 수식이다.

$$X(\Omega) = \sum_{n=-\infty}^{\infty} x[n]e^{-j\Omega n} : \Omega = \omega T_s$$

이 수식에 대해 n 을 유한한 N(총 샘플링 수)으로 정의하여, n = 0, 1, 2, ..., N - 1 에 대해서만 고려하면 아래와 같이 적용해 볼 수 있다.

$$X(\Omega) = \sum_{n=0}^{N-1} \left(x[n]e^{-j\Omega n} \right)$$

이 DTFT 의 디지털 각주파수 Ω 는 $0 \le \Omega < 2\pi$의 주기를 가지며, 연속적인 실수이기 때문에 주파수 영역에서의 $X(\Omega)$는 연속적이다.
이 Ω 의 주기를 N 등분하고, 정수인 k 를 곱하여 아래와 같이 정의해보자.

$$\Omega_K = k \times \Delta\Omega = k \times \frac{2\pi}{N}$$

정수 k 는 주파수 번호로 0 ~ N - 1 까지 범위를 가지게 된다. 이에 따라, $X(\Omega)$를 아래와 같이 정의해 볼 수 있다.

$$X(\Omega_k) = X(k \times \frac{2\pi}{N}) = X[k]$$

이런 이유로, DFT 의 수식은 아래와 같이 정의되며, 이 수식이 소프트웨어 또는 디지털 구현을 통해 주파수 분해를 할 때 사용되는 수식이 된다.

$$X[k] = \sum_{n=0}^{N-1} x[n]e^{-j\frac{2\pi k}{N}n} = \sum_{n=0}^{N-1} x[n]\left(\cos\left(\frac{2\pi k}{N}n\right) - j\sin\left(\frac{2\pi k}{N}n\right)\right)$$

(k: 주파수 번호 정수, N: 샘플 데이터 개수 정수, n: 샘플 데이터 번호 정수)

X[k]는 DTFT 를 N 등분한 k 번째 주파수 성분으로 복소수로 표시되며, 크기와 위상 정보를 가진다.

위의 식에 k 대신 k + N 을 대입해도 $e^{-j2\pi k} = \cos(2\pi k) - j\sin(2\pi k) = 1$이므로 똑같아 지는 것을 볼 수 있듯이, 주파수응답 X[k]는 N 을 주기로 가진다.

역 이산 푸리에 변환 IDFT(Inverse DFT)는 아래와 같다. 위의 X[k]를 수식에 넣어보면 이렇게 되는 것을 바로 알 수 있을 것이다.

$$x[n] = \frac{1}{N} \sum_{k=0}^{N-1} X[k] e^{j\frac{2\pi k}{N}n}$$

가. DTFT 와 DFT 의 관계

앞서 살펴본 것과 같이 DFT 는 $\Omega_K = k \times \Delta\Omega = k \times \frac{2\pi}{N}$ [k 는 0, 1, ..., N - 1 인 정수]의 관계로 인해 아래와 같이 DTFT 의 주파수 영역에서 2π 주파수 주기를 가지는 연속적인 X(Ω)를 N 등분하여 샘플링한 결과와 같다.

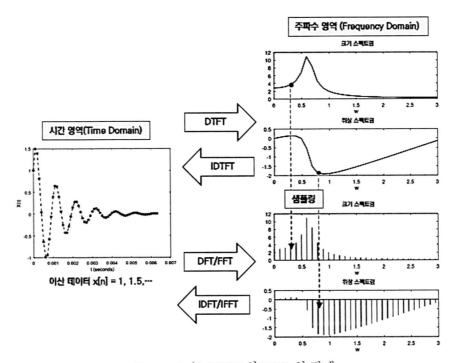

Figure I-49 DTFT 와 DFT 의 관계

이런 이유로 DTFT 가 주파수 영역에서 연속이었지만, DFT 는 이 연속적인 주파수 영역을 다시 샘플링한 것이므로 주파수 영역에서도 이산적이다.

나. 정수 주파수 번호 k 와 연속 시간 주파수 f_k 와의 관계

DTFT 의 Ω 대신 Ω 주기 2π 를 총 샘플링 데이터 개수인 N 으로 등분한 후 k 번째 항을 의미하는 Ω_k 에 대한 DTFT 이므로, DFT X[k]를 DTFT X(Ω)에 대해 아래와 같이 표현할 수 있다.

$$X[k] = X(\Omega_k) = X\left(\frac{2\pi}{N}k\right)$$

정현파에서 디지털 각주파수 Ω 와 연속 시간 각주파수 ω 와의 관계는 아래와 같이 됨을 보았다.

$$\Omega = \omega T_s$$

위 수식에서 T_s 는 샘플링 주기를 의미한다. 따라서, 아래와 같이 표현할 수 있다.

$$\Omega_k = \frac{2\pi}{N}k = \omega_k T_s = \frac{2\pi f_k}{f_s} \rightarrow f_k = k \times \frac{f_s}{N}$$

이렇게 DFT 에서의 정수인 주파수 번호 k 에 대한 디지털 주파수 응답 X[k]는 연속 시간 영역의 주파수 $f_k = k \times \frac{f_s}{N}$에 해당되는 것을 알 수 있다.

주파수 번호 k = 0 일 때의 DFT 계산은 $f_0 = 0 \times \frac{f_s}{N} = 0$ 으로 DC 성분에 대한 주파수 크기와 위상이고, 주파수 번호 k = 1 일 때의 DFT 계산은 $f_1 = 1 \times \frac{f_s}{N}$ 주파수를 가지는 정현파 성분의 크기와 위상이다.

다. 실제 신호의 크기 계산 및 표시

DFT 의 결과인 X[k]의 크기를 실제 신호의 크기로 표시하기 위해서는 샘플링 수 N 으로 나누어 주어야 하는데, DFT 결과는 대칭성이 있기 때문에 아래와 같이 다른 조건이 필요하다. 앞에서 본 역 이산 푸리에 변환 IDFT 수식에 1/N 이 있었음을 기억하며 아래를 보도록 하자.

X[k]에 대한 계산 결과가 주파수 특성인 $a_k + jb_k$ 의 복소수 형태로 나올 때, 크기(Amplitude)는 아래 그림과 같이 계산된다.

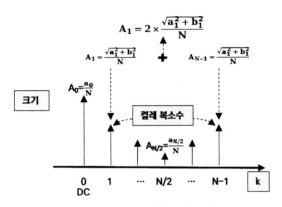

Figure I-50 크기 스펙트럼

켤레 복소수가 없는 주파수에서의 변환

위 그림은 샘플링 개수 N = 6 인 짝수의 경우로 k = 0 인 경우 DC 오프셋을 의미하며, 실수가 되므로, 실제 신호의 크기는 계산 결과의 크기를 샘플링 수 N 으로만 나누어 주면 된다.
이와 같이 켤레 복소수가 없는 주파수에서 DFT 결과로 실제 신호 크기로의 변환은 아래와 같이 구할 수 있다.

$$\text{켤레 복소수가 없는 경우} \quad \frac{|X[k]|}{N}$$

마찬가지로, $k = \frac{N}{2}$에서는 복소수의 부분은 0 이되며 실수만 나오게 되므로 k = 0 에서와 마찬가지로 N 으로 나누어 주면 된다.

켤레 복소수가 있는 주파수에서의 변환

$1 \le k < \frac{N}{2}$ 구간의 X[k]는 $\frac{N}{2}$ 을 기준으로 대칭으로 켤레 복소수의 형태로 나오게 되는데, 이는 $\frac{f_s}{2}$에서 대칭되는 것과 같다. DFT 수식은 $X[k] = \sum_{n=0}^{N-1} x[n]e^{-j\frac{2\pi k}{N}n}$ 이므로, N - k 에 대한 $X[N-k] = \sum_{n=0}^{N-1} x[n]e^{-j\frac{2\pi(N-k)}{N}n} = \sum_{n=0}^{N-1} x[n]e^{j\frac{2\pi k}{N}n}$가 되어 $\frac{N}{2}$을 대칭으로 켤레 복소수의 형태가 나오게 되고, 서로 동일한 크기를 가지게 됨을 확인할 수 있다.

에너지 보존 법칙에 의해 시간 영역과 주파수 영역의 에너지는 동일해야 하기 때문에, 실제 시간 영역 신호의 크기는 $A = \frac{|a_k+ib_k|}{N} + \frac{|a_k-ib_k|}{N} = \frac{|a_k+ib_k|}{N} \times 2$ 와 같이 구해질 수 있다. 즉, 실제 신호의 크기는 복소수와 켤레 복소수가 하나의 짝이 되어 서로 크기를 나누어 갖는 형태로 이해할 수 있다.

따라서, 켤레 복소수가 있는 주파수에서 DFT 결과로 실제 신호 크기로의 변환은 아래와 같이 구할 수 있다.

$$\text{켤레 복소수가 있는 경우 } 2 \times \frac{|X[k]|}{N}$$

주파수 스펙트럼 표시

주파수 스펙트럼을 그릴 때는 $\frac{N}{2}$ 까지만 그리는 단방향(One-side)의 경우 신호의 실제 크기로 그리고, 위와 같이 N - 1 까지 양방향(Both-Side)을 모두 그리는 경우의 A_1 은 2 를 곱해주지 않은 값으로 켤레 복소수에서와 크기가 나누어진 것으로 그린다.

라. 주파수 중첩 없는 DFT 조건

이산 시간의 DFT 를 하기 위해서는 샘플링 주파수 f_s 의 주기로 아날로그 신호를 취득한 이산 데이터가 있어야 한다.

이때, 알고자 하는 f_{target} 주파수 성분을 측정하기 위하여 샘플링을 할 경우 주파수의 중첩이나 왜곡이 없기 위해서는 아래 조건을 만족해야 한다.

(1) 샘플링 주파수 f_s 는 나이퀴스트 샘플링 이론에 의거 $f_s \geq 2f_{target}$ 이어야 한다.
(2) 측정하려는 주파수 $f_{target} = \frac{f_s}{N} \times k$의 조건을 만족하는 정수 k 가 있어야 한다.
(3) 측정하려는 신호의 주기는 최소 한 주기 이상은 있어야 주파수 중첩이나 왜곡이 발생하지 않는다. 따라서, 언제나 완전한 1 주기 이상을 가지기 위해서는 최소 2 주기의 샘플 데이터 이상을 가질 수 있도록 총 샘플링 데이터 개수 N 을 선정하는 것이 좋다.

마. MATLAB/OCTAVE 를 이용한 DFT 의 구현 이해

위에서 살펴본 DFT 의 수식들을 MATLAB/OCTAVE 를 이용하여 구현해 보면서, 이해를 해보도록 한다.

아래는 DFT 를 이용하여 임의의 시간 함수 $x = \cos(2 \times \pi \times 10 \times t + \frac{\pi}{3}) + 0.3 \times \cos(2 \times \pi \times 100 \times t)$에 포함된 정현파 주파수 성분들을 추출하는 코드이다.
샘플링 주파수는 1KHz 이고, N = 100 일 때, 10Hz 주파수 성분은 1KHz/100 × 1이므로 X(k = 1)이 되고, 100Hz 주파수 성분은 1KHz/100 × 10이므로 X(k = 10)이 된다.

```
MATLAB/OCTAVE
close all    % 다른 창 닫기
clear        % 변수 클리어

% 샘플링 주기 1ms(샘플링 주파수 1KHz)
Ts = 1e-3;

% data count N = 100
% N = 100 일 때, (k = 1) * 1Khz / N = 10 and (k = 10)* 1KHz / N = 100
N = 100;
% 시간 생성
t = 0:Ts:(N - 1)*Ts;

% 이산 데이터 생성
x = cos(2*pi*10*t + pi/3) + 0.3*cos(2*pi*100*t);

% DFT 연산 : k = 0 부터 N-1 까지 X(k)
for k = 0 : N - 1
  X(k + 1) = 0;
  for n = 0 : N - 1
    X(k + 1) += x(n + 1)*(cos(k*2*pi*n/N) - j*sin(k*2*pi*n/N));
  endfor
endfor

% Frequency = k * fs/N
K = 0:1:N - 1;
F = K * 1/Ts /N;

% 실제 신호의 크기 계산과 크기가 1e-6 보다 작은 경우 지움
tolerance = 1e-6;
X(abs(X) < tolerance) = 0;
Amplitude = abs(X)/N;
Angle = (angle(X)/pi * 180);

% 스펙트럼 그리기
```

```
subplot(2, 1, 1)
stem(F, Amplitude, 'k')
ylabel('amplitude');
xlabel('frequency');
title('DFT Example')
grid on     %그리드 표시 ON
subplot(2, 1, 2)
stem(F, Angle, 'k')
ylabel('degree');
grid on
```

위의 스크립트 코드의 실행 결과는 아래와 같이 양방향 크기와 위상 스펙트럼으로 나온다.

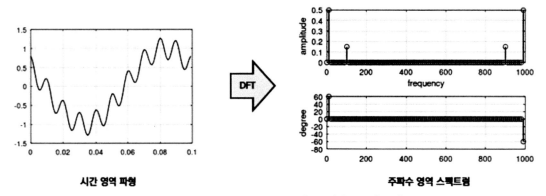

Figure I-51 DFT 를 통한 주파수 스펙트럼

크기의 경우 위에서 보듯이 N/2 을 대칭으로 켤레 복소수와 함께 반으로 나누어 가짐을 볼수 있다.

N/2 까지의 단방향 스펙트럼 그래프를 그리고자 한다면 크기에 2 를 곱해주어 N/2 까지만 그리면 된다.

3.4.2. FFT(Fast Fourier Transform)

앞서 본 DFT 변환은 많은 연산량으로 속도가 느리다는 단점을 가진다.

FFT(Fast Fourier Transform)는 이런 DFT 의 많은 계산량을 줄여 속도를 빠르게 하기 위한 분할 정복(Divide and Conquer) 방식의 도구로 주파수 분석에서 가장 많이 사용되는 데, FFT 에서의 총 샘플링 데이터의 수 N 은 2, 4, 8 과 같은 2 의 승수여야 한다. 이 장에서 는 FFT 알고리즘에 대해서 살펴보도록 한다.

가. 회전 인자(Twiddle Factor)

회전 인자 W 는 계산 수식을 간단하게 표현하기 위하여 사용되는데, 아래와 같이 정의된다.

$$W_N = e^{-j\frac{2\pi}{N}}$$

앞서 본 DFT 를 이 회전 인자 W 로 아래와 같이 간단히 표현할 수 있다.

$$X[k] = \sum_{n=0}^{N-1} x[n]e^{-jk\frac{2\pi}{N}n} = \sum_{n=0}^{N-1} x[n]W_N^{kn}$$

아래 그림처럼 회전 인자(Twiddle Factor)는 복소 평면의 단위원을 N 등분하여 W_N 을 곱 할 때마다 시계 방향으로 돌도록 되어 있는 인자이다.

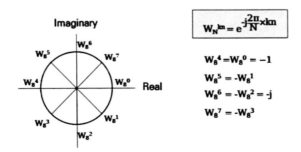

Figure I-52 N = 8 일 때의 회전 인자

N 은 이산 데이터 샘플수를 의미하며, W^{kn}_N 은 kn 이 N 번 돌면 제위치에 도달하는 주기 함수이다.

$$W^{kn}_N = W^{kn+N}_N$$

또한, kn = 0 일 경우 아래와 같이 실수 1 의 값을 가지며, kn = N/2 일 경우 -1 의 값을 가진다.

$$W^0_N = e^{-j\frac{2\pi}{N}0} = 1, \qquad W^{N/2}_N = e^{-j\frac{2\pi}{N}N/2} = e^{-j\pi} = -1$$

또한, N 과 N/2 에 대해서는 아래와 같은 관계를 가진다.

$$W^{2kn}_N = e^{-j\frac{2\pi}{N}2kn} = e^{-j\frac{2\pi}{N/2}kn} = W^{kn}_{N/2}$$

이런 회전 인자 W 의 특성은 FFT 원리를 이해하기 쉽게 하는데, 이를 바탕으로 FFT 알고리즘에 대해서 살펴보도록 한다.

나. DFT 직접 계산의 연산량

x[0] … x[7]까지의 데이터를 가지는 N = 8 인 경우 주파수 특성 X[0] ~ X[7]까지 구하는 DFT 의 연산을 보자.

$$X[k] = \sum_{n=0}^{N-1} x[n]e^{-j}W^{kn}_N : k = 0, 1, … N-1$$

$$
\begin{aligned}
X[0] &= x[0] + x[1]+..x[7]\\
X[1] &= x[0]e^{-jk\frac{2\pi}{N}0} + x[1]e^{-jk\frac{2\pi}{N}1}+..x[7]e^{-jk\frac{2\pi}{N}7}\\
X[2] &= x[0]e^{-jk\frac{2\pi}{N}0} + x[1]e^{-jk\frac{2\pi}{N}2}+..x[7]e^{-jk\frac{2\pi}{N}14}\\
X[3] &= x[0]e^{-jk\frac{2\pi}{N}0} + x[1]e^{-jk\frac{2\pi}{N}3}+..x[7]e^{-jk\frac{2\pi}{N}21}\\
&…
\end{aligned}
$$

여기에서 $W^{kn}_N = e^{-j\frac{2\pi}{N}kn}$ 의 kn 은 N 주기로 반복되는데, $W^0_8 = W^8_8 = W^{16}_8$ 이고, $W^1_8 = W^9_8 = W^{17}_8$.. 과 같다.

아래는 계산의 순서를 나타낸 신호 흐름 선도(Signal Flow Graph)로 X[1]의 계산 과정을 표현한 것이다.

신호 흐름 선도에서 +로 되어 있는 부분을 노드(Node)라 하며 보통은 원으로 표현하며, 화살표(Arrow)는 화살표에 표시한 값으로 곱하기가 되는 것을 의미한다.

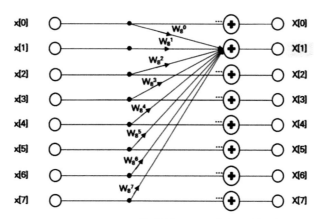

Figure I-53 X[1]에 대한 DFT 신호 흐름 선도

k = 0 ~ 7 까지의 X[k]를 구하기 위한 연산량은 N^2 즉, 총 8^2 = 64 번의 복소 곱셈 연산과
N(N - 1) 즉, 8(7 - 1) = 56 번의 복소 덧셈 연산이 필요하게 된다.
여기에서 복소 덧셈의 경우 상대적으로 연산 속도가 빨라 문제가 되지 않지만, 복소 곱셈의
연산 소요 시간이 너무 길다는 것이 문제가 된다.

이렇게 DFT 의 많은 복소 곱셈 연산에 소요되는 시간을 줄이기 위하여, FFT 는 이 DFT 연
산을 한번에 하지 말고 N 을 2 등분으로 나누어 각각 DFT 하게 되면, 개념적으로 $4^2 + 4^2$ =
32 번으로 연산 횟수가 줄어든다는 것이 기본 개념이다.

다. 시간 솎음 FFT 알고리즘

FFT 알고리즘에는 대표적으로 시간 솎음 FFT 알고리즘(Decimation in time) 과 주파수
솎음 FFT 알고리즘(Decimation in frequency)이 있다.

여기에서는 짝수 부분과 홀수 부분으로 나누어 DFT 를 하는 기수 2-시간 솎음(2^{Radix2}
Decimation in time) FFT 알고리즘을 통해 FFT 연산의 과정을 보도록 한다.
기수 2 라는 의미는 2 의 승수의 이산 데이터의 개수, 즉 N = 2^p 를 가져야 하며, 이 시간 영
역의 신호 배열을 짝수/홀수로 나누어 계산한다는 의미한다.

> **기수 2-시간 솎음 FFT 알고리즘 분할 단계**

총 이산 데이터의 개수 N 에 대해 아래에서 보게 될 단계들로 분할하여 DFT 를 처리하여 총 DFT 의 연산량을 줄인다.

이 분할 단계들을 데이터 샘플수 N 이 $2^3 = 8$ 인 FFT 의 분할을 보면서 이해해 보도록 한다.

① N/2 DFT 분할

샘플링 데이터를 짝수와 홀수로 반으로 나누어 각각 DFT 를 한 후 조합한다.

DFT 수식을 아래와 같이 홀수와 짝수로 나누어 쓸 수 있다.

$$X[k] = \sum_{n=0}^{N-1} x[n]W_N^{kn} = \sum_{n=even} x[n]W_N^{kn} + \sum_{n=odd} x[n]W_N^{kn}$$

k = 0, 1, ... , N - 1 인 정수이다.

위의 수식에서 짝수인 항은 n = 2r, 홀수인 항은 n = 2r + 1 로 놓아보자.

$$X[k] = \sum_{r=0}^{N/2-1} x[2r]W_N^{k(2r)} + \sum_{r=0}^{N/2-1} x[2r + 1]W_N^{k(2r+1)}$$
$$= \sum_{r=0}^{N/2-1} x[2r](W_N^2)^{rk} + W_N^k \sum_{r=0}^{N/2-1} x[2r + 1](W_N^2)^{rk}$$

여기에서 W_N^2 은 아래와 같이 된다.

$$W_N^2 = e^{-j(2\frac{2\pi}{N})} = e^{-j(\frac{2\pi}{N/2})} = W_{N/2}^1$$

결국 아래 식과 같게 되고, 각 짝수 DFT 와 홀수 DFT 는 G[k]와 H[k]로 둔다.

$$X[k] = \sum_{r=0}^{N/2-1} x[2r]W_{N/2}^{rk} + W_N^k \sum_{r=0}^{N/2-1} x[2r + 1]W_{N/2}^{rk} = G[k] + W_N^k H[k]$$

또한, G[k]와 H[k]는 N/2 의 주기를 가지는 주기 함수이므로 아래와 같다.

$$X\left[k + \frac{N}{2}\right] = G\left[k + \frac{N}{2}\right] + W_N^k H[k + \frac{N}{2}] = G[k] + W_N^k H[k]$$

따라서, N = 8 일 때, X[0] = G[0] + W_8^0H[0] = G[0] + H[0]이고, X[4] = G[4] + W_8^4H[4] = G[4] − W_8^0H[4] = G[0] − H[0]과 같이 되어, k = 0, 1 ... N/2 - 1 에 대해

서만 G[k]와 H[k]에 대한 복소 연산을 하면 나머지는 자동으로 알 수 있으므로, 이렇게 반으로 나누어 DFT 하는 방식이 연산량이 감소하게 된다는 것을 알 수 있다.

N = 8 이고 k = 1 일 때 X[1] = G[1]+W^1_8 H[1]이므로, 아래와 같이 신호 흐름 선도 (Flow Graph)가 그려질 수 있다.

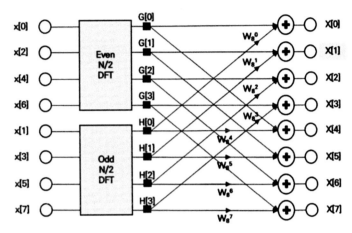

Figure I-54 8 점 FFT 신호 흐름 선도

위 그림과 같은 경우 8 개의 샘플로 이루어진 신호이므로, 8 점 FFT(8-Point FFT)라 한다.

② N/4 DFT 분할

위에서 N/2 으로 분할한 부분을 다시 반으로 나누어 DFT 해보자.
N/2 의 수식에서 표현했던 G[k]와 H[k]를 다시 반으로 나누면 아래와 같이 표현될 수 있다. 마찬가지로 짝수 r 을 2l, 홀수 r 을 2l + 1 로 놓는다.

$$G[k] = \sum_{r=0}^{N/2-1} x[2r]W_{N/2}^{rk} = \sum_{l=0}^{N/4-1} x[4l]W_{N/4}^{lk} + W_{N/2}^{k} \sum_{l=0}^{N/4-1} x[4l+2]W_{N/4}^{lk}$$
$$= g[k] + W_{N/2}^{k}h[k]$$

$$H[k] = \sum_{r=0}^{\frac{N}{2}-1} x[2r+1]W_{\frac{N}{2}}^{rk} = \sum_{l=0}^{N/4-1} x[4l+1]W_{N/4}^{lk} + W_{N/2}^{k} \sum_{l=0}^{N/4-1} x[4l+3]W_{N/4}^{lk}$$

아래 그림은 G[k]에 대한 신호 흐름 선도(Flow Graph)이다.

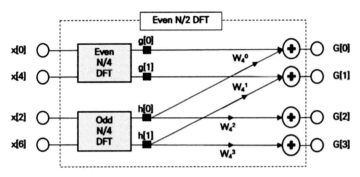

Figure I-55 4 점 FFT 신호 흐름 선도

앞에서의 8 점 FFT 를 반으로 나누어 각각 짝수와 홀수로 DFT 를 하며, 위 그림과 같이 4 개의 샘플로 이루어진 FFT 를 4 점 FFT(4-Point FFT)라 한다.

③ N/8 DFT 분할

위의 과정과 마찬가지로 N/4 분할한 DFT 를 g[k]에 대해서만 다시 반으로 나누면 아래와 같다.

$$g[k] = \sum_{l=0}^{N/4-1} x[4l]W_{N/4}^{lk} = \sum_{m=0}^{N/8-1} x[8m]W_{N/8}^{mk} + W_{N/4}^{k} \sum_{m=0}^{N/8-1} x[8m+4]W_{N/8}^{mk}$$

여기에서 N = 8 이고, $W_N^0 = 1, W_N^{N/2} = -1$ 이므로, 아래와 같다.

$$g[0] = x[0]W_1^0 + W_2^0 x[4]W_1^0 = x[0] + x[4]$$
$$g[1] = x[0]W_1^0 + W_2^1 x[4]W_1^0 = x[0] - x[4]$$

따라서, 신호 흐름 선도는 아래와 같이 그려질 수 있다.

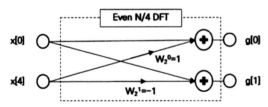

Figure I-56 2 점 FFT 신호 흐름 선도

위 그림과 같이 2 개의 샘플로 이루어진 FFT 를 2 점 FFT(2-Point FFT)라 하며, 기본 단위 FFT 가 된다.

이렇게 단계적으로 분할하여 계산함으로써 FFT 는 계산 복잡도를 크게 줄일 수 있다.

④ 전체 신호 흐름 선도

위의 과정들을 $W_{N/2}^{kn} = W_N^{2kn}$의 관계로 N = 8 로 두어, 전체 신호 흐름 선도로 그리면 아래와 같다.

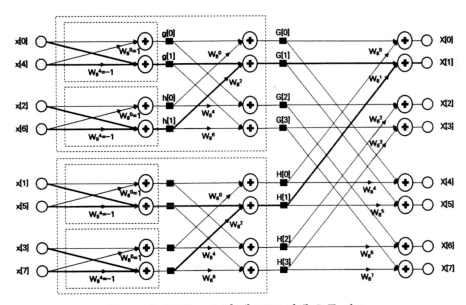

Figure I-57 N = 8 일 때 FFT 전체 흐름 선도

위의 그림과 같이 샘플 데이터의 길이 N = 2^p 라면, 총 $\log_2 N$ = p 단계를 거쳐야 한다는 것을 알 수 있으며, 각 단계에서 회전 인자 W_N^K 를 곱하는 복소 곱셈의 수는 N 회가 된다.

이런 식으로 FFT 연산에서 총 복소 곱셈의 수는 N × $\log_2 N$ 회가 된다.

예를 들어, N 이 8 일 경우 DFT 의 계산은 N^2 인 64 회의 복소 곱셈 연산이 필요했지만, FFT 의 경우 복소 곱셈은 $N\log_2(N)$ = 24 회로 줄어들게 된다.

이것은 데이터 샘플 수 N 이 적을 때는 잘 느껴지지 않을 수 있지만, 만일 N 이 2^8 = 256 같이 큰 경우 DFT 는 65536 회의 복소 곱셈 연산이 필요하지만, FFT 는 2048 회의 복소 곱셈 연산으로 감소하게 되어 FFT 의 위력을 실감할 수 있다.

라. FFT 알고리즘의 구현

위에서 본 과정들을 구현해 보도록 하자.

역비트순(Bit-Reversed order) 정렬

앞에서 본 FFT 의 신호 흐름 선도를 보면 이산 데이터 x[]의 배열 순시가 순차적으로 되어 있지 않음을 볼 수 있다.

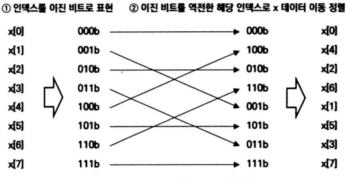

Figure I-58 역비트순 정렬

보통은 FFT 연산을 할 때 연산의 효율을 위하여 x[]를 역 비트순으로 재배열하여 계산하게 되는데, 위의 그림처럼 인덱스의 비트를 거꾸로 뒤집어 배열한 순서와 같아 역비트순 정렬이라 한다.

나비 선도 (Butterfly)

앞에서 본 FFT 의 전체 신호 흐름 선도를 가만해 보면, N = 2ᵖ 인 FFT 는 총 p 단계로 나누어 지고, 각 단계의 기본 형태는 아래 그림과 같은 2 점 DFT 로 구성된다. 이 모양이 나비 모양을 닮아서 나비 선도(Butterfly)라 한다.

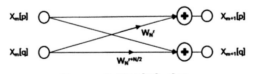

Figure I-59 나비 선도

X_m 은 m 단계의 입력, X_{m+1} 은 m 단계의 출력으로 이해할 수 있다.
결국, 각 단계의 입/출력은 아래와 같은 관계를 가진다.

$$X_{m+1}[p] = X_m[p] + W_N^r X_m[q]$$
$$X_{m+1}[q] = X_m[p] + W_N^{r+N/2} X_m[q]$$

위 FFT 단계 신호 흐름 선도에서 보면, 단계 1 인 N/8 에서는 r = 0, 단계 2 인 N/4 에서 r = 0, 2, 단계 3 인 N/2 에서는 r = 0, 1, 2, 3 의 종류를 가짐을 알 수 있다.
여기에서 다음과 같이 나비 선도를 개선할 수 있다.

$$W_N^{r+N/2} = W_N^r W_N^{N/2} = -W_N^r$$

이므로, 아래와 같이 된다.

$$X_{m+1}[p] = X_m[p] + W_N^r X_m[q]$$
$$X_{m+1}[q] = X_m[p] - W_N^r X_m[q]$$

신호 흐름 선도는 아래와 같다.

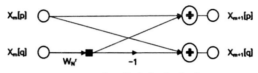

Figure I-60 개선된 나비 선도

위 선도에서 보듯이 복소 곱셈이 2 회에서 1 회로 줄어 들었음을 볼 수 있다. 따라서, FFT 복소 곱셈 계산량은 $N\log_2(N)$에서 $(N/2)\log_2(N)$로 줄어들게 된다.

C 언어 구현 예

위의 과정들을 C 언어로 구현하면 아래와 같다.

FFT 함수
```
#include <math.h>
#include <stdio.h>

#ifndef M_PI
#define M_PI 3.141592
#endif

#define MAX_N_LENGTH 1024
static double TWIDDLE_RE[MAX_N_LENGTH/2];
static double TWIDDLE_IM[MAX_N_LENGTH/2];

/*
* N = 데이터 샘플 수
```

```
 * x_re[] : 데이터 입력
 * x_re[], x_im[] : FFT 결과 출력
 * return : 0 이면 성공
 */
int FFT(unsigned int N, double x_re[], double x_im[])
{
    if(N > MAX_N_LENGTH)
        return -2;
    /* 1. N 이 2^n 수인지 검사 */
    if ((N != 0) && ((N & (N-1)) != 0))
        return -1;
    /*
    * 2. WN(Twiddle) 테이블 생성
    * twiddle = W^nk = exp(-(2pi)/N * nk) = cos((2pi)/N * nk) - jsin((2pi)/N * nk)
    */
    double w = 2 * M_PI / N;
    for(unsigned int nk = 0; nk < (N >> 1); nk++)
    {
        TWIDDLE_RE[nk] = cos(w * nk);
        TWIDDLE_IM[nk] = -sin(w * nk);
    }
    /* 3. 역 비트순 정렬 */
    unsigned int n_bits = log(N)/log(2); /* Bits 수 : if N = 8, n_bits = 3*/
    double tmp = 0;
    for(unsigned int n = 1; n < N; n++)
    {
        unsigned int m = 0;
        for(int i = 0;i < n_bits; i++) {
            if((n & (1 << i))) {
                m |= (1 << ((n_bits - 1) - i));
            }
        }
        /* swap */
        if(n < m) {
            tmp = x_re[n];
            x_re[n] = x_re[m];
            x_re[m] = tmp;
        }
    }
    /*
    * 4. FFT 버터플라이 연산
    */
    for(unsigned int stage = 0; stage < n_bits; stage++)
    {
        unsigned int n_points = 1 << (stage + 1);          /* N = 8 일 때, n_points = 2 -> 4 -> 8 */
        unsigned int r_step = 1 << (n_bits - stage - 1);   /* N = 8, 일 때 r_step = 4 -> 2 -> 1 */
        for(register unsigned int group = 0; group < N; group += n_points)
```

```
        {
            unsigned int r = 0;
            long half_n_points = (n_points >> 1);
            for(register unsigned int p = group; p < group + half_n_points; p++)
            {
                unsigned int q = p + half_n_points;
                double re = TWIDDLE_RE[r]*x_re[q] - TWIDDLE_IM[r]*x_im[q];
                double im = TWIDDLE_IM[r]*x_re[q] + TWIDDLE_RE[r]*x_im[q];
                x_re[q] = x_re[p] - re;
                x_im[q] = x_im[p] - im;
                x_re[p] += re;
                x_im[p] += im;
                r += r_step;
            }
        }
    }
    return 0;
}
```

아래는 위의 **FFT** 함수를 테스트하는 코드이다.

FFT 함수 테스트

```
Int main()
{
    double x_re[128];
    double x_im[128];
    double ts = 7.8125e-04; /* fs = 1280Khz */
    double t = 0;
    /* 128 개 샘플 데이터 생성 */
    for(int i = 0; i < 128; i++)
    {
        x_re[i] = cos(2*M_PI*10*t + M_PI/3) + 0.3*cos(2*M_PI*100*t);
        x_im[i] = 0;
        t += ts;
    }
    /* FFT */
    FFT(128, x_re, x_im);
    /* 결과 출력 */
    for(int k = 0; k < 128; k++)
    {
        printf("[k = %d] : %f + j%f\r\n", k, x_re[k], x_im[k]);
    }
    return 0;
}
```

만일, 샘플링된 데이터의 수가 2 의 승수보다 부족하다면, 나머지 데이터를 0 으로 채우는
제로 패딩(Zero Padding) 기법을 사용하여 FFT 를 수행할 수 있다.

MATLAB/OCTAVE 의 fft() 함수

위에서 C 코드로 직접 구현한 예를 보았지만, MATLAB/OCTAVE 등의 언어에서는 이미
FFT 연산을 할 수 있는 fft() 함수를 제공하고 있다. 이의 사용법은 아래와 같다.

MATLAB/OCTAVE 의 fft 함수 사용

```
close all
clear

% 샘플링 주기
Ts = 7.8125e-04;    % fs = 1280Khz

% if N = 128, (k = 1) * 1280hz / 128 = 10Hz and (k = 10) * 1280hz / 128 = 100
N_FFT = 128;

% 시간 생성
t = 0:Ts:(N_FFT − 1)*Ts;

% 이산 데이터 생성
x = cos(2*pi*10*t + pi/3) + 0.3*cos(2*pi*100*t);

% fft() 함수로 fft 연산
% 만일, 인자로 주는 N_FFT 가 2 의 승수가 아니라면, x 의 나머지는 0 으로 채워지는
% zero padding 을 수행한다.
X = fft(x, N_FFT);

% frequency = k * fs/N
K = 0:1:N_FFT − 1;
F = K * 1/Ts / N_FFT;

%fft shift 를 하면 0 을 기준으로 음의 주파수와 양의 주파수로 나뉘어 진다.
%X = fftshift(X);

% 크기가 1e-5 보다 작은 위상은 지움
tolerance = 1e-5;
X(abs(X)/N_FFT < tolerance) = 0;
Amplitude = abs(X)/N_FFT;
Angle = (angle(X)/pi * 180);

% plot spectrum 그리기
subplot(2, 1, 1)
```

```
stem(F, Amplitude, 'k')
ylabel('amplitude');
xlabel('frequency');
title('FFT Example')
grid on
subplot(2, 1, 2)
stem(F, Angle, 'k')
ylabel('degree');
grid on
```

위의 MATLAB/OCTAVE 코드를 실행하면 앞에서 작성한 C 코드의 결과와 동일함을 볼 수 있다.

이렇게 FFT 알고리즘을 통해 신호에 포함된 주파수 성분을 알 수 있으며, 주파수 스펙트럼 그래프는 아래와 같이 그려진다.

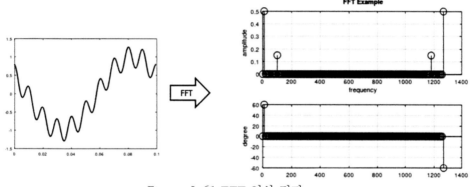

Figure I-61 FFT 연산 결과

위의 양방향 스펙트럼 그래프를 주파수 0 을 기준으로 반반 그리고 싶다면, 위 코드 중 주석 처리된 fftshift() 함수를 수행하면 된다.

DFT 편에서 본 것처럼, 양방향 모두 그렸기 때문에 신호의 크기가 반으로 줄어 나온 것을 볼 수 있는데, 양방향 그래프의 경우 이렇게 켤레 복소수와 크기를 반으로 나누어 그리는 것이 일반적 규칙이다.

이것을 단방향 즉, 0 ~ $F_s/2$ 범위만 그릴 경우에는 크기는 실제 값으로 표시하며, 이때는 켤레 복소수가 있는 주파수에 해당하는 크기(Amplitude)에 2 를 곱하여 주면 된다.

4. 시스템의 출력 해석

앞에서 말해왔듯이 시스템 해석은 시스템에 입력을 주었을 때, 출력 응답이 어떻게 나올 것인가를 예측하는 일이라 할 수 있다. 이의 수학적 해석을 위해서는 중첩의 원리를 만족하는 LTI 선형 시스템으로 가정한다.

이번 장에서는 시스템의 출력 응답을 계산하는 수학적 방식에 대해 살펴보게 되며, 주파수 영역에서 해석하는 것이 얼마나 큰 장점이 있는지에 대해 이해할 수 있을 것이다.

4.1. 시간 영역의 컨볼루션

시간 영역에서 임의의 입력 신호 x(t)에 대해 시스템의 출력 응답 y(t)가 어떻게 나올 것인가를 알기 위해서는 과거의 입력값이 현재값에 미치는 영향이 있기 때문에, 시스템을 단순히 함수 f(x)로 정의하여 현재 입력 x 에 대해 출력 y = f(x)와 같이 한 순간의 출력값만을 알 수는 없다.

이런 시간 영역에서의 시스템 출력 응답은 시스템의 임펄스 응답과 입력 신호를 컨볼루션(Convolution)이라는 연산을 통해 계산해야 한다.

시스템의 임펄스 응답(Impulse Response)

컨볼루션 연산은 시스템의 임펄스 응답을 사용하여 연산되므로, 이 임펄스 응답에 대해 먼저 알아보도록 한다.

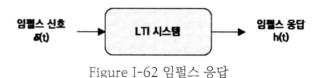

Figure I-62 임펄스 응답

임펄스 응답 h(t)는 과거 현재에 상관없이 특정 시간에만 값을 갖는 단위 임펄스 신호 δ(t)(델타)를 시스템에 입력으로 주어 나온 출력 응답을 말한다.

이런 임펄스 응답을 측정하고자 한다면, 연속 시간에서의 임펄스 신호 δ(t)는 한순간 무한대의 신호를 가지므로, 실제 이런 신호를 구현하여 시스템에 직접 인가할 수는 없다.

따라서, 단위 임펄스 신호와 유사한 일시적인 아주 짧고 강한 충격을 주고, 이에 대한 응답을 직접 측정하는 방법을 통해서 임펄스 응답을 얻을 수 있다.
예를 들면, 망치로 구조물을 때렸을 때 힘 센서를 통해 망치에 가해지는 충격력 x(t)와 가속도 센서 등을 이용하여 구조물의 진동 y(t)를 측정하여 푸리에 변환(FFT 또는 DFT) 계산하면, 주파수 응답의 비 H(ω) = Y(ω)/X(ω)를 얻을 수 있고, 이를 역 푸리에 변환(iFFT 또는 iDFT)하면 임펄스 응답의 시간 함수 h(t)를 얻을 수 있다. 이를 임팩트 해머 테스트 방식이라 한다.

또는, 시스템의 주파수 응답 H(ω)를 측정할 수 있다면 이를 역 푸리에 변환하거나 전달함수 H(s)를 알고 있다면 이를 시간 함수로 역 라플라스 변환하여 얻을 수도 있다.

또 다른 방식으로 LTI 시스템에서 쉽게 임펄스 응답을 구할 수 있는 방식은 임펄스 신호 δ(t)와 계단 신호 u(t)는 $\delta(t) = \frac{du(t)}{dt}$의 관계를 가지므로, 이를 이용하여 스위치에 해당하는 단위 계단 신호의 계단 응답을 구한 후, 이를 미분하여 임펄스 응답을 구하는 방법이다.

이 임펄스 응답은 시스템의 특성을 완전히 표현할 수 있으며, 이 임펄스 응답을 입력 신호와의 컨볼루션 연산을 통해 시스템의 출력 응답을 계산할 수 있다.

4.1.1. 연속 시간의 컨볼루션

LTI 시스템에서 컨볼루션은 시간 영역에서 입력에 대한 시스템 출력 응답의 해석을 의미한다.

가. 입력 신호 x(t)와 임펄스 신호

입력 신호 x(t)에 임펄스 신호 $\delta(t - \tau)$를 곱한 경우를 생각해 보자.

x(t) × δ(t-τ)는 임펄스 신호가 t = τ 에서만 값을 가지게 되므로, x(τ) × δ(t - τ)와 동일한 값이 되며 아래와 같이 표현할 수 있다.

$$x(t) \times \delta(t - \tau) = x(\tau) \times \delta(t - \tau)$$

이 식의 양변을 시간 t 에 대해 적분해 보면 아래와 같다.

$$\int_{-\infty}^{\infty} x(t) \times \delta(t - \tau) \, dt = \int_{-\infty}^{\infty} x(\tau) \times \delta(t - \tau) \, dt$$

결국 위 수식에서 x(τ)는 상수이고 임펄스 신호 δ(t - τ)의 무한대 적분은 임펄스 정의에 의해 1 이므로, 아래와 같이 정리된다.

$$\int_{-\infty}^{\infty} x(t) \times \delta(t - \tau) \, dt = x(\tau) \int_{-\infty}^{\infty} \delta(t - \tau) \, dt = x(\tau)$$

위 수식에서 τ 대신 t 로 두고, t 대신 τ 로 바꾸어도 동일하므로 결국 x(t)를 일반화시키면 임펄스 신호 δ 는 우함수이기 때문에 아래와 같이 표현할 수 있다.

$$x(t) = \int_{-\infty}^{\infty} x(\tau) \times \delta(\tau - t) \, d\tau = \int_{-\infty}^{\infty} x(\tau) \times \delta(t - \tau) \, d\tau$$

나. LTI 시스템의 출력 응답 y(t)

입력 x(t)에 대한 출력 응답 y(t)를 해석하기 위하여, 위에서 표현한 임펄스 신호 δ 와 입력 신호 x(t)에 대한 관계로 임펄스 응답 h(t)는 LTI 시스템에서 중첩의 원리의 가산성과 비례성에 의해 아래 그림과 같이 표현할 수 있다.

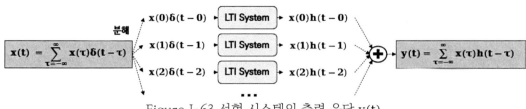

Figure I-63 선형 시스템의 출력 응답 y(t)

즉, LTI 시스템에서 입력 신호를 분해하여 각각의 출력 응답을 구해 모두 더하여 최종 출력 응답을 구하는 것이다.

다. 컨볼루션(Convolution)

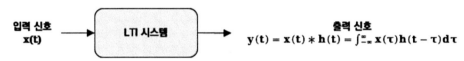

Figure I-64 컨볼루션

컨볼루션(Convolution) "*"의 수학적 정의는 하나의 함수를 역전시켜 이동하면서 다른 함수와의 곱을 적분하여 새로운 함수를 만들어 내는 연산자로 정의되는데, 연속 시간에서 출력 y(t)는 아래와 같이 컨볼루션 수식으로 정의된다.

$$y(t) = x(t) * h(t) = \int_{-\infty}^{\infty} x(\tau)h(t-\tau)d\tau \text{ or } \int_{-\infty}^{\infty} x(t-\tau)h(\tau)d\tau$$

y : 출력, x : 입력, h : 임펄스 응답

LTI 시스템 출력 응답 해석에서 컨볼루션(Convolution)이라는 연산자는 위와 같이 입력 신호 x(t)와 임펄스 응답 h(t)의 컨볼루션 연산을 통해 출력 응답 신호 y(t)를 계산하는 것으로 정의한다. 앞에서 구한 출력 응답 y(t)와 동일함을 볼 수 있다.

이 컨볼루션이란 용어는 시스템 출력 연산 외에도 데이터에 어떤 가중치를 두어 곱셈과 덧셈을 이용하여 새로운 값을 도출하는 일반적인 연산 용어로도 사용된다. 예를 들면, 2 차원 영상 시스템에서 한 픽셀의 값에 주변 영역의 픽셀 행렬들과 곱하기, 더하기 연산하여 값을 도출하는 경우에도 컨볼루션 연산이라 부른다.

라. [컨볼루션 예제] 전기/전자 시스템의 RC 저주파 통과 필터

앞에서 본 임펄스 응답과 컨볼루션을 전기/전자 시스템에서 선형 회로인 RC 저주파 통과 필터에 적용하여 보도록 한다.

> ### RC 저주파 통과 필터의 임펄스 응답

여기에서는 단위 계단 신호의 응답을 구한 후 이를 미분하여 아래 RC 저주파 통과 필터의 임펄스 응답을 구해 보자.

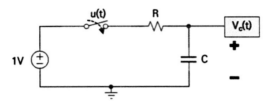

Figure I-65 RC 필터의 계단 응답 회로

초기 조건 $V_c(0) = 0$ 인 조건에서 스위치를 닫았을 때, 즉 단위 계단 응답인 $V_c(t)$는 아래와 같이 키르히호프 법칙으로 구할 수 있다.

$$V_c(t) = 1V - R \times C \frac{dV_c(t)}{dt}$$

이 미분 방정식을 손으로 푸는 것이 목적이 아니므로, 간단하게 MATLAB/OCTAVE 의 dsolve() 함수로 미분 방정식을 풀어보면 아래와 같다.

MATLAB/OCTAVE 명령창
`>> pkg load symbolic       % 심볼릭 패키지 로드 : for OCTAVE only`
`>> syms C R Vc(t)          % 심볼릭 변수 선언`
`>> dVc = diff(Vc, t);      % 1 차 미분`
`>> cond1 = Vc(0) == 0.0;   % 초기값 정의`
`>> dsolve((R*C*dVc) + Vc == 1, cond1)   % dsolve() 함수를 통한 미분 방정식 풀이`
`     -t/C*R`
`1 - e`

위와 같이 미분 방정식을 풀면 아래와 같이 단위 계단 응답이 나온다.

$$V_c(t) \;=\; 1 - e^{-\frac{t}{RC}} \quad : t \ge 0$$

직접 계산하는 방법에 대해서는 라플라스 변환 편에서 살펴볼 것이다.

LTI 시스템에서 임펄스 응답은 단위 계단 응답에 대한 미분이므로, 이를 시간 t 에 대해 미분하면 아래와 같이 RC 저주파 통과 필터에 대한 임펄스 응답이 구해진다.

$$h(t) = \frac{dV_c(t)}{dt} = \frac{1}{RC}e^{-\frac{t}{RC}} \quad : t \geq 0$$

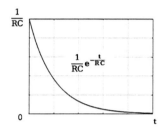

Figure I-66 RC 필터의 임펄스 응답

RC 저주파 통과 필터의 컨볼루션

앞에서 구한 RC 필터의 임펄스 응답을 구할 때 이미 계단 응답을 구했었지만, 단위 계단 신호가 계산과 이해가 쉬우니, 입력 신호 u(t)와 임펄스 응답으로 컨볼루션하여 출력 응답 y(t)를 구해 보도록 하자.

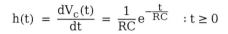

$$y(t) = u(t) * h(t) = \int_{-\infty}^{\infty} u(\tau)h(t-\tau)d\tau$$

Figure I-67 계단 신호 컨볼루션

단위 계단 신호 u(t) 이므로 0 부터 적분하는 형식인 아래와 같이 표현 가능하다.

$$y(t) = u(t) * h(t) = \int_{-\infty}^{\infty} u(\tau)h(t-\tau)d\tau = \int_{0}^{\infty} 1 \times h(t-\tau)d\tau$$

앞에서 구한 RC 필터의 임펄스 응답을 대입하는데, 임펄스 응답의 조건이 t ≥ 0 이었으므로, 아래 수식의 지수에서 t − τ ≥ 0 이어야 값이 존재한다. 따라서, t 까지 적분하면 아래와 같다.

$$y(t) = \int_{0}^{t} 1 \times \frac{1}{RC}e^{-\frac{t-\tau}{RC}}d\tau = e^{-\frac{t}{RC}}\left|e^{\frac{\tau}{RC}}\right|_{0}^{t} = 1 - e^{-\frac{t}{RC}} \quad : t \geq 0$$

결국 이 LTI 시스템에서 계단 신호의 입력에 대한 컨볼루션 결과는 아래와 같은 계단 응답을 보인다.

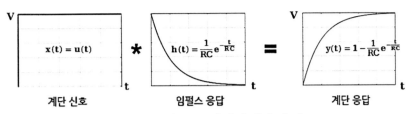

Figure I-68 RC 필터의 계단 응답

이처럼 시간 영역에서 시스템의 출력 응답을 해석하기 위해서는 임펄스 응답을 구해야 할 뿐 아니라, 이 임펄스 응답과 입력 신호와의 컨볼루션이라는 복잡한 적분 계산을 해야 한다. 특히, 여러 개의 시스템이 연결되어 있으면 수학적 연산은 거의 불가능할 정도로 복잡해질 수도 있다.

하지만, 다음 장에서 보게 될 주파수 영역에서의 시스템 출력 응답 해석은 단순 산술 연산으로 계산할 수 있으므로, 수학적 연산이 얼마나 간단하게 될 수 있는지 이해가 될 것이다.

4.1.2. 이산 시간 영역의 컨볼루션

이산 시간 영역의 컨볼루션은 연속 시간 영역의 컨볼루션을 아래와 같이 표현할 수 있다.

$$y[n] = \sum_{k=-\infty}^{\infty} x[k]h[n-k] = \sum_{k=-\infty}^{\infty} h[k][n-k]$$

여기에서 y 는 출력, x 는 입력, h 는 임펄스 응답을 의미하며, 연속 시간 컨볼루션에서 샘플링 주기 T_s 로 대치하여 $y(nT_s) = x(nT_s) * h(nT_s)$로 쓸 수 있으므로 기호는 아래와 같다.

$$y[n] = x[n] * h[n] = h[n] * x[n]$$

이후 보겠지만, 임펄스 응답 h[n]의 Z 변환이 디지털 전달함수가 되는데, 이 임펄스 응답이 유한 수열이라면 FIR(Finite Impulse Response) 필터, 임펄스 응답이 무한 수열이라면 IIR(Infinite Impulse Response) 필터라 한다.

RC 저주파 통과 필터로 보는 이산 시간 컨볼루션

앞서 본 연속 시간 영역에서의 컨볼루션를 통한 연속적인 이해를 위하여, 동일한 RC 저주파 통과 필터에 대해 샘플링 주기 T_s = 1sec 로 샘플링한 데이터로 이산 시간 영역에서 컨볼루션을 해보도록 한다.

시간 함수에서 시간 t 를 nT_s 로 치환하면 이산 데이터를 표현할 수 있으므로, 앞서 본 RC 저주파 통과 필터의 임펄스 응답 h(t)는 아래와 같이 이산 시간 임펄스 응답 h[n]으로 표현 가능하다.

$$h(t) = \frac{1}{RC}e^{-\frac{t}{RC}} \rightarrow h[n] = h(nT_s) = \frac{1}{RC}e^{-\frac{nT_s}{RC}} = \frac{1}{RC}e^{-\frac{n}{RC}}$$

입력 신호는 이산 시간의 단위 계단 입력 u[n - 1] 즉, x[0] = 0, x[1] = 1, x[2] = 1 로 두기로 한다.

이때, 시간 함수의 시간과 값에 대해 보면 혼동이 일어날 수 있으니 시간의 흐름으로 신호가 입력된다고 이해하도록 한다. 즉, 시간의 흐름으로 x[0]의 값이 먼저 입력되고, 그 다음 x[1], x[2]의 순서대로 입력될 것이다.

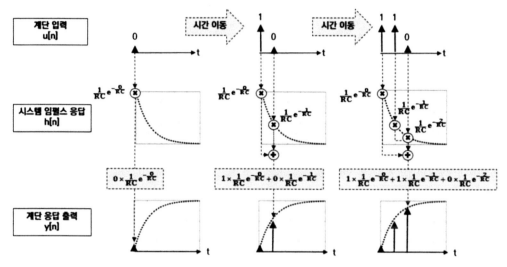

Figure I-69 RC 필터 컨볼루션 연산 순서

위의 그림을 보면 입력 신호의 순서대로 출력의 연산에 이전 입력도 함께 영향을 주어 계산되고 있음을 볼 수 있다. 또한, 입력의 그래프를 보면 입력 시간 함수가 역전된 모양임을 알 수 있다.

위의 이산 시간 계단 응답에 대해 연속 시간의 컨볼루션과 비교하면 이해가 좀 쉬워지므로, 아래에서 연속 시간 함수로 근사해 보기로 한다.

$$
\begin{aligned}
y[0] &= \frac{1}{RC}e^{-\frac{1}{RC}0} \times x[0] = 0 \\
y[1] &= \frac{1}{RC}e^{-\frac{1}{RC}0} \times x[1] + \frac{1}{RC}e^{-\frac{1}{RC}1} \times x[0] = \frac{1}{RC}e^{-\frac{1}{RC}0} \\
y[2] &= \frac{1}{RC}e^{-\frac{1}{RC}0} \times x[2] + \frac{1}{RC}e^{-\frac{1}{RC}1} \times x[1] + \frac{1}{RC}e^{-\frac{1}{RC}2} \times x[0] = \frac{1}{RC}e^{-\frac{1}{RC}0} + \frac{1}{RC}e^{-\frac{1}{RC}1} \\
&\rightarrow y[n] = \frac{1}{RC}\sum_{k=1}^{n} e^{-\frac{1}{RC}(k-1)}
\end{aligned}
$$

이 식은 등비 수열이므로, 아래와 같이 계산될 수 있다.

$$
\therefore \ y[n] = \frac{1}{RC} \times \frac{1 - e^{-\frac{n}{RC}}}{1 - e^{-\frac{1}{RC}}} \ - \ ①
$$

여기서 테일러 급수에 의해 1 차항까지 절단 오차로 두면 $\frac{1}{RC}$이 0 근처의 값에서

$$e^{-\frac{1}{RC}} \approx 1 - \frac{1}{RC}$$

로 근사할 수 있어 ①식에 대입하여 정리하고, $t = nT_s$ 에서 T_s 는 1 로 두었으니, n 을 t 로 치환하면 아래와 같이 연속 시간 RC 필터의 단위 계단 응답과 동일함을 볼 수 있다.

$$\therefore \ y(t) = \frac{1}{RC} \times \frac{1 - e^{-\frac{t}{RC}}}{1 - (1 - \frac{1}{RC})} = 1 - e^{-\frac{t}{RC}}$$

위의 결과는 이산 시간에서의 컨볼루션에 대한 이해의 편의를 위해 $T_s = 1$ 일 때, 이산 계단 신호 u[n - 1]을 입력으로 주었을 때의 결과인데, 실제 단위 계단 신호 u[n]을 입력으로 주어 응답을 시간 함수로 근사하면 $y(t) = 1 - e^{-\frac{(t+T_s)}{RC}}$가 되며, 샘플링 시간 T_s 가 작을수록 아날로 그 응답에 근사해진다.

이 부분에 대해서는 Z 전달함수 편에서 다시 살펴볼 것이다.

4.2. 주파수 영역 해석의 푸리에 변환

주파수 영역에서 출력 응답에 대한 수학적 계산은 입력 신호 x(t)의 푸리에 변환 X(ω)와 임펄스 응답 h(t)의 푸리에 변환 H(ω)의 단순 곱으로 표시됨으로써 산술 연산만으로 시스템을 해석할 수 있게 하는 강력한 도구가 된다.

Figure I-70 주파수 응답

즉, 위의 그림과 같이 시간 영역의 컨볼루션 y(t) = x(t) * h(t)이었던 출력의 계산은 주파수 영역에서는 Y(ω) = X(ω) × H(ω)로 주파수 특성의 단순 곱이 된다.
이는 이산 시간의 DTFT 에서도 마찬가지로 Y(Ω) = X(Ω) × H(Ω)가 된다.

☞ 주파수 응답(Frequency Response)

　주파수 응답(Frequency Response)이란 시스템에 다양한 주파수의 정현파를 입력했을 때의 출력되는 응답의 비를 의미한다.
　즉, 주파수 응답은 주파수 ω 인 정현파 X(ω)를 시스템에 입력했을 때 나오는 출력 Y(ω)의 비인 $H(\omega) = \frac{Y(\omega)}{X(\omega)}$를 말하는데, 주파수 응답 특성은 크기 응답 Gain = $\left|\frac{Y(\omega)}{X(\omega)}\right|$과 위상 응답 Phase = $\angle\left(\frac{Y(j\omega)}{X(j\omega)}\right)$으로 구분된다.
　연속 시간의 주파수 응답은 위와 같이 입력과 출력의 푸리에 변환을 통해 알 수 있으며, 이산 시간의 주파수 응답은 DTFT 변환을 통해 알 수 있다.
　이 주파수 응답에 대해서는 이후 전달함수와 보드선도 등 책 전반에서 계속 다루게 될 만큼 시스템 해석에서 매우 중요한 역할을 한다.

> **컨볼루션의 푸리에 변환**

시간 영역의 컨볼루션 연산이 주파수 영역에서 단순 곱의 형태가 된다는 것은 아래와 같이 컨볼루션 연산을 푸리에 변환해보면 알 수 있다.

컨볼루션의 수식은 $y(t) = x(t) * h(t) = \int_{-\infty}^{\infty} x(\tau)h(t-\tau)d\tau$ 이고, 푸리에 변환 수식은 $Y(\omega) = \int_{-\infty}^{\infty} y(t)e^{-j\omega t}dt$ 이므로, 출력 $Y(\omega)$에 대한 수식은 아래와 같이 된다.

$$Y(\omega) = \int_{-\infty}^{\infty}\left(\int_{-\infty}^{\infty} x(\tau)h(t-\tau)d\tau\right)e^{-j\omega t}dt = \int_{-\infty}^{\infty} x(\tau)\left(\int_{-\infty}^{\infty} h(t-\tau)\,e^{-j\omega t}dt\right)d\tau$$

위에서 $t - \tau \to u$ 로 두고, $dt \to du$ 로 치환하면 아래와 같다.

$$Y(\omega) = \int_{-\infty}^{\infty} x(\tau)\left(\int_{-\infty}^{\infty} h(u)\,e^{-j\omega(u+\tau)}du\right)d\tau = \int_{-\infty}^{\infty} x(\tau)\,e^{-j\omega\tau}d\tau\int_{-\infty}^{\infty} h(u)\,e^{-j\omega u}du$$

결국, 시간 영역의 $y(t) = x(t) * h(t)$ 컨볼루션에 대한 주파수 영역의 푸리에 변환은 아래와 같이 입력 신호의 푸리에 변환과 임펄스 응답의 푸리에 변환의 단순 곱셈의 결과로 나오게 된다.

$$Y(\omega) = X(\omega) \times H(\omega)$$

아래 그림은 주파수 영역에서 시간 영역을 해석하는 방법에 대한 것이다.

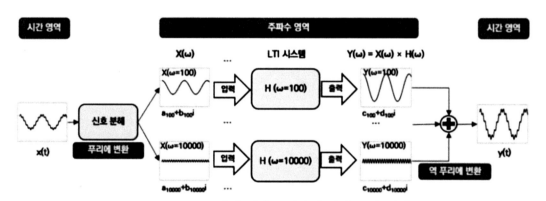

Figure I-71 푸리에 변환을 이용한 시간 응답 해석

푸리에 변환을 통한 시간 영역의 해석은 위의 그림과 같이 시간 함수 $x(t)$를 푸리에 변환을 통해 주파수 성분 $X(\omega)$ 신호로 분해하고, 각각의 ω 주파수 성분들을 LTI 시스템의 임펄스 응답의 푸리에 변환 $H(\omega)$와 단순히 곱하면, 해당 ω 주파수 성분의 출력 $Y(\omega)$들을 계산할 수 있다.
이 출력되는 $Y(\omega)$들을 역 푸리에 변환 $y(t) = \frac{1}{2\pi}\int_{-\infty}^{\infty} Y(\omega)e^{j\omega t}d\omega$ 을 통하여 모두 더하는 과정을 거치면 시간 응답 $y(t)$를 구할 수 있게 되는 것이다.

복잡한 시스템의 경우 시간 영역의 해석을 적분이 포함된 복잡한 컨볼루션 연산으로 하는 것은 어려운 일이지만, 주파수 영역에서의 해석은 단순 산술 연산만으로도 시스템 해석을 할 수 있어 편리하게 한다.

푸리에 변환의 시스템 해석 제약

연속 신호 f(t)에 대한 푸리에 변환 $F(\omega) = \int_{-\infty}^{\infty} f(t)e^{-j\omega t}dt$가 존재하기 위해서는 디리클레 조건이라는 수렴 조건을 만족해야 한다.

이 조건은 신호 f(t)의 한 주기 안에 극대, 극소점이 유한하고, 불연속점의 수는 유한해야 한다는 것과 $\int_{-\infty}^{\infty}|f(t)|dt$ 의 적분값이 유한해야 한다는 것이다.

이런 이유로 푸리에 변환할 수 없는 파형 형태들이 있는데, 아래와 같은 발산하는 파형이 그 예이다.

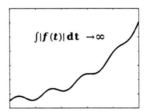

Figure I-72 푸리에 변환이 없는 발산 신호 예

물론, 시간을 한정하여 푸리에 변환으로 주파수 특성을 해석하는 방법도 있지만, 푸리에 변환의 이런 한계는 시스템 해석에서 제약이 된다.

하지만, 다음 장에서 보게 될 연속 시간의 라플라스 변환은 감쇠항을 도입하여 변환 가능하게 하여, 다양한 시스템을 해석할 수 있도록 해준다.

이는 이산 시간에서 마찬가지로 DTFT 변환을 이용한 해석에는 위와 같은 제약이 있기 때문에, DTFT 를 일반화한 Z 변환을 사용하여 다양한 신호와 시스템을 해석한다.

4.3. 연속 시간의 라플라스 변환

앞에서 본 시간 영역에서 푸리에 변환을 통한 시스템 해석의 제약은 푸리에 변환에 감쇠 신호를 추가한 변환인 라플라스 변환을 사용한 시스템 해석으로 산술 연산만으로 시간 영역과 주파수 영역의 해석을 함으로써 해결될 수 있다.

이번 장에서 라플라스 변환에 대해 알아보고, 주파수 영역인 푸리에 변환과의 상관관계에 대해서 살펴본다.

4.3.1. 라플라스 변환(Laplace Transform) 정의

라플라스 변환은 라플라스 변수 s 를 $s = \sigma + j\omega$ 로 정의하여 시간 영역에서 라플라스 영역 (s-domain)으로 변환을 한다. 여기서 실수부인 σ(시그마)는 신호 감쇠, 복소수 $j\omega$는 주파수에 관계된다.

이 라플라스 변환은 미분/적분을 산술 연산만으로 처리할 수 있어 쉽게 풀 수 있고, 시스템 출력 응답 해석을 위한 시간 영역의 컨볼루션 연산 또한 푸리에 변환과 마찬가지로 산술 연산만으로 연산 가능하므로, 시스템 해석에서 무척 강력하고 편리한 수학적 도구이다.

특히, 다음 장에서 보게 될 입력과 출력의 관계 함수인 전달함수는 앞에서 본 푸리에 변환의 한계때문에 푸리에 변환 형식이 아닌 이 라플라스 변환 형식으로 표현되므로 매우 중요하다 할 수 있다.

연속 시간 영역에서 라플라스 영역으로의 양방향 라플라스 변환은 아래와 같이 정의되며, f(t)의 라플라스 변환 기호는 F(s)로 표현한다.

$$\mathcal{L}(f(t)) = F(s) = \int_{-\infty}^{\infty} f(t)e^{-st}dt = \int_{-\infty}^{\infty} f(t)e^{-(\sigma+j\omega)t}dt$$

양방향 라플라스 변환의 경우 t < 0 인 구간도 포함하는데, LTI 인과 시스템에서 t < 0 의 모든 구간을 0 으로 하면 신호 해석이 간단해지므로 단방향 라플라스 변환이 사용된다. 앞으로 라플라스 변환이라 하면, 아래의 단방향 라플라스 변환임을 의미한다.

$$\mathcal{L}(f(t)) = F(s) = \int_{0}^{\infty} f(t)e^{-st}dt = \int_{0}^{\infty} f(t)e^{-(\sigma+j\omega)t}dt$$

반대로 라플라스 영역에서 시간 영역으로의 역 라플라스 변환(Inverse Laplace Transform)은 아래와 같이 정의된다.

$$\mathcal{L}^{-1}(F(s)) \ = \ f(t) \ = \ \frac{1}{2\pi j}\int_{\sigma-j\infty}^{\sigma+j\infty} F(s)e^{st}ds$$

가. 라플라스 변환의 기본 성질

라플라스 변환의 기본 성질은 아래와 같은 것들이 있다.

성 질	$f(t)$	$F(s)$	비 고
선형성	$a_1 f_1(t) + a_2 f_2(t)$	$a_1 F_1(s) + a_2 F_2(s)$	
미분	$\dfrac{df(t)}{dt}$	$sF(s) - f(0)$	·라플라스 변환에 s 를 곱한다. ·미분기는 s 이다.
	$\dfrac{d^n f(t)}{d^n t}$	$s^n F(s) - s^{n-1} f(0)$ $- s^{n-2} f'(0)\ldots - f^{n-1}(0)$	
적분	$\int f(t)dt$	$\dfrac{F(s)}{s}$	·s 로 나누어 주면 된다. ·적분기는 1/s 이다.
시간 이동(지연)	$f(t - t_0)$	$e^{-st_0}F(s)$	
주파수 이동	$e^{s_0 t}f(t)$	$F(s - s_0)$	
시간 스케일링	$f(at)$	$\dfrac{1}{a}F(\dfrac{s}{a})$	
컨볼루션	$f(t) * g(t)$	$F(s) \times G(s)$	·시간 영역의 컨볼루션 연산은 라플라스 영역에서는 단순 곱이 된다.
초기값 정리	$f(0^+)$	$\lim\limits_{s \to \infty} sF(s)$	
최종값 정리	$\lim\limits_{t \to \infty} f(t)$	$\lim\limits_{s \to 0} sF(s)$	

위의 표에서 보듯이 미분은 f(t)의 라플라스 변환 F(s)에 s 를 곱한 형태가 되며, 적분은 F(s)를 s 로 나눈 형태가 되어 복잡한 미/적분 계산에 대해서 산술 연산만으로 계산을 가능하게 한다.

최종값 정리는 시간 함수 f(t)의 시간 t 가 무한대로 진행 즉, 정상상태에서의 값을 알기 위하여 라플라스 함수 F(s)를 시간 함수 f(t)로 역 변환하지 않고도 계산할 수 있게 한다. 조건은 sF(s)의 분모가 0 이 되는 근 s 가 모두 음의 실수를 가져야 하고, 허수근은 한 개까지만 사용 가능하다.

위의 표에서 색으로 표시된 기본 특성들은 반드시 외워 두도록 한다.

나. 라플라스 변환표와 예제

라플라스 변환/역 라플라스 변환 수식을 직접 손으로 계산하기에는 복잡하기 때문에, t ≥ 0 일 때 미리 계산된 라플라스 변환표를 참조하여 변환한다. 여기서는 자주 접하게 되는 간단한 변환식들만 보도록 한다.

f(t)	F(s)	ROC
상수 K	K	All s
단위 임펄스 함수 $\delta(t)$	1	All s
단위 계단 함수 $u(t)$	$\dfrac{1}{s}$	Re(s) > 0
t	$\dfrac{1}{s^2}$	Re(s) > -0
e^{-at}	$\dfrac{1}{s+a}$	Re(s) > -a
$\sin(\omega t)$	$\dfrac{\omega}{s^2+\omega^2}$	Re(s) > 0
$\cos(\omega t)$	$\dfrac{s}{s^2+\omega^2}$	Re(s) > 0

위의 표에서 색으로 표시한 변환 수식들은 가장 간단하고 중요한 것들이므로 반드시 외워 두도록 한다. 복잡한 수식은 MATLAB 또는 OCTAVE 같은 소프트웨어를 사용하여 쉽게 구해 볼 수 있다.

라플라스 변환 예제

시간 함수 f(t) = e^{-t} (t ≥ 0)에 대한 라플라스 변환을 구해보자.

$$\mathcal{L}(f(t)) = F(s) = \int_0^\infty e^{-t}e^{-st}dt = \int_0^\infty e^{(-1-s)t}dt = \frac{-1}{1+s}e^{(-1-s)t}\Big|_0^\infty = \frac{1}{s+1}$$

앞서 푸리에 변환 예제에서 풀었던 것을 기억해 보면, 위의 라플라스 변환 결과에 s = jω 를 대입한 식과 e^{-t}를 푸리에 변환한 식이 동일한 것을 알 수 있다.

여기에서 $e^{(-1-s)\infty}$가 0 이라는 조건이 필요한데, 이를 만족하려면 Re(s) > -1 조건이어 야 하며, 이 조건을 만족하는 s 영역을 ROC 영역이라 한다. 이 ROC 영역에 대해서는 다음 장에서 살펴본다.

삼각함수 라플라스 변환 예제

삼각함수 f(t) = sin(ωt)에 대한 라플라스 변환을 구해 보자. t ≥ 0 이고, 초기값은 0 으로 둔다.

$$\mathcal{L}(f(t)) \; = \; \int_0^\infty \sin(\omega t)e^{-st}dt$$

이를 삼각함수 형태로 두고 적분을 하는 것은 복잡하므로, 오일러 공식을 이용하여 지수 형태로 만들어 계산한다. sin 함수의 지수 형태는 아래와 같다.

$$\sin \phi \; = \; \frac{e^{j\phi} - e^{-j\phi}}{2j}$$

이것을 넣어 정리하면 아래와 같다.

$$\mathcal{L}(f(t)) \; = \; \int_0^\infty \frac{e^{j\omega t} - e^{-j\omega t}}{2j}e^{-st}dt \; = \; \frac{1}{2j}\int_0^\infty e^{(j\omega - s)t} - e^{(-j\omega - s)t}dt$$

$$= \; \frac{1}{2j}\left(\frac{1}{s - j\omega} - \frac{1}{s + j\omega}\right) \; = \; \frac{\omega}{s^2 + \omega^2}$$

마찬가지로 $e^{(-s)\infty}$가 0 이려면, $Re(s) > 0$ 조건이 필요하며, 라플라스 변환표에서 확인해 보면 동일한 것을 볼 수 있다.

라플라스 변환을 이용한 미분 방정식 예제

라플라스 변환은 미분, 적분 방정식을 산술 연산으로 하여 쉽게 할 수 있는 강력한 도구라고 했다. 이에 대한 예로 초기 조건 $f(0) = 0$ 인 아래 미분 방정식을 풀어보자. 이는 앞서 컨볼루션 편에서 본 RC 회로의 미분 방정식과 형태가 같다.

$$\frac{df(t)}{dt} + f(t) = u(t)$$

단위 계단 신호 u(t)의 라플라스 변환은 라플라스 변환표에서 $1/s$ 이고, 미분은 s 를 곱한 형태이므로, 위의 미분 방정식은 라플라스 변환 형식으로 아래와 같이 표현할 수 있다.

$$sF(s) - f(0) + F(s) \; = \; \frac{1}{s}$$

초기값 f(0)는 0 이라 했으니, 이를 F(s)에 대해 정리하면 아래와 같다.

$$F(s) \; = \; \frac{1}{s}\left(\frac{1}{s + 1}\right)$$

이 라플라스 변환 함수 F(s)를 시간 함수 f(t)로 변환하기 위하여 헤비사이드 부분분수 분해를 하면 아래와 같다.

$$F(s) \; = \; \frac{1}{s}\left(\frac{1}{s + 1}\right) \; = \; \frac{a}{s} + \frac{b}{s + 1}$$

$$a = \frac{1}{s}\left(\frac{1}{s+1}\right) \times s\Big|_{s=0} = 1$$

$$b = \frac{1}{s}\left(\frac{1}{s+1}\right) \times (s+1)\Big|_{s=-1} = -1$$

$$\therefore F(s) = \frac{1}{s}\left(\frac{1}{s+1}\right) = \frac{1}{s} - \frac{1}{s+1}$$

이 분해된 $F(s)$에 대해 시간 함수로 변환하려면 역 라플라스 변환을 해야 하며, 이를 위해 라플라스 변환표에서 찾아서 대입해 보면 아래와 같이 됨을 알 수 있다.

$$\therefore f(t) = 1 - e^{-t}, \quad t \geq 0$$

이처럼 라플라스 변환을 이용하면 복잡한 미분 방정식, 적분 방정식도 산술 연산으로 쉽게 계산할 수 있다.

다. [MATLAB/OCTAVE] 라플라스 변환과 역변환

위에서 이해를 위해 몇 가지 예를 직접 풀어보았지만, 함수가 조금만 복잡해져도 직접 풀기에는 무척 어려운 일이 될 수 있다.
여기서는 실제로 많이 사용되는 MATLAB/OCTAVE 의 함수들을 이용하는 방법을 살펴보도록 한다.

> **laplace() 함수를 이용한 라플라스 변환**

시간 함수에 대해 라플라스 변환을 하는 MATLAB/OCTAVE 함수는 laplace() 함수이며, 심볼릭 변수를 사용한다.
아래 계단 함수와 지수 함수를 라플라스 변환하는 예를 보도록 하자.

```
MATLAB/OCTAVE 명령창
>> pkg load symbolic        % 심볼릭 패키지 로드 : for OCTAVE only
>> syms t                   % t 심볼 선언
>> laplace(heaviside(t))    % 계단 신호 u(t) 함수(Heaviside)의 라플라스 변환
ans = (sym)
  1
  ─
  s
>> laplace(e^t)             % e^t 함수의 라플라스 변환
ans = (sym)
```

```
      1
    -----
    s - 1
```

ilaplace() 함수를 이용한 라플라스 역변환

라플라스 함수를 역 변환하여 시간 함수로 만드는 MATLAB/OCTAVE 함수는 ilaplace() 함수이다.

라플라스 함수 $F(s) = \frac{1}{s}\left(\frac{1}{s+1}\right)$에 대해 ilaplace() 함수로 역변환을 해보자.

```
MATLAB/OCTAVE 명령창
>> pkg load symbolic        % 심볼릭 패키지 로드 : for OCTAVE only
>> syms s t                 % 심볼 선언
>> ilaplace(1/s*1/(s+1), t) % 라플라스 역변환, t 로 출력
ans = (sym)
        -t
   1 - e
```

partfrac() 함수를 통한 부분분수 분해

라플라스 연산 등을 하다가 보면 부분분수로 분해를 해야 할 때가 많다. 이때 MATLAB/OCTAVE 의 partfrac() 함수를 사용하면 쉽게 구해볼 수 있다.

```
MATLAB/OCTAVE 명령창
>> pkg load symbolic        % 심볼릭 패키지 로드 : for OCTAVE only
>> syms s                   % 심볼 선언
>> partfrac(1/s*1/(s+1), s) % s 에 대해 부분분수 분해
ans = (sym)
      1       1
  - ----- + -
    s + 1    s
```

symbolic ↔ 다항식 행렬 형식 변환

MATLAB/OCTAVE 의 함수들 중에는 다항식 행렬을 사용하는 함수와 심볼릭 변수를 사용하는 함수들이 있기 때문에, 서로 간의 변환이 필요할 때가 있다.

이런 경우 sym2poly() 함수와 poly2sym() 함수를 사용하면 다항식 행렬과 심볼릭 변수 간의 변환이 가능하다.

MATLAB/OCTAVE 명령창

```
>> pkg load symbolic          % 심볼릭 패키지 로드 : for OCTAVE only
>> pkg load control           % control 패키지 로드 : for OCTAVE only
>> syms s t                   % 심볼릭 s t 선언
>> % 심볼식으로 변환 예
>> num = [1];                 % 분자 다항식 행렬 : 1
>> den = [1 1 0];             % 분모 다항식 행렬 : s^2 + s + 0
>> snum = poly2sym(num, s);   % s 문자를 가지는 심볼식으로 변환
>> sden = poly2sym(den, s);
>> h = snum/sden
h = (sym)
    1
  ------
    2
  s  + s
>> % 라플라스 역변환 예
>> ilaplace(partfrac(h), t)   % 라플라스 역변환
ans = (sym)
      -t
  1 - e
```

4.3.2. 라플라스 변환과 푸리에 변환 관계

라플라스 변환과 푸리에 변환과의 관계를 통해 라플라스 변환의 주파수 영역 해석에 대해 이해해 보도록 한다.

양방향 라플라스 변환식은 아래와 같고,

$$\mathcal{L}(f(t)) = F(s) = \int_{-\infty}^{\infty} f(t)e^{-st}dt = \int_{-\infty}^{\infty}(f(t)e^{-\sigma t})e^{-j\omega t}dt$$

주파수 영역에서 보았던 푸리에 변환의 수식은 아래와 같다.

$$F(\omega) = \int_{-\infty}^{\infty} f(t)e^{-j\omega t}dt$$

두식을 비교해 보면, 라플라스 변환은 $f(t)e^{-\sigma t}$의 푸리에 변환을 의미한다.

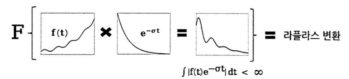

$$\int |f(t)e^{-\sigma t}|dt < \infty$$

Figure I-73 라플라스 변환과 푸리에 변환 관계

앞서 본 푸리에 변환은 위의 그림과 같은 발산하는 f(t) 파형은 변환할 수 없는 반면, 라플라스 변환은 이 f(t)에 감쇠항 $e^{-\sigma t}$를 곱함으로써 유한하게 만든 함수 $f(t)e^{-\sigma t}$ 를 푸리에 변환 가능하게 하고, 이 푸리에 변환은 라플라스 변환과 동일하다.

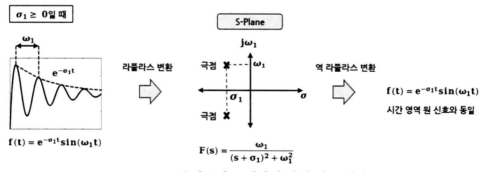

Figure I-74 라플라스 변환의 감쇠 신호 해석

또한, 푸리에 변환은 감쇠 신호의 해석에 어려움이 있지만, 푸리에 변환에 감쇠 항목인 $e^{-\sigma t}$ 를 추가된 형태인 라플라스 변환은 위의 그림과 같이 시간 영역에서의 감쇠도 해석할 수 있는 수학적 도구이다.

이 라플라스 변환은 복소 평면이 아니라 라플라스 변수 s 에 대하여 σ 실수부와 jω 허수 주파수 축을 가진 S-Plane 이라는 평면에 극점/영점을 배치하여 해석을 편리하게 한다.
이에 대해서는 이후 전달함수의 극점/영점에서 살펴볼 것이다.

가. 라플라스 변환의 주파수 영역 해석

위에서 본 것과 같이 라플라스 변환 수식에서 라플라스 변수의 감쇄에 관련된 실수부인 σ = 0 으로 두면 푸리에 변환식과 동일식이 되어 주파수 영역의 해석이 가능하다.

즉, 라플라스 변환식에서 라플라스 변수 s = σ +jω 대신 σ 를 0 으로 둔 s = jω 를 대입하면 푸리에 변환과 동일식으로 정상상태에서의 주파수 특성을 얻을 수 있다.

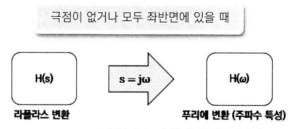

Figure I-75 라플라스 변환의 주파수 특성

이 방식의 조건은 아래에서 보게 될 ROC 수렴 영역이 σ = 0 즉, jω 축(허수축)을 포함해서 푸리에 변환이 존재해야 한다. 이 조건을 ROC 조건이라 하기로 하며, 이 책에서 다루는 LTI 인과 시스템에서는 극점이 없거나, 모두 좌반면에 있을 때 ROC 조건을 만족한다로 이해하기로 한다.

LTI 인과 시스템에서 극점이 없는 경우 ROC 수렴 영역은 복소 평면의 전 영역이 되는데, 예를 들어, 미분에 해당하는 s는 $\frac{dx(t)}{dt}$의 푸리에 변환이 $j\omega X(\omega)$이므로 만족함을 볼 수 있고, 허수축을 포함하지 않지만, 예외로는 적분에 해당하는 $\frac{1}{s}$로 $\int x(t)dt$의 푸리에 변환이 $\frac{1}{j\omega}X(\omega)$이므로, s 대신 jω 를 대입하여 확인 가능하다.

이렇게 라플라스 변환 H(s)에서 s = jω 로 두어 얻은 주파수 응답을 문맥에 따라 구분하기 위하여 H(ω)가 아니라 H(jω)로 표현하기도 하지만, 이 책에서는 H(ω)로 통일하기로 한다.

나. 라플라스 변환의 ROC

모든 종류의 신호에 대해서 라플라스 변환이 존재하는 것이 아니기 때문에 ROC 영역이 중요하다. ROC(Region Of Convergence)는 수렴 영역을 의미하는 것으로, 일반적으로 라플라스 변환이 존재하는 s 의 영역을 의미한다.

특히, 이 ROC 영역이 허수축을 포함해야 위에서와 같이 라플라스 변수 s = jω 로 두어 주파수 영역 해석을 할 수 있다.

$$F(s) \ = \int_{-\infty}^{\infty} f(t)e^{-st}dt = \int_{-\infty}^{\infty} (f(t)e^{-\sigma t})e^{-j\omega t}dt$$

에서 라플라스 변환이 존재하려면, 아래와 같이 수렴해야 한다는 것을 알 수 있다.

$$\int_{-\infty}^{\infty} |f(t)e^{-\sigma t}|dt < \infty$$

즉, ROC 수렴 영역은 위 수렴 조건을 만족하게 하는 라플라스 변수 s 의 범위 영역을 의미한다. 만일, f(t) 가 수렴하는 신호라면 항상 수렴하게 되어 ROC 는 전체 영역이 된다.

우신호 $f(t) = e^{-at}u(t)$에 대한 라플라스 변환은 아래와 같다.

$$F(s) \ = \int_{0}^{\infty} e^{-(s+a)t}dt = -\frac{1}{s+a}\left[e^{-(s+a)t}\right]_{0}^{\infty} = \frac{1}{s+a}$$

라플라스 변환표와 동일하지만, 여기에는 $e^{-(s+a)\infty} = 0$ 이라는 전제가 필요하다. 이 전제가 만족되려면 $e^{-(s+a)} = e^{-(\sigma+a)t}e^{-j\omega t}$에서 $e^{-j\omega t}$는 정현파 이므로, 실수인 $-(\sigma + a) < 0$ 조건 즉, Re(s) > -a 를 만족하면 된다.

이 수렴 영역을 ROC 영역이라고 하며, 이 영역 안에서 라플라스 변환이 존재한다.

또한, 좌측 신호 $f(t) = -e^{-at}u(-t)$의 신호도 $\mathcal{L}(-e^{-at}u(-t)) \ = \frac{1}{s+a} : Re(s) < -a$ 와 같이 동일한 라플라스 변환이 되는데, ROC 영역 조건이 없다면, 동일한 라플라스 식이라 해도 서로 다른 시간 함수가 될 수 있다.

극점을 통한 ROC 영역 판단

이 ROC 영역을 알아보는 간단하면서 쉬운 방법으로 극점의 위치를 이용하는 방법을 들 수 있다. 보통은 전달함수에서 영점, 극점을 다루지만, 신호의 라플라스 변환에서도 유사한 개념으로 적용할 수 있다.

극점은 라플라스 변환 분모 측을 0 이 되게 만들어 라플라스 변환식을 무한대로 만드는 s 를 의미한다.

아래와 같은 식을 보자.

$$F(s) \ = \frac{1}{(s-a)(s-b)}$$

극점은 a 와 b 가 되는데, 이 극점의 실수 위치에 따라 아래와 같은 ROC 영역을 가진다.

임의의 시간 T 에 대해 우측(Right-Side) 신호는 u(t - T)와 같이 t < T 에서는 모두 0 인 신호, 좌측(Left-Side) 신호는 u(-t + T)와 같이 t > T 에서는 모두 0 인 신호, 양측(Both-Side) 신호는 모두 있는 신호이다. 또한, 아래의 경우에서 ROC 영역은 극점을 포함하지 않는다.

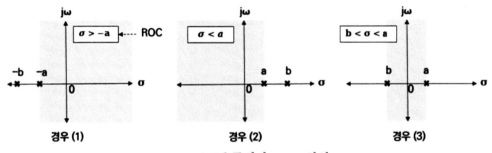

Figure I-76 극점과 ROC 영역

위 그림에서 f(t)가 우측 신호라면 [경우 1]처럼 ROC 수렴 영역은 가장 오른쪽 극점의 오른쪽 영역 즉, |s| > max (p_i)이고, f(t)가 좌측 신호라면 [경우 2]처럼 가장 왼쪽 극점에서 왼쪽 영역 즉, |s| < min (p_i)가 된다. f(t)가 양쪽 신호라면 [경우 3]처럼 경우 1 과 경우 2 의 교차 영역이 된다.

이 책에서는 $t \geq 0$에서만 유효한 데이터가 있는 LTI 인과 시스템(Causal System)을 다루므로 [경우 1]에 해당한다. 따라서, 극점이 좌반면에 있어 이 ROC 영역이 σ = 0 인 jω 허수축을 포함할 때, 라플라스 변수 s 를 jω 로 두어 각주파수 ω 들에 대한 주파수 응답을 해석을 할 수 있다.

위에서 본 $H(s) = \frac{1}{s+a}$의 경우 a > 0 이어서 극점이 좌반면에 있어 ROC 수렴 영역이 jω 허수축을 포함한다면, s = jω 를 대입하여 $H(\omega) = \frac{1}{j\omega+a}$으로 각주파수 ω 에 대한 주파수 응답을 구할 수 있다.

또한, 이렇게 LTI 인과 시스템에서 다음 장에서 볼 라플라스 전달함수의 극점들이 좌반면에 있어야 한다는 조건은 신호가 특정 주파수에서 발산하지 않고, 모든 주파수에서 수렴하는 조건으로, 안정된 시스템(Stable System)의 조건이 된다.

> ### 허수축을 포함하지 않는 계단 신호

ROC 가 허수 축을 포함하지 않는 예로 계단 신호가 있다.

$$u(t) = \begin{cases} 1, t > 0 \\ 0, t < 0 \end{cases}$$

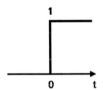

Figure I-77 단위 계단 신호

라플라스 변환표에 보면, 계단 응답 $u(t)$의 라플라스 변환은 $\frac{1}{s}$ 로 정의된다. ROC 는 $Re(s) > 0$ 이기 때문에, ROC 영역이 허수축을 포함하지 않는다. 즉, 푸리에 변환이 $\frac{1}{j\omega}$ 이 아니다.

계단 응답의 주파수 특성을 보는 것은 충분한 의미가 있으므로, 여기에서 계단 응답의 푸리에 변환에 대해 살펴보자. 위의 계단 응답 신호를 아래와 같이 한쪽으로 감쇠하는 신호로 근사하여 정의해 볼 수 있다.

$$u(t) \approx g(t) = \begin{cases} e^{-j\alpha t}, t \geq 0 \\ 0, t < 0 \end{cases}$$

α가 0 으로 근접하는 양의 실수라면, 수렴하게 되어 푸리에 변환이 존재하게 된다.

$$F(\omega) = \frac{1}{\alpha + j\omega} = \frac{\alpha}{\alpha^2 + \omega^2} - \frac{-j\omega}{\alpha^2 + \omega^2}$$

$\alpha \to 0$ 이므로, 아래와 같이 정리될 수 있다.

$$F(\omega) = \frac{\alpha}{\alpha^2 + \omega^2} - \frac{-j\omega}{\alpha^2 + \omega^2} = \pi\delta(\omega) + \frac{1}{j\omega}$$

계단 응답의 크기 스펙트럼은 ω 를 0 부터 증가시키며 구해보면, 전대역 주파수에 걸쳐 아래와 같이 나옴을 알 수 있다.

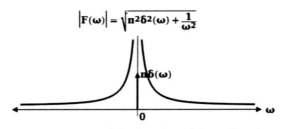

$$\left|F(\omega)\right| = \sqrt{\pi^2\delta^2(\omega) + \frac{1}{\omega^2}}$$

Figure I-78 계단 신호의 주파수 스펙트럼

위 크기 스펙트럼에서 보듯이 계단 신호의 변화 에지에는 수많은 고주파 성분이 포함되어 있다. 이렇게 여러 주파수 성분이 포함되어 있는 계단 신호를 시스템의 입력 신호로 주어 시스템의 응답을 분석하게 되면, 수많은 주파수 성분에 대한 시스템의 응답 특성을 동시에 확인할 수 있게 된다.

이런 이유때문에, 계단 신호는 시간 영역에서의 시스템 응답 특성을 알아보는 용도로 사용되는 대표적인 입력 신호이며, 그 응답을 계단 응답(Step Response)이라 한다.

4.4. 이산 시간의 Z 변환

라플라스 변환이 미분, 적분, 연속 시간의 해석을 쉽게 할 수 있는 도구라면, Z 변환은 이산 시스템의 해석과 선형 차분 방정식을 대수적으로 풀 수 있는 방법을 제공한다. 이는, 소프트 웨어 또는 로직을 이용한 DSP 구현에서는 없어서는 안되는 중요한 변환이다.

연속 신호 x(t)를 T_s 주기로 샘플링한 이산 데이터 신호는 t < 0 인 경우 x(t) = 0 일 때, 델 타 함수로 아래와 같이 표현할 수 있다.

$$x[n] = x(nT_s) \sum_{n=0}^{\infty} \delta(t - nT_s) = x[0]\delta(t) + x[1]\delta(t - T_s) + x[2]\delta(t - 2T_s) \dots$$

시간 지연 $\mathcal{L}\big(\delta(t - T_s)\big) = e^{-sT_s}$ 이므로, 위 식을 라플라스 변환하면 아래와 같다.

$$\mathcal{L}(x[n]) = x[0] + x[1]e^{-sT_s} + x[2]e^{-2sT_s} \dots = \sum_{n=0}^{\infty} x[n]e^{-nsT_s}$$

여기에서 복소 변수 z 를 $z = e^{sT_s}$ 로 정의하여 차분 신호 x[n]에 대한 Z 변환은 X(z)로 표 현하며, Z 변환 X(z)는 아래와 같이 정의된다.

$$X(z) = \sum_{n=0}^{\infty} x[n]z^{-n} : n \text{ 은 정수}$$

복소 변수 z 는 디지털 주파수와 아날로그 주파수의 $\Omega = \omega T_s$ 관계로 아래와 같은 표현 방식 들을 사용한다.

$$z = e^{sT_s} = e^{(\sigma + j\omega)T_s} = re^{j\Omega}$$

여기에서 복소 변수 z 의 크기는 |z| = r로 정의되며, 라플라스 변환의 σ와 같이 감쇠(0 < r < 1) 또는 증폭(r > 1)의 대한 역할을 한다. r = 1인 경우는 감쇠 또는 증폭없이 그대로 유지한 다.

Z 변환표

여기서는 $n \geq 0$ 일 때, 자주 접하게 되는 간단한 변환식들만 보도록 한다.

F[n]	F(z)	ROC
선형성 $a_1 f_1[n] + a_2 f_2[n]$	$a_1 F_1(z) + a_2 F_2(z)$	
상수 K	K	All z
단위 임펄스 함수 $\delta[n]$	1	All z
시간 이동 $\delta[n-k]$	z^{-k}	All z
단위 계단 함수 $u[n]$	$\dfrac{1}{1-z^{-1}}$	$\lvert z \rvert > 1$
a^n	$\dfrac{1}{1-az^{-1}}$	$\lvert z \rvert > \lvert a \rvert$
na^n	$\dfrac{az^{-1}}{(1-az^{-1})^2}$	$\lvert z \rvert > \lvert a \rvert$

이 중 시간 이동(Time Shift)은 Z 변환과 차분 방정식의 관계에서 다룬다.

Z 변환 예제

시간 함수 $f(t) = e^{-at}$ 에 대한 Z 변환을 구해보자. 이산 데이터로 만들기 위하여 $t = nT_s$ 를 대입하면 아래와 같다.

$$f[n] = f(nT_s) = e^{-anT_s} : n \geq 0$$

이 이산 데이터를 Z 변환하면 아래와 같다.

$$Z(f[n]) = F(z) = \sum_{n=0}^{\infty} f[n]z^{-n} = \sum_{n=0}^{\infty} e^{-anT_s}z^{-n} = \sum_{n=0}^{\infty} \left(e^{-aT_s}z^{-1}\right)^n$$

위는 등비 수열의 형태이므로, 아래와 같이 정리될 수 있다.

$$F(z) = \sum_{n=0}^{\infty} \left(e^{-aT_s}z^{-1}\right)^n = \frac{1}{1 - e^{-aT_s}z^{-1}}$$

MATLAB/OCTAVE 의 ztrans() 함수

MATLAB/OCTAVE 의 ztrans() 함수를 통해 Z 변환을 할 수 있다.

$$ztrans(f)$$

인수 f 는 ztrans() 함수가 n 이 독립 변수이기 때문에 미지수 n 으로 된 함수이여야 한다. 만일, f 를 미지수 n 으로 정의하지 않았다면, 해당 문자를 심볼릭으로 만들어 ztrans() 함수에 인자로 주면 된다.

MATLAB/OCTAVE 명령창

```
>> pkg load symbolic     % OCTAVE symbolic 패키지 로드 : for OCTAVE only
>> pkg load signal       % OCTAVE signal 패키지 로드 : for OCTAVE only
>> syms a n              % 심볼릭 변수 선언
>> f = a^n;              % 미지수 n 에 대한 함수 선언
>> ztrans(f)             % Z 변환
ans = (sym)

   1            |a|
 -------  for  |-| < 1
   a          |z|
 - - + 1
   z
```

4.4.1. Z 변환과 DTFT

Z 변환과 DTFT 의 관계는 앞에서 보았던 라플라스 변환과 푸리에 변환과의 관계와 동일하다. 즉, 이산 시간의 이산 함수 x[n]은 Z 변환을 통해 주파수 영역 해석이 가능하다.

앞서 보았던 DTFT 의 수식은 아래와 같다.

$$X(\Omega) = \sum_{n=-\infty}^{\infty} \left(x[n]e^{-j\Omega n} \right)$$

아래는 양방향 Z 변환의 정의이다.

$$X(z) = \sum_{n=-\infty}^{\infty} x[n]z^{-n} = \sum_{n=-\infty}^{\infty} x[n]r^{-n}e^{-j\Omega n}$$

따라서, 라플라스 변환에서 라플라스 변수 s 를 jω 로 치환하면 푸리에 변환과 동일식이 되어 주파수 영역의 해석이 가능했듯이, Z 변환에서는 복소 변수 z 대신 r = 1 인 $e^{j\Omega}$ 로 치환하면, DTFT 와 동일 수식이 되어 이산 시간 영역의 주파수 특성을 해석할 수 있다.

이를 위해서는 연속 시간 영역인 라플라스 변환에서 ROC 영역이 허수축을 포함해야 한다는 조건을 ROC 조건이라 정의했었다.
이와 마찬가지로 이산 시간 영역인 Z 변환에서도 ROC 조건을 만족해야 하는데, 이 책에서 다루는 LTI 인과 시스템 즉, n ≥ 0 인 시스템에서는 Z 변환 함수의 극점이 없이 유한하거나 극점이 모두 단위원 안에 있을 때의 조건을 ROC 조건으로 정의하기로 한다.

이렇게 ROC 조건을 만족하는 경우 Z 변환 함수에 z = $e^{j\Omega}$ 를 대입하면 이산 시간 영역에서의 주파수 특성을 얻을 수 있다.

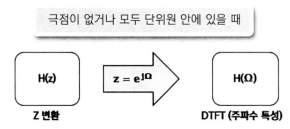

Figure I-79 Z 변환의 주파수 특성

이때 이산 시간의 디지털 각주파수 Ω 와 연속 시간의 각주파수 ω 와는 샘플링 시간 T_s 와 함께 $\Omega = \omega T_s$의 관계를 가지며, $-\pi \leq \Omega < \pi$ 범위 구간으로 반복된다.

이렇게 Z 변환 H(z)에서 $z = e^{j\Omega}$ 로 두어 얻은 주파수 응답을 문맥에 따라 구분하기 위하여 $H(\Omega)$가 아니라 $H(e^{j\Omega})$로 표현하기도 하지만, 이 책에서는 $H(\Omega)$로 통일하기로 한다.

수렴 영역 ROC 와 DTFT 존재

여기에도 라플라스 변환과 푸리에 변환 관계에서 보았듯이 ROC 라는 수렴 영역 조건이 있어야 하는데, 아래와 같이 절대 총합이 수렴해야 DTFT 가 존재한다.

$$\sum_{n=0}^{\infty} |x[n]r^{-n}| < \infty$$

위의 식에서 $x[n]r^{-n}$의 합이 수렴하면 $|X(z)|$도 유한한 값을 가지게 된다.

이 수렴 조건을 만족하는 z 범위를 Z 변환 ROC(Region Of Convergence, 수렴 영역)라 한다. 즉, 이산 시간에서의 ROC 는 Z 변환이 존재하는 복소 평면의 Z 의 영역이며, 입력 신호가 유한하다면 ROC 는 Z-평면 전체 영역이 된다.

예를 들어, $x[n] = a^n u[n]$의 Z 변환은 등비급수를 이용하면 아래와 같다.

$$X(z) = \sum_{n=0}^{\infty} a^n z^{-n} = \frac{1}{1 - az^{-1}} = \frac{z}{z - a}$$

전제 조건은 $\sum_{n=0}^{\infty}|az^{-1}| < \infty$이어야 한다. 즉, $|z| > |a|$ 여야 하며 이것이 ROC 영역이 된다.

아래는 Z 평면에 ROC 영역을 표시한 그림이다. 여기에서 $|z| = 1$ 크기인 원을 단위원(Unit Circle)이라 하며, 라플라스 ROC 에서 본 ROC 영역이 $\sigma = 0$ 인 $j\omega$ 허수축을 포함해야 하는 조건과 같이, Z 변환의 ROC 영역이 단위원을 포함해야 DTFT 가 존재한다.

아래 그림과 같이 LTI 인과 시스템에서 ROC 수렴 영역은 $|z| > |a|$가 되는데, $z = re^{j\Omega}$ 에서 $r = 1$ 인 $z = e^{j\Omega}$ 로 치환하여 주파수 영역 해석을 하려면, ROC 수렴 영역이 $|z| = r = 1$ 이 되는 단위원을 포함해서 DTFT 변환이 있어야 한다.

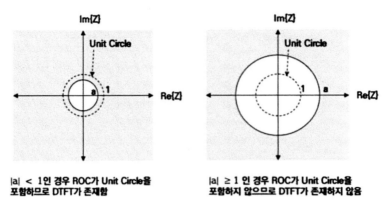

Figure I-80 ROC 와 DTFT 의 존재

위의 $H(z) = \frac{z}{z-a}$의 경우, a < 1 일 때 ROC 수렴 영역은 단위원을 포함하게 되며, 이때 $z = e^{j\Omega}$ 를 대입하여 $H(\Omega) = \frac{e^{j\Omega}}{e^{j\Omega} - a}$로 디지털 각주파수 Ω 에 대한 주파수 특성을 구할 수 있다.

S 복소 평면과 Z 복소 평면 매핑

앞의 라플라스 변환에서 보았던 S 복소 평면과 Z 복소 평면의 관계를 알면, 라플라스 변환과 Z 변환과의 관계를 좀 더 쉽게 이해할 수 있다.

z 변수는 $z = e^{sT_s} = e^{(\sigma + j\omega)T_s}$와 같이 정의되므로, S 복소 평면에서 Z 복소 평면으로의 매핑은 아래 그림과 같다.

$$|z| = e^{\sigma T_s}, \qquad \angle z = \omega T_s$$

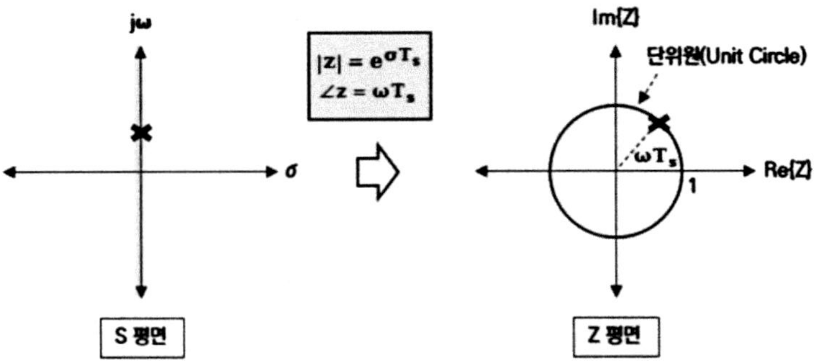

Figure I-81 S 복소 평면에서 Z 복소 평면으로의 매핑

위 그림에서 보듯이 S 복소 평면의 σ = 0 인 혀수축은 Z 복소 평면의 단위원에 매핑된다.

이런 원리를 보면 라플라스 변환에서 본 것과 마찬가지로, LTI 인과(Causal) 시스템인 경우 Z 변환의 극점을 통한 ROC 수렴 영역 판단은 극점이 없이 유한하다면 항상 수렴하기 때문에 전체 영역이 되고, 극점이 있다면 ROC 수렴 영역은 가장 큰 극점의 외부 영역 즉, $|z| > \max(|p_i|)$ 영역을 가지게 되므로, 극점의 위치가 단위원 안에 들어오는 경우에 z 대신 $e^{j\Omega}$ 를 대입하면 DTFT 와 동일한 수식이 되어 주파수 특성을 확인해 볼 수 있다.

또한, 이렇게 LTI 인과 시스템에서는 다음 장에서 볼 Z 전달함수의 극점들이 단위원 안에 있어야 한다는 조건은 신호가 특정 주파수에서 발산하지 않고, 모든 주파수에서 수렴하여 안정된 시스템(Stable System)의 조건이 된다.

4.4.2. 차분 방정식 ↔ Z 변환

이후 보게 되겠지만, 이산 시간의 전달함수인 Z 변환을 디지털 구현을 하기 위해서는 차분 방정식의 형태로 변환해야 한다. 또한, 차분 방정식의 시간 응답과 주파수 응답은 차분 방정식을 Z 전달함수로 변환하여 확인할 수 있다.

현재 데이터 x[n]은 아래와 같이 Z 변환으로 X(z)로 표현한다.

$$x[n] \leftrightarrow X(z)$$

k 번째 과거 데이터 x[n – k]는 시간 이동 규칙을 가지고 아래와 같이 상호 변환한다.

$$x[n - k] \leftrightarrow z^{-k}X(z)$$

아래에서 이런 시간 이동의 Z 표현에 대해서 증명하여 변환 원리를 이해하도록 한다.

Z 변환의 시간 이동

아래와 같이 차분 방정식 x[n]의 Z 변환은 X(z)로 표현한다.

$$Z(x[n]) = X(z) = \sum_{n=-\infty}^{\infty} x[n]z^{-n}$$

이때, 시간 이동(Time Shift) 관계인 x[n - k]를 Z 변환 해보면 아래와 같다.

$$Z(x[n - k]) = \sum_{n=-\infty}^{\infty} x[n - k]z^{-n}$$

여기에서 n - k 를 m 으로 치환하면 아래와 같다.

$$Z(x[n - k]) = \sum_{m=-\infty}^{\infty} x[m]z^{-(m+k)} = z^{-k} \sum_{m=-\infty}^{\infty} x[m]z^{-m} = z^{-k}X(z)$$

따라서, 차분 방정식과 Z 변환은 아래 표와 같은 관계를 가진다.

이산 형식		Z 변환
x[n]	↔	X(z)
x[n − 1]	↔	$z^{-1}X(z)$
x[n − k]	↔	$z^{-k}X(z)$

이런 변환 관계의 이해는 이산 시스템의 구현에서는 꼭 알아야 한다.

차분 방정식의 Z 변환 예

아래와 같은 차분 방정식을 Z 변환으로 바꾸어 보도록 하자.

$$y[n] = 0.6x[n] + 0.4y[n − 1]$$

위의 표를 참조하면 Z 변환은 아래와 같다.

$$Y(z) = 0.6X(z) + 0.4z^{-1}Y(z)$$

다음 장에서 보게 되겠지만, 이것을 입력 신호 대 출력 신호의 비, 즉 전달함수로 표현하면 아래와 같이 표현할 수 있고, 이로부터 주파수 응답 및 시간 출력 응답에 대한 예측이 가능하다.

$$\frac{Y(z)}{X(z)} = \frac{0.6}{1 - 0.4z^{-1}}$$

반대로 Z 변환에서 차분 방정식의 변환도 마찬가지로 바꾸면 된다.

이 모든 과정과 구현에 대해서는 IIR 필터 설계 편에서 보게 될 것이다.

4.4.3. 라플라스 영역 → Z 영역으로의 변환

 디지털 필터, 디지털 제어기 등의 시스템을 소프트웨어 또는 디지털 로직으로의 구현하려면 Z 변환과 차분 방정식이 사용된다.
 이런 의미에서 연속 시간의 라플라스 영역에서 Z 변환으로의 변환은 많은 시스템의 전달함수가 좀 더 오랜 역사의 라플라스 형태로 되어 있다는 것을 생각하면, DSP 를 구현하는 입장에서 상당히 유용하다.

 이 변환 방식에는 여러 방식이 있는데, 그 중에서 대표적인 근사 변환 방식에는 연속 시간 영역과 이산 시간 영역의 연결 고리인 샘플링 주기 T_s 가 포함된 아래 3 가지 수식이 있다.

Forward Euler 근사 방식

$$s \approx \frac{1}{T_s} \times (z - 1)$$

Backward Euler 근사 방식

$$s \approx \frac{1}{T_s} \times \frac{z - 1}{z}$$

Bilinear (Tustin) 근사 방식

$$s \approx \frac{2}{T_s} \times \frac{z - 1}{z + 1}$$

이렇게 라플라스 함수 안의 라플라스 변수 s 대신 위의 z 수식을 대입하면 Z 변환으로 변환할 수 있다.

일반적으로 평균 특성을 지닌 Bilinear 방식이 많이 쓰이긴 하지만, 변환 방식들의 주파수 특성이 각각 조금씩 다르므로, 시스템에 따라 알맞은 것을 선택하여 쓰면 된다. 이에 대해서는 필터 설계 편과 PID 제어기 편에서 살펴보게 될 것이다.

근사 변환 방식의 유도

위의 근사 변환 수식들에 대한 이해를 위해서 근사 변환 방식을 유도하는 과정을 살펴보도록 하자.

신호에 s 를 곱하는 것은 미분의 형태이므로 아래와 같이 유도해 볼 수 있다.

$$sY(s) \rightarrow \frac{dy(t)}{dt}$$

여기에서 미분 방식에 따라 후진(Backward) 미분, 전진(Forward) 미분으로 구분해 볼 수 있다.

(1)   Backward Euler 방식

$$sY(s) \rightarrow \frac{dy(t)}{dt} \approx \frac{Y[n] - Y[n-1]}{T_s} \rightarrow \frac{1 - z^{-1}}{T_s} Y(z) = \frac{1}{T_s} \frac{z-1}{z} Y(z)$$

(2)   Forward Euler 방식

$$sY(s) \rightarrow \frac{dy(t)}{dt} \approx \frac{Y[n+1] - Y[n]}{T_s} \rightarrow \frac{z-1}{T_s} Y(z)$$

(3)   Bilinear 방식

Bilinear 방식의 경우 사다리꼴 적분으로 유도를 많이 하는데, 아래와 같이 테일러 급수를 이용하면 이해가 쉽다.
z 변수는 테일러 급수로 아래와 같이 표현할 수 있다.

$$z = e^{sT_s} = 1 + \frac{sT_s}{1} + \frac{(sT_s)^2}{2} + \frac{(sT_s)^3}{6} + \cdots$$

sT_s 가 0 근처에 있을 때 첫째항까지 절단하여 아래와 같이 1 차 근사할 수 있다.

$$z = e^{sT_s} \approx 1 + \frac{sT_s}{1} \quad \rightarrow \quad s \approx \frac{1}{T_s} \times (z-1)$$

이것이 Forward Euler 방식이다.
위의 Forward Euler 방식에서 아래와 같이 sT_s 를 0 에 가깝게 하여 더욱 근사한 것이 Bilinear 근사 방식이다.

$$z = e^{sT_s} = e^{\frac{sT_s}{2}} \times e^{\frac{sT_s}{2}} = \frac{e^{\frac{sT_s}{2}}}{e^{-\frac{sT_s}{2}}} \approx \frac{1 + \frac{sT_s}{2}}{1 - \frac{sT_s}{2}} \quad \rightarrow \quad s \approx \frac{2}{T_s} \times \frac{z-1}{z+1}$$

MATLAB/OCTAVE 의 c2d() 함수

위와 같은 라플라스 형식에서 Z 변환 형식으로의 변환을 직접 대입하여 풀어서 할 수도 있지만, MATLAB/OCTAVE 의 c2d() 함수를 사용하면 손쉽게 변환할 수 있다.

$$c2d(H, Ts, Method)$$

이런 변환은 샘플링 주기와 관계되므로, 샘플링 주기 T_s 를 정해 주어야 한다.
Method 에 대표적으로 많이 사용되는 방식은 'zoh'(영차 유지(디폴트 값))와 'tustin'(쌍선형 방법 = bilinear) 등이 있으며, 아래와 같은 특징을 가진다.

변환 방식	설 명
zoh	Zero-Order Hold(영차 홀드)의 약자로 인자를 생략하면 이 방식이 기본값이다. 연속 신호를 이산 신호로 변환할 때 샘플링과 샘플링 사이에 신호를 이전 값으로 유지하는 방법으로, 신호가 계단 신호일 때 적합하다.
tustin	Bilinear 변환 방식과 동일하며, 주파수 특성이 좋아 필터나 제어 시스템에 적합하여 자주 사용되므로, 이 방식을 많이 보게 될 것이다.
foh	First-Order Hold(일차 홀드)의 약자로 신호가 1 차 선형 신호라고 가정하여 샘플링과 샘플링 사이의 신호를 선형 보간하여 만드는 방식으로, 신호가 실제 선형적으로 변화하는 경우에는 유리하지만, 추측되는 값을 사용하므로 안정성을 확인해야 한다.
matched	Matched Z-transform or Impulse Invariant 방식으로 연속 시간 시스템의 고유 특성과 일치하도록 이산 시간 시스템을 변환하는 방법으로, 샘플링 주기가 충분히 빠르다면 좋은 성능을 기대할 수 있다.

c2d() 함수의 사용법은 아래와 같다.

```
MATLAB/OCTAVE 명령창
>> pkg load control              % control 패키지 로드 : for OCTAVE only
>> s = tf('s');                  % 특수 변수 s 생성
>> H = 100/(s + 100)             % 전달함수 생성
Transfer function 'H' from input 'u1' to output ...
      100
  y1: -------
     s + 100
Continuous-time model.
>> ts = 1e-3;                    % sampling time 1ms
>> Hd = c2d(H, ts, method='zoh') % 이산 시간 전달함수로 변환
Transfer function 'Hd' from input 'u1' to output ...
      0.09516
```

```
y1:  ----------
          z - 0.9048
Sampling time: 0.001 s
Discrete-time model.
```

라플라스 전달함수에서 Z 전달함수로의 변환은 d2c() 함수를 사용하면 된다.

> **라플라스 변수의 z 변수 대치로 라플라스 전달식에서의 변환**

위의 c2d() 함수에서 Forward Euler 변환이나 Backward Euler 변환의 방법은 제공하지 않는다. 만일, 이런 변환을 하고 싶다면 아래와 같이 직접 변환해 볼 수 있다.

MATLAB/OCTAVE 명령창

```
>> pkg load control              % control 패키지 로드 : for OCTAVE only
>> pkg load signal               % signal 패키지 로드 : for OCTAVE only
>> Ts = 1e-3;                    % 샘플링 주기 = 1ms
>> z = tf('z', Ts);             % 특수 변수 만들기
>> s = (z-1)/Ts;                % Forward Euler
>> Hz = 100/(s + 100)           % 라플라스 전달함수를 써주면, Z 전달함수가 된다.
         100
y1:  ------------
       1000 z - 900
Sampling time: 0.001 s
Discrete-time model.

>> % 아래는 분모의 최대값으로 나누어 단순히 보기 좋게 표시하는 예이다.
>> [num,den] = tfdata(Hz, 'v')
>> num = num/den(1);
>> den = den/den(1);
>> Hz = tf(num, den, Ts)         % 다시 Z 전달함수 생성
          0.1
y1:  -------
       z - 0.9
Sampling time: 0.001 s
Discrete-time model.
```

---

5. 전달함수

전달함수(Transfer Function)는 선형 시불변 시스템(Linear Time-invariant System, LTI System)의 입력과 출력 사이의 관계를 수학적으로 표현한 함수이다.

앞서 살펴보았던 변환들이 연속 신호 또는 이산 신호(Signal)에 포함된 주파수 성분 등의 특성을 분석할 수 있는 도구들이었다면, 전달함수는 이 변환들을 이용한 입력 신호 특성과 출력 신호 특성의 관계를 표현한다.

예를 들어, 연속 신호에 대한 라플라스 변환의 경우 시간 함수 $f(t) = e^{-t}$ 의 라플라스 변환식은 $F(s) = \frac{1}{s+1}$ 이고, 이를 통해 신호의 감쇠 특성과 $s = j\omega$ 를 대입함으로써 신호에 포함된 주파수 성분들에 대해서 분석할 수 있었다. 이 도구는 입력 신호 또는 출력 신호 자체를 분석하는 등에 사용될 수 있다.

하지만, 똑같은 형태의 $H(s) = \frac{1}{s+1}$ 라플라스 변환식이라고 해도 이 라플라스 식이 시스템의 전달함수라 하면, 이는 연속 신호 $f(t) = e^{-t}$ 에 대한 특성을 의미하는 것이 아니다.
라플라스 전달함수는 $\frac{Y(s)}{X(s)} = \frac{1}{s+1}$ 로 표현되는데, 여기에서 $X(s)$는 입력 신호에 대한 라플라스 변환이고, $Y(s)$는 출력 신호에 대한 라플라스 변환을 의미한다.
이처럼 전달함수는 시스템 입력에 대해 어떤 출력이 나올 것인지에 대한 정보를 제공함으로써 시스템의 동적 특성을 분석할 수 있다. 또한, $s = j\omega$ 를 대입한 주파수 응답 역시 신호의 주파수 성분을 의미하는 것이 아니라, ω 주파수를 시스템에 입력했을 때, 어떤 크기와 위상을 가진 ω 출력이 나올 것인가에 대한 정보를 나타낸다.
이런 의미를 가진 전달함수를 통해 필터 시스템과 같은 디지털 신호 처리 시스템과 제어 시스템에서 시간 영역 응답과 주파수 응답을 해석함으로써 시스템을 설계할 수 있다.

이 전달함수는 연속 시간 영역에서는 라플라스 변환을 사용하며, 이산 시스템에서는 Z 변환을 사용하여 표현된다.

이 장에서는 연속/이산 시간에서의 전달함수 개념과 주파수 응답과의 관계에 대한 이해를 해보도록 한다.

5.1. 연속 시간의 라플라스 전달함수

LTI 시스템의 시간 함수 x(t) 입력에 대한 y(t) 출력은 아래와 같이 선형 상계수 미분 방정식으로 표현할 수 있다.

$$a_k \frac{d^k y(t)}{dt} + \cdots + a_1 \frac{dy(t)}{dt} + a_0 y(t) \ = \ b_p \frac{d^p x(t)}{dt} \cdots + b_1 \frac{dx(t)}{dt} + b_0 x(t)$$

라플라스 변환은 미분을 산술 연산만으로 할 수 있기 때문에, 이런 선형 상계수 미분 방정식의 해를 쉽게 구할 수 있고 적분도 산술 연산만으로 가능하므로 LTI 시스템에 대한 수학적 연산을 쉽게 할 수 있다.

위의 선형 상계수 미분 방정식의 모든 초기 조건을 0 으로 둔다면, 라플라스 변환으로 아래와 같이 표현 가능하다.

$$a_k s^k Y(s) + \cdots + a_1 s Y(s) + a_0 Y(s) \ = \ b_p s^p X(s) \cdots + b_1 s X(s) + b_0 X(s)$$

여기에서 X(s)는 입력 x(t)에 대한 라플라스 변환이고, Y(s)는 출력 y(t)에 대한 라플라스 변환이다.

전달함수 H(s)는 아래와 같이 입력과 출력의 분수의 라플라스 형태로 정의된다.

$$H(s) = \frac{Y(s)}{X(s)} = \frac{b_p s^p \cdots + b_1 s + b_0}{a_k s^k + \cdots + a_1 s + a_0}$$

이때 전달함수 H(s)의 분모 방정식에서 s 최고차 항의 차수, 여기서는 k 를 시스템 차수라 하고, 1 차 시스템, 2 차 시스템 등과 같이 구분한다.

라플라스 전달함수와 출력 응답

연속 시간 영역에서 LTI 시스템의 출력을 계산하기 위해서 입력 신호 x(t)와 시스템 임펄스 응답 h(t)의 컨볼루션 연산 y(t) = x(t) * h(t)가 필요하지만, 라플라스 변환에서는 푸리에 변환과 마찬가지로 단순 산술 연산만으로 가능하다.

시간 영역의 컨볼루션 $y(t) = x(t) * h(t) = \int_{-\infty}^{\infty} x(\tau)h(t-\tau)d\tau$를 라플라스 변환해보면 아래와 같다.

라플라스 변환 수식은 $\mathcal{L}\big(y(t)\big) = Y(s) = \int_{-\infty}^{\infty} y(t)e^{-st}dt$이므로, 출력 $Y(s)$에 대한 수식은 아래와 같이 된다.

$$\mathcal{L}\big(y(t)\big) = \int_{-\infty}^{\infty}(\int_{-\infty}^{\infty} x(\tau)h(t-\tau)d\tau)\, e^{-st}\, dt = \int_{-\infty}^{\infty} x(\tau)(\int_{-\infty}^{\infty} h(t-\tau)\, e^{-st}\, dt)d\tau$$

위에서 $t - \tau \rightarrow u$ 로 두고, $dt \rightarrow du$ 로 치환하면 아래와 같다.

$$Y(s) = \int_{-\infty}^{\infty} x(\tau)\left(\int_{-\infty}^{\infty} h(u)\, e^{-s(u+\tau)}\, du\right)d\tau = \int_{-\infty}^{\infty} x(\tau)\, e^{-s\tau}d\tau\int_{-\infty}^{\infty} h(u)\, e^{-su}\, du$$

결국, 시간 영역의 $y(t) = x(t) * h(t)$ 컨볼루션에 대한 라플라스 변환은 아래와 같이 입력 신호의 라플라스 변환과 임펄스 응답의 라플라스 변환의 단순 곱셈의 결과로 나오게 된다.

$$Y(s) = X(s) \times H(s)$$

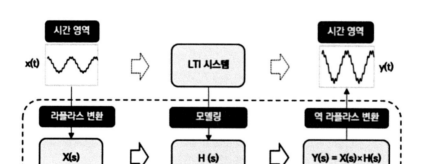

Figure I-82 LTI 시스템의 전달함수와 시스템 응답

위 그림처럼 입력 신호 $x(t)$의 라플라스 변환 $X(s)$와 임펄스 응답 $h(t)$의 라플라스 변환 $H(s)$를 단순히 곱함으로써 출력 $y(t)$에 대한 라플라스 변환 $Y(s)$를 구할 수 있다.
이 출력 $Y(s)$를 역 라플라스 변환하면 시간 함수 $y(t)$를 얻을 수 있다.

출력 $Y(s) = X(s) \times H(s)$는 위에서 전달함수가 $\frac{Y(s)}{X(s)}$라 했으므로, 결국 전달함수는 임펄스 응답 $h(t)$의 라플라스 변환인 $H(s)$와 동일하다.

$$H(s) = \mathcal{L}(h(t))$$

정리하면, 연속 시간의 라플라스 전달함수(Transfer Function)는 시스템의 모든 초기 조건이 0 인 선형 시불변 시스템(LTI 시스템)에서 입력 신호의 라플라스 변환 X(s)와 출력 신호의 라플라스 변환 Y(s)의 비인 함수 또는 시스템 임펄스 응답 h(t)의 라플라스 변환 H(s)로 정의할 수 있다.

$$H(s) = \frac{Output(s)}{Input(s)} = \frac{Y(s)}{X(s)}$$

연속 시간에서의 라플라스 전달함수는 전기/전자 회로, 동역학, 열역학 등의 학문을 이용하여 시스템의 수학적 풀이 과정을 통해 구해질 수 있으며, 시스템을 모델링(Modeling)한다는 것은 시스템을 수학적 수식의 전달함수로 나타내는 것을 말한다.

※ 전달함수의 이름 표기 예

전달함수의 이름은 A(s), B(s) 등 자신의 기호에 맞춰 사용하면 된다. 하지만, 일반적으로 많이 사용되는 표기로 맞추면 소통이 쉬워지는데, Gain 을 뜻하는 G(s), 플랜트 또는 프로세스를 뜻하는 P(s), 위처럼 임펄스 응답을 뜻하는 H(s), 제어기를 뜻하는 C(s) 등의 표기가 많이 사용된다. 예를 들어, 이후 보게 될 블록 다이어그램에서는 개루프 전달함수는 G(s) 또는 P(s)가 많이 사용되고, 피드백 전달함수는 H(s)로 많이 사용된다.

라플라스 전달함수와 주파수 응답

앞서 봤듯이 주파수 응답(Frequency Response)이란 출력 y(t)와 입력 x(t)의 ω 주파수 성분의 비인 $\frac{Y(\omega)}{X(\omega)}$로 시스템이 다양한 주파수에서 어떻게 반응하는지를 나타내는 특성을 말한다.

라플라스 변환 편에서 살펴보았듯이 ROC 조건을 만족할 때, 라플라스 변수 s 를 s = jω 로 치환하면, 푸리에 변환과 동일식이 되므로, 전달함수 H(s) = $\frac{Y(s)}{X(s)}$ 를 통해 시스템에 대한 정상 상태의 주파수 응답을 구할 수 있다.

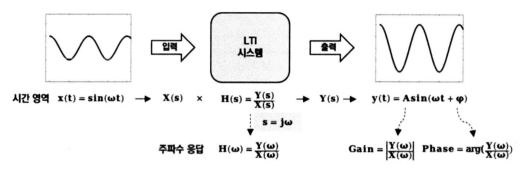

Figure I-83 전달함수의 주파수 응답

전달함수 H(s)에서 라플라스 변수 s 를 jω 로 치환한 주파수 응답은 아래와 같이 표현된다.

$$H(s) = \frac{Y(s)}{X(s)} \rightarrow s = j\omega \rightarrow H(\omega) = \frac{Y(\omega)}{X(\omega)}$$

☞ 이득(Gain)과 위상(Phase)

주파수 응답은 ω 주파수 정현파 입력과 이에 대한 응답인 ω 주파수 정현파 출력의 비를 의미하는데, 크기비를 이득(Gain)이라 하며, 입력 신호에 대한 출력 신호의 지연 정도를 위상(Phase)이라 한다.

$$\bullet \text{이득(Gain)} = \left|\frac{Y(\omega)}{X(\omega)}\right| \qquad \bullet \text{위상(Phase)} = \arg\left(\frac{Y(\omega)}{X(\omega)}\right)$$

일반적으로 시스템에서 입력 신호보다 출력 신호가 지연되어 나오기 때문에 위상 지연 (Phase Delay)이라 한다.

이렇게 주파수 응답(Frequency Response)은 단순히 임의의 신호에 포함된 주파수 성분의 크기와 위상을 의미하는 것이 아니라, 시스템의 입력과 출력의 관계를 나타내는 것이다.
예를 들어, 출력/입력 크기의 비인 이득(Gain)이 10Hz 에서 2 라면, 10Hz 의 정현파를 시스템에 입력하면 2 배 크기의 10Hz 정현파 성분을 포함한 신호가 출력된다는 것을 알 수 있는 것이다.

이에 대한 자세한 것은 보드선도에서 보도록 한다.

5.1.1. 수동 RC 저주파 통과 필터의 전달함수와 응답

아래의 회로는 수동 소자 저항 R, 커패시터 C 만 사용한 수동 RC 저주파 통과 필터이다.

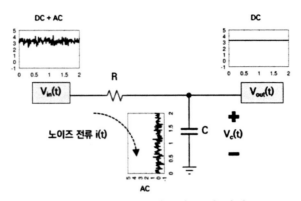

Figure I-84 RC 저주파 통과 필터

위 그림과 같이 RC 저주파 통과 필터의 사용으로 DC + AC 를 가진 신호의 AC 노이즈는 커패시터로 흐르고, 출력에는 깨끗한 DC 만 전달된다.

이 RC 저주파 통과 필터는 컨볼루션 편에서 이미 살펴보았지만, 전기/전자 시스템에서는 매우 중요한 RC 저주파 1 차 필터에 대한 전달함수를 구해 보고, 전달함수와 모델링에 대한 기본적인 이해를 통해 RC 저주파 통과 필터에 대한 기본적인 이해를 해본다.

임펄스 응답의 라플라스 변환

전달함수는 시스템 임펄스 응답 h(t)의 라플라스 변환 H(s)라고 했다.
모델링을 통해 구해지는 전달함수가 실제 임펄스 응답 함수의 라플라스 변환과 동일한지 확인해 보는 목적으로 임펄스 응답에 대한 라플라스 변환을 해보도록 한다.
앞서 컨볼루션 편에서 RC 저주파 통과 필터에 대한 임펄스 응답의 시간 함수 h(t)를 아래와 같이 구한 바 있다.

$$h(t) \;=\; \frac{1}{RC}e^{-\frac{t}{RC}} \quad : t \geq 0$$

이 임펄스 응답 함수를 라플라스 변환을 하면 아래와 같다.

$$H(s) = \mathcal{L}(h(t)) = \int_0^\infty \frac{1}{RC} e^{-\frac{t}{RC}} e^{-st} dt = \int_0^\infty \frac{1}{RC} e^{-\left(\frac{1}{RC}+s\right)t} dt$$

$$= \frac{1}{RC} \times \left(\frac{-1}{\frac{1}{RC}+s}\right) \left(e^{-\left(\frac{1}{RC}+s\right)t} \Big|_0^\infty\right) = \frac{1}{RCs+1}$$

이 결과를 아래 모델링을 통해 나온 전달함수와 비교해 보도록 한다.

전달함수 모델링

위 RC 회로를 모델링하여 전달함수를 구해 보도록 한다.

전달함수는 출력(s)/입력(s)이므로, 이 필터의 전달함수는 $H(s) = \frac{\text{출력 전압 } V_{out}(s)}{\text{입력 전압 } V_{in}(s)}$ 의 형태가 된다. 커패시터 C 의 임피던스에 대한 라플라스 변환은 $\frac{1}{sC}$ 이다. 이를 이용하여 모든 초기 조건이 0 이라는 가정으로 저항과 함께 계산한 전류는 옴의 법칙에 의해 아래와 같이 구해진다.

$$I(s) = \frac{V_{in}(s)}{R + \frac{1}{sC}}$$

전류 I(s)에 대한 출력 전압 V_{out}(s)은 (커패시터 임피던스 × 전류)가 되어 아래와 같이 된다.

$$V_{out}(s) = I(s) \times \frac{1}{sC} = \frac{V_{in}(s)}{R + \frac{1}{sC}} \times \frac{1}{sC} = \frac{V_{in}(s)}{RCs+1}$$

이를 전달함수 H(s)의 형태로 표현하면 최종적으로 아래와 같다.

$$\therefore H(s) = \frac{V_{out}(s)}{V_{in}(s)} = \frac{1}{RCs+1}$$

이렇듯 전달함수는 임펄스 응답의 라플라스 변환과 동일한 것을 볼 수 있고, 시간 함수에 대한 미분 방정식의 풀이 없이도 라플라스 변환을 이용하면 쉽게 전달함수를 구할 수 있다. 이렇게 전달함수를 구하는 과정을 모델링(Modeling)이라 한다.

이 전달함수는 분모의 차수가 1 차이므로 1 차 시스템이라 하며, 시정수는 RC(초) 가 되고, 차단 주파수 $\omega = \frac{1}{RC}$ 이다. 이에 대해서는 시스템 응답 특성 편과 1 차 표준 시스템 편에서 자세히 알아보도록 할 것이다.

계단 입력 시간 응답 (Step Response)

위 전달함수에서 입력에 스위치를 이용하여 V_{in}에 $0V \rightarrow E(V)$를 인가했을 때의 출력을 시간 함수로 표현해 보자.

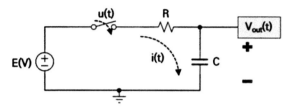

Figure I-85 RC 필터 스위치 입력

스위치를 이용했기 때문에, 0 인 상태에서 1 인 상태로 입력을 줄 수 있는 단위 계단 입력 u(t)를 주면 된다.

라플라스 변환폼에서 보면 $\mathcal{L}(u(t)) = U(s) = \frac{1}{s}$이므로, $v_{in}(t) = Eu(t) \rightarrow V_{in}(s) = EU(s) = \frac{E}{s}$ 와 같다

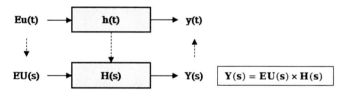

Figure I-86 전달함수를 통한 출력 해석

$$V_{out}(s) = V_{in}(s) \times H(s) = \frac{E}{s} \times \frac{1}{RCs + 1} = \frac{E}{s} - \frac{E \times RC}{RCs + 1} = \frac{E}{s} - \frac{E}{s + \frac{1}{RC}}$$

이 식을 역 라플라스 변환을 위하여 라플라스 변환표를 참조하면 아래와 같다.

단위 계단 함수 $u(t)$	$\frac{1}{s}$
e^{-at}	$\frac{1}{s + a}$

따라서, 위의 계단 응답 $V_{out}(s)$에 대한 역 라플라스 변환인 시간 함수 $v_{out}(t)$는 아래와 같이 나오게 된다.

$$v_{out}(t) \; = \; E \times \left(1 - e^{-\frac{1}{RC}t}\right) \; : t \geq 0$$

시간 t 가 무한대로 가면 최종적으로 E 전압(V)이 됨을 볼 수 있다. 이에 대한 자세한 해석은 1 차 시스템 편에서 살펴보게 될 것이다.

이렇게 라플라스 전달함수를 이용하면 시간 함수의 복잡한 컨볼루션 연산없이 출력을 해석할 수 있으며, 이는 복잡한 시스템에서 더욱 빛을 발한다.

주파수 응답 (Frequency Response)

위 전달함수 $H(s) = \frac{1}{RCs+1}$에서 주파수 $\omega_c = \frac{1}{RC}$ (rad/sec)에서의 주파수 응답을 구해보자. 수동 소자의 용량 R 과 C 는 모두 양수이기 때문에, 극점이 좌반면에 있어 ROC 조건을 만족하므로, 주파수 응답은 라플라스 변수 s 를 $j\omega$ 로 치환하여 계산할 수 있다.

$$H(\omega) = \frac{1}{RC \times j\omega + 1}$$

따라서, 주파수 $\omega_c = \frac{1}{RC}$ (rad/sec)에서의 주파수 응답은 아래와 같다.

$$H(\omega_c) = \frac{1}{RC \times j\omega_c + 1} = \frac{1}{RC \times j\frac{1}{RC} + 1} = 0.5 - 0.5j$$

이 ω_c 주파수 응답의 이득은 아래와같다.

$$|H(\omega_c)| = |0.5 - 0.5j| = \sqrt{0.5^2 + (-0.5)^2} = 0.707$$

위상은 아래와 같다.

$$\arg(H(\omega_c)) = \arg(0.5 - 0.5j) = \tan^{-1}\frac{-0.5}{0.5} = -45°$$

따라서, $\sin(\omega_c t)$의 신호를 입력하면, $0.707\sin(\omega_c t - 45°)$ 의 정현파가 출력될 것임을 알 수 있다.

5.1.2. MATLAB/OCTAVE 를 이용한 전달함수 생성

MATLAB/OCTAVE 에서 연속 시간의 라플라스 s 전달함수를 선언하는 방식에는 다항 배열로 선언하는 방법과 유리식으로 선언하는 방법으로 2 가지가 있을 수 있다.

이후 아래 전달함수를 이용하여 시간 응답과 주파수 응답 등을 알아보는 방법들을 살펴볼 것이므로, 알아두어야 하고 익숙해져야 한다.

다항 배열로 전달함수 생성

전달함수는 아래와 같이 분모와 분자의 형식을 가지게 되는데, 분모와 분자 방정식의 다항 행렬로 선언하는 방법으로, tf() 함수를 사용한다.

$$H(s) = \frac{N(s)}{D(s)}$$

tf() 함수는 아래와 같은 형태를 가진다.

$$H = tf(numerator, denominator)$$

앞에서 본 1 차 RC 전달함수를 선언해 보도록 하자.

MATLAB/OCTAVE 명령창

```
>> pkg load control      % control 패키지 로드 : for OCTAVE only
>> R = 1;                % 저항값 : 1Ω
>> C = 1e-6;             % 커패시터 값 : 1uF
>> num = [1];            % 분모 다항 행렬
>> den = [R*C 1];        % 분자 다항 행렬
>> H = tf(num, den)      % 전달함수 생성
          1
y1:  -----------
     1e-06 s + 1
Continuous-time model.
```

유리식으로 전달함수 생성

tf() 함수로 s 라는 특수 변수를 만들고, 이를 이용하여 연산하듯이 전달함수를 선언하는 방식으로, 직관적이고 간단하여 이 책에서는 대부분 이 방식을 사용할 것이다.

특수 변수 s 를 이용하여 앞에서와 동일한 1 차 RC 전달함수를 만들어보자.

```
MATLAB/OCTAVE 명령창
>> pkg load control      % control 패키지 로드 : for OCTAVE only
>> R = 1;                % 저항값 : 1Ω
>> C = 1e-6;             % 커패시터 값 : 1uF
>> s = tf('s');          % 특수 변수 s 생성
>> H = 1/(R*C*s + 1)     % 전달함수 표현
Transfer function 'ans' from input 'u1' to output ...
          1
  y1:  -----------
      1e-06 s + 1
Continuous-time model.
```

이렇게 생성된 전달함수의 계단 응답은 아래와 같이 step() 함수를 통해 확인해 볼 수 있다.

```
MATLAB/OCTAVE 명령창
>> step(H)
```

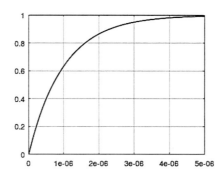

영점과 극점 정보로 전달함수 생성

라플라스 전달함수의 영점과 극점들을 알고 있을 때, 아래와 같이 MATLAB/OCTAVE 의 zpk() 함수를 사용하여 간편하게 전달함수를 생성할 수 있다.

$$H = zpk(zeros, poles, k)$$

이 함수는 $H(s) = k \times \dfrac{(s-zero1) \times (s-zero2)...}{(s-pole1) \times (s-pole2)...}$ 의 전달함수를 생성한다.

MATLAB/OCTAVE 명령창

```
>> pkg load control        % control 패키지 로드 : for OCTAVE only
>> zeros = [1];            % 영점 = 0
>> poles = [10 1];        % 극점 = 10 과 1 을 가지는 2 차 시스템
>> k = 2;                  % 이득 = 2
>> H = zpk(zeros, poles, k) % zpk 함수로 전달함수 생성
         2 s - 2
   y1: ---------------
       s^2 - 11 s + 10
   Continuous-time model.
```

5.1.3. 영점(Zero)과 극점(Pole)

라플라스 전달함수의 형태는 아래와 같이 분자(Numerator), 분모(Denominator)의 분수 형식으로 표현할 수 있다.

$$H(s) = \frac{N(s)}{D(s)}$$

전달함수의 분자 N(s) = 0 이 되는 s 의 값을 영점(Zero)이라 하고, 분모 D(s) = 0 이 되는 s 의 값을 극점(Pole)이라 한다. 여기에서 분모 D(s) = 0 방정식은 시스템의 특성을 반영하기 때문에, 특성 방정식이라 한다.

이렇게 방정식의 근인 영점과 극점은 실수 또는 켤레 복소수 쌍이 된다.

가. 극/영점에 따른 시스템 응답 특성

라플라스 전달함수의 영점과 극점의 위치는 시스템의 시간 영역 특성을 결정짓는 주요 요소로 시스템을 시간 영역에서 해석할 때 시간 함수의 미분 방정식을 푸는 것보다 라플라스 전달함수의 영점과 극점을 통해 해석하는 것이 더 빠르고 간편하게 해석할 수 있다.

이 책에서는 영점/극점의 해석에 대해 자세히 다루지는 않지만, 영점/극점의 위치가 가지는 시간 영역 응답과의 상관관계에 대해서는 이해해 두는 것이 좋다.

영점의 위치에 따른 계단 응답 특성

N(s) = 0 의 분자 다항식의 s 근인 영점은 극점처럼 시스템의 특성에 결정적인 영향을 주진 않지만, 영점은 극점과 함께 강제 응답과 고유 응답의 크기에 일반적으로 아래와 같은 영향을 준다.

영점이 원점으로부터 멀리 떨어져 있으면 시스템 출력에 거의 영향이 없고, 영점이 음수(S-평면의 좌반면)이면서 허수축에 가까워질수록 출력 신호의 오버슈트가 커지게 된다. 반면, 영점이 양수(S-평면의 우반면)이면서 허수축에 가까워질수록 출력 신호의 언더슈트가 커지게 한다.

또한, 영점들이 음수(좌반면)에 있을 경우 양수(우반면)에 있는 시스템보다 응답 위상이 빠르기 때문에, 모든 극점들과 영점들이 좌반면에 있는 시스템을 최소 위상 시스템(Minimum Phase System)이라 한다.

극점의 위치에 따른 계단 응답 특성

극점의 위치는 시스템의 특성과 안정성(Stability)을 결정하는 매우 중요한 요소이며. 전달함수의 극점들이 모두 좌반면(음의 실수)에 있어야 안정된 시스템이다.

극점이 좌반면에 있어야 안정된 시스템(Stable System)이라는 의미는 앞서 봤던 RC 저주파 통과 필터의 전달함수와 시간 함수를 통해 간단히 이해해 볼 수 있다.

$$H(s) = \frac{1}{RCs + 1} \rightarrow h(t) = (1 - e^{-\frac{1}{RC}t})$$

이 시스템에서 극점은 $-\frac{1}{RC}$이 되는데, 이 값이 양수라면, 시간 영역에서의 시간 함수는 무한대로 발산하게 되어 불안정한 시스템(Unstable System)이 된다.

이처럼 LTI 인과 시스템에서 안정된 시스템이 되려면 ROC 수렴 영역 편에서 살펴본 것과 같이 전달함수의 극점은 반드시 음수라서 S-평면의 좌반면에 있어야 한다.

반면, 영점의 위치는 과도 응답에 영향을 주지만, 안정성에는 영향을 주지 않는다.

아래는 극점의 위치에 따른 계단 응답 특성이며, x 표시는 극점 s = σ + jω의 위치를 S-평면(도메인)에 표시한 것으로, 극점이 과도 응답에 미치는 영향을 살펴볼 수 있다.

아래 수식과 같은 2 차 시스템의 예로 극점 $s = \sigma_1 + j\omega_d$에서 실수 σ_1 은 신호 감쇠, 허수 ω_d는 진동 주파수로 이해할 수 있다.

$$y(t) = e^{\sigma_1 t}(A\cos\omega_d t + B\sin\omega_d t)$$

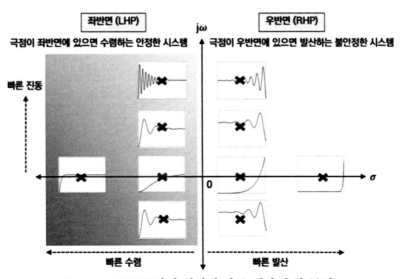

Figure I-87 극점의 위치에 따른 계단 응답 특성

위의 수식과 그림에서 보듯이 극점의 실수 σ 부분이 음으로 더 작아질수록 과도 응답이 더 빠르게 감쇠되어 응답이 빠르고, 극점에 허수 ω가 존재하게 되면 허수의 크기가 커질수록 더 높은 주파수 성분을 가지고 진동하게 된다.

또한, 전달함수의 극점이 우반면에 있을 때 출력되는 신호는 무한대로 발산하게 되어 불안정 시스템이 된다.

나. MATLAB/OCTAVE 를 이용한 영점/극점 해석

아래와 같은 방법들로 MATLAB/OCTAVE 를 이용하면 전달함수의 영점과 극점을 손쉽게 풀 수 있다.

> ## pzmap() 함수 이용

아래와 같은 전달함수의 영점과 극점을 pzmap() 함수를 이용하여 구해보자.

$$H(s) \ = \ \frac{1}{3s^2 + s + 5}$$

MATLAB/OCTAVE 명령창
```
>> pkg load control       % control 패키지 로드 : for OCTAVE only
>> s = tf('s');           % 특수 변수 s 생성
>> H=1/(3*s^2 + s + 5)    % 전달함수 생성
>> [p z] = pzmap(H)       % 영점 극점
p =
  -0.1667 + 1.2802i
  -0.1667 - 1.2802i
z = [](0x1)
>>
>> step(H)                % 계단 응답
```

위와 같이 전달함수의 극점에 허수가 있으므로 앞에서 본 극점의 위치에 따른 계단 응답 특성과 같이 링잉이 있을 것을 예측해 볼 수 있는데, 계단 응답을 구하는 step() 함수를 통해 확인해 볼 수 있다.

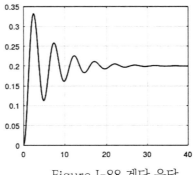

Figure I-88 계단 응답

---

roots() 함수를 이용한 다항식 풀이

아래와 같이 분모 방정식의 근을 roots() 함수를 이용해서 구할 수도 있다. roots() 함수는 방정식의 근을 구하는 함수이다.

MATLAB/OCTAVE 명령창
```
>> den = [3 1 5];        % 방정식의 다항 행렬
>> roots(den)
ans =
  -0.1667 + 1.2802i
  -0.1667 - 1.2802i
```

또는, tfdata() 함수를 이용하여 전달함수의 분모, 분자 다항 행렬을 각각 추출하는 방법으로 아래와 같이 구할 수도 있다.

MATLAB/OCTAVE 명령창
```
>> pkg load control        % control 패키지 로드 : for OCTAVE only
>> s = tf('s');            % 특수 변수 s 생성
>> H=1/(3*s^2 + s + 5)     % 전달함수 생성
>> [num den] = tfdata(H, 'v')   % 다항 행렬로 분해
num = 1
den =
  3  1  5
>> roots(num)              % 영점
ans = [](0x1)
>> roots(den)              % 극점
ans =
  -0.1667 + 1.2802i
  -0.1667 - 1.2802i
```

5.2. 이산 시간의 Z 전달함수

이산 시간의 Z 전달함수의 내용은 앞서 본 연속 시간의 라플라스 전달함수와 비슷한 면이 많아 이해하기 수월하다.

LTI 이산 시스템의 경우 출력 y 와 입력 x 의 관계는 아래와 같이 현재와 과거 정보를 포함한 선형 차분 방정식으로 표현할 수 있다.

$$a_0 y[n] + a_1 y[n-1] + \cdots + a_k y[n-k] = b_0 x[n] + b_1 x[n-1] + \cdots + b_p x[n-p]$$

즉, 현재의 출력은 현재의 입력, 과거의 입력과 과거의 출력에 어떤 가중치를 곱해 더한 값으로 표현 가능하다. 이것이 앞서 살펴보았던 컨볼루션의 의미이다.

이 차분 방정식을 Z 변환해보면 아래와 같다.

$$a_0 Y(z) + a_1 z^{-1} Y(z) + \cdots + a_k z^{-k} Y(z) = b_0 X(z) + b_1 X(z) + \cdots + b_p z^{-p} X(z)$$

결국, 이산 시간 전달함수는 아래와 같은 형식으로 구성된다.

$$H(z) = \frac{Y(z)}{X(z)} = \frac{\sum_{n=0}^{p} b_n z^{-n}}{\sum_{m=0}^{k} a_m z^{-m}}$$

Z 전달함수와 출력 응답

이산 시간 영역에서 출력 응답은 컨볼루션 연산 y[n] = x[n] * h[n]이 필요하지만, Z 전달함수는 라플라스 전달함수와 마찬가지로 아래 그림과 같이 단순 산술 연산만으로 가능하다.

이산 시간 영역의 컨볼루션 $y[n] = \sum_{k=-\infty}^{\infty} x[k]h[n-k]$을 Z 변환해보면 아래와 같다.
Z 변환 수식은 $Y(z) = \sum_{n=-\infty}^{\infty} y[n]z^{-n}$이므로, 결국, 출력 Y(z)에 대한 수식은 아래와 같이 된다.

$$Y(z) = \sum_{n=-\infty}^{\infty} \left(\sum_{k=-\infty}^{\infty} x[k]h[n-k] \right) z^{-n} = \sum_{k=-\infty}^{\infty} x[k] \sum_{n=-\infty}^{\infty} h[n-k] z^{-n}$$

위에서 $n - k \rightarrow u$ 로 두고, $n \rightarrow u$ 로 치환하면 아래와 같다.

$$Y(z) = \sum_{k=-\infty}^{\infty} x[k] \sum_{u=-\infty}^{\infty} h[u] z^{-(u+k)} = \sum_{k=-\infty}^{\infty} x[k] z^{-k} \sum_{u=-\infty}^{\infty} h[u] z^{-u} = X(z) \times H(z)$$

결국, 이산 시간 영역의 $y[n] = x[n] * h[n]$ 컨볼루션에 대한 Z 변환은 아래와 같이 입력 신호의 Z 변환과 임펄스 응답의 Z 변환의 단순 곱셈의 결과로 나오게 된다.

$$Y(z) = X(z) \times H(z)$$

이와 같이 이산 시간의 전달함수는 출력 $y[n]$의 Z 변환과 입력 $x[n]$의 Z 변환의 비 또는 시스템의 임펄스 응답 $h[n]$의 Z 변환을 의미하며 이를 Z 전달함수라 한다.

$$H(z) = \frac{Y(z)}{X(z)}$$

여기서 보는 변환 관계들은 앞으로 디지털 필터기, 디지털 제어기들을 구현하려면 꼭 필요한 것들이므로 알아두어야 한다.

Z 전달함수와 주파수 응답

Z 변환 편에서 봤듯이, Z 전달함수의 극점이 없거나 단위원 안에 있어 ROC 조건을 만족한다면, $z = e^{j\Omega}$ 를 대입하면 DTFT $H(\Omega)$가 되어 주파수 응답을 얻을 수 있다.

$$H(z) = \frac{Y(z)}{X(z)} \rightarrow z = e^{j\Omega} \rightarrow H(\Omega) = \frac{Y(\Omega)}{X(\Omega)}$$

여기에서 이산 시간의 주파수 응답 $H(\Omega)$는 $-\pi \leq \Omega < \pi$ 범위 구간으로 반복된 값을 가지게 된다. 이때 이산 시간의 디지털 각주파수 Ω 와 연속 시간의 각주파수 ω 와는 샘플링 시간 T_s 와 함께 $\Omega = \omega T_s$의 관계를 가진다.

5.2.1. Z 전달함수로의 변환

이산 시간 영역의 Z 전달함수는 차분 방정식으로 변환하여 디지털 시스템으로 구현하거나, 반대로 차분 방정식을 Z 전달함수로 변환하여 시간 영역과 주파수 영역의 응답 특성을 해석을 할 수 있다.

또는, 라플라스 전달함수를 디지털 구현하고자 할 때, 라플라스 전달함수에서 Z 전달함수로 변환하고, 이를 차분 방정식으로 다시 변환하여 구현할 수 있다.

이렇듯 디지털 시스템으로 구현하기 위해서는 Z 전달함수의 이런 변환 관계를 이해해야 한다.

가. 차분 방정식과의 상호 변환

Z 변환 편에서 살펴본 것과 같이 차분 방정식과 Z 변환은 아래와 같은 변환 관계를 가진다.

$$x[n - k] \leftrightarrow z^{-k}X(z)$$

Z 전달함수로 변환하는 예에 대해서 살펴보면서 Z 전달함수와 차분 방정식의 관계를 이해해 보도록 하자.

차분 방정식의 Z 전달함수 변환 예

아래와 같은 차분 방정식을 Z 전달함수로 변환해보자.

$$y[n] = x[n] - 0.1x[n - 1] + 0.5y[n - 1]$$

Z 변환한 후 Y/X 형식으로 바꾸어 보면 아래와 같이 전달함수를 구할 수 있다.

$$Y(z) = X(z) - 0.1z^{-1}X(z) + 0.5z^{-1}Y(z)$$

$$\rightarrow H(z) = \frac{Y(z)}{X(z)} = \frac{1 - 0.1z^{-1}}{1 - 0.5z^{-1}} = \frac{z - 0.1}{z - 0.5}$$

이 Z 전달함수의 경우 극점이 0.5 로 단위원 안에 들어오므로 ROC 조건을 만족하며, z 대신 $z = e^{j\Omega}$ 를 대입하여 차분 방정식의 정상 상태 주파수 응답을 해석할 수 있다.

> ### Z 전달함수의 차분 방정식 변환 예

반대로 위의 전달함수를 선형 차분 방정식으로 바꾸면 되는데, 실제 디지털 구현을 위해서는 이 부분이 중요하다.

$$H(z) = \frac{Y(z)}{X(z)} = \frac{z - 0.1}{z - 0.5}$$

우선, x[n + 1]과 같은 미래의 값은 알 수 없으므로, z 변수의 최고차 항이 $z^0 = 1$ 이 될 수 있도록 분모, 분자를 z 의 최고차 항으로 나눈다.

$$H(z) = \frac{Y(z)}{X(z)} = \frac{z - 0.1}{z - 0.5} = \frac{1 - 0.1z^{-1}}{1 - 0.5z^{-1}}$$

이를 Y(z) = F(z)가 되도록 풀어 쓰면 아래와 같다.

$$Y(z) = X(z) - 0.1z^{-1}X(z) + 0.5z^{-1}Y(z)$$

위 Z 전달함수를 차분 방정식으로 바꾸면 아래와 같으며, 이를 소프트웨어 또는 로직으로 구현하면 된다.

$$y[n] = x[n] - 0.1x[n - 1] + 0.5y[n - 1]$$

여기서 y[n] 은 현재 출력값, y[n - 1]은 바로 이전 출력값, x[n]은 현재 입력값, x[n - 1]은 바로 이전 입력값이 된다.

나. 라플라스 전달함수에서 Z 전달함수로의 변환

앞서 Z 변환 편에서 보았듯이, 라플라스 변환에서 Z 변환으로의 아래와 같은 근사 변환을 통해 Z 전달함수를 생성할 수 있다. 이는 모델링하여 나온 라플라스 변환의 전달함수를 디지털 전달함수로 변환하여 디지털 시스템으로 구현하고자 할 때 사용되는 매우 유용한 방식이다.

근사 방식	근사 수식
Forward Euler 근사 방식	$s \approx \frac{1}{T_s} \times (z - 1)$

Backward Euler 근사 방식	$s \approx \dfrac{1}{T_s} \times \dfrac{z-1}{z}$
Bilinear(Tustine) 근사 방식	$s \approx \dfrac{2}{T_s} \times \dfrac{z-1}{z+1}$

위의 방식들 중 Backward Euler 방식과 Bilinear(Tustine) 변환 방식은 연속 시간 라플라스 전달함수가 안정적이라면, 변환한 이산 시간 Z 전달함수도 안정적이기 때문에, 디지털 필터 시스템과 제어 시스템 등에서 자주 사용된다.

반면, Forward Euler 변환 방식은 이런 안정성을 보장하지 않기 때문에, 안정성이 중요한 응용에서는 잘 사용되지는 않는다.

> ## Bilinear 근사 방식의 변환 예

아래 ω = 50rad/sec 차단 주파수인 저주파 통과 필터의 라플라스 전달함수를 Bilinear 근사 방식을 통해 샘플링 주파수 T_s = 1ms 인 디지털 시스템의 Z 변환으로 바꾸어 보도록 하자.

$$H(s) = \frac{50}{s+50}$$

Bilinear 근사 방식은 $s \approx \frac{2}{T_s} \times \frac{z-1}{z+1}$이므로 이를 대입하여 풀면 된다.

$$H(z) = \frac{50}{\dfrac{2}{0.001} \times \dfrac{z-1}{z+1} + 50} = \frac{0.05z + 0.05}{2.05z - 1.95} = \frac{0.02439z + 0.02439}{z - 0.9512}$$

디지털 시스템에서는 이를 차분 방정식으로 바꾸어 프로그래밍 하면 되는데, 이에 대해서는 IIR 필터 설계 편에서 자세히 살펴보도록 할 것이다.

5.2.2. 이산 시간 Z 전달함수의 안정성

앞서 연속 시간의 라플라스 전달함수의 극점이 좌반면에 있어야 안정된 시스템임을 보았듯이 여기서는 Z 전달함수의 안정된 시스템 조건을 살펴보도록 하자.

$$H(z) = \frac{N(z)}{D(z)}$$

와 같은 전달함수의 영점, 극점의 의미는 라플라스 변환과 같이 분자 $N(z)$가 0 이 되는 z 를 영점(Zero), 분모 $D(z)$가 0 이 되는 z 를 극점(Pole)이라 한다.

라플라스 변환은 $X(s) = \int_0^\infty x(t)e^{-st}dt$이며, 이산 시간 데이터 $x[n] = x(nT_s)$의 관계를 가지므로, $X(z) = \sum_{n=0}^{\infty}x[n]e^{-snT_s} = \sum_{n=0}^{\infty}x[n]z^{-n}$ 과 같이 표현할 수 있다. 여기에서 $z = e^{sT_s} = e^{(\sigma+j\omega)T_s}$로 표현 가능하다.

S 평면에서 극점 s 가 안정 구간인 0 보다 작은 음수 구간(좌반면)에 있다면, Z 복소 평면에서 z 는 크기가 1 보다 작은 구간이 되고, S 평면에서 극점 s 가 불안정 구간인 양수(우반면) 구간에 있다면, Z 복소 평면에서 z 는 크기가 1 보다 큰 구간이 된다.

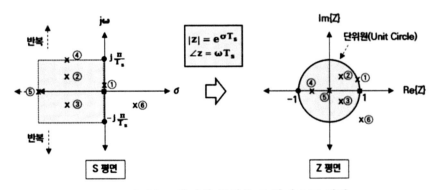

Figure I-89 S 평면의 극점을 Z 평면으로 맵핑

위 그림과 같이 s 평면의 허수축을 $2\pi/T_s$ 단위로 잘라 반복적으로 Z 평면에 맵핑되는 것을 볼 수 있다.

결국, 임펄스 응답이 우측 신호인 LTI 인과 시스템에서 라플라스 전달함수의 극점이 좌반면에 있어야 안정된 시스템이듯이, Z 전달함수 극점이 단위원 안에 있어야만 안정된 시스템이 된다는 것을 알 수 있다.

5.2.3. 수동 RC 저주파 통과 필터의 Z 전달함수 응답

사실, 연속 시간 영역의 임펄스 시간 함수를 직접 Z 변환하여 전달함수를 얻는 경우는 거의 없고, 라플라스 전달함수를 구한 후 이를 변환하여 사용하는 것이 일반적이지만, 여기에서 이해를 위하여 보도록 한다.

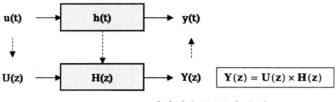

Figure I-90 Z 전달함수를 통한 응답

앞서 본 RC 저주파 통과 필터에 대한 임펄스 응답의 시간 함수는 아래와 같다.

$$h(t) = \frac{1}{RC}e^{-\frac{t}{RC}} \quad : t \geq 0$$

Z 전달함수

위 임펄스 응답 함수에 연속 시간 t 대신 nT_s 를 대입하면 아래와 같다, T_s 는 샘플링 시간이다.

$$h[t] = \frac{1}{RC}e^{-\frac{nT_s}{RC}}$$

이를 Z 변환 수식 또는 Z 변환 테이블을 참조하여 Z 변환하면 아래와 같다.

단위 계단 함수 u[n]	$\frac{1}{1-z^{-1}}$	$\lvert z \rvert > 1$
a^n	$\frac{1}{1-az^{-1}}$	$\lvert z \rvert > \lvert a \rvert$

$$H_{tmp}(z) = \frac{1}{RC} \times \frac{1}{1-e^{-\frac{T_s}{RC}}z^{-1}} \quad : \quad 0 < e^{-\frac{T_s}{RC}} < 1$$

여기에서 이산 시간의 주파수 응답이 연속 시간과 다르고, 단순한 신호에 대한 Z 변환이 아니라 응답에 해당하는 것이므로, 필요한 필터 이득을 맞춰주어야 한다.

임펄스 시간 함수에서 DC 이득을 알 수 있는 방법은 단위 계단 신호 u(t)와의 컨볼루션으로 알아볼 수 있으므로, $DC_{Gain} = \int_0^\infty 1 \times h(\tau)d\tau$ 로 계산할 수 있다. 따라서, 위의 RC 임펄스 응답 h(t)의 DC 이득은 1 이 된다. 이는 앞 장에서 구했던 라플라스 전달함수 $\frac{1}{RCs+1}$에서 s = 0 을 대입해도 바로 알 수 있는 부분이다.

또한, 단위원 안에 극점이 있는 인과 시스템에서 $z = e^{j\Omega}$ 를 대입하면 주파수 응답을 얻을수 있다.

따라서, DC 이득에 해당하는 $z = 1$ 을 위 $H_{tmp}(z)$에 대입하면, 이득이 $H_{tmp}(z = 1) = \frac{1}{RC} \times \frac{1}{1 - e^{-\frac{T_s}{RC}}}$ 이 된다. 이를 1 로 맞춰주기 위하여 보상 이득 $G = RC \times (1 - e^{-\frac{T_s}{RC}})$를 곱하여 정리하면 Z 전달함수 H(z)는 아래와 같이 정의될 수 있다.

$$H(z) = G \times H_{tmp}(z) = (1 - e^{-\frac{T_s}{RC}}) \times \frac{1}{1 - e^{-\frac{T_s}{RC}}z^{-1}} \quad : \quad 0 < e^{\frac{T_s}{RC}} < 1$$

계단 응답

위에서 구한 Z 전달함수에 계단 신호 u[n]의 z 변환 $\frac{1}{1-z^{-1}}$을 곱해서 계단 응답을 구해보도록 한다.

$$Y(z) = U(z) \times H(z) = \frac{1}{1 - z^{-1}} \times \left(1 - e^{-\frac{T_s}{RC}}\right) \times \frac{1}{1 - e^{-\frac{T_s}{RC}}z^{-1}}$$

위 함수를 부분 분수 분해하면 아래와 같다.

$$Y(z) = \frac{1}{1 - z^{-1}} - e^{-\frac{T_s}{RC}} \times \frac{1}{1 - e^{-\frac{T_s}{RC}}z^{-1}}$$

이를 Z 변환 테이블을 이용하여 역 Z 변환하면 아래와 같다.

$$y[n] = 1 - e^{\frac{-T_s(n+1)}{RC}} \quad : n \geq 0$$

이 식을 연속 시간 $t = nT_s$ 의 관계로 연속 시간 t 에 대해 다시 정리하면 아래와 같다.

$$y(t) = 1 - e^{\frac{-(t+T_s)}{RC}} \quad : t \geq 0$$

위 식에서 샘플링 시간 T_s 가 작아질수록 연속 시간 계단 응답에 근사해지는 것을 알 수 있다.

주파수 응답 (Frequency Response)

위 전달함수 $H(z) = \frac{(1-e^{\frac{T_s}{RC}})}{1-e^{\frac{T_s}{RC}}z^{-1}}$ 에서 라플라스 변환에서와 마찬가지로 아날로그 주파수 $\omega_c = \frac{1}{RC}$ rad/sec 에서의 주파수 응답을 구해보자.

이 Z 전달함수는 ROC 조건을 만족하므로, $z = e^{j\Omega}$ 를 대입하면 주파수 응답은 아래와 같다.

$$H(\Omega) = \frac{(1 - e^{-\frac{T_s}{RC}})}{1 - e^{-\frac{T_s}{RC}} \times e^{-j\Omega}}$$

여기에서는 계산의 편이를 위하여, $T_s = 1ms$, $R = C = 1$ 로 두기로 한다.
아날로그 주파수에 대한 디지털 각주파수 Ω_c 는 $\Omega = \omega T_s$의 관계로 아래와 같다.

$$\Omega_c = \omega_c T_s = 1 \times 0.001 = 0.001$$

따라서, $\Omega_c = 0.001$ 주파수 응답에서 이득은 아래와 같다.

$$|H(\Omega_c)| = \left| \frac{(1 - e^{-0.001})}{1 - e^{-0.001} \times e^{-j0.001}} \right| = 0.707$$

위상은 아래와 같다.

$$\arg(H(\Omega_c)) = \arg\left(\frac{1(1 - e^{-0.001})}{1 - e^{-0.001} \times e^{-j0.001}} \right) = -44.97° \approx -45°$$

라플라스 전달함수에서 봤던 결과와 동일함을 알 수 있다.

5.2.4. MATLAB/OCTAVE 를 이용한 Z 전달함수

이산 시간의 Z 전달함수를 선언하는 방식은 앞에서 라플라스 전달함수 생성 방식과 같이 tf() 함수를 사용하면 되는데, 이산 시간 영역이기 때문에 샘플링 주기 시간 정보 Ts 를 사용해야 한다.

Z 전달함수의 생성

다항 행렬을 이용하여 아래와 같이 만들 수 있다.

$$H = tf(num, den, T_s)$$

여기에서 num 은 Z 전달함수의 분자 배열, den 은 분모 배열, Ts 는 샘플링 시간을 의미한다.

MATLAB/OCTAVE 명령창

```
>> pkg load signal          % signal 패키지 로드 : for OCTAVE only
>> num = 1;                 % 분자 다항 행렬
>> den = [2 3 4];          % 분모 다항 행렬
>> ts = 1e-3;              % sampling time 1ms
>> Hz = tf(num, den, ts)   % z 전달함수 생성
Transfer function 'Hz' from input 'u1' to output ...
            1
  y1:  ---------------
       2 z^2 + 3 z + 4
Sampling time: 0.001 s
Discrete-time model.
```

또는, 라플라스 전달함수와 마찬가지로 특수 변수를 만들어 사용할 수 있는데, 특수 변수 z 를 만들 때 tf() 함수의 인자로 샘플링 주기 Ts 를 주어 만들고, 이 특수 변수를 이용하여 유리식을 직접 작성하는 방식으로 아래와 같이 만들 수 있다.

MATLAB/OCTAVE 명령창

```
>> pkg load signal          % signal 패키지 로드 : for OCTAVE only
>> ts = 1e-3;              % sampling time 1ms
>> z = tf('z', ts);        % 특수 변수 z 생성
>> Hz = 1/(2*z^2 + 3*z + 4) % z 전달함수 생성
```

Transfer function 'Hz' from input 'u1' to output ...

```
                    1
y1:  ---------------
          2 z^2 + 3 z + 4
```

Sampling time: 0.001 s
Discrete-time model.

---

c2d() 함수를 통한 라플라스 전달식에서의 변환

Z 변환 편에서 보았던 c2d() 함수를 이용하여 라플라스 전달함수에서 Z 전달함수로 변환할 수도 있다.

Method 인수에는 'zoh'(영차 유지(디폴트 값))와 'tustin'(쌍선형 방법 = bilinear)가 많이 사용된다.

MATLAB/OCTAVE 명령창

```
>> pkg load control        % control 패키지 로드 : for OCTAVE only
>> pkg load signal         % signal 패키지 로드 : for OCTAVE only
>> s = tf('s');            % 특수 변수 s 생성
>> H = 50/(s + 50)         % 전달함수 생성
>> ts = 1e-3;              % sampling time 1ms
>> Hz = c2d(H, ts, 'tustin')   % 이산 시간 전달함수로 변환
Transfer function 'Hz' from input 'u1' to output ...
   0.02439 z + 0.02439
   -------------------
        z - 0.9512
Sampling time: 0.001 s
Discrete-time model.
```

생성된 Z 전달함수의 영점과 극점은 아래와 같이 pzmap() 함수를 이용하여 그려 볼 수 있다.

MATLAB/OCTAVE 명령창

```
>> pzmap(Hd)
```

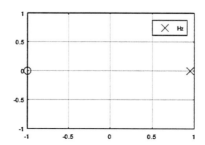

위 그림에서 x 가 극점, o 가 원점이다.

영점과 극점 정보로 전달함수 생성

Z 전달함수의 영점과 극점들을 알고 있을 때, 아래와 같이 MATLAB/OCTAVE 의 zpk() 함수를 사용하여, 샘플링 시간으로 간편하게 전달함수를 생성할 수 있다.

$$H = zpk(zeros, poles, k, T_s)$$

이 함수는 $H(z) = k \times \frac{(z-zero1) \times (z-zero2)\cdots}{(z-pole1) \times (z-pole2)\cdots}$ 의 전달함수를 생성하는데, 샘플링 시간을 정하지 않은 상태로 만들고 싶다면, $T_s = -1$ 로 주면 된다.

MATLAB/OCTAVE 명령창

```
>> pkg load control      % control 패키지 로드 : for OCTAVE only
>> zeros = [0.5];        % 영점 = 0.5
>> poles = [0.8];        % 극점 = 0.8
>> k = 1;                % 이득 = 1
>> ts = 1e-3 ;           % 샘플링 시간 1ms
>> Hz = zpk(zeros, poles, k, ts)  % zpk 함수로 전달함수 생성
        z - 0.5
  y1: -------
        z - 0.8
 Sampling time: 0.001 s
 Discrete-time model.
```

5.3. 블록 다이어그램과 폐루프 시스템

 전달 함수의 수식이 간단한 시스템이라면 눈으로 보는 것만으로도 충분히 시스템의 연관 관계를 파악할 수 있지만, 이런 시스템이 여러 개 연결되어 있고 심지어 궤환되어 있는 시스템의 경우 다차의 복잡한 전달함수만을 보고 시스템의 구성을 파악하기 어려울 수 있다.

 블록 다이어그램(Block Diagram, 블록 선도)은 시스템을 블록의 형태로 작게 나누어 시스템의 구성 요소들의 결합에 대하여 신호의 흐름을 도식적으로 보여주는 다이어그램이다. 복잡한 시스템도 작은 블록으로 분해하여 블록 다이어그램으로 도식하여 분석하면, 시스템의 각 요소의 연관관계를 직관적으로 파악할 수 있다.

 이런 블록 다이어그램은 아래 그림과 같이 시간 함수로 표현할 경우 컨볼루션 연산이 들어가 직관적으로 알아보기 어려울 뿐 아니라, 여러 단계의 블록이 있을 경우 해석하기 어렵기 때문에, 라플라스 전달함수 또는 Z 전달함수를 사용하는 것이 일반적이다.

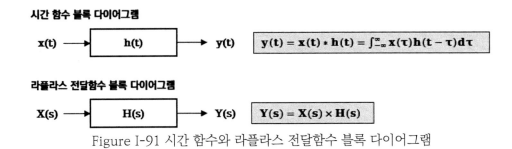

Figure I-91 시간 함수와 라플라스 전달함수 블록 다이어그램

 앞서 살펴봤듯이 이산 시간의 Z 전달함수 역시 $Y(z) = X(z) \times H(z)$의 관계로 동일하므로, 여기에서는 연속 시간 라플라스 전달함수를 예로 들어 살펴보도록 한다.

5.3.1. 블록 다이어그램 형식

여기서는 전달함수 블록 다이어그램의 기본적인 연결에 대해 살펴보도록 한다.

직렬 연결은 곱하기

라플라스 전달함수의 직렬 연결은 G_1 시스템의 출력이 G_2 시스템으로 입력되는 연결 형태를 말한다.

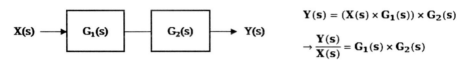

$$Y(s) = (X(s) \times G_1(s)) \times G_2(s)$$
$$\rightarrow \frac{Y(s)}{X(s)} = G_1(s) \times G_2(s)$$

Figure I-92 전달함수의 직렬 연결

$G_1(s)$의 출력은 $X(s) \times G_1(s)$ 이고, 이 $G_1(s)$의 출력이 $G_2(s)$의 입력으로 들어와서 $Y(s)$가 출력되므로 위와 같이 직렬 연결은 전달함수의 곱하기로 연산된다.

병렬 연결은 더하기

아래 그림에서 합쳐지는 부분의 원은 합산점(써밍 포인트, Summing Point)이라 하며, +, -, ×, / 등의 연산자가 올 수 있다.
덧셈 +인 병렬 연결은 아래와 같이 여러 시스템의 출력이 합쳐져서 최종 출력되는 형태의 연결을 말한다.

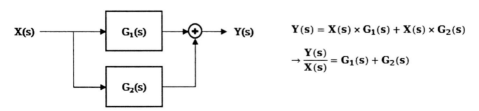

$$Y(s) = X(s) \times G_1(s) + X(s) \times G_2(s)$$
$$\rightarrow \frac{Y(s)}{X(s)} = G_1(s) + G_2(s)$$

Figure I-93 전달함수의 병렬 연결

음의 궤환(Negative Feedback) 형식

출력을 궤환받아 오차 계산에 사용하는 방식으로 음의 궤환 방식이므로 부궤환(Negative Feedback) 이라 하며, 아래 형식은 폐루프(Closed Loop) 시스템의 기본 형태이므로 폐루프 전달함수 수식 $H(s) = \frac{G(s)}{1+G(s)H(s)}$를 외워두면 유용하게 사용할 수 있다.

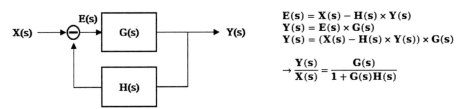

$$E(s) = X(s) - H(s) \times Y(s)$$
$$Y(s) = E(s) \times G(s)$$
$$Y(s) = (X(s) - H(s) \times Y(s)) \times G(s)$$

$$\rightarrow \frac{Y(s)}{X(s)} = \frac{G(s)}{1 + G(s)H(s)}$$

Figure I-94 전달함수의 피드백 연결

$E(s)$는 입력값 $X(s)$와 되돌아오는 값 $H(s) \times Y(s)$ 와의 차이인 오차(Error)를 의미한다.

이 부궤환 시스템은 명령 추종 시스템 즉, 입력된 명령 $X(s)$에 추종하기 위하여 입력된 명령 $X(s)$와 현재 출력되고 있는 궤환(Feedback) 간의 차인 오차(Error)를 0 으로 만들기 위하여 출력값을 보정하는 시스템에서 이런 구성을 가지는데, 이때 $G(s)$는 제어기(Controller)라 하며, 피드백 전달함수 $H(s)$는 일반적으로 1 인 시스템이 많다.
예를 들어, 속도 제어 시스템의 경우에는 목표 속도 명령에 대해서 제어기는 센서 등을 통해 궤환받은 현재 속도와 명령과의 오차(Error)를 계산하여 시스템의 속도가 느리면 출력 전압을 올리고, 속도가 빠르면 출력 전압을 낮추는 원리이다.

MATLAB/OCTAVE 를 이용한 블록 다이어그램

MATLAB/OCTAVE 에서는 위의 블록 다이어그램 연결들을 쉽게 연산할 수 있도록 직렬 연결을 위한 series(G1, G2) 함수, 병렬 연결을 위한 parrallel(G1, G2) 함수와 음의 궤환을 위한 feedback(G, H, -1) 함수를 제공한다.
직렬 연결과 병렬 연결은 라플라스 전달함수의 곱하기, 더하기, 빼기의 사칙 연산이 더 사용하기 쉽기 때문에 많이 사용되진 않지만, 궤환 함수인 feedback() 함수는 많이 사용되는 편이다.

아래와 같은 블록 다이어그램을 MATLAB/OCTAVE 로 계산해보도록 한다.

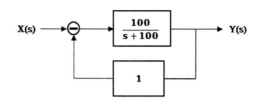

$$\frac{Y(s)}{X(s)} = \frac{G(s)}{1 + G(s)H(s)} = \frac{\dfrac{100}{s+100}}{1 + \dfrac{100}{s+100}1} = \frac{100}{s+200}$$

이는 feedback() 함수를 통해 아래와 같이 구해볼 수 있다.

MATLAB/OCTAVE 명령창
〉〉 pkg load control   % control 패키지 로드 : for OCTAVE only
〉〉 s = tf('s');   % 특수 변수 s 생성
〉〉 H = 100/(s+100);   % 전달 함수
〉〉 feedback(H, 1, −1)   % 음의 궤환 전달함수
Transfer function 'ans' from input 'u1' to output ...
100
y1: −−−−−−
s + 200
Continuous−time model.

5.3.2. 개루프 시스템과 폐루프 시스템

시스템을 구성하는 방식에는 개루프(Open Loop) 시스템과 폐루프(Closed Loop) 시스템이 있다.
현재 플랜트의 출력되고 있는 정보를 시스템이 다시 읽어 들여 제어 연산 처리에 사용하여 제어기의 출력을 보정하는 가의 여부로 시스템 해석의 방법이 달라진다.

개루프(Open Loop) 시스템과 폐루프(Closed Loop) 시스템에 대한 예로 입력에 추종하는 시스템을 예로 들어 살펴보도록 한다. 이 책 전반에 걸쳐 입력에 추종하는 시스템, 즉 입력된 명령에 따라가는 출력을 목표로 하는 시스템이 주를 이룰 것이다.

개루프(Open Loop) 시스템

개루프(Open Loop) 시스템은 개방 시스템이라고도 하며, 입력(명령)에 대해 출력만 하는 시스템을 말한다.
예를 들어, 아래와 같은 0V ~ 10V 의 입력을 받아 0 RPM ~ 1000 RPM 의 회전 속도를 내는 모터 플랜트의 제어를 생각해 보자.

Figure I-95 개루프(Open Loop) 시스템

이 예에서는 제어 시스템 G(s)의 입력 신호는 목표하는 RPM 이 되고, 제어기의 출력은 0V ~ 10V 이며, 출력 y = 0.01x 관계를 가진다. 예를 들어, 500RPM 의 회전 속도를 내고 싶다면, 제어기는 5V 를 모터에 출력하면 될 것이다.

이렇듯 개루프 시스템은 입력과 출력 전압과의 어떤 관계식에 의해 정해진 출력만으로 제어한다. 이 형태를 전달함수의 블록 다이어그램으로 살펴보면, 속도 제어 시스템의 전달함수와 모터의 전달함수가 직렬로 연결된 형태로 구성할 수 있다.

폐루프(Closed Loop) 시스템

폐루프(Closed Loop) 시스템은 궤환 시스템 또는 피드백 시스템(Feedback System) 이라고도 하며, 출력을 궤환(피드백, Feedback) 시켜 입력 신호와 더하거나 뺀 정보로 제어 연산을 하는 시스템을 의미한다.

☞ 부궤환 시스템과 정궤환 시스템

이런 궤환 시스템(Feedback System)에는 입력 신호에서 궤환 신호를 뺀 데이터(오차)로 제어 연산하여 출력하는 부궤환 시스템(또는 부귀환, Negative Feedback System)과 입력 신호와 궤환 신호를 더한 데이터로 제어 연산하여 출력하는 정궤환 시스템(또는 정귀환, Positive Feedback System)으로 나뉘어 진다.

블록 다이어그램 편에서 본 부궤환 시스템(Negative Feedback System)은 단순히 입력에 대한 고정된 출력만 하는 개루프(Open Loop) 시스템과 달리 현재 출력되고 있는 상태를 궤환받아 입력 신호와의 오차를 최소화하도록 출력을 조정하는 제어 동작을 한다. 부궤환 시스템의 이런 동작으로 필터 시스템, 제어 시스템, 증폭기 등에 많이 사용된다.

반면, 정궤환 시스템(Positive Feedback System)은 의도적으로 안정성을 저하시켜 발진을 시키는 발진기와 슈미터 트리거 기능 등에 사용된다.

따라서, DSP 와 제어 시스템에 대해 다루는 이 책에서는 별도의 언급없이 폐루프 시스템(Feedback System 또는 Closed System)이라 하면, 모두 부궤환 시스템(Negative Feedback System)을 의미할 것이다.

☞ 부궤환 시스템의 구조 예

아래 그림처럼 음의 궤환을 받는 동작으로 닫혀 있다 하여 폐루프(Closed Loop) 시스템이라 한다.

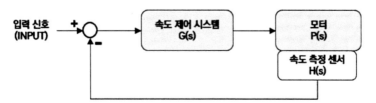

Figure I-96 폐루프(Closed Loop) 시스템

위 그림의 폐루프(Closed Loop) 속도 제어 시스템은 목표치인 입력 신호와 출력되는 신호의 차인 오차(Error)를 0 으로 만들기 위한 제어기 구성의 부궤환(음의 궤환, Negative Feedback) 시스템이다.

즉, 속도 측정 센서를 통해 현재의 속도를 측정하고 이를 명령인 입력 신호와 비교하여 현재 상태가 더 높은 속도라면 전압을 낮추고, 더 낮은 속도라면 전압을 높여 더 높은 속도를 낼 수 있도록 하는 제어 시스템의 예이다.

개루프(Open Loop) 시스템 vs 폐루프(Closed Loop) 시스템

☞ 개루프 시스템은 외란(Disturbance)에 약하다

외란(Disturbance)이란 시스템의 출력에 영향을 미치는 외부의 원치 않는 힘을 의미한다.

예를 들어, 장난감 자동차의 모터를 500RPM 속도로 회전하도록 명령을 했다면, 개루프 시스템은 5V 를 출력하면 500RPM 의 속도로 이동한다는 것을 미리 알고 5V 출력만을 내게 된다.

하지만, 도로의 상태가 좋지 않아 노면 저항(외란)으로 인해 현재 속도가 500RPM 이 아닌 100RPM 으로 속도가 줄었다 하더라도 개루프 시스템은 현재 속도가 500RPM 이 안되는 것을 알 방법이 없기 때문에 그냥 100RPM 의 속도로 진행하게 된다.

반면, 폐루프 시스템은 현재 진행되는 속도를 궤환받아 현재 속도인 100RPM 이 목표치인 500RPM 보다 낮으므로 더 높은 출력으로 조정하여 목표 속도에 맞출 수 있다.

개루프 시스템과 폐루프 시스템의 외란에 대한 영향에 대해서는 안정성 편의 시스템 감도 편에서 자세히 살펴보도록 할 것이다.

☞ 개루프 시스템은 상대적으로 목표 입력과 실제 출력 간의 오차가 크다.

개루프 시스템은 기계적, 전기적 오차 등의 제조 편차와 외란 등에 의해 원하는 입력과 실제 출력 간의 오차가 있을 수 있다. 이를 정상상태 오차라 한다.

예를 들어, 5V 에 대해 500RPM 의 속도를 내길 원하지만, 외란이 없더라도 편차에 의해 실제 속도는 495RPM 이 될 수도 있고 505RPM 이 될 수도 있다. 하지만, 개루프 시스템은 현재 속도를 알지 못하기 때문에 이를 보정할 수 없다. 물론, 양산 시 캘리브레이션 등의 방법을 통해 초기 보정은 할 수 있지만, 온도 등의 환경 변화에 의해 변하는 시스템의 특성으로 인한 오차는 막을 수 없다.

여기에서 캘리브레이션(Calibration)이란 센서 등의 데이터를 실 현상과 비교하여 정확할 수 있도록 하는 보정 작업을 의미한다. 예를 들어, 온도 센서의 수식에 의한 결과가

25°C 이지만 실제 온도는 30°C 라면, 특정 보정 수식을 사용하여 30°C 가 되도록 조정하는 작업이다.

반면, 폐루프 시스템은 현재의 상태를 읽어 입력 신호와의 오차가 최소화되도록 출력을 조정하므로, 개루프 시스템 대비 정상상태 오차를 작게 할 수 있다.

☞ 개루프 시스템은 구현이 쉽고 가격이 싸다

개루프 시스템은 폐루프 시스템보다 구성이 간단하기 때문에 구현이 쉽고 가격이 싸다. 이런 이유로 조그만 오차가 심각한 영향을 주지 않는 간단한 시스템에 사용된다.

반면, 폐루프 시스템은 궤환을 받기 위한 센서와 같은 소자의 추가와 복잡한 제어 연산을 하는 제어기가 필요하기 때문에 구현이 어렵고 가격이 상승한다는 단점이 있다.

☞ 폐루프 시스템은 안정성을 반드시 확인해야 한다.

위와 같이 폐루프 시스템은 외란에 강건하고, 정상상태 오차를 작게 할 수 있다는 장점이 있지만, 궤환에 대한 연산 지연과 출력 지연때문에, 불안정한 상태가 되어 발진 등의 오동작을 할 수 있다. 따라서, 폐루프 시스템은 안정한 상태가 될 수 있는 설계가 되어야 한다. 이에 대해서는 시스템의 안정성 편에서 살펴보도록 할 것이다.

반면, 개루프 시스템은 궤환 루프가 없기 때문에, 궤환에 대한 제어로 인한 불안정성을 피할 수 있다.

개루프(Open Loop) 시스템과 폐루프(Closed Loop) 시스템이 이런 장/단점들을 가지고 있기 때문에, 시스템을 어떤 방식으로 구현해야 할 지는 요구사항을 충족할 수 있도록 선택하여 구성하면 된다.

실제로 제조업체들은 제품들을 저가 모델과 고가 모델로 나누어 저가 모델 제품은 개루프 제어 시스템으로 성능보다 가격 위주으로 설계하고, 고가 모델 제품들은 폐루프 제어 시스템으로 성능에 집중하는 정책을 가지기도 한다.

5.4. 보드선도

앞에서 푸리에 변환을 이용하여 구한 신호를 구성하는 정현파들의 주파수 성분 특성을 그래프로 그린 주파수 스펙트럼을 살펴보았었다.

보드선도(보드선도, Bode Plot)는 단순히 신호의 주파수 성분 특성에 대한 그래프가 아니라, 주파수 응답(Frequency Response)인 시스템의 입력에 정현파 신호를 주었을 때 출력으로 나오는 정현파의 크기 변화와 지연 정도를 알 수 있는 크기 응답인 이득(Gain)과 위상(Phase) 응답을 각각 분리해서 그린 그래프이며, 주파수 응답 곡선의 한 종류이다.
즉, 보드선도는 출력과 입력의 비인 전달함수 H(s)의 주파수 특성 그래프를 말한다.

경우에 따라 크기 응답을 주파수 응답이라 하여 위상 응답과 구분하기도 하지만, 이 책에서는 구분하지 않고 크기 응답, 위상 응답을 주파수 응답이라 하기로 한다.
이 보드선도는 연속 시간 전달함수 H(s)에서 라플라스 변수 s 를 s = jω 로 두어 H(ω) 주파수 특성을 구해 그려질 수도 있고, 실제 시스템에 정현파를 주어 출력된 신호와의 관계로도 그려질 수도 있다. 마찬가지로, 이산 시간 전달함수 H(z)에서는 z = $e^{j\Omega}$ 로 두어 그릴 수 있다.

실제 연속 시간과 이산 시간에서의 주파수 응답 곡선인 보드선도의 개념은 동일하므로, 여기에서는 연속 시간 라플라스 전달함수를 이용하여 보드선도를 그리고 해석하는 방법에 대해 살펴보도록 할 것이다.

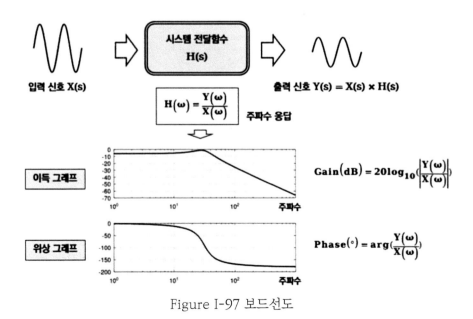

Figure I-97 보드선도

연속 시간에서 입력 X(s)와 출력 Y(s)의 관계인 전달함수는 아래와 같다.

$$H(s) \ = \ \frac{Y(s)}{X(s)}$$

앞서 라플라스 변환에서 보았듯이 전달함수의 라플라스 변수 s 대신 $j\omega$ 로 치환함으로써 푸리에 변환과 동일식이 되어 정상상태에서의 주파수 응답을 얻을 수 있으며, 전달함수의 주파수 응답은 아래와 같이 표현할 수 있다.

$$H(\omega) \ = \ \frac{Y(\omega)}{X(\omega)} \ = \ \left|\frac{Y(\omega)}{X(\omega)}\right| \angle arg \left(\frac{Y(\omega)}{X(\omega)}\right)$$

주파수 응답 특성 $H(\omega)$는 이득(Gain)과 위상(Phase)을 표현하는 복소수의 형태인데, 이렇게 전달함수의 주파수 특성 $H(\omega)$에서 주파수 ω 를 0 부터 ∞까지 변화시켜가며 계산한 주파수 응답 특성의 크기와 위상을 주파수별로 각각 그려 놓은 그래프가 보드선도가 된다.

LTI 시스템에서 이 주파수 영역의 보드선도 그래프를 봄으로써 시스템에 입력하는 정현파에 대해 어떤 크기와 위상 지연을 가지는 정현파 출력이 나올 것인가를 알 수 있다.

5.4.1. 보드선도의 구조

보드선도는 아래와 같이 이득(Gain) 곡선과 위상(Phase) 곡선으로 구분되어 그려진다.

아래 그림은 차단 주파수 50rad/sec 인 1 차 저주파 통과 필터(Low Pass Filter, LPF)의 보드선도인데, 이를 참조하여 보드선도가 의미하는 바를 이해하도록 해보자.

$$H(s) \ = \ \frac{50}{s + 50}$$

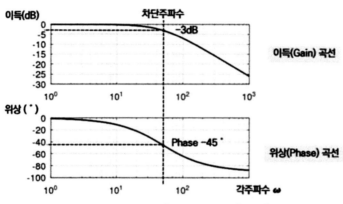

Figure I-98 1 차 LPF 보드선도 예

위 라플라스 전달함수는 극점 -50 이 좌반면에 있어 ROC 조건을 만족하므로, s 대신 jω 를 대입하여 주파수 응답을 구할 수 있다.

$$H(\omega) \ = \ \frac{50}{j\omega + 50}$$

여기에서 ω = 0 인 DC 이득은 1 배 즉 0dB 가 되는데, 전달함수에서 s = 0 을 바로 대입해도 구할 수 있다.
ω = 50rad/sec 에서의 이득과 위상은 아래와 같다.

$$H(j\omega) \ = \ \frac{Y(j\omega)}{X(j\omega)} \ = \ \left| \frac{50}{j50 + 50} \right| \angle \arg \left(\frac{50}{j50 + 50} \right) \ = \ \frac{1}{\sqrt{2}} \angle -45°$$

즉, 이 저주파 통과 필터는 주파수 50rad/sec 의 정현파 신호 입력에 대한 정현파 응답(출력) 이득은 $\frac{1}{\sqrt{2}}$배 즉, -3dB 이고, 위상 지연은 -45°이므로 시간 영역에서는 50rad/sec 주파수의 정현파 신호를 시스템에 주면 응답은 아래와 같이 45°의 지연을 가지는 0.707 배의 신호가 출력된다.

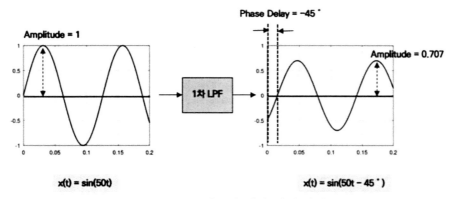

Figure I-99 이득의 시간 영역 의미

이렇게 보드선도만 보고도 정현파 입력에 대해 시간 영역에서 어떻게 출력이 될지 해석할 수 있다.

가. 주파수 X 축 단위

주파수 축의 단위는 일반적으로 신호 해석에서 저주파의 신호가 중요하고 고주파로 갈수록 그 중요성이 낮아지는 관계로, 넓은 주파수 스펙트럼을 봄과 동시에 중요 주파수 대역인 저주파는 세밀히 볼 수 있는 로그 스케일(Log Scale)을 사용한다.
로그 스케일 상의 단위는 Decade 를 사용하는데 10 의 비율을 의미한다.

$$Decade = \log_{10} \omega$$

또한, 앞으로 시스템의 감쇠 기울기를 -20dB/decade, -40dB/decade 와 같이 직선의 기울기로 표현하는 것을 많이 들어볼 수 있는데, 로그 스케일 상에서는 감쇠 기울기를 직선의 기울기로 표현할 수 있어 해석을 용이하게 한다.

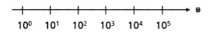

Decade 는 10 의 단위로, $10^0 {\rightarrow} 10^1$, $10^1 {\rightarrow} 10^2$, $10^2 {\rightarrow} 10^3$ 의 구간처럼, 10, 100, 1000 의 구간을 의미하므로, -20dB/decade 라 하면, $10^0 {\rightarrow} 10^1$ 사이에서도 -20dB 기울기를 가지고, $10^3 {\rightarrow} 10^4$ 구간에서도 -20dB 기울기로 동일하다는 의미가 된다.

나. 이득(Gain)

이득(Gain, 게인)은 다양한 주파수의 정현파 입력 크기에 대한 정현파 출력의 크기비를 의미하고, 아래와 같이 해당 주파수에서의 주파수 응답 복소수의 크기를 의미한다.

$$Gain = |H(\omega)| = \left|\frac{Y(\omega)}{X(\omega)}\right|$$

이득에 따라 입력 신호 대비 얼마나 큰 또는 작은 출력 신호가 나올지 예상할 수 있으며, 주파수 응답 $H(\omega) = a + jb$라면, 이득 크기는 $Gain = |H(\omega)| = \sqrt{a^2 + b^2}$이 된다.

> ### dB(데시벨) 단위로 표현

이득(Gain)은 보통 dB 단위로 표현하며 아래와 같이 정의된다.

$$Gain(dB) = 20\log_{10}\left|\frac{Y(\omega)}{X(\omega)}\right|$$

반대로 실수 이득으로의 전환은 아래와 같다.

$$\left|\frac{Y(\omega)}{X(\omega)}\right| = 10^{Gain(dB)/20}$$

예를 들어, 위에서 본 차단 주파수에서의 -3dB 의 의미는 아래와 같이 입력 신호 크기 대비 출력 신호의 크기가 0.707 배임을 의미한다.

$$\left|\frac{Y(\omega)}{X(\omega)}\right| = 10^{-3dB/20} \cong 0.707$$

즉, 차단 주파수와 동일한 ω 주파수를 가지는 1 크기의 정현파를 시스템에 입력하면 0.707 크기의 정현파가 출력된다.

> ### dB 표현의 장점

이득을 dB 로 표현함으로써 아래와 같은 장점들을 가지며, 이는 보드선도 그래프만 보고도 직관적으로 바로 계산 가능하게 한다.

☞ dB 표현은 곱하기/나누기 이득 연산을 덧셈/뺄셈으로 쉽게 할 수 있게 한다.

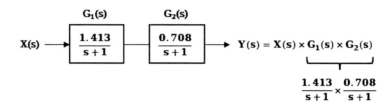

위와 같은 직렬 연결 시스템을 보자. 직렬 연결이므로 전달함수 H(s)는 아래와 같다.

$$H(s) \;=\; \frac{Y(s)}{X(s)} \;=\; G_1(s) \times G_2(s)$$

DC 이득은 주파수가 0 인 DC 신호를 주었을 때의 출력과 입력의 비를 의미하고, 이는 주파수가 0 이므로 $s = j\omega = 0$ 을 두어 구해볼 수 있다.

$G_1(s)$의 DC 이득은 s 대신 0 을 넣어보면 1.413 이고, $G_2(s)$의 DC 이득은 0.708 이다.

이 이득(Gain)을 곱하면 $1.413 \times 0.708 = 1$ 로 전체 시스템 이득은 1 이 되는데, 소수점 연산으로 바로 값을 계산하기 쉽지 않다.

하지만, dB 로 표현하면 $G_1(s) = 3dB$, $G_2(s) = -3dB$ 이며, 더하기 만으로 3dB - 3dB = 0dB, 즉 이득이 1 로 입력한 대로 출력의 크기가 나옴을 알 수 있다.

$$\begin{aligned} \text{Gain(dB)} &= 20\log_{10}(|G_1(\omega)| \times |G_2(\omega)|) \\ &= 20\log_{10}(|G_1(\omega)|) + 20\log_{10}(|G_2(\omega)|) = dB_1 + dB_2 \end{aligned}$$

만일, 나누기 형태라면 dB 크기에 대한 나누기는 아래와 같이 뺄셈으로 처리 가능하다.

$$\begin{aligned} \text{Gain(dB)} &= 20\log_{10}\left(\frac{|G_1(\omega)|}{|G_2(\omega)|}\right) \\ &= 20\log_{10}(|G_1(\omega)|) - 20\log_{10}(|G_2(\omega)|) = dB_1 - dB_2 \end{aligned}$$

☞ 이득(Gain) 크기의 dB 표현은 시스템을 해석하기 쉽게 한다.

1 차 저주파 통과 필터의 이득은 차단 주파수부터 -20dB/decade 의 직선 기울기로 감쇠되며, 2 차 저주파 통과 필터의 이득은 차단 주파수부터 -40dB/decade 의 기울기로 감쇠되는데 이처럼 이득 감쇠를 직선 기울기로 표현함으로써 해석이 쉬워진다.

이런 이유로 주파수축은 로그 스케일로 그리고, 이득 크기는 dB 로 표현한다.

다. 위상(Phase)

위상(Phase) 곡선은 정현파 입력 신호와 출력 응답 신호의 위상 차이를 그래프로 표현한 것이다. 즉, 입력 정현파 신호 대비 출력 정현파 신호가 얼마나 느리게 또는 빨리 나오는 가를 표현한다.

보통은 출력 신호가 입력 신호 대비 느리게 출력되므로, 위상 지연(Phase Delay)이며, 각도(Degree)로 표시한다.

$$\text{Phase}(°) = \angle\arg\left(\frac{Y(\omega)}{X(\omega)}\right)$$

마이너스 "-" 각도는 출력 신호가 지연(지상, Lag)됨을 의미하고, 플러스 "+" 각도는 출력 신호의 앞섬(진상, Lead)을 의미한다.

만일, 주파수 응답 $H(\omega)$가 복소수 $a + bi$ 라면, 위상은 $\tan^{-1}\frac{b}{a}$ 로 구할 수 있다.

> ### 위상 지연의 시간 영역에서의 의미

보드선도의 주파수 10Hz 에서 위상이 -45°를 갖는다면, 그 의미는 10Hz 정현파를 입력을 주었을 때의 출력은 입력 신호 대비 위상 -45°의 지연을 가지고 출력된다는 의미이다. 이는 해당 주파수에서의 한 주기를 360°로 두어 아래와 같이 계산해 볼 수 있다.

$$\text{시간 지연} = \frac{\text{Phase Delay}}{360°} \times T$$

10Hz 의 한 주기 T 는 1/10 초 (0.1 초) 이므로, 아래와 같이 45°의 위상 지연을 시간으로 환산할 수 있다.

$$시간 지연 = \frac{Phase\ Delay}{360°} \times T = \frac{-45°}{360°} \times 0.1sec = -0.0125sec$$

즉, 아래 그림과 같이 입력 신호 대비 출력 신호가 12.5ms 의 신호 지연이 생긴다는 말이 된다.

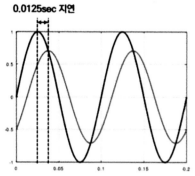

Figure I-100 위상 지연의 시간 영역 의미

보드선도 위상의 연산

전달함수 $G_1(s)$와 $G_2(s)$의 곱에 대한 위상은 $\angle(G_1(\omega)\ G_2(\omega))$와 같이 표현할 수 있고, 이렇게 곱하기로 되어 있는 전달함수의 위상은 $G_1(s)$, $G_2(s)$ 각각의 위상을 더해주면 된다. $G_1(\omega)$의 크기가 r_1 위상이 θ_1이고, $G_2(\omega)$의 크기가 r_2 위상이 θ_2라 해보자. 이를 각각 지수 형태로 표현하면 아래와 같다.

$$G_1(\omega) = r_1 e^{j\theta_1}, G_2(\omega) = r_2 e^{j\theta_2}$$

직렬 연결에서의 전달함수의 곱하기에 대한 위상은 아래와 같이 $\theta_1 + \theta_2$ 덧셈으로 연산된다.

$$G_1(\omega) \times G_2(\omega) = r_1 e^{j\theta_1} \times r_2 e^{j\theta_2} = r_1 r_2 e^{j(\theta_1+\theta_2)} = r_1 r_2 \angle(\theta_1 + \theta_2)$$

$$Phase(°) = \angle \arg\left(\frac{Y(\omega)}{X(\omega)}\right) = \angle \arg\big(G_1(\omega) \times G_2(\omega)\big) = \theta_1 + \theta_2$$

반면, 나누기는 아래와 같이 $\theta_1 - \theta_2$로 위상은 뺄셈이 된다.

$$\frac{G_1(\omega)}{G_2(\omega)} = \frac{r_1 e^{j\theta_1}}{r_2 e^{j\theta_2}} = \frac{r_1}{r_2} e^{j(\theta_1 - \theta_2)} = \frac{r_1}{r_2} \angle (\theta_1 - \theta_2)$$

$$\text{Phase}(°) = \angle \arg \left(\frac{Y(\omega)}{X(\omega)} \right) = \angle \arg \left(\frac{G_1(\omega)}{G_2(\omega)} \right) = \theta_1 - \theta_2$$

이런 dB 이득과 위상의 연산은 이후 보게 될 보드선도 그리기에서 유용히 사용된다.

5.4.2. 라플라스 전달함수와 보드선도

라플라스 변환 편에서 라플라스 변수 $s = \sigma + j\omega$ 에서 $\sigma = 0$ 으로 두면 푸리에 변환과 동일한 식이 됨을 보았고, 따라서 라플라스 전달함수에 $s = j\omega$ 를 대입하면 시스템의 주파수 응답을 얻을 수 있다는 것을 보았었다.

여기서는 전달함수에 $s = j\omega$ 를 대입하여 실제로 보드선도를 손으로 그리는 방법과 보드선도를 그리는 몇 가지 규칙들을 살펴볼 것이다.

물론, MATLAB/OCTAVE 와 같은 도구들을 사용하면 전달함수의 보드선도를 쉽게 그려볼수 있지만, 간단한 몇 가지 그리는 법을 외워 두면 시스템을 해석하는데 편리하다.

앞에서 본 주파수 응답의 곱하기, 나누기 연산에서 dB 이득(Gain)과 위상(Phase) 연산은 더하기, 빼기 연산이었던 것을 기억하면서 아래를 보도록 한다.

가. 1 차 실수 극점 전달함수의 보드선도 그리기

실수 극점을 가진 아래와 같은 ω_c 차단 주파수를 가지는 저주파 통과 필터(LPF)의 전달함수를 실제 $s = j\omega$ 를 대입하여 보드선도를 그려 보면서 보드선도의 의미를 이해하도록 하자.

$$H(s) = \frac{\omega_c}{s + \omega_c}$$

$s = j\omega$ 에 대입하면 아래와 같은 주파수 특성을 가지게 된다. 이때, 이 조건을 만족하려면 ROC 영역이 허수축을 포함해야 하므로, ω_c 는 양수이어야 한다.

$$H(\omega) = \frac{\omega_c}{j\omega + \omega_c}$$

아래와 같은 순서대로 보드선도를 그려 볼 수 있다.

> ① $\omega = 0$ 인 경우 ($\omega \ll \omega_c$)

주파수가 0 이므로 DC 이득을 의미하고, $s = j\omega = 0$ 을 대입한 것과 같다.

$$H(\omega) = \frac{\omega_c}{j0 + \omega_c} = 1$$

- Gain (dB) $= 20\log_{10}|H(\omega)|$ dB $= 20\log_{10}(1) = 0$dB
- Phase (degree) $= \angle H(\omega) = \tan^{-1}(\frac{0}{1}) = 0°$

즉, 전압의 경우 DC 전압을 인가하면, 입력된 DC 전압이 그대로 출력되는 시스템이다.

---

② $\omega = \omega_c$ 인 경우

$$H(\omega) = \frac{\omega_c}{j\omega_c + \omega_c} = \frac{1}{j+1}$$

- Gain (dB) $= 20\log_{10}|H(\omega)|$ dB $= 20\log_{10}\left(\left|\frac{1}{j+1}\right|\right) = 20\log_{10}\left(\frac{1}{\sqrt{2}}\right)$
$$= -20\log_{10}\left(\sqrt{2}\right) = -3\text{dB}$$
- Phase (degree) $= \angle H(\omega)$
$$= \tan^{-1}(\frac{1}{j+1}) = \tan^{-1}\left(\frac{1}{0}\right) - \tan^{-1}(j+1) = 0° - 45° = -45°$$

이득이 -3dB 이므로, 이 주파수가 저주파 통과 필터의 차단 주파수가 된다.

---

③ $\omega \to \infty$ 인 경우 ($\omega \gg \omega_c$)

$$H(\omega) = \frac{\omega_c}{j\omega + \omega_c} = \frac{1}{j\frac{\omega}{\omega_c} + 1}$$

- Gain (dB) $= 20\log_{10}|H(\omega)|$ dB $= 20\log_{10}(1) - 20\log_{10}\left(\sqrt{1^2 + \left(\frac{\omega}{\omega_c}\right)^2}\right)$

$1 \ll \frac{\omega}{\omega_c}$ 이므로 아래와 같이 근사할 수 있다.
$$\to 20\log_{10}|H(\omega)|\, \text{dB} \approx -20\log_{10}\left(\frac{\omega}{\omega_c}\right)$$

이득(Gain)은 $\omega = 10\omega_c$ 에서 -20dB, $\omega = 100\omega_c$ 에서 -40dB 를 가지므로, -20dB/decade 의 기울기를 가지고 감쇠한다.

- Phase (degree) $= \angle H(\omega) = -\tan^{-1}\left(\frac{\omega}{\omega_c}\right)$

$\omega = \infty$: $-\tan^{-1}(\infty) = -90°$로 수렴하며, -45°/decade 의 기울기를 가진다.

위와 같은 결과대로 선을 연결하면 아래와 같이 그려진다. 위상은 $0.1\omega_c$ 부터 -45°/decade 기울기로 $10\omega_c$ 까지 감쇠하고, -90°에 수렴하도록 그리면 된다.

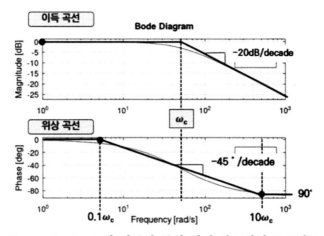

Figure I-101 1 차 저주파 통과 필터 시스템의 보드선도

위의 보드선도에서 보듯이 1 차 저주파 통과 필터(LPF, Low Pass Filter)에서 출력 신호
의 지연은 $0.1\omega_c$ 부터 생기게 된다.

☞ 코너 주파수(Corner Frequency)

위 보드선도에서 차단 주파수 ω_c 에서 이득 곡선이 감쇠하며 꺾이는 것을 볼 수 있는데,
이런 지점처럼 이득이 급격하게 변하는 주파수를 코너 주파수(Corner Frequency)라고
한다. 이런 코너 주파수는 보드선도 해석에서 중요한 주파수 지점이 된다.

나. 보드선도 기본 그리기 규칙

전달함수들의 간단한 보드선도 그리기 규칙을 알아 두면, 위에서 본 것과 같이 하나씩 따져 가며 그리지 않더라도, 전달함수만 보고도 보드선도가 대략 어떻게 그려질지 알 수 있고, 이는 시스템을 해석하는 효율에 도움을 준다.

> **기본 규칙**

① 복잡한 전달함수 분해

라플라스 전달함수에서 곱하기로 표현된 것들은 각각의 주파수 응답에 대한 dB 이득과 위상을 더해서 최종 출력을 구할 수 있다. 따라서, 전달함수를 분리하여 기본형으로 보드 선도를 그린 후 그래프 자체를 더하거나 빼서 쉽게 보드선도를 그릴 수 있다.

$$G(\omega) = G_1(\omega) \times G_2(\omega) = r_1 r_2 e^{j(\theta_1 + \theta_2)} = r_1 r_2 \angle(\theta_1 + \theta_2) = (dB_1 + dB_2)\angle(\theta_1 + \theta_2)$$

$$\frac{G_1(\omega)}{G_2(\omega)} = \frac{r_1 e^{j\theta_1}}{r_2 e^{j\theta_2}} = \frac{r_1}{r_2} e^{j(\theta_1 - \theta_2)} = \frac{r_1}{r_2} \angle(\theta_1 - \theta_2) = (dB_1 - dB_2)\angle(\theta_1 - \theta_2)$$

② s와 $\frac{1}{s}$ 의 형태는 x 축 대칭

s와 $\frac{1}{s}$ 과 같이 분수의 대칭 형태로 들어간 전달함수는 아래와 같이 주파수축인 x 에 대칭이다.
$\frac{1}{s}$ 의 dB 로 표현된 이득은 아래와 같이 구해질 수 있으므로, s와 x 축에 대칭이다.

$$20\log_{10}\left|\frac{1}{s}\right| = 20\log_{10}|1| - 20\log_{10}|s| = -20\log_{10}|s|$$

$\frac{1}{s}$ 의 위상은 아래와 같이 구해질 수 있으므로, s와 x 축에 대칭이다.

$$\angle\left(\frac{1}{s}\right) = \angle(1) - \angle(s) = 0° - \angle(s) = -\angle(s)$$

> **기본 형태의 전달함수의 보드선도 그리기 순서**

아래는 기본 형태의 전달함수들에 대해 보드선도를 그리는 순서에 대한 표이다.

전달함수	순서	보드선도
상수 **K**	① GAIN 창에 상수에 대한 dB 를 구하여 수평선으로 그린다. ② PHASE 창에 상수가 양수이면 0°로, 음수이면 −180°의 수평선을 그린다.	
미분기 **s**	① GAIN 창에 ω = 1 에서 0dB 점을 통과하는 20dB/decade 의 기울기의 직선을 그린다. ② PHASE 창에 90°의 수평선을 그린다.	
적분기 $\dfrac{1}{s}$	미분기의 X 축에 대한 대칭을 그리면 된다. ① GAIN 창에 ω = 1 에서 0dB 점을 통과하는 −20dB/decade 의 기울기의 직선을 그린다. ② PHASE 창에 −90°의 수평선을 그린다.	

실수 극점 $\dfrac{1}{s+a}$	위에서 본 손으로 그리기를 참조한다. ① 이득창에 s = 0 을 대입하여 DC GAIN 을 dB 로 구하여 ω = 0 부터 ω = a 까지 수평선을 그린다. ② ω = a 에서부터 −20dB/decade 기울기의 직선을 그린다. ③ PHASE 창에 0°부터 ω = 0.1a 까지 0° 수평선을 그린다. ④ PHASE 창에 0.1a 부터 ω = 10a 까지 −45°/decade 기울기의 직선을 그린다. ⑤ PHASE 창에 ω = 10a 부터 −90° 수평선을 그린다.	
실수영점 $s+a$	실수 극점의 x 축 대칭이다. ① 이득창에 s = 0 을 대입하여 DC GAIN 을 dB 로 구하여 ω = 0 부터 ω = a 까지 수평선을 그린다. ② ω = a 에서부터 +20dB/decade 기울기의 직선을 그린다. ③ PHASE 창에 0°부터 ω = 0.1a 까지 0° 수평선을 그린다. ④ PHASE 창에 0.1a 부터 ω = 10a 까지 +45°/decade 기울기의 직선을 그린다. ⑤ PHASE 창에 ω = 10a 부터 +90° 수평선을 그린다.	

다. 보드선도 합성 예

위 기본 그리기 규칙에 없는 아래 전달함수를 그려보자.

$$H(s) = \frac{s}{s+100}$$

이를 규칙에 있는 기본 전달함수들로 아래와 같이 분해할 수 있다.

$$H(s) = s \times \frac{1}{s+100}$$

따라서, s에 대한 보드선도를 그리고, $\frac{1}{s+100}$에 대한 보드선도를 그린 후 각각의 보드선도를 이득은 dB 단위로 더해주고, 위상도 더해주면 아래와 같이 그릴 수 있다.

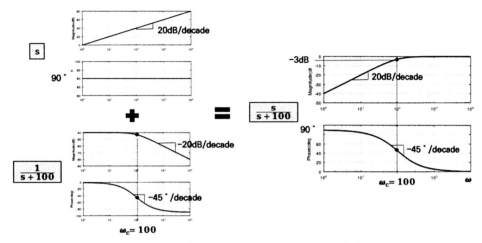

Figure I-102 보드선도 분할 그리기 예

구해지는 전달함수에 대해 이런 연습을 계속 하다 보면, 복잡한 전달함수도 소프트웨어를 사용하지 않고도 어느 정도 어떤 주파수 특성을 가질지 예상할 수 있다.

라. 1 차 시스템 보드선도에서 근사 이득 계산의 유용한 수식

차단 주파수를 알고 있는 상태에서 보드선도를 그리지 않고, 특정 주파수에서의 이득을 알고 싶을 때가 있다.

아래 1 차 저주파 통과 필터에 대한 보드선도로 계산하는 예를 보도록 하자.

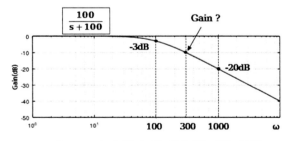

Figure I-103 1 차 시스템 이득 추정

앞서 살펴본 바와 같이 1 차 전달함수 이므로, 차단 주파수 ω_c 이후 -20dB/Decade 의 기울기로 감쇠한다는 것을 알고 있다. 즉, 위 보드선도에서 보듯이 ω = 100 rad/sec 의 차단 주파수에서 1 Decade 떨어진 ω = 1000 rad/sec 의 이득은 -20dB 이다.

또한, ω = 300 rad/sec 에서의 이득은 -10dB 를 보드선도에서 확인할 수 있지만, 보드선도를 그리지 않고, 차단 주파수보다 큰 주파수에서의 이득을 알고 싶을 경우 아래와 같이 계산할 수 있다.

두 주파수 ω_1, ω_2 ($\omega_1 < \omega_2$) 사이의 Decade 는 아래와 같이 구해진다.

$$\text{Decades} = \log_{10}\frac{\omega_2}{\omega_1}$$

위 1 차 전달함수는 차단 주파수 ω_c 부터 -20dB/decade 로 감쇠하는 직선이므로, 차단 주파수보다 큰 주파수 ω 지점에 대해 ω_c 로부터 떨어진 Decade 를 구해 -20dB 를 곱하면 된다.

$$\text{Gain(dB)} = 20\log_{10}\text{Gain} \approx -20\text{dB}\times\log_{10}\frac{\omega}{\omega_c}$$

위의 수식을 보면 차단 주파수 ω_c 의 이득 -3dB 를 0dB 로 놓고 -20dB/decade 의 직선 기울기로 계산하고 하고 있기 때문에, 차단 주파수 ω_c 근처의 이득을 근사할때는 -3dB 이내의 오차가 생길 수 있지만, 2 ~ 3 배 이상 떨어진 주파수 ω 에서의 이득 근사에는 편리하다.

ω_c = 100 rad/sec 인 1 차 저주파 통과 필터에서 ω = 300 rad/sec 에서의 이득은 아래와 같이 구해질 수 있다.

$$\text{Gain(dB)} = -20\text{dB}\times\log_{10}\frac{\omega}{\omega_c} = -20\text{dB}\times\log_{10}\frac{300}{100} = -9.5424\text{ dB}$$

위와 같이 보드선도에서 확인한 -10dB 로 정확히 나오지 않지만, 근사 가능한 수준이다.
이 1 차 저주파 통과 필터에서 차단 주파수보다 큰 주파수 ω 에서의 이득 배수로의 계산은 음의 dB 이므로, 아래와 같이 위 수식의 $\log_{10}$ 안의 역수이며 매우 유용하게 사용된다.

$$\text{Gain} \approx \frac{\omega_c}{\omega}$$

즉, 차단 주파수 ω_c = 100 rad/sec 인 1 차 저주파 통과 필터에서 ω = 300 rad/sec 의 정현파 신호 입력은 약 0.3 배 크기의 ω = 300 rad/sec 정현파 신호로 감쇠 출력됨을 알 수 있다.
이 수식들은 필터 설계 편에서 직렬 연결의 다차 필터를 설계할 때 사용하게 될 것이다.

5.4.3. Z 전달함수와 보드선도

앞에서 연속 시간 라플라스 전달함수에 s = jω 를 대입하여 주파수 ω 를 변경하면서 주파수 응답을 계산할 수 있었고, 이 값들로 보드선도를 손으로 그리는 방식에 대해서 살펴봤었다.

마찬가지로, Z 전달함수 H(z)에서는 ROC 조건을 만족한다면, z = e^{jΩ}로 대입한 H(Ω)에 0 ≤ Ω < 2π 범위에서 디지털 각주파수 Ω를 변경하면서 이득과 위상의 주파수 응답을 계산하여 보드선도를 그릴 수 있다.

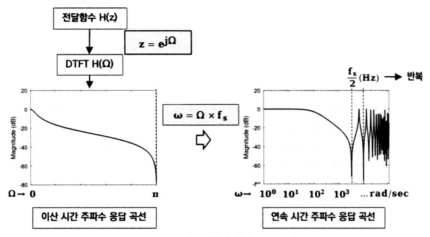

Figure I-104 Z 전달함수 보드선도

이때 H(Ω)는 −π ≤ Ω < π 구간마다 반복되고, Ω = 0 을 기준으로 대칭이므로, 위의 이산 시간 주파수 응답 곡선에서 보이듯이 0 ≤ Ω < π 구간만 구하면 된다.
연속 시간 각주파수 ω 와 Ω = ωT_s 의 관계를 가지므로, Ω = π 는 나이퀴스트 주파수인 f_s/2 가 된다.

차분 방정식 주파수 응답 예

아래 차분 방정식에 대한 주파수 응답을 구해 보도록 하자.

$$y[n] = \frac{1}{2}(x[n] + x[n-1])$$

이는 아래와 같이 Z 전달함수로 바꿀 수 있다.

$$Y(z) = \frac{1}{2}\left(X(z) + z^{-1}X(z)\right)$$

$$\rightarrow \frac{Y(z)}{X(z)} = \frac{1}{2} \times \left(1 + z^{-1}\right) = \frac{0.5z + 0.5}{z}$$

ROC 영역이 단위원을 포함하므로, $z = e^{j\Omega}$을 대입하여 주파수 응답을 구할 수 있다.

$$H(\Omega) = \frac{0.5e^{j\Omega} + 0.5}{e^{j\Omega}}$$

$\Omega = 0.8$ 일 때의 주파수 응답을 구해보면 아래와 같다.

$$|H(\Omega)| = \left|\frac{0.5e^{j\Omega} + 0.5}{e^{j\Omega}}\right| = 0.9211 \rightarrow 20 \times \log_{10} 0.9211 = -0.7139\text{dB}$$

$$\angle H(\Omega) = \angle\left(\frac{0.5e^{j\Omega} + 0.5}{e^{j\Omega}}\right) = -22.918°$$

이산 시간과 연속 시간은 샘플링 주기 T_s 로 $\Omega = \omega T_s$의 관계에 있으므로, $T_s = 1\text{ms}$ 라면 $\Omega = 0.8$ 은 $\omega = 800$ rad/sec 와 동일하다.

5.4.4. MATLAB/OCTAVE 를 이용한 보드선도

MATLAB/OCTAVE 에는 전달함수의 보드선도를 그리기 위한 bode() 함수를 제공한다.

$$\text{bode}(H, \{\text{주파수 간격}\})$$
$$\text{bode}(H1, H2, \{\text{주파수 간격}\})$$

H 는 라플라스 전달함수 또는 Z 전달함수이고, 인수 주파수 간격은 생략해도 된다.

$$[MAG, PHA, W] \ = \ \text{bode (SYS)}$$

위와 같이 그래프로 그리지 않고, 주파수 응답 데이터인 각각의 W(각주파수)에 대한 MAG(크기), PHA(위상)를 얻을 수도 있다.

가. 연속 시간 보드선도

아래 간단한 1 차 저주파 통과 필터 전달함수의 보드선도를 그리는 예를 보도록 하자.

$$H = \frac{100}{s + 100}$$

> **기본 보드선도**

연속 시간의 라플라스 전달함수의 보드선도는 아래와 같이 bode() 함수를 이용하여 간단히 그려 볼 수 있다.

MATLAB/OCTAVE	
pkg load control	% control 패키지 로드 : for OCTAVE only
close all	% 모든 그래프 창 닫기
clear all	% 모든 변수 삭제
s = tf('s');	% 특수 문자 생성
wc = 100;	% 전달함수 생성
H = wc/(s+wc);	
% 보드선도	
bode(H)	% 주파수 응답

위 코드의 결과는 아래와 같은 보드선도를 그려주며, 주파수축은 각주파수인 rad/sec 단위이다.

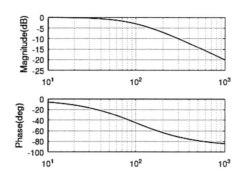

원하는 주파수만 선택하여 그리기

아래와 같이 원하는 주파수만 선택하여 그릴 수도 있다.

```
MATLAB/OCTAVE

pkg load control      % control 패키지 로드 : for OCTAVE only
close all             % 모든 그래프 창 닫기
clear all             % 모든 변수 삭제
s = tf('s');          % 특수 문자 생성
wc = 100;             % 전달함수 생성
H = wc/(s+wc);
% 계산할 주파수 배열
w = [1 10 20 100 300];
% 보드선도
bode(H, w, 'r-*')
```

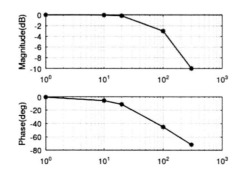

bode() 함수의 출력을 이용하여 plot() 함수로 그래프

bode() 함수의 크기, 위상 출력을 이용하여 아래와 같이 plot() 함수를 이용하여 그래프를 직접 그려볼 수도 있다. 아래는 보드선도의 주파수 축을 Hz 단위로 그려본 것이다.

MATLAB/OCTAVE

```
pkg load control        % control 패키지 로드 : for OCTAVE only
close all               % 모든 그래프 창 닫기
clear all               % 모든 변수 삭제
s = tf('s');            % 특수 문자 생성
wc = 100;               % 전달함수 생성
H = wc/(s+wc);

% (1) 주파수 응답 데이터
[mag,phase,wout] = bode(H);

% (2) 각주파수를 Hz 로 변환
hz_out = wout /(2*pi);

% (3) 크기를 log 로 환산
logMag = 20*log10(mag(:));

% (4) X 축을 로그 스케일로 plot
subplot(2, 1, 1);
semilogx(hz_out, logMag,'k', 'LineWidth', 1);
xlabel('Frequency(Hz)')
ylabel('Magnitude(dB)')
grid on;
subplot(2, 1, 2);
semilogx(hz_out, phase, 'k', 'LineWidth', 1);
grid on;
ylabel('Phase(\deg)')
```

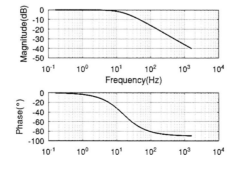

나. 이산 시간 보드선도

이산 시간 보드선도는 인수 H 를 Z 전달함수로 사용하면 위의 bode(H) 함수와 동일하게 사용할 수 있다.

bode() 함수 이용하기

이산 시간의 Z 전달함수 역시 bode() 함수를 이용하여 주파수 응답을 구해 볼 수 있다. 아래는 라플라스 전달함수를 c2d() 함수를 이용하여 Z 전달함수로 변환한 후 보드선도를 그려 본 것이다.

MATLAB/OCTAVE	
pkg load control	% control 패키지 로드 : for OCTAVE only
close all	% 모든 그래프 창 닫기
clear all	% 모든 변수 삭제
s = tf('s');	% 특수 문자 생성
wc = 100;	% 전달함수 생성
H = wc/(s+wc);	
Hz = c2d(H, 1e-3) ;	% 샘플링 주파수 1ms 의 Z 전달함수로 변환
% 보드선도	
bode(Hz)	% 주파수 응답

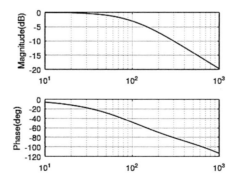

freqz() 함수 이용하기

디지털 Z 전달함수의 보드선도는 위와 같이 샘플링 주기 정보와 bode() 함수를 통해 그릴 수도 있지만, freqz() 함수를 통해 그릴수도 있다.

이 freqz() 함수는 샘플링 주기 T_s 가 없어도 [0 ~ 1] 구간으로 Normalize 된 디지털 필터의 주파수 응답을 표시할 수 있다.

$$\text{freqz(num, den)}$$

num 은 분자 행렬, den 은 분모 행렬이다.

앞의 bode() 함수 사용 코드에서 c2d() 함수를 통해 변환한 아래 Z 전달함수 H(z)에 대한 보드선도를 freqz() 함수를 이용하여 그려 보도록 하자.

$$H(z) = \frac{0.09516z}{z - 0.9048}$$

MATLAB/OCTAVE

pkg load control	% control 패키지 로드 : for OCTAVE only
close all	% 모든 그래프 창 닫기
clear all	% 모든 변수 삭제
% Z 전달함수 다항 행렬	
num = [0.09516 0];	% 분자 방정식 다항 행렬
den = [1 −0.9048];	% 분모 방정식 다항 행렬
%freqz Response : freq response	
freqz(num, den);	

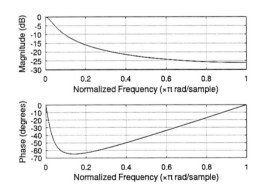

위의 결과에 보이는 것처럼 freqz() 함수는 주파수축이 Ω_n =× π radian/sample 로 Normalize 된 단위로 출력되는데, 아래와 같이 샘플링 주파수 f_s 로 계산할 수 있다.

$$f\ [\text{Hz}] = \frac{f_s}{2} \times \Omega_n\ [\pi \times \text{rad/sample}]$$

따라서, 1KHz 샘플링 주파수 f_s 를 가질 때 위 freqz() 함수를 이용하여 그린 보드선도의 주파수축 0.2 는 실제 아날로그 주파수 100Hz 에 해당한다.

6. 시스템의 응답 특성 항목

　시간 영역에서 시스템의 특성을 판단하기 위하여는 계단 응답을 보고, 이 응답이 성능이 좋은지 또는 부족한지 등을 판단할 수 있는 어떤 기준들이 필요하다. 마찬가지로, 주파수 영역에서도 보드선도를 보고, 시스템의 성능을 유추하고 안정성을 확인할 수 있는 그래프의 어떤 판단 기준들이 필요하다.

　이번 장에서는 시스템 해석에 있어 시간 영역과 주파수 영역에서 중요하게 여겨지는 특성 항목과 용어에 대해 살펴보도록 한다.

6.1. 시간 영역의 응답 특성 항목

　시간 영역(Time Domain) 해석이라 함은 시스템의 동적 특성을 파악하기 위해 시스템이 입력에 대해 시간에 따라 어떻게 반응하는지를 관찰하면서 분석하는 방법으로, 예를 들어 시간과 관련된 신호 파형으로 시스템을 해석하는 것을 의미한다.
또는 앞에서 살펴본 바와 같이 시간 영역의 출력 파형과 관련된 전달함수의 영점과 극점의 위치를 분석하여 시스템을 해석하는 것을 의미하기도 한다.

　시간 영역에서의 시스템 응답 특성을 알아보기 위하여 보통은 다양한 고주파 성분이 포함된 계단 신호(Step Signal)를 입력 신호로 사용하는데, 이에 대한 출력을 계단 응답(Step Response)이라 한다.

　여기서는 시간 영역에서의 계단 응답 파형의 특성을 판단할 수 있는 항목들에 대해서 알아보도록 한다.

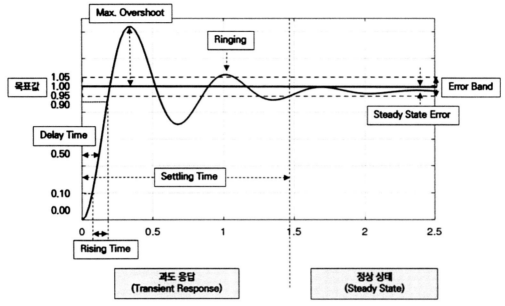

Figure I-105 계단 응답의 특성 항목

입력에 대한 시스템의 완전 응답은 아래와 같이 정의된다.

완전 응답 = 과도 응답 + 정상상태 응답

 계단 응답에서 계단 입력 신호를 받고 응답이 안정되기 전 응답 구간을 과도 응답(Transient Response) 구간이라 하며, 시간이 지남에 따라 결국 과도 응답은 감쇠하며 사라지고 안정된 응답만 남게 되는데, 이 안정된 상태의 응답 구간을 정상상태(Steady State) 응답 구간이라 한다.
 어느 순간부터를 정상상태로 할 것인가는 시스템의 성질에 따라 움직임의 폭이 얼마 이하일 때 정상상태로 하겠다는 규격을 정하면 된다. 가령, ±1%, ±2%, ±5% 등 오차를 어디까지 허용할 것인가를 정하면 되는데, 이를 오차 대역(Error Band) 또는 허용 오차(Error Tolerance)라 한다.

 시간 영역에서의 시스템의 특성 항목은 보통 상승 시간(Rising Time), 안정화 시간(정착 시간, Settling Time)과 오버슈트(Overshoot), 정상상태 오차(Steady State Error)가 주요 특성치 항목으로 쓰인다.

과도 응답 (Transient Response)

과도 응답은 입력 신호를 받은 후 응답이 움직이기 시작하여 안정 상대인 정상상태로 진입하기까지의 구간을 의미하며, 특성치로는 아래와 같은 것들이 있다.

☞ 지연 시간(Delay Time, t_d)

지연 시간은 입력 신호를 받은 후 정상상태의 50%지점까지 도달하는 데 걸리는 시간을 말한다.

☞ 상승 시간(Rising Time, t_r)

상승 시간은 과도 응답 구간에서 정상 응답 구간으로 진입할 때, 초기값과 정상상태의 값 사이의 10% 지점부터 90%까지 진행하는데 걸리는 시간을 의미하는 시스템의 동적 특성으로 시스템이 얼마나 빨리 반응하는지에 대한 반응 속도 특성으로 많이 사용된다.
이외에 하강 시간(Falling Time) 특성도 있는데, 일반적으로 상승 시간과 하강 시간은 동일 개념으로 사용된다.

☞ 최대 오버슈트(Maximum Overshoot, M_p)

오버슈트는 상승 신호에서 안정화된 정상상태의 값을 넘어선 봉우리를 말하며 이 값 중 가장 큰 값을 최대 오버슈트라 한다. 반대로 하강 신호에서 정상상태 값을 지나 아래로 봉우리가 생기는 것을 언더슈트(Undershoot)라 한다.
최대 오버슈트는 보통 아래와 같이 퍼센트(%) 오버슈트 %M_p 로 표시하여 사용하는 경우가 많다. 최종 정상상태 값은 Y_s, 최대값은 Y_{Max} 라고 한다면 퍼센트 오버슈트는 아래와 같이 표현할 수 있다.

$$\%M_P(\%) = \frac{Y_{Max} - Y_S}{Y_S} \times 100 \ (\%)$$

최대 오버슈트는 시스템의 안정성과도 관련이 있으며, 시간 영역에서 안정성을 확인할 수 있는 방법 중 하나이다.

☞ 링잉(Ringing, 진동)

링잉은 오버슈트를 지나 진동을 일으키는 파형을 말한다. 보통은 공진의 영향으로 일정한 주파수로 진동하며, 안정된 시스템에서는 감쇠(댐핑) 요인으로 인해 신호가 감쇠하며 진동하는데, 대부분 이런 의도치 않은 진동은 시스템 동작에 좋지 않은 영향을 미친다.

정상상태 응답 (Steady State Response)

정상상태는 과도 응답이 끝난 후 허용 오차 안에서 유지되는 안정화된 상태의 응답을 말한다. 이 상태의 특성 항목은 아래와 같이 정착 시간과 정상상태 오차를 들 수 있다.

☞ 정착 시간(Settling Time, t_s)

정착 시간은 신호 입력 시간부터 응답이 허용 오차 안으로 들어가서 안정화될 때까지의 시간을 말하며, 시간 응답의 성능을 확인할 때 빼놓을 수 없는 중요한 특성 항목이다.

☞ 정상상태 오차 (Steady State Error, E_s)

응답이 허용 오차 내로 안정된 상태를 가진 후에도 시스템의 제조 편차, 낮은 해상도(Resolution), 부적절한 이득(Gain) 등 다양한 원인으로 인해 목표값과 실제 응답값 사이에 오차가 발생할 수 있다.

정상상태 오차는 앞서 설명한 것처럼 과도 응답이 사라진 후 시간이 지나 정상상태로 진입한 후 실제 출력 응답값과 목표값 사이의 오차를 말한다.

명령 목표치를 R, 최종 정상상태 값은 Ys 라 한다면 정상상태 오차 Es 는 아래와 같이 표현할 수 있다.

$$E_S = R - Y_S$$

6.1.1. MATLAB/OCTAVE 를 이용한 시간 응답

앞서 전달함수를 만드는 방법에 대해서 살펴보았고, 여기서는 MATLAB/OCTAVE 를 이용하여 입력 신호에 대한 시간 응답을 확인하는 방법에 대해 살펴본다.

MATLAB/OCTAVE 에는 전달함수의 계단 응답을 확인해 볼 수 있는 step() 함수와 임의의 신호에 대한 응답을 확인할 수 있는 lsim() 함수를 제공하고, 연속/이산 전달함수의 주파수 응답을 확인해 볼 수 있는 bode() 함수를 제공한다.

주파수 응답 함수에 대해서는 보드선도 편에서 살펴보았으니, 여기서는 시간 응답에 대해서 살펴보도록 하자.

가. 계단 응답의 step() 함수

대표적인 시간 응답은 앞에서 살펴보았듯이 계단 응답(Step Response)인데, MATLAB/OCTAVE 에서 전달함수의 계단 응답은 아래 step() 함수를 사용하여 확인해 볼 수 있다.

$$step(H)$$

H 는 라플라스 전달함수 또는 Z 전달함수를 의미한다. 이 step() 함수는 최종 시간을 인수로 줄 수도 있고, 계단 응답 그래프 대신 실제 응답 데이터를 받아올 수도 있다.

$$step(H, final\_time)$$
$$[y, t] = step(H)$$

아래와 같은 전달함수의 계단 응답을 확인해 보자.

$$H(s) = \frac{100}{s^2 + 10s + 100}$$

> **연속 시간 전달함수 응답**

연속 시간 전달함수의 계단 응답은 아래와 같이 step() 함수로 확인해 볼 수 있다.

MATLAB/OCTAVE	
pkg load control	% control 패키지 로드 : for OCTAVE only
close all	% 모든 그래프 창 닫기
clear all	% 모든 변수 삭제
s = tf('s');	% 특수 문자 생성

```
H = 100/(s^2 + 10*s + 100);      % 전달함수 생성
step(H)                          % 계단 응답
```

위 전달함수의 계단 응답 파형이 아래와 같이 그려진다.

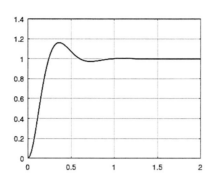

이산 시간 전달함수 응답

이산 시간 전달함수의 계단 응답 역시 마찬가지로 step() 함수로 아래와 같이 확인해 볼 수 있다. 아래는 위의 라플라스 전달함수를 c2d() 함수를 사용하여 Z 전달함수로 변환하여 응답을 구한 것이다.

```
MATLAB/OCTAVE
pkg load control          % control 패키지 로드 : for OCTAVE only
close all                 % 모든 그래프 창 닫기
clear all                 % 모든 변수 삭제
s = tf('s');              % 특수 문자 생성
H = 100/(s^2 + 10*s + 100);      % 전달함수 생성
% 샘플링 시간 0.1 초의 이산 시간 전달함수로 변환
Hz = c2d(H, 0.1);
step(Hz)                  % 계단 응답
```

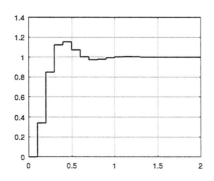

나. 임의의 신호 응답의 lsim() 함수

위에서 본 계단 신호에 대한 계단 응답이 아닌 임의의 신호에 대한 응답은 lsim() 함수를 통해 확인할 수 있다.

$$lsim(H, sig, t)$$

H 는 전달함수, t 는 시간 배열이며, sig 배열은 각각의 시간 t 에 대해 샘플링된 입력 신호 데이터 배열이다.

> ### lsim() 함수를 이용한 계단 응답

위에서 본 step() 함수를 통한 계단 응답을 lsim() 함수로 확인해 보면 동일한 결과임을 볼 수 있다.

```
MATLAB/OCTAVE
pkg load symbolic        % symbolic 패키지 로드 : for OCTAVE only
pkg load control         % control 패키지 로드 : for OCTAVE only
close all                % 모든 그래프 창 닫기
clear all                % 모든 변수 삭제
s = tf('s');             % 특수 문자 생성
H = 100/(s^2 + 10*s + 100);     % 전달함수 생성
% 계단 신호 생성
t = linspace(0, 2, 1000);  % 0 ~ 2 초까지 1000 등분
u = heaviside(t);          % u(t) 신호 배열 생성
% lsim 으로 응답 그래프 그리기
lsim(H, u, t);             % 응답 그래프
title('100/(s^2 + 10*s + 100) step response');
```

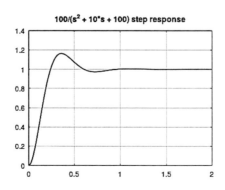

lsim() 함수를 이용한 구형파 응답

아래와 같이 구형파를 만들어 시간 응답을 확인해 볼 수 있으며, sin() 입력 함수의 응답까지 함께 확인해 보도록 한다.

MATLAB/OCTAVE

```
pkg load control        % control 패키지 로드 : for OCTAVE only
close all               % 모든 그래프 창 닫기
clear all               % 모든 변수 삭제
s = tf('s');            % 특수 문자 생성
H = 100/(s^2 + 10*s + 100);      % 전달함수 생성
% 구형파 신호 생성
t = linspace(0, 2, 1000); % 0 ~ 2 초까지 1000 등분
n = 1:1:1000;
square_sig = (mod(floor(n/100), 2) == 1);
% 정현파 신호 생성
sine_sig = sin(100*t);
% 응답 그래프 그리기
figure
subplot(2, 1, 1)
lsim(H, square_sig, t);
title('100/(s^2 + 10*s + 100)  square response');
subplot(2, 1, 2)
lsim(H, sine_sig, t, 'r');      % RED 선으로 응답 그리기
title('100/(s^2 + 10*s + 100) sine response');
```

위 코드를 실행하면, 아래와 같이 구형파에 대한 응답 파형과 정현파에 대한 응답 파형이 나오는 것을 볼 수 있다.

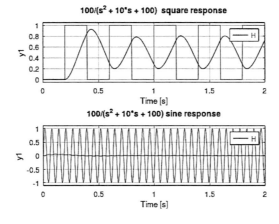

6.2. 주파수 영역의 특성 항목

이번 장에서는 주파수 영역(Frequency Domain)에서 사용되는 특성 항목들에 대해 살펴본다.

앞의 시간 영역(Time Domain) 해석이 시간을 변수로 사용해 시스템의 동적 특성을 확인하는 방법이라면, 주파수 영역(Frequency Domain) 해석은 입력 신호와 출력 신호를 주파수 성분으로 변환한 입/출력의 관계, 즉 주파수 응답을 통해 시스템의 특성을 분석하는 방법이다.

아래는 2 차 시스템의 보드선도의 예로, 주파수가 높아질수록 이득이 작아지는 시스템이다. 보드선도는 단순히 신호에 대한 주파수 특성이 아니라, 정현파 신호 입력에 대한 시스템 출력 간의 관계 즉 주파수 응답을 표시한 주파수 응답 그래프임을 상기하며 아래 내용들을 보도록 한다.

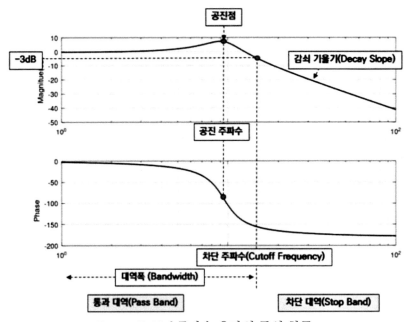

Figure I-106 주파수 응답의 특성 항목

DC 이득(DC Gain)

DC(Direct Current)는 전기/전자에서 사용하는 용어로 전류의 변화가 없는 신호를 의미한다. 일반적으로 전기/전자 신호가 아니더라도 변화가 없는 신호를 DC 라고 표현한다.

따라서, DC 이득은 주파수가 0Hz 즉, DC 신호를 입력했을 때 출력되는 증폭도를 의미하는 것으로, 정적 이득(Static Gain)이라고도 한다.

ROC 조건을 만족하는 전달함수에서 라플라스 변수 s = jω 를 두어 주파수 응답을 볼 수 있는데, ω = 0 즉, s = 0 으로 두면 DC 이득을 구할 수 있다.

위의 보드선도에서는 DC 이득이 0dB 즉 1 배이므로, DC 신호를 입력하면 크기가 그대로인 신호가 출력된다.

마찬가지로, 이산 시간의 Z 전달함수에서는 $z = re^{j\Omega}$ 로 두어 주파수 응답을 확인할 수 있으므로, 디지털 각주파수 Ω = 0 에 해당하는 z = 1 로 대입하면 DC 이득을 구할 수 있다.

차단 주파수 (Cutoff Frequency) −3dB

앞서 dB(데시벨)의 신호 단위에 대한 정의에 대해 살펴보았었는데, 다시 전기/전자 시스템에 대해 살펴보면 아래와 같이 정의된다.

$$dB = 10\log_{10}\left(\frac{\text{Power}_{\text{Out}}}{\text{Power}_{\text{In}}}\right) = 10\log_{10}\left(\frac{\frac{V_{out}^2}{R}}{\frac{V_{In}^2}{R}}\right) = 20\log_{10}(\frac{V_{out}}{V_{In}})$$

따라서, -3dB 는 아래와 같은 의미를 가진다.

$$10\log_{10}\left(\frac{\text{Power}_{\text{Out}}}{\text{Power}_{\text{In}}}\right) = -3\text{dB} \rightarrow \frac{\text{Power}_{\text{Out}}}{\text{Power}_{\text{In}}} = 10^{\frac{-3}{10}} = \frac{1}{2}$$

위와 같이 입력된 전력에 대해서는 1/2 의 전력을 출력한다.

$$20\log_{10}\left(\frac{V_{out}}{V_{In}}\right) = -3\text{dB} \rightarrow \frac{V_{out}}{V_{In}} = 10^{\frac{-3}{20}} = \frac{1}{\sqrt{2}} \cong 0.707$$

위와 같이 입력된 전압 신호에 대해서는 0.707 배의 신호를 출력한다.

차단 주파수(Cutoff Frequency)는 이처럼 입력 전압의 0.707 배의 출력, 입력 전력의 1/2 출력 전력이 되는 주파수를 말하며, 주파수 특성을 해석하는 기준점이 된다.

☞ 대역폭 (Bandwidth)

대역폭(Bandwidth)은 이득 -3dB 이상인 영역의 주파수 대역을 의미한다.

$$Bandwidth \geq -3dB$$

이 대역폭은 시스템이 -3dB 이상의 신호들을 처리할 수 있다는 의미로 사용되고, 시스템에서 반응하여 처리할 수 있는 유효한 주파수 대역을 의미한다.

시스템마다 실제 처리할 수 있는 신호의 크기는 다를지라도 차단 주파수와 마찬가지로 기준점에 관련된 의미가 된다.

따라서, 전달함수의 극점/영점 편에서 보았던 것과 같이 대역폭이 넓다는 의미는 넓은 주파수 대역의 신호들을 처리할 수 있다는 의미가 되어 응답 속도가 빠름을 의미한다.

☞ 필터의 차단 주파수(Cutoff Frequency)의 의미

앞서 차단 주파수에서는 $\frac{1}{\sqrt{2}}$ 즉, 0.707 배의 이득을 가짐을 보았다.

이 차단 주파수가 실제 어떤 신호도 통과시키지 못한다는 어감의 용어이지만, 신호를 실제 완전 차단하는 것은 아니다. 위의 대역폭이 이 차단 주파수까지의 주파수를 의미하는 것도 마찬가지이다.

아래와 같은 예를 들어 생각해 보자.

차단 주파수 ω_c 를 가지는 저주파 통과 필터(LPF)에서 1V 크기의 ω_c 와 같은 주파수인 노이즈 신호는 0.707V 로 감쇠된다. 이 감쇠된 0.707V 의 노이즈 전압이 실제 시스템에서 무시될 수 있는가의 문제이다.

즉, 0.5V 이하는 LOW, 0.5V 이상은 HIGH 로 인식하는 시스템이라면, 0.7V 의 노이즈는 신호가 실제 LOW 라 하더라도 노이즈에 의해 HIGH 로 오인식되어 신호가 차단되었다고 보기 힘들 것이다.

따라서, 차단 주파수(Cutoff Frequency)는 실제 신호를 완전 차단하는 의미가 아니라 신호의 감쇠를 시작하는 기준 주파수로 보면 된다.

차단 주파수 ω_c 이후 주파수에서 1 차 시스템은 -20dB/decade, 2 차 시스템은 -40dB/decade 의 일정한 기울기를 가지고 이득이 감쇠하여 신호를 감쇠시키므로, 이 기준점은 충분한 의미가 있다.

실제, 차단의 의미로 사용되는 용어는 저지(Stop)란 용어를 사용한다.

감쇠 기울기 (Roll Off Slope)

감쇠 기울기(Roll Off Slope)는 차단 주파수 이후 주파수가 증가함에 따라 이득(Gain)이 얼마의 기울기로 감쇠하는지를 나타내며, 이득이 감쇠한다는 의미는 입력된 신호의 크기가 얼마나 작게 출력되는지의 의미이다.

이득(Gain)의 경우 차단 주파수 이후 1 차 시스템은 -20dB/decade, 2 차 시스템은 -40dB/decade 의 기울기로 감쇠한다.
저주파 통과 필터와 같이 저주파 신호만 필요하다면, 감쇠 기울기가 더 급격한 쪽이 이상적인 필터에 근사하며, 고주파에서 더 많이 감쇠될 것이므로 노이즈의 차단 성능이 좋다.

위상(Phase)은 1 차 시스템은 -45°/decade, 2 차 시스템은 -90°/decade 의 기울기를 가지고 지연된다.

공진 주파수 (Resonant Frequency)

공진은 물체가 가지는 자유 진동수에 똑같은 주파수를 가진 힘을 전달할 때 출력이 증폭되면서 커지는 현상을 말한다.
공진 주파수(Resonant Frequency)는 DC 이득 이후 이득(Gain)이 가장 큰 주파수를 의미하며, 이 공진 주파수와 동일한 주파수의 입력 또는 노이즈가 인가되면 최대 진동을 하게 되는 공진을 하게 되고 심할 경우 시스템이 파손될 수도 있다.

기계적 시스템에서는 댐핑이 가장 작아지는 주파수, 전기 회로에서는 임피던스가 가장 작아 가장 큰 이득을 갖는 주파수를 말하는 것으로 2 차 이상의 시스템에서 나타난다.
전기/전자 회로의 대표적인 공진은 인덕턴스와 커패시턴스에 의한 LC 공진이 있으며, 기계 시스템에는 스프링-댐퍼에 의한 공진이 있다.

이런 공진은 계단 입력의 경우 공진 주파수에서의 이득이 커져 오버슈트 및 링잉의 원인이 되며, 제어를 어렵게 하는 요인 중 하나이다.

6.3. 구형파로 보는 시간과 주파수 영역의 관계

주파수 영역의 보드선도를 보고 시간 영역에서 어떤 영향이 있을지 예측 가능하기 위해서는 여기에서 볼 해석을 이해하고 있어야 한다.

이에 구형파를 예로 들어 주파수 영역의 보드선도와 시간 영역의 응답에 대해 실제 수식을 통한 계산보다는 개념적인 이해를 해보도록 하자.

푸리에 급수(시리즈) 편에서 양의 구형파는 아래와 같은 주파수 성분들을 포함하고 있으며, 이 홀수의 정확한 크기의 모든 고조파 정현파들이 더해져야 완전한 구형파가 된다는 것을 보았다.

$$f(t) = \frac{A}{2} + \frac{2A}{\pi}\left(\sin(\omega_0 t) + \frac{1}{3}\sin(3\omega_0 t) + \frac{1}{5}\sin(5\omega_0 t) + \cdots..\right), \omega_0 = \frac{2\pi}{T}, A$$
$$= \text{Amplitude}$$

아래 그림은 구형파의 주파수 성분을 주파수 스펙트럼으로 표시한 것이다.

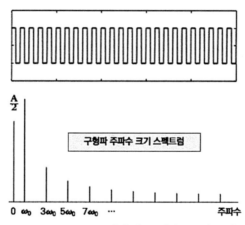

Figure I-107 구형파의 주파수 스펙트럼

이 구형파를 LTI 시스템에 입력 신호로 주었을 때, LTI 시스템의 보드선도를 보면서 어떤 출력 신호가 나올지 유추해 보도록 하자.

> **대역폭(Bandwidth)의 감소는 상승 지연을 만든다.**

 반대로 얘기하면, 대역폭(Bandwidth)이 넓어지면 상승이 빨라진다. 구형파는 홀수 고조파 정현파들의 각각의 크기가 모여서 수직의 파형을 만들게 되는데, 이 고조파 중 고주파 영역의 신호의 크기가 줄어들게 되면, 그만큼 반응이 늦어진다.

 아래 1 차 저주파 통과 필터(LPF)의 보드선도를 보자.

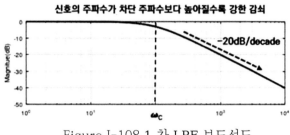

Figure I-108 1 차 LPF 보드선도

 1 차 저주파 통과 필터는 고주파로 갈수로 신호를 -20dB/decade 의 기울기로 감쇠시킨다. 전달함수의 직렬 연결에서 이득의 곱은 dB 스케일에서는 덧셈을 하면 된다.
 아래는 구형파의 신호를 저주파 통과 필터에 입력 신호로 주어 통과시킨 예이다.

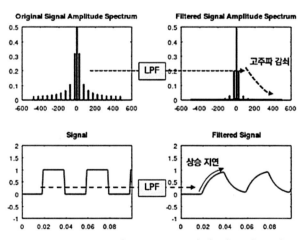

Figure I-109 1 차 LPF 를 통과한 신호의 특성

 위의 결과에서 볼 수 있듯이 LPF 의 차단 주파수가 낮아져 더 많은 고주파 감쇠율을 가질수록 노이즈의 제거 효과는 커지지만, 유효 신호인 고조파 역시 감쇠되어 신호의 상승 시간 또한 느려지게 된다.
 고주파의 고조파가 더해질수록 상승 시간이 빨라진다는 것은 푸리에 급수 편에서 본 바 있다.

이득의 크기와 위상의 급격한 변화는 오버슈트와 진동을 만든다.

　구형파는 구성하고 있는 홀수의 정현파에 대해 주파수마다 각각의 크기를 결정하는 계수가 있다. 이 크기들은 일률적으로 고주파로 갈수록 작아지게 되는데, 이 값들이 위의 저주파 통과 필터와 같이 기울기가 줄어드는 경향을 유지하며 부드럽게 줄어들게 되면 링잉이 없이 신호의 지연으로만 나타난다.

　하지만, 특정 고조파의 갑작스러운 크기의 변화는 오버슈트나 링잉(진동)의 원인이 된다. 이런 갑작스러운 이득의 변화는 보통 공진점에서 일어난다.

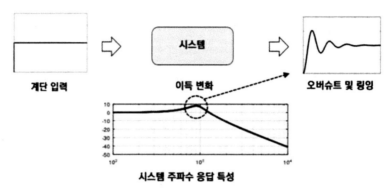

Figure I-110 2 차 시스템의 공진점과 링잉

　위 그림은 공진점의 크기가 약 9dB 정도 되는 2 차 시스템의 보드선도다. 이처럼 특정 주파수에서 이득(Gain)이 커진다는 것은 구형파의 고주파로 갈수록 크기가 줄어드는 경향을 불균일하게 만들게 되고, 이는 그 주파수에서의 링잉(진동)을 유발한다.

　위의 공진점이 있는 2 차 시스템에 구형파를 입력한 출력 응답에 대한 아래 그림을 보자.

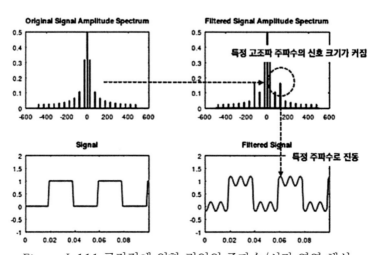

Figure I-111 공진점에 의한 링잉의 주파수/시간 영역 해석

이해를 위해서 예를 들자면, $x(t) = \frac{A}{2} + \frac{2A}{\pi}(\sin(\omega_0 t) + \frac{1}{3}\sin(3\omega_0 t)..)$이어야 할 구형파 신호가 $y(t) = \frac{A}{2} + \frac{2A}{\pi}(\sin(\omega_0 t) + \frac{4}{3}\sin(3\omega_0 t)..)$와 같이 $3\omega_0$ 고조파의 크기가 변화한다고 생각할 수 있다. 즉, $y(t) = $ 구형파 $+ \frac{2A}{\pi}(\sin(3\omega_0 t))$와 같이 생각해 볼 수 있다는 뜻이다.

이처럼 특정 주파수에서 신호를 구성하는 특정 고조파 정현파의 크기의 갑작스러운 변화(작아지는 것도 마찬가지)는 진동(링잉)으로 나타난다.

링잉(Ringing, 진동)의 영향

시간 영역의 응답 특성에서 보았듯이 링잉(진동)은 전기/전자 시스템 또는 기계 시스템에서 응답 신호가 진동하는 것을 의미한다.

이와 같은 응답 신호에 의도치 않게 발생되는 진동(진동)은 시스템 동작에 악영향을 미치게 된다.

전기/전자 시스템에서는 데이터의 전송 오류나 전기 신호의 품질 저하같은 신호의 무결성 문제, 고주파 링잉으로 인해 발생되는 전력 손실과 이로 인한 발열 문제가 발생될 수 있다. 또한, 전압/전류의 변동을 일으키며 주변 장치들에 고주파 노이즈 영향을 주는 전자기 간섭(EMI/EMC)을 일으키게 된다.

기계 시스템에서는 진동으로 인한 소음 노이즈 문제뿐 아니라, 지속적인 진동으로 인한 마찰로 인해 기계적 마모를 일으키고, 시스템의 수명을 단축시킨다. 또한, 이런 기계 시스템을 제어하는 제어기나 계측하는 계측기에서 제어 정밀도나 측정 정밀도를 저하시킨다.

따라서, 시스템 설계에서는 이런 링잉(진동)을 억제해야 하는데, 일반적인 대응 방법은 필터의 사용이나 시스템의 댐핑 높여 진동을 억제하거나, 공진 주파수를 높혀 진동을 피하는 방법을 사용하는 것이다.

7. 라플라스 전달함수의 표준 형식

일반적으로 플랜트의 모델링을 통해 얻어지는 전달함수는 라플라스 전달함수의 형태를 가진다.

이런 라플라스 전달함수의 분모 최고차 항 차수를 시스템의 차수라 하며, 자주 사용되는 차수로 1 차 시스템과 2 차 시스템의 표준 형식(Standard Form)이 있다.
이 전달함수의 표준 형식들에는 응답 특성을 해석할 때 유용하게 사용되는 시간 영역과 주파수 영역의 증명된 많은 수식들이 있기 때문에, 모델링된 전달함수를 이 표준 형식들로 맞추면 시스템을 쉽고 편리하게 해석할 수 있다.

만일 모델링된 전달함수가 2 차 이상 고차 시스템이라면, 우세 극점만으로 1 차 시스템 또는 2 차 시스템으로 근사하여 해석하거나, 시뮬레이션을 통해 해석할 수 있다.

1 차 시스템과 2 차 시스템의 표준 형식은 앞으로 계속해서 언급될 정도로 중요하니 어떤 특성들이 있는지 알아 두어야 한다.
이 장에서는 라플라스 전달함수의 표준 형식들에 대해서 알아보고, 고차 시스템을 간소화하는 방법에 대해서 살펴보도록 한다.

7.1. 1 차 표준 시스템

1 차 시스템은 전달함수의 분모의 차수가 1 차인 시스템을 의미한다. 연속 시간 라플라스 전달함수의 1 차 저주파 통과 필터의 표준 형식을 살펴보고, 전기/전자 시스템에서의 1 차 선형 시스템을 살펴보도록 한다.

7.1.1. 1 차 시스템 형식

1 차 저주파 통과 필터의 라플라스 전달함수는 아래와 같다.

$$H(s) = \frac{\omega_c}{s + \omega_c} = \frac{1}{\frac{1}{\omega_c}s + 1} = \frac{1}{\tau s + 1}$$

$$\omega_c = 2\pi f_c : f_c = \text{차단 주파수(Cutoff Frequency)}$$
$$\tau(\text{타우}, tau) = \frac{1}{\omega_c} : \text{시정수(time constant)}$$

1 차 시스템의 특성치를 나타내는 항목으로는 주파수 영역에서 이득이 -3dB 즉 0.707 배되는 주파수 영역의 차단 주파수 ω_c(rad/sec) 와 시간 영역에서 계단 신호 입력에 대해 정착된 값의 63.2%까지 도달되는 시간인 시간 영역의 시정수 τ(초) 가 있다.

또한, ROC 조건을 만족하는 전달함수에서는 s = 0 을 대입해 보면 DC 이득을 얻을 수 있는데, 위 표준 전달함수의 경우 DC 이득은 1 로 사용한다.

때문에, 이득이 1 이 아닌 시스템의 경우 위 표준 형식을 유지하면서, 아래와 같이 임의의 이득 K 를 곱하는 형식으로 전달함수를 표현하면 해석이 쉬워진다.

$$H(s) = K\frac{\omega_c}{s + \omega_c}$$

가. 시간 영역의 시정수 (Time Constant)

1 차 표준 전달함수 형식에 대한 단위 계단 응답의 시간 함수는 앞서 많이 다루었듯이 아래와 같다.

$$y(t) \ = \ 1 - e^{-\frac{1}{\tau}t}$$

시정수(Time Constant)

시정수(Time Constant)는 1 차 시스템의 시간 영역 특성을 알 수 있는 주요 특성치로 계단 신호를 입력으로 주었을 때 출력 $y(t)$가 정상상태 값의 63.2%에 도달하는 시간(초)을 의미한다. 이는 위 시간 함수의 지수항의 승수를 -1 로 만들어 $e^{-1} = 0.368$ 이 되는 시간 $t(sec)$이며, τ(타우)로 표기한다.

반대로, 단위 계단 응답의 1 에서 0 으로 하강할 때, 1 → 0.368 에 도달하는 시간 즉, 36.8%에 도달하는 시간을 의미한다.

아래는 $\omega_c = 100rad/sec$ 즉, 시정수 $\tau = 0.01sec$ 인 1 차 시스템에 대한 계단 응답(Step Response)이다.

$$H(s) \ = \ \frac{100}{s + 100}$$

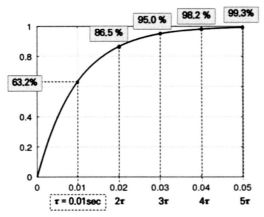

Figure I-112 1 차 시스템 계단 응답 시정수

시정수 1 타우(τ)는 정상상태 값의 63.2%까지 신호가 도달되는 시간인 0.01sec 이 되고, 2τ 는 85.6%까지 진행되는 시간, 5τ 는 99.3%가 된다.

일반적으로 5τ 정도의 시정수 시간을 정상상태(Steady State)라고 하며, RC 회로의 경우에는 완충되었다고 표현한다. 10τ 는 99.99% 지점에 도달 시간이다.

항목	수식
정착 시간 (Settling Time) (99%)(sec)	$5\tau = 5\dfrac{1}{\omega_c}$

나. 주파수 영역의 특성

아래는 1 차 표준 시스템의 보드선도이며, 1 차 시스템의 주파수 응답 특성치는 아래와 같은 것들이 있다.

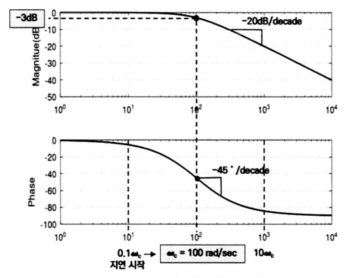

Figure I-113 1 차 시스템 보드선도

차단 주파수

1 차 시스템의 차단 각주파수는 시정수의 역수이다

$$\omega_c(\text{rad/sec}) = \frac{1}{\tau}$$

　차단 주파수(Cutoff Frequency)가 낮아지면 시정수(Tau)의 시간이 길어지게 되어 신호의 지연이 생긴다. 이를 대역폭이 좁다 라고 한다. 반대로 차단 주파수가 높아지면, 응답이 빨라져 시정수(Tau)의 시간이 짧아지지만, 노이즈 제거의 효과는 떨어진다.

　1 차 시스템 전달함수의 극점의 위치와 계단 응답과의 상관관계는 앞서 전달함수의 극점/영점 편에서 살펴본 바 있고, 다음 장에서 RC 저주파 통과 필터를 통해 다시 한번 살펴보도록 한다.

이득 감쇠

　1 차 시스템의 이득 감쇠는 차단 주파수 이후 -20dB/decade 의 기울기로 감쇠한다. 따라서, 차단 주파수보다 높은 노이즈 신호일수록 저주파 통과 필터는 더 높은 이득 감쇠를 가지며, 고주파 노이즈를 작게 통과시킨다.

위상 지연

　1 차 시스템의 위상 지연(Phase Delay)은 $0.1\omega_c$ 부터 $10\omega_c$ 까지 발생되며, -45°/decade 의 기울기로 최종 -90°가 된다.

　따라서, 이런 $0.1\omega_c$ 부터 발생되는 응답 지연이 시스템 특성에 영향을 미치는지 살펴야 한다.

7.1.2. 전기/전자 시스템 수동 RC 저주파 통과 필터

1 차 RC 시스템에 대해서는 전달함수 편에서 이미 살펴보았었다. 이 익숙한 전달함수를 통해 전반적인 동작에 대한 정리를 해보도록 한다.

가. RC 저주파 통과 필터의 전달함수

아래 그림과 같이 RC 저주파 통과 필터의 사용으로 DC + AC 를 가진 신호의 AC 노이즈는 커패시터로 흐르고, 출력에는 깨끗한 DC 만 전달되는데, 이런 동작에 대해 이해해 본다.

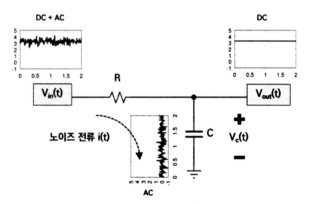

Figure I-114 RC 저주파 통과 필터

위 회로의 전달함수는 전달함수 편에서 구했듯이 아래와 같다.

$$H(s) = \frac{V_{out}(s)}{V_{in}(s)} = \frac{1}{RCs + 1}$$

1 차 표준 형식과 비교해보면 아래와 같다.

$$\omega_c = \frac{1}{RC} \ [\text{rad/s}], \ \tau(\text{타우, tau}) = RC \ [\text{초}]$$

나. 시간 영역 해석

시간 영역 해석은 일반적으로 계단 신호 입력에 대한 계단 응답을 의미하는 경우가 많다.

ㄱ. 계단 입력 시간 응답 (Step Response)

전달함수 편에서 위의 전달함수에서 입력에 스위치를 이용하여 V_{in} 에 0V→E 전압(V)을 인가했을 때의 출력을 시간 함수로 표현하는 것을 보았었다.

스위치를 이용했기 때문에, 0 인 상태에서 1 인 상태로 입력을 줄 수 있는 단위 계단(스텝) 입력 u(t)를 주면 되고, 라플라스 변환폼에서 보면 $v_{in}(t) = Eu(t) \rightarrow V_{in}(s) = \frac{E}{s}$ 와 같으므로, 출력은 아래와 같다.

$$V_{out}(s) \;=\; V_{in}(s) \times H(s) \;=\; \frac{E}{s} \times \frac{1}{RCs+1} \;=\; \frac{E}{s} - \frac{E \times RC}{RCs+1} \;=\; \frac{E}{s} - \frac{E}{s+\frac{1}{RC}}$$

이 식을 역 라플라스 변환을 위하여 라플라스 변환표를 참조하면 아래와 같은 시간 함수를 얻을 수 있다.

$$v_{out}(t) \;=\; E \times \left(1 - e^{-\frac{1}{RC}t}\right) : t \geq 0$$

시간 t 가 무한대로 가면 최종적으로 E 전압(V)이 되며, 아래와 같은 계단 응답을 가진다.

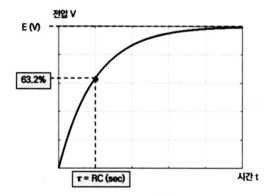

Figure I-115 RC 필터 계단 응답

위 단위 계단 응답의 시간 응답 함수에서 t = τ 로 두면 $E(1 - e^{-1}) = 0.632 \times E$ 가 나오게 되는데, 이 τ 시간을 시정수라 한다.

즉, 정착된 값의 63.2%까지 충전되는 시간(초)인 RC 시정수 = RC 초(sec)가 된다. RC 회로에서는 이 RC 시정수에 의해 상승 시간의 지연이 생기게 되며 이를 RC 지연이라 하고, 이 상승 지연은 R 또는 C 가 커질수록 길어진다.

☞ 라플라스 최종치 정리를 이용한 최종값

시간 함수를 구하지 않고도, 라플라스 최종치 정리를 이용하여 최종값이 어떻게 되는지 쉽게 예측할 수 있다. (조건은 LTI 시스템이어야 하고, 극점의 실수가 모두 음수여야 한다)

$$\lim_{s \to 0} sV_{out}(s) \;=\; \lim_{s \to 0} s \times \frac{E}{s} \times \frac{1}{RCs + 1} \;=\; E(V)$$

시간이 지나 최종에는 결국 E 전압(V)이 된다는 것을 알 수 있고, 이를 정상상태(Steady State)라 한다.

ㄴ. 극점의 위치와 응답

1 차 시스템의 계단 응답 $v_{out}(t) \;=\; E \times (1 - e^{\sigma t})$ 에서 보듯이 극점 $s = \sigma + j\omega$ 에 대해 $e^{\sigma t}$와 같은 지수 형식을 가지고 감쇠한다.

이 전달함수의 극점 $s = -\frac{1}{RC}$ 의 위치에 대해 위의 시간 함수 식과 비교하면, 극점의 실수가 음수측(좌반면)으로 작아질수록 $e^{\sigma t}$의 감쇠가 빨리 진행되며, 최종값 전압 E 에 빨리 수렴한다.

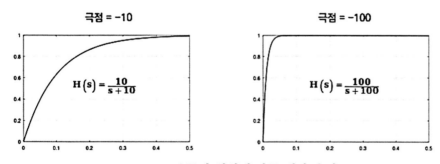

Figure I-116 극점 위치에 따른 계단 응답

이는 아래에서 보게 될 대역폭이 넓어짐을 의미한다.

다. 주파수 영역 해석

1 차 시스템의 저주파 통과 필터의 표준 형식 $H(s) = \frac{\omega_c}{s + \omega_c}$ 과 비교해 보면, 차단 주파수 (Cutoff Frequency) $\frac{1}{RC}$ [rad/s]를 가진 저주파 통과 필터임을 알 수 있다.

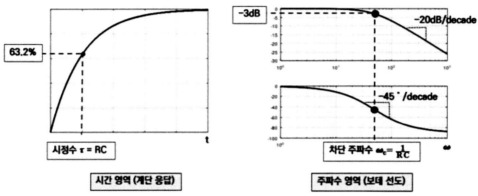

Figure I-117 RC 저주파 통과 필터의 단위 계단 응답 및 보드선도

주파수 영역에서 RC 필터의 차단 주파수인 극점은 -1/RC 이 되는데, 극점이 음의 실수측으로 작아질수록 이 차단 주파수가 높아진다.

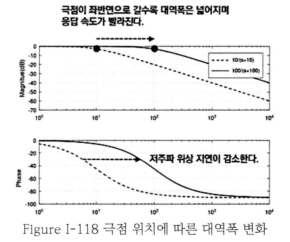

Figure I-118 극점 위치에 따른 대역폭 변화

대역폭(Bandwidth)은 시스템이 처리할 수 있는 주파수의 범위를 의미하고 보통은 차단 주파수까지를 통과 대역으로 간주한다. 따라서, 극점이 좌반면으로 작아진다는 것은 대역폭이 넓어졌다고 표현할 수 있고, 대역폭이 넓어질수록 응답은 빨라진다.

주파수 영역에서는 수많은 고조파(정수배 주파수)의 합성인 펄스 신호가 RC 저주파 통과 필터(LPF) 특성으로 인하여 고주파의 고조파들이 감쇠가 되면서 시간 지연이 일어나는 현상이라는 것을 살펴봤었다. 이처럼 시간 영역, 주파수 영역에서 동일한 현상을 해석할 수 있다.

7.2. 2 차 표준 시스템

연속 시간 라플라스 2 차 시스템의 전달함수 표준 형식(Standard Form)은 아래와 같다.

$$H(s) = \frac{\omega_n^2}{s^2 + 2\zeta\omega_n s + \omega_n^2}$$

ζ(제타, zeta) : 감쇠비(Damping Ratio)
ω_n : 고유 진동수 (Natural Frequency)

고유 진동수

고유 진동수(Natural Frequency) ω_n 은 물체가 자유롭게 진동할 때 가지는 고유의 주파수를 의미하는데, 시스템의 물리적 특성에 의해 결정되며 양의 값을 가진다.

감쇠비(댐핑비)

댐핑(Damping)이란 불필요한 진동, 충격을 흡수하는 힘이라 정의되고, 마찰, 제동, 저항 등의 예가 있다.
댐핑비(Damping Ratio) 또는 감쇠비 ζ(제타)는 시스템이 진동, 충격을 흡수하는 기준 비율을 의미하는 것으로, 감쇠비 ζ 가 1 인 시스템을 임계댐핑 시스템이라 하여 진동이 없는 시스템의 경계이다.
감쇠비 ζ 가 1 보다 작으면 댐핑이 작아 진동이 일어나며, 1 보다 크면 유효 신호도 감쇠 되어 진동도 없지만 응답도 느려진다.
이렇게 감쇠비 ζ 에 의하여 시스템의 특성치를 나누게 되는 기준이 되므로, 감쇠비를 주의 깊게 봐야 한다.

이 장에서는 시간 영역과 주파수 영역에서의 감쇠비 ζ 에 의한 시스템의 구분과 그 특성에 대해 살펴보도록 한다.

7.2.1. 2 차 표준 시스템 특성

2 차 표준 시스템은 아래와 같은 특성들을 가진다.

가. 시간 영역에서의 감쇠비 ζ 에 따른 시스템 구분

2 차 표준 전달함수의 극점은 근의 공식에 의하여 아래와 같다.

$$s_1, s_2 = \frac{-2\zeta\omega_n \pm \sqrt{(2\zeta\omega_n)^2 - 4\omega_n}}{2} = -\zeta\omega_n \pm \omega_n\sqrt{\zeta^2 - 1}$$

시간 영역에서 근의 루트 안의 조건은 감쇠비 ζ 에 따라 극점이 실근, 중근, 허근으로 나뉘게
되고, 이는 시간 함수로 변환했을 때 각각 다른 응답 특성을 가진다.

특히, 극점에 주파수를 의미하는 허수가 있는지 없는지에 따라 링잉이 있는 시스템인가 아닌
가가 구분된다. 이는 전달함수의 극점/영점 편에서 살펴본 바 있다.

이 조건을 가지고 시간 영역에서 시스템은 과제동(Over damped), 임계제동(Critical
damped), 부족제동(Under damped) 시스템으로 나누어지게 된다.

아래는 감쇠비 ζ 에 따른 계단 응답의 그래프이다.

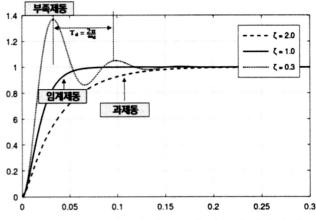

Figure I-119 감쇠비에 따른 2 차 시스템 계단 응답

위 계단 응답에서 보듯이 감쇠비 ζ 가 작아질수록 오버슈트(Overshoot)와 진동(Ringing)의 크기가 커짐을 볼 수 있다. 하지만, 상승 시간 즉 응답은 빨라진다.

> ## 과제동(Over damped) 시스템

> ### 감쇠비 ζ > 1

과제동 시스템은 감쇠비 ζ(제타) > 1 인 경우를 말하는 것으로 극점 s_1, s_2 는 모두 실근이 되어 s = σ + jω 에서 주파수를 의미하는 허수가 없어 감쇠항만 남아 링잉(진동)이 없다.

이를 확인하기 위하여 2 차 표준 시스템의 계단 응답 시간 함수를 보면 조건은 감쇠비 ζ > 1 일 때 아래와 같다.

$$y(t) \;=\; 1 - Ke^{-(\zeta\omega_n - \omega_n\sqrt{\zeta^2-1})t} - (1-K)e^{-(\zeta\omega_n + \omega_n\sqrt{\zeta^2-1})t}$$

여기서 $K = \dfrac{\zeta}{\sqrt{\zeta^2-1}}$ 이며, 계단 응답 $y(t) \approx 1 - Ke^{-(\zeta\omega_n - \omega_n\sqrt{\zeta^2-1})t}$ 로 근사하기도 한다.

이와 같이 출력 응답 수식에 주파수 성분이 없이 지수 감쇠만 나타나므로, 특성은 1 차 시스템과 비슷하고, 링잉이 없다.

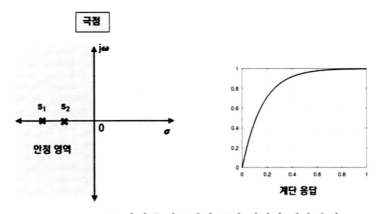

Figure I-120 과제동 시스템의 극점 위치와 계단 응답

이 과제동 시스템은 감쇠비 ζ > 1 이므로, $\omega_n\zeta > \omega_n\sqrt{\zeta^2 - 1}$ 의 조건을 만족하며, 극점 s_1, s_2 는 음의 실수가 되어 좌반면(LHP)에 있는 항시 안정된 시스템이지만, 응답이 느리다는 단점이 있다.

임계제동(Critical damped) 시스템

감쇠비 ζ = 1

임계제동 시스템은 감쇠비 ζ(제타) = 1 인 시스템을 말하는 것으로 극점 s_1, s_2 는 실수 중근이 되어 마찬가지로 $s = \sigma + j\omega$ 에서 주파수를 의미하는 허수가 없이 감쇠항만 남아 링잉(진동)이 없다.

ζ 가 1 보다 조금이라도 작아지면, 허수가 생성되어 링잉이 발생되므로, ζ = 1 이 임계 조건이 되며, 이 조건의 시스템을 임계 시스템이라 한다.

이를 확인하기 위하여 2 차 표준 시스템의 계단 응답 시간 함수를 보면 조건은 감쇠비 ζ = 1 일 때 아래와 같다.

$$y(t) = 1 - e^{-\omega_n t}(1 + \omega_n t)$$

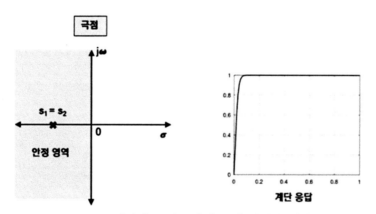

Figure I-121 임계제동 시스템의 극점 위치와 계단 응답

과제동 시스템과 마찬가지로, 임계제동 시스템은 극점이 모두 음의 실수가 되므로 항시 안정된 시스템이다.

또한, 위 계단 응답에서 보이듯이 링잉이 없는 경계 지점으로 응답 속도 또한 과제동 시스템보다 빨라 시스템 설계에서는 감쇠비 ζ = 1 을 목표로 하는 경우가 많다.

부족제동(Under damped) 시스템

감쇠비 $\zeta < 1$

부족제동 시스템은 감쇠비 ζ(제타) < 1 인 시스템을 말하는 것으로 극점 s_1, s_2 는 아래와 같이 허수가 존재하여 응답에 주파수 성분이 들어가게 된다.

$$s_1, s_2 = -\zeta\omega_n \pm j\omega_n\sqrt{1 - \zeta^2} = -\sigma \pm j\omega_d$$

아래 그림처럼 극점은 켤레 복소수가 되고, 이 극점의 위치를 보면 진동하는 주파수와 감쇠비를 손쉽게 알 수 있다.

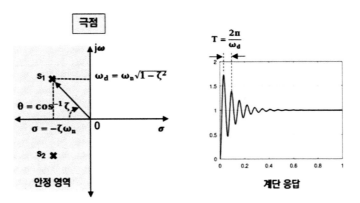

Figure I-122 부족제동 시스템의 극점 위치와 계단 응답

이를 확인하기 위하여 2 차 표준 시스템의 계단 응답 시간 함수를 보면 조건은 감쇠비 $\zeta < 1$ 일 때 아래와 같다.

$$y(t) = 1 - \frac{e^{-\omega_n\zeta t}}{\sqrt{1 - \zeta^2}}\sin(\omega_d t + \phi) : \phi = \tan^{-1}(\frac{\sqrt{1 - \zeta^2}}{\zeta})$$

위 수식에서 보듯이 신호는 sin 항이 영향을 주어 $\omega_d = \omega_n\sqrt{1 - \zeta^2}$ 의 주파수로 진동 (Ringing)을 하며 감쇠를 하게 됨을 알 수 있다.

ω_d 는 시스템의 댐핑에 의한 감쇠로 나타나는 공진 주파수를 의미하는데, 시간 영역의 계단 응답에서 링잉은 $\frac{2\pi}{\omega_d}$ 초 주기로 진동하게 된다. 이 ω_d 주파수를 감쇠 공진 주파수 (Damped Resonant Frequency)라 한다.

☞ 부족제동 시스템의 시간 응답 관련 수식

아래 부족제동 시스템에서 시간 응답과 고유 주파수 ω_n, 감쇠비 ζ 와 관련된 수식을 소개한다.

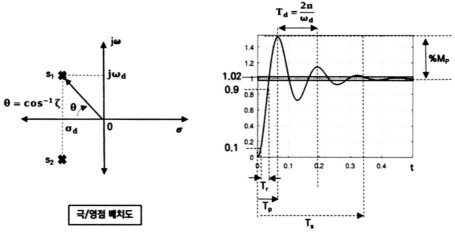

Figure I-123 부족제동 시스템의 극/영점과 계단 응답

항목	수식
감쇠 공진 주파수 (Damped Resonant Frequency) (진동 주파수)	$\omega_d = \omega_n\sqrt{1-\zeta^2}$
피크(Peak) 도달 시간	$T_p \approx \dfrac{\pi}{\omega_d}$
상승 시간 (Rising Time)	$T_r = \dfrac{2.16\zeta + 0.6}{\omega_d}$
정착 시간 (Settling Time) (2%)	$T_s \approx \dfrac{4.0}{\zeta\omega_n}$
퍼센트 오버슈트 (Percent Overshoot)	$\%M_p(\%) = e^{-\frac{\pi\zeta}{\sqrt{1-\zeta^2}}} \times 100$

감쇠비 ζ 가 감소하면 상승 시간은 짧아지지만, 오버슈트와 링잉이 커지며 정착 시간이 길어진다는 것을 알 수 있다.

위 수식들은 이후 필터 설계와 제어기 설계를 할 때, 시간 영역 해석에서 사용하게 될 것이다.

나. 주파수 영역에서의 감쇠비 ζ 에 따른 구분

시간 영역에서는 감쇠비 ζ(제타)에 따라 극점을 실근, 중근, 허근으로 구분하여 과제동(Over damped), 임계제동(Critical damped), 부족제동(Under damped) 시스템으로 구분하였다.

> 공진점의 형성 여부

> 감쇠비 ζ < 0.707

주파수 영역에서는 공진점의 형성 여부로 구분하며, 감쇠비 ζ ≥ 0.707 조건이면 공진점 형성이 없고, 감쇠비 ζ < 0.707 조건이면 공진점이 형성된다.

이 공진점의 영향에 대해서는 앞서 구형파로 살펴보았듯이, 공진 주파수에서의 이득(Gain)의 갑작스러운 변화로 인해 진동(Ringing)을 일으킬 수 있는 요소임을 알고 있다. 즉, 공진점의 형성이 없다는 의미는 링잉이 없다는 의미가 된다.

앞서 시간 영역에서의 시스템 구분에서 감쇠비 ζ 가 1.0 인 임계영역을 사용함으로써 오버슈트 및 링잉이 없는 시스템을 설계할수도 있지만, 오버슈트는 약간 있을 수 있지만 링잉이 없는 조건으로 조금 더 빠른 응답 속도를 원할 경우 감쇠비 ζ ≥ 0.707 조건을 목표로 설계한다.

아래는 감쇠비 ζ 와 공진점, 오버슈트의 관계로 감쇠비 ζ 가 작아질수록 공진점의 크기는 커지며, 이에 따라 오버슈트와 진동은 심해진다.

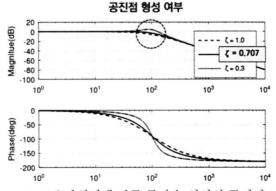

Figure I-124 감쇠비에 따른 주파수 영역의 공진점 크기

위의 그림에서 ζ = 0.707 의 주파수 영역 보드선도에서는 공진점의 형성이 없고, 아래 계단 응답에서 볼 수 있듯이 시간 영역에서는 약간의 오버슈트는 있지만 링잉이 없이 상승 시간은 충분히 빠름을 알 수 있다.

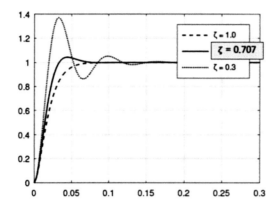

Figure I-125 감쇠비에 따른 시간 영역의 계단 응답

☞ 부족제동 시스템의 주파수 응답 관련 수식

아래 ζ ≤ 0.707 에서 주파수 응답에 대한 고유 주파수 ω_n, 감쇠비 ζ 와 관련된 수식을 소개한다. 감쇠비 ζ 가 감소하면, 공진점의 Peak 크기가 커지고, 위상 여유가 줄어들게 되어 오버슈트 및 링잉이 커지게 된다.

위상 여유(마진)는 시스템의 안정성에 관련된 것으로 다음 장에서 살펴보게 된다.

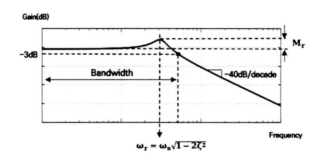

항목	수식
공진점 크기 (Resonant Peak)	$M_r = \dfrac{1}{2\zeta\sqrt{1-\zeta^2}}$
공진 주파수 (Resonant Frequency)	$\omega_r = \omega_n\sqrt{1-2\zeta^2}$
대역폭 (Bandwidth)	$\omega_b = \omega_n\sqrt{1-2\zeta^2+\sqrt{(1-2\zeta^2)^2+1}}$
위상 여유 (Phase Margin)	$PM = \tan^{-1}\dfrac{2\zeta}{\sqrt{-2\zeta^2+\sqrt{4\zeta^4+1}}}$

위 수식들은 이후 필터 설계와 제어기 설계를 할 때, 주파수 영역 해석에서 사용하게 될 것이다.

☞ 부족제동 시스템의 공진 주파수

앞에서 살펴본 부족제동 시스템에서의 각 공진 주파수들은 계단 응답과 보드선도에서 아래와 같다.

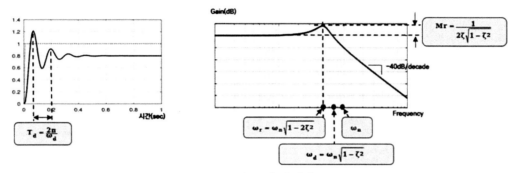

Figure I-126 공진 주파수

ω_n 은 시스템의 고유 진동 주파수(Natural Resonant Frequency)이다.

ω_d 는 감쇠 공진 주파수(Damped Resonant Frequency)로 시스템의 댐핑에 의한 감쇠로 나타나는 공진 주파수이며, 시간 영역에서 계단 응답의 링잉 주기로 나타난다.

ω_r 은 공진 주파수(Resonant Frequency)로 보드선도에서 이득이 가장 큰 점으로 나타나며, 이 점을 공진점이라 한다.

이 공진 주파수들은 시스템 해석에서 중요한 역할을 하게 되는데, 제어기 설계 편에서 이들의 사용에 대해 살펴보게 될 것이다.

7.2.2. 스프링-댐퍼 기계 시스템 모델링

2 차 시스템 전달함수에서 많이 나오는 예는 전기/전자 시스템에서는 RLC 회로, 기계 시스템에서는 스프링-댐퍼 시스템이다. 실제로 다양한 분야의 기계 시스템에 사용되는 스프링-댐퍼 시스템에 대한 모델링의 이해는 시스템을 분석하고 제어 시스템을 개발하는데 도움이 된다.

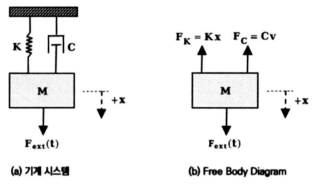

Figure I-127 스프링 댐퍼 시스템

$F_{ext}(t)$는 외부에서 작용하는 힘(N, 뉴튼)이고, M 은 물체의 질량(Kg), x 는 변위(m)이다.

고무줄을 당겼다 놓으면 원래의 모양으로 돌아오는데, 이처럼 물체가 힘을 받아 변형될 때 본래의 모양으로 되돌아가려는 성질을 탄성(Elasticity)이라 한다.
스프링의 경우 힘 F 로 힘을 주었을 때, 탄성력으로 인해 되돌아 가기 위한 힘 F_K 가 반대 방향으로 $F_K = Kx$로 발생하는데, 이 수식을 후크(Hooke)의 법칙이라 한다. K 는 스프링의 탄성 계수(N/m)이고, x(m)는 스프링의 변형된 길이이다.

댐핑(Damping)은 진동이나 파동을 억제하거나 감쇠하는 힘을 의미하며, 댐핑 장치나 물리적 구조에 의해 생성된다. C 는 댐핑 계수(Ns/m)이며, 댐퍼에 의해 걸리는 힘은 속도 v(m/s)와 함께 $F_C(N) = Cv = C\dot{x}$가 된다.
이렇게 진동을 억제하기 위한 댐핑 장치에는 점성 댐퍼, 탄성 댐퍼, 마찰 댐퍼 등이 있는데, 점성 댐퍼의 대표적인 예로 흔히 알고 있는 고점도의 구리스가 있다. 구리스(Grease)는 기계 부품의 마찰을 감소시켜 기계적 마모와 열 발생을 방지하는 용도 이외에도 높은 점성을 가진 기유를 사용하여 댐핑의 역할을 하기도 한다.

가. 기계 시스템 모델링

위의 시스템을 모델링하여 입력 $F_{ext}(t)$와 물체의 변위 x 에 대해 뉴튼의 운동 방정식 $\sum F = Ma$를 이용하여 전달함수를 구해 보기로 한다.

ㄱ. 변위 x(0)에서의 초기 평형 상태

평형 상태의 초기 위치 x(0)에서는 외부 힘과 속도가 없으므로, 아래와 같이 무게 힘과 스프링이 당기는 힘이 같다.

$$Mg - Kx(0) = 0 \ \rightarrow Mg = Kx(0)$$

여기에서 g 는 중력 가속도 $9.8m^2/s$ 를 의미한다.

ㄴ. 운동 방정식

변위 x 에 따른 스프링의 힘 F_K 는 아래와 같다.

$$F_K(N) = \ K(x(t) + x(0))$$

속도에 따른 댐퍼의 힘은 아래와 같다.

$$F_C(t) = \ C\dot{x}(t)$$

따라서, 뉴튼의 운동 방정식에 의해 아래와 같이 정리된다.

$$-\big(K(x(t) + x(0)) + C\dot{x}(t)\big) + Mg + F_{ext}(t) = M\ddot{x}(t)$$

여기에서 초기 조건에 의해 Mg = Kx(0)이므로, 아래와 같이 정리될 수 있다.

$$\therefore F_{ext}(t) = M\ddot{x}(t) + C\dot{x}(t) + Kx(t)$$

이에 대해 전달함수로 표현하기 위하여 라플라스 변환해보자. 우선 미분항들에 대한 라플라스 변환은 아래와 같다.

$$L\big(\ddot{x}(t)\big) = s^2X(s) - sx(0) - \dot{x}(0)$$
$$L\big(\dot{x}(t)\big) = sX(s) - x(0)$$

여기에서 초기 조건 $x(0) = 0, \dot{x}(0) = 0$으로 두면, 아래와 같은 전달함수로 정리될 수 있다.

$$\therefore H(s) = \frac{X(s)}{F_{ext}(s)} = \frac{1}{Ms^2 + Cs + K}$$

나. 시스템의 해석

여기에서 구해진 전달함수를 앞 장에서 본 2 차 표준 시스템의 전달함수와 비교하면, 아래와 같이 구해질 수 있다.

$$\text{DC Gain} = \frac{1}{K}$$

$$\text{Damping Ratio } \zeta = \frac{C}{2\sqrt{KM}}$$

$$\text{Natural Resonant Freqeuncy } \omega_n = \sqrt{\frac{K}{M}}$$

이런 관계들을 통해, 앞에서 본 이론 수식들과 내용들로 시스템을 해석하고, 목표하는 성능의 시스템을 설계할 수 있다.

예를 들어, 힘 F_{ext} 를 부하 M 의 위치 제어를 위한 제어기의 출력으로 가정하고, 각 요소들의 증가에 따른 영향을 위 수식과 함께 살펴보자.

시스템의 관성 요소로 가속도에 대한 저항을 의미하는 질량 M 의 증가는 고유 진동 주파수 ω_n 이 감소되고, 감쇠비 ζ 가 감소하게 한다. 따라서, ω_n 이 감소하여 대역폭이 낮아지면 응답이 느려지고, ζ 가 감소하여 느린 진동(링잉)이 발생될 수 있다. 이는 물리적으로는 관성이 커졌기 때문이다. 특히, 폐루프 시스템에서 이런 큰 질량 부하의 느린 응답을 개선하고자 제어기의 이득을 증가시킨다면, 전력 소비가 증가할 뿐 아니라, 안정성이 저하되어 큰 오버슈트 및 발진을 발생시킬 수 있다.

스프링의 강성을 의미하는 스프링 상수 K 의 증가는 ω_n 이 증가되고, 감쇠비 ζ 가 감소하게 한다. 따라서, ω_n 이 증가하여 응답 속도가 빨라지지만, 폐루프 시스템에서의 과도한 스프링 상수는 안정성을 저하시키고, 빠른 링잉을 발생시킬 수 있다. 또한, 스프링 상수 K 가 증가할수록 해당 위치로 이동하고 유지하기 위한 더 큰 힘이 필요하므로, 전력 소비가 증가한다.

시스템의 속도에 비례하는 감쇠력을 생성하는 댐핑 계수 C 의 증가는 감쇠비 ζ 가 증가하여 안정성이 향상되어 오버슈트 및 링잉은 감소하지만, 입력 및 외란에 대한 응답이 느려지게 된다.

7.3. 시스템 차수의 간소화

 앞서 연속 시간 라플라스 1 차 전달함수와 2 차 전달함수의 표준 형식과 그에 대한 증명된 수식들을 살펴보았으며, 이로써 시스템 해석을 편리하게 할 수 있는 도구를 얻었다.
 하지만, 실제 시스템을 모델링하여 라플라스 전달함수를 구해보면, 2 차 이상의 높은 차수의 고차 시스템이 되는 경우가 많아 해석을 어렵게 한다.
 이런 경우 라플라스 전달함수의 차수를 근사적으로 간소화(Reduction)하여, 앞서 살펴본 1 차, 2 차 표준 형식으로 만들면 시스템을 손쉽게 해석할 수 있다.

 이 장에서는 우세 극점과 극/영점 상쇄를 통한 시스템 차수의 간소화 방법에 대해 살펴보도록 한다.

7.3.1. 우세 극점에 의한 간소화

 높은 차수의 고차 시스템에서 모든 극점들이 같은 영향력을 가진 것은 아니다. 특히, 과도 응답과 같은 시스템 응답을 강하게 주도하여 큰 영향력을 미치는 극점들이 있는데, 이 극점들을 우세 극점(Dominant Pole)이라 하며, 나머지 중요치 않은 극점들은 제거해도 시스템의 과도 응답에 큰 영향을 미치지 않는다.

 아래 그림과 같이 우세 극점들은 일반적으로 허수축에 가까이 붙어 있는 영역에 존재하고, 반대로 시스템 응답에 크게 영향을 미치지 못하는 중요치 않은 극점들은 허수축에서 멀리 떨어진 곳에 있다.

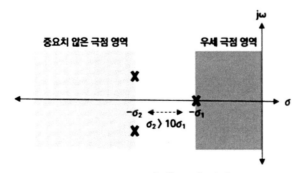

Figure I-128 우세 극점 영역

 경험 규칙에 의하면 극점의 실수부 σ 의 크기가 작은 극점이 그 다음 작은 극점에 비해 5 ~ 10 배 이하면 우세 극점으로 간주한다. 즉, σ_1 이 우세 극점일 때 $10 \times \sigma_1 < \sigma_2$ 라면 σ_2 는 중요치 않은 극점으로 간주한다.
 이런 우세 극점(Dominant Pole)은 시스템의 전체 동작을 지배하는 중요한 극점으로, 안정 성과 시스템의 응답 특성을 결정하는 데 주요 역할을 하므로, 우세 극점만으로 추려내어 시스 템을 간소화할 수 있다.

 이런 의미로 몇 가지 예를 들어보도록 한다.

> **우세 극점에 의한 1 차 시스템으로의 간소화 예**

 아래와 같은 3 개의 극점을 가지는 3 차 전달함수를 보자.

$$H(s) = \frac{200}{(s+1)(s+10)(s+20)}$$

 이 전달함수의 극점은 -1, -10, -20 이다.

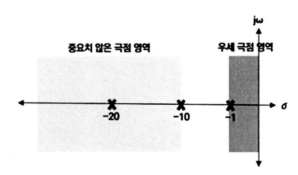

Figure I-129 우세 극점 판단

 우선 제일 작은 극점의 크기인 -1 에서 그 다음 극점 -10 는 10 배가 되므로 -1 만 우세 극 점이고 나머지는 중요치 않은 극점으로 판단할 수 있어 제거 가능하므로, 아래와 같이 1 차 시스템으로 근사 가능한다.
 이렇게 간소화할 때 DC 이득은 유지토록 해주어야 하는데, 위의 3 차 전달함수에 s = 0 을 대입하면 DC 이득이 1 인 시스템이므로, 아래와 같이 간소화할 수 있다.

$$H(s) = \frac{200}{(s+1)(s+10)(s+20)} \approx \frac{1}{s+1}$$

아래는 근사한 1 차 시스템에 대한 계단 응답이다.

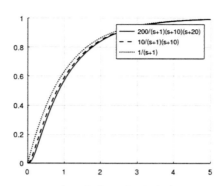

Figure I-130 간소화된 1 차 전달함수의 계단 응답

위의 계단 응답 그림을 보면 1 차로 근사한 전달함수가 3 차 시스템 응답과 거의 근사한 응답을 보이고 있음을 볼 수 있고 이렇게 간단하게 시스템을 해석할 수 있다.

물론, 2 차 시스템으로 간소화하는 것이 더 근사하기는 하지만, 해석은 1 차 근사가 더 쉽기 때문에 1 차로 근사하는 방식도 많이 사용된다.

우세 극점에 의한 2 차 시스템으로의 간소화 예

앞의 예와 극점이 1 개 다른 아래와 같이 3 개의 극점을 가지는 전달함수를 보자.

$$H(s) = \frac{40}{(s+1)(s+2)(s+20)}$$

이 전달함수의 극점은 -1, -2, -20 이다.

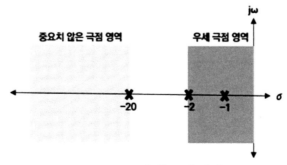

Figure I-131 우세 극점 판단

우선 제일 작은 극점의 크기인 -1 에서 그 다음 극점 -2 는 10 배가 안되므로 우세 극점 영역이다. 반면, 그 다음 극점 -2 와 -20 의 경우 10 배가 넘으므로 -20 은 중요치 않은 극점으로 판단할 수 있어 제거 가능하다.

이렇게 간소화할 때 DC 이득은 유지토록 해주어야 하므로 s = 0 으로 둘 때 같은 값을 가질 수 있도록 아래와 같이 2 차 시스템으로 근사 가능하다.

$$H(s) = \frac{40}{(s+1)(s+2)(s+20)} \approx \frac{2}{(s+1)(s+2)}$$

각 전달함수에 대한 계단 응답은 아래와 같다.

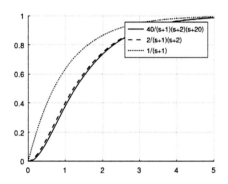

Figure I-132 간소화된 2 차 전달함수의 계단 응답

위의 그림을 보면 근사된 1 차 시스템의 경우 응답이 많이 차이가 나고 있는 반면, 우세 극점으로 근사한 2 차 시스템의 응답이 3 차 시스템의 응답과 거의 비슷한 응답을 보이고 있음을 볼 수 있다.

7.3.2. 극/영점 상쇄에 의한 간소화

극/영점 상쇄(Pole-Zero Cancellation)는 극점과 영점이 아주 가까이 있다면, 전달함수의
분자와 분모가 상쇄되어 전달함수가 간소화되는 효과를 말한다.

아래의 전달함수 예를 보자.

$$H(s) = \frac{s + 9.9}{(s + 1)(s + 10)}$$

영점인 (s + 9.9)와 극점인 (s + 10)은 서로 근사하므로, 분모와 분자를 서로 나누어 제거
가능하여, 아래와 같이 1 차 시스템으로 간소화된다.

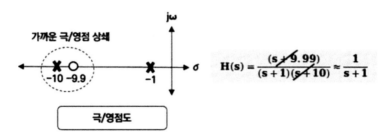

Figure I-133 극/영점 상쇄

계단 응답은 아래와 같이 근사하게 출력됨을 볼 수 있다.

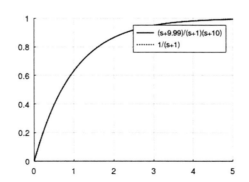

Figure I-134 극/영점 상쇄된 1 차 시스템의 계단 응답

극/영점 상쇄는 이렇게 시스템을 간소화하는 목적 이외에도, 플랜트의 영점 또는 극점 근처
에 영점/극점을 가지는 필터/제어기를 설계하여 극/영점 상쇄를 목표로 하기도 한다. 특히,
이런 극/영점 상쇄는 플랜트의 극점이 허수축에 아주 가까이 붙어있어 진동을 일으킬 때, 극

점을 상쇄시키는 필터 또는 제어기의 추가로 이 허수 극점을 상쇄시켜 진동을 없애는데 효과적이다.

이런 극/영점 상쇄를 이용한 제어기의 설계는 이후 PID 제어기의 튜닝 방식 편에서 살펴보도록 할 것이다.

이 밖에도 이득 조정 또는 특정 위치에 영점/극점을 배치시킴으로써 폐루프 시스템의 극점을 원하는 위치로 이동시켜 목표하는 응답을 가지도록 설계하기도 하는데, 이런 기법을 극배치법이라 한다.

8. 시스템의 안정성

시스템 설계와 구현에서 가장 중요한 요소는 성능(Performance)과 안정성(Stability)이다.

성능은 앞서 시간 영역의 응답 특성에서 보았던 얼마나 응답이 빠른 가를 나타내는 상승 시간(Rising Time), 얼마나 빨리 안정화되는가를 나타내는 안정화 시간(정착 시간, Settling Time), 정상상태에서의 목표와 오차를 나타내는 정상상태 오차(Steady State Error), 시스템이 얼마나 선형(Linearity)한지 등의 항목들을 성능의 기준으로 삼는다.

반면, 안정성(Stability)은 노후화 또는 사용환경의 변화에 의한 시스템의 특성 변화 또는 외란에도 시스템이 발진/발산하지 않고 수렴하는 강인(Robust)하고 안정된(Stable) 시스템인가를 의미한다.

이들에 대한 규격 항목들은 제어기 설계의 요구사항 편에서 다시 다루도록 할 것이다.

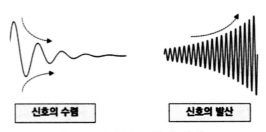

신호의 수렴   신호의 발산

Figure I-135 수렴과 발산

안정된 시스템의 조건은 BIBO(Bounded Input Bounded Output), 즉 제한된 입력을 주었을 때 항상 제한된 출력이 나오는 조건을 만족해야 한다.

만약, 시스템이 제한된 입력에 대하여 출력의 크기가 계속 커지는 발산을 하는 경우라면 불안정한 시스템(Unstable System)이라 하며, 시스템이 망가지거나, 안전사고 등의 문제를 발생시킬 수 있다.

안정성과 성능은 상충 관계(Trade-Off 관계), 즉 한 쪽이 좋아지면 다른 한 쪽이 나빠지는 관계이기 때문에 최선의 타협점을 찾아 최적의 성능과 안정성을 가지는 시스템으로 설계해야 한다.

8.1. 시스템 안정성 판단

이번 장에서는 연속 시간 영역에서의 안정성 확인 방법과 주파수 영역에서의 안정성 확인 방법, 마지막으로 2 차 시스템에서 시간 영역의 계단 응답과 주파수 영역에서의 안정성의 관계에 대해서 살펴보도록 한다.

8.1.1. 시간 영역에서의 안정성

LTI 인과 시스템에서 연속 시간 라플라스 전달함수의 모든 극점(Pole)이 음의 실수 영역, 즉 복소 평면의 좌반면(LHP, Left Half Plane)에 있어야 시스템이 안정하다는 것을 보았었고, 이산 시간의 Z 전달함수에서는 극점이 없이 유한하거나 단위원 안에 있어야 안정하다는 것을 보았었다. 이것을 시간 영역에서 확인할 수 있는 절대적 안정성이라 한다.

여기에서는 연속 시간 영역의 라플라스 전달함수에 대해 시간 영역에서 극점의 위치을 통해 안정성을 확인하는 방법을 살펴보도록 한다.

연속 시간 영역에서 라플라스 전달함수의 극점 위치를 통해 안정성을 확인하는 방법은 정확히 모델링된 전달함수가 필요하며, Routh-Huwitz 안정도 판별법과 근궤적 방법을 이용할 수 있다.
Routh-Huwitz 안정도 판별법은 개루프 또는 폐루프 전달함수의 특성 방정식을 풀지 않고도, 근의 위치가 좌반면(LHP)에 존재하는지 확인할 수 있는 방법인데, MATLAB/OCTAVE 해석 도구를 이용하면 극점을 쉽게 구할 수 있기 때문에 다루지 않는다.

가. 근궤적 방법(루트 로커스, Root-Locus)

시스템 변수(이득)가 바뀌면 이에 따라 시스템의 극점 위치도 변하기 때문에, 변수(이득)가 어느 정도까지 변해도 시스템이 안정한가를 확인해야 한다.

근궤적 방법(루트-로커스, Root-Locus)은 시스템 변수의 값을 바꾸어 가면서 폐루프 시스템의 극점 위치 변화를 그래프로 그리는 방법으로, 시스템의 변동에도 극점이 좌반면(LHP)에 있는지 확인할 수 있는 방법이다.

이 근궤적 방법은 폐루프(Closed Loop) 시스템의 루프 전달함수의 영점과 극점에 대한 정보를 바탕으로 시스템 변수 K 가 변함에 따른 폐루프 전달함수의 극점의 위치를 S-Plane 상에 그려 시스템 변수 K 가 얼마까지 커져도, 극점이 좌반면에 있어 안정성을 유지할 수 있는지를 확인할 수 있다.

손으로 직접 그리는 근궤적 작도법이 있지만, 여기에서는 MATLAB/OCTAVE 의 rlocus() 함수를 사용하기로 한다.

아래와 같은 2 종류의 폐루프(Closed Loop) 전달함수를 보자

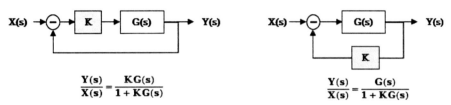

Figure I-136 이득 K 를 가지는 폐루프 시스템

근궤적 방법에서는 전달함수의 특성 방정식인 분모를 사용한다.

$$1 + KG(s)$$

MATLAB/OCTAVE 의 rlocus() 함수의 인자는 폐루프 전달함수의 분모인 특성 방정식을 위와 같은 변수 K 를 가지는 1 + KG(s)와 같은 형태로 방정식을 정리한 후 G(s)에 해당하는 함수를 주면 된다.

MATLAB/OCTAVE 를 이용한 근궤적 예

아래와 같은 블록 다이어그램에서 이득 K 의 변화에 따른 폐루프(Closed Loop)의 극점의 궤적을 그려보도록 하자.

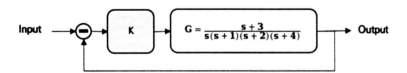

아래는 OCTAVE 의 마우스로 값들을 볼 수 있는 rlocusx() 함수를 사용하여 위 블록 다 이어그램의 근궤적을 그려보았다.

MATLAB/OCTAVE

```
pkg load control        % control 패키지 로드 : for OCTAVE only
% 전달 함수 생성
num = [1 3];
den = conv(conv([1 0], [1 1]), conv([1 2], [1 4]));
G = tf(num, den)
% 루트 로커스 플롯 생성
figure;
rlocusx(G);
```

위의 코드를 실행하면 아래와 같은 근궤적 그래프를 볼 수 있다.

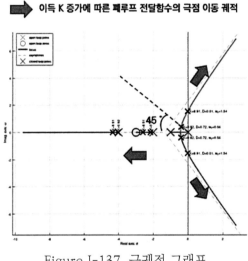

Figure I-137 근궤적 그래프

위 그림의 결과와 같이 이득 K 가 증가함에 따라, 폐루프(Closed Loop) 전달함수의 극점 이 우반면으로 이동하게 되며 불안정하게 되므로, 상승 속도 등의 성능 상의 이유로 이득 K 를 증가시키고 싶은 경우 이를 고려해야 한다.

위 그림에서 이득 K 가 약 9.8 보다 커지면 폐루프(Closed Loop) 전달함수의 극점이 우 반면으로 이동하게 되므로, 9.8 이하의 이득을 선정해야 한다는 것을 알 수 있다.

이런 방식으로 극점이 좌반면에 있는 조건의 이득 K 를 선택하여 안정된 시스템을 설계할 수 있다.

☞ 근궤적을 통한 이득의 결정

2 차 부족 제동 시스템에서 보았던 것처럼 근궤적 상 극점 위치의 각도는 감쇠비 ζ 와 θ = cos⁻¹(ζ) 관계가 있어, 극점의 위치를 보고 과도 응답을 예상할 수 있으며, 특히 이득 K 를 결정할 때 원하는 감쇠비 ζ 에 해당하는 각도의 직선과 만나는 이득을 선정할 수도 있다.

만일, 감쇠비 ζ = 0.707 의 설계를 하고 싶다면 45°이므로, 근궤적도의 안정된 좌반면 영역에서 y = -x 직선과 만나는 극점의 이득을 선택하면 된다.

위 예의 전달함수는 우세 극점에 의해 2 차 시스템으로 근사할 수 있으며, ζ = 0.707 인 45°와 만나는 지점의 이득 K 는 약 0.92 정도이고, 이를 이득으로 둔다면 아래와 같이 링잉이 없는 계단 응답을 얻을 수 있다. 반면, 불안정 지점에 가까운 K = 8.91 의 경우 과도한 링잉이 발생하고 있음을 볼 수 있다.

MATLAB/OCTAVE

```
K = 0.92
step((K*G)/(1+(K*G)))
```

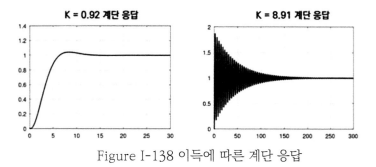

Figure I-138 이득에 따른 계단 응답

이런 근궤적의 사용에 대해서는 PID 제어기의 튜닝 편에서 다시 살펴볼 것이다.

여기에서 이득 K 로 예를 들었지만, 정확히 모델링된 전달함수에서 근궤적의 사용으로 시스템의 특성 변화 예를 들면, 기계 시스템의 스프링 탄성 계수를 선정할 때 원하는 응답 특성을 위한 감쇠비 ζ 범위를 정하고, 이 범위 안에 존재하는 탄성 계수의 범위를 결정할 수도 있고, 온도/시간 등 환경 변화에 의해 탄성이 얼마까지 변해도 안정한가 등을 확인하는 등 중요한 역할을 할 수 있다.

8.1.2. 주파수 영역에서의 안정성

앞에서 본 시간 영역에서 전달함수의 극점의 위치를 통한 안정성 확인은 정확히 모델링된 전달함수가 필요하다는 문제뿐 아니라, 시스템의 안정/불안정에 대한 결과는 알 수 있지만, 시스템이 얼마나 안정한 지에 대한 정량적 수치를 얻기는 어렵다.

하지만, 주파수 영역의 위상 여유(Phase Margin)와 이득 여유(Gain Margin)는 폐루프 (Closed Loop) 시스템이 얼마나 안정한가를 수치적으로 확인할 수 있으며, 이를 상대적 안정성이라 한다.

이런 주파수 영역의 위상 여유와 이득 여유는 주파수 응답 곡선인 나이퀴스트 선도 또는 보드선도를 통해 안정성을 판단할 수 있다. 이 중 앞서 계속 다루었던 익숙한 보드선도로 이득여유와 위상 여유를 통한 안정성 판단에 대해 이해를 해보도록 하며, 나이퀴스트 선도는 시스템의 감도와 안정성 편에서 간단히 살펴볼 것이다.

보드선도는 모델링을 통해 정확한 전달함수를 구한 후 확인할 수도 있지만, 실제 구현된 시스템에 정현파 입력 신호를 주고 나오는 출력 응답으로도 확인할 수도 있기 때문에, 활용성이 크다. 실제 제어 시스템에서는 양산 단계에서도 안정성 판단에 많이 사용되는 방식이다. 이렇게 시스템에 직접 입력을 주어 나오는 출력으로 보드선도를 그리는 방법은 제어기 설계 편에서 살펴보도록 한다.

이산 시간 주파수 응답에서의 안정성 판단도 동일하므로, 여기에서는 연속 시간 라플라스 전달함수를 예로 들어 살펴보도록 한다.

이 위상 여유와 이득 여유는 폐루프 시스템에서 자주 접하게 될 용어들 이므로 반드시 숙지해 놓아야 한다.

가. 루프 전달함수와 안정성

아래 폐루프(Closed Loop) 시스템의 전달함수를 보고 위상 여유와 이득 여유의 의미에 대해서 이해해 보도록 하자.

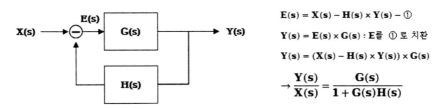

Figure I-139 피드백 시스템의 전달함수

위의 폐루프(Closed Loop) 전달함수에서 분모항인 1 + G(s)H(s)가 0 이 되어 이득이 무한대가 되면 출력 응답이 무한대가 되어 시스템이 불안정해질 것이다. 즉, 아래와 같은 조건이면 불안정한 상태이다.

$$1 + G(s)H(s) \; = \; 0$$

이것은 아래와 같이 표현 가능하다.

$$G(s)H(s) \; = \; -1$$

여기서 -1 이라는 실수점은 아래 그림과 같이 크기는 1 즉 0dB, 위상은 -180°인 지점 (0dB∠ − 180°)을 의미한다.

$$0dB\angle - 180°$$

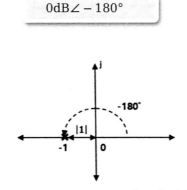

Figure I-140 (-1, 0j) 좌표의 의미

주파수 영역에서의 안정성 판단은 G(s)H(s)의 주파수 응답이 이 0dB∠ − 180° 지점에서 얼마나 떨어져 있는지 확인하는 것으로 얼마나 안정한 시스템인지 확인하는 상대적 안정성을 판별할 수 있다.

여기서 중요한 점은 폐루프(Closed Loop) 전달함수 $\frac{G(s)}{1+G(s)H(s)}$로 확인하는 것이 아닌 루프
전달함수 G(s)H(s)의 주파수 응답이 0dB∠ − 180° 에서 얼마나 떨어져 있는가, 즉 여유(마
진, Margin)가 얼마나 있는가를 확인한다는 것이다.

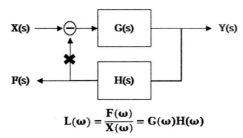

$$L(\omega) = \frac{F(\omega)}{X(\omega)} = G(\omega)H(\omega)$$

Figure I-141 루프 전달함수의 주파수 응답

이 G(s)H(s)를 루프 전달함수(Loop Transfer Function)라 하며, 위의 그림과 같이 폐루
프를 끊어 개방시킨 L(s) = $\frac{F(s)}{X(s)}$ 와 동일하다.

나. 위상 여유(Phase Margin)와 이득 여유(Gain Margin)

아래는 2 차 폐루프 시스템의 루프 전달함수에 대한 보드선도의 예로, 0dB, -180°의 조건이
시스템이 불안정해지는 지점임을 생각하면서, 위상 여유와 이득 여유의 의미에 대해서 살펴
보도록 한다.

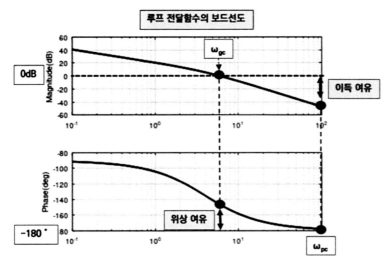

Figure I-142 이득 여유와 위상 여유

위상 여유 (Phase Margin, PM)

위상 여유(Phase Margin)는 루프 전달함수의 이득(Gain)이 0dB 인 주파수에서의 위상 지연(Phase Delay)이 -180° 지점에서 얼마나 떨어져 있는지에 대한 여유를 의미한다.

☞ 이득 교차 주파수 (Gain Crossover Frequency, ω_{gc})

루프 전달함수의 이득(Gain)이 0dB 를 통과하는 점을 이득 교차점이라 하며, 이 지점의 주파수를 이득 교차 주파수(Gain Crossover Frequency) ω_{gc} 라 한다.

이 이득 교차 주파수 ω_{gc} 는 일반적으로 폐루프(Closed Loop) 시스템이 처리할 수 있는 대역폭(Bandwidth, BW)과도 비례 상수 k 로 비례 관계가 있기 때문에 시스템 성능의 지표로도 사용된다.

$$BW \approx k\omega_{gc}$$

☞ 위상 여유 (Phase Margin, PM)

위상 여유는 위상 마진, Phase Margin 등의 용어로도 사용하며, 이득 교차 주파수 ω_{gc} 즉, 이득 0dB 에 해당하는 주파수에서의 위상 지연이 -180°에서 얼마나 떨어졌는가를 의미하는 것으로 아래와 같이 계산된다.

$$PM(°) \; = \; \varphi - (-180°)$$

위의 보드선도에서의 위상 여유는 PM = −145° − (−180°) = 35° 이다.

이득 여유 (Gain Margin, GM)

이득 여유(Gain Margin)는 루프 전달함수의 위상(Phase)이 -180°인 주파수에서의 이득 (Gain)이 0dB 에서 얼마나 떨어져 있는지에 대한 여유를 말한다.

☞ 위상 교차 주파수 (Phase Crossover Frequency, ω_{pc})

루프 전달함수의 위상(Phase)이 -180°를 통과하는 점을 위상 교차점이라 하며, 이 지점의 주파수를 위상 교차 주파수(Phase Crossover Frequency) ω_{pc} 라 한다.

☞ 이득 여유 (Gain Margin, GM)

이득 여유는 이득 마진, Gain Margin 등으로도 불리며, 위상 교차 주파수에서의 이득 (Gain)이 0dB 에서 떨어진 정도로 아래와 같이 계산된다.

$$GM(dB) = 0 - (G)$$

위의 보드선도에서의 이득 여유는 GM = 0 - (-40dB) = 40dB 이다.

다. 안정성(Stability)의 기준 규칙

시스템의 제조 공정 오차, 환경적 요인 또는 외부 요인으로 인해 시간이 지남에 따라 시스템의 특성이 변할 수 있음을 생각해 충분한 여유를 가진 위상 여유와 이득 여유를 가지는 시스템으로 설계를 해야 안정된 시스템을 유지할 수 있다.

> 시스템의 특성 변화와 안정성 변화

아래는 시스템의 이득 K 가 상수 10 배 증가했을 때의 루프 전달함수에 대한 보드선도다.

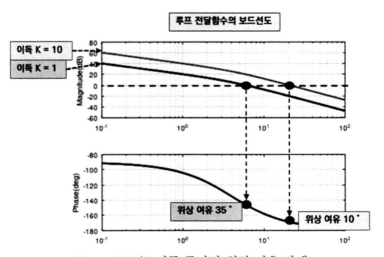

Figure I-143 이득 증가와 위상 여유 관계

보드선도 그리기에서 보았듯이 상수배이기 때문에 위상은 동일하고, 이득 그래프만 위쪽으로 이동했다. 그래프의 특성 변화를 보면 전체적인 이득이 증가되고, 그에 따라 이득 교차 주파수가 높아지게 된다.

이때 안정성에 관련된 위상 여유에 주목해 보면, 이득이 작은 K = 1 의 경우 35° 위상 여유에서 이득이 큰 K = 10 일때 위상 여유는 10°로 불안정한 지점으로 더 가까워졌음을 볼 수 있다. 시간 영역에서 극점의 절대적 안정성에서 보았듯이 이득이 커지면 안정성이 저하된다는 사실이 동일하다.

안정성을 위한 여유 규칙

이처럼 시스템의 이득 변동은 안정성에 영향을 주기 때문에, 충분한 위상 여유와 이득 여유를 가지게 설계하여 이런 시스템의 변화에 따른 시스템 이득 변동에도 안정성을 유지할 수 있게 해야 한다.

하지만, 안정성과 성능은 상충 관계로 안정성 여유를 너무 많이 주게 되면, 성능이 저하되는 문제가 있다. 즉, 위 보드선도에서와 같이 안정성을 높이기 위하여 시스템 이득 K 를 낮추면 이득 교차 주파수가 낮아지게 되는데, 이는 비례관계에 있는 대역폭의 감소를 의미한다. 이렇게 대역폭이 줄어들면 시스템의 반응이 느려지게 된다. 반대로 시스템 이득 K 를 높이면 대역폭은 커지지만 안정성이 줄어드는 것을 볼 수 있다.

이런 안정된 시스템을 만들기 위하여 위상 여유와 이득 여유를 얼마까지 두어 설계하면 될 것인가라는 기준을 만들어야 하는데, 각자의 시스템에 따라 다를 수 있지만, 보통은 아래와 같이 최소로 지켜져야 하는 위상 여유와 이득 여유를 사용한다.

$$PM > 30°, GM > 6dB$$

엔지니어들의 경험에 의한 경험규칙(Rule Of Thumb)에 의해 최소로 지켜야하는 위상 여유는 30° 이상, 이득 여유는 6dB 이상이다. 하지만, 실제 실무에서는 시스템의 이득과 위상이 함께 변하기 때문에 위상 여유 40° 이상, 이득 여유 12dB 이상을 많이 사용하고, 응답 속도 성능이 크게 중요하지 않은 시스템의 경우 위상 여유 60° 이상 또는 더 크게 사용하기도 한다.

주어진 안정성 여유로 설계했더라도, 실제 개발된 시스템이 안정한 지에 대한 수많은 테스트가 필요하고, 테스트 결과가 불안정하다면 그에 맞추어 제어기 재설계 및 안정된 기준을 자신의 시스템에 맞도록 수정해 나가야 한다.

8.1.3. 위상 여유와 계단 응답 특성의 관계

　보드선도는 정확한 전달함수를 모델링하여 전달함수로 그리는 방법과 이후 제어기 설계 편에서 다루게 될 실제 시스템에 신호를 인가하여 나오는 출력으로 주파수 응답을 구하는 방법이 있다.
　하지만, 이런 방법들로 시스템의 주파수 응답을 얻어 보드선도를 그리는 것이 어려울 때가 많다.

　이런 경우, 아래와 같이 시간 영역에서의 계단 응답에 대한 오버슈트와 링잉을 측정하여 분석함으로써, 감쇠비 ζ 와 위상 여유와의 관계, 감쇠비 ζ 와 오버슈트와의 연관관계를 통해 근사적인 방법으로 안정성을 추정하는 방법도 많이 사용된다.
　아래 수식들은 폐루프(Closed Loop) 시스템의 전달함수가 2 차 시스템이거나 2 차 이상의 시스템이라도 우세 극점에 의한 간소화 등의 방법을 사용하여 2 차 시스템으로 근사 가능할 때 사용할 수 있지만, 대부분의 시스템에서 안정성과 시간 영역 응답 관계의 전반적인 경향은 비슷하다.

　여기에서는 이런 위상 여유와의 관계를 통해 위상 여유가 부족할 때 나오는 시스템의 시간 영역 응답을 이해하도록 한다.
　이런 이해는 시스템의 시간 영역에서의 출력 응답을 보고 안정한 시스템인지 아닌지 어느정도 판단 가능하게 한다.

위상 여유(Phase Margin, PM) 와 감쇠비 ζ 와의 관계

　2 차 표준 시스템에서 본 것과 같이 폐루프(Closed Loop) 전달함수의 감쇠비 ζ 가 0.707 이하에서 위상 여유 $PM = \tan^{-1} \dfrac{2\zeta}{\sqrt{-2\zeta^2 + \sqrt{4\zeta^4 + 1}}}$ 의 관계를 가진다.

　이 수식으로 PM(Phase Margin)이 60° 이하에서는 아래와 같이 근사한 $PM = 100 \times \zeta$ 직선 방정식으로 서로의 관계를 근사값으로 사용할 수 있다.

$$PM(°) = 100 \times \zeta$$

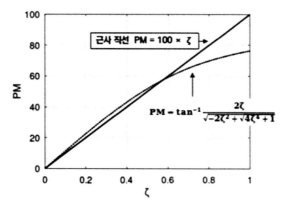

Figure I-144 위상 여유와 감쇠비

 감쇠비가 1 보다 큰 과제동/임계제동 시스템은 항시 안정한 시스템이므로, 감쇠비가 1 보다 작은 부족제동에 대해 살펴보면 되며, 감쇠비 ζ = 0.707 에서는 약 65°의 위상 여유를 가진다.

 이 폐루프(Closed Loop) 전달함수의 감쇠비 ζ 는 주파수 영역의 공진점의 크기와도 관계가 되는데, 보통 공진점의 크기가 3.5dB 가 넘어가면 불안정하다고 판단한다.

계단 응답의 퍼센트 오버슈트와 PM 과의 관계

 마찬가지로 폐루프(Closed Loop) 시스템이 2 차 부족제동 시스템인 경우 계단 응답의 퍼센트 오버슈트와 폐루프 전달함수의 감쇠비 ζ 는 $\%M_p(\%) = e^{-\frac{\pi\zeta}{\sqrt{1-\zeta^2}}} \times 100$의 관계에 있으며, 앞에서 감쇠비 ζ 는 PM(위상 여유, Phase Margin)과 $PM = \tan^{-1}\frac{2\zeta}{\sqrt{-2\zeta^2+\sqrt{4\zeta^4+1}}}$ 와 같은 관련이 있음을 보았다.

 따라서, 2 차 시스템의 안정성 판단에 대해 계단 응답의 퍼센트 오버슈트 $\%M_P$ 와 감쇠비 ζ, PM 의 관계로 근사적으로 판단할 수 있다.

 아래는 이 수식들에 의한 감쇠비, 위상 여유, 오버슈트와의 상관관계에 대한 표이며, 감쇠비 ζ 는 0.1 이하에서는 오차가 있을 수 있으므로 확인이 필요하다.

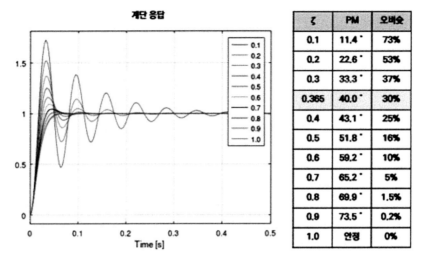

Figure I-145 계단 응답으로 보는 감쇠비, 위상 여유, 오버슈트와의 상관관계

예를 들어 시스템 설계에서 위상 여유 PM(Phase Margin) 40° 이상의 안정성을 원한다면, 이에 해당하는 계단 응답에서의 오버슈트는 위의 표에서 30% 이다. 즉, 계단 응답의 오버슈트가 30%가 넘어가는 시스템이라면 불안정한 시스템으로 해석할 수 있다.

이런 경우에는 제어기의 이득을 감소시키거나, 댐핑을 증가시켜 오버슈트를 30% 이하로 되도록 시스템을 수정해야 할 것이다.

특히, 시간 영역에서 이 30% 이하의 오버슈트 제한은 여러 시스템에서 유용히 사용되는 경험규칙이므로, 최악의 경우에도 30% 이하의 오버슈트가 나올 수 있도록 설계한다.

위의 표를 보며 해석할 수 있는 시스템의 경향은 감쇠비(댐핑비) ζ 가 작을수록 위상 여유 (PM, Phase Margin)는 줄어들어 안정성이 저하되고, 주파수 영역에서는 공진점의 크기가 커지며, 시간 영역에서는 오버슈트와 링잉이 증가한다. 이런 불안정한 시스템을 댐핑이 부족한 시스템이라 한다.

따라서, 시간 영역에서는 계단 응답에서의 오버슈트와 링잉 크기로 시스템의 안정성을 판단할 수 있다.

하지만, 실제 시간 영역의 계단 응답에 오버슈트 또는 링잉이 없다고 시스템이 절대적으로 안정한 것은 아니다. 실제, 오버슈트와 링잉이 없더라도 위상 여유가 부족해 외부의 외란에 의해 발진하는 경우도 있으므로, 이런 방법은 주파수 영역에서의 안정성 판단이 불가능할 때, 시간 영역에서 사용할 수 있는 안정성을 근사 추정하는 방법 중 하나라는 것을 이해하도록 한다.

8.1.4. MATLAB/OCTAVE 를 이용한 여유 확인

bode() 함수의 그래프를 보고 직접 확인할 수도 있지만, MATLAB/OCTAVE 에서는 위상 여유와 이득 여유를 확인할 수 있는 margin() 함수를 제공한다.

$$margin(H)$$

인자 H 는 폐루프 전달함수의 루프 전달함수이다.

> margin() 함수를 이용한 위상 여유/이득 여유 확인

아래 폐루프 블록 다이어그램에 대한 위상 여유와 이득 여유를 확인해 보자.

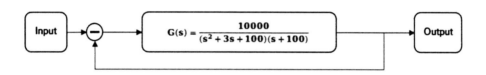

$$G(s) = \frac{10000}{(s^2 + 3s + 100)(s + 100)}$$

```
MATLAB/OCTAVE

pkg load control % control 패키지 로드 : for OCTAVE only
close all        % 모든 그래프 창 닫기
clear all        % 모든 변수 삭제
s = tf('s');     % 특수 문자 생성

% 전달함수 생성
G = 10000/((s^2 + 3*s + 100)*(s+100));
%G = G*0.5*(s^2 + 3*s + 100)/s;   % <- (예) 제어기 추가 설계

figure(1)
% margin : Loop Transfer Function
margin(G)

figure(2)
% step response : Closed Transfer function
CLOSED = feedback(G, 1, -1) %G/(1+G)
step(CLOSED, 'k')
```

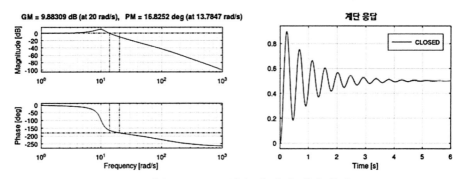

Figure I-146 margin() 함수 출력과 계단 응답

이 시스템은 위 보드선도와 같이 위상 여유는 약 16°로 상당히 불안한 시스템이며, 이는 우측의 계단 응답을 보더라도 심한 오버슈트 및 링잉이 발생하는 시스템임을 알 수 있다. 이런 시스템은 현재 당장 발진이 발생하지 않을 수도 있지만, 약간의 외란 또는 환경 변화에 의해 시스템의 특성이 변한다면 반드시 발진이 일어날 수 있는 시스템이므로, 시스템 이득의 조정 또는 제어기/필터 추가 설계 등을 통해 필히 피해야 한다.

제어기의 추가

위 시스템의 경우 간단하게 제어기를 추가하는 방법은 플랜트 G(s)의 $s^2 + 3s + 100$에 있는 허수 극점의 영향이 링잉을 발생시키고 있으므로, 아래와 같이 이 허수 극점을 상쇄할 수 있는 영점을 가진 제어기를 설계하여 추가하는 것이다.

앞에서 본 MATLAB/OCTAVE 코드에서 주석처리 되어 있는 부분을 풀면, 아래와 같이 제어기가 추가된 응답을 볼 수 있다.

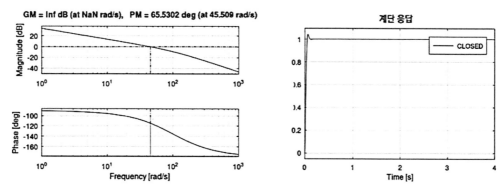

Figure I-147 제어기가 추가된 시스템의 margin() 함수 출력과 계단 응답

위상 여유가 65° 정도로 안정한 시스템이 된 것을 볼 수 있으며, 계단 응답 역시 오버슈트와 링잉이 거의 없어 졌음을 볼 수 있다.

이런 극/영점 상쇄를 통한 제어기의 설계는 PID 제어기 편에서 살펴보게 될 것이다.

8.2. 시스템 감도와 안정성

시스템 감도(Sensitivity)는 시스템이 외란, 노이즈, 환경 등에 의한 시스템 이득 변화와 같은 특성 변화 등에 출력이 얼마나 민감하게 반응하여 변동하는지를 나타내는 지표이다.

예를 들어, 외란(Disturbance)에 대한 시스템 감도는 $\frac{출력\ 변동량}{외란\ 변동량}$ 과 같이 표현할 수 있는데, 외란에 대해 시스템 감도가 낮다는 의미는 외란에 강한 강인한 시스템(Robust System)이라는 의미가 된다.

8.2.1. 감도 전달함수와 여감도 전달함수

시스템의 감도를 알아보는 전달함수에는 감도 전달함수와 여감도 전달함수가 있다.

가. 감도 전달함수(Sensitivity Transfer Function)

여기에서는 폐루프 시스템의 감도 전달함수의 의미에 대해 알아보도록 한다.

아래와 같이 개루프(Open Loop) 시스템과 폐루프(Closed Loop) 시스템으로 다른 구성의 시스템이지만, 폐루프 시스템의 전달함수는 $\frac{G(s)}{1+G(s)}$ 이기 때문에 2 차 표준 전달함수로 동일한 형태를 가진다.

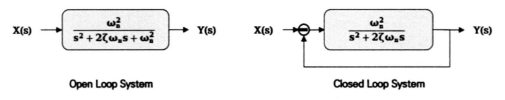

Figure I-148 개루프 시스템과 폐루프 시스템

이렇듯 이 전달함수들은 $H(s) = \frac{\omega_n^2}{s^2 + 2\zeta\omega_n s + \omega_n^2}$ 으로 동일하여 전달함수만 보고 개루프 시스템인지 폐루프 시스템인지 판단할 수는 없다.

하지만, 실제 이 두 시스템의 구성은 외란 $D(s)$ 에 대해 아래와 같은 차이를 보인다.

외란(Disturbance)은 출력에 영향을 주는 외부 영향을 의미하는 것으로 물리적/전기적 충격, 마찰, 부하의 변동 등 여러 다양한 원인들이 있을 수 있다.

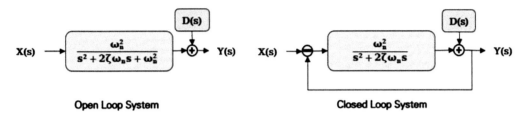

Figure I-149 외란 D(s)의 영향

Open Loop System 에서의 외란

비교를 위해 $G(s) = \frac{\omega_n^2}{s(s+2\zeta\omega_n)}$으로 둔다면, 위 그림의 개루프(Open Loop) 시스템의 전달함수는 $\frac{G(s)}{1+G(s)}$로 표현될 수 있으며, 외란 D(s)에 대해 출력 Y(s)는 아래와 같은 영향을 받게 된다.

$$Y(s) = \frac{G(s)}{1 + G(s)}X(s) + D(s)$$

이는 외란 D(s)가 출력에 그대로 적용되어 영향을 주게 되므로, 개루프 시스템은 외란에 취약함을 알 수 있다.

Closed Loop System 에서의 외란

위 그림에서 선형 시스템의 중첩의 원리를 이용하여 폐루프(Closed Loop)의 전달함수에서 외란 D(s)의 영향에 대해 살펴보자.

우선 X(s) 입력에 대한 Y(s)를 구하기 위하여 D(s)를 0 으로 두면 $Y_X(s)$는 아래와 같다.

$$Y_X(s) = \frac{G(s)}{1 + G(s)}X(s)$$

D(s)에 대한 Y(s)를 구하기 위하여 X(s)를 0 으로 두면 $Y_D(s)$는 아래와 같다.

$$Y_D(s) = \frac{1}{1 + G(s)}D(s)$$

결국 둘을 더하면 최종 Y(s)가 되며, 아래와 같다.

$$Y(s) = Y_X(s) + Y_D(s) = \frac{G(s)}{1 + G(s)}X(s) + \frac{1}{1 + G(s)}D(s)$$

여기서 $\frac{1}{1+G(s)}$ 과 외란 D(s)곱이 출력에 추가된 것을 볼 수 있는데, 이 $\frac{1}{1+G(s)}$을 감도 전달
함수(Sensitivity Transfer Function) S 라 하며, 외부 외란에 대응되는 정도를 의미한
다.

$$S = \frac{1}{1 + G(s)}$$

폐루프(Closed Loop) 시스템의 제어기 G(s) 전달함수의 이득을 크게 할수록, 감도 전달
함수 S 는 작아져 출력에 대한 외란 D(s)의 영향이 작아지는 것을 볼 수 있고, 이는 D(s)보
다는 작게 되므로 개루프(Open Loop) 시스템보다 외란에 강하다는 것을 알 수 있다.

폐루프(Closed Loop) 시스템이 더 복잡하고 비싸기는 하지만, 이처럼 G(s)의 이득을 크
게 할수록 개루프(Open Loop) 시스템에 비하여 외란에 강해지고 반응 속도가 빨라진다는
장점때문에 많이 사용된다.

하지만, G(s)의 이득을 너무 크게 하면, 위상 여유가 줄어들어 시스템의 안정성이 저하된
다는 것은 안정성 편에서 살펴본 바 있다.

나. 여감도 전달함수(Complementary Sensitivity Function)

여감도 전달함수는 고주파 노이즈 N(s)와 관계가 된다.

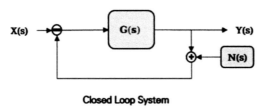

Closed Loop System

Figure I-150 노이즈 N(s)의 영향

감도 전달함수에서 마찬가지로 위의 전달함수를 구해보면 아래와 같다.

$$Y(s) = Y_X(s) + Y_D(s) = \frac{G(s)}{1 + G(s)} X(s) + \frac{G(s)}{1 + G(s)} N(s)$$

여기에서 노이즈에 관련된 아래 함수를 여감도 함수(Complementary Sensitivity Function) T 라 한다.

$$T = \frac{G(s)}{1 + G(s)}$$

다. 감도 함수와 여감도 함수 관계

앞에서 본 감도 함수 S 와 여감도 함수 T 는 아래와 같이 덧셈을 하면 1 의 값이 나오게 된다.

$$S + T = \frac{1}{1 + G(s)} + \frac{G(s)}{1 + G(s)} = 1$$

이는 폐루프 시스템에서 외란의 영향을 작게 하기 위하여 G(s) 이득을 키워 감도 S 를 작게 하면, 여감도 T 가 커져 노이즈의 영향을 많이 받게 된다.

반대로, 노이즈의 영향을 작게 하기 위하여 G(s) 이득을 작게 하여 여감도 T 를 작게 만들면, 감도 S 는 커져 외란의 영향을 많이 받게 된다.

이처럼 감도 함수와 여감도 함수는 서로 상충관계에 있는데, 이는 다른 말로 성능과 안정성은 어느 하나가 좋아지면 하나는 낮아지는 관계인 상충 관계에 있다고 할 수 있다.

따라서, 시스템 설계에 있어 안정성과 관련된 고려로 G(s)의 이득을 결정하여 성능과 안정성이 모두 만족되는 설계가 진행되어야 한다.

8.2.2. 나이퀴스트 선도를 통한 안정성

앞에서 루프 전달함수의 보드선도를 통해 폐루프 시스템의 상대적 안정성을 판단할 수 있는
위상 여유와 이득 여유에 대해 살펴보았었다.

보드선도를 통한 안정성 판단은 일반적으로 충분할 수 있지만, 큰 2 차 3 차 공진점이 있는
시스템에서는 이런 판단이 애매한 경우가 발생한다. 이런 2 차, 3 차의 큰 공진점은 무게가
무거운 부하나 관성이 큰 부하를 제어하는 시스템에서 발생되는 경우가 많다.

가. 보드선도를 통한 안정성 판단의 모호성

아래 그림은 큰 2 차 공진점으로 인하여 여러 개의 이득 교차점이 발생한 경우이다.

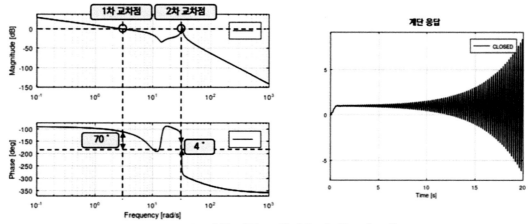

Figure I-151 다중 이득 교차점을 가지는 시스템

만일, 만일 1 차 교차점의 70°를 위상 여유로 판단한다면 이 시스템은 안정적인 시스템으로
잘못 판단될 수 있다. 하지만, 실상은 오른쪽 계단 응답 그림과 같이 불안정한 시스템이다.
이런 경우 가장 작은 위상 여유를 기준으로 안정성을 판단하도록 한다.

하지만, 만일 2 차 교차점의 이득이 0dB 보다 약간 낮아 교차가 발생하지 않았다면 보드선
도로의 안정성 판단은 불확실해지게 되는데, 아래에서 볼 나이퀴스트 선도에서는 이를 판단
할 수 있다.

나. 나이퀴스트 선도를 통한 안정성 판단

나이퀴스트 선도(Nyquist Plot)는 루프 주파수 응답을 복소 평면에 그린 그래프로 주파수 응답 곡선의 한 종류이며, 제어 시스템 이론에서 중요하게 다루어진다.

이 나이퀴스트 선도는 시간 영역의 절대적 안정성, 응답 특성, 주파수 영역에서의 상대적 안정성, 응답에 대해 모두 해석할 수 있고 이론도 복잡하지만, 여기에서는 주파수 영역에서의 안정성 판단에 집중해보기로 한다.

이 나이퀴스트 선도는 MATLAB/OCTAVE 에서는 nyquist() 함수로 그려볼 수 있다.

앞서 본 루프 전달함수의 보드선도는 각각의 주파수 ω 의 정현파를 시스템에 입력으로 주었을 때 나오는 출력의 비인 주파수 응답을 이득 곡선과 위상 곡선으로 그린 것이지만, 나이퀴스트 선도는 아래 그림과 같이 각각의 주파수 응답을 복소 좌표계에 그린 곡선을 말한다.

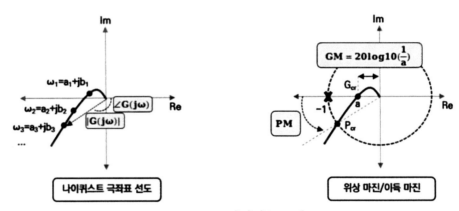

Figure I-152 나이퀴스트 선도

이처럼 나이퀴스트 선도는 루프 주파수 응답을 복소 평면에 그린 그래프이기 때문에, 위의 오른쪽 그림과 같이 불안정한 지점인 (-1, 0j)에서의 관계로 위상 여유 PM(Phase Margin)과 이득 여유 GM(Gain Margin)을 확인할 수 있다.

앞서 보드선도로 안정성을 판단하는데 애매모호한 경우를 살펴보았는데, 이런 경우 나이퀴스트 선도를 통한 안정성 판단에서는 조금 더 명확해질 수 있다.

아래의 경우를 보자.

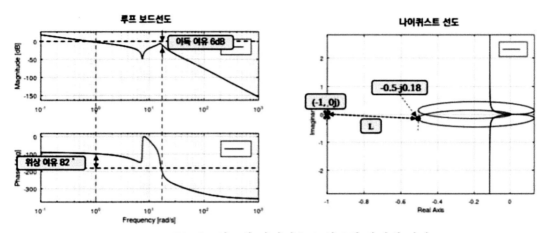

Figure I-153 보드선도와 나이퀴스트 선도의 안정성 판단

위 보드선도는 애매한 보드선도의 안정성 판단 예에서 언급한 2 차 공진점이 이득 교차점을 만들지 않은 경우이다. 이런 경우 보드선도를 통한 해석은 1 차 이득 교차점에서의 위상 여유가 82° 이므로 충분히 안정된 시스템으로 판단될 수 있다. 하지만, 그렇지 않다는 것을 살펴보았었다.

이런 경우에 대해 나이퀴스트 선도에서는 불안정한 지점인 (-1, 0j)에서 루프 전달함수의 주파수 응답이 가장 가까워지는 점에서의 거리로 안정성을 확인할 수 있는 방법을 제공한다.

이해의 편의를 위해 폐루프(Closed Loop) 전달함수는 아래와 같다고 가정한다.

$$P(s) = \frac{G(s)}{1 + G(s)}$$

여기에서 루프 전달함수는 G(s)이다.

위의 경우 불안정한 지점인 (-1, 0j)와 루프 주파수 응답과의 거리 L 은 아래와 같이 구해질 수 있다.

$$L = |G(\omega) - (-1)|$$

이 거리 L 이 최소가 되는 L_s 지점은 아래와 같이 구할 수 있다.

$$L_s = \min_{0 < \omega < \infty} |G(\omega) + 1|$$

위의 나이퀴스트 선도의 경우 거리 L 은 아래와 같이 구해진다.

$$L = |(-0.5 - 0.18j) + 1| \approx 0.53$$

2 차 이상의 큰 공진점이 있는 경우에는 이 거리의 가까운 정도로 불안정함을 파악할 수 있다.

사실, 이와 같은 주파수 응답이 나오지 않도록 플랜트 설계와 제어기 설계를 하는 것이 최선이지만, 만일 어쩔 수 없는 경우이고 보드선도로 안정성 판단이 모호하다면, 이처럼 나이퀴스트 선도를 이용하여 안정성을 판단할 수 있다. 일반적으로 위상 마진 40° 정도에 해당하는 0.7 보다는 멀리 떨어질 수 있도록 제어기를 설계한다.

II. DSP 필터 시스템

필터 시스템(Filter System)이란 원하지 않는 정보가 포함된 신호에서 원하는 정보만 취득할 수 있도록 하는 장치라 정의된다. 이렇게 신호에 포함된 원치 않는 신호를 노이즈(Noise, 잡음)라 한다.

Figure II-1 필터 시스템

필터 시스템은 크게 아날로그 필터와 디지털 필터 두 가지 주요 유형으로 나뉘어 질 수 있다.

아날로그 필터(Analog Filter)는 기계적 요소 또는 전기 회로 등 하드웨어를 사용하여 연속 시간 신호의 주파수 특성을 조작하여 원하는 필터링을 구현하며, 디지털 필터(Digital Filter)는 소프트웨어를 사용하여 이산 시간 데이터를 처리하여 구현하는데, 이러한 이산 데이터의 처리를 디지털 신호 처리(DSP, Digital Signal Processing)라 한다.

이 장에서는 디지털로 구현하는 방식인 DSP 필터의 설계에 대해서 살펴보도록 할 것이다.

1. 필터 시스템의 특성 항목과 구분

앞서 살펴보았던 이론들을 상기하면서 필터 시스템의 특성과 종류에 대해 살펴보도록 한다.

1.1. 필터의 특성 항목

아래는 저주파만 통과시키는 저주파 통과 필터의 주파수 응답 곡선으로 이를 보며 필터 특성에서 사용되는 용어들에 대해 살펴본다.

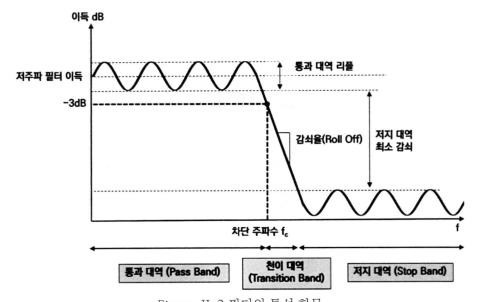

Figure II-2 필터의 특성 항목

> **통과 대역 (Pass Band)**

이득이 -3dB 이상인 대역으로 신호가 통과된다 라는 의미로 통과 대역(Pass Band)이라한다.
위 그림의 저주파 통과 필터는 차단 주파수 이하의 저주파 신호만 통과시키고, 고주파 노이즈는 감쇠시켜 차단하는 효과를 가진다.

반면, 고주파 통과 필터의 통과 대역은 고주파 쪽에 있어, 저주파를 차단하고 고주파를 통과시킨다.

차단 주파수 (Cutoff Frequency)

차단 주파수(Cutoff Frequency)는 말 그대로 이 주파수 신호부터 차단이며, 신호의 크기가 -3dB(0.707 배)되는 지점의 주파수를 의미한다. 이 차단 주파수의 의미는 이미 앞서 주파수 영역의 특성 항목 편에서 살펴본 바 있다.

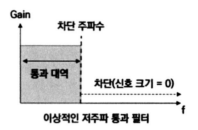

Figure II-3 이상적인 저주파 통과 필터

이상적인 저주파 통과 필터라면, 위 그림과 같이 차단 주파수를 기준으로 신호 통과와 차단이 완벽히 나뉘어야 하지만, 현실의 필터는 신호가 완전 차단되기까지 천이 대역이 존재하기 때문에, 차단 주파수가 완전 차단되는 주파수라고 단정하기 어렵다.

이런 이유로 차단 주파수는 이득이 -3dB 가 되는 주파수를 말하고, -3dB 이하 주파수 대역의 신호를 완전 차단한다는 의미가 아니라, 1 차 저주파 통과 필터에서는 이 차단 주파수 이후 주파수가 증가함에 따라 이득이 -20dB/decade 와 같이 일정 기울기의 감쇠를 시작하는 기준 주파수라는 의미를 가진다.

통과 대역 리플(Passband Ripple)

통과 대역 리플(Passband Ripple)은 통과 대역에서 주파수에 따른 이득의 흔들림을 말하는 것으로 잔물결 모양이라서 리플이라 한다.

천이 대역(Transition Band)

천이 대역(Transition Band)은 통과 대역에서 저지 대역으로 전환하는 주파수 대역을 말하는 것으로, 필터의 주파수 응답에서 기울기가 급격히 변하는 부분을 말하는 스커트(Skirt) 대역과 비슷한 의미를 가진다.

천이 대역 기울기 (Transition Band Roll Off Slope, 감쇠 기울기)

차단 주파수 이후 이득이 감쇠되는 비율을 말하는 것으로 스커트 특성이라고도 한다.

앞서 봐왔듯 1 차 저주파 통과 필터의 이득은 -20dB/decade 의 감쇠 기울기를 가지며, 2 차 저주파 통과 필터는 -40dB/decade 의 감쇠 기울기를 가진다. 1 차 시스템보다 2 차 시스템이 더 급격한 이득 감쇠 기울기를 가져 이상적인 필터로 근접하며 성능이 좋은 필터가 되는데, 이처럼 이상적인 필터가 되기 위해서는 더욱 많은 차수의 필터가 필요하다.

하지만, 차수가 높아진다는 것은 시스템이 복잡해지고, DSP 의 경우 연산량이 많아지며, 이로 인해 연산 시간이 증가하고, 지연이 증가하여 처리할 수 있는 대역폭이 낮아지는데, 이를 보완하기 위해서 더 빠른 하드웨어를 사용할 경우 가격의 상승으로 이어지므로, 시스템에 필요한 필터의 특성을 잘 정의하는 것이 필요하다.

저지 대역(Stop Band)

저지 대역(Stop Band)은 천이 대역을 지나 노이즈를 목표한 만큼 제거하기 시작하는 주파수 영역을 말한다. 저주파 통과 필터에서 차단 주파수는 감쇠를 시작하는 기준 주파수를 의미하고, 실제 노이즈를 완전 차단하는 대역은 이 저지 대역이 된다.

1.2. 필터의 구분

이번 장에서는 필터의 종류와 구분에 대해서 살펴보도록 한다.

1.2.1. 아날로그 필터 구분

필터의 구현 방식에 따라 아날로그 필터와 디지털 필터로 구분될 수 있다.

아날로그 필터는 연속적인 전대역의 주파수를 처리할 수 있지만, 디지털 필터는 샘플링 주파수로 인하여 처리할 수 있는 대역폭이 제한된다는 차이점이 있다.

여기에서는 하드웨어로 구성되는 아날로그 필터에 대해 간단히 살펴보도록 하며, 각자의 장단점이 있기 때문에 시스템 특성에 따라 필요한 형태가 사용된다.

가. 수동 필터(Passive Filter)와 능동 필터(Active Filter)

일반적으로 수동 필터는 아무런 에너지의 제공 없이도 원하는 필터링 동작을 하는 시스템을 의미하고, 능동 필터는 필터기에 에너지를 공급하여 필터기에 의해 필터링 동작을 하는 시스템을 의미한다.

전기/전자 시스템의 경우 수동 필터는 수동 소자인 L, R, C 로만 구현한 필터로 전원이 없어도 동작할 수 있는 필터를 말하며, 능동 필터는 수동 소자들과 능동 소자의 조합으로 신호를 피드백 받아 구현되는 시스템으로 전원이 필요한 필터를 말한다.

아래 그림의 전기/전자 시스템의 OPAMP 를 이용한 능동 필터에서는 OPAMP 의 전원이 꼭 필요한데, 이처럼 능동 필터는 전원이 공급되어야 동작하는 필터이다.

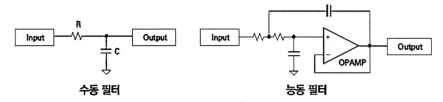

Figure II-4 전기/전자 시스템의 수동 필터와 능동 필터

아래는 전기/전자 시스템의 수동 필터와 능동 필터의 차이점을 나타낸 표인데, 다른 분야의
시스템도 비슷한 특성을 가지므로 이로써 이해해 보도록 한다.

	수동 필터	능동 필터
구성소자	수동 소자 L, R, C	수동 소자 + 능동 소자 ((ex) 트랜지스터, FET, OPAMP)
DC 전원	별도의 전원이 필요 없다.	전원이 필요하다
신호 증폭	불가 (이득 = 1)	가능
고주파 처리	가능	OPAMP와 같은 능동 소자는 주파수 대역폭의 한계가 있어 고주파에서 제한이 있을 수 있다.
입력 임피던스	낮은 입력 임피던스로 소스의 임피던스에 따라 필터 특성에 영향이 있을 수 있다.	높은 입력 임피던스
출력 임피던스	높은 출력 임피던스이므로 부하의 임피던스에 따라 필터 특성에 영향이 있을 수 있다.	낮은 출력 임피던스
비용	저가	상대적으로 고가

수동 필터와 능동 필터의 차이점 중 중요한 것은 전원의 필요 유무, 신호 증폭 가능 여부와
주파수 대역폭이다.

특히, 전기/전자 시스템의 필터 특성에 해당되는 입/출력 임피던스는 회로 동작에 영향을 미
치는데, 수동 필터의 낮은 입력 임피던스와 높은 출력 임피던스로 인해 필터에 신호를 인가해
주는 소스와 필터의 출력을 받는 부하의 임피던스의 영향을 받아 원하는 성능의 필터링을 하
지 못하는 경우가 있기 때문에, 이런 경우 능동 필터를 선택하는 경우가 많다.

또한, 좋은 필터링 특성을 가져야 하는 고차의 필터 시스템은 수동 필터로의 구현은 한계가
있기 때문에, 능동 필터를 사용한다.

이런 수동과 능동의 개념은 기계 시스템에도 똑같이 적용되는데, 예를 들어 진동 제어 시스
템의 경우 스프링-댐퍼 장치 등의 기계적 요소만으로 진동을 완화하는 장치를 수동 제어 장
치라 하고, 센서를 이용하여 진동을 측정하고 모터 등의 액츄에이터를 이용하여 측정된 진동
의 반대 방향으로 동일한 힘을 가해 진동을 완화하는 장치를 능동 제어 장치라 한다.

나. 통과 대역 리플과 천이 대역 특성으로의 구분

일반적으로 많이 사용하는 아날로그 필터 타입으로 버터워스(Butterworth) 타입과 체비쉐
브(Chebyshev) 타입을 들 수 있다.

완만한 성능이 필요한 곳에는 버터워스 타입을, 주파수의 구분이 확실해야 하는 분야에는 체비쉐브 타입을 많이 사용한나. 이 외에도 베셀 타입이나, Elliptic 타입 등이 있다.

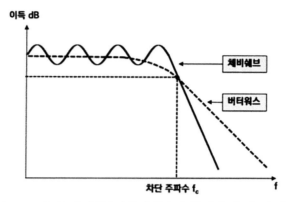

Figure II-5 버터워스/체비쉐브의 주파수 응답 특성

버터워스(Butterworth) 타입

버터워스 타입은 통과 대역에 리플이 없이 평평한 좋은 성능을 보이지만, 천이 대역의 감쇄 기울기가 완만히 떨어진다. 이를 스커트 특성이 좋지 않다 라고 한다. 통과 대역과 저지 대역 사이의 천이 대역이 길어 주파수의 구분이 명확하지 않다는 의미이다.

하지만, 무난한 성능의 필터로 비교적 간단하여 많이 사용되기 때문에, 보통 필터라 하면 버터워스 타입을 의미하는 경우가 많다.

체비쉐브(Chebyshev) 타입

체비쉐브 타입은 통과 대역에서 리플이 있지만, 천이 대역의 감쇄 기울기가 버터워스 타입 대비 급격하여, 주파수의 구분이 명확하다는 장점이 있다.

하지만, 이 감쇄 기울기를 더 급격하게 즉, 더 좋은 스커트 특성을 가지게 할수록 통과 대역의 리플이 더 커지므로, 어느 정도의 통과 대역 리플까지 허용할 것인가 허용치를 정해야 한다.

이런 체비쉐브 필터의 통과 대역 리플 단점으로 인해, 좋은 스커트 특성이 필요한 경우 고차의 버터워스 필터 타입을 사용하는 경우가 많다.

1.2.2. 통과 대역에 따른 구분

어떤 주파수 대역의 노이즈를 차단하고, 어떤 주파수 대역의 유효 신호를 통과시킬 것인가에
따라 아래와 같이 구분된다.
우선 대표적으로 저주파 통과 필터와 고주파 통과 필터를 볼 수 있다.

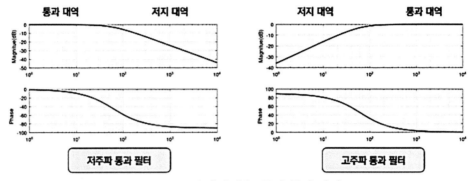

Figure II-6 저주파/고주파 통과 필터

위의 보드선도와 같이 저주파 통과 필터(Low Pass Filter, LPF)는 통과 대역이 저주파에
있어 저주파 신호를 통과시키고, 고주파 신호는 감쇠시켜 통과시킴으로써 차단의 역할을 한
다. 이는 일반적으로 유효한 신호는 저주파에 있고, 고주파는 노이즈 성분인 경우가 많아 가
장 많이 사용되는 필터라 할 수 있다.
반면, 고주파 통과 필터(High Pass Filter, HPF)는 반대로 통과 대역이 고주파 영역에 있
기 때문에, 저주파 신호는 차단하고 고주파 신호만 통과시킨다.

또한, 아래와 같은 대역 통과/저지 필터를 예로 볼 수 있다.

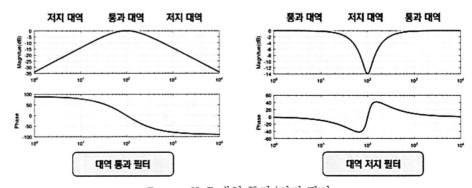

Figure II-7 대역 통과/저지 필터

대역 통과 필터(Band Pass Filter, BPF)는 특정 주파수 대역에만 통과 대역이 있어, 필요한 주파수 대역의 신호만 통과시키고 나머지 영역은 저지시키는 기능을 하며, 반대로 대역 저지 필터(Band Stop Filter, BSF)는 특정 주파수 영역의 신호만 차단하는 기능을 한다.

이 밖에도 대역 저지 필터의 일종인 노치 필터(Notch Filter), 위상 보정에 사용되는 진상(Lead) 보상기, 지상(Lag) 보상기 등의 다양한 필터들이 있다.

아래 표는 자주 사용되는 버터워스 필터들의 전달함수와 특성들이다.

	라플라스 전달함수	보드 선도	설명
1 차 저주파 통과필터	$\dfrac{\omega_c}{s + \omega_c}$		저주파 신호만 통과시킨다.
1 차 고주파 통과 필터	$\dfrac{s}{s + \omega_c}$		고주파 신호만 통과시킨다.
대역 통과 필터	$\dfrac{s/\omega_0}{s^2 + (\omega_2 - \omega_1)s + \omega_1\omega_2}$ ω_0 : 중심 주파수 ω_1 : 하한 코너 주파수 ω_2 : 상한 코너 주파수		특정 주파수 영역의 신호만 통과시킨다.
대역 저지 필터	$\dfrac{(s^2 + \omega_0^2)}{s^2 + (\omega_2 - \omega_1)s + \omega_1\omega_2}$ ω_0 : 중심 주파수 ω_1 : 하한 코너 주파수 ω_2 : 상한 코너 주파수		특정 주파수 영역의 신호를 차단한다.
올패스(All Pass) 필터	$\dfrac{s - \alpha_0}{s + \alpha_0}$ α_0 : 중심 주파수		모든 주파수를 동일한 이득으로 통과시키는데, 주파수에 따라 위상을 변경하여, 위상 보상, 지연 회로 등의 용도로 사용된다.

지상(Lag) 보상기	$\dfrac{\tau s + 1}{\alpha \tau s + 1}$ τ : 시간 상수로 보상기 위치 조절 α : 극/영점의 상대 위치 조절 상수 $(\alpha > 1)$		시스템의 주파수 응답과 안정성을 조정하는데 사용되며, 저주파 영역에서의 이득을 증가시킨다. 저주파 통과 필터와 비슷한 특성을 가지지만, 고주파에서의 이득 감쇠가 제한된다.
진상(Lead) 보상기	$\dfrac{\tau s + 1}{\alpha \tau s + 1}$ τ : 시간 상수로 보상기 위치 조절 α : 극/영점의 상대 위치 조절 상수 $(0 < \alpha < 1)$		왼쪽 브드선도를 보면 위상을 앞당기는(Lead) 특성을 가지는데, 이로써 시스템의 위상 마진을 보정하여 안정성을 개선하는데 자주 사용된다.

다음 장에서는 이 필터들 중 대표적으로 많이 사용되는 저주파 통과 필터, 평활 필터, 고주파 통과 필터, 노치 필터의 디지털 설계에 대해서 살펴보도록 한다.

2. 디지털 필터의 설계

디지털 필터는 이산 시간의 데이터를 디지털 신호 처리(DSP, Digital Signal Processing) 알고리즘으로 소프트웨어 또는 로직 프로그래밍을 사용하여 구현한다.

아래는 디지털 저주파 통과 필터 시스템의 구성 예이다.

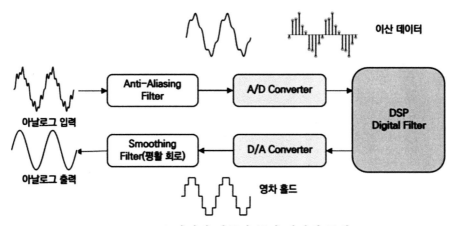

Figure II-8 디지털 저주파 통과 필터의 구성

위 디지털 저주파 통과 필터의 구성에 대해 다시 간단히 살펴보면 아래와 같다.

연속 시간의 아날로그 전압 신호를 아날로그 저주파 통과 필터인 안티 애일리아싱 필터를 거쳐 [샘플링 주파수/2] 이상의 주파수를 가진 신호가 디지털 시스템으로 인입되지 않도록 하여 오동작을 방지한다. 이렇게 입력된 아날로그 신호를 A/D 변환기 등을 이용하며, 샘플링 주기마다 변환하여 디지털 데이터를 취득한다.
이 취득된 이산 데이터를 디지털 신호 처리를 통해서 노이즈를 필터링하고, 필터링된 디지털 데이터는 D/A 변환기와 아날로그 필터인 평활 회로를 통해 깨끗한 아날로그 전압 신호로 출력한다.

이 장에서는 디지털 신호 처리(DSP)를 이용한 디지털 필터의 종류와 설계 방법에 대해서 알아보도록 한다.

2.1. 디지털 필터 구분

 디지털 필터는 제어 시스템, 디지털 통신, 영상 처리 및 생체 신호 처리 등과 같은 다양한 응용 분야에서 사용된다.
 이런 디지털 필터의 구현 방식에는 IIR(Infinite Impulse Response) 방식과 FIR(Finite Impulse Response) 방식이 있는데, 필터 연산에서 과거의 출력 정보를 현재 출력 연산에 재사용하는가 아닌가가 주요 차이점이다.

가. IIR(Infinite Impulse Response) 필터

 IIR(Infinite Impulse Response Filter) 필터는 과거의 출력 정보를 현재 출력 연산에 사용하는 형식으로 입력 x 에 대한 출력 y 에 대해 아래와 같은 차분 방정식 형태를 취한다.

$$y[n] = \sum_{k=1}^{M} a_k y[n-k] + \sum_{m=0}^{N} b_m x[n-m]$$

 위의 수식에서 보듯이 IIR 필터는 현재 출력 y[n]을 계산하기 위하여 과거 출력 y[n - k] 항이 피드백되어 연산에 포함된다.

 위 차분 방정식을 Z 변환하면, IIR 필터의 전달함수는 아래와 같은 형태를 가진다.

$$\frac{Y(z)}{X(z)} = \frac{b_0 + b_1 z^{-1} + \cdots + b_N z^{-N}}{1 + a_1 z^{-1} + \cdots + a_M z^{-M}}$$

 이 IIR 필터 전달함수의 극점은 안정성을 위해서 단위원 안에 있어야 한다.

 ☞ IIR 필터의 의미

 IIR 필터는 Infinite Impulse Response 의 약자로 무한 임펄스 응답을 의미한다.

$$y[n] = ay[n-1] + bx[n]$$

 위와 같은 IIR 필터가 있다고 생각해보자. 이때 입력 x 에 임펄스 신호 δ[n]을 준다면 출력 y[n]은 임펄스 응답이 된다. 이 필터의 임펄스 응답을 h[n]이라 해보면 아래와 같다.

$$h[n] = ah[n-1] + b\delta[n]$$

임펄스 신호 $\delta[n]$은 $n = 0$ 일 때만 1 의 값이고, 나머지 구간은 값이 0 인 것을 상기하면서 아래를 보도록 하자.

$$n = 0 \rightarrow h[0] = b$$
$$n = 1 \rightarrow h[1] = a \times b = ab$$
$$n = 2 \rightarrow h[2] = a \times ab = a^2 b$$
$$\cdots$$
$$n = N - 1 \rightarrow h[N-1] = a^{N-1}b$$

위와 같이 임펄스 응답 $h[n] = a^n b$ 가 되어 n 이 무한해짐에 따라 무한한 임펄스 응답을 가지게 되므로 무한 임펄스 응답 필터라 한다.

나. FIR(Finite Impulse Response) 필터

위에서 본 IIR 필터와 다르게 FIR(Finite Impulse Response) 필터는 과거의 출력 정보를 현재 출력 연산에 사용하지 않고, 현재 출력 연산에는 유한한 과거 입력 정보만 사용하는데, 아래와 같은 차분 방정식 형태를 취한다.

$$y[n] = \sum_{k=0}^{N} b_k x[n-k]$$

위 차분 방정식을 Z 변환하면, FIR 필터의 전달함수는 아래와 같은 형태를 가진다.

$$\frac{Y(z)}{X(z)} = b_0 + b_1 z^{-1} + \cdots + b_N z^{-N}$$

이처럼 피드백이 없는 FIR 필터의 극점은 원점에 있어 항시 안정하다.

☞ FIR 필터의 의미

FIR 필터는 Finite Impulse Response 의 약자로 유한 임펄스 응답을 의미한다.

$$y[n] = b_0 x[n] + b_1 x[n-1]$$

위와 같은 FIR 필터가 있다고 생각해보자. 이때 입력 x 에 임펄스 신호 δ[n]을 주었을 때 필터의 임펄스 응답 h[n]은 아래와 같다.

$$h[n] = b_0 \delta[n] + b_1 \delta[n-1]$$

임펄스 신호 δ[n]는 n = 0 일 때만 1 의 값이고, 나머지 구간은 값이 0 인 것을 상기하면서 아래를 보도록 하자.

$$n = 0 \rightarrow h[0] = b_0$$
$$n = 1 \rightarrow h[1] = b_1$$
$$n = 2 \rightarrow h[2] = 0$$
$$...$$
$$n = N - 1 \rightarrow h[N-1] = 0$$

위와 같이 필터의 임펄스 응답 h[n]은 h[0]과 h[1]만 가지게 되고, 필터 계수 b_0, b_1 자체가 h[0] = b_0, h[1] = b_1 으로 필터의 임펄스 응답과 동일하다. 즉, FIR 필터의 계수들은 필터의 임펄스 응답을 의미한다.

다. IIR 필터 vs FIR 필터 특성

IIR 필터와 FIR 필터는 각각 다음과 같은 특성을 가진다.

	IIR 필터	FIR 필터
피드백 (Feedback)	과거 출력이 연산에 포함되어 있으므로 피드백이 있다.	없다.
안정성	피드백 시스템이므로, 계수에 따라 불안정할 수 있다. → 극점이 단위원 안에 들어와야 안정	항시 안정
위상 응답	비선형 위상 최소 위상	선형 위상 그룹 지연이 일정
필요 차수 (Order)	같은 성능 조건이라면, FIR 필터보다 계산량이 적다.	·IIR 필터와 같은 성능을 내려면, 상대적으로 많은 차수가 필요하므로, 연상량이 많아지고 연산 시간이 길어진다. ·메모리 등 리소스를 많이 차지하게 됨으로써 가격이 상승한다.

	상대적으로 해상도가 낮은 Fixed Point 변수 타입을 사용할 경우 피드백에 대한 연산이 포함되어 있으므로 변수의 낮은 정밀도의 문제로 인해 성능에 영향을 많이 받아 해석이 어렵다.	비교적 해상도가 낮은 Fixed Point 연산을 사용하더라도 IIR 에 비해 성능에 받는 영향이 제한적이다.
수학적 연산 오차		

☞ 선형 위상 (Linear Phase)

선형 위상은 주파수 응답 특성이 크기 변동만 있을 뿐 주파수에 따른 위상 지연 변화가 일정한 위상 특성을 말한다. 이런 선형 위상은 아래와 같이 수식으로 나타낼 수 있다.

$$\varphi(\omega) = k\omega$$

여기에서 $\varphi(\omega)$는 위상 응답, ω는 주파수, k 는 주파수에 따른 위상의 기울기를 의미한다.

FIR 필터에서는 필터의 계수를 대칭적으로 사용함으로써 이런 선형 위상을 쉽게 구현할 수 있는데, 일반적으로 FIR 필터는 계수를 대칭으로 사용하므로 선형 위상이라 할 수 있고, 신호에 왜곡이 발생하지 않는다.

반면, IIR 필터는 과거의 출력을 피드백 받아 현재의 출력을 연산하므로, 과거의 출력 지연이 현재에도 연관되며, 이로 인해 주파수마다 위상 지연이 다르게 작용한다. 이 때문에 입력 신호의 모양이 왜곡될 수 있다.

☞ 그룹 지연(Group Delay)

그룹 지연(Group Delay)은 각주파수 ω 에 따른 위상 응답의 기울기인데, 아래와 같이 수식으로 표현할 수 있다.

$$\text{Group Delay(sec)} = \frac{d\varphi(\omega)}{d\omega}$$

주파수 응답에서 위상 지연은 각각의 주파수 성분에 대한 위상 변화를 의미하고, 그룹 지연은 주파수 성분 그룹의 평균적인 시간 지연을 의미하며, 필터의 특성 지표 중 하나로 사용된다.

위에서 본 선형 위상 FIR 필터의 경우 ω 로 미분하면 상수가 되어 일정한 그룹 지연을 가지게 되지만, 비선형 위상인 IIR 필터는 주파수 성분에 따라 그룹 지연도 달라진다. 이는 통신 시스템과 같은 경우 신호의 주파수에 따라 도달 시간이 달라질 수 있고, 이로 인해 신호의 간섭과 왜곡이 발생할 수 있음을 의미한다.

2.2. 디지털 필터의 샘플링 주파수

 기초 이론 편에서 살펴봤던 것과 같이 디지털 시스템에서 샘플링 주파수(Sampling Frequency)는 디지털 시스템이 처리할 수 있는 주파수 성능에 매우 큰 영향을 미치게 되므로, 얼마나 빠른 샘플링 주파수를 선정하느냐가 매우 중요한 항목 중 하나이다.

 여기에서는 실제 디지털 필터를 구현할 때 선택되는 샘플링 주파수에 대해 살펴본다.

> **나이퀴스트 샘플링 이론**

 나이퀴스트 샘플링 이론에 의하면, 디지털 시스템이 처리할 수 있는 최대 주파수는 샘플링 주파수 f_s 의 반 즉, $f_s/2$ 이다.

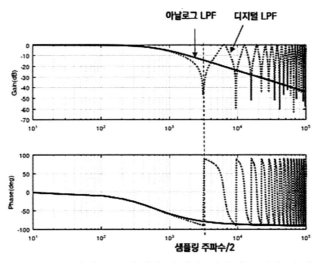

Figure II-9 아날로그 필터와 디지털 필터의 주파수 응답

 위의 보드선도와 같이 아날로그 저주파 통과 필터는 고주파로 가더라도 계속되는 감쇠 이득으로 노이즈를 제거하지만, 디지털 필터의 보드선도를 보면 $f_s/2$ 까지만 정상적인 저주파 통과 필터의 역할을 하고 있음을 볼 수 있다.
 따라서, 디지털 필터의 샘플링 주파수는 나이퀴스트 샘플링 이론에 의해 측정하고자 하는 최대 주파수의 최소 2 배 이상의 샘플링 주파수를 가져야 한다는 것을 의미한다.

경험 규칙에 의한 샘플링 주파수

물론, 저주파 통과 필터로 노이즈를 제거한 신호의 평균 크기만 요구되는 시스템과 같은 응용에서는 나이퀴스트 샘플링 이론의 2 배의 샘플링 주파수로도 충분할 수 있다.

하지만, 제어 시스템과 같이 입력되는 신호 또는 외란에 실시간으로 반응해야 하는 용도의 디지털 필터 시스템에서의 샘플링 주파수는 나이퀴스트 샘플링 이론의 f_s 보다 높은 주파수의 샘플링 주파수를 사용한다.

아래와 같이 차단 주파수가 100Hz 인 저주파 통과 필터에 100Hz 의 단위 정현파를 입력으로 주었을 경우를 보자.

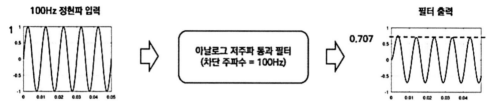

Figure II-10 아날로그 저주파 통과 필터의 시간 응답

우리가 예상하는 응답은 위의 아날로그 필터와 같이 차단 주파수의 이득 -3dB 에 의해 0.707 크기의 정현파 출력일 것이다.

하지만, 실시간 디지털 필터의 경우 샘플링 주파수에 의해 아래와 같은 현상을 보인다.

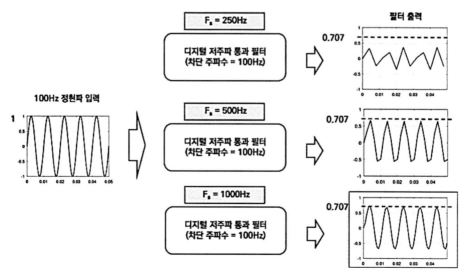

Figure II-11 샘플링 주파수에 따른 디지털 저주파 통과 필터의 시간 응답

위의 그림과 같이 디지털 저주파 통과 필터에서 나이퀴스트 샘플링 주파수에 여유를 둔 250Hz 의 샘플링 주파수를 사용할 경우에도, 신호의 크기 정보가 손실되어 응답 신호가 원하는 크기가 아님을 볼 수 있다.

반면, 측정하려는 신호 주파수의 5 배인 500Hz 의 샘플링 주파수에서는 크기와 위상이 어느 정도 원하는 응답과 비슷함을 볼 수 있고, 10 배인 1000Hz 에서는 아날로그 필터의 응답과 거의 동일해지는 것을 볼 수 있다.

따라서, 실시간으로 처리해야 하는 시스템이라면 경험 규칙에 의해 대역 제한된 신호의 최대 주파수의 최소 5 ~ 10 배 이상을 샘플링 주파수로 사용하며, 최대 주파수를 알 수 없을 경우 일반적으로 차단 주파수의 최소 10 ~ 20 배 이상을 선택한다.

제어 시스템에도 동일하게 적용되는데, 이에 대해서는 제어 시스템 설계 편에서 살펴보도록 한다.

디지털 필터의 연산 지연과 필터 구조

위에서 본 것처럼 디지털 필터는 충분히 빠른 샘플링 주파수를 선택해야 원하는 성능을 발휘할 수 있다.

이런 샘플링 주파수는 비단 ADC 등의 변환기를 통한 아날로그 데이터의 취득 속도뿐 아니라 디지털 신호 처리에 필요한 연산에서의 지연도 관련된다. 이런 연산 지연을 개선하면 좀 더 빠른 샘플링 주파수를 사용할 수 있다.

그 방법 중 하나가 속도가 빠른 하드웨어의 사용이다.
특히, 소프트웨어로 디지털 필터를 구현할 경우 클럭이 빠른 CPU 를 사용하여 처리 속도를 높이거나, 디지털 신호 처리(DSP) 연산에서 소프트웨어를 통한 연산 지연이 긴 실수 연산을 빠르게 하기 위해 하드웨어 연산 블록인 FPU(Float Point Unit)를 가진 DSP CPU 를 사용한다. 하지만, 이런 빠른 하드웨어의 사용은 설계의 복잡성과 가격, 소비 전력의 상승이라는 단점을 가지게 된다.

또 다른 방법으로 적절한 디지털 필터의 구조를 선택하여 구현하는 방법이 있다.
디지털 필터 구현 방법에는 필터의 성능, 안정성, 메모리 요구량, 연산 속도 등의 특성을 개선하기 위하여 아래와 같은 다양한 알고리즘 구조들이 연구되어 사용된다.

필터 구조	적용 필터	특성
직접형 구조 (Direct Form)	IIR 필터 FIR 필터	· 구조가 간난하고, 낮은 차수의 필터 구현에 효율적이다. · 메모리의 사용량이 비교적 많으며, 높은 차수의 필터에서는 연산 속도가 느리다는 단점이 있다.
전송형 구조 (Transposed Form)	IIR 필터 FIR 필터	· 중간 저장 변수를 이용하여 입력 신호를 저장하고 재사용하는 방식으로, 직접형 구조보다 메모리, 연산 속도, 안정성 등이 효율적이어서 고차 필터 구현에 적합하다.
병렬형 구조 (Parallel Form)	IIR 필터	· 필터 연산을 병렬 처리함으로써 연산 속도가 향상되므로, 고차 필터에 유리하다.
캐스케이드 구조 (Cascade Form)	IIR 필터	· 2차 IIR 필터를 직렬로 여러 개 연결하여 고차 필터를 구현하는 방식으로, 병렬 처리하므로 연산 속도가 향상되어 고차 필터에서 높은 성능을 가진다.

이 책에서는 필터의 기본 차분 방정식대로 입력 신호와 필터 계수들을 직접 곱하고 더하는 직관적이고 간단한 방식으로 필터 구현을 할 수 있으며, IIR 필터와 FIR 필터 구현에 모두 사용할 수 있는 직접형 구조를 통해 구현해 보도록 할 것이다.

만일, 고차 디지털 필터에서 빠른 속도가 요구된다면, 이 직접형 구조는 상대적으로 많은 연산량과 메모리가 필요하므로, 전송형, 병렬형, 캐스케이드형 등의 연산에 효율적인 구조의 사용을 고려할 수 있다.

이처럼 디지털 필터는 처리 속도 성능이 좋은 하드웨어와 효율적인 알고리즘을 사용한 구현으로 빠른 샘플링 주파수를 사용함으로써 더 넓은 주파수 대역을 처리할 수 있어 많은 응용에서 아날로그 필터를 대신하고 있다.

2.3. IIR 필터 간접 설계

IIR 필터는 이전 출력을 피드백받아 연산하는 구조이기 때문에, Z 전달함수의 극점들이 단위원 안에 들어와야 안정하다.

이런 IIR 필터의 설계법은 직접 설계법과 간접 설계법으로 나눌 수 있는데, 디지털 Z 영역 상에서 극점/영점의 배치로 원하는 주파수 응답에 해당하는 전달함수 H(z)를 설계하는 방법을 직접 설계법이라 하고, 아날로그 라플라스 전달함수인 H(s)를 Z 전달함수로 변환하여 설계하는 것을 간접 설계법이라 한다.

이 중에서 상대적으로 오랜 역사를 가지고 있어 증명된 아날로그 필터의 전달함수가 많이 있기 때문에, 간접 설계법으로 IIR 필터를 설계하는 것이 간단하게 접근할 수 있는 방법이다.

이 장에서는 이 간접 설계법을 이용하여 통과 대역 리플이 없이 평탄하여 일반적으로 많이 사용되는 버터워스 필터의 설계에 대해서 살펴보도록 할 것이다.

간접 설계법은 다음과 같은 순서로 IIR 필터의 설계를 진행한다.

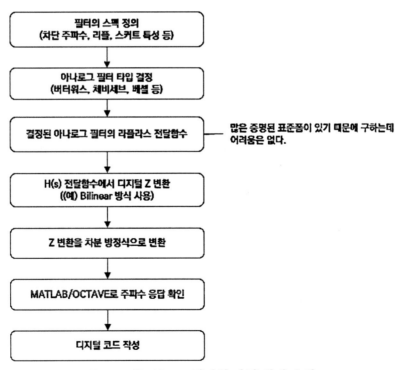

Figure II-12 IIR 필터의 간접 설계 순서

2.3.1. 1 차 저주파 통과 필터

저주파 통과 필터(Low Pass Filter, LPF)는 차단 주파수 이하의 저주파는 통과시키고, 고주파는 감쇠시키는 필터를 말한다. 보통 노이즈들은 고주파에 해당하기 때문에, 노이즈를 제거하여 유효 신호만 얻기 위하여 많이 사용되는 필터이다.

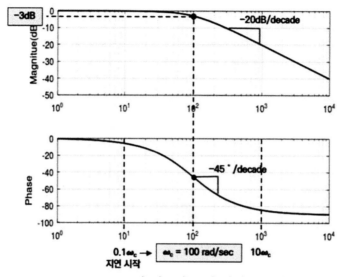

Figure II-13 1 차 저주파 통과 필터 보드선도

가. LPF 스펙 및 아나로그 필터 타입 결정

차단 주파수의 결정에 있어, 제어 시스템처럼 위상 지연이 영향이 있는 시스템이라면, 1 차 시스템의 경우 차단 주파수(ω_c)의 $0.1\omega_c$ 부터 지연이 시작된다는 점을 고려해야 한다.
여기에서는 아래 표와 같은 스펙의 저주파 통과 필터를 설계해 보도록 한다.

필터 타입	DC 이득	차단 주파수	샘플링 주기	감쇠율	통과 대역 리플	선형 위상
저주파 통과 필터	0dB	10rad/sec	1ms	−20dB/decade	0dB	−

따라서, 1 차 시스템의 버터워스 타입으로 설계를 진행하기로 한다.

나. 라플라스 전달함수 구하기

1 차 버터워스 아나로그 필터의 전달함수 표준 형식은 아래와 같다. X(s)는 입력이고, Y(s)
는 출력이 된다.

$$H(s) = \frac{Y(s)}{X(s)} = \frac{\omega_c}{s + \omega_c} = \frac{1}{\frac{1}{\omega_c}s + 1} = \frac{1}{\tau s + 1}$$

$$\omega_c = 2\pi f_c : \ f_c = 차단\ 주파수(Cutoff\ Frequency)$$
$$\tau(타우, tau) = \frac{1}{\omega_c} : \ 시정수(time\ constant)$$

위의 식은 앞서 살펴본 1 차 전달함수 표준 형식과 동일하므로 쉽게 해석할 수 있을 것이다.

다. 라플라스 전달함수를 Z 변환 수행

라플라스 변환에서 Z 변환을 수행하기 위하여 대표적으로 Forward Euler, Backward
Euler, Bilinear 방식이 있음을 Z 변환 편에서 보았다.
이 방식들 중 Forward Euler 방식은 변환할 라플라스 전달함수가 안정적이라도 변환된 Z
전달함수의 안정성을 보장하지 않기 때문에 잘 사용되지 않는다.

> **Z 변환 방식의 비교**

아래는 아날로그 전달함수, Backward Euler, Bilinear 변환들의 1 차 저주파 통과 필터
보드선도다.

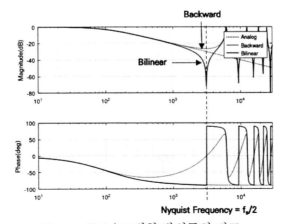

Figure II-14 Z 변환 방식들의 비교

위 보드선도와 같이 저주파 통과 필터에서 Bilinear 방식으로의 변환 이득이 아날로그 저주파 통과 필터와 비슷하거나 더 감쇠한다. 위상 역시 디 근사한 성능을 가진다. 이런 이유로 저주파 통과 필터의 디지털 변환 시 평균 역할을 하여 성능이 무난한 Bilinear 방식이 많이 사용된다.

> ## Bilinear Z 변환

아래 Bilinear 변환 수식에서 T_s 는 샘플링 주기이다.

$$s = \frac{2}{T_s}\frac{z-1}{z+1}$$

1 차 버터워스 필터 전달함수에 라플라스 변수 s 대신 대입하여 정리하도록 한다.

$$H(z) = \frac{Y(z)}{X(z)} = \frac{\omega_c}{\frac{2}{T_s}\frac{z-1}{z+1} + \omega_c} = \frac{w_c T_s z + w_c T_s}{(2 + w_c T_s)z + w_c T_s - 2}$$

$zY(z)$은 $y[n+1]$과 같이 미래의 항이 되므로, 최고차항으로 나누어 최고차항이 상수 즉 z^0 이 되도록 한다.

$$H(z) = \frac{Y(z)}{X(z)} = \frac{w_c T_s + w_c T_s z^{-1}}{2 + w_c T_s + (w_c T_s - 2)z^{-1}}$$

라. Z 변환을 차분 방정식으로 변환

위의 Z 전달함수를 $Y(z) = X$ 와 같은 Y 수식의 형태로 정리한다.

$$Y(z)(2 + w_c T_s + (w_c T_s - 2)z^{-1}) = X(z)(w_c T_s + w_c T_s z^{-1})$$

$$Y(z) = \frac{X(z) \times w_c T_s + w_c T_s \times z^{-1} X(z) - (w_c T_s - 2) \times z^{-1} Y(z)}{2 + w_c T_s}$$

Z 변환 편에서 봤듯이 Z 변환과 차분 방정식과의 변환 관계는 아래와 같다.

$$x[n - k] \leftrightarrow z^{-k}X(z)$$

위의 Z 전달함수 식을 차분 방정식으로 변환하여 정리한다.

$$y[n] = \frac{1}{w_cT_s + 2}(w_cT_sx[n] + w_cT_sx[n - 1] - (w_cT_s - 2)y[n - 1])$$

(y[n] : 현재 출력값, y[n - 1] : 이전 출력값, x[n] : 현재 입력값, x[n - 1] : 이전 입력값)

정리해 보면 아래와 같다.

$$y[n] = b_0x[n] + b_1x[n - 1] + a_1y[n - 1]$$

이때 계수 a_1, b_0, b_1 은 아래와 같다.

$$b_0 = b_1 = \frac{w_c}{w_c + k}, \quad a_1 = -\frac{w_c - k}{w_c + k} : k = \frac{2}{T_s}$$

필터의 블록 다이어그램

앞서 이론 편에서는 전달함수의 블록 다이어그램에 대해서 살펴보았었다. 디지털 필터의 경우 이 전달함수 블록 다이어그램을 사용할 수도 있지만, 일반적으로 디지털 구현에 초점을 두어 좀 더 직관적으로 알아볼 수 있도록, 아래와 같이 지연 박스 z^{-1} 을 사용한다.

위 1 차 저주파 통과 필터의 차분 방정식은 아래와 같은 블록 다이어그램으로 표현할 수 있다.

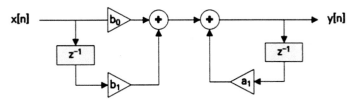

Figure II-15 1 차 IIR 필터 블록 다이어그램

위와 같은 블록 다이어그램의 표현은 Unit Delay 라 하는 z^{-1} 박스, 화살표 또는 삼각형으로 표시되는 곱셈기와 + 원인 Addr 로 표현함으로써, 디지털 구현 관점에서 쉽게 알아볼 수 있다는 장점을 가진다.

마. C 코드 구현 예

아래는 차단 주파수를 10Hz 로 두고, 샘플링 주기가 1ms 인 1 차 버터워스 IIR 저주파 통과 필터를 구현한 코드 예이다.

IIR LPF.c

```c
#ifndef M_PI
#define M_PI 3.14159f
#endif
/*
 * 샘플링 시간인 Ts 1ms 마다 호출되어야 함
 */
const double Ts = 1e-3; /* 샘플링 주기 1ms */


/*
 * x : 필터 입력 신호
 * return : 필터 출력 신호
 */
double IIR_LPF_IRQ(double x)
{
    const double Wc = 2 * M_PI * 10;   /* cutoff frequency 10hz */
    const double k = 2.0f/Ts;          /* 계수 계산 */
    const double b0 = Wc/(Wc + k);
    double b1 = b0;
    double a1 = -(Wc - k)/(Wc + k);
    static double y = 0.0f;              /* 출력 */
    static double prev_x = 0.0f;        /* 이전 입력 */

    y = b0 * x + b1 * prev_x + a1 * y;
    prev_x = x;
    return y;
}
```

위의 샘플 코드는 샘플링 주기가 1ms 로 설정되어 있으므로, 1ms 마다 데이터를 취득해 IIR_LPF_IRQ() 함수를 호출해야 해야 원하는 주파수 응답을 얻을 수 있다.

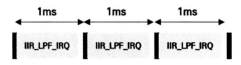

Figure II-16 필터 함수 실행 주기

바. MATLAB/OCTAVE 로 필터 응답 확인하기

MATLAB/OCTAVE 를 통한 필터 응답을 확인하는 것은 [① 라플라스 전달함수 H 선언 ② c2d() 함수를 통해 Z 전달함수로 변환 ③ bode() 함수로 주파수 특성 확인 ④ step() 함수로 계단 응답 확인] 으로 요약할 수 있다.

Bilinear 방식이었으므로, c2d() 함수는 'tustin'으로 변환하면 된다.

```
MATLAB/OCTAVE
pkg load control     % control 패키지 로드 : for OCTAVE only
pkg load symbolic    % symbolic 패키지 로드 : for OCTAVE only
close all

Ts = 1e-3;          % sampling T = 1ms
Wc = 2*pi*10;       % cutoff 10Hz
% condinuous 전달함수 생성
s=tf('s');           % 특수 변수 s 생성
H_S = Wc/(s + Wc);
% 앞서 변환식 확인을 위한 용도
k = 2/Ts;
num = [Wc/(Wc + k) Wc/(Wc + k)]
den = [1 (Wc - k)/(Wc + k)]
H_Z = tf(num, den, Ts);          % tf 함수로도 생성가능
% Z 전달함수 변환
H_Z = c2d(H_S, Ts, 'tustin')      % 동일한 지 확인
%freq response
bode(H_S, H_Z);
%축 범위 설정
subplot(2,1,1)
axis([0.1*Wc Wc*10 -20 0])
subplot(2,1,2)
axis([0.1*Wc Wc*10 -90 0])
```

위의 코드를 동작시켜 보면, 실제 수식으로 계산된 계수와 c2d() 함수로 변환된 계수가 아래와 같이 동일함을 볼 수 있다.

```
MATLAB/OCTAVE 명령창
num =
   0.030459  0.030459
den =
   1.0000  -0.9391
```

Transfer function 'H_Z' from input 'u1' to output ...

     0.03046 z + 0.03046

y1: ------------------

       z − 0.9391

Sampling time: 0.001 s

Discrete−time model.

또한, 아래와 같이 아날로그 버터워스 필터와 동일한 성능을 보이고 있음을 확인해 볼 수 있다.

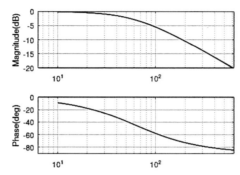

Figure II-17 'tustin' 변환 주파수 응답

사. MATLAB/OCTAVE 의 butter() 함수와 filter() 함수

앞에서 IIR 필터의 간접 설계법으로 변환 수식을 통해서 직접 설계했는데, MATLAB/OCTAVE 에는 버터워스 필터의 계수를 구할 수 있는 butter() 함수를 제공한다.

$$[b, a] = butter(N, Wn, Filter\_type)$$

인수로는 N 은 필터 차수, Wn 은 정규화된 차단 주파수로 (차단 주파수)/(샘플링 주파수/2) 를 입력해 주어야 한다.

Filter_type 에는 필터의 종류를 의미하는 것으로 저주파 통과 필터, 고주파 통과 필터, 대역 통과 필터, 대역 저지 필터로 각각 'low', 'high', 'bandpass', 'stop' 이 올 수 있다.

b 와 a 계수에 의해 아래와 같은 전달함수 형식을 가진다.

$$H(z) = \frac{b(1) + b(2)z^{-1} + \cdots + b(n+1)z^{-n}}{a(1) + a(2)z^{-1} + \cdots + a(n+1)z^{-n}}$$

또한, 체비쉐브 필터를 위해서는 cheby1() 함수를 제공하고 있다.

아래와 같이 butter() 함수로 실행해보면 동일한 결과를 가짐을 볼 수 있다.

MATLAB/OCTAVE 명령창

```
>> pkg load signal     % signal 패키지 로드 : for OCTAVE only
>> [b,a] = butter( 1, 10/(1000/2))
b =
   0.030469   0.030469
a =
   1.0000   -0.9391
```

> ## filter() 함수로 신호 응답 확인

앞서 우리는 전달함수의 시간 응답을 볼 수 있는 함수로 계단 응답의 step() 함수, 임의의 신호에 대한 응답을 볼 수 있는 lsim() 함수를 사용해 봤었다.
다른 방법으로 디지털 필터의 경우 filter() 함수를 통해 시간 응답을 쉽게 볼 수 있다.
실제 노이즈가 실린 파형을 filter() 함수를 통해 필터 응답을 확인해보도록 하자.

MATLAB/OCTAVE

```
pkg load signal            % signal 패키지 로드 : for OCTAVE only
pkg load communications    % awgn 함수 : for OCTAVE only
close all
clear all
fc = 10;                   % 차단 주파수
fs = 1000;                 % 샘플링 주파수
% 1 차 butter 저주파 통과 필터
[b,a] = butter ( 1, fc/(fs/2), 'low')
% 보드선도
figure(1)
freqz(b, a)
% 시간 응답 확인
%원본 정현파 생성 : 8Hz
Ts = 1/fs;                 % 샘플링 주기
n = 0:250;                 % 정수 배열 생성
Fo = 8;
X = sin(2*pi*Fo*n*Ts);     % x[n] = x(nTs)
%화이트 노이즈 10dB 합성
Xn = awgn(X, 10, 'measured');
% 노이즈 시그널 그래프
figure(2)
subplot(2, 1, 1);
plot(n, Xn);
```

```
title('sin wave with white noise')
% 필터 함수를 통한 필터 응답 그래프
subplot(2, 1, 2);
ic = filtic(b, a, [0 0]);          % filter 초기 조건 설정
Y = filter(b, a, Xn, ic);          % filter 함수를 이용한 시스템 응답
plot(n, Y);
title('filtered sin wave')
```

위 코드에서는 bode() 함수 대신 freqz() 함수로 보드선도를 그려 보았다. 이때 아래와 같이 주파수축은 정규화된 주파수로 표시된다.

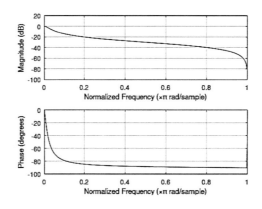

이 정규화된 주파수 Ω_n을 아날로그 주파수 $f(Hz)$로 변환하는 수식은 아래와 같다. f_s 는 샘플링 주파수이다.

$$f\ [Hz] = \frac{f_s}{2} \times \Omega_n\ [\pi \times rad/sample]$$

아래는 filter() 함수를 통해 그려진 시간 응답 그래프이다.

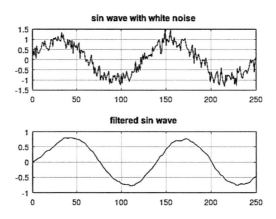

2.3.2. N 차 저주파 통과 필터

필터 설계를 하다 보면 더 큰 감쇠를 위하여 1 차 이상의 N 차 저주파 통과 필터가 필요한 경우가 있다.

여기에서는 차단 주파수와 특정 주파수에서의 목표 감쇠량같은 간단한 스펙으로 1 차 버터워스 필터를 직렬 연결하여 다차의 디지털 버터워스 필터를 설계하는 방법을 살펴보기로 한다.

아래와 같은 N 차 저주파 통과 필터를 설계해 보도록 하자.

필터 타입	DC 이득	차단 주파수	목표 감쇠 이득	통과 대역 리플
저주파 통과 필터	0dB	1rad/sec	-70dB@30rad/sec	0dB

-20dB/decade 의 이득 감쇠율을 가지는 1 차 버터워스 저주파 통과 필터로는 1rad/sec 차단 주파수일 때 30rad/sec 에서 -70dB 의 이득을 맞출 수 없기 때문에, N 차 저주파 통과 필터를 설계해야 한다.

가. 필요한 필터 차수 N 의 계산

N 차 버터워스 필터의 이득은 $|H(\omega)| \approx \dfrac{1}{\sqrt{1+(\frac{\omega}{\omega_c})^{2N}}}$ 으로 구할 수 있는데, 이로부터 ω 주파수에서 이득 A(dB)를 가지는 버터워스 필터의 필요한 차수는 $N \geq \dfrac{A_{dB}}{20\log_{10}\frac{\omega}{\omega_c}}$ 으로 근사할 수 있다.

여기에서는 앞서 보드선도 편에서 살펴본 1 차 저주파 통과 필터의 보드선도에서 특정 주파수에서의 이득을 근사 계산하는 수식을 통해 알아보도록 한다.

이를 이용하면, 1 차 저주파 통과 필터를 직렬로 연결하여 N 차의 필터를 구성할 때 아래와 같이 이득을 근사하는 수식을 가질 수 있는데, 차단 주파수 ω_c 근처의 주파수 ω 에서의 이득을 근사할때는 약간의 오차가 있다는 것은 염두해 두어야 한다.

$$A_{dB} \approx N \times -20dB \times \log_{10}\frac{\omega}{\omega_c} \quad : \omega > \omega_c$$

따라서, 주파수 ω 에서 필요한 감쇠 이득 A(dB)를 가지는 버터워스 저주파 통과 필터의 필요한 차수 N 은 아래와 같이 구할 수 있다.

$$N \geq -\frac{A_{dB}}{20dB} \times \frac{1}{\log_{10}\frac{\omega}{\omega_c}}$$

가령, 차단 주파수 ω_c 가 1rad/sec 이고, ω = 30rad/sec 에서 -70dB 의 감쇠를 가지는 버터워스 저주파 통과 필터를 바란다면 아래와 같이 계산해 볼 수 있다.

$$N \geq -\frac{-70dB}{20dB} \times \frac{1}{\log_{10}\frac{30}{1}} \approx 2.3695$$

해당 필터 스펙을 만족하기 위하여 필요한 버터워스 필터 차수 N 은 2.3 차 이상이 되어야 하므로, 적어도 3 차의 필터가 필요함을 알 수 있다.

나. 정수 부분의 차수 N 의 주파수 응답 확인

위 필요한 차수 2.3 에서 정수 부분인 N = 2 차로 두고 MATLAB/OCTAVE 를 통하여 주파수 응답을 확인해 보도록 한다.

전달함수는 ω_c = 1rad/sec 의 1 차 저주파 통과 필터를 직렬 연결하는 것으로 가정했으므로, 아래와 같이 2 차 전달함수가 된다.

$$H(s) = \frac{1}{s+1} \times \frac{1}{s+1}$$

MATLAB/OCTAVE

```
pkg load control      % control 패키지 로드 : for OCTAVE only
s=tf('s');            % 특수변수 s 생성
% 전달함수 생성
H=1/(s+1)^2
%보드선도
bode(H)
```

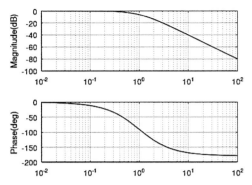

Figure II-18 1 차 저주파 통과 필터의 직렬 연결

차단 주파수는 1rad/sec 이 되고, 30rad/sec 에서 -60dB 의 감쇠 이득을 가지는 것을 볼 수 있다. 이 감쇠량은 아직 목표 감쇠량인 -70dB 에 모자라기 때문에 아래에서 극점을 추가하기로 한다.

다. 목표 감쇠량을 위한 극점 추가

위의 2 차 버터워스 필터의 30rad/sec 의 주파수에서의 이득에서 -10dB 의 감쇠 이득이 더 필요하므로, 1 차 저주파 통과 필터를 하나 더 추가시켜 주어 3 차 저주파 통과 필터로 설계하면 될 것이다.

이는 앞의 근사 이득 수식에서 N = 1 로 두면 아래와 같이 변경시켜 볼 수 있다.

$$\omega_c \approx \frac{\omega}{10^{\frac{Gain(dB)}{-20dB}}}$$

따라서, 추가하려는 30rad/sec 에서 -10dB 가 되는 1 차 버터워스 저주파 통과 필터의 차단 주파수는 아래와 같다.

$$\omega_c \approx \frac{30}{10^{\frac{-10dB}{-20dB}}} \approx 9.4868 \text{ [rad/sec]}$$

차단 주파수 약 9.5rad/sec 의 버터워스 1 차 필터를 직렬 연결하면 되므로 전달함수는 아래와 같다.

$$H(s) = \frac{1}{s+1} \times \frac{1}{s+1} \times \frac{9.5}{s+9.5}$$

이 전달함수의 주파수 응답을 MATLAB/OCTAVE 로 확인해 보자.

MATLAB/OCTAVE
pkg load control   % control 패키지 로드 : for OCTAVE only
s=tf('s');   % 특수 변수 s 생성
% 전달함수 생성
H=1/(s+1)^2*9.5/(s+9.5)
bode(H)   %보드선도

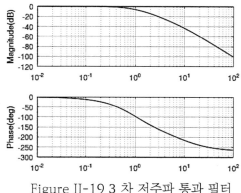

Figure II-19 3 차 저주파 통과 필터

위와 같이 차단 주파수는 1rad/sec 이고, 30rad/sec 에서 -70dB 로 목표했던 감쇠를 가지는 버터워스 필터가 구현되었음을 볼 수 있다.

실제 DSP 필터 구현을 위하여 위의 라플라스 전달함수를 Z 변환하여 차분 방정식의 형태로 만들거나, 앞서 구현한 1 차 저주파 통과 필터 함수의 출력을 다음 입력으로 주는 중복 호출로도 구현할 수 있다.

2.3.3. 평활 필터

평활 필터(Smoothing Filter)는 신호를 부드럽게 만드는 용도로 사용되기 때문에 붙여진 이름으로, 저주파 통과 필터, 이동 평균 필터, 가우시안 필터, 지수 이동 평균 필터 등의 저주파 통과 필터의 특성이 있는 필터를 포괄적으로 의미하는데, 이 중 지수 이동 평균 필터 (Exponential Moving Average, EMA) 또는 Simple LPF 의 이름으로 불리는 필터에 대해 살펴보기로 한다.

이 지수 이동 평균(EMA) 필터는 주파수 응답을 특정하기 어렵고 비선형 위상이라서 보통은 제어 시스템 등에 사용되진 않지만, 주파수 위상 지연에 구해 받지 않는 분야 예를 들어, 화면의 선을 부드럽게만 하면 되는 작업 등에 많이 사용된다.
심지어, 주파수에 연연하지 않는 분야의 경우 일정한 샘플링 주파수 없이도 깨끗한 파형, 부드러운 곡선 등의 구현을 목적으로 사용되기도 한다.

평균 필터 차분 방정식인 길이 N 의 평균 필터로부터 아래와 같이 유도할 수 있다. 평균 필터는 이산 데이터를 평균하여 처리하는 저주파 통과 필터를 말한다.

$$X_{avg}[n] = \frac{1}{N}\sum_{k=1}^{N} x[k] = \frac{1}{N}\sum_{k=1}^{N-1} x[k] + \frac{1}{N}x[N] = \frac{N-1}{N}\frac{1}{N-1}\sum_{k=1}^{N-1} x[k] + \frac{1}{N}x[N]$$

$$= \frac{N-1}{N}\frac{1}{N-1}\sum_{k=1}^{N-1} x[k] + \frac{1}{N}x[N] = \frac{N-1}{N}X_{avg}[n-1] + \frac{1}{N}x[N]$$

가중치 α로 두어 정리하면, 아래와 같은 형식이 된다.

$$y[n] = \alpha x[n] + (1-\alpha)y[n-1] : 0 < \alpha \leq 1$$

α가 작아질수록 이전 출력의 가중치가 커지며 더 부드럽게 되지만, 응답이 느려지는 특성이 있다.

위 수식처럼 현재 출력값 y[n]을 구하는 데, 이전 출력값인 y[n - 1]이 사용되므로 IIR 형태의 필터로 주파수 응답은 FIR 필터 설계 편에서 살펴볼 이동 평균 필터와는 다르다.
주기적인 샘플링 주기를 가진다면 차단 주파수는 아래와 같이 근사된다.

$$f_c(Hz) \approx \frac{\alpha}{T_s(1-\alpha)} \times \frac{1}{2\pi}$$

가. C 코드 구현 예

아래는 이와 같은 지수 이동 평균(EMA) 필터를 구현한 C 코드 예이다.

```
EMA_Filter.c

/*
 * x : 입력 신호
 * return : 출력 신호
 */
double EMA_LPF(double x, double alpha)
{
    static double y = 0.0f;      /* 출력 */
    y = x * alpha + y * (1.0f - alpha);
    return y;
}
```

나. MATLAB/OCTAVE 를 통한 필터 응답 확인

사실 지수 이동 평균(EMA) 필터는 비선형 위상으로 파형의 왜곡이 심해, 주파수 응답 제어로 잘 사용되지는 않지만, 간단한 노이즈 제거, 부드러운 응답 처리 등에 구현이 쉬워 많이 사용되는 필터이다.

계수 $\alpha = 0.1$ 과 $\alpha = 0.9$ 일 때의 주파수 응답을 MATLAB/OCTAVE 를 통해 비교해 보도록 하자.

아래는 $\alpha = 0.1$ 일 때의 Z 전달함수를 구한 것으로, 0.9 일 때도 마찬가지로 구할 수 있다.

$$y[n] = 0.1x[n] + 0.9y[n-1]$$

Z 변환을 하면 아래와 같다.

$$Y(z) = 0.1X(z) + 0.9z^{-1}Y(z)$$

따라서, Z 전달함수는 아래와 같다.

$$\frac{Y(z)}{X(z)} = \frac{0.1}{1 - 0.9z^{-1}} = \frac{0.1z}{z - 0.9}$$

```
MATLAB/OCTAVE

pkg load control              % control 패키지 로드 : for OCTAVE only
pkg load communications       % for octave's awgn 함수 : for OCTAVE only
close all
```

```
Ts = 1e-3;                        % 샘플링 주파수 1ms

% Z 전달함수 생성
Hz_a_0_1 = tf([0.1 0], [1 -0.9], Ts);
Hz_a_0_9 = tf([0.9 0], [1 -0.1], Ts);

% 보드선도
figure(1);
bode(Hz_a_0_1, Hz_a_0_9);

% 노이즈 응답 곡선
figure(2)
n = 0:250;                        % 정수 배열 생성
Fo = 15;                          % 15Hz
X = sin(2*pi*Fo*n*Ts); % x[n] = x(nTs)   % 원본 정현파 생성
Xn = awgn(X, 10, 'measured');     % 화이트 노이즈 10dB 합성
subplot(2, 1, 1);                 % 원본 노이즈 그래프
plot(n, Xn);
title('sin wave with white noise')
subplot(2, 1, 2);                 %필터링 된 신호 그래프
ic = filtic ([0.1 0], [1 -0.9], [0 0]);   % filter 초기 조건 설정
Y = filter([0.1 0], [1 -0.9], Xn, ic);  % filter 함수를 이용한 시스템 응답
plot(n, Y, 'b');
hold on
ic = filtic ([0.9 0], [1 -0.1], [0 0]);   % filter 초기 조건 설정
Y = filter([0.9 0], [1 -0.1], Xn, ic);  % filter 함수를 이용한 시스템 응답
plot(n, Y, 'r');
legend('r = 0.1', 'b = 0.9')
hold off
title('filtered sin wave')

% 계단 응답 그래프
figure(3)
step(Hz_a_0_1, Hz_a_0_9)
```

아래는 주파수 응답 그래프이다. 보이는 것과 같이 $\alpha = 0.1$ 일 때의 저주파 차단 주파수가 낮고, 위상 응답의 비선형성은 더 커진 것을 볼 수 있다.

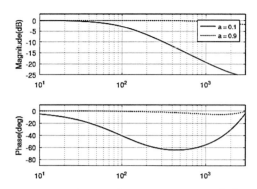

Figure II-20 $\alpha = 0.1$ 과 $\alpha = 0.9$ EMA 필터 보드선도

Z 변환 편에서 $z = e^{j\Omega}$로 대입하면 DTFT 와 동일 수식이 되어, 주파수 응답을 계산할 수 있다고 했다. 이때 연속 시간과의 관계는 $\Omega = \omega T_s$와 같다.

이를 이용하여 차분 방정식의 주파수 응답을 구해보는 연습으로 차단 주파수에서의 이득을 구해보자.

위의 경우 샘플링 주기인 $T_s = 0.001$ 초이고, $\alpha = 0.1$ 보드선도에서 대략 $\omega = 110 \text{rad/sec}$가 차단 주파수가 되므로, 이득은 아래와 같이 구할 수 있다.

$$|H(\Omega)| = \left| \frac{0.1e^{j\Omega}}{e^{j\Omega} - 0.9} \right| = \left| \frac{0.1e^{j110 \times 0.001}}{e^{j110 \times 0.001} - 0.9} \right| \approx 0.69$$

이를 dB 로 환산하면 아래와 같이 대략 -3dB 가 나오게 된다.

$$20 \log_{10} 0.69 \approx -3.2 \text{dB}$$

이렇게 Z 전달함수에서 $z = e^{j\Omega}$로 대입하면 주파수 응답을 구할 수 있다.

아래는 노이즈 제거 효과에 대한 그래프에 대한 성능으로 $\alpha = 0.1$ 일 때 차단 주파수가 낮아 노이즈를 더 잘 제거하고 있지만, 보드선도에서 보는 것처럼 위상 지연이 크기 때문에 신호 지연은 더 커졌음을 볼 수 있다.

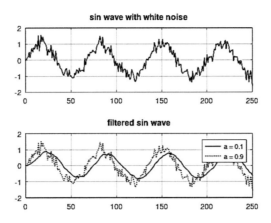

Figure II-21 α = 0.1 과 α = 0.9 EMA 필터의 노이즈 제거

아래는 계단 응답으로 대역폭이 낮은 α = 0.1 인 경우가 더 느린 반응을 보이고 있다.

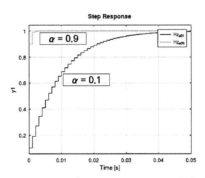

Figure II-22 α = 0.1 과 α = 0.9 EMA 필터의 계단 응답

앞서 기초 이론 편에서 다루었던 주파수 영역의 차단 주파수와 대역폭, 시간 영역의 계단 응답과의 관계를 이해하고 있다면, 계단 응답이 이렇게 나올 것이라는 것은 충분히 예상할 수 있는 부분이다.

2.3.4. 고주파 통과 필터

고주파 통과 필터(High Pass Filter, HPF)는 통과 대역이 고주파 대역에 있어 차단 주파수 이상의 고주파 신호는 통과시키고, 저주파 신호는 감쇠하는 필터를 말한다. 여러 응용 분야가 있겠지만, 일반적으로 DC 오프셋 신호를 제거하고 고주파 신호만 사용하고 싶을 때 사용한다.

아래 디지털 필터의 유도에 대해서는 저주파 통과 필터 편에서 보았던 것과 동일하므로, 여기에서는 수식만 정리하기로 한다.

기본적으로 버터워스 HPF 는 앞서 살펴봤던 버터워스 LPF 전달함수에서 $\frac{s}{\omega_c}$ 대신 $\frac{\omega_c}{s}$를 대입하면 되는데, 1 차 버터워스 아날로그 HPF 필터의 전달함수 표준 형식은 아래와 같다. X(s) 는 입력이고, Y(s)는 출력이 된다.

$$H(s) = \frac{Y(s)}{X(s)} = \frac{s}{s + \omega_c}$$

$$\omega_c = 2\pi f_c : f_c = 차단 주파수(Cutoff Frequency)$$

앞서 보았던 버터워스 저주파 통과 필터는 DC 이득을 1 로 둔 형태이지만, 위 고주파 통과 필터는 주파수 응답 $H(\omega) = \frac{j\omega}{j\omega + \omega_c}$에서 $\omega \to \infty$일때, $|H(\omega)| = \left|\frac{j\omega}{j\omega + \omega_c}\right| \approx 1$이므로, 고주파 이득을 1 즉 0dB 로 둔 형태이다.

이 라플라스 전달함수를 저주파 통과 필터에서와 같이 Bilinear 방식으로 Z 변환하여 차분 방정식을 유도하면 아래와 같다.

$$y[n] = b_0 x[n] + b_1 x[n-1] + a_1 y[n-1]$$

각 계수는 아래와 같다.

$$b_0 = -b_1 = \frac{k}{w_c + k}, \, a_1 = -\frac{w_c - k}{w_c + k} : k = \frac{2}{T_s}$$

여기에서는 아래 표와 같은 스펙의 고주파 통과 필터를 설계해 보도록 한다.

필터 타입	고주파 이득	차단 주파수	샘플링 주기	감쇠율	통과 대역 리플	선형 위상
고주파 통과 필터	0dB	100Hz	0.1ms	−20dB/decade	0dB	−

가. C 코드 구현 예

아래는 위의 HPF 필터를 구현한 C 코드 예이다.

IIR_HPF_IRQ.c

```
#ifndef M_PI
#define M_PI 3.14159f
#endif
/*
* 샘플링 시간인 Ts 100us 마다 호출되어어 함
*/
const double Ts = 1e-4;   /* 샘플링 주기 100us */

/*
* x : 입력 신호
* return : 출력 신호
*/
double IIR_HPF_IRQ(double x)
{
    const double Wc = 2 * M_PI * 100; /* cutoff frequency 100hz */
    const double k = 2/Ts;               /* 계수 계산 */
    const double b0 = k/(Wc + k);
    const double b1 = -b0;
    const double a1 = -(Wc - k)/(Wc + k);
    static double y = 0.0f;               /* 출력 */
    static double prev_x = 0.0f;          /* 이전 입력 */

    y = b0 * x + b1 * prev_x + a1 * y;
    prev_x = x;
    return y;
}
```

나. MATLAB/OCTAVE 를 통한 필터 응답 확인

아래와 같이 저주파 통과 필터 편과 마찬가지로 MATLAB/OCTAVE 를 통해 필터 응답을 확인해 볼 수 있다.

MATLAB/OCTAVE

```
pkg load control          % control 패키지 로드 : for OCTAVE only
close all
Ts = 1e-4;                % 샘플링 주파수 = 0.1ms
% Z 전달함수 생성
Wc = 2*pi*100;            % 통과 주파수 = 100Hz
k = 2/Ts;
num = [k/(Wc + k) -k/(Wc + k)];
den = [1 (Wc - k)/(Wc + k)];
H_Z = tf(num, den, Ts)
% 보드선도
figure(1);
bode(H_Z);
% 노이즈 통과 특성 그래프 : 1 hz + 0.1* 500hz
figure(2)
n = 0:50000;
Xn = sin(2*pi*1*n*Ts) + 0.2* sin(2*pi*500*n*Ts);  % x[n] = x(nTs)
subplot(2, 1, 1);
plot(n, Xn);
axis([0 50000 -1.5 1.5])
title('sin wave with white noise')
subplot(2, 1, 2);
ic = filtic (num, den, [0 0]);    % filter 초기 조건 설정
Y = filter(num, den, Xn, ic);  % filter 함수를 이용한 시스템 응답
plot(n, Y);
axis([0 50000 -1.5 1.5])
title('filtered sin wave')
```

아래는 위 코드의 결과인 주파수 응답 그래프와 시간 응답 그래프이다.

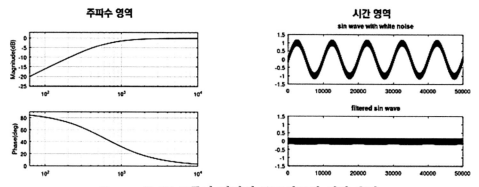

Figure II-23 고주파 필터의 보드선도와 시간 응답

위의 보드선도와 시간 응답에서 보이는 것과 같이 저주파 영역에서는 감쇠로 신호를 통과시키지 않고, 고주파 영역에서만 신호를 통과시키고 있는 것을 볼 수 있다.

2.3.5. 노치 필터

노치 필터(Notch Filter)는 대역 제한 필터의 일종으로 두 차단 주파수 사이의 대역에서는 신호를 감쇠시키고, 나머지 대역은 통과시키는 필터를 말한다.

이 노치 필터는 특정 주파수 대역의 성분을 제거하는데 사용되며, 주파수 응답이 좁고 깊은 노치(V 자 표시)를 포함하고 있다는 특징이 있다.

제어 시스템에서 노치 필터를 사용하는 의미를 아래 공진점이 있는 시스템으로 살펴보자.

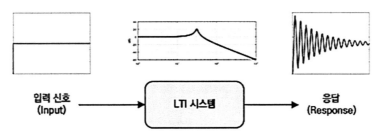

Figure II-24 공진점과 계단 응답

위 그림과 같이 공진 주파수에서의 공진점의 크기가 클 경우 계단 입력에 대해 오버슈트와 링잉이 포함되어 출력되며, 이는 응답 특성이 좋지 않을 뿐 아니라, 전기/전자 시스템에서는 EMI 노이즈의 원인이 되고, 기계 시스템에서는 진동과 소음 등을 유발하고 시스템의 수명을 짧게 할 수 있다. 더 큰 문제는 안전에 관련될 수 있다는 것이다.

이런 오버슈트와 링잉을 제거하기 위해서는 기계적/전기적 수정으로 공진점의 크기를 줄이는 것이 좋은데, 할 수 없다면 제어기나 필터를 사용하여 공진점의 크기를 줄이거나 제거해야 한다. 이런 경우 노치 필터가 사용될 수 있다.

아래 그림을 보도록 하자.

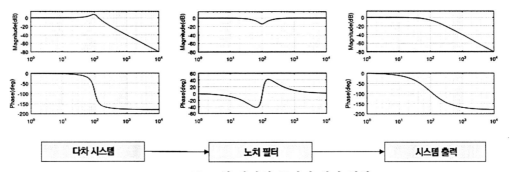

Figure II-25 노치 필터의 공진점 제거 역할

시스템의 직렬 연결 즉, 전달함수의 곱하기는 주파수 영역에서 이득 dB 의 더하기와 같다. 이렇게 공신 주파수에서 공진점의 크기와 반대되는 크기로 더해주면 공진점이 사라지며 링잉이 제거된다. 이는 시간 영역에서 공진 주파수의 링잉 파형에 반대 위상의 정현파를 출력하여 상쇄시킨다고 이해하면 된다.

아래는 노치 필터를 사용하지 않은 계단 응답과 노치 필터를 사용한 계단 응답의 그림이다.

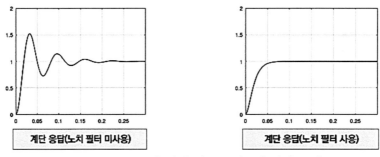

Figure II-26 노치 필터 사용 유/무의 계단 응답

이 밖에 노치 필터는 특정 주파수 대역의 노이즈를 제거하는 목적으로 사용되는데, 예를 들면 센서 전압 측정 등에서 자주 중첩되는 상용 전원의 60Hz 노이즈를 제거하는 용도 등에도 사용된다.

가. Q Factor

노치 필터의 품질(Quality)은 차단 주파수 대역을 얼마나 뾰족하게 잘라내는가이다. 이런 품질(Quality)의 척도를 표시하기 위하여 Q Factor 를 사용한다.

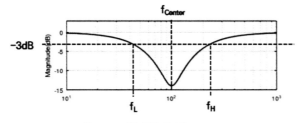

Figure II-27 Q Factor

Q Factor 는 아래와 같은 수식으로 구해진다.

$$Q\ Factor = \frac{f_{center}}{f_H - f_L} = \frac{f_{center}}{f_{Bandwidth}}$$

Q Factor 가 크면 노치 필터의 골이 날카로워지고, 작으면 차단 주파수 대역폭이 넓어지며 주파수의 선택도가 나빠지게 된다.

만일, 공진점 제거의 목적으로 노치 필터를 사용할 때 공진점의 크기를 너무 많이 잘라내게 되면, 해당 주파수에서 반대 방향으로 이득이 감소해가며, 마찬가지로 링잉이 발생할 뿐 아니라 Q Factor 의 f_L 과 f_H 의 대역이 넓어지며 다른 유효한 주파수 대역의 신호 크기도 감쇠시킨다. 이는 응답에 대한 지연이 발생된다는 것을 의미한다.

이런 이유로 시스템마다 공진 주파수에서의 공진점의 크기를 얼마나 잘라낼 것인가로 노치 필터를 설계하게 된다.

나. 노치 필터의 전달함수

노치 필터의 전달함수는 그 사용법에 따라 몇 가지가 형태가 있지만, 표현 방식만 다를 뿐 기본 형식은 다 동일하다. 여기서는 주파수 영역에서 사용되는 아래의 형태로 살펴보도록 하자.

$$H(s) = \frac{Y(s)}{X(s)} = \frac{s^2 + 2\zeta_z\omega_0 s + \omega_0^2}{s^2 + 2\zeta_p\omega_0 s + \omega_0^2}$$

중심 주파수 ω_0 에서의 감쇠 크기는 아래와 같다.

$$|H(\omega_0)| = \frac{\zeta_z}{\zeta_p}$$

ζ_z 가 작을수록 노치 필터의 골이 깊어지며 감쇠율이 높아진다. ζ_p는 대역폭에 관한 상수로 크기가 커지면 필터의 저지 대역이 넓어지는데, 위 전달함수의 극점 간의 거리를 대역폭으로 볼 수 있으므로, Q Factor 와 함께 아래의 관계를 가진다.

$$\zeta_p = \frac{1}{2Q}$$

아래 MATLAB/OCTAVE 를 통해 노치 필터의 응답을 보자.

MATLAB/OCTAVE

```
pkg load control        % control 패키지 로드 : for OCTAVE only
close all
clear all
s = tf('s');            % 특수 변수 생성
% 시스템 전달함수
wn = 100;               % 공진 주파수 = 100rad/sec
zeta = 0.2;             % damping ratio = 0.2
H = wn^2 / (s^2 + 2*zeta*wn*s + wn^2);
% 노치 필터 전달함수
w0 = 100;               % 공진 주파수 = 100rad/sec
zz = 0.2;               % 제타 z=0.2
zp = 1.0;               % 제타 p=1.0
Notch = (s^2 + 2*zz*w0*s + w0^2)/(s^2 + 2*zp*w0*s + w0^2);
% 시스템과 노치 필터의 직렬 연결
Notched_H = H*Notch
% 보드선도
figure(1)
bode(H, Notch, Notched_H)
% 계단 응답
figure(2)
step(H, Notched_H)
```

위 코드의 경우 공진점을 없애고 싶은 플랜트의 정확한 2 차 전달함수 H(s)를 알고 있으므로, 노치 필터의 분자항을 플랜트의 분모항과 동일하게 만듦으로써 H(s)의 공진점을 만드는 허수 극점을 상쇄하고, 노치 필터의 분모항의 감쇠비를 1 로 만듦으로써 임계 댐핑 시스템을 구현한 예이다. 위 코드의 결과는 아래와 같이 노치 필터로 공진점을 제거해 오버슈트 및 링잉이 없는 응답이 나오는 것을 볼 수 있다.

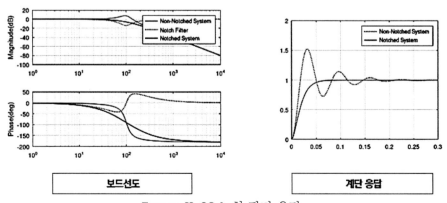

Figure II-28 노치 필터 응답

하지만, 전달함수를 모르고 공진점이 있는 주파수 응답 곡선만 보고 제거해야 하는 경우, 설계 예를 들면 아래와 같이 할 수 있다.

일반적으로 잘라내고자 하는 공진점의 크기에 + 3dB 정도의 여유를 두어 더 잘라낸다. 위 플랜트 보드선도의 경우 공진 주파수 100rad/sec 에서 공진점의 크기가 8dB 정도이므로, 노치 필터는 공진 주파수 100rad/sec 에서 -11dB(0.282)의 감쇠 이득을 가지면 될 것이다. 따라서, $|H(\omega_0)| = \frac{\zeta_z}{\zeta_p} = 0.282 \rightarrow \zeta_z = 0.282\zeta_p$로 두고, $\zeta_p = \frac{1}{2Q}$의 관계로 ζ_p를 결정한다. 위에서의 플랜트 공진점의 $f_{Bandwidth}$ 는 약 80rad/sec 로 볼 수 있으므로, Q Factor = $\frac{f_{center}}{f_{Bandwidth}} = \frac{100}{약 80} = 1.25$로 결정할 수도 있지만, 일반적으로 플랜트의 공진점은 비대칭이므로, 플랜트의 $f_{Bandwidth}$ 에 여유를 두어 이득 곡선이 왜곡없이 부드럽게 잘려 질 수 있도록 Q Factor 를 조절하여 ζ_p 계산한 후 ζ_z도 결정할 수 있다.

다. Z 전달함수 변환

위의 노치 필터를 C 코드와 같은 디지털 코드로 변환할 필요가 있을 때, 앞서 본 변환 방식들로 직접 계산할 수도 있지만, MATLAB/OCTAVE 의 c2d() 함수를 사용하여 간단하게 Z 전달함수를 구할 수 있다.

MATLAB/OCTAVE

```
pkg load control      % control 패키지 로드 : for OCTAVE only
clear all
s = tf('s');          % 특수 변수 생성
% 노치 필터 전달함수
w0 = 100;             % 공진 주파수 = 100rad/sec
zz = 0.2;             % 영점 제타 0.2
zp = 1.0;             % 극점 제타 1.0
Notch = (s^2 + 2*zz*w0*s + w0^2)/(s^2 + 2*zp*w0*s + w0^2);
% Z 전달함수로 변환
Ts = 100e-6;          %sampling Time
Notch_d = c2d(Notch, Ts, 'prewarp', w0)
```

이에 대한 결과로 MALTAB/OCTAVE 명령창에는 아래와 같이 출력된다.

MATLAB/OCTAVE 명령창

```
     0.9921 z^2 - 1.98 z + 0.9881
y1: ---------------------
     z^2 - 1.98 z + 0.9802
```

※ 주파수 뒤틀림 보상 (Frequency Warping Compensation)

위 코드의 c2d() 함수에서 prewarp 옵션이 들어간 것을 볼 수 있다.

Z 변환을 할 때, 연속 시간의 주파수 응답과 이산 시간에서의 주파수 응답이 정확히 일치할 수 없어 주파수가 조금 뒤틀리는 현상이 발생하는데, 이 주파수 뒤틀림 현상을 보상하고자 할 때 c2d() 함수에 prewarp 옵션을 준다.

또는, bilinear 변환에서 아래와 같은 수식을 사용할 수 있다. ω_0 는 주파수 보정을 하고자 하는 각주파수이다.

$$s = \frac{2}{T_s}\frac{z-1}{z+1} \rightarrow s = \frac{\omega_0}{\tan\left(\frac{\omega_0 T_s}{2}\right)}\frac{z-1}{z+1}$$

라. 차분 방정식으로 변환

위의 MATLAB/OCTAVE 에서 나온 Z 전달함수를 차분 방정식으로 변환해 보기로 한다.

$$\frac{Y(z)}{X(z)} = \frac{0.9921z^2 - 1.98z + 0.9881}{z^2 - 1.98z + 0.9802} = \frac{0.9921 - 1.98z^{-1} + 0.9881z^{-2}}{1 - 1.98z^{-1} + 0.9802z^{-2}}$$

$$\rightarrow Y(z)(1 - 1.98z^{-1} + 0.9802z^{-2}) = X(z)(0.9921 - 1.98z^{-1} + 0.9881z^{-2})$$

이를 차분 방정식으로 변환하면 아래와 같다.

$$\therefore y[n] = 0.9921x[n] - 1.98x[n-1] + 0.9881x[n-1] + 1.98y[n-1] - 0.9802y[n-2]$$

이것을 앞에서 계속 봐왔던 것과 같이 디지털 코드화 하면 된다.

2.4. FIR 필터 설계

FIR 필터가 IIR 필터와 동일한 성능을 내기 위하여는 더 많은 차수의 필터 구성이 필요하여 많은 리소스를 필요로 한다는 단점이 있지만, 항상 안정적이며 선형적인 위상이 필요한 분야에서는 많이 사용된다.

FIR 필터의 설계 방식에는 대표적으로 윈도우 방법, 주파수 샘플링 방법, 최적 방법 등이 있는데, 이 중 일반적으로 많이 사용되는 창 함수를 사용하는 윈도우 방법에 대해서 살펴보도록 할 것이다.

FIR(유한 임펄스 응답) 필터의 형식은 앞에서 봤듯이, 피드백이 없이 임펄스 응답 h[n] 계수로 아래와 같은 형태를 가진다.

$$y[n] = h[0]x[n] + h[1]x[n-1]+..+h[N-1]x[n-(N-1)]$$

이상적인 주파수 응답을 가지는 필터는 구현할 수 없기 때문에, 윈도우 방식의 FIR 필터 설계에서는 이상적인 필터에 가장 근접한 필터를 설계하기 위하여 창 함수(Window Function)라 불리는 형태의 함수를 통해 필터의 임펄스 응답을 구현 가능한 형태로 잘라내어 설계하게 된다.
창 함수에는 해밍, 해닝, 블랙맨, 카이저 등의 함수가 있는데, 이런 창 함수의 수식을 통하여 FIR 계수를 이끌어내는 작업을 손으로 하는 것은 무척 어려운 일이다.

하지만, MATLAB/OCTAVE 의 fir1() 함수를 이용하거나, 특히 MATLAB 의 필터 디자이너(FDA TOOL)라는 도구를 이용하면 GUI 환경에서 FIR 필터뿐 아니라 IIR 필터 또한 쉽게 설계할 수 있다.

이 장에서는 대표적인 FIR 필터인 이동 평균 필터에 대해 살펴보고, FIR 저주파 통과 필터는 창 함수와 fir1() 함수를 이용하여 설계해 보도록 한다.

2.4.1. 이동 평균 필터

이동 평균 필터(Moving Average Filter)는 성능은 좋지 않지만, 간단해서 일반 용도에서도 매우 자주 사용되는 대표적인 FIR 저주파 통과 필터이다.

이름에서도 알 수 있듯이 이동하면서 평균을 구하는 방식으로, 몇 개의 이전 입력 데이터를 취해서 평균을 할 것인가에 따라 필터의 차단 주파수가 달라진다.

아래는 2 깊이의 이동 평균 필터로, 이동하면서 2 개씩 평균을 하여 출력하게 된다.

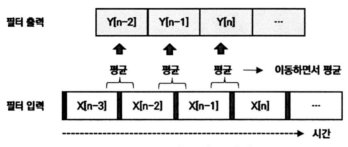

Figure II-29 이동 평균 필터

N 깊이(Depth)의 이동 평균 필터를 수식으로 표현하면 아래와 같이 표현할 수 있다.

$$y[n] = \frac{1}{N} \sum_{k=0}^{N-1} x[n-k]$$

위의 수식에서 볼 수 있듯이 현재 출력 y[n]을 구하는데 y[n - 1] 등의 이전 출력값이 사용되지 않으므로 FIR 형태의 필터이다.

일정한 샘플링 주기 f_s(Hz)를 가질 때 차단 주파수는 아래와 같이 근사해서 구할 수 있다.

$$\text{Cutoff Frequency(Hz)} \approx \frac{0.443}{\sqrt{N^2 - 1}} f_s$$

이 이동 평균 필터는 정확한 주파수 응답 제어가 필요없는 응용에서는 경우에 따라 일정한 샘플링 주기가 없이도 사용되기도 한다.

가. C 코드의 구현

아래는 이와 같은 이동 평균 필터를 구현한 코드 예이다.

Moving Average Filter

```
/*
* x : 입력 신호
* return : 출력 신호
*/
#define N_DEPTH 8
double MOVING_AVG(double x)
{
    static double Sum = 0;
    static double PrevX[N_DEPTH] = {0.0f, }; /* 0 으로 패딩 */
    static int CurIndex = 0;

    Sum -= PrevX[CurIndex];
    Sum += x;
    PrevX[CurIndex] = x;
    if (++CurIndex == N_DEPTH)
        CurIndex = 0;
    return (Sum) / N_DEPTH;
}
```

위의 코드는 원형 버퍼에 이전 값들을 저장하며, 평균을 낸다.

나. MATLAB/OCTAVE 를 이용한 응답 특성

N = 2 의 이동 평균 필터의 차분 방정식은 아래와 같이 표현할 수 있다.

$$y[n] = \frac{x[n] + x[n-1]}{2}$$

이것을 Z 변환하여 전달함수를 구하면 아래와 같다.

$$Y(z) = \frac{1}{2}(X(z) + z^{-1}X(z))$$

$$\rightarrow \frac{Y(z)}{X(z)} = \frac{0.5z + 0.5}{z}$$

pkg load control	% control 패키지 로드 : for OCTAVE only
close all	
Ts = 1e-3;	% 샘플링 주파수 = 0.1ms
% 전달함수 생성	
num = [0.5 0.5];	% N = 2 의 전달함수
den = [1 0];	
Hz = tf(num, den, Ts);	
% 보드선도	
bode(Hz, {1e+2 3e+3})	%w 구간 = 100 ~ 3000

주파수 응답의 결과는 아래와 같고, 차단 주파수인 각주파수는 1600rad/sec 정도에 위치하고 있어, 앞에서 본 차단 주파수 근사 계산식과 비슷함을 볼 수 있다.

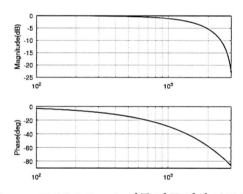

Figure II-30 2-Depth 이동 평균 필터 보드선도

이런 이동 평균 필터와 같은 경우 데이터의 시작 지점 또는 끝 지점에는 연산에 필요한 데이터가 없어 부정확한 연산이 될 수 있는데, 이를 완화하는 방법으로는 데이터 시작 또는 끝을 0 과 같은 일정 값으로 채우는 패딩(Padding) 방식, 경계를 무시하여 필터링 하지 않는 방식 등을 사용할 수 있다.

2.4.2. 창 함수를 이용한 FIR 필터 설계

FIR(Finite Impulse Response) 필터의 설계에서는 창 함수(Window Function)라 불리는 함수를 통해 필터의 임펄스 응답을 필터의 차수로 잘라내어 설계한다.

이런 창 함수로 계산하여 FIR 필터를 직접 설계하는 작업은 어렵기 때문에, 일반적으로 다음 장에서 볼 MATLAB/OCTAVE 와 같은 소프트웨어를 사용하면 창 함수를 선택하여 간편하게 설계할 수 있다.

이 장에서는 창 함수를 통한 FIR 필터의 설계 개념과 창 함수들의 특성에 대해서 살펴보도록 한다.

가. 창 함수를 이용한 저주파 통과 필터 설계

FIR 필터의 설계는 FIR 필터의 계수들을 구하는 과정이며, 이 계수들은 FIR 필터의 임펄스 응답과 동일하다는 것을 디지털 필터 구분 편에서 살펴보았었다.

아래와 같은 11 차수의 FIR 저주파 통과 필터의 설계 과정을 살펴보며, 창 함수의 사용에 대해 이해해 보도록 한다.

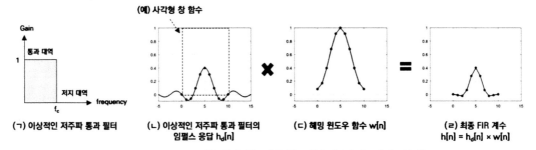

Figure II-31 창 함수를 이용한 저주파 통과 필터 설계

ㄱ. 이상적인 필터 정의

필요한 필터의 유형, 차단 주파수 등 원하는 이상적인 필터를 결정한다. 위 그림에서는 이상적인 저주파 통과 필터를 표현했다.

FIR 필터 설계는 필터의 주파수 응답이 이런 이상적인 필터에 근사하도록 필터 계수들을 구하는 과정이다.

ㄴ. 이상적인 필터의 임펄스 응답 계산

필터의 차수, 샘플링 주파수 등을 고려하여 이상적인 필터의 임펄스 응답을 구한다. 위와 같은 저주파 통과 필터의 임펄스 응답 $h_d[n]$는 아래와 같은 Sinc 함수로 표현된다.

$$h_d[n] = \begin{cases} \dfrac{\sin\left(2\pi f_n\left(n - \dfrac{N-1}{2}\right)\right)}{\pi\left(n - \dfrac{N-1}{2}\right)} & \text{for } n \neq \dfrac{N-1}{2} \\[2em] 2f_n & \text{for } n \neq \dfrac{N-1}{2} \end{cases}$$

여기에서 f_n 은 정규화된 필터의 차단 주파수로 $\dfrac{\text{차단 주파수 } f_c}{\text{샘플링 주파수 } f_s}$ 이고, N 은 필터의 차수를 의미한다.

실제 구현에서는 위와 같은 이상적인 필터의 무한한 길이의 임펄스 응답을 필터 차수에 맞는 유한한 길이로 잘라내면 되는데, FIR 필터의 계수는 필터의 임펄스 응답이므로 이 잘라진 유한한 길이의 임펄스 응답을 계수로 사용하는 것이다.

예를 들어, 11 차수의 FIR 저주파 통과 필터의 계수는 앞 그림의 (ㄴ)에서 n = 0 ~ 10 까지 사각형 안의 임펄스 응답 샘플이 되므로, 이를 FIR 필터 계수로 사용할 수 있다.

이렇게 모든 샘플에 동일한 가중치를 주어 단순히 잘라내어 사용하는 방식을 직사각형(Rectangular) 방식이라 한다. 하지만, 이런 방식은 불필요한 주파수 성분이 나타날 수 있기 때문에, 필터 주파수 응답의 통과 대역에 리플이 생기고, 특성이 별로 좋지 않다.

ㄷ. 창 함수(Window Function)

따라서, 이상적인 필터의 임펄스 응답을 그냥 잘라내지 않고, 주파수 응답이 매끄러울 수 있도록 각 임펄스 샘플에 특정 가중치를 곱하여 사용한다.

이런 역할을 하는 것이 창 함수(Window Function)이며, 창 함수 중 일반적으로 많이 사용되는 해밍(Hamming) 창 함수는 아래와 같다.

$$w[n] = 0.54 - 0.46\cos\left(\frac{2\pi n}{N-1}\right)$$

여기에서 N 은 필터의 차수를 의미하고, 이 해밍창으로 위의 이상적인 임펄스 응답을 잘라내게 되면 차단 주파수 점에서의 이득이 0.5 인 FIR 필터의 계수를 얻을 수 있다.

ㄹ. 창 함수를 이용한 필터 임펄스 응답 잘라내기

이상적인 필터의 임펄스 응답에서 FIR 필터의 계수인 필요한 차수의 임펄스 응답 샘플을 계산한다. 즉, 아래와 같이 임펄스 응답 $h_d[n]$에 창 함수 $w[n]$를 곱해서 FIR 필터 계수 $h[n]$을 만든다.

$$h[n] = h_d[n] \times w[n]$$

이렇게 창 함수를 사용하여 필요한 차수만큼 잘라낸 필터의 계수를 사용함으로써, 직사각형으로 자르는 것보다 개선된 주파수 응답 특성의 FIR 필터를 구현할 수 있다.

$$y[n] = h[0]x[n] + h[1]x[n-1].. + h[N-1]x[n-(N-1)]$$

ㅁ. MATLAB/OCTAVE 로 창 함수 설계 구현

아래는 위의 과정들을 MATLAB/OCTAVE 로 구현해 본 것이며, 이를 통해 FIR 필터의 창 함수를 통한 설계를 이해할 수 있을 것이다.

```
MATLAB/OCTAVE

close all
clear all

fc = 200;        % cutoff frequency
fs = 1000;       % sampling frequency
ft = fc/fs;      % normalized cutoff frequency
N = 11;          % filter depth
M = N - 1;

% (1) low pass filter's impulse response
for n = 0:1:M
  if(n == M/2)
    hd(n + 1) = 2*ft;
  else
    hd(n + 1) = sin(2*pi*ft*(n - M/2))/(pi*(n - M/2));
  endif
endfor
% (2) hamming window
n = 0:1:M;
w = (0.54 - 0.46*cos(2*pi*n/M));
% (3) fir filter coefs
h = hd .* w;
% (4) frequency response
figure
```

---

freqz(h)

위 코드의 결과는 아래와 같다.

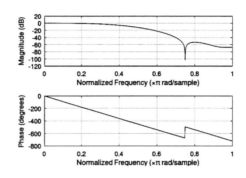

위의 보드선도에서 아날로그 차단 주파수 100Hz 에 대한 정규화된 주파수는 $\Omega_n = \frac{2f}{f_s} \times = \frac{2 \times 100}{1000} = 0.4$ 이고 이득이 0.5(약 -6dB)인 것을 볼 수 있다.

나. 창 함수의 종류와 특성

창 함수에는 위에서 본 해밍 함수 외에도 아래와 같은 창 함수들이 있다.

창 함수	수 식	특 성
Rectangular	$w[n] = 1$	• 모두 동일한 가중치 • 주파수 응답이 별로 좋지 않다.
Hamming	$w[n] = 0.54 - 0.46\cos\left(\frac{2\pi n}{N-1}\right)$	• 중앙이 최대, 끝은 0 으로 감소하는 가중치 • 주파수 응답이 좋아 일반적으로 많이 사용된다.
Hanning	$w[n] = 0.5 - 0.5\cos\left(\frac{2\pi n}{N-1}\right)$	• Hamming 과 유사 • 주파수 응답이 Hamming 보다 조금 더 부드럽다.
Blackman	$w[n]$ $= 0.42 - 0.5\cos\left(\frac{2\pi n}{N-1}\right)$ $+ 0.08\cos\left(\frac{4\pi n}{N-1}\right))$	• 중앙이 최대, 끝은 0 으로 부드럽게 감소하는 가중치 • 주파수 응답이 부드럽지만, 주파수 해상도가 낮다.
Kaiser	$w[n] = \dfrac{I_0\left(\beta\sqrt{1 - \left(\frac{2n}{N-1} - 1\right)^2}\right)}{I_0(\beta)}$	• β : 파라미터, I_0 : 수정된 0 차 베셀 함수 • 파라미터 β을 조절할 수 있어 유연하다. 예를 들어, $\beta = 0$ 일 경우 Rectangular, $\beta = 3$ 일 경우 Hamming, $\beta = 8$ 일 경우 Blackman 과 유사한 특성을 가진다. • 하지만, β를 선정하는데 어려울 수 있다.

2.4.3. FIR1() 함수를 이용한 저주파 통과 필터 설계

여기에서는 FIR 저주파 통과 필터의 설계를 MATLAB/OCTAVE 의 fir1() 함수를 이용하여 해보도록 한다.

가. 필요한 FIR 필터 차수 결정

필터의 차수는 일반적으로 필터의 전이 구간에 가파른 기울기가 필요할수록, 즉, 더 정확한 필터링이 필요할수록 더 높은 FIR 필터의 차수가 필요할 수 있다.
이는 실제 구현에서 시스템의 요구사항에 따라 더 많은 리소스와 더 빠른 샘플링 시간이 요구될 수 있으므로, 시스템 사양에 의존 관계를 가진다.

IIR 필터와 FIR 필터의 비교에서 보았듯이, 일반적으로 FIR 필터가 IIR 필터와 비슷한 성능을 내기 위해서는 훨씬 더 많은 차수가 필요하다. 이렇게 필요한 차수 N 을 구하는 방식 중 아래와 같이 N 의 범위를 정하고 시작해 볼 수 있다.

$$N \geq K \frac{F_s}{\Delta f}$$

F_s 는 샘플링 주파수이고, Δf는 전이 대역의 주파수 폭을 의미한다. K 는 정밀도에 관한 계수로 사용하려는 윈도우 창에 따라 Hanning 창은 3.1, Hamming 창은 3.3, Blackman 창은 5.5 정도로 둔다.
가령, 샘플링 주파수가 1KHz 이고, 저지 대역과 통과 대역 사이의 전이 대역폭이 66Hz, K 는 Hamming 창 3.3 으로 둔다면, 아래와 같이 필요한 FIR 필터 차수 N 을 구해볼 수 있다.

$$N \geq \frac{3.3 \times 1000}{66} = 50$$

위와 같이 50 차수 이상의 FIR 필터가 필요함을 볼 수 있다. 하지만, 이는 어디까지나 최소 필터 길이를 근사한 것이므로, MATLAB/OCTAVE 등의 툴을 이용하여 원하는 응답이 나올 때까지 N 을 증가 또는 감소시켜 가며, 주파수 응답을 확인해야 한다.

나. MATLAB/OCTAVE 를 이용한 계수 및 주파수 응답 확인

MATLAB/OCTAVE 의 fir1() 함수는 FIR 필터를 설계하는 함수로, 필터의 계수 b 를 출력해주며 형식은 아래와 같다.

$$b = \text{fir1}(N, W_n, \text{Filter\_type})$$

N 은 필터의 차수로 양수이어야 하며, N 차 FIR 필터를 의미한다.

W_n 은 정규화된 차단 주파수로 정규화된 이득이 -3dB 가 아닌 -6dB(0.5)인 주파수이다. 이 W_n 은 여러 개의 벡터로도 지정될 수 있다. 범위는 나이퀴스트 샘플링 이론에 맞는 $0 < W_n < 1$ 이어야 한다.

$$W_n = \frac{\text{차단 주파수}}{f_s/2}$$

Filter_type 은 필터 유형을 의미하는데 'low', 'bandpass', 'high', 'stop' 등이 될 수 있다. 'low'는 차단 주파수 W_n 을 갖는 저역 통과 필터, 'high'는 차단 주파수 W_n 을 갖는 고역 통과 필터를 의미한다. 'bandpass'는 W_n 에 2 개의 벡터를 지정하여 대역 통과 필터를 설계할 수 있다. 마찬가지로 'stop'은 W_n 이 요소를 2 개 가진 벡터를 입력하여 대역 저지 필터를 설계할 수 있다.

또한, 'hamming', 'hanning', 'blackman' 등 창 함수를 지정할 수도 있는데, 여기서는 디폴트 값인 성능이 무난한 해밍 윈도우를 사용하기로 한다.

마지막으로, fir1() 함수의 결과값인 필터 계수 b 는 아래와 같은 FIR 필터의 계수들로 나오게 된다.

$$y[n] = b(1)x[n] + b(2)x[n-1]..+b(N-1)x[n-(N-1)]$$

ㄱ. fir1() 함수를 이용한 저주파 통과 필터

fir1() 함수를 이용하여 50 차수이고, 차단 주파수 100Hz 인 FIR 저주파 통과 필터를 아래와 같이 설계해 볼 수 있다. 실제 디지털 구현에서는 출력으로 나오는 계수 b 를 이용해 구현하면 된다.

```
MATLAB/OCTAVE

pkg load signal    % signal 패키지 로드 : for OCTAVE only
close all

% Sampling Frequency
Fs = 1000;         %1KHz
```

```
% 필터의 차수
N = 50;              % 50 차수
% 이득 0.5 의 주파수
cutoff_freq = 100; % 100Hz
% 차단 주파수 정규화
Wn = cutoff_freq/(Fs/2);
% fir1 함수를 사용한 저주파 통과 필터
b = fir1(N, Wn, 'low');
% 설계된 필터 계수를 출력
disp('FIR b =');
disp(b);
% 주파수 응답 그래프 : 100Hz 의 정규화 주파수는 0.2 이다.
freqz(b, 1);
```

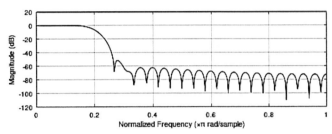

Figure II-32 50 차수의 FIR 저주파 통과 필터 보드선도

위 보드선도의 주파수 축이 정규화된 주파수 Ω_n으로 표시되었는데, 이를 일반 주파수(Hz)로 변환하는 수식은 아래와 같다. f_s 는 샘플링 주파수이다.

$$f \ [\text{Hz}] = \frac{f_s}{2} \times \Omega_n \ [\pi \times \text{rad/sample}]$$

이득이 0.5(약 -6dB)인 정규화된 주파수는 0.2 이며, 이는 아날로그 주파수 $f \ [\text{Hz}] = \frac{f_s}{2} \times \Omega_n = \frac{1000}{2} \times 0.2 = 100$ Hz 로 위 코드에서의 차단 주파수임을 볼 수 있다.

ㄴ. fir1() 함수를 이용한 대역 저지 필터

fir1() 함수를 이용한 50 차수의 FIR 대역 저지 필터는 역시 아래와 같이 설계해 볼 수 있다. 마찬가지로 실제 디지털 구현에서는 출력으로 나오는 계수 b 를 이용해 구현하면 된다.

MATLAB/OCTAVE

```
pkg load signal      % signal 패키지 로드 : for OCTAVE only
close all

% Sampling Frequency
```

```
Fs = 1000;              % 1KHz
% 필터의 차수
N = 50;                 % 50 차수
% 차단 주파수
corner_freq1 = 100;     % 좌측 코너 주파수 100Hz
corner _freq2 = 200;    % 우측 코너 주파수 200Hz
% 차단 주파수 정규화
Wn1 = corner _freq1/(Fs/2);
Wn2 = corner _freq2/(Fs/2);
% fir1 함수를 사용한 대역 저지 필터
b = fir1(N, [Wn1 Wn2], 'stop');
% 설계된 필터 계수를 출력
disp('FIR b =');
disp(b);
% 주파수 응답 그래프 : 100Hz 의 정규화 주파수는 0.2 이다.
freqz(b, 1);
```

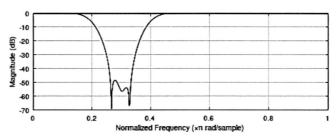

Figure II-33 50 차수의 FIR 대역 저지 필터 보드선도

　지금까지 자주 사용되는 디지털 필터들의 설계 방법에 대해서 살펴보았다. 물론, 이런 설계 과정들을 몰라도 MATLAB 의 필터 디자이너 툴을 사용하면 GUI 환경에서 손쉽게 할 수 있지만, 이런 설계 과정들을 알고 있음으로써 필터에 대한 깊은 이해를 할 수 있고, 좀 더 세밀한 설계를 할 수 있을 것이다.

III. 제어 시스템 설계

제어 시스템(Control System)이란 원하는 목표 명령을 받아 해당 명령에 맞는 결과를 가질 수 있도록 시스템의 동작을 조절하는 시스템을 의미한다. 이런 제어 시스템은 로봇 제어, 전력 시스템, 항공 우주 시스템, 가전 제품 등 다양한 곳에 응용된다.

아래 그림은 시스템 종류 편에서 본 폐루프 제어 시스템의 구성이다.

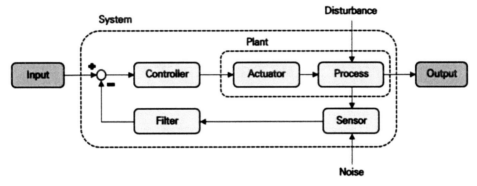

Figure III-1 폐루프 제어 시스템

제어 시스템의 제어기(Controller)는 제어 시스템이 원하는 상태나 동작을 할 수 있도록 입력 신호를 해석하고, 출력을 조절하여 플랜트를 제어하는 장치나 시스템을 말한다.

이런 제어기에는 크게 개루프(Open Loop) 제어기와 폐루프(Closed Loop) 제어기로 구분할 수 있다.
이에 대해서는 블록 다이어그램 편에서 살펴봤지만, 다시 간단히 보면 개루프(Open Loop) 제어기는 입력 명령에 해당하는 정해져 있는 출력을 함으로써 플랜트를 제어하는 방식이다.
폐루프(Closed Loop) 제어기는 현재 상태를 피드백 받아 원하는 상태와 현재 상태 간의 차이를 계산하고 이를 오차(Error) 신호로 변환한다. 이 오차(Error)는 조정해야 할 출력의 양을 결정하는 데 사용된다.

이 제어기는 제어 시스템에서 없어서는 안되는 중요한 구성 요소로 ON/OFF 제어기, 퍼지 제어기, PID 선형 제어기 등과 같은 수많은 제어기가 있는데, 이 중 ON/OFF 제어기와 PID 제어기에 대해서 살펴보도록 할 것이다.

1. 제어기 설계 요구사항

제어기 설계의 요구사항은 제어 시스템이 원하는 목표를 달성하기 위해 필요한 기능과 성능에 대해 정의하는 것을 의미하는데, 여기에는 명령에 추종하는 성능, 외란 제거 성능, 노이즈 잡음의 최소화, 안정성 등이 포함될 수 있다.
이런 요구사항 정의는 설계 단계뿐 아니라, 제어기 구현 후 최종 성능을 검증하는 데 중요한 기준 자료가 된다.

아래는 일반적으로 제어기 설계에서 고려되는 기본적인 요구사항의 예이다.

제어 목적 및 대상 정의

우선 제어를 하려는 목적을 정의하고 그에 대한 제어 대상을 정의해야 한다.
제어 목적은 제어 시스템이 무엇을 해야 하는지, 왜 그렇게 해야 하는지 등에 대한 목표를 명확히 정의하는 것을 의미한다.
이런 제어 목적에 따라 제어 대상을 정의할 수 있는데, 제어 대상은 제어해야 하는 시스템 또는 프로세스의 종류를 정하는 것으로 예를 들어, 온도, 속도, 압력, 위치 등이 제어 대상이 될 수 있다.
이런 제어 목적과 대상의 정의로부터, 설계 요구사항이 도출될 수 있으며, 성능, 정확도, 안정성과 사용 환경에 따른 제약 조건 등이 정의될 수 있다.

성능 요구사항

설계하려는 제어 시스템이 달성해야 하는 성능의 요구사항을 정의한다. 원하는 동작, 선형성, 정확도 등이 포함된다.
회전 속도 제어 시스템의 예로 0RPM ~ 1000RPM 사이의 사용자 명령에 대해 해당 속도를 맞춰야 하는 시스템이라 가정하고 아래 내용을 살펴보도록 한다.
아래는 제어기 성능 요구사항에서 일반적으로 사용되는 항목들의 예이다.

가. 정확도

정확도는 제어기가 얼마나 정확하게 동작해야 하는지에 대한 물리적 성능을 의미하는 것으로 아래와 같은 요구사항 항목들이 있을 수 있다.

☞ 전체 제어 범위 및 허용 오차

총 제어 범위 및 허용 오차 정의는 제어기가 실제 제어해야 하는 구간과 허용 오차를 정의하는 것이다.

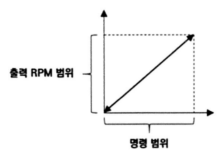

Figure III-2 전체 제어 범위

이 예에서 총 제어 범위는 정확히 0RPM ~ 1000RPM 사이로 정의된다.

하지만, 제어 범위에 오차가 발생할 수 있는데 예를 들자면 최대 속도가 1000RPM 인 모터를 선정하여 제어한다면, 기계적 오차 또는 외란과 환경적 영향 등에 의해 실제 제어될 수 있는 구간이 0RPM ~ 995RPM 과 같이 요구사항보다 길거나 짧아질 수 있다.

이 허용 오차를 시스템의 요구사항에 따라 최소 ±10RPM 과 같이 정하여 이 정도의 오차는 허용하도록 하겠다는 의미이다. 이를 벗어 난 경우 제어기의 설계가 잘못되었거나 액츄에이터가 불량이라고 판단될 수 있다.

☞ 허용 정상 상태 오차(Steady State Error)

제어가 안정화된 후의 허용 오차를 의미한다. 이는 플랜트의 기계적 해상도 또는 센서의 노이즈 및 해상도, 제어기의 설계, 튜닝, 해상도와 사용 환경 등의 여러가지 원인으로 인해 발생할 수 있는데, 이에 대한 허용 오차를 정의한다.

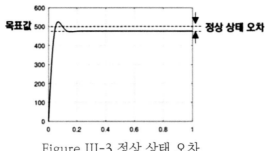

Figure III-3 정상 상태 오차

예를 들면, 사용자가 500RPM 의 목표 명령을 주었지만, 실제 플랜트에서 속도 측정을 위해 사용되는 엔코더 센서의 해상도 또는 노이즈의 영향, 제어기의 설계 오차 영향 등으로 인해 제어의 결과가 495RPM 과 같이 정상상태 오차가 있는 상태로 맞춰질 수도 있다.

이런 정상상태 오차에 대한 허용 오차를 정의하는 것으로, 요구사항을 ±5RPM 과 같이 정의하여, 오차가 이 허용 오차 안에 있다면, 만족하는 성능으로 간주할 수 있다.

☞ 선형성(Linearity)

선형성은 목표 명령과 프로세스의 결과가 선형한지 확인하는 것으로, 이런 선형성이 문제가 되는 분야가 있다. 보통, 선형성 확인을 위해서는 입력 신호에 경사 신호를 주면서 출력 응답 측정하며 오차를 관찰한다.

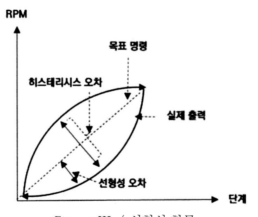

Figure III-4 선형성 항목

특히, 이런 선형성 문제는 자기장을 측정하는 홀 센서(Hall Sensor)와 같은 센서를 이용하여 현재 상태를 피드백 받는 폐루프 시스템에서 히스테리시스 오차도 많이 발생하는데, 이로 인해 실제 폐루프 시스템의 속도 또는 위치가 상승할 때와 하강할 때의 범위가 틀려지게 된다.

만일, 현재 400RPM 으로 회전하고 있는 상태에서 목표 명령을 500RPM 으로 줄 때 505RPM 으로 허용 정상상태 오차에 만족하고, 현재 600RPM 으로 회전하고 있는 상태에서 똑같이 500RPM 목표 명령을 줄 때 495RPM 으로 회전하는 상태가 되었다면 이 둘의 차이는 10RPM 이 된다.

선형성에 대한 허용 오차는 ±10RPM 과 같은 형식으로 정의될 수 있고, 위와 같은 이유로 히스테리시스 선형성 검사는 0RPM→100RPM→200RPM 으로 일정 스텝을 가지는 목표 상승 시의 선형성과 200RPM→100RPM→0RPM 목표 하강 시를 모두 확인하여 이 오차 안에 들어오는지 확인해야 한다.

이 외에 소모 전류 범위에 대한 정의, 제어 시 기울기에 대한 정의 등이 있을 수 있다.

또한, 검증 시에는 단 한번의 검증보다는 반복 검증을 통해 검사한다. 예를 들어, 제어 시스템의 기계 시스템에서는 많은 부분 기계 부품의 마찰과 마모를 줄이기 위해 구리스(윤활제)를 사용하는데, 이 구리스가 시스템의 댐핑을 담당하게 된다. 이런 이유로 이동을 반복하다 보면 시스템의 댐핑이 낮아져 오버슈트 및 링잉이 발생할 수 있기 때문에, 특히 이런 분야에서의 반복 시험은 반드시 필요한 항목이다.

나. 성능(Performance)

성능은 시스템이 원하는 목표에 얼마나 빨리 반응해야 하는지 즉, 응답 시간에 대한 요구 사항을 의미하는 경우가 많다.

시간 영역에서는 계단 응답을 통해 대표적인 항목으로 정착 시간(Settling Time)과 분야에 따라 상승 시간(Rising Time)도 함께 살펴보는 경우가 있다.

주파수 영역에서는 대역폭(Bandwidth)을 성능에 대한 스펙으로 추가하기도 하는데, 이 대역폭은 비단 계단 응답 등 시스템 성능뿐 아니라, 외란에 대한 대응력과도 관계되기 때문에 중요하게 여겨지는 분야가 있다.

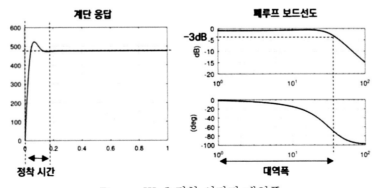

Figure III-5 정착 시간과 대역폭

아래는 표준 시스템에서 살펴봤던 대역폭과 정착 시간과의 관계 수식으로 서로 반비례 관계에 있음을 볼 수 있다.

시스템 종류	정착 시간
1차 시스템	$T_s \approx 5\tau = \dfrac{5}{\omega_c}$
2차 임계제동 시스템	$T_s \approx \dfrac{4.4}{\omega_n}$
2차 부족제동 시스템	$T_s \approx \dfrac{4.0}{\zeta\omega_n}$

성능에 대한 요구사항의 예를 들어, 속도 제어 시스템에서 정착 시간(Settling Time)은 1초 이내와 같이 정의될 수 있다.

검증 시에는 목표 명령 계단 신호의 크기 및 위치에 대해서 미리 정의하여 시험하는데, 가령 0RPM→200RPM, 200RPM→400RPM 과 같은 스텝을 주면서 응답을 측정할 수 있다.
실제 액츄에이터(플랜트)의 모든 구간 별 시스템 이득이 완전한 선형이 아니기 때문에 많은 구간을 시험할수록 검증은 정확할 수 있지만 시험 시간이 길어지게 되기 때문에, 대표 구간을 정하여 시험하는 것이 일반적이다.

안정성(Stability) 요구사항

제어 시스템 설계에서 안정성(Stability)에 대한 요구는 성능만큼 중요하다.
이론 편에서 보아왔듯이 성능과 안정성은 서로 상충 관계(Trade-Off), 즉 한 쪽이 좋아지면 다른 한 쪽이 나빠지는 관계이기 때문에, 제어 시스템은 성능과 안정성이 최적의 상태가 될 수 있도록 설계되어야 한다.
안정성 항목에는 아래와 같은 요구사항들을 가질 수 있다.

가. 위상 여유와 이득 여유

제어 시스템의 안정성 요구사항은 시스템이 안정적으로 동작하기 위한 것으로, 오차나 노이즈와 같은 외란 등의 외부 요인, 사용 환경 변화로 인한 시스템 특성 변화에도 견고하고 강인하게 작동할 수 있는지를 확인하는 것이다.

시스템의 안정성하면 가장 먼저 떠오르는 것은 시스템의 안정성 편에서 보았던 폐루프 시스템의 위상 여유(Phase Margin)와 이득 여유(Gain Margin)이다.

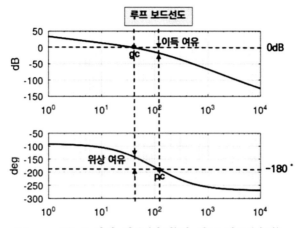

Figure III-6 위상 여유(마진)와 이득 여유(마진)

폐루프 시스템의 경우 위상 여유의 경우 보통은 60° 이상의 위상 여유를 요구하지만, 성능이 더 중요한 시스템의 경우 조금 더 낮은 30° ~ 45° 이상의 위상 여유를 요구사항으로 요구하기도 한다. 반대로 안정성이 더 중요한 시스템의 경우 80° 이상의 위상 여유가 요구되기도 하므로 시스템의 특성에 맞추어 안정적인 규격을 정하도록 한다.

이득 여유는 시스템의 특성과 요구사항에 따라 6dB 이상 또는 12dB 이상 등과 같이 요구된다.

이렇듯 위상 여유와 이득 여유에 대한 사양은 시스템에 외란과 노이즈를 인가하면서 시험하여 요구사항에 만족하는 기준으로 정하면 된다.

이런 안정성 확인을 위한 주파수 응답의 측정은 이후 살펴볼 것인데, 마찬가지로 시스템의 모든 구간의 이득이 선형적이지는 않으므로, 일반적으로 대표 구간을 정하여 그 구간 안에서 주파수 응답을 측정한다.

나. 공진점 크기의 제한

 시스템의 안정성 편에서 보았듯이 공진점과 오버슈트의 크기, 2 차 시스템의 공진점과 위
상 여유는 서로 관계가 있다. 이런 이유로 안정성 요구사항으로 폐루프 보드선도의 공진점
의 크기를 3.5dB 이하로 제한하도록 요구하는 경우도 있다.

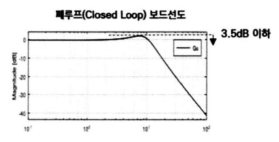

Figure III-7 폐루프 전달함수의 공진점 크기 제한

 2 차 시스템에서 이 공진점 3.5dB 의 크기는 위상 여유 30° 정도에 해당하는데, 폐루프
공진점의 크기가 이를 넘어선 경우 제어기의 이득을 줄이던지 노치 필터 등의 필터를 사용
하여 공진점을 제거하거나 낮추어 주어야 한다.

다. 시간 영역의 오버슈트의 제한

 위의 안정성 요구사항들은 시스템의 주파수 응답을 측정할 수 있어야 가능하다.
 하지만, 시스템에 따라 보드선도를 측정하지 못하는 경우가 있을 수 있는데, 이런 경우 시
간 영역에서 계단 응답의 오버슈트(Overshoot)로 안정성을 판단하며, 이를 제한하도록 요
구하기도 한다.

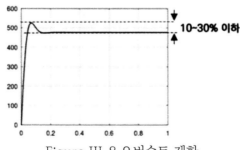

Figure III-8 오버슈트 제한

 오버슈트 제한에 대한 요구사항의 예는 500RPM 계단 응답의 크기에서 10%의 오버슈트
이하와 같이 계단 신호의 크기를 미리 정하고 그 계단 응답의 오버슈트의 비율을 정한다.

 오버슈트의 비율로 정했을 경우 계단 신호의 크기가 커지면 절대 오버슈트의 크기가 비율로 같이 커지기 때문에, 오버슈트 크기 제한값 또는 언더슈트의 크기 제한값을 50RPM 이하와 같이 절대값으로 정하기도 한다.

 이런 오버슈트의 제한은 안정성을 위한 요구사항도 되지만, 당연히 시스템 성능에도 관계된다.

 보통은 10% 이하로 정하지만, 최악의 경우에도 2 차 시스템에서 위상 여유 40°에 해당하는 오버슈트 30% 이하가 될 수 있도록 설계하는 것이 일반적이다.

기타

가. 루프 전달함수의 저주파 이득과 센서 노이즈

 시스템은 외란의 영향을 적게 받는 강건한 동작을 해야 하는데, 외란은 보통 저주파 영역에 있으므로 이에 대응할 수 있도록 루프 전달함수의 저주파 이득은 커야 한다.

 이런 이유로 일부 시스템에서는 루프 전달함수의 저주파 이득의 기준을 +20dB 이상과 같이 정해두기도 한다.

 또한, 입력 명령이 고정되어 있는 정상상태에서 피드백되는 센서 노이즈는 프로세스 출력의 변동(Variation)을 만든다.

 즉, 센서 노이즈로 인해 작은 떨림이 지속되는 현상이 있기 때문에, 이에 대한 기준으로 프로세스 출력의 허용 떨림폭 등을 요구사항에 포함시키기도 한다.

나. 사용 환경

 기타 요구사항에는 시스템 제어기가 동작되어야 하는 온도, 습도, 압력 등과 같은 동작 환경 조건과 보다 쉬운 유지보수와 디버깅을 위한 요구사항들이 포함될 수 있다.

 스프링-댐퍼 시스템의 스프링을 예로 들자면, 스프링의 탄성 계수는 온도가 올라갈수록 떨어지게 될 것이다. 또한, 열에 의해 케이스 등의 구조에 변형이 생길 수 있다. 이는 시스템의 특성 변화를 의미하며, 제어기가 이런 시스템의 특성 변화에 충분한 대응이 되는가, 즉 이런 변화에도 앞서 본 요구사항들을 모두 만족하는가 확인해야 한다.

2. 플랜트 모델링 및 설계

제어 시스템에서 플랜트(Plant)는 제어해야 할 대상을 의미하는데, 플랜트 설계에서는 시스템을 모델링하고 해당하는 시스템을 구현하게 된다.

제어 시스템의 성능은 제어기 자체의 성능뿐 아니라 플랜트의 설계/구현을 어떻게 했는지에도 매우 큰 영향을 받게 되므로, 제어하고자 하는 플랜트에 대한 깊은 이해가 결국 최적의 성능을 가진 제어 시스템을 설계/구현하는 길이 된다.

아래 그림과 같은 구성으로 내용을 살펴볼 것이다.

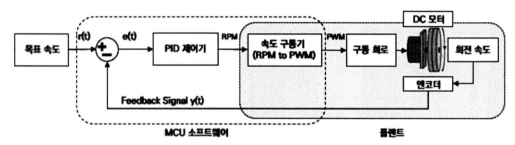

Figure III-9 목표하는 속도 제어 시스템

위 그림과 같이 플랜트를 「기계적 부분인 DC 모터 액츄에이터」와 「이를 구동하기 위한 전기/전자 회로 부분인 구동 회로」, 「RPM 을 명령받아 PWM 신호를 출력하여 속도를 제어하는 속도 구동기」의 구성으로 두기로 한다.

또한, 「속도 측정을 위한 엔코더 센서」는 제어기에 피드백 정보를 제공하는 용도이므로, 엄밀히는 피드백 전달함수에 포함된다. 하지만, 엔코더 센서의 출력 지연이 없고, 이득이 1 인 전달함수라면 플랜트에 포함시킬수도 있으므로, 이 책에서는 엔코더 모터 구성에 대한 이해의 편의를 위해 위 그림과 같이 표현하도록 할 것이다.

이 장에서는 이런 플랜트의 설계에 대해 이론과 구현을 통해 살펴보도록 하고, 속도 구동기와 이후 다룰 PID 제어기는 MCU 의 소프트웨어(펌웨어)를 통해 구현해 보도록 할 것이다.

여기에서 액츄에이터로 DC 모터를 선정하였는데, DC 모터 시스템의 기본 이론과 구현 내용은 다른 액츄에이터와도 공통되는 부분이 많다. 따라서, 이 DC 모터 시스템에 대한 전반적인 이해는 다른 액츄에이터의 사용에서도 쉽게 접근할 수 있게 한다.

모델링의 의의

플랜트의 모델링(Modeling)은 플랜트를 수학적으로 나타내어 전달함수를 구하는 과정이다. 이 모델링 작업을 하는 이유는 다음과 같은 목적과 효과를 가진다.

☞ **시스템 이해와 분석**

시스템을 모델링함으로써, 시스템이 어떻게 작동하는지에 대한 깊은 이해를 할 수 있다. 이런 모델링을 통해 시스템의 입력과 출력 간의 관계를 이해할 수 있고, 시간 영역과 주파수 영역에서의 시스템 분석과 어떤 요인들에 의해 특성에 영향을 받는지를 파악할 수 있다.

☞ **플랜트의 설계 및 구현**

모델링 과정을 통해 원하는 요구사항에 맞는 플랜트를 설계할 수 있다. 예를 들어, 원판을 모터 축에 장착해 속도 제어를 해야 하는 경우 원판을 원하는 속도로 회전시킬 수 있는 필요한 힘을 알 수 있으며, 이로써 충분한 토크를 가진 모터를 선정할 수 있다.

이런 작업이 없다면, 시행 착오와 그로 인한 비용이 소비될 것이다.

☞ **제어기의 설계 및 시뮬레이션**

정확하게 모델링된 전달함수는 제어 시스템을 설계하는 데 중요한 역할을 할 수 있는데, 시뮬레이션을 통해 각 매개변수들을 조절하며 시간 영역의 응답과 주파수 영역에서의 대역폭, 안정성 등을 예측해 볼 수 있다.

또한, 새로운 제어 알고리즘의 개발에도 미리 성능과 안정성을 예측해 볼 수 있어 중요한 역할을 한다.

☞ **디버깅(Debugging)**

시스템의 모델링은 위와 같은 목적이외에도 특히, 복잡한 시스템에서 이상 동작 발생 시 디버깅에 유용하다. 디버깅은 오류를 찾아 수정하는 과정을 의미한다.

모델링 결과인 전달함수에 포함된 각 시스템 요소 중 어떤 부분이 문제가 되어 일어날 수 있는 이상 현상인지를 유추할 수 있어, 디버깅 시간을 단축하고, 성능을 최적화할 수 있다.

이 책에서의 방향

대부분의 시스템은 이미 많은 논문, 서적 등의 자료에서 역학, 전기/전자 등의 이론을 이용하여 수학적 전달함수를 도출하는 모델링 과정이 유도되고 증명되어 있으므로, 직접 처음부터 유도하지 않더라도 이 정보들을 활용할 수 있다.

하지만, 현실 세계의 시스템을 정확히 모델링하기란 무척 어렵기도 하고, 제조 공정 상의 오차, 사용 환경에 따른 특성 변화 등으로 인하여, 모델링된 모델의 매개 변수들을 수정해야 할 수도 있다는 어려움도 존재한다.

뿐만 아니라, 여기에서는 플랜트를 전기/전자 시스템인 PWM 구동기도 포함하여 구성했으므로, 정확한 모델링은 무척 어려운 일이다.

이 책에서는 액츄에이터와 부하의 모델링은 시스템 동작의 이해를 위한 목적과 액츄에이터를 선정하는 목적으로 접근하도록 할 것이며, 액츄에이터와 전기/전자 시스템인 PWM 구동기와 엔코더 센서를 포함하여 구성된 플랜트를 설계하기 위하여 전기/전자 시스템의 회로를 설계하는 방법과 펌웨어로 구현하는 방법을 살펴본다.

이후 이렇게 구성된 플랜트의 응답을 통해 전달함수를 근사 추정하는 방법에 대해서 살펴볼 것이다.

이렇게 시스템 응답으로 추정된 전달함수는 모델링을 통한 정확한 전달함수는 아니지만, 시뮬레이션을 통한 제어기의 설계뿐 아니라, 새로운 제어 알고리즘의 개발을 쉽게 하여, 효율적인 제어 시스템 설계 및 분석에 충분한 도움을 준다.

2.1. DC 모터의 모델링

이 장에서는 플랜트 구성의 DC 모터 액츄에이터에 대해서 살펴본다.

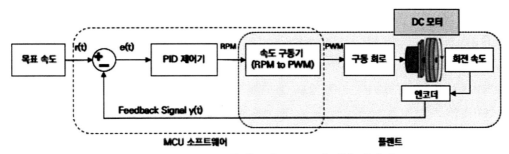

Figure III-10 플랜트의 DC 모터 액츄에이터

대표적인 액츄에이터인 브러쉬 DC 모터를 사용하여 플랜트를 구성하기로 결정했으므로, 모터의 기초 동작 원리와 특성에 대해서 알아야 하며, 이는 DC 모터의 모델링을 통해 이해할 수 있다.

모터 분야는 다양한 모터들의 종류가 있고 이 모터들은 각각 서로 다른 특성들을 가지는 큰 분야 중 하나이다.
따라서, 이 책에서 보이는 모터에 대한 접근 예들이 충분하지 않을 수는 있지만, 플랜트 설계에서 어떻게 접근해야 하는 지에 대한 길잡이의 역할은 충분히 할 수 있을 것이다.

2.1.1. 모터의 종류

모터(Motor)는 전기적 부분의 코일에 전기 에너지를 공급하여 발생하는 자기 에너지를 이용하여, 기계적 부분에 대해 회전 또는 직선 운동을 하는 기계적 에너지로 변환하는 변환 장치를 의미한다. 전기 에너지로 구동한다고 하여 전동기라도고 한다.

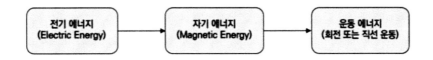

요즈음 대부분의 가정용 또는 산업용 전자 제품 등에 사용되고 있다고 할 정도로 많이 사용되는 모터 분야는 회전 운동을 이용한 응용 이외에도 스마트 폰의 경우 카메라의 줌인/줌아

웃 기능을 하는 직선 운동인 VCM(Voice Coil Motor) 모터부터 진동을 위한 햅틱 모터까지 매우 다양하게 응용되고 있다.

모터의 종류는 활용 분야와 요구사항들에 맞게 설계되어 매우 다양하다.
이런 모터의 요구사항은 작고 가벼운 특성과 같은 기구적 구성 이외에도 높은 효율의 저전력, 작은 진동과 소음, 부드러운 감성 회전, 긴 수명 등과 같은 특성들이 요구되고 있다.
이런 특성들과 같이 해당 시스템의 요구사항에 맞춰 적당한 모터의 종류를 선정해야 한다.

대표적 구분으로 전원 입력으로 DC 를 입력하는지, AC 를 입력하는지에 따라 DC 모터, AC 모터와 같이 나누기도 한다.

Figure III-11 모터의 종류

이 중에서 대표적으로 사용되는 DC 모터에는 아래와 같은 것들이 있다.

종류	설명
브러쉬 DC 모터	일반적으로 DC 모터라 하면 이 브러쉬 DC 모터를 의미한다. 브러쉬라고 불리는 전기적 접점을 사용하여 회전자와 고정자 사이에 전류를 전달하면, 이 전류 크기에 비례하는 속도로 회전하게 되어 제어가 간단하고 저렴하다. 하지만, 브러쉬의 기계적인 마모가 있어 수명이 짧다는 단점이 있다.
브러쉬리스(BLDC) 모터	브러쉬 DC 모터의 기계적 수명에 영향을 주는 브러쉬를 제거한 모터로 전류만 공급하면 회전하는 브러쉬 DC 모터와 다르게, 브러쉬리스 모터를 회전시키기 위해서는 회전 위치에 따라 각 상을 제어해 주어야 하는데, 이 회전 위치를 아는 방법에는 홀 센서 등을 이용한 센서 구동 방식, 역기전력의 측정을 이용하는 센서리스 구동 방식이 있다.

	이렇게 위치에 맞게 상들을 제어해야 하므로 구동이 다소 복잡하다는 단점이 있지만, 브러쉬를 제거하여 수명이 길어졌을 뿐 아니라, 고속에서의 높은 토크를 가질 수 있고, 효율이 높다는 장점이 있어 많은 가전 제품들에서 사용된다.
스태핑 모터	스태핑 모터는 펄스 신호에 따라 일정 각도로 회전하는 모터인데, 펄스 하나 당 특정 각도로 회전하는 모터로, 회전을 하려면 단계별로 정해진 상 제어가 필요하여 제어가 다소 번거롭고 고속에서의 사용은 진동이 발생할 수 있다는 단점이 있다. 하지만, 속도 측정을 위한 별도의 엔코더와 같은 센서가 필요없고, 펄스 당 일정 각도로 회전하므로 개루프(Open Loop) 제어로도 정확한 위치 제어가 가능하다는 점과 저속에서도 높은 토크를 가질 수 있다는 장점이 있어, 프린터 등 많은 분야에 사용된다.

서보 모터(Servo Motor)

서보(Servo)라는 말은 명령에 추종한다라는 의미를 가진다. 이런 의미를 가지는 서보 모터는 위에서 본 DC, AC 모터와 같은 특정 모터의 종류가 아닌, 아래 그림과 같이 모터와 제어기의 구성을 가지는 장치를 서보 모터(Servo Motor)라 부른다.

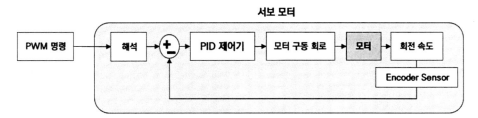

Figure III-12 서보 모터의 구성

즉, 서보 모터는 위 그림과 같이 위치 또는 속도 제어를 위해 해당 모터에 최적의 제어기 회로를 포함하는 모터로, 일반적으로 원하는 속도 또는 위치 정보를 PWM 신호의 듀티를 이용하여 전달할 수 있다. 물론, 명령 전달 방식에는 I^2C, UART, RS485, LAN 등과 같은 통신을 통해서 전달하는 방식도 있다.

이런 서보 모터의 제어는 서보 모터가 이미 제어기 회로에서 모터 구동까지 모두 내장하여 포함하고 있기 때문에 모터의 특성 및 적절한 모터의 선정 방법만 알면 되므로, 손쉽게 제어를 할 수 있다는 장점이 있다.

결국, 이 장에서 플랜트를 설계하고 다음 장에서 PID 제어기를 장착하는 것은 이런 서보 모터를 구현하는 것이라 볼 수 있다.

2.1.2. DC 모터의 구조와 회전 원리

이 책에서는 전원만 인가하면 회전하기 때문에 구동이 가장 간단한 브러쉬 DC 모터를 이용하는 플랜트 구성에 대해서 살펴보도록 할 것이다.

브러쉬 DC 모터의 모델링을 하기 전에 구조와 회전 원리에 대해서 이해를 해보도록 한다.

가. 브러쉬 DC 모터의 구조

브러쉬(Brush) DC 모터의 개념적인 기본 구조는 아래와 같다.

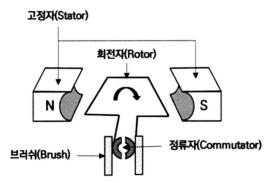

Figure III-13 브러쉬 DC 모터의 기본 구조

위의 그림과 같이 브러쉬 DC 모터는 DC 전압을 교번(Commutation)하기 위한 브러쉬와 정류자 편이 있는 모터이다.

> ### 회전자 (Rotor)

회전자는 모터에서 회전을 하는 부분으로 일반적인 직류 전동기의 경우 회전하는 부분이 전류가 흐르는 코일 도선인 경우가 많아 전기자(Armature)라고도 한다.

회전 원리에서 보겠지만, 고정자(계자)에 의해 발생된 자기장 안에서 회전자 도선에 전류가 흐름으로 인해 힘을 받아 회전하는 코일을 말한다.

> ### 고정자 (Stator, 계자)

고정자는 모터에서 움직이지 않고 고정되어 있는 부분으로 전류가 흐르는 도선인 회전자에 힘을 주기 위해 필요한 자기장을 형성하는 부분이다.

이렇게 자속을 공급해 주는 역할을 하기 때문에 보통 계자(Magnetic Field System)라고 하고, 이런 자기장을 만들어 주는 방식에 따라 영구자석 타입(Permanent Magnetic, PM형)과 전자석 타입으로 나뉠 수 있다.

영구자석(Permanent Magnetic, PM) 타입은 모터의 크기가 커지고, 비싸다는 단점과 높은 온도에서 사용하기 어렵다는 단점이 있지만, 고효율에 응답 특성이 좋다는 장점이 있어 많이 사용된다.

전자석 타입은 코일을 감아 전류를 공급해 전자석으로 만들어 자기장을 형성하는 방식으로, 이렇게 전류를 공급해 자속을 생성하는 것을 여자(Exitation)라 하고, 코일을 계자 코일(Field Coil), 인가할 전류를 계자 전류라 한다.

정류자 (Comutator)

회전자 코일에 연결된 브러쉬와의 접촉 단자인데, 도전체로 구성된 반 또는 여러 조각으로 갈라져 있는 형태를 띠고 모터가 회전 시 회전자에 흐르는 전류의 방향을 바꾸는 역할을 한다. 이렇게 회전자의 전류 방향을 바꿈으로써 모터는 계속 회전할 수 있다.

브러쉬 (Brush)

정류자와의 접촉을 통하여 외부 전류를 전기자(회전자)에 공급하는 부분으로 탄소로 만들어진 부분과 스프링의 미는 힘으로 정류자와 접촉된다. 이런 정류자와의 물리적 접촉으로 인해 회전 시 마찰에 의해 마모되어 모터의 수명에 영향을 주므로, 유지보수가 필요하다는 단점을 가진다.

나. DC 모터의 회전 원리

여기에서는 브러쉬 DC 모터의 기본 회전 원리를 알아보도록 한다.

로렌츠 힘과 플래밍의 왼손 법칙

모터의 동작 원리는 플래밍의 왼손 법칙으로 방향이, 로렌츠의 힘으로 회전력에 적용된다.

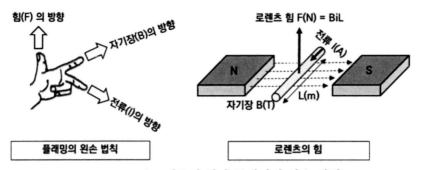

Figure III-14 로렌츠의 힘과 플래밍의 왼손 법칙

로렌츠 힘(Lorentz force)은 전기장과 자기장 안에서 입자가 받는 힘을 의미하며, 힘의 크기에 대한 수식은 아래와 같다.

$$F = q(E + v \times B) = qE + qvB\sin\theta$$

여기서 F(N)는 입자에 작용하는 로렌츠 힘을 나타내는 벡터, q(C)는 입자의 전하량, E(V/m)는 전기장의 강도, v(m/s)는 입자의 속도를 나타내는 벡터, B(T(테슬라) = Wb/m2 = N/(A·m))는 자기장의 강도를 나타내는 벡터를 의미한다.

여기에서는 입자의 움직임 방향과 자기장 방향이 직각일 때 자기장 안에서 움직이는 입자가 받는 힘 즉, F = qvB 만 고려하기로 한다. 이 식은 전류 i = dq/dt 이므로 아래와 같이 전류 i 로 표현할 수 있다.

$$F = qvB = q\frac{dL}{dt}B = B\frac{dq}{dt}L = BiL$$

위 수식의 L(m)은 자기장 영역을 지나는 도선의 길이를 의미하며, 흐르는 전류 i(A)가 커질수록 받는 힘 F 도 커지게 된다.

위의 로렌츠 힘이 자기장(B) 안에서 전류가 흐르는 도선이 받는 힘(F)의 크기를 설명하고 있다면, 플래밍의 왼손 법칙(Flaming's left-hand rule)은 왼쪽 그림과 같이 힘을 받는 방향을 설명하는데, 자기장 내에서 전류가 흐르는 도선이 받는 힘의 방향은 전류, 자기장의 방향으로 결정된다.

모터의 회전 원리

브러쉬 DC 모터는 아래 그림과 같은 단계를 반복하면서 회전하게 되는데, 회전자의 기준 도선으로 동작을 살펴보자. 여기에서는 고정자는 영구자석이고, 회전자가 전류가 흐르는 코일인 모터를 예로 들어본다.

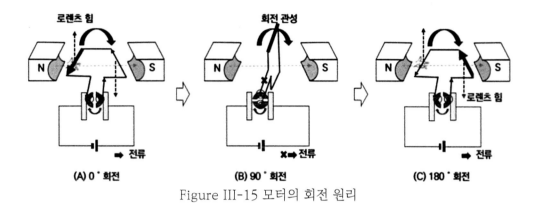

Figure III-15 모터의 회전 원리

고정자인 영구자석으로 자기장이 형성되어 있고, 회전자인 내부의 도선에는 전류가 흐르게 되므로 로렌츠의 힘을 받게 된다.

(A) 처음 영구자석 사이, 즉 자기장 안에서 회전자(전기자)에 전류가 흐르게 되는데, 이때 플래밍의 왼손 법칙, 즉 전자장 안에 전류가 흐르는 회전자 도선이 받는 힘은 위쪽으로 향하게 되어 회전자는 시계 방향으로 움직이며 돌아간다.
이때 회전자가 받는 힘은 로렌츠의 힘이 적용되는 데, $F = BiL$로 영구자석에 의한 자기장의 크기는 고정되어 있어 전류 i가 커지면 도선이 받는 힘도 전류에 비례하여 커지게 되므로, 회전 속도는 빨라진다.

(B) 위 그림에서 회전이 90°가 되었을 때는 정류자의 접촉이 브러쉬의 +/- 단자를 서로 연결시켜, 회전자(전기자)로 공급되는 전류가 0A 가 되어 로렌츠 힘은 없지만, 회전자가 회전하던 관성에 의해 다음 단계로 넘어가게 된다.
위의 그림에서 정류자는 회전자에 붙어 있는 반이 잘려진 원통이고, 브러쉬는 전류를 공급하는 +/- 극성의 도체이다.
이 시점에서 회전자에는 전류가 흐리지 않아 회전자가 받는 힘(토크)이 가장 약해지는데, 실제 모터에서의 회전자와 정류자는 일정 각도로 분할된 여러 개로 구성되어 이 구간을 좁게 한다. 이는 회전자의 회전 위치에 따라 회전력이 다른 현상(토크 리플)도 보완한다.

　(C) 관성에 의해 회전자(전기자)의 위치가 90°를 넘어가면서 정류자와 브러쉬의 접촉면이 바뀌면서 회전자의 기준 도선에 흐르는 전류의 흐름이 반대가 된다. 이렇게 전류의 흐름이 반대가 되며, 회진자의 기준 도선이 받는 힘의 방향이 반대 즉 아래쪽으로 받아 시계 방향의 회전을 계속하게 된다.

　이런 순서에 의해 모터가 계속 회전하게 되는 기본 원리를 가진다.

발전기로서의 DC 모터

　위에서 전기 에너지를 공급하여 회전 운동 에너지로 변환하는 회전 원리를 살펴보았다.

　반대로, 고정자인 고정된 영구자석의 자기장 안에서 회전자가 돌며 도선이 받는 자기장의 크기도 변하는데, 페러데이의 전자 유도 법칙에 의하면 도선에 작용하는 자기장이 변하면 기전력이 유도되므로, 발전기의 역할을 한다고도 한다. 이는 전기를 생성하는 발전기의 원리와 동일하다.
　이때 생성되는 기전력을 역기전력이라 하며, 모터에서 가장 중요한 성질 중 하나이다.

　아래 DC 모터의 모델링에서 보게 되겠지만, 이렇게 모터가 회전할 때 생기는 역기전력이 있어 공급되는 전류가 제한되며, 모터의 코일이 타지 않는 것이다.

2.1.3. DC 모터의 모델링

DC 모터의 모델링을 통해 모터의 동작 원리와 특성에 대해서 이해해 볼 수 있다.

DC 모터는 아래 그림과 같은 등가적인 모델로 모델링 된다. 이 DC 모터의 모델링은 입력되는 전원과 코일 전류와의 관계인 전기적 모델링과 실제 모터가 회전하면서 생기는 물리적 운동에 대한 기계적 모델링으로 2 가지 구분의 모델링을 가진다.

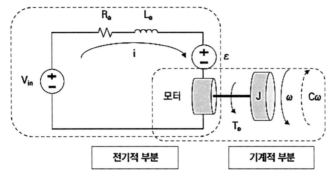

Figure III-16 브러쉬 DC 모터의 모델

이 장에서는 모터의 전기적 모델링과 기계적 모델링을 한 후 이 둘의 관계 모델링에 대해서 살펴보도록 한다.

가. 전기 회로 모델링

DC 모터의 전기적 부분에 대한 등가 회로로 모델링을 하도록 하며, 전류가 흐르는 코일이라는 의미를 명확히 하기 위하여 전기자(Armature)라는 용어를 사용하기로 한다.

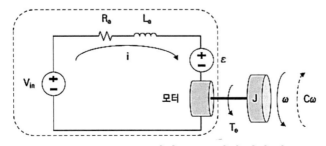

Figure III-17 브러쉬 DC 모터의 전기 회로

위 회로에서 $R_a(\Omega)$는 전기자 권선 저항, $L_a(H)$는 전기자 권선의 인덕턴스를 의미한다. 키르히호프 전압 법칙 KVL 에 따라 아래와 같이 유도된다.

$$V_{in}(t) = R_a i(t) + L_a \frac{di(t)}{dt} + \varepsilon + V_b$$

여기에서 $\varepsilon(V)$은 역기전력이고, $V_b(V)$는 브러쉬에서 발생하는 전압 강하를 의미하는데, 보통 $V_b(V) = 0$ 으로 놓고 모델링한다.

역기전력 ε 은 모터가 회전할 때 페러데이 전자 유도 법칙에 의해 유도되어 들어오는 전압 즉, 도선에 인가되는 자기장이 변하면 기전력이 유도되는 현상으로, 자기장 안에서 힘을 받을 도선의 감긴 횟수가 1 이고 수직으로 힘을 받는다고 한다면 아래와 같이 정의할 수 잇다.

$$\varepsilon = Bl_c \times \frac{dx}{dt} = Bl_c \times v$$

여기에서 영구자석으로 부터 형성되는 자속 밀도 B (Wb/m^2), 도선 길이 $l_c(m)$는 상수로 근사할 수 있고, 선속도와 회전 각속도의 관계는 $v(m/s) = r(m) \times \omega(rad/sec)$ 인데 반지름 r 도 모터의 구조에서 상수이므로, 이 모든 상수의 곱을 K_E ($V/(rad/sec)$)로 대체하면, 각속도 ω 로 아래와 같이 정리될 수 있다.

여기서 K_E 는 역기전력 상수(Electromotive Force Constant)라 한다.

$$V_{in}(t) = R_a i(t) + L_a \frac{di(t)}{dt} + K_E \omega(t) \quad - (1)$$

이 수식으로 아래에서 보게 될 수식들을 유도하는데 사용될 것이다.

나. 기계적 모델링

위에서 전기적 모델링을 했으므로, 기계적 모델링을 해본다.

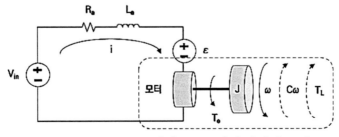

Figure III-18 브러쉬 DC 모터의 기계적 모델

회전 운동의 경우 운동 방정식은 토크로 구한다. 토크는 회전시키는 힘을 의미하며, 이에 대해서는 추후 살펴보도록 할 것이다.

$$T_e(t) = J\frac{d\omega(t)}{dt} + C\omega(t) + T_L$$

여기에서 T_e(N•m)는 모터 토크, J(kg•m^2)는 모터 샤프트와 부하의 관성 모멘트, C(N•m•s)는 모터의 마찰 계수, ω(rad/sec)는 모터의 각속도를 의미하며, T_L 은 부하의 토크를 의미하는데 여기에서는 무부하 상태인 0 으로 두기로 한다.

여기에서 모터 토크 T_e 는 힘 F 와 반지름 r 로 아래와 같이 정의된다.

$$T_e = F \times r \leftarrow F = Bi(t)l_c$$

영구 자석형 모터에서 자속 밀도 B(N/(A·m))는 상수, 도선 길이 l_c (m), 반지름 r(m)도 모두 상수로 근사할 수 있으므로, 이들의 곱을 상수 K_T 로 두면, 모터 토크는 입력 전류에 완전 비례하게 된다.

이 상수 K_T(N•m/A)를 토크 상수(Motor Torque Constant)라 하며, 결국 모터 토크 T_e(N•m)는 아래와 같이 표현할 수 있다.

$$T_e(t) = K_T i(t) = J\frac{d\omega(t)}{dt} + C\omega(t) \quad - (2)$$

이 수식과 앞에서 전기 시스템에 대해 구한 (1) 수식으로 입력 전압과 회전 각속도와의 전달함수를 구할 수 있다.

다. DC 모터의 입력 전압과 각속도의 전달함수

위에서 DC 모터의 전기적 부분과 기계적 부분에 대해 각각 모델링하였다.

여기에서는 모터에 전기적 입력 전압 $V_{in}(s)$를 주었을 때, 모터의 출력인 기계적 회전 각속도 $\omega(s)$가 어떻게 나오는지 알아보기 위하여 전달함수를 구해 보도록 한다.

전기 회로 모델링에서 구한 (1) 수식을 라플라스 형식으로 변환하면 아래와 같다.

$$V_{in}(s) = R_a I(s) + L_a sI(s) + K_E\omega(s)$$

기계적 운동 방정식의 (2) 수식의 라플라스 형식은 아래와 같다.

$$K_T I(s) = Js\omega(s) + C\omega(s)$$

이 두 식을 정리하면 전달함수는 아래와 같이 전압과 회전 속도의 관계로 나오게 된다.

$$\therefore H(s) = \frac{\omega(s)}{V_{in}(s)} = \frac{K_T}{(L_a s + R_a)(Js + C) + K_T K_E}$$

V_{in} : 모터 입력 전압(V)

ω : 각속도(rad/sec)

R_a : 전기자 권선 저항(Ω)

L_a : 전기자 권선 인덕턴스(H)

K_E : 역기전력 상수(V/(rad/sec))

K_T : 모터 토크 상수(N•m/A)

J : 관성 모멘트(Kg•m^2)

C : 마찰 계수(N•m•s)

위와 같이 2 차 전달함수로 얻을 수 있으며, DC 이득은 s 대신 0 을 넣으면 오른편 항은 상수가 되므로, V_{in} 전압이 커질수록 각속도 ω 또한 비례해서 커짐을 알 수 있다.

이렇게 도출된 전달함수 내의 각 매개변수들의 값을 알 수 있다면, 이 전달함수를 통해 시뮬레이션하거나 제어기를 설계할 수 있다.

이런 매개변수들의 값이 모터와 같은 액츄에이터의 데이터시트에 모두 명기된 경우는 거의 없기 때문에, 필요한 경우 제조사에 문의하거나 실험을 통해서 각 매개변수들의 값을 측정하여 사용하기도 하지만, 일반적으로 매우 어려운 일이다.

따라서, 앞서 말했듯이 이 책에서의 모델링은 플랜트의 구조와 동작을 이해하기 위한 용도로 사용할 것이고, 제어기 설계를 위한 전달함수는 이후 살펴볼 추정된 전달함수를 사용하기로 한다.

라. 수식을 통한 DC 모터 특성 이해

플랜트에 대한 모델링을 하는 의의 중 하나는 플랜트의 동작과 특성을 이해할 수 있다는 것이었다. 이런 의미를 가지고 위에서 구했던 모델링들로 DC 모터의 특성을 이해해 보도록 한다. 이 과정으로 모터에 대한 이해가 한 층 깊어질 수 있을 것이다.

위에서 구했던 DC 모터의 전기 부분 모델링에서 구한 (1) 식은 아래와 같다.

$$V_{in}(t) = R_a i(t) + L_a \frac{di(t)}{dt} + K_E \omega(t)$$

전기/전자 회로의 RL 시정수와 구동 방식과의 관계

역기전력의 영향없이 전기 부분의 코일의 인덕턴스 L 과 저항 R 에 대해 전압과 전류에 대한 RL 시정수를 알아보기 위하여, 위의 수식에서 회전 각속도 ω(t) = 0 으로 둔다면 아래 수식과 같다.

$$V_{in}(t) = R_a i(t) + L_a \frac{di(t)}{dt}$$

이런 조건의 예를 들면 외부에서 힘으로 모터의 축이 회전할 수 없도록 고정하고, 전류를 입력한다면 회전이 없는 상태 즉 ω(t) = 0 인 상태가 될 수 있을 것이다.

위 미분 방정식은 이론 편의 RC 회로에서 보았듯이, DC 전압 V_{in} 에 대해 전류 i(t)를 구하면 아래와 같은 시간 함수가 나오게 된다.

$$i(t) = \frac{V_{in}}{R_a} (1 - e^{-\frac{R_a}{L_a} t})$$

모터 시스템 전류 i(t)의 RL 시정수 τ 는 L_a / R_a 초가 되고, 보통 4τ ~ 5τ(Tau) 정도를 완충되었다고 표현한다.

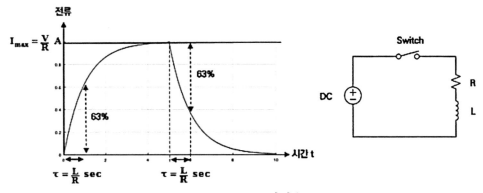

Figure III-19 RL 시정수

이 시정수 τ 에 따라, 계단 전압 입력을 주었을 때, 위 그림과 같이 지연을 가지고 전류가 공급되는데, 이 시정수 τ 는 모터 속도 제어 편에서 보게 될 PWM 신호의 주파수 선정에 사용될 것이다.

역기전력과 전류의 관계

앞서 역기전력이 있어야 모터 코일에 공급되는 전류가 제한된다고 했다.

이해의 편의를 위하여 전기적 부분 모델링의 (1) 수식에서 전류 $i(t)$를 정전류라 한다면 $L_a \times di(t)/dt = 0$ 이므로, 아래와 같이 정리될 수 있다.

$$i(t) = \frac{V_{in}(t)}{R_a} - \frac{K_E \omega(t)}{R_a}$$

여기에서 V_{in} 은 입력 전압, R_a 는 코일 저항, K_E 는 역기전력 상수, ω 는 회전 속도이다.

만약에, 회전에 의한 역기전력이 없다고 가정해 보면, 코일에 흐르는 전류는 $V_{in}(t)/R_a$ 이 되는데, 모터의 코일 권선의 저항 R_a 는 일반적으로 작은 값이기 때문에 매우 큰 전류가 코일로 흐르게 됨을 의미한다.

하지만, 위의 수식에서 보듯이 모터가 회전하며 발생시키는 역기전력으로 인하여, 공급되는 전류 i 는 작아지게 된다.

즉, 회전이 천천히 시작되는 초기 구동 시점에는 큰 전류가 흐르지만(기동 전류), 모터가 회전하게 되면 이 역기전력의 영향으로 작은 전류 (운전 전류)로 모터를 회전시킬 수 있는 것이다.

만일, 전류를 공급하여 회전하고 있는 모터를 부하 또는 손으로 회전을 막게 되면, 전압이 고정되어 있다 하더라도 역기전력이 사라지며, 과전류가 흘러 뜨거워진다.

즉, 전류를 공급했지만, 외부 힘에 의해 회전이 없는 상태가 된다면, 코일에는 많은 전류가 흐르게 되고, 이는 발열로 이어져 모터의 코일을 손상시키거나 화재로 이어질 수 있다.

이런 이유로 모터에서 역기전력을 필수 요소라 하는 것이다.

모터의 각속도와 토크 관계

위와 마찬가지로 전기적 부분 모델링의 (1) 수식에서 DC 모터의 구동을 정전류 구동이라 한다면, $L_a \times di(t)/dt = 0$ 이므로 아래와 같이 된다.

$$V_{in}(t) = R_a i(t) + K_E \omega(t)$$

모터 토크 $T_e(t)$와 전류 $i(t)$와는 관계는 기계적 모델링에서 봤듯이 모터 토크 상수 K_T 와 함께 $T_e(t) = K_T \times i(t)$ 이므로, $i(t) = T_e(t)/K_T$ 를 대입하여 토크 T_e 에 대해 아래와 같이 정리할 수 있다.

$$T_e(t) = \left(V_{in}(t) - K_E\omega(t)\right) \times \frac{K_T}{R_a} = -\frac{K_E K_T}{R_a}\omega(t) + \frac{V_{in}(t)K_T}{R_a}$$

DC 모터에서 토크 T_e 와 각속도 ω 와의 관계를 표현한 그래프를 Torque-Speed Curve 또는 T-N 커브 그래프라 하고 아래와 같다.

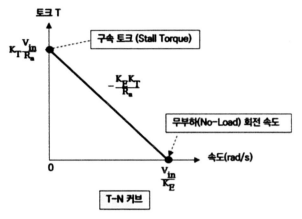

Figure III-20 T-N 커브 그래프

이 그래프에서 보듯이 브러쉬 DC 모터는 모터의 회전 속도가 빨라질수록 토크가 작아지게 된다.

또한, $T_e(t) = K_T \times i(t)$에서 전류 $i(t)$와 토크 $T_e(t)$의 관계를 그린 그래프를 T-I 커브 그래프라 한다.

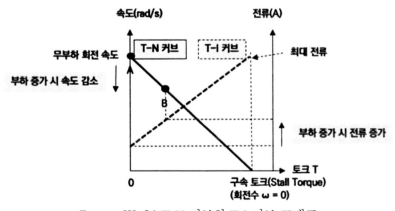

Figure III-21 T-N 커브와 T-I 커브 그래프

무부하의 경우 모터는 최대 속도로 회전하며 이때의 전류는 최소가 된다. 반면, 구속(Stall)된 경우 즉, 전류는 공급되지만 회전이 없는 경우에는 모터 최대의 토크가 사용되고 전류도 최대 전류가 흐르게 된다.

만일, 정전압 V_{in} 을 모터에 인가한 상태에서 위 T-N 커브의 무부하 상태인 A 점의 속도로 회전하고 있는데, 부하를 연결하여 토크 T 가 B 점으로 증가한다면, 모터의 회전 속도는 감소하게 되고, 이로 인해 역기전력이 감소하므로, 모터 코일에 흐르는 전류는 증가하게 된다.

모터의 전압과 속도

모델링에서 본 전달함수에서도 알 수 있듯이, 브러쉬 DC 모터는 인가되는 전압의 크기에 따라 회전 속도가 증가하고, 토크는 $T_e(t) = K_T \times i(t)$ 로 전류에 비례한다.

아래는 모터에 인가되는 전압에 따른 T-N 커브 그래프의 예이다.

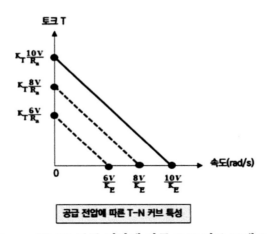

Figure III-22 공급 전압에 따른 T-N 커브 그래프

위의 그래프에서 보듯이 동일 부하(동일 토크)의 경우 공급되는 전압이 높아질수록 회전 속도도 빨라진다. 만일, 공급 전압이 고정되어 있는 상태에서 부하가 변동하여 토크가 증가한다면 회전 속도는 감소하게 된다.

이런 모터의 특성을 알아볼 수 있는 T-N 커브와 T-I 커브는 이후 계속 살펴보게 될 것이다.

2.1.4. 모터의 특성과 용어

아래는 MABUCHI MOTOR 사의 RS-380PH-3270 데이터시트에서 발췌한 내용이다.

MODEL	VOLTAGE		NO LOAD		AT MAXIMUM EFFICIENCY					STALL		
	OPERATING RANGE	NOMINAL	SPEED	CURRENT	SPEED	CURRENT	TORQUE		OUTPUT	TORQUE		CURRENT
			r/min	A	r/min	A	mN·m	g·cm	W	mN·m	g·cm	A
RS-380PH-3270 (*1)	4.5~15.0	12V CONSTANT	16400	0.37	14110	2.28	13.0	133	19.2	93.2	950	14.0
RS-380PH-4045 (*1)	3~12	6V CONSTANT	12500	0.56	10630	3.17	11.6	118	12.9	77.5	790	18.0

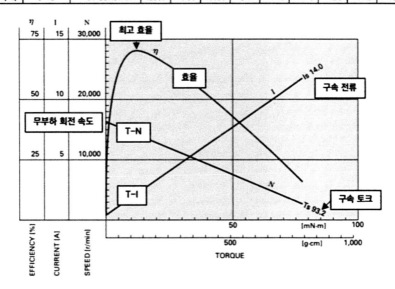

앞서 DC 모터 모델링에서 살펴보았던 DC 모터의 특성 항목들과 용어에 대해 위 데이터시트의 특성표와 T-N 커브, T-I 커브, 효율 커브를 보면서 이해해 보도록 한다.

> RPM 회전수

RPM(Revolution per Minute)은 1 분 당 몇 번 회전하는가로 모터에서 회전 속도를 의미하는 단위로 사용된다.
브러쉬 DC 모터에서의 회전 속도 특성은 앞서 모델링에서 보았듯이 입력되는 전압의 크기에 비례하여 상승한다.

토크(Torque)

토크(Torque)는 돌림힘, 회전력이라고도 하며, 회전 운동에서의 회전을 일어나게 하는 힘의 개념으로, 토크는 힘의 크기와 방향으로 설명된다.

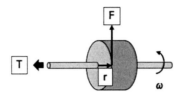

Figure III-23 토크

원형 회전체에서 토크의 크기는 반지름 r 과 수직인 힘(F, Force)과의 외적이며, 단위는 뉴튼-미터를 사용한다.

$$T\ (Torque)(N \cdot m) = r \times F = r \cdot F \cdot \sin(\theta)$$

외적의 방향은 오른손을 힘의 방향으로 회전하듯이 손가락을 감싼 후 엄지 손가락을 펴면 토크의 방향이 된다.

예를 들어, 모터의 정격 토크가 9.81 N·m 이라고 한다면, 뉴턴의 힘의 공식 $F = Mg$ 에서 M 은 무게, g 는 중력 가속도 $9.81 m/s^2$ 이므로, 무게 M 은 1Kg 이 된다. 따라서, 이 모터는 모터의 축에 반지름 1m 의 원판을 연결하고, 이 원판에 1Kg 의 물체를 수직으로 연결하고도 회전할 수 있다는 의미가 된다.

앞서 모터의 기계적 모델링에서 모터의 토크는 $T_e = K_T \times i(t)$ 로 공급되는 전류에 비례함을 보았으며, 이 토크에 대해서는 모터 선정 편에서 자세히 살펴보도록 할 것이다.

무부하 전류(No-load speed) 및 무부하 회전수 (No-load Current)

모터 출력 축에 아무런 부하가 없는 즉, 무부하 상태에서 모터를 회전시켰을 때의 회전수를 무부하 회전수라 하고, 이때의 전류를 무부하 전류라 한다.

앞서 T-I 커브에서 보았듯이 브러쉬 DC 모터는 이 무부하 회전수일 때 최저 전류, 최고 회전 속도가 된다.

구속(Stall) 토크

모터에 전류를 인가하면 회전해야 하지만, 부하가 설계보다 무겁거나 더 큰 토크를 필요로 하면서 T-I 그래프에서처럼 속도가 줄어든다. 이런 부하에 의해 속도가 0 RPM 이 되는 것을 구속(Stall)이라 하고, 영구자석을 사용하는 타입에서는 최대 토크가 된다.

앞서 모델링에서 보았듯이 모터에서는 이런 조건이 되면, 역기전력이 없기 때문에 전류가 최대 전류가 흐르게 되는데, 정격 전류의 5 배 이상이 흘러 코일에서 큰 발열이 나며 모터를 손상시키게 된다.

때문에, 제어기 설계에서는 이에 대한 보호 조치를 취해야 하는데, 예를 들어 정격 전류의 300% 이상으로 1 ~ 3 초 이상 흐르게 되는 조건이 되면 동작을 정지시키는 등의 제한 보호 조치를 취해야 한다.

시동 전류(Starting Current)

모터가 정지된 상태에서 처음 움직이기 시작할 때, 즉 전류는 공급하는데 회전이 없는 상태로 역기전력이 없으므로 큰 전류가 흐르게 되는데 이를 시동 전류 또는 기동 전류라고도 한다. 보통 ms 시간의 짧은 시간 동안 정격 전류보다 큰 전류가 필요하다.

이 시동 전류는 DC 모터를 모델링한 것과 같이 마찰력에 의해 증가될 수 있는데, 모터가 노후화될 수록 모터의 부품에서 마찰이 증가되며, 기동 전류가 증가할 수 있으므로, 충분한 여유를 두고 설계하는 것이 좋다.

모터의 정격 (Rated)

정격이란 말은 제조사에서 제품에 대해 보증할 수 있는 동작 환경에서 안정적으로 연속적인 동작을 할 수 있는 조건의 규격을 의미한다.

　모터 제조사에서는 모터를 연속적으로 사용해도 되는 사용 조건으로 입력 전압에 따라 정격으로 사용될 수 있는 정격 전류, 정격 회전수, 정격 토크를 모터 정격으로 규정한다. 정격 토크는 전부하 토크라고도 한다.

　이런 모터의 정격 이상으로 사용하게 되면, 모터에서 열이 발생되고 모터가 손상되거나 화재의 위험이 있으므로, 당연히 정격 이내에서 사용될 수 있도록 설계해야 한다.
　이런 이유로 모터에 고정된 부하를 걸고 원하는 회전수로 회전하길 원한다면, 적어도 (예상 부하 × 1.5 배) 에서도 이상없이 동작할 수 있는 정격의 모터로 여유를 두어 선정해야 한다.
1.5 배의 마진은 사용 시간에 의한 진행성 기계적 변형, 전기적 특성 변화와 외란에 대한 안전책으로 안전계수(Safety Factor)라 한다. 1.5 배보다 더 크게 주면 좋겠지만, 모터 크기 및 소모 전력이 커질 뿐 아니라, 비용 상승도 초래하므로 적당한 안전계수가 필요한데, 일반적으로 적용하는 최소 계수가 1.5 배이다.

　또한, 위 데이터시트에서 모터의 운전 전압 범위가 4.5V ~ 15.0V 로 나오는데, 4.5V 는 회전 동작을 하기 위한 최저 전압으로 모터의 기동 전류와도 관계되며, PWM 제어를 할 경우 PWM 듀티가 낮을 때 회전 동작하지 않는 영역과도 관계된다. 이에 대해서는 이후 살펴보도록 한다.

모터의 출력(Power)

출력은 단위 시간(초) 당 한 일(Joul), 즉 일률(Power, 전력)을 말한다. 단위는 Watt 또는 마력을 사용하며, 1 마력은 735.5 W 와 동일하다.
모터의 출력 수식을 알아보도록 하자.

☞ 직선 운동에서의 일률
　직선 운동에서의 일은 [힘 × 거리]이고, 일률은 이 일을 시간으로 나눈 것이므로 아래와 같이 표현할 수 있다.

$$W(일)(N \cdot m = Joule) = F \bullet L = |F||L|\cos\theta$$

　힘과 움직인 거리의 방향이 동일하다면 $W = FL$ 이 된다.

$$일률(P, Power)(N \cdot m/s = Joule/s) = \frac{일}{시간} = \frac{W}{t} = Fv$$

위에서 L(m)은 움직인 거리, v(m/sec)는 속도를 의미한다.

☞ 회전 운동에서의 일률

회전 운동에서의 움직인 거리는 원주의 길이가 되므로, 아래와 같이 표현될 수 있다.

원주의 길이 $l = r\theta$ (m) : θ radian

$$속도(v) = 거리 \times 시간 = \frac{r\theta}{t}$$

원에서 반지름 r(m)은 상수이므로,

$$v = \frac{\Delta\theta}{\Delta t} \times r = \omega \times r \ (\omega : 각속도 = rad/sec, 초 당 회전 속도)$$

이다.

따라서, 회전 운동에서의 일률은 아래와 같다.

$$전력 \left(= 일률, Power, P\right) = Fv = Fr\omega = T\omega(W, Watt)$$

여기에서 v : 속도, ω : 각속도, r : 반지름, F : 원주에 수직인 힘, 토크 T 는 원형 회전체에서 r × F 이다.

☞ 모터의 출력(일률)

위의 수식에서 각속도 ω 는 초 당 회전하는 라디안 각도이므로 RPM(Revolution Per Minute, 분당 회전수) N 을 60 초로 나누면 초 당 회전수가 되고, 이 초 당 회전수를 라디안으로 바꾸어 주기 위하여 1 회전은 2π 이므로, 2π 를 곱해주면 아래와 같이 된다.

$$\omega(radian/sec) = 2\pi \times \frac{N}{60}$$

따라서, 위의 회전 운동에서의 일률 수식을 RPM N 에 대한 수식으로 정리하면 모터의 출력은 아래와 같다.

$$P(W, Watt) = \omega T = 2\pi \times \frac{N}{60} \times T$$

여기에서 보듯이, 모터의 출력은 회전수 N 과 토크 T 가 같이 관련되는데, 이런 모터의 정격 출력 이내에서 사용될 수 있도록 해야 한다.

또한, 공급되는 전압과 전류의 곱인 전기적 전력과 모터 출력과의 관계는 아래 모터의 효율과 관련된다.

모터의 효율(Efficiency)

모터의 효율(Efficiency)은 기계 출력 전력와 전기 입력 전력의 비율을 의미한다.

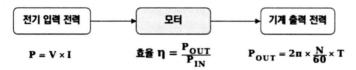

Figure III-24 모터의 효율

즉, 입력된 전기적 전력 대비 얼마나 손실없이 기계적 출력으로 변환하였는가이다.

모터에서 효율을 떨어뜨리는 손실(Loss)에는 전기적 부분의 손실과 기계적 부분의 손실로 나뉜다. 전기적 손실에는 저항 손실로 인한 동손과 자기장으로 인해 발생하는 철손으로 나뉘는데, 철손에는 와전류 손실(Eddy Current Loss)과 히스테리시스 손실이 있다. 기계적 손실에는 공기 저항에 때문에 생기는 풍손뿐 아니라 기계적으로 마찰하며 손실되는 마찰손 등이 있다.

앞의 모터 데이터시트에 명시된 최고 효율 조건과 같이 정격 전압 12V, 전류 2.28A 이고, 최고 효율 RPM 은 14110, 이때의 토크가 13mN•m 인 경우에 대해 손실없는 이상적인 경우의 효율을 계산해보면 아래와 같다.

출력 전력은 아래와 같이 계산될 수 있다.

$$P = 2\pi \times \frac{N}{60} \times T = 2\pi \times \frac{14110}{60} \times 13e - 3 = 19.209 \ Watt$$

정격 전압 12V, 전류는 2.28A 이므로 입력 전력은 아래와 같다.

$$W = V \times I = 12VDC \times 2.28A = 27.360 \ W$$

따라서, 위 모터의 효율은 아래와 같이 계산된다.

$$모터 \ 효율(\%) = \frac{출력 \ 전력}{입력 \ 전력} \times 100 = \frac{19.209}{27.360} \times 100 = 70.208\%$$

데이터시트의 효율 그래프와 동일하게 나옴을 볼 수 있다. 하지만, 모터의 출력에는 손실이 포함되어야 하므로, 사용 조건에 따라 이보다 낮은 효율을 가지게 될 것이다.

2.2. 기계적 모터 선정

플랜트의 구현을 위해서는 시스템의 요구사항에 맞는 특성을 가진 모터를 선정해야 한다. 아래 그림은 일반적으로 모터를 선정할 때 고려해야 하는 과정의 예이다.

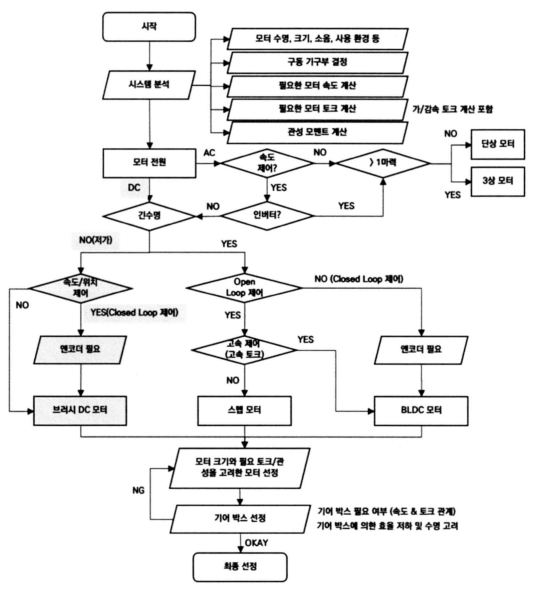

Figure III-25 일반적인 모터의 선정 과정 예

시스템 분석

모터 선정에 앞서 요구되는 시스템의 특성에 대해 분석을 한 후 이를 통해 선택해야 한다.

이 과정에서는 모터의 속도, 토크, 전력 등의 기계적/전기적 특성뿐 아니라, 사용하는 전원, 모터의 수명, 모터 크기, 사용 용도, 사용 환경 등의 필요한 조건을 분석해야 한다. 이는 시스템의 요구사항을 분석하는 단계가 된다.

모터의 성능에 관련해서는 모터의 운전 속도와 시간, 제어에서의 정착 거리(속도)와 정착 시간 성능, 모터와 엔코더 센서의 분해능, 모터 정지 방식과 정지 시 토크 유지 여부 등이 있을 수 있으며, 또한 모터의 무게 및 크기도 모터 선택에 있어 중요한 고려사항이 된다.

모터의 동작 환경에 대해서는 사용 용도에 따라 소음에 따른 종류 선택, 진동 대책을 위한 거치대의 선택, 방수를 위해 모터 자체의 성능 또는 케이스의 선택, 사용 환경의 온도에 대한 대응 등 고려해야 할 사항이 많다.

이 중에서 시스템의 토크 전달 방식인 구동 기구의 결정 및 필요한 모터의 힘인 토크와 관성 모멘트의 계산에 대해서는 다음 장에서 살펴보게 될 것이다.

모터의 사용 전원

상용 AC 전원을 사용해야 하는 경우라면, AC 모터를 선정할 수 있으며, 이때 국가별 상용 전원 주파수도 고려되어야 한다.
만일, AC 모터를 사용하여 속도 제어를 하려면 고가의 인버터가 필요하지만, 그러고 싶지 않다면 AC 전원을 DC 로 변환한 전원 공급으로 DC 모터의 사용도 고려할 수 있다.

속도 또는 위치 제어

모터의 속도 및 위치 제어를 위해서는 엔코더 센서와 같은 회전 각도 또는 거리를 측정할 수 있는 센서가 필요하게 되며, 보통 엔코더가 장착된 모터를 엔코더 모터라 한다.

고속의 속도 제어가 필요한 경우, 엔코더가 달린 DC 모터나 BLDC 모터를 선택할 수 있으며, 수명이 짧아도 되고 저가 솔루션이 필요하다면 브러쉬 DC 모터를 선택할 수 있다.

만일, 저가의 저속 제어 또는 위치 제어를 원한다면 한 펄스에 한 스텝 움직이기 때문에 엔코더가 필요 없는 스텝 모터를 선택하는 것이 솔루션이 될 수 있다.

기어 박스의 선정

모터 응용에서는 일반적으로 제한된 모터의 크기로 인해 모터의 속도는 충분하지만, 토크가 부족한 경우가 많다. 이런 경우 속도는 줄지만 토크는 증가하는 감속 기어를 사용하게 되는데, 기어 박스를 포함하는 모터를 기어드 모터라 한다. 이런 기어의 특성에 대해서는 추후 살펴보게 될 것이다.

위의 순서도에서는 이 정도로 정리했지만, 사실 이외에도 효율, 외란, 비용 등 고려해야 할 사항들이 많다.

이 책에서는 기본적으로 속도 제어를 할 수 있어 PID 제어기의 동작을 이해/구현해볼 수 있으며, 비교적 저가격인 엔코더가 장착되어 있는 브러쉬 DC 모터를 사용할 것이다. 따라서, 어떤 종류의 엔코더 DC 모터를 선정할지를 정하면 된다.

이 장에서는 이렇게 모터 선정에서 기본적으로 고려해야 하는 특성들에 대해 살펴보도록 한다.

2.2.1. 모터의 필요 회전수

모터 선정을 위해 필요한 모터의 회전수를 계산하기 위해서는 자신의 시스템에 대한 토크 전달 방식 즉, 구동 기구에 대해서 고려해야 한다.

이런 토크 전달 방식에는 기어, 회전체, 체인, 커플링, 스크류, 구동 벨트 방식 등이 있다.

아래 그림은 이 중 회전 시스템과 컨베이어 시스템의 예이다.

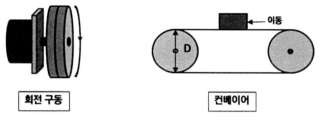

Figure III-26 회전 구동과 직선 구동

위 그림의 회전 구동에서 필요한 모터의 회전 속도는 당연히 필요한 축에 연결된 물체의 회전 속도와 동일하다.

컨베이어 벨트의 경우 모터의 구동축에 바로 연결되어 있다고 가정을 해보면, 필요한 모터의 회전 속도는 벨트 위의 물체(Work)의 움직이는 속도와 회전판(풀리)의 원주와 관계된다. 원주는 지름 D × π 가 1 바퀴 이므로 아래와 같이 구해질 수 있다.

$$필요\ RPM = \frac{필요한\ 물체\ 이동\ 속도(m/min)}{\pi \times D(m)}$$

이렇게 시스템에서 필요한 속도 특성으로 모터를 선정할 수 있는 하나의 기준인 필요한 회전 속도를 구할 수 있다.

2.2.2. 관성 모멘트

회전 시스템이 동작하기 위해 필요한 힘인 토크는 모터의 선정 과정에서 기본이 되는 항목이다. 이 토크의 계산에는 부하의 관성 모멘트가 고려되어야 한다.

가. 관성 모멘트(Moment of Inertia)

관성이란 움직이는 물체가 계속 움직이려고 하는 정도, 정지한 물체가 계속 정지하고 있으려는 상태를 말하는데, 관성 모멘트는 이 관성의 양에 대한 물리량을 의미하며, 단위는 $Kg \cdot m^2$을 사용한다.

이 관성 모멘트는 물체가 처음 회전하기 시작할 때 정지 상태를 유지하려는 관성때문에 회전을 어렵게 하는 정도, 회전을 시작한 후 멈출 때 회전을 유지하려는 관성때문에 멈춤을 어렵게 하는 정도와 관련되므로, 회전에 대한 저항을 의미한다.
관성 모멘트가 클수록 이런 운동의 변화가 일어나기 힘들게 하며, 제어를 어렵게 한다.

> **관성 모멘트의 수식**

관성 모멘트는 J 또는 I 로 표기하는데, 회전 운동에 관련된 관성 모멘트는 직선 운동과 아래와 같은 관계를 가진다.

☞ **직선 운동에서의 운동 에너지**

직선 운동에서의 운동 에너지 K 는 아래와 같다.

$$K = \frac{1}{2}Mv^2$$

여기에서 M 은 질량(Kg), v 는 물체의 속도(m/sec)을 의미한다.

☞ **회전 운동에서의 운동 에너지**

원 운동인 회전 운동에 대해 생각해보면, 반지름 r 인 원에서 각도 θ에 대한 호의 길이는 $l = r\theta$이므로, 이를 시간 t 로 미분하면 직선 운동의 선속도 v(m/sec)와 회전 운동의 각속도 ω(rad/sec)의 관계는 아래와 같다.

$$v = r\omega$$

따라서, 위 직선 운동 에너지를 회전 운동 에너지로 바꾸어 보면 아래와 같다.

$$K = \frac{1}{2}M(r\omega)^2 = \frac{1}{2}(Mr^2)\omega^2$$

이 수식에서 관성 모멘트(Moment of Inertia)는 Mr^2 으로 정의된다. 이런 이유로 회전 운동의 관성 모멘트는 직선 운동에서의 질량 M 에 대응된다고 한다.

$$\text{Moment of Inertia } J(Kg \cdot m^2) = Mr^2$$

강체의 관성 모멘트는 질량의 분포에 의해 정해지는데, 회전축과 떨어진 수직 거리 r_i 에 있는 강체를 이루는 미소점들의 무게 m_i 의 합으로 아래와 같이 표현된다.

$$\text{Moment of Inertia } J(Kg \cdot m^2) = \sum(m_i) \times (r_i^2)$$

기본 모양의 관성 모멘트 수식

강체의 관성 모멘트를 위 수식의 적분 과정을 풀어서 구하는 것은 어려운 작업이다. 따라서, 아래와 같이 대표적인 물체의 모양에 대해 이미 만들어진 표가 있으므로 간단한 모양은 이를 참조해 계산하거나, 복잡한 모양의 경우 시뮬레이션 툴을 사용한다.

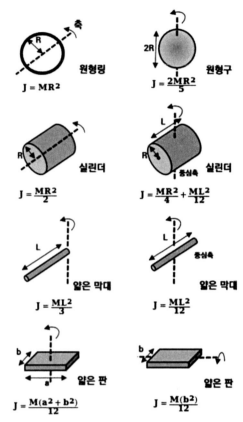

Figure III-27 기본 모양의 관성 모멘트 수식

복잡한 모양의 분해 예

위 기본 모양의 관성 모멘트 표를 이용하면 아래와 같은 다양한 모양의 부하들을 기본 모양으로 분해하여 모멘트의 합으로 구해볼 수 있다.

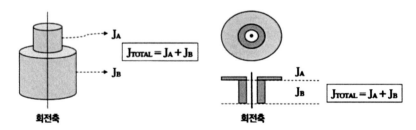

Figure III-28 모양의 분해 예 1

아래와 같은 모양의 부하 관성에 대해서 구해보자.

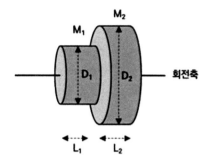

Figure III-29 모양의 분해 예 2

$$반지름 \ R_1 = \frac{D_1}{2}, \ 반지름 \ R_2 = \frac{D_2}{2}, \ 질량 \ M = M_1 + M_2$$

위와 같이 생긴 부하는 회전축이 같기 때문에 아래와 같이 구할 수 있다.

$$J_{Total} = \int MR^2 dm = \int M_1 R_1^2 dm + \int M_2 R_2^2 dm$$

즉, D_1 에 대한 부분, D_2 에 대한 부분으로 구간을 나누어 관성 모멘트를 구한 후 더해주면 된다.
따라서, 앞의 관성 모멘트 표를 참조하면 아래와 같이 구해질 수 있다.

$$J_{Total} = J_1 + J_2 = \frac{M_1 R_1^2}{2} + \frac{M_2 R_2^2}{2}$$

유용한 관성 모멘트의 정리

실제 복잡한 부하 시스템의 관성 모멘트를 손으로 푼다는 것은 어려운 일이다. 이런 경우 3D 모델링 도구를 이용하여 토크와 관성 모멘트를 구해볼 수 있다.
하지만, 가격 등의 이유로 이런 소프트웨어 도구들을 사용하기 어려운 경우 어쩔 수 없이 근사 계산해야 하므로, 여기서는 이를 계산하기 위한 법칙을 위의 기본 모양의 관성 모멘트 수식으로 간단히 살펴보도록 한다.

① 수직축 정리
서로 수직한 3 축에 대한 정리로 아래를 만족한다.

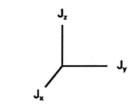

Figure III-30 회전 수직축 정리

$$J_Z = J_X + J_Y$$

이 수직축 정리의 예는 앞에서 본 관성 모멘트 표에서 찾아볼 수 있다.

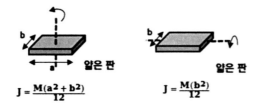

Figure III-31 수직축 정리 예

관성 모멘트 표에서 위 왼쪽 그림의 관성 모멘트는 오른쪽 그림처럼 수평축은 $J_y = \frac{Mb^2}{12}$, $J_x = \frac{Ma^2}{12}$ 이므로, z 축의 관성 모멘트는 이들의 합인 $J_z = \frac{M(a^2+b^2)}{12}$ 가 된다.

② 평행축 정리

관성 모멘트의 평행축(수평축) 정리는 회전축이 무게 중심에서 떨어진 거리 h 와의 관계를 가진다.

Figure III-32 평행축 정리

질량 M 인 실린더의 무게 중심에서 회전축이 있을 때 관성 모멘트를 J^G 이라 한다면, 무게 중심에서 h 만큼 떨어진 회전축을 두어 회전시킬 때의 관성 모멘트는 아래와 같은 관계를 가진다.

$$J_H = J^G + M \times h^2$$

평행축 정리의 예는 앞에서 본 관성 모멘트 표에서 찾아볼 수 있다.

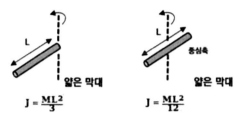

Figure III-33 평행축 정리 예

회전축이 무게 중심축에서 L/2 만큼 떨어진 왼쪽 그림의 경우 아래와 같이 정리된다.

$$J_H = J^G + M \times h^2 = \frac{1}{12}ML^2 + M\left(\frac{L}{2}\right)^2 = \frac{ML^2}{3}$$

나. 허용 관성비(Moment Ratio)

부하의 관성 모멘트가 클수록 회전을 시작하거나 회전을 멈출 때 받는 힘은 커지게 되기 때문에, 모터에는 허용되는 허용 관성비라는 정격이 있다.

☞ 큰 관성의 부하 제어 문제

모터는 무부하 시 모터축의 자체 관성에 대해 안정적인 동작을 할 수 있도록 설계되어 있다. 하지만, 부하가 부착되면 부하의 관성을 고려해야 하는데, 모터 축의 관성과 부하의 관성에 대한 관성비를 고려해야 한다.

관성비는 아래와 같이 부하의 관성과 모터의 회전자의 관성의 비로 구해진다.

$$\text{관성비} = \frac{\text{부하 관성 모멘트}}{\text{모터(회전자) 관성 모멘트}} = \frac{J_L}{J_M}$$

아래 그림은 부하의 관성 J_L : 모터 축의 관성 J_M 에 대한 비 1:1 과 10:1 에 대한 주파수 응답 이득 곡선이다.

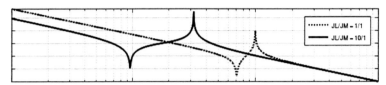

Figure III-34 관성비 1 배와 관성비 10 배의 보드선도

위 보드선도처럼 큰 관성 부하 또는 무게가 무거운 부하의 시스템은 공진 주파수가 낮아지고, 감쇠비 ζ 가 작아져 공진점의 크기가 커지게 된다. 이런 관계는 DC 모터 모델링 편에서 모델링한 전달함수 $\frac{\omega(s)}{V_{in}(s)} = \frac{K_T}{(L_a s + R_a)(J s + C) + K_T K_E}$ 에서도 확인할 수 있다.

또한, 큰 관성을 가지는 부하의 경우 정지/회전 동작 시 순간적으로 매우 큰 토크가 발생된다.

이런 큰 관성 부하의 제어는 개루프(Open Loop) 제어에서는 큰 오버슈트와 링잉을 발생시킬 수 있다. 폐루프(Closed Loop) 제어에서는 위상 여유가 작아지고 이는 안정성 저하를 초래해 오버슈트와 링잉, 심할 경우 발진할 수도 있어 제어를 어렵게 한다.

물론, 부하의 관성이 큰 경우, 제어기에서는 이후 보게 될 입력 명령에 대한 가/감속 제어를 사용하여 부드러운 출발/정지를 구현할 수도 있지만, 외란에 대해서는 여전히 문제가 되고, 이 안정성을 유지하기 위해 제어기의 이득을 줄여 상승 시간과 정착 시간 등의 성능을 줄이는 방법을 택해야 할 수도 있다.

이런 이유로 부하의 관성을 줄여 모터의 관성과 서로 일치시키는 것(관성 일치)이 시스템의 안정성 및 동적 응답 특성을 좋게 한다.

☞ 허용 관성비

따라서, 부하의 관성 모멘트는 작을수록 안정적이며, 이를 관리하기 위하여 허용 관성비라는 모터 선정에서 주요한 항목이 있다.

이 허용되는 관성비는 모터의 데이터시트에서 제공하지 않는 경우도 있는데, 일반적으로 DC 모터는 1 ~ 3 배 이하의 관성비에서 최적의 동작을 하도록 설계되므로, 고속의 응용에서는 이를 맞추도록 하며, 일반적인 경우 1 ~ 5 배 정도의 관성비를 유지하도록 한다. 부하의 관성이 큰 경우에는 모터의 특성에 따라 1 ~ 10 배의 관성비까지 허용하여 설계하는 경우도 있다.

☞ 관성비를 줄이는 방법

위와 같은 이유로 안정적인 동작을 위하여 관성비를 줄여야 하는데, 이 관성비를 줄일 수 있는 방법에는 부하의 관성 모멘트를 줄이거나, 큰 모터를 사용하여 모터의 관성 모멘트를 늘리거나, 이후 보게 될 샤프트 연결에 사용되는 커플러를 강성 커플러로 사용하는 방법도 도움이 된다.

관성비가 큰 모터의 선정은 토크 또한 커진다는 장점이 있지만, 소비 전력과 열 발생이 증가하고 응답 속도가 느리다는 단점이 있고, 강성 커플러를 사용하는 방법은 축을 정확히 일치시켜야 한다는 문제가 있다.

이에 부하의 관성 모멘트를 줄이는 방법으로 감속 기어를 쓰면 감속비의 제곱만큼 부하 관성 모멘트가 줄게 되므로, 감속 기어를 적용하는 것이 일반적인 방법이다. 이 감속 기어에 대해서는 이후 살펴보게 될 것이다.

2.2.3. 모터의 토크

제어 시스템에서 구동하려는 부하의 특성에 맞는 모터를 선정해야 하는데, 모터의 정격 토크는 기본적으로 고려되어야 할 사항이다.

앞서 보았던 관성 모멘트와 함께 필요한 모터의 토크를 계산하는 방법을 살펴보도록 한다.

이때 시스템에서 필요로 하는 토크는 부하의 토크와 부하의 관성 모멘트를 포함하여 모델링하여 얻을 수도 있지만, 시스템의 구성이 복잡한 경우 모델링을 통해 계산하기에는 어려울 수도 있다.

이런 경우 동역학적 모델링이 없더라도 시뮬레이션 도구를 이용하여 토크를 얻을 수 있다. 하지만, 이런 시뮬레이션 도구가 비싸기도 하고 사용하기 어렵기 때문에, 간단한 경우 아래와 같은 과정으로 근사하여 대략적으로 필요한 토크를 계산할 수 있다.

가. 토크(Torque)

토크(Torque)에 대해서는 앞서 DC 모터 원리 편에서 살펴보았듯이, 회전을 시킬 수 있는 힘을 의미하며, 원형 회전 운동에서 토크 T 는 반지름 r 과 힘 F 의 벡터곱으로 구해진다.

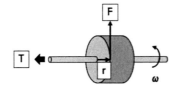

Figure III-35 회전체의 토크

$$T = r \times F = |r||F|\sin\theta$$

여기에서 T(N • m)는 토크, r(m)은 원판의 반지름, F(N)는 힘을 의미한다.

나. 필요로 하는 모터 토크

모터에는 모터가 지원할 수 있는 정격 토크가 있으므로, 부하가 어떤 것이 연결되는 지에 따라 거기에 맞는 토크를 가진 모터를 선정해야 한다.

앞서 DC 모터에 대해 모델링했듯이 부하에 대한 모델링으로 필요한 토크를 구해볼 수 있다. 아래와 같이 모터 축에 연결된 실린더에 무게 M 의 부하를 끌어올리는 Winding 시스템이라 생각해보자.

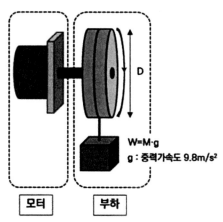

Figure III-36 모터 시스템 예

회전 운동의 가속도 법칙

앞의 내용을 정리하자면, 직선 운동의 운동 에너지와 대응되는 회전 운동의 운동 에너지와의 관계는 아래와 같다.

$$\frac{1}{2}Mv^2 \ \leftrightarrow \ \frac{1}{2}J\omega^2$$

이것을 시간 t 에 대해 미분하면 힘 F 과 토크 T 와의 관계로 표현된다.

$$F(N) = Ma \ \leftrightarrow \ T(N \cdot m) = J\alpha$$

☞ 직선 운동의 가속도 법칙

이는 아래와 같이 직선 운동의 뉴튼의 운동 방정식으로 표현되며, 이것이 동역학 모델링의 기본이 된다.

$$\sum F(N) = Ma$$

여기에서 F 는 힘, M 은 질량, a 는 가속도이다.

☞ 회전 운동의 가속도 법칙

마찬가지로 회전 운동의 가속도 법칙은 아래와 같다.

$$\sum T(N \cdot m) = J\alpha$$

여기에서 T 는 토크, J 는 관성 모멘트, α 는 회전 각가속도이다. 위 수식에서 보듯이 회전 운동의 관성 모멘트 J 는 직선 운동의 질량 M 에 대응된다.

> **Free Body Diagram**

위 모터 시스템에서 필요로 하는 토크를 위의 가속도 법칙을 이용하여 구해보도록 하자. 아래와 같이 힘 F 와 필요한 토크 T_ω 로 표현된 Free Body Diagram 을 반지름 r 인 실린더로 표현할 수 있다.
Free Body Diagram(자유 물체도)은 해석을 위해서 관심이 되는 물체를 따로 떼어서 힘들의 관계를 표현한 그림이다.

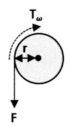

Figure III-37 Free Body Diagram

위의 Free Body Diagram 의 모델링은 회전 운동의 가속도 법칙 $\sum T(N \cdot m) = J\alpha$로 구해보면 힘 F(부하)에 의해 생기는 토크 T_L 은 F × r 이므로 아래와 같다.

$$T_\omega - r \times F = J\alpha$$

여기에서 T_ω 가 실제 회전에 필요한 모터의 토크가 된다.

등속 토크와 가속 토크

위 식에서 부하에서 발생되는 힘에 의한 토크 $F \times r$ 을 부하 토크 T_L 로 두고, 각가속도 α 와 관련된 $J\alpha$ 를 가속 토크 T_A 로 두기로 한다.

$$T_\omega = F \times r + J\alpha = T_L + T_A$$

위의 수식에서 등속 운동이라서 가속도 $\alpha = 0$ 이라면, 가속 토크 T_A 도 0 이 된다. 따라서, 필요한 토크 T_ω 는 모터의 가속도 구간과 관련하여 아래와 같이 구분할 수 있다.

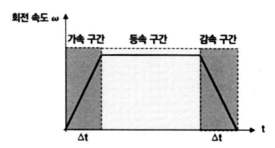

Figure III-38 가속 구간과 등속 구간

☞ 등속 구간에서의 토크

등속 운동에서 필요한 토크를 등속 토크라고 하며, 등속 구간에서는 가속도 $\alpha = 0$ 이므로 가속 토크 $T_A = 0$ 이 되어, $F \times r$ 만큼의 부하 토크 T_L 만 필요하다.

$$T_\omega = F \times r = T_L$$

☞ 가속 구간 에서의 토크

반면, 가속 구간에서 필요한 토크는 $T_\omega = T_L + T_A$ 로 부하 토크와 가속 토크의 합만큼 필요로 하는 것을 알 수 있다.

$$T_\omega = F \times r + J\alpha = T_L + T_A$$

위 수식에서 보듯이 등속 구간에서 필요한 토크보다 가속 구간에서 필요한 토크가 더 크게 된다.

실린더 디스크에서의 가속 토크를 구하는 예를 보도록 하자.
회전 각속도 ω_1 구간에서 ω_2 각속도로 변할 때의 각가속도는 아래와 같다.

$$\alpha = \frac{\omega_2 - \omega_1}{\Delta t}$$

즉, 가속 토크 $T_A = J\alpha$ 는 회전 각속도 ω_1 구간에서 ω_2 각속도가 나올 때 까지의 토크를 의미하게 된다.
실린더 디스크의 중앙이 회전축일 때 관성 모멘트는 앞의 관성 모멘트 표에서 아래와 같다.

$$J(Kg \cdot m^2) = \frac{1}{2}MR^2 = \frac{1}{8}MD^2$$

M 은 질량(Kg), R 은 반지름(m), D 는 지름(m)이다. 따라서, T_A 는 아래와 같이 표현할 수 있다.

$$T_A(N \cdot m) = J \times \alpha = \frac{1}{2}MR^2 \times \frac{d\omega}{dt}$$

정지 상태에서 회전 속도를 올리거나, 등속 운동 상태에서 감속 또는 정지할 때 많은 토크가 발생함을 볼 수 있다.

다. 부하 토크의 계산 예

아래와 같이 속이 꽉 찬 원판의 Winding 시스템에 대해 필요한 모터 토크 T_ω 를 계산해 보자.

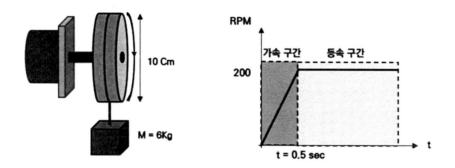

부하 질량 M = 6Kg, 지름 D = 10 Cm (반지름 r = 5 Cm), 정지 상태에서 RPM 200 rev/min 까지 속도를 내는 가속 시간 t = 0.5 sec 인 예이다.

이 예의 Free Body Diagram(FBD) 다이어그램은 아래와 같이 그릴 수 있다.

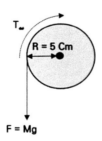

ㄱ. 등속 토크

부하에 대한 원형 실린더에 대한 등속 토크는 위에서 봤듯이 힘 F 와 반지름 r 과의 곱으로 아래와 같다.

$$T_L(N \cdot m) = r \times F = r \times Mg = 0.05m \times 6kg \times 9.8m/s^2 = 2.94N \cdot m$$

ㄴ. 가/감속 토크

앞의 관성 모멘트 표에서 원형 실린더에 대한 관성 모멘트 $J(kg \cdot m^2) = \frac{1}{2}Mr^2$이므로, 가속 토크 T_A는 아래와 같다.

$$T_A(N \bullet m) = J \times \alpha = \frac{1}{2}Mr^2 \times \frac{d\omega}{dt}$$

여기서 ω를 RPM 으로 바꿔보면,

$$\omega(rad/sec) = 2\pi \times \frac{RPM}{60}$$

이므로, 원형 실린더에서의 가속 토크 T_A는 아래와 같이 RPM 에 관한 수식으로 정리될 수 있다.

$$T_A(N \bullet m) = \frac{1}{2}Mr^2 \times 2\pi \times \frac{RPM}{60} \times \frac{1}{\Delta t}$$

따라서, 가속 토크 T_A 아래와 같이 구해질 수 있다.

$$T_A(N \bullet m) = \frac{1}{2}(6Kg)(0.05m)^2 \times 2\pi \times \frac{200}{60} \times \frac{1}{0.5} = 0.3142 N \cdot m$$

ㄷ. 최종 필요한 토크 T_ω

위의 결과로 필요한 최종 모터 토크 T_ω는 아래와 같이 구해질 수 있다.

$$T_\omega = T_A + T_L = 2.94 + 0.3142 = 3.3242 \, N \cdot m$$

라. 토크에 의한 모터의 가선정

모터 선정 편에서 본 것처럼 모터의 선정을 위해서는 여러 고려사항들이 필요하다.
여기에서는 지금까지 계산하는 방법을 살펴본 시스템에 필요한 토크를 기준으로 모터를 선택하는 방법을 알아보자.

앞에서 부하 구동에 대해 등속 구간에서의 토크 T_L 과 가/감속 구간에서 필요한 모터 토크 $T_\omega = T_L + T_A$ 에 대해서 계산하는 방법을 살펴보았다.

> ### 안전 계수

이렇게 구해진 필요한 토크에 안전 계수(Safety Factor)를 곱한 만큼의 정격 토크를 가지는 모터를 선정하는데, 이 안전 계수는 외란 뿐 아니라, 동력을 부하로 전달하기 위한 효율 (예를 들면 기어의 효율), 기계적 특성 변화 등을 고려하여 충분한 여유를 두고 선정하기 위한 계수이다. 이 안전 계수는 일반적으로 1.5 ~ 3 배 정도를 두어,

$$안전 계수 \times T_\omega \leq 모터 정격 토크$$

의 기준으로 선정할 수 있다. 하지만, 이런 안정적인 정격 토크로의 모터 선정으로 모터의 크기가 너무 커질 수 있기 때문에, 만약 가속 토크가 간헐적이고 일시적으로 발생하는 경우라면 아래와 같은 조건으로 선정할 수도 있다.

> ### 모터의 토크 구간

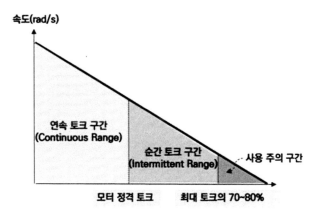

Figure III-39 정격의 시간적 구분

브러쉬 DC 모터의 정격 토크는 위 T-N 커브 그래프와 같이 연속적으로 구동하며 사용할 수 있는 연속 토크, 간헐적으로 단시간의 큰 부하 구동에서 사용할 수 있는 순간 토크와 사용 시 주의해야 하는 구간으로 구분된다.

종류	설명
연속 정격	일정 조건에서 연속적으로 사용할 수 있는 정격을 의미한다. 정격 토크는 모터에 정격 전압을 가했을 때 연속적으로 나올 수 있는 출력 토크를 의미하는데, 이 정격 토크 이하의 부하를 사용하여야 한다. 과부하 상태에서는 앞에서 본 것과 같이 과열되어 모터를 손상시킬 수 있다.
단시간 정격	데이터시트에 지정된 시간 동안만 사용할 수 있는 정격 조건으로 연속 정격보다 다소 큰 정격을 가진다. 예를 들어, 5분 구동, 10분 구동 등의 시간 동안만 구동할 수 있는 정격 토크이다.
반복 정격	일정 조건하에서 운전과 정지를 계속 반복해도 이상없이 동작할 수 있는 정격을 의미한다.

필요한 부하 토크 [T_L×안전 계수]는 적어도 모터 정격 토크보다 작아야 한다. 반면, 가/감속에서 필요한 토크 [T_ω×안전 계수]는 지속적으로 속도가 변하는 시스템이 아니라면, 최대 토크의 최소 70% ~ 80% 이하가 되도록 선정할 수 있다.

만일, 큰 토크가 필요하게 되어 모터의 크기가 너무 커지거나 허용 관성비가 문제가 되는 경우, 모터의 회전 속도가 충분히 빠르다면, 다음 장에 볼 기어 모터의 사용을 고려하면 된다.

2.2.4. 모터의 감속 기어

위에서 관성 모멘트와 토크에 대해서 살펴보았다. 하지만, 충분한 여유의 토크를 가진 모터는 코일과 영구 자석의 크기가 커질 수밖에 없으므로 모터 자체가 무척 커지게 된다. 이 모터의 크기와 가격이 시스템 구성에 문제가 없다면, 그대로 선정하면 된다. 만일, 모터의 크기와 가격이 문제가 된다면, 이 장에서 살펴 볼 감속 기어를 사용할 수 있다.

보통은 모터의 정격 회전 속도가 실제 시스템에 필요한 회전 속도보다 넘치고, 모터의 정격 토크가 필요한 토크보다 작은 경우가 많으므로, 감속 기어의 사용은 모터의 회전 속도를 줄이고 토크를 키우는 목적을 가진다.

가. 기어(Gear) 일반

기어(Gear)는 힘을 전달하기 위하여 톱니바퀴 형태로 맞물려 동작하는 기계를 의미한다. 이런 기어에는 평 기어, 헬리컬 기어, 베벨 기어, 웜 기어 등과 같이 여러 종류가 있다.
아래 그림의 2 개의 톱니 기어가 맞물린 평 기어로 기어에 대한 일반적인 내용을 살펴보도록 한다.

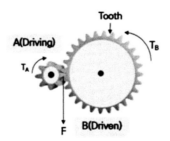

Figure III-40 평 기어

모터 축에 연결된 A 기어를 구동 기어(Driving Gear)라 하고, 이 구동 기어에 맞물려 돌아가는 B 기어를 피구동 기어(Driven Gear)라 한다.

ㄱ. 기어비(Gear Ratio)

위 평 기어가 맞물려 돌아갈 수 있도록 이빨 모양으로 생긴 것을 기어의 이빨(Tooth)이라 한다. 이 동일 간격의 이빨의 수는 원 둘레가 [지름 × π]이기 때문에, 반지름의 비와 이빨의 개수의 비율도 동일하다.

　기어는 위 그림과 같은 원형 평 기어만 있는 것이 아니라서, 반지름 비가 아닌 기어의 이빨수의 비로 얘기하는데, 이 이빨수의 비를 기어비(Gear Ratio, G_R)라 한다.

$$\text{Gear Ratio}(G_R) = \frac{\text{피구동 기어 이빨수}}{\text{구동 기어 이빨수}} = \frac{N_B}{N_A}$$

　만일, 구동 기어의 이빨수 N_A 가 8 개, 피구동 기어의 이빨수 N_B 가 24 개의 이빨을 가진다면, 24/8 = 3/1 = 3:1 로 표현한다.

ㄴ. 기어비(Gear Ratio)와 회전 속도

　이빨수와 회전 속도 RPM 과의 관계는 구동 기어 A 가 한바퀴 돌 때, 피구동 기어 B 는 N_A/N_B 바퀴 돌게 되므로 아래와 같다.

$$RPM_B = RPM_A \times \frac{N_A}{N_B} = RPM_A \times \frac{1}{G_R}$$

　예를 들어, 3:1 감속비를 가지는 기어는 입력 축이 3 회전할 때 출력 축이 1 회전하므로, 감속 기어라 한다.

ㄷ. 기어의 백래쉬(Backlash)

　기어를 사용하면 백래쉬(Backlash)에 대해서도 고려를 해야 하는데, 기어의 백래쉬란 기어의 이빨과 이빨이 서로 물렸을 때 생기는 틈새를 의미하는 것으로 기어가 원활히 회전할 수 있도록 의도적으로 만들어 둔 틈이다.
　이 백래쉬가 너무 크면 동력 전달의 지연과 회전 방향 전환 시 충격으로 인해 진동이 발생하고, 반대로 너무 작으면 마찰로 인한 소음 발생과 기계적 마모가 발생되어 수명과 관련이 된다.
　이런 백래쉬에 대한 각도와 거리가 정밀하게 설계되어 제조되는 기어를 정밀 기어라 하고, 각도와 거리에 대한 오차를 많이 허용하는 저가의 기어를 저정밀 기어라 한다.

나. 기어비와 토크

2 개의 기어 A 와 B 의 맞물린 지점의 힘 F 는 동일한 힘으로 받게 되므로, 이로부터 기어비와 토크의 관계를 아래와 같이 끌어낼 수 있다.
구동 기어 A 의 토크 T_A 는 반지름 R_A 와 힘 F 로 구하면 아래와 같다.

$$T_A = R_A \times F \rightarrow F = \frac{T_A}{R_A}$$

이 힘 F 는 기어 B 에도 똑같이 작용되므로, T_B 는 아래와 같이 구해진다.

$$T_B = R_B \times F = R_B \times \frac{T_A}{R_A}$$

위의 수식을 보면, 기어의 반지름 R_A 와 R_B 의 비에 따라 토크 T_A 에 대한 T_B 의 크기비가 정해진다.
이빨수는 기어의 반지름과 비례하므로, 이로부터 기어비와 토크의 관계는 구동 기어 A 의 이빨수가 N_A 개, 피구동 기어 B 의 이빨수가 N_B 개 라면 토크비는 아래와 같이 구해진다.

$$T_B = \frac{R_B}{R_A} \times T_A = \frac{N_B}{N_A} \times T_A = G_R \times T_A$$

구동 손실이 있기 때문에, 실제는 효율도 곱해져야 한다.
감속 기어의 경우 기어비 G_R 은 1 보다 크기 때문에, 실제 구동 기어의 토크 T_A 보다 T_B 가 커지는 효과를 가진다.

ㄱ. 기어 사용에 따른 출력(마력) 변화

결론은 기어를 사용하더라도 최종 출력은 동일하다. 기어의 출력 P 는 아래와 같다.

$$P(W) = T \times \omega = T \times 2\pi \times \frac{RPM}{60}$$

이를 통해서 기어 A 의 출력과 기어 B 의 출력을 구해보면 아래와 같다.

$$P_A = T_A \times \omega_A$$

이고,

$$P_B = T_B \times \omega_B = (T_A \times G_R) \times \frac{\omega_A}{G_R} = T_A \times \omega_A = P_A$$

가 되므로, 결과적으로 기어 A 의 출력과 기어 B 의 출력은 동일하게 유지된다.

이렇게 효율을 배제했을 때는 동일하지만, 실제 기어를 사용하게 되면, 기어의 정밀도, 마찰, 윤활유에 의한 성능 저하, 백래쉬로 인한 충격 등에 의한 기계적 손실이 발생되어 효율의 저하되므로, 실제는 P_B 가 약간 더 낮게 나오게 된다.

ㄴ. 감속 기어(Reduction Gear)

위에서 살펴본 기어비에 따른 일반적인 특성은 아래와 같다.

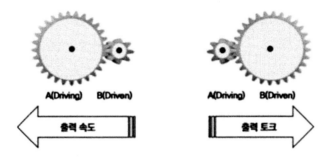

Figure III-41 기어비에 따른 효과

즉, 구동 기어의 반지름이 피구동 기어의 반지름보다 크다면, 피구동 기어의 속도는 증가하지만 토크는 감소한다.

반대로 피구동 기어의 반지름이 구동 기어의 반지름보다 크다면, 피구동 기어의 속도는 감소하지만 토크는 증가한다.

감속 기어(Reduction Gear)는 말 그대로, 모터의 속도를 줄여 토크를 키우는 기어로, 구동 기어의 이빨수가 피구동 기어의 이빨수보다 더 작은 기어를 말한다.

보통 모터의 사용에서 속도는 충분히 남지만 토크가 부족한 경우가 많기 때문에, 이 감속 기어를 사용하여 모터의 속도를 줄여 토크를 키우는 용도로 사용된다.

감속 기어에는 평 기어 감속기, 유성 기어 감속기, 웜기어 감속기, 사이크로 감속기, 하모닉 감속기 등 다양한 종류가 있으며, 기어를 담고 있는 박스를 기어 박스라 한다.

다. 기어비와 관성 모멘트

회전 제어에서는 부하의 관성 모멘트가 작아야 안정적인 동작을 할 수 있는데, 감속 기어의 사용은 부하의 관성 모멘트를 낮출 수 있는 방법 중 하나이다.

아래 그림에서 기어 B 의 관성이 기어 A 로 전달되는 관성을 등가 관성이라 하는데, J_{eq}로 놓기로 한다. 마찰력은 무시하고 에너지 보존 법칙을 이용하면 아래와 같다.

$$E = \frac{1}{2}J_{eq}\omega_A^2 = \frac{1}{2}J_B\omega_B^2 \;\rightarrow\; \frac{1}{2}J_{eq}\omega_A^2 = \frac{1}{2}J_B\left(\frac{\omega_A}{G_R}\right)^2 \rightarrow J_{eq} = \frac{J_B}{G_R^2}$$

따라서, 전체 관성은 아래와 같다.

$$J_{TOTAL} = J_A + J_{eq} = J_A + \frac{J_B}{G_R^2}$$

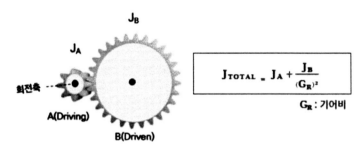

Figure III-42 기어비와 관성 모멘트

기어가 감속 기어일 경우 기어비 G_R 이 1 보다 크므로, 모터에 반사되는 부하의 관성은 기어비(G_R)의 제곱에 반비례하여 줄어드는 효과를 가지기 때문에, 감속 기어의 사용은 허용 관성비에 따른 모터의 선정에 유리하다.

하지만, 기계적 손실로 인한 효율 저하뿐 아니라 소음 문제와 수명 저하라는 단점도 있으므로, 감속 기어를 사용할 것인지는 요구사항에 맞게 선택하도록 한다.

2.2.5. 모터의 커플링

커플링(Coupling)은 2 개의 구동 요소를 연결하는 것을 의미하는 것으로, 연결하는 장치를 커플러(Coupler)라 한다. 이런 커플링의 주요 기능은 동력을 손실 없이 전달하는 것이다.

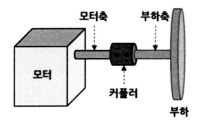

Figure III-43 모터와 부하의 연결

모터 장치에서 커플러(Coupler)는 모터의 구동축과 부하의 회전축(샤프트)을 연결하여 동력을 전달하는 용도로 사용되는 기계 요소이다. 축 조인트(Shaft Joint)라고도 한다.

커플러에는 아래 그림과 같이 크게 강성 (Rigid) 타입의 커플러와 연성(Flexible) 타입의 커플러로 구분될 수 있다.

Rigid 타입의 Shaft Coupler　　　**Flexible 타입의 Shaft Coupler**

Figure III-44 커플러

이런 커플러를 선정할 때는 전달하려는 토크의 최대 크기, 회전 속도의 범위, 축 간의 정렬 허용 오차, 사용 환경 등을 고려해야 한다.

가. 강성 커플러(Rigid Coupler)

강성 커플링은 위의 그림과 같은 단순 원통형과 같이 구동축과 회전축을 볼트로 고정하여 정렬 오차를 최소화하는데 사용된다.

구조가 간단하고 가격이 저렴할 뿐 아니라, 백래쉬가 없으며 상대적으로 높은 토크를 전달할 수 있다는 장점이 있어 높은 회전 속도나 큰 토크가 요구되는 곳에 사용된다.

하지만, 충격 흡수 능력이 없고, 빠른 회전에서는 열이 발생하는데, 이 열에 의한 열 팽창으로 기구적 변형이 발생하기 때문에 시스템이 손상될 수도 있다는 단점이 있다.

또한, 강성 커플러의 경우 모터 구동축과 부하 회전축이 정확히 정렬되어야 하는데, 정확히 정렬되지 않는 경우 회전이 한쪽으로 치우치는 편향 회전 현상으로 인한 소음 발생과 마모 및 손상, 효율 감소 등의 문제를 발생시킬 수 있다. 이런 이유로 강성 커플러를 통한 양산 조립 시 공정이 까다롭다는 단점도 가진다.

나. 연성 커플러 (Flexible Coupler)

연성 커플러는 위의 그림과 같은 경우 원통에 나선형으로 절단된 홈을 가지게 하여 약간의 구부러짐을 허용할 수 있도록 유연하게 만들어진 커플러이다.

따라서, 강성 커플러의 경우에는 모터 구동축과 부하 회전축이 정확히 정렬되어야 하기 때문에 양산이 까다로운 반면, 연성 커플러의 경우 예를 들어 허용 정렬 오차 10°와 같이 어느 정도의 정렬 오차도 대응할 수 있다는 장점이 있다.

또한, 연성 커플러는 한 축의 충격을 흡수하는 역할을 하기 때문에 다른 축으로의 충격 전달을 감소시킬 수 있다. 이런 이유로 토크가 작고 진동에 민감한 시스템에서 사용된다.

이런 연성 커플러도 편향 회전의 영향은 받지만, 진동을 흡수할 수 있어 강성 커플러보다 덜 받는다. 그렇더라도, 최대한 정렬 오차가 작을 수 있도록 해야 한다.

이 연성 커플러는 큰 토크 전달은 어렵고, 일반적으로 강성 커플러 대비 응답 속도가 낮다는 단점과 가격이 다소 비싸다는 단점도 있다.

2.3. DC 모터 구동 회로

이 장에서는 플랜트 구성 중 DC 모터 액츄에이터를 구동하기 위한 구동 회로에 대해서 살펴본다.

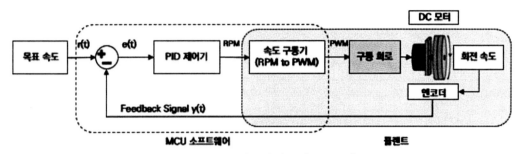

Figure III-45 플랜트의 구동 회로

앞서 우리는 액츄에이터(Actuator)인 브러쉬 DC 모터와 이 모터를 구동하는 구동 회로, 피드백 속도 센서인 엔코더의 구성을 플랜트(Plant)로 두기로 정했었다.
앞 장에서는 플랜트의 구성 중 액츄에이터(Actuator) 모터에 대한 구동 원리와 모델링, 모터의 선정 방법에 대해서 살펴보았다.

이제 선정된 모터를 회전시키기 위해서는 모터에 전원을 공급해야 하는데, 이 전원 공급을 위한 전기/전자 회로에 대해서 알아보도록 할 것이다.

모터의 구동 방식에는 기본적으로 정전압 제어(Constant Voltage Control)와 정전류 제어(Constant Current Control) 방식으로 나뉠 수 있다.
정전압 제어 방식은 모터에 일정한 전압을 공급하여 제어하는 방식으로 보통 DC 전원을 그대로 사용하기 때문에 별도의 회로 구성이 필요없어 간단한 ON/OFF 또는 속도 제어에 적합하다.
반면, 정전류 제어 방식은 모터에 일정한 전류를 공급하여 제어하는 방식으로, 토크는 전류에 비례하므로 일정한 토크를 유지시키는 목적을 가지며, 토크 제어라 하기도 한다. 일반적으로 정전류 방식은 현재 모터에 흐르는 전류를 피드백받아 전류를 제어하는 구조를 가져야 하기 때문에 상대적으로 구현이 복잡하고 비용이 더 많이 든다는 단점이 있다.

이 두 방식 중 시스템 요구사항에 맞는 방식을 사용하면 되는데, 여기에서는 일반적으로 ON/OFF 구동 및 속도 제어에 많이 사용되는 정전압 방식에 대한 기본적인 구동 회로를 살펴보면서, 모터의 구동에 대해 이해해 보도록 한다.

2.3.1. 모터 ON/OFF 구동 회로

브러쉬 DC 모터는 전원만 공급하면 회전하기 때문에 구동이 비교적 쉽다. 이런 브러쉬 DC 모터의 단방향/양방향 ON/OFF 제어 회로를 알아보도록 한다.

가. 기본 단방향 ON/OFF 회로

브러쉬 DC 모터를 단방향으로 ON/OFF 하는 기본 동작에 대한 회로는 아래와 같은 구성을 가질 수 있다.

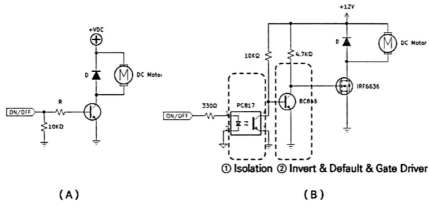

Figure III-46 단방향 ON/OFF 회로

ㄱ. (A) 회로

낮은 정격의 브러쉬 DC 모터는 (A)와 같이 스위칭 소자를 사용하여 간단하게 설계될 수 있다. 회로 소자들의 선택은 선택된 모터 구동에 충분한 정격을 가진 BJT 트랜지스터 또는 MOSFET 스위칭 소자를 선택하도록 한다.

이때, 낮은 전압인 MCU GPIO 로 직접 스위칭 소자를 ON/OFF 제어할 경우, 스위칭 소자에서의 손실이 작은 영역인 BJT 트랜지스터의 경우 포화 영역에서 동작하고, MOSFET 이라면 선형 영역에서 동작될 수 있도록 회로를 설계해야 한다.

만일, 이 조건이 안된다면 정격 전류가 낮은 DC 모터라면 괜찮을 수도 있지만, 정격 전류가 높은 DC 모터라면 스위칭 소자에서 과도한 전력이 손실되며, 이는 효율 저하뿐 아니라 굉장한 발열로 이어질 수 있다.

ㄴ. (B) 회로

높은 전압을 사용하는 고전력 모터일 경우 (A) 회로와 같이 낮은 전압의 GPIO 로의 직접적인 구동은 MOSFET 스위칭 소자의 ON/OFF 조건을 만족시킬 수 없거나, MOSFET 또는 BJT 트랜지스터의 전력 손실이 적은 영역에서 동작할 수 있는 조건이 안될 수 있기 때문에, 구동하지 않거나 심한 열이 발생될 수 있다.

이런 경우 위의 (B)와 같이 게이트 드라이버 회로를 사용하여 설계해야 해야 하는데, 게이트 드라이버는 낮은 전압의 GPIO 로도 MOSFET 의 게이트를 높은 전압으로 제어하여 전력 손실이 작은 영역에서 동작할 수 있도록 해준다.

(B) 회로의 경우 ① 포토 커플러를 사용하여 모터 전원과 시스템 전원을 분리한 예로 노이즈로 부터 시스템을 보호하기 위해 사용되는 회로이며, 필수적인 회로는 아니지만 많이 사용하는 방식이다.

② NPN 트랜지스터는 N-MOSFET 게이트를 구동하여 ON/OFF 하기 위한 게이트 드라이버 역할 이외에도 ON/OFF 입력 신호와 극성을 맞추기 위한 인버터 역할, 전원 ON 시 초기값 유지 역할을 하도록 구성해 보았다.

위의 회로에서는 낮은 전압인 3.3V GPIO 로 제어를 한다 할지라도 N-MOSFET 의 게이트를 12V 로 ON/OFF 제어 가능하다.

이 회로 역시 너무 높은 전력의 브러쉬 DC 모터를 구동하기에는 무리가 있는데, N-MOSFET 의 게이트에 달린 4.7KΩ 의 풀업 저항과 MOSFET 의 입력 기생 커패시턴스의 RC 신호 지연 시간 동안 N-MOSFET 은 R_{on} 저항이 높은 포화 영역에서 동작하며 과도한 전력이 소모될 수 있고, 이로 인해 발열 또는 MOSFET 이 파손될 수도 있기 때문이다.

MOSFET 의 게이트 드라이버 회로는 이런 면을 고려해야 하는데, 아래에서 조금 더 살펴보도록 할 것이다.

나. DC 모터의 노이즈

브러쉬 DC 모터뿐 아니라, 모터들은 회전하면서 생성되는 자기장으로 인해 유도 노이즈가 많이 발생되어 EMI 성능에 큰 영향을 주기 때문에, 이에 대해 회로 소자들을 보호하기 위한 회로 설계뿐 아니라, 노이즈 경로에 대한 짧은 배선, 그라운드 분리 등의 PCB 설계에도 각별히 신경을 써야 한다.

아래에서 이런 모터 노이즈에 대하여 회로적으로 대응할 수 있는 방법을 살펴보도록 하자.

ㄱ. 역기전력 노이즈 제거용 플라이 휠 다이오드

아래 회로에서 모터에 달린 다이오드는 스위칭 소자가 OFF 될 때 모터의 코일(인덕턴스 부하)에서 발생되는 높은 전압의 역기전력을 제거하는 목적의 플라이 휠 다이오드이며, Fast Recovery 다이오드를 사용하도록 한다.

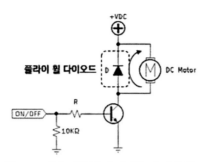

Figure III-47 플라이 휠 다이오드

이런 역기전력을 제거하는 다이오드를 장착하지 않게 되면 OFF 시 발생되는 높은 전압의 역기전력으로 인해 스위칭 소자가 파손될 수 있으므로, 인덕턴스 부하의 제어에서 플라이 휠 다이오드는 필수라고 할 수 있다.

ㄴ. 디커플링 커패시터

전원 회로에서의 디커플링 커패시터는 전원을 안정화시키는 매우 중요한 역할을 하는 소자로 목적에 따라 바이패스 커패시터라고도 한다. 이 디커플링 커패시터는 모터에서도 회전 동작 시 자기장의 변화로 인해 코일에 유도되는 역기전력 노이즈를 바이패스 시키는데 굉장히 중요한 역할을 하므로, 모터 전원 단에는 디커플링 커패시터를 꼭 장착하도록 한다.

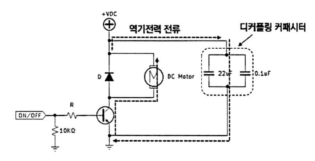

Figure III-48 디커플링 커패시터

위 회로와 같이 전원 안정을 위해서는 높은 용량의 커패시터를 장착하는데, 주파수 특성을 개선하기 위해서 낮은 용량의 커패시터를 병렬로 함께 장착하는 것이 일반적이다.

또한, PCB 설계에서 위의 역기전력 전류 경로를 최대한 짧게 배선하여 이 노이즈가 시스템 내 다른 블럭으로 전달되지 않도록 신경써야 한다.

ㄷ. 브러쉬 DC 모터의 고주파 역기전력 노이즈

브러쉬 DC 모터의 경우, 구조 상 회전 운동을 하며, 브러쉬와 정류자의 잦은 기계적 접촉과 DC 모터 코일의 인덕턴스에 의한 역기전력으로 인하여 브러쉬와 정류자 사이에 스파크 (불꽃)가 발생하게 된다.

물론, 이런 노이즈들이 위에서 본 디커플링 커패시터를 통해 바이패스되어 시스템의 내부 회로로는 인입하지 않도록 할 수 있지만, 이런 노이즈가 시스템 보드로 인입하는 자체가 방사로 인해 EMI 성능을 저하시키게 된다.

또한, 이런 스파크의 발생은 브러쉬 DC 모터의 기계적/전기적 소음의 발생과 수명 단축을 유발하는데, 이를 방지하기 위하여 아래 회로처럼 플라이 휠 다이오드 옆에 커패시터를 장착하기도 한다. 이를 스파크 방지용 커패시터라고 부른다.

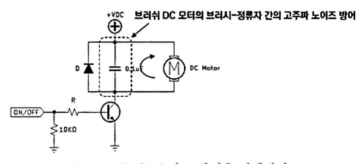

Figure III-49 스파크 방지용 커패시터

모터가 회전하며 발생하는 고주파 노이즈는 위 그림과 같이 모터 코일과 커패시터로 흐르게 된다. 이런 용도의 커패시터는 보통 0.001uF ~ 1uF 의 용량을 사용하며, 플라이 휠 다이오드와 마찬가지로 모터에 최대한 가깝게 배치하여야 하는데, 이런 이유로 모터 자체에 장착하여 시스템 보드로 인입되지 않도록 하는 경우도 있다.

이 커패시터는 모터의 회전을 부드럽게 하여 기계적 소음을 줄이고, 역기전력을 흡수하여 전기적 노이즈를 줄여 전원을 깨끗하게 하는 기능을 하여, EMI 성능을 개선한다.

하지만, 스파크 방지용 커패시터의 용량을 너무 크게 하면, 시동 시 과전류가 흐를 수 있는데 이를 돌입 전류(Inrush Current)라 한다. 또한, 비용 및 크기 문제뿐 아니라, 회로에 불안정성을 초래하여 오히려 회전 진동과 소음을 발생시킬 수 있고, 추후 속도 제어에서 보겠지만, PWM 신호로 스위칭 소자를 빠른 속도로 ON/OFF 할 경우 커패시터에 의해 손실 전력이 발생하며, 효율을 떨어뜨릴 수 있다.

ㄹ. 모터의 노멀 모드 노이즈와 코몬 모드 노이즈

모터에서 발생되는 위 (ㄷ)의 노이즈는 높은 전력의 모터에서는 노멀 모드 노이즈와 코몬 모드 노이즈가 함께 발생된다. 특히, 모터가 접지 되어있는 경우 코몬 모드 노이즈가 영향을 크게 미쳐 EMI 성능을 열화 시킬 수 있다. 이에 대한 대책으로 아래와 같은 필터의 사용으로 노이즈 대책을 세우기도 한다.

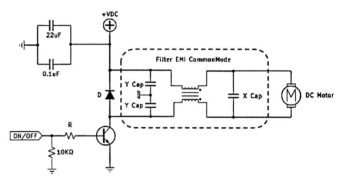

Figure III-50 노멀 모드 노이즈와 커몬 모드 노이즈 필터

만일, 접지가 되어 있지 않아 코몬 모드 노이즈가 작다면, 위 회로에서 Y Cap 과 EMI 필터를 제거하고, EMI 필터 대신 DC 모터의 전원 라인에 쵸크 코일과 X Cap 을 장착하여 LC 필터 구성으로 회로를 최소화하기도 한다.

다. 정/역 양방향 제어 회로

브러쉬 DC 모터의 정/역 제어를 위해서는 단순히 구동 전원의 극성을 바꾸어 주면 된다. 이런 용도로 H-브릿지 회로를 이용하여 전원의 극성을 바꿀 수 있다.

H-브릿지 회로는 스위칭 소자들을 H 모양으로 구성한 회로로 풀 브릿지(Full Bridge) 회로라고도 하며, 한 쪽면의 스위치만 있는 회로는 하프 브릿지(Half Bridge)라 부른다.

아래 그림와 같은 트랜지스터 또는 MOSFET 을 이용한 H-브릿지 회로 구성으로 브러쉬 DC 모터를 정/역 구동 가능하다.

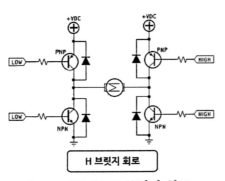

Figure III-51 H 브릿지 회로

위의 회로에 대해 아래와 같이 정/역 제어를 할 수 있다.

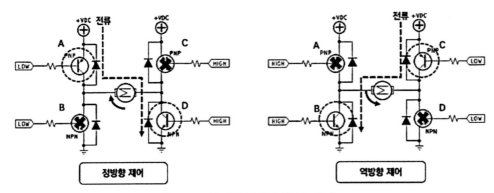

Figure III-52 정/역 방향 제어

위의 그림에서 정방향 제어는 A 와 D 스위치를 ON 시키고, B 와 C 스위치를 OFF 시키면 된다.

역방향 제어를 위해서는 A 와 D 스위치를 OFF 시키고, B 와 C 스위치를 ON 시켜 모터의 전류가 반대로 흐르도록 하면 된다.

이때 중요한 것은 A 와 B 또는 C 와 D 가 동시에 ON 됨으로써 발생되는 A-B 또는 C-D 사이에 슈트 스루(Shoot Through) 쇼트로 인한 과전류가 흐르는 것을 방지해야 한다는 것이다.

이는 실제 구동 실수이외에도, 정/역 방향 전환 시 스위칭 소자의 전기적 ON/OFF 지연으로 인해 일시적으로 쇼트가 발생할 수 있는데, 이를 방지하기 위한 방법은 방향 전환 시에는 A, D 를 OFF 한 후 일정 시간을 두고 B 와 C 를 ON 하는 것이다.

이 일정 시간 동안은 스위칭 소자들이 모두 OFF 되어 있기 때문에, 이 시간을 데드 타임 (Dead Time) 이라 하며, H 브릿지 회로 제어에서 필수적으로 고려되어야 할 사항이다.

2.3.2. 브러쉬 DC 모터 속도 제어

앞서 브러쉬 DC 모터에 대한 기본적인 ON/OFF 제어 회로, 정/역 제어 회로에 대해서 살펴보았다.

여기에서는 DC 모터의 속도를 제어할 수 있는 방법에 대해서 살펴보도록 한다.

브러쉬 DC 모터의 속도는 앞서 모델링에서 이해한 것처럼 모터에 공급되는 전압의 크기와 비례되므로, 속도 제어를 위해서는 이 전압의 크기를 조절하면 된다.

이 전압 크기 조절의 일반적인 방법은 PWM 제어 신호로 평균 전압을 제어하는 것이다.

가. PWM 신호

PWM(Pulse Width Modulation)은 펄스의 주기를 고정한 상태에서 HIGH 구간의 시간과 LOW 구간의 시간 비율을 바꾸어 가며 평균 전압을 제어할 수 있는 신호를 말한다.

이 PWM 구동 방식은 특정 임의의 전압을 출력하기 위하여 DAC 나 저항 분압 등의 방식을 사용하지 않고도, 디지털 포트 제어로 듀티비(HIGH 기간)를 조절하여 전압을 제어할 수 있어 간단하고, 낮은 전력 손실로 동작시킬 수 있기 때문에 많이 사용되는 방법이다

아래는 HIGH 구간과 LOW 구간의 폭이 다른 디지털 펄스 출력에 대한 평균 전압을 나타낸 그림이다.

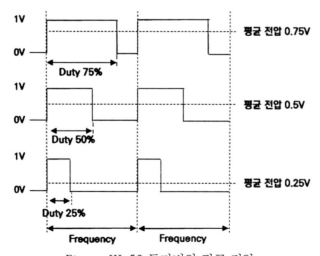

Figure III-53 듀티비와 평균 전압

위의 그림과 같이 펄스 신호의 한 주기 내의 HIGH 구간을 더 길게 하면 평균 전압은 더 높아지게 되고, 짧게 하면 평균 전압이 낮아지는 원리이다.

이런 원리의 PWM 은 주기 즉 주파수가 고정인데, PWM Frequency 또는 PWM Period (주기)로 부른다.

고정된 한 주기(Period) 내에서 HIGH 시간 구간을 듀티(Duty)라 하며, 주기 시간과 HIGH 시간과의 비율(%)로 나타낸 것을 듀티비(Duty Ratio)라 한다.

ON(HIGH) 구간의 시간을 T_{ON}, OFF(LOW) 구간의 시간을 T_{OFF} 라 하면 듀티비는 다음과 같이 나타낼 수 있다.

$$Duty\ Ratio(\%) = \frac{T_{ON}}{T_{PERIOD}} \times 100(\%) = \frac{T_{ON}}{T_{ON} + T_{OFF}} \times 100(\%)$$

PWM 신호의 평균 전압은 듀티비와 다음과 같은 관계를 가진다.

$$V_{AVG} = \frac{1}{T_{PERIOD}} \int_0^T V_{IN} dt = \frac{T_{ON}}{T_{PERIOD}} \times V_{PEAK} = \frac{DutyRatio(\%)}{100} \times V_{PEAK}$$

즉, 듀티비를 높게 구동할수록 모터에는 높은 전압이 인가된다.

나. 단방향 속도 제어 회로

앞 장에서 브러쉬 DC 모터의 ON/OFF 제어에서 아래와 같은 회로를 살펴본 바 있다.

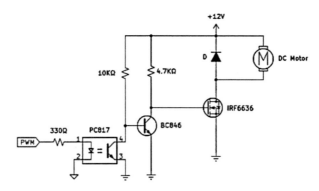

Figure III-54 단방향 ON/OFF 회로

위의 회로와 같이 ON/OFF 제어 신호 대신 PWM 제어 신호를 사용한다면, DC 모터에 흐르는 전류의 양을 PWM 듀티비로 제어할 수 있다.

만일, 큰 전력의 모터를 위 회로로 제어하는 경우 BT846 트랜지스터 소자가 OFF 되어 IRF6638 MOSFET 스위칭 소자의 게이트가 LOW→HIGH 시점에서 4.7KΩ 의 풀업 저항과 MOSFET 의 입력 커패시턴스와의 신호 지연으로 MOSFET 에서는 포화 영역에서 동작하며 과도한 전류가 소모될 수 있다. 이로 인해 발열 또는 MOSFET 이 망가지는 현상이 일어나기도 한다.

또한, 이 RC 신호 지연은 ON/OFF 의 신호를 비균등하게 만들 뿐 아니라, PWM 신호 주파수 선택의 폭을 제한한다.

이에 대한 대책으로 풀업 저항 4.7KΩ 을 수 백 Ω 단위로 낮추어 RC 지연을 감소시킬 수도 있지만, 트랜지스터에서 소비되는 전력이 커진다는 단점이 있다. 이런 이유로 보통은 아래와 같이 Complementary 게이트 드라이버를 사용하는 방법을 사용한다.

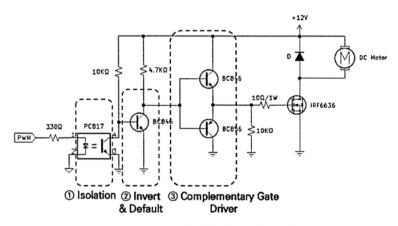

Figure III-55 단방향 속도 제어 회로

①, ②의 역할은 앞 장에서 살펴보았으며, ③이 하프 브릿지 회로로 게이트 드라이버를 구현한 회로이다. 회로에서 보듯이 ON/OFF 시 풀업 저항이 없어 MOSFET 의 게이트 기생 커패시턴스와의 지연을 없앨 수 있다.

다. H-브릿지를 이용한 양방향 속도 제어

위의 단방향 속도 제어 회로와 같은 원리로, 정/역 양방향 회전 속도 제어에 대해서 살펴보자.

회로는 양방향 ON/OFF 회로에서 봤던 H-브릿지 회로와 동일하며, 이 회로를 이용하여 아래와 같이 PWM 신호로 모터의 회전 속도를 제어할 수 있다.

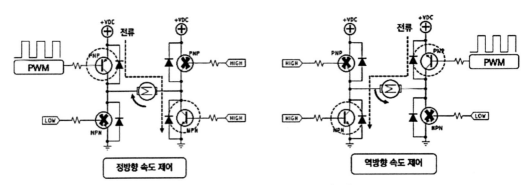

Figure III-56 양방향 속도 제어 회로

위의 그림을 보면, 정/역 방향 제어와 같이 대각선 스위치들을 ON 시키면 모터는 회전하는데, 이때 한 쪽 스위치를 PWM 신호로 ON/OFF 하여 모터 코일에 흐르는 전류의 양을 조절하여 모터의 회전 속도를 제어하는 것이다.

PWM 듀티비를 높게 제어한다면 높은 전압(전류)이 걸리게 되어 모터의 회전 속도는 빨라지게 될 것이고, 반대로 낮게 한다면 모터의 회전 속도는 느려진다.

PWM LOW 구간의 전류 흐름의 차이로 PWM 제어하는 방식이 나뉠 수 있는데, ① 위 그림과 같이 하단 스위치를 켜고 상단 스위치를 PWM 제어하는 방법 또는 ② H 브릿지 회로의 상단 스위치를 켜고, 하단 스위치를 PWM 제어하는 방법, ③ PWM 제어는 동일하게 하고 PWM LOW 구간에서 모든 스위치를 OFF 하는 방법으로 나뉠 수 있다.

이 구동 방식들의 특성에 대해서는 다음 구현 편에서 살펴보도록 한다.

2.3.3. L298 풀 브릿지 IC

앞 장에서 본 바와 같이 DC 모터를 정/역 제어하기 위한 H-Bridge(Full Bridge) 회로는 MOSFET 이나 BJT 소자를 사용하여 회로를 구성할 수도 있지만, 베이스 또는 게이트 드라이버가 필요한 경우 4 개의 소자에 모두 적용해야 하므로 회로가 다소 복잡해질 수 있다. 또한, 스위칭 소자에서 발생하는 발열에 대한 방열판 장착의 어려움 문제도 있다.

DC 모터 구동을 위한 전용 IC 들이 많이 있는데, 정/역 제어는 물론 모터에 인가될 수 있는 과전압과 과전류에 대한 보호 기능인 Over Voltage Protection(OVP) 과 Over Current Protection(OCP) 기능까지 포함한 IC 들도 많이 있으므로, 비용이 큰 문제가 되지 않는다면 DC 모터 전용 드라이빙 IC 를 사용할 것을 권장한다.

여기에서는 구동 원리에 대해서 살펴보는 목적으로 H 브릿지를 내장한 L298N IC 에 대해 살펴보도록 할 것인데, 시중에는 이 L298N IC 를 사용한 모듈도 판매되므로 별도의 회로 구성없이도 연습해 볼 수 있다.

가. L298N IC 특성

아래는 ST 사의 L298N 데이터시트에서 발췌한 구성도이다.

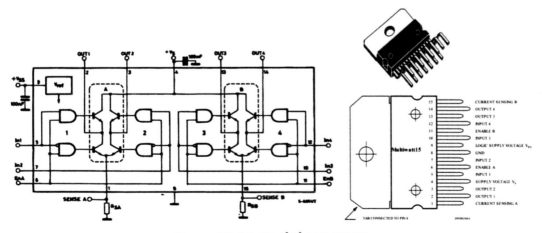

Figure III-57 ST 사의 L298N IC

이 ST 사의 L298N IC 는 46V 전압까지, 구동 전류는 총 4A 까지 구동 가능하며, 위의 블럭도와 같이 2 개의 풀 브릿지 회로를 내장하고 있다.

각 풀 브릿지 회로는 Enable 핀인 EnA 와 EnB 에 HIGH 로 입력되어야 구동할 수 있으며, A 풀 브릿지는 In1 과 In2 로직으로 제어하며, 출력은 Out1 과 Out2 핀으로 나온다. B 풀 브릿지는 In3, In4 로 제어 가능하며, 출력은 Out3 와 Out4 핀으로 나오게 된다.

핀 이름	설 명
Vs	모터에 공급되는 전원 핀으로 디커플링 커패시터 0.1uF 은 반드시 장착해야 한다.
Vss	로직에 대한 전원 핀으로 5V 를 입력하며, 0.1uF 의 디커플링 커패시터를 장착하도록 한다.
In1 : In2	TTL 입력으로 A 브릿지에 대한 제어를 한다.
Out1 : Out2	이 핀에서 A 브릿지 출력이 나오게 되므로, 여기에 DC 모터를 연결하면 된다.
Enable A	A 브릿지를 Enable(HIGH)/Disable(LOW) 제어한다. LOW 로 Disable 될 경우 모든 스위치는 OFF 된다.
Sense A	션트 저항을 그라운드로 연결하여 A 브릿지 회로에 흐르는 전류를 검출할 수 있다. 만일, 전류 검출이 필요없다면 GROUND 로 연결하면 된다.

나. 과전류 보호

DC 모터의 모델링에서 보았듯이, 모터에 전류를 인가했지만 부하 또는 외란 등 어떤 이유에서든 모터가 회전하지 않는다면, 역기전력이 발생하지 않아 모터 코일에는 높은 전류가 흐르게 되어 코일이 타거나 모터가 고장이 날 수 있다.

이런 위험은 부하 또는 외란 등에 의해서 충분히 발생할 수 있기 때문에, 모터 제어가 들어간 응용에서는 보통 과전압 보호 회로(OVP, Over Voltage Protection) 뿐만 아니라 과전류 보호(OCP, Over Current Protection) 기능이 필요하다.

모터 전용 드라이버 IC 들의 경우 이런 보호 기능들은 기본적으로 내장하고 있으므로, 전용 IC 사용를 사용하는 것이 좋겠지만, IC 의 가격이 문제가 되어, 앞에서 본 것처럼 직접 스위칭 소자로 회로 설계를 했다면 적어도 과전류 상황에서 모터를 OFF 시킬 수 있는 대책은 만들어 두도록 해야 한다.

L298N 에서 이 과전류 보호 기능인 OCP(Over Current Protection)를 구현하기 위해서는 Sense A 또는 Sense B 포트에 션트(Shunt) 저항을 연결하면 이 션트 저항에는 모터에 흐르는 전류가 동일하게 흐르므로, 이 저항의 양단 전압을 MCU 의 ADC 로 측정하면, 모터에 흐르는 전류를 검출할 수 있다.

소프트웨어에서는 이 전류를 주기적으로 검출하여, DC 모터의 최대 전류 이상의 전류가 흐를 경우 OFF 하는 기능을 구현하여 과전류에 대한 보호를 할 수 있다.

2.4. DC 모터 기본 구동 구현

DC 모터의 기본 구동 펌웨어를 작성해보며, 모터 제어에 대한 이해를 해보도록 한다.
이 책에서 사용된 개발 환경은 STMicroelectonics 사의 STM32F103 MCU 와
STM32CubeIDE 통합 개발 환경이다. 이에 대한 설치와 사용법은 https://blog.naver.
com/sohnet 블로그에서 확인해 볼 수 있다.

2.4.1. 정/역 회전 구동

정/역 회전 구동 구현을 위하여 아래 그림과 같이 L298N IC 와 브러쉬 DC 모터를 연결하
고 MCU GPIO 를 할당한다.

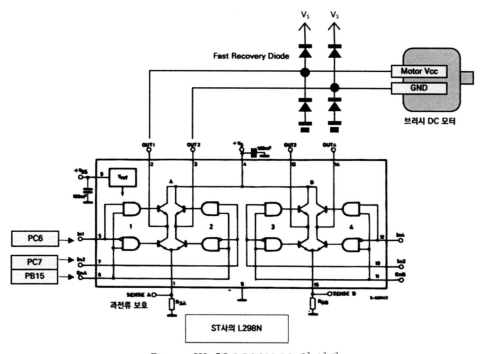

Figure III-58 L298N IC 의 연결

	Enable	In1	In2
STM32F103 GPIO 핀 할당	GPIOB 15	GPIOC 6	GPIOC 7

브러쉬 DC 모터를 정/역 구동하기 위한 L198N IC 핀의 제어는 아래와 같이 하면 된다.

	Enable	In1	In2
정방향(CW, Clockwise) 회전	HIGH	HIGH	LOW
역방향(CCW, Counter Clockwise) 회전	HIGH	LOW	HIGH

브러쉬 DC 모터를 정지시키기 위한 L198N IC 핀의 제어는 아래와 같이 하면 된다.

	Enable	In1	In2
모터 정지	LOW or HIGH	LOW	LOW

아래와 같이 모터 제어 코드를 dc_motor.h 헤더 파일과 dc_motor.c 소스 파일로 작성하였다.

가. dc_motor.h 헤더 파일

dc_motor.h

```
#ifndef SRC_DC_MOTOR_H_
#define SRC_DC_MOTOR_H_

/* 모터 구동 정보 열거형 */
typedef enum
{
  EM_MOTOR_DIRECTION_STOP = 0,
  EM_MOTOR_DIRECTION_CW = 1,
  EM_MOTOR_DIRECTION_CCW = -1,
} _EM_MOTOR_DIRECTION;

typedef enum
{
  EM_MOTOR_STATE_STOP = 0,
  EM_MOTOR_STATE_RUN,
} _EM_MOTOR_RUN_STATE;

/* 모터 구동에 사용되는 구조체*/
typedef struct
{
  _EM_MOTOR_DIRECTION emMotorDirection;
```

```
    _EM_MOTOR_RUN_STATE emMotorRunState;

    /* L298N 제어 포트 */
    GPIO_TypeDef * L298N_EN_PORT;
    uint16_t L298N_ENA_PIN;

    GPIO_TypeDef * L298N_IN1_PORT;
    uint16_t L298N_IN1_PIN;

    GPIO_TypeDef * L298N_IN2_PORT;
    uint16_t L298N_IN2_PIN;
}_DC_MOTOR;

/* 모터 초기화 함수 */
void DCMOTOR_Init(_DC_MOTOR *dcMotor);
/* 모터 정지 함수 */
void DCMOTOR_Normal_Stop(_DC_MOTOR *dcMotor);
/* 모터 구동 함수 */
void DCMOTOR_Normal_Run(_DC_MOTOR *dcMotor, _EM_MOTOR_DIRECTION direction);

#endif /* SRC_DC_MOTOR_H_ */
```

나. dc_motor.c 소스 파일

모터의 정/역 구동을 위해 작성된 소스 코드는 아래와 같다.

ㄱ. 초기화 함수

아래와 같이 모터의 초기 상태에 대한 초기화 함수를 작성하였다.

초기화 함수

```
#include "main.h"
#include "dc_motor.h"

/* 모터 초기화 함수 */
void DCMOTOR_Init(_DC_MOTOR *dcMotor)
{
    dcMotor->emMotorRunState = EM_MOTOR_STATE_STOP;
    dcMotor->emMotorDirection = EM_MOTOR_DIRECTION_CW;
}
```

ㄴ. 정/역 구동 함수

실제 정/역 구동하는 구동 함수를 아래와 같이 작성하였다.

구동 함수

```
void DCMOTOR_Normal_Run(_DC_MOTOR *dcMotor, _EM_MOTOR_DIRECTION direction)
{
    dcMotor->emMotorDirection = direction;

    if(direction == EM_MOTOR_DIRECTION_CW)  /* 정회전 */
    {
        /* avoid shoot through : dead time */
        HAL_GPIO_WritePin(dcMotor->L298N_EN_PORT, dcMotor->L298N_ENA_PIN,
GPIO_PIN_RESET);
        Delay_Us(2);
        HAL_GPIO_WritePin(dcMotor->L298N_IN1_PORT, dcMotor->L298N_IN1_PIN, GPIO_PIN_SET);
        HAL_GPIO_WritePin(dcMotor->L298N_IN2_PORT, dcMotor->L298N_IN2_PIN,
GPIO_PIN_RESET);
        Delay_Us(2);
        HAL_GPIO_WritePin(dcMotor->L298N_EN_PORT, dcMotor->L298N_ENA_PIN, GPIO_PIN_SET);
    } else { /* 역회전 */
        /* avoid shoot through */
        HAL_GPIO_WritePin(dcMotor->L298N_EN_PORT, dcMotor->L298N_ENA_PIN,
GPIO_PIN_RESET);
        Delay_Us(2);
        HAL_GPIO_WritePin(dcMotor->L298N_IN1_PORT, dcMotor->L298N_IN1_PIN,
GPIO_PIN_RESET);
        HAL_GPIO_WritePin(dcMotor->L298N_IN2_PORT, dcMotor->L298N_IN2_PIN, GPIO_PIN_SET);
        Delay_Us(2);
        HAL_GPIO_WritePin(dcMotor->L298N_EN_PORT, dcMotor->L298N_ENA_PIN, GPIO_PIN_SET);
    }
}
```

　H 브릿지 구동 회로에서는 슈트 스루(Shoot Through) 쇼트에 대한 보호 조치가 필요하다고 했다.

　사실 이 예에서는 저전력 모터를 사용하기 때문에 스위칭 IC 의 파손 보호를 위해서 굳이 이런 조치가 필요없을 수도 있지만, EMI 노이즈 성능 열화를 방지하기 위해서는 이와 같은 대응을 해 줄 필요가 있다.

　이에 대해 L298N IC 의 Enable 신호를 Disable 하여 출력을 비활성화 한 후 약 2us 후 Input 신호를 조작하고, 2us 정도 후 신호가 안정화된 다음 Enable 신호를 High 로 만들어 출력을 활성화한다.

　이로써 하이-사이드의 스위치와 로우-사이드의 스위치가 동시에 ON 되는 상황을 막을 수 있다.

ㄷ. 모터 정지 함수

모터 정지 함수는 아래와 같이 작성하였다. 모터 정지 즉, 제동 방식에 대해서는 다음 장에서 살펴보게 될 것이다.

정지 함수

```
void DCMOTOR_Normal_Stop(_DC_MOTOR *dcMotor)
{
  HAL_GPIO_WritePin(dcMotor->L298N_EN_PORT, dcMotor->L298N_ENA_PIN,
GPIO_PIN_RESET);

  HAL_GPIO_WritePin(dcMotor->L298N_IN1_PORT, dcMotor->L298N_IN1_PIN, GPIO_PIN_RESET);
  HAL_GPIO_WritePin(dcMotor->L298N_IN2_PORT, dcMotor->L298N_IN2_PIN, GPIO_PIN_RESET);

  /* syncronous breaking */
  //Delay_Us(2);
  //HAL_GPIO_WritePin(dcMotor->L298N_EN_PORT, dcMotor->L298N_ENA_PIN, GPIO_PIN_SET);
}
```

다. USER Led 및 Switch 코드

디버깅을 위한 USER Led 및 Switch 제어를 위한 코드를 아래와 같이 작성해 놓기로 한다.

기타 함수

```
#define USER_LED_PORT   GPIOC
#define USER_LED_PIN     GPIO_PIN_8

#define USER_BUTTON_PORT        GPIOC
#define USER_BUTTON_PIN         GPIO_PIN_9
/* 표시용 LED ON */
void USER_LedOn()
{
  HAL_GPIO_WritePin(USER_LED_PORT, USER_LED_PIN, GPIO_PIN_RESET);
}
/*표시용 LED OFF*/
void USER_LedOff()
{
  HAL_GPIO_WritePin(USER_LED_PORT, USER_LED_PIN, GPIO_PIN_SET);
}
/* 표시용 LED 깜박임 */
```

```
void USER_LedToggle()
{
  HAL_GPIO_TogglePin(USER_LED_PORT, USER_LED_PIN);
}
/* 버튼 누름 감지 */
uint8_t USER_BtnCheckClick()
{
  if(HAL_GPIO_ReadPin(USER_BUTTON_PORT, USER_BUTTON_PIN) != GPIO_PIN_RESET)
    return 0;
  /* 버튼이 떨어질 때까지 대기 */
  while(HAL_GPIO_ReadPin(USER_BUTTON_PORT, USER_BUTTON_PIN) == GPIO_PIN_RESET)
  {
    HAL_Delay(1);
  }
  return 1;
}


/* us 지연 함수 */
void Delay_Us(int us)
{
  volatile int one_us;
  while(us > 0)
  {
    one_us = 72/3 - 2;
    asm volatile( "0:\n"    /* goto 될 Label*/
      "subs %0, 1;\n"    /*1 clock cycles : 0 번 입/출력 변수, 여기서는 one_ms 에서 1 을 뺀다*/
      "BNE 0b;\n"        /*2 clock cycle : 0 이 아니면 Label 0: 으로 반복*/
      : // no output
      : "r" (one_us)     /* input : inline asm 의 입력 변수는 one_ms*/
      :                  /* no memory clobber : 사용된 레지스터*/
      );
    us--;
  };
}
```

라. Main() 함수

USER Switch 를 한번 누를 때마다 정회전→정지→역회전→정지의 형태를 가지도록 아래와 같이 코드를 작성하였다.

Main 함수
#include "main.h" #include "dc_motor.h"

```
/*
* Motor 구조체 변수 선언
*/
_DC_MOTOR DC_Motor1;

int main(void)
{
  uint8_t motorMode = 0;
....
  /*
  * DCMOTOR1 초기화 : 포트 할당과 Init() 함수 호출
  */
  DC_Motor1.L298N_EN_PORT = GPIOC;
  DC_Motor1.L298N_ENA_PIN = GPIO_PIN_6;
  DC_Motor1.L298N_IN1_PORT = GPIOB;
  DC_Motor1.L298N_IN1_PIN = GPIO_PIN_7;
  DC_Motor1.L298N_IN2_PORT = GPIOB;
  DC_Motor1.L298N_IN2_PIN = GPIO_PIN_15;
  DCMOTOR_Init(&DC_Motor1);
  /* 모터 정지 초기 상태 */
  DCMOTOR_Normal_Stop(&DC_Motor1);

  while (1)
  {
    if(USER_BtnCheckClick() == 0) continue;
    /* 버튼을 누르면 모드 증가 */
    if(++motorMode > 3)   motorMode = 0;

    printf("Motor Mode = %d\r\n", motorMode);

    switch(motorMode)
    {
      case 1: /* 정회전 구동 */
        DCMOTOR_Normal_Run(&DC_Motor1, EM_MOTOR_DIRECTION_CW);
        break;
      case 3: /* 역회전 구동 */
        DCMOTOR_Normal_Run(&DC_Motor1, EM_MOTOR_DIRECTION_CCW);
        break;
      default: /* 정지 */
        DCMOTOR_Normal_Stop(&DC_Motor1);
        break;
    }
  }
}
```

2.4.2. 모터 제동(Brake) 방식

앞서 모터의 정지 함수를 구현해봤지만, 이런 정지 방식에 대해서는 조금 더 알아야 할 내용이 있다.

제동(Brake)은 구동 중인 모터를 정지시키는 동작을 의미하는 것으로, 제동 방식에는 회생 제동 방식과 다이나믹 제동 방식으로 구분된다.

앞서 모터의 원리를 보았다면 모터가 회전하고 있는 상태에서 공급되는 전원을 제거하면, 관성에 의한 회전에 의해 모터는 발전기로 동작한다는 것을 알 수 있다. 이런 관성에 의해 회전되면서 생기는 에너지를 어떻게 소모시키는지에 따라 제동의 형태가 달라진다.

모터를 정지시키는 제동(브레이킹)은 모터로 공급되는 전류를 OFF 하면 되는데 아래와 같이 모든 스위치를 OFF 시키는 회생 제동 방식과 하이 사이드(High Side) 스위치들 또는 로우 사이드(Low Side) 스위치들을 ON 시키는 다이나믹 제동 방식으로 2 가지 방법을 생각해볼 수 있다.

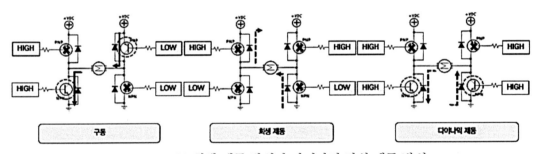

Figure III-59 회생 제동 방식과 다이나믹 감쇠 제동 방식

가. 회생 제동 방식

회생(Regenerative) 제동 방식은 모터의 전원을 OFF 하여 제동 시 바로 정지하지 못하고 관성에 의해 회전하는 프리런(Free Run) 상태가 되는데, 이때 회전으로 발전되는 유도 기전력을 내부 배터리 등에 저장하여 에너지를 재사용하게 하는 제동 방식을 의미한다. 이런 회생 제동은 에너지의 재사용으로 효율이 높아 전기 자동차나 하이브리드 차량에도 사용되는데, 실제는 복잡한 제어 회로가 필요하다.

여기에서는 모든 스위치를 OFF 시키면, MOSFET 스위치 소자를 사용했다면 바디 다이오드를 통해, 트랜지스터를 사용했다면 외부 플라이 휠 다이오드를 통해 전원으로의 방전 경로가 만들어지게 되며, 이 에너지는 내부 커패시터에 저장될 수 있기 때문에 회생 제동 방식으로 구분했다. 만일, 회로가 에너지를 재활용하지 못하는 경우라면 전원에 병렬로 저항을 달아 열로 소진시켜 제동하면 된다. 이런 용도의 저항을 회생 저항이라 한다.

이 회생 제동 방식은 모터 회전에서 정지 시 다소 느리다는 단점을 가지지만, 이는 다른 면으로 모터가 정지할 때 진동없이 부드럽게 정지할 수 있다는 장점이 있다.

나. 다이나믹 제동 방식

다이나믹(Dynamic) 제동 방식은 정지 시 저항 등을 통해 에너지를 강제로 빠르게 소비시키는 방식으로 저항기가 작을수록 더 빨리 소진된다. 여기서의 경우 로우-사이드 스위치들을 모두 ON 하거나, 하이-사이드 스위치들을 모두 ON 함으로써 전류 루프를 형성하여 빠르게 소비시켜 제동할 수 있다.

이렇게 다이나믹 제동 방식은 모터를 빠르게 제동을 할 수 있다는 장점을 가지지만, 에너지 사용 효율이 좋지 않다는 점과 급격한 제동에 따른 반동(진동)이 발생한다는 단점이 있다.

다. 전자 브레이크

위의 제동 방식들은 모터에 전원이 공급되지 않으므로, 외부에서 힘이 가해진다면 모터가 회전할 수 있다. 만일, 정지 상태에서도 토크를 유지하여 회전하지 않도록 해야 한다면, 모터 OFF 상태에서도 토크를 유지할 수 있는 전자 브레이크나 기계적 브레이크 등의 사용을 고려해볼 수 있다.

라. L198N IC 에서의 제동(Brake)

앞서 구성한 회로에서는 L298N IC 의 핀을 아래와 같이 제어하여 각각의 제동 모드를 확인해 볼 수 있다.

	Enable	In1	In2
회생 제동 방식	LOW	LOW	LOW
다이나믹 제동 방식	HIGH	LOW	LOW

회생 제동 방식은 L298N IC 의 Enable Pin 을 LOW 로 만들어 모든 스위칭 소자들은 OFF 시켜 모터를 정지시키고, 다이나믹 제동 방식은 L298N IC 의 Enable Pin 을 HIGH 로 놓

고, In1, In2 를 모두 LOW 또는 HIGH 로 두어 하이-사이드 스위치들 또는 로우-사이드 스위치들을 ON 시켜 모터를 정지시키면 된다.

아래 오른쪽 그림처럼 다이나믹 제동 방식이 더 빨리 정지할 뿐 아니라 약간의 언더슈드로 인한 진동이 있을 것을 예상할 수 있다.

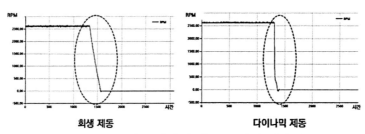

회생 제동   다이나믹 제동

Figure III-60 제동 방식에 따른 모터의 정지 속도

따라서, 어떤 제동 방식을 사용할 것인지는 시스템의 요구사항에 맞게 선택하여 동작시키면 된다.

2.4.3. 회전 속도 제어 구동

이 장에서는 플랜트 구성 중 속도 구동기에 대해서 살펴본다.

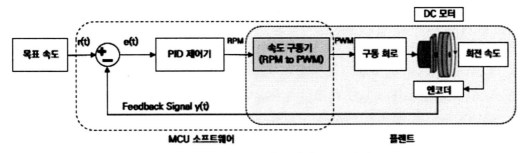

Figure III-61 플랜트의 속도 구동기

여기에서 속도 구동기는 RPM 단위의 명령을 받아서 이를 PWM 듀티로 변환 계산하여, 실제 PWM 신호를 출력함으로써 DC 모터의 회전 속도를 제어하는 부분으로 정하였다. 이 장에서 구현하는 속도 구동기는 개루프(Open Loop) 속도 제어기라고 봐도 좋다.

DC 모터 모델링 편에서 살펴봤듯이 입력되는 전압에 비례하여 회전 속도가 조절된다. 따라서, DC 모터의 회전 속도 제어를 위해서는 입력되는 전압을 조절하면 되는데, 일반적으로 PWM 신호를 사용하여 조절하며, 대부분의 MCU 는 이 PWM 신호를 구동할 수 있는 GPIO 포트를 제공한다.

이런 회전 속도 제어에는 개루프(Open Loop) 방식과 엔코더 등을 이용하여 속도를 센싱하고 이를 피드백 받아 제어하는 폐루프(Closed Loop) 방식이 있다.

만일, 간단한 구현인 개루프 방식의 속도 제어를 하고, 특정 회전 속도를 유지하기 위하여 전압을 고정하였다고 생각해보자. 아래 T-N 커브에서 보듯이 부하 토크가 일정하지 않아 변동될 수 있는 환경이라면, 이로 인해 회전하고 있는 모터의 속도도 변하게 된다.

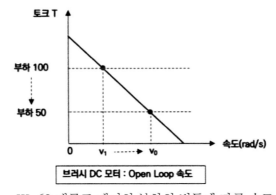

Figure III-62 개루프 제어의 부하의 변동에 따른 속도 변화

이런 경우처럼 부하 토크가 변동하는 장치에서 원하는 속도를 유지하기 위해서는 폐루프 (Closed Loop) 제어를 해야 한다.

이 폐루프 방식의 속도 제어에 대해서는 PID 제어기 편에서 살펴보도록 하며, 여기에서는 개루프 방식으로 L298N IC 의 풀 브릿지 회로를 사용하여 양방향 회전 속도 제어를 해보도록 한다.

속도 구동기 구현을 위하여, 아래 그림과 같이 PWM 출력이 지원되는 MCU GPIO 를 할당하였다.

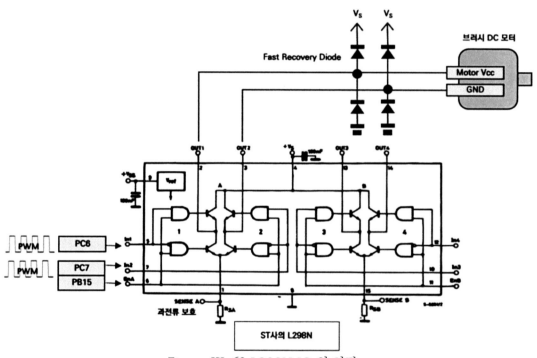

Figure III-63 L298N IC 의 연결

가. H 브릿지 데드 타임(Dead Time) 구동과 느린 감쇠(Slow Decay) 구동

PWM 신호를 이용한 회전 속도 제어에서 아래 그림처럼 PWM 신호의 OFF 구간에서 역기전력 전류가 어떻게 회전하는지에 따라 데드 타임 구동과 느린 감쇠 구동으로 구분될 수 있다.

이 밖에 현재 구동 쌍의 스위치는 끄고, 반대 쌍의 스위치를 켜는 빠른 감쇠(Fast Decay) 구동 방식도 있는데, 전류 소모가 이 빠른 감쇠 방식보다 느리기 때문에 느린 감쇠 구동이라 한다.

사실, 데드 타임은 앞서 살펴본 바 있듯이 H 브릿지 스위치에서 상/하부 스위치 간의 전환 시기에 약간의 OFF 시간을 두어 쇼트를 방지하는 방식을 의미한다. 여기에서는 모든 스위치 가 OFF 된다는 의미로 데드 타임 구동이라 하기로 한다.

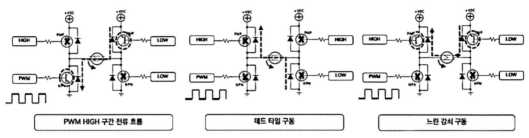

Figure III-64 데드 타임 구동과 느린 감쇠 구동

데드 타임 구동의 경우 모든 스위치를 OFF 시켜 바디 다이오드 또는 플라이 휠 다이오드를 통해 전원으로 전류 경로가 형성되고, 느린 감쇠 구동의 경우 하이 사이드 스위치 또는 로우 사이드 스위치들을 ON 함으로써 전류 경로가 형성된다.

L298N IC 를 사용한 데드 타임 구동과 느린 감쇠 구동은 아래와 같이 할 수 있다.

	구동 방법
데드 타임 구동	L298N IC 회로에서 데드 타임 구동은 정/역 방향은 L198N 의 In1, In2 포트로 제어하고, 속도 제어를 위한 PWM 신호의 입력은 Enable 핀에 주면 된다. 따라서, MCU 는 1 개의 PWM 포트만 사용하여 회전 속도를 제어할 수 있다
느린 감쇠 구동	L298N IC 회로에서 느린 감쇠 구동은 Enable PIN 을 HIGH 로 준 상태에서 정방향의 경우 L198N 의 In2 포트를 LOW 로 설정하고 In1 포트에 PWM 신호로 회전 속도를 제어하며, 반대로 역방향의 경우 In1 포트를 LOW 로 설정하고 In2 포트에 PWM 신호를 출력하여 회전 속도를 제어한다. 따라서, MCU 는 2 개의 PWM 포트를 사용해야 한다.

MCU 에 포함된 제한적인 개수의 PWM 포트를 고려한다면, 느린 감쇠 구동의 경우 In1, In2 각각 2 개의 PWM 포트가 필요하지만, 데드 타임 구동의 경우 Enable 포트에 대해 1 개 의 PWM 신호로도 회전 속도를 제어할 수 있다는 장점이 있다.

나. 회전 속도 제어에서의 저속 구동과 선형성

데드 타임 구동과 느린 감쇠 구동에 따른 저속 구동 특성과 선형성에 대한 특성을 살펴보도록 한다.

ㄱ. 기동 전류와 저속 구동

아래는 PWM 주파수가 2KHz 이고 데드 타임 구동일 때의 PWM 듀티와 RPM 과의 관계를 그린 그래프이다.

Figure III-65 데드 타임 구동의 PWM 듀티와 RPM

위 그래프와 같이 PWM 듀티가 낮은 약 25% 이하에서는 모터가 회전하지 않는 것을 볼 수 있다.

이는 모터가 정지 상태에서 움직일 때 운전 전류보다 높은 전류가 필요하기 때문인데, 이렇게 초기 기동 시 필요한 높은 전류를 기동 전류라 하며, 모든 물체는 멈춰 있다가 움직이기 시작할 때 멈춰져 있으려는 관성때문에 더 많은 힘이 필요하다고 이해할 수 있다.

DC 모터의 모델링에서 봤듯이 일단 모터가 회전을 시작하면, 모터가 회전하며 생기는 역기전력에 의해 전류가 점차 감소하며 해당 RPM 에서의 운전 전류로 구동된다.

ㄴ. 저속 구동을 위한 방식

데드 타임 구동의 경우 앞에서 본 그래프와 같이 저속 회전 제어에 문제가 생기게 되는데, 모터의 저속 구동이 필요하다면 아래와 같은 방식들을 생각해 볼 수 있다.

가장 일반적인 방법으로, 높은 RPM 이 필요없다면 감속 기어가 달린 기어드 모터를 선정하면 되는데, 이는 회전 속도는 줄어들지만, 토크가 증가하고, 부하의 관성을 낮추는 효과도 가지기 때문이다.

다른 방법으로는 초기 기동 전류가 부족한 것이므로, 모터가 움직이기 시작할 때 까지만 높은 PWM 듀티로 동작시키고 회전을 시작한 후 원래 낮은 듀티로 동작시키는 오버 드라이빙(Over Driving) 방법을 사용하기도 한다.

가장 쉽게 접근할 수 있는 방법은 아래 그림과 같이 PWM 주파수를 낮게 조정하는 방법이다.

모터는 움직이기 시작할 때까지 기동 전류의 공급이 필요하며, 움직이기 시작하면 역기전력에 의해 운전 전류로 떨어지게 된다. 따라서, 빠른 주파수의 PWM 에서 낮은 듀티는 움직이기 시작할 때까지 필요한 충분한 전력을 공급하지 못하고 LOW 로 떨어진다.

이런 이유로 보면 PWM 주파수를 낮게 하면 같은 듀티라도 더 긴 시간 전력을 공급하여 움직이게 할 수 있으므로, 저속 운전에서 효과를 볼 수 있다.

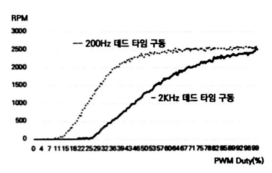

Figure III-66 데드 타임 구동의 PWM 주파수에 따른 PWM 듀티와 RPM

하지만, 낮은 PWM 주파수의 사용은 전류 리플이 커지고, 반응 속도의 성능 저하 문제가 있는데, 아래에서 살펴보게 될 것이다.

또 하나의 방법은 저속 구간에서 느린 감쇠(Slow Delay) 구동이 데드 타임 구동보다 좋은 효과를 보이므로 데드 타임 구동을 사용하는 것이다.

ㄷ. 구동 모드에 따른 선형성

아래는 PWM 주파수가 2KHz 일 때 데드 타임 구동과 느린 감쇠(Slow Delay) 구동에서의 PWM 듀티와 RPM 과의 그래프를 그린 것이다.

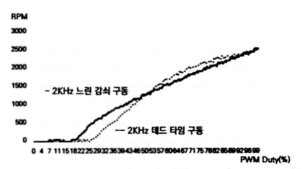

Figure III-67 데드 타임 구동과 느린 감쇠 구동의 PWM 듀티와 RPM

위 그림처럼 느린 감쇠 모드를 사용하면 상대적으로 좀 더 낮은 RPM 에서 구동 가능할 뿐 아니라, 선형성도 개선되는 것을 볼 수 있다.

이후 선형 제어기인 PID 제어기를 통해 회전 속도 제어를 할 것이기 때문에, 부하의 선형성은 제어기의 성능에 영향을 미칠 수 있다. 따라서, 여기에서는 느린 감쇠 구동으로 구현해 보도록 할 것이다.

ㄹ. 저속 구동 시 문제점

모터가 느리게 돌면 낮은 역기전력 생성으로 인해 높은 전류가 인가될 수 있을 뿐 아니라, 모터가 고속 회전하면 내부 열을 방출할 수 있지만, 느리게 돌게 되면 이 열 방출이 어려워져 더 많은 열이 발생된다는 문제도 있기 때문에, 저속 구동을 위해서는 감속 기어 모터를 선정하는 것이 일반적인 방법이라 말한 것이다.

또한, 이런 이유로 직류 구동에서 DC 모터 정격 전압의 20% ~ 30% 정도에 해당하는 전압보다 큰 전압으로 구동시키는 것이 일반적인 경험 규칙이다.

다. PWM 주파수 결정 시 고려사항

PWM 주파수는 모터의 전기적/기계적 특성, 전류 리플과 전자기 간섭(EMI), 응답 성능 및 부드러운 감성, 효율 및 발열, 소음 등 여러 요소를 고려하여, 적절한 주파수를 선정해야 한다.

여기에서는 PWM 주파수 선정에 대해 모터의 RL 시정수와 함께 살펴보도록 하자. 아래는 모델링 편에서 보았던 브러쉬 DC 모터의 전기적 RL 회로이다.

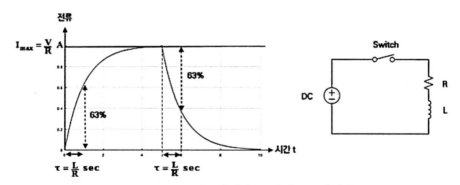

Figure III-68 전기자 코일의 RL 시정수

PWM 주파수 선정은 전기적 L/R(초) 시정수와 시스템 요구사항에 맞춰 아래와 같은 항목들을 고려하여 선정할 수 있다.

ㄱ. 저속 구동

위에서 PWM 주파수가 느려질수록 저주파 구동에 유리함을 보았다. 이는 PWM ON/OFF 구간에서 완전 충/방전할 수 있는 조건 즉, PWM 주파수는 적어도 5τ(tau) 이상이 되어 완충되거나 방전되어야 하는 것을 의미한다.

하지만, 느린 PWM 주파수의 선정은 아래에서 보게 될 큰 전류 리플 문제가 있기 때문에, 저속 구동을 위해서는 감속 기어를 사용하는 것이 일반적이다.

ㄴ. 전류 리플

전류 리플(Current Ripple)은 전류의 진동(떨림)을 말하는데, 위에서 저속 구동과 선형성을 좋게 하기 위하여 PWM 주파수를 낮추고 싶다면, 전류 리플을 고려해야 한다.

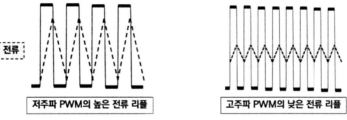

Figure III-69 PWM 주파수에 따른 전류 리플

위의 그림과 같이 PWM 의 주파수가 낮아질수록 전류 리플의 크기는 커지게 되는데, 이 큰 전류 리플은 EMI 성능을 저하시켜 주변 장치에 노이즈의 영향을 주며, 회로 내 커패시터에 리플 충격을 주어 수명을 단축시키거나 DC 모터의 수명, 소음 등을 유발한다.

반면, 너무 빠른 고주파의 PWM 을 사용할 경우 전류 리플은 작아지지만, 저속 구동에서의 문제뿐 아니라, 스위칭 구동 시 전력 손실이 커지는 문제와 이로 인해 열이 발생한다는 단점이 있으므로, 이를 고려하여 적당한 PWM 주파수를 선정해야 한다.

이런 이유로 일반적인 경험 규칙은 듀티비 50%일 때 10% ~ 5%의 전류 리플에 해당하는 L/R 시정수 역수의 약 5 ~ 10 배 정도의 PWM 주파수를 사용하는 것이다.

$$\text{PWM frequency(Hz)} \approx \frac{10}{\tau} = 10 \times \frac{R}{L}$$

ㄷ. 시스템의 응답 성능

PWM 주파수는 시스템이 얼마나 빨리 반응해야 하는지도 관계가 있으며, 일반적으로 빠른 응답과 부드러운 제어를 위해서는 높은 주파수의 PWM 주파수를 선택하는데, 경험 규칙은 전류 리플의 조건과 같이 L/R 시정수의 역수보다 5 ~ 10 배 이상 큰 주파수를 선정하는 것이다.

PWM 주파수 결정 예

위의 항목들을 고려하여 시스템 요구사항에 맞는 적당한 PWM 주파수를 선정하는데, 브러쉬 DC 모터 구동에서의 경험 규칙은 보통은 수 백 Hz ~ 수 KHz 사이의 PWM 주파수를 선택하지만, 고속 구동이 중요한 경우 5KHz ~ 20KHz 대역을 사용하고, 일부의 경우 가청 주파수인 20KHz 보다 높은 주파수로 소음을 피하고 싶어 하기도 한다.

RL 시정수와 PID 제어기의 제어 주기를 고려하여 제어 주기를 선택하는 예를 보도록 하자.

☞ RL 시정수에 의한 PWM 주파수 결정 예

전기자 코일의 저항 R_a = 2.1Ω, 인덕턴스 L_a = 5mH 인 경우 전류 리플 10% 조건인 5배로 PWM 주파수를 선정해보자.

$$\text{PWM frequency(Hz)} \leq \frac{5}{\tau} = 5\frac{R}{L} = 5\left(\frac{2.1\Omega}{5mH}\right) \approx 2.1\text{KHz}$$

따라서, 2.1KHz 이상의 PWM 주파수를 선정할 수 있다.

☞ PID 제어기의 제어 주기로 PWM 주파수 결정 예

이후 PID 제어기와 같은 폐루프(Closed Loop) 제어를 할 경우 일반적으로 폐루프 제어 주기 안에 최소 2 개 이상의 PWM 파형이 들어올 수 있도록 정한다.

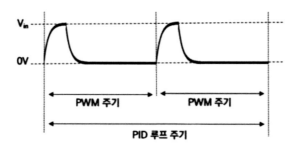

Figure III-70 PID 제어기 제어 주기와 PWM 주기

PID 제어기 편에서 1KHz 의 제어 주기를 사용할 것이므로, 여기에서는 최소 2 배인 2KHz 의 PWM 주파수를 선택하여 구현하도록 할 것이다.

라. 느린 감쇠(Slow Decay) 모드 펌웨어 구현

아래와 같이 L298N IC 의 In1, In2 포트를 각각 PWM 제어하는 느린 감쇠(Slow Decay) 모드로 구현하여 보도록 한다.

	Enable	In1	In2
정회전	HIGH	PWM	LOW
역회전	HIGH	LOW	PWM
정지	LOW	LOW	LOW

PWM 설정은 일반적으로 MCU 내의 타이머 PWM 장치를 이용하는데, 이는 해당 MCU 에 맞춰 각자 2KHz 의 PWM 주파수를 가지게 설정하도록 한다.

아래와 같이 dc_motor_speed.h 헤더 파일과 dc_motor_speed.c 소스 파일을 추가하여 작성하였으며, 아래 그림과 같은 구성으로 구현/시험한다.

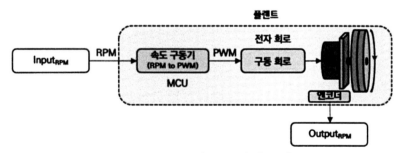

Figure III-71 속도 구동기 구현

ㄱ. dc_motor_speed.h 헤더 파일

dc_motor_speed.h

```
#ifndef SRC_DC_MOTOR_SPEED_H_
#define SRC_DC_MOTOR_SPEED_H_

/* 모터 구동 정보 열거형 */
typedef enum
{
  EM_SMOTOR_DIRECTION_STOP = 0,
```

```
    EM_SMOTOR_DIRECTION_CW = 1,
    EM_SMOTOR_DIRECTION_CCW = -1,
  } _EM_SMOTOR_DIRECTION;

  typedef enum
  {
    EM_SMOTOR_STATE_STOP = 0,
    EM_SMOTOR_STATE_RUN,
  } _EM_SMOTOR_RUN_STATE;

  /* 모터 구동 구조체 */
  typedef struct
  {
    _EM_SMOTOR_DIRECTION emMotorDirection;
    _EM_SMOTOR_RUN_STATE emMotorRunState;
    /* L298N 제어 포트 */
    GPIO_TypeDef * L298N_EN_PORT;
    uint16_t L298N_ENA_PIN;
    TIM_HandleTypeDef *PWM_TIMER;
    uint16_t PWM_TIMER_CHANNEL_IN1;
    uint16_t PWM_TIMER_CHANNEL_IN2;
    double maxRPM;
    double targetRPM;
  }_S_DC_MOTOR;

  /* 모터 초기화 함수 */
  void S_DCMOTOR_Init(_S_DC_MOTOR *dcMotor, double maxRPM);
  /* 모터 속도 설정 함수 */
  void S_DCMOTOR_SetRPM(_S_DC_MOTOR *dcMotor, double targetRPM);
  #endif
```

ㄴ. dc_motor_speed.c 소스 파일

아래와 같이 속도 제어 코드를 구현해 보았으며, 함수들의 사용은 main() 함수 편에서 확인해 볼 수 있다.

dc_motor_speed.c

```
/*
*초기화 함수
*/
void S_DCMOTOR_Init(_S_DC_MOTOR *dcMotor, double maxRPM)
{
  dcMotor->emMotorRunState = EM_SMOTOR_STATE_STOP;
  dcMotor->emMotorDirection = EM_SMOTOR_DIRECTION_CW;
```

```
    dcMotor->targetRPM = 0;
    dcMotor->maxRPM = maxRPM;
}
/*
 * PWM Duty Ratio 설정 함수
 */
static void s_dcmotor_SetPWMDutyRate(TIM_HandleTypeDef *pwmTimer, uint16_t
pwmTimerChannel, double dutyRate)
{
    uint32_t arr = __HAL_TIM_GET_AUTORELOAD(pwmTimer);
    uint32_t ccr = 0;
    ccr = (uint32_t)((double)(arr + 1) * dutyRate / 100.0f);
    /* Set CCR Register */
    __HAL_TIM_SET_COMPARE(pwmTimer, pwmTimerChannel, ccr);
}
/*
 * PWM 듀티 계산 및 모터 속도 구동 함수
 * targetRPM 이 양수이면 CW, 음수이면 CCW 로 정의하기로 한다.
 */
void s_dcmotor_SpeedRun(_S_DC_MOTOR *dcMotor, double targetRPM)
{
    double dutyRate;
    dutyRate = targetRPM / (double)dcMotor->maxRPM * 100.0f; /*최고 속도와의 비율로 듀티 계산*/
    if(dutyRate < 0) {
        dutyRate *= -1.0f;
    }
    if(dcMotor->emMotorDirection == EM_SMOTOR_DIRECTION_CW)
    {
        s_dcmotor_SetPWMDutyRate(dcMotor->PWM_TIMER, dcMotor-
>PWM_TIMER_CHANNEL_IN2, 0);
        s_dcmotor_SetPWMDutyRate(dcMotor->PWM_TIMER, dcMotor-
>PWM_TIMER_CHANNEL_IN1,
            dutyRate);
    } else {
        s_dcmotor_SetPWMDutyRate(dcMotor->PWM_TIMER, dcMotor-
>PWM_TIMER_CHANNEL_IN1, 0);
        s_dcmotor_SetPWMDutyRate(dcMotor->PWM_TIMER, dcMotor-
>PWM_TIMER_CHANNEL_IN2,
            dutyRate);
    }

    /* 처음 구동 시 설정 */
    if(dcMotor->emMotorRunState == EM_SMOTOR_STATE_STOP)
    {
        HAL_GPIO_WritePin(dcMotor->L298N_EN_PORT, dcMotor->L298N_ENA_PIN, GPIO_PIN_SET);
        HAL_TIM_PWM_Start(dcMotor->PWM_TIMER, dcMotor->PWM_TIMER_CHANNEL_IN1);
        HAL_TIM_PWM_Start(dcMotor->PWM_TIMER, dcMotor->PWM_TIMER_CHANNEL_IN2);
```

```
          dcMotor->emMotorRunState = EM_SMOTOR_STATE_RUN;
  }
}

/*
* 모터 회전 속도 설정 함수
* targetRPM 이 양수이면 CW, 음수이면 CCW 로 정의하기로 한다.
*/
void S_DCMOTOR_SetRPM(_S_DC_MOTOR *dcMotor, double targetRPM)
{
  if(targetRPM > dcMotor->maxRPM)
    targetRPM = dcMotor->maxRPM;
  else if(targetRPM < (int16_t)(-dcMotor->maxRPM))
    targetRPM = -dcMotor->maxRPM;

  if(targetRPM > 0) {
    dcMotor->emMotorDirection = EM_SMOTOR_DIRECTION_CW;
  } else if(targetRPM < 0){
    dcMotor->emMotorDirection = EM_SMOTOR_DIRECTION_CCW;
  }

  s_dcmotor_SpeedRun(dcMotor, targetRPM);
  dcMotor->targetRPM = targetRPM;
}
```

ㄷ. Main() 함수

아래는 위의 코드를 사용하는 main() 함수 코드로, 버튼을 누르면 회전 속도를 50RPM 씩 증가시키면서 회전하도록 했다.

```
main.c
#include "main.h"
#include "dc_motor_speed.h"

_S_DC_MOTOR DC_Motor1;

int main(void)
{
  double maxRPM = 2550;  /* Vs DC 전압 인가 시 회전 속도*/
  double motorRPM = 0;
  ...
/* 모터 GPIO 포트 설정과 초기화 */
  DC_Motor1.L298N_EN_PORT = GPIOB;
  DC_Motor1.L298N_ENA_PIN = GPIO_PIN_15;
```

```
DC_Motor1.PWM_TIMER = &htim3;
DC_Motor1.PWM_TIMER_CHANNEL_IN1 = TIM_CHANNEL_1;
DC_Motor1.PWM_TIMER_CHANNEL_IN2 = TIM_CHANNEL_2;
S_DCMOTOR_Init(&DC_Motor1, maxRPM );
/* 모터 초기 정지 상태 */
S_DCMOTOR_SetRPM(&DC_Motor1,0);

if(USER_BtnCheckClick() == 0) {
    continue;
}

motorRPM = 0;
while (1)
{
    /* 50RPM 씩 증가 구동 */
    motorRPM += 50;
    if(motorRPM > DC_Motor1.maxRPM)
        motorRPM = 0;

    //printf("Motor target RPM = %d\r\n", motorRPM);
    S_DCMOTOR_SetRPM(&DC_Motor1, motorRPM);
    HAL_Delay(10); /* 10ms 안정화 시간 */
}
}
```

위의 코드의 시험 결과는 아래와 같이 X 축에 목표 회전 속도와 Y 축에 실제 회전 속도로 표시하였다.

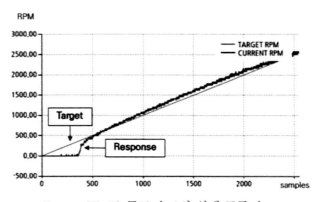

Figure III-72 목표 속도와 실제 구동 속도

위 그림과 같이 저주파 구동 영역에서 비선형 부분이 있고, 이런 개루프 제어에서는 선형성 오차도 큰 것을 볼 수 있다.

2.4.4. 회전 속도 측정 구현

PID 제어기와 같은 폐루프 제어기를 이용한 회전 속도 제어의 경우 현재 모터가 회전하고 있는 속도를 측정하여 피드백으로 주어야 한다. 이 장에서는 회전 속도를 측정하여 피드백 정보를 제공하는 목적으로 사용되는 엔코더 센서에 대해서 알아보도록 한다.

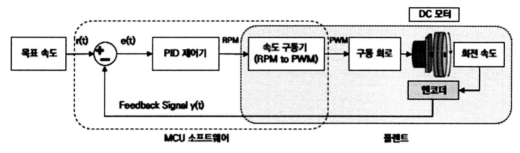

Figure III-73 플랜트의 엔코더 센서

엔코더(Encoder) 센서는 회전 운동이나 선형 운동의 위치, 속도, 방향 등을 검출하는데 사용되는 센서이다. 이런 엔코더에는 아래 그림과 같이 회전을 감시하는 로터리 엔코더(회전 엔코더)와 선형 운동의 위치를 측정하는 리니어 엔코더(선형 엔코더)로 구분될 수 있다.

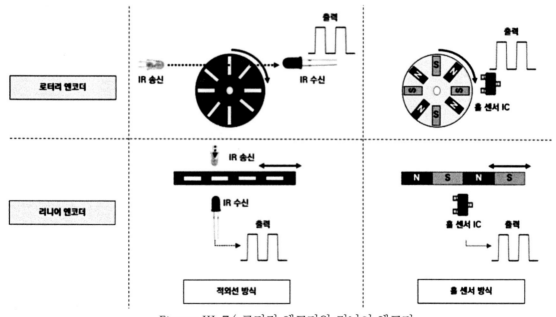

Figure III-74 로터리 엔코더와 리니어 엔코더

엔코더의 출력은 일정 각도의 회전 또는 일정 거리의 이동마다 펄스 신호로 출력하는 디지털 타입과 회전 각도 또는 위치를 아날로그 전압으로 출력하는 아날로그 타입이 있다.

측정 방식에 의해서는 적외선(광학식) 방식과 자기식(홀 센서) 방식으로 구분될 수 있다.

이 중 적외선 방식의 로터리 엔코더에 대해서 살펴보도록 한다.

가. 로터리 엔코더 기초

적외선 센서를 이용한 광학식 로터리 엔코더(Rotary Encoder) 센서는 원형판에 일정 간격으로 구멍을 뚫고 그 판을 적외선(IR) 송신부와 적외선 수신부 사이에 두어, 일정 간격으로 회전할 때 마다 수신부에서는 구멍을 통해 적외선을 감지하여 디지털 펄스 신호를 출력한다.

이 펄스 신호의 수를 셈으로써 회전 위치를 알 수 있고, 펄스의 시간 간격을 측정함으로써 회전 속도를 알 수 있게 된다.

이런 로터리 엔코더를 모터의 회전축(Shaft)에 연결하여 회전 위치 및 속도 측정에 사용하며, 엔코더가 장착되어 있는 모터를 엔코더 모터라 한다.

또한, 위의 로터리 엔코더와 같이 펄스 신호로 위치 또는 속도를 측정하는 엔코더를 이전 위치나 이동 거리에서 변화량의 증분으로 계산하기 때문에 증분형 엔코더(Incremental Encoder)라 한다.

ㄱ. 엔코더 분해능

엔코더의 분해능(Resolution)은 회전에 따라 발생하는 펄스 신호에 의해 측정 가능한 최소 회전 각도를 의미한다.

증분형 엔코더는 아래 그림과 같이 슬릿(Slit, 구멍)들의 채널에 의해 대표적으로 1 채널과 2 채널로 구분될 수 있다.

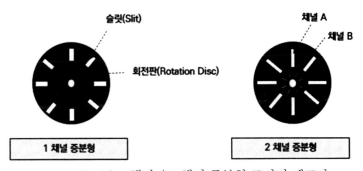

Figure III-75 1 채널 / 2 채널 증분형 로터리 엔코더

1 채널 엔코더의 경우의 해상도는 단순히 슬릿의 개수로 분해능을 알 수 있지만, 2 채널 엔코더 같은 경우 바깥쪽과 안쪽에 각각 슬릿이 있어, 단순히 슬릿의 개수만으로 엔코더의 분해능을 따질 수는 없기 때문에, 아래와 같은 분해능 단위들로 구분된다.

ㄴ. PPR(Pulses per Revolution)

PPR(Pulses per Revolution)은 한바퀴 돌 때 엔코더에서 출력되는 펄스의 개수를 의미한다.

1 채널 엔코더에서의 해상도는 슬릿의 수와 동일한데, 모터의 회전 시 적외선 IR 송신부에서 쏘는 적외선이 슬릿을 통과해 나와 IR 수신부에 도착해야 검출되므로, 슬릿이 몇 개 있는 지가 엔코더의 분해능이 된다.

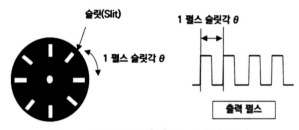

Figure III-76 로터리 엔코더의 출력

위와 같은 증분형 엔코더의 슬릿수에 따른 하나의 펄스 당 이동 각도 θ 는 아래와 같이 간단하게 계산된다.

$$\text{Pulse Step Angle(°)} = \frac{360°}{\text{Slit Counts}}$$

따라서, 위 그림과 같이 슬릿수가 8 개 있는 엔코더라면 한 펄스 당 각도는 45°가 되고, 슬릿이 16 개 있다면 22.5°로 더 정밀한 측정이 가능하므로, 슬릿 라인수가 많을 수로 분해능은 더 높다라고 할 수 있다.

ㄷ. CPR(Counts per Revolution)

2 채널 엔코더에서는 슬릿들이 외곽 채널 A 와 내부 채널 B 로 균일한 각도로 교차하여 구성되는데 이 각각의 채널들에서 나오는 출력 펄스의 개수들로 회전 속도를 구하게 된다. 때문에, 한 채널에 해당하는 PPR 로 분해능을 표현하지 않고, 한바퀴 회전을 측정하는데 사용될 수 있는 펄스 신호의 수인 CPR(Counts per Revolution) 로 표현한다.

2 채널 엔코더를 검출하는 방식은 아래와 같이 각 채널의 상승/하강 에지를 측정하는 방식에 의해 나뉠 수 있다.

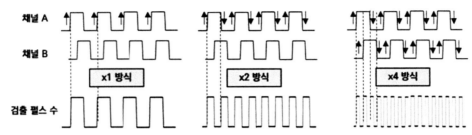

Figure III-77 2 채널 로터리 엔코더의 CPR

위의 ×1(1 채배) 방식은 채널 A 의 펄스의 상승에서만 검출하는 것으로 1 채널 엔코더와 동일한 해상도를 가지게 된다. ×2(2 채배) 방식은 신호의 상승/하강 신호를 모두 측정하여 해상도를 2 배 올리는 방식으로 1 채널 엔코더에서도 사용할 수 있다.

2 채널 엔코더에서는 일반적으로 좀 더 정밀한 각도 측정을 위하여 ×4(4 채배) 방식을 사용하는데, 각 채널의 상승/하강 신호를 측정하면 동일 회전 각도에 대해 4 개의 펄스로 등분하여 검출할 수 있는 효과를 가지므로, 결국 해상도가 4 배 높아진다.

따라서, 한 채널의 슬릿 개수에 해당하는 PPR 로 따지면, CPR = PPR × 4 이 되고, 1 채널 타입보다 4 배의 PPR 을 가진다.

ㄹ. Slit Angle Step

위의 분해능에 의해 최소 측정 가능한 각도인 Slit Angle Step 은 아래와 같다.

$$\text{Slit Angle}(°) = \frac{360°}{\text{CPR}}$$

1 채널 엔코더에서는 PPR 과 CPR, 슬릿 개수가 모두 같으므로 위의 CPR 대신 PPR 또는 슬릿 개수로 표현할 수도 있다.

이런 엔코더의 분해능 선정은 요구되는 정밀도의 5 배 ~ 10 배 정도의 여유를 가지는 것으로 선정하는 것이 일반적이다.

나. 회전 속도 측정 방식

증분형 로터리 엔코더는 앞에서 본 것과 같이 회전 속도에 따라 엔코더에서 출력되는 펄스 간의 시간 간격이 달라지는 것을 측정하여 회전 속도를 측정할 수 있다.

펄스를 검출하여 속도를 측정하기 위한 방법으로는 아래 그림과 같이 T 방식과 M 방식으로 나눌 수 있으며, 이들을 함께 사용하는 M/T 방식으로 구분된다.

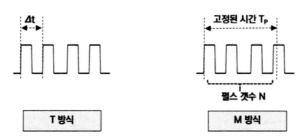

Figure III-78 로터리 엔코더의 회전 속도 측정 방식

위 그림과 같이 T 방식은 출력되는 펄스 사이의 시간을 측정함으로써 회전 속도를 측정하는 방식이고, M 방식은 일정 주기 시간을 고정하고 그 주기 안에 발생되는 펄스의 수를 측정하여 회전 속도를 계산하는 방식이다.

ㄱ. T 방식(T Method)

T 방식은 매 펄스 마다 이전 펄스 에지부터 다음 펄스의 에지까지의 시간을 측정하는 방식이다.

MCU 에서는 GPIO 외부 인터럽트로 펄스를 검출하고 타이머를 사용하여 펄스 간격의 시간을 측정할 수 있다. 또는, 사용하는 MCU 가 Input Capture 기능을 지원한다면 이를 이용할 수도 있다.

① 회전 속도 계산

모터에서 회전 속도는 보통 RPM(Revolution per Minute) 단위로 표현하며, 1 분당 몇 바퀴 돌았는지를 나타낸다.

엔코더가 정속 회전하고 있는 상태에서 펄스 사이의 간격 시간이 T_{PtoP} 초로 구해졌다면, RPM 은 아래와 같이 구해진다.

$$1 \ \text{회전} \ sec(\text{초}) = T_{PtoP} \times CPR$$

$$RPM(\text{Revolution per Minute}) = \frac{60sec}{1 \ \text{회전} \ sec} = \frac{60sec}{T_{PtoP} \ sec \times CPR}$$

CPR 은 앞에서 보았듯이 엔코더가 가지고 있는 스펙으로 1 회전할 때 측정되는 펄스 개수를 의미하며, T_{PtoP}는 펄스 간 측정된 시간이다.

② T 방식의 장/단점

　이 T 방식은 매 펄스 간격마다 시간을 계산해야 하므로, MCU 가 처리해야 하는 작업량이 상대적으로 많다.

　또한, 엔코더 펄스 신호가 MCU 의 타이머 클럭과 정확히 동기화되어 발생되는 것이 아니기 때문에, MCU 타이머 클럭과 펄스 신호와의 오차가 생기는 것은 불가피하다. 하지만, 아래에서 보게 될 M 방식에 비해서는 클럭 불일치 오차가 현저히 작으므로 정밀도가 높다 할 수 있다.

　MCU 타이머로 펄스 간격 T_{PtoP} 를 측정할 때, 타이머의 1 카운트 클록 시간을 T_{Clock} 이라 한다면, 일반적으로 T 방식의 속도 측정 오차율은 아래와 같은 관계를 가진다.

$$err \propto T_{Clock} \quad err \propto RPM \quad err \propto CPR$$

　즉, 타이머 클럭 시간 T_{Clock} 이 느릴수록 불일치 오차가 커지며, 회전 속도 RPM 이 빠를수록 오차가 커진다. 또한, CPR 이 높을수록 펄스가 빠르게 들어오게 되어 상대적으로 오차가 커지는 경향이 있다.

　따라서, 타이머의 분해능 T_{Clock} 을 작게 할수록 고속에서의 오차율을 줄일 수는 있지만, MCU 타이머 카운트 레지스터의 포화 시간이 짧아져 측정할 수 있는 회전 속도 범위가 좁아지게 된다. 이런 이유로 T 방식은 고속보다는 저속의 회전 속도를 정밀하게 측정하는 용도에 사용되기도 한다.

　또 하나 T 방식의 측정에서 고려해야 할 점은 정지 시의 회전 속도 측정인데, 정지 시는 펄스의 생성이 없으므로, 마지막 검출된 펄스에서의 일정 시간 펄스가 들어오지 않는다면 정지로 판단해야 하는 부가적인 알고리즘이 필요하다는 단점이 있다.

ㄴ. M 방식(M Method)

　M 방식은 T 방식처럼 매 펄스마다 시간 계산을 하는 것이 아니라, 측정할 일정 시간 구간(T_p)의 주기를 고정해 놓고, 그 시간 안에 엔코더에서 출력되는 펄수의 수 N 으로 회전 속도를 계산하는 방식이다.

① 회전 속도 계산

　엔코더가 정속 회전하고 있는 상태에서의 T_p 초 동안 N 개의 펄스가 검출되었다면, 회전 RPM 속도는 아래와 같이 구해질 수 있다.

$$RPM(Revolution \ per \ Minute) = \frac{N \times 60sec}{T_p sec \times CPR}$$

② M 방식의 장/단점

M 방식의 경우 주기 T_p 와 엔코더 펄스가 발생하는 시간이 정확히 동기되는 것이 아니기 때문에 오차는 최대 1 펄스가 될 수 있으며, 속도 측정 오차율은 시간 구간 T_p 와 회전 속도 RPM 에 아래와 같은 관계를 가진다.

$$err_{rpm}(\%) = \frac{60}{RPM \times CPR \times T_p} \times 100(\%)$$

즉, 시간 구간 T_p 를 작게 잡거나, 회전 RPM 속도가 느릴수록, CPR 이 낮을수록 오차율은 증가한다.

이런 이유로, 이 M 방식 측정은 저속 회전에서는 펄스의 발생 시간과 T_p 구간과의 시간차에 의한 오차가 크기 때문에 불리하지만, 고속 회전에서는 T 방식 측정보다 오차에 유리하고, 구현이 간단하며 펄스 측정에 대한 CPU 작업량도 상대적으로 적다는 장점이 있다. 또한, 일정 시간 구간을 정해 주기적으로 측정하므로, 부가적인 처리 없이도 정지 상태를 알 수 있다.

ㄷ. M/T 방식 혼합

위의 T 방식과 M 방식은 각자의 장/단점이 있는데, 측정 정확도를 높이기 위해 M 방식과 T 방식을 적절히 섞어 쓰는 방식을 M/T 방식이라 하며, 산업용 측정 방식으로 사용된다.

기본 개념은 M 방식의 저속 측정에서의 큰 오차를 줄이고자 [T 방식 - M 방식 - T 방식]을 하나의 시퀀스로 측정하는 방식이지만, 구현에 다소 까다로운 점이 있어, 일반 용도에서 많이 사용되지는 않는다.

다. 2 채널 엔코더에서의 회전 방향 측정

아래는 적외선 방식의 2 채널 증분형 로터리 엔코더의 예의 그림이다.

Figure III-79 2 채널 로터리 엔코더

1 채널 증분형 로터리 엔코더는 회전 방향을 측정할 수 없지만, 2 채널 증분형 로터리 엔코더는 회전 방향을 측정할 수 있다는 장점이 있다.

아래는 정회전 시 펄스의 출력 파형이다.

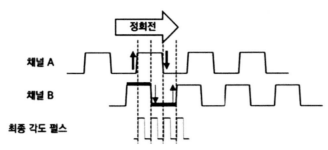

Figure III-80 2 채널 엔코더의 방향과 펄스 측정

방향 측정은 각 채널에서 출력되는 펄스의 위상차로 검출할 수 있다.
위 정회전에서의 펄스 출력 그림에서 채널 A 의 상승 및 하강 에지에서의 채널 B 의 상태를 주의 깊게 보도록 한다. 위 그림과 같이 정회전에서는 채널 A 의 펄스가 상승되어 HIGH 를 유지할 때, 채널 B 역시 HIGH 상태이다. 반대로 펄스가 하강되어 LOW 를 유지할때 역시 같은 상태가 된다.
이처럼 위상을 구분하여 측정하면 되는데, 역회전에서는 반대가 된다. 이 부분은 구현된 소스 코드에서 확인해 볼 수 있다.

라. M 측정 방식의 타이머 주기 T 결정

앞서 봤듯이 M 방식은 측정 시간을 고정하고 그 시간 안의 펄스의 수를 세어 회전수를 측정하는 방식이다.
이 책에서는 이 M 방식으로 코드를 구현해 보도록 할 것이므로, 주기 T_p 를 결정할 때 고려해야 할 사항에 대해 살펴보도록 한다.

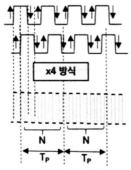

Figure III-81 ×4 채배의 M 방식 측정

펄스 수의 측정이므로, MCU 에서는 외부 인터럽트 EXTI 로 설정한 GPIO 에서 들어오는 펄스를 EXTI 핸들러에서 검출하여 펄스의 수를 세면되며, 일정 시간 타이머의 완료 시점에 검출된 펄스 수로 RPM 을 계산한 후, 펄스 수를 리셋시켜 다시 세도록 하면 될 것이다.

이 M 방식의 주기 T_p 는 측정 대상의 회전 속도 범위와 측정 정확도 요구사항, 제어 시스템의 샘플링 주파수(제어 주기) 등과 관련된다.

ㄱ. 측정 오차율

앞에서 본 M 방식의 오차율로 주기 시간 T_p 를 선정해보자

$$\text{err}_{\text{rpm}}(\%) = \frac{60}{\text{RPM} \times \text{CPR} \times T_p} \times 100(\%)$$

1 채널 PPR 이 360 인 2 채널 엔코더에서 정밀한 측정을 위해서 ×4 모드로 구현하고자 한다면, ×4 모드에서의 CPR 은 ×1 모드 360 PPR 의 4 배인 1440 CPR 이다.
위의 계산식과 같이 오차율로 계산할 때는 시간 T_p 를 늘릴수록 오차율이 줄어들지만, 마냥 늘릴 수는 없다.
한가지 방법으로 목표하는 오차율을 정할 수 있다. 만일, 여기서의 예인 모터의 최고 회전 속도 2550RPM 에서 오차율 1%를 가지고 싶다면 아래와 같다.

$$1.0(\%) = \frac{60}{2550 \times 1440 \times T_p} \times 100(\%) \rightarrow T_p \approx 1.6\text{ms}$$

주기는 1.6ms 이면 될 것이다. 여기에서 구현하는 코드는 1ms 의 타이머 주기로 선정하였다.

ㄴ. 폐루프(Closed Loop) 제어기의 제어 주기

타이머 주기 T_p 는 폐루프 제어기의 성능과도 관계된다. 일반적으로 M 방식의 측정 주기 T_p 는 폐루프 제어기의 샘플링 주파수(제어 주기)로 사용되는데, 이 주기가 빠를 수록 시스템의 응답 시간이 빨라질 수 있다.
하지만, 빠른 주기 T_p 는 엔코더의 오차율을 증가시키고, 이 엔코더의 오차율은 센서의 노이즈를 의미하며 이로 인해 제어 시스템에 지속적인 링잉을 발생시킬 수 있다.
반면, 엔코더의 오차율을 줄이기 위하여 주기 T_p 를 너무 느리게 하면, 폐루프 제어기의 응답 성능이 떨어지게 되므로 이런 상호 관계를 고려하여 최적의 샘플링 주파수를 선정하여야 한다.
이 폐루프 제어기의 제어 주기에 대해서는 PID 제어기 편에서 살펴보기로 한다.

ㄷ. 저속 회전 속도 측정의 한계

회전 속도 범위에 관해 측정하고자 하는 최소 회전수에서 엔코더 펄스가 주기 T_p 시간 내에 1 개 또는 정확도를 위해서는 2 개 이상 들어올 수 있도록 주기 T_p 를 결정할 수 있다.

위에서 정한 1ms 의 샘플링 주기는 1ms 안에 펄스가 한 개라도 들어올 때 1 바퀴 돌 때의 시간은 1ms × 1440 CPR = 1.44 초, 1 분 동안 도는 회전수는 60 초/1.44 초 = 41 RPM 이상의 속도 측정이 가능하다.

2 클럭 이상의 안정적인 측정은 82RPM 정도부터 일텐데, 그 이하 또는 근처의 RPM 측정을 위해서는 펄스가 1 구간 또는 2 구간 비더라도 전/후 조건 관계를 따져 처리하는 별도의 알고리즘이 필요하다.

마. M 방식 측정 코드 구현

STM32 계열 MCU 들의 타이머에는 엔코더 모드를 내장하고 있어 쉽고 안정적으로 엔코더를 구현할 수 있지만, 아래 코드들은 엔코더의 동작 원리를 알기 위하여 전통적인 방식인 외부 인터럽트(EXTI)와 타이머를 이용하여 구현해 보았다.

여기에서는 정격 속도 2550RPM 이고 2 채널 엔코더가 장착된 엔코더 모터이며, 엔코더의 ×1 해상도는 360 PPR 인 모터를 예로 든다.

이에 대해 ×4(4 채배) 모드로 M 방식을 구현해보기로 한다.

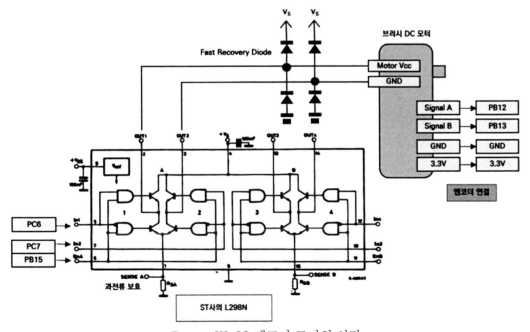

Figure III-82 엔코더 모터의 연결

엔코더 모터는 위 그림과 같이 DC 모터는 L298N IC 에 연결하고, 엔코더의 출력 신호는 MCU 의 GPIO 에 연결하도록 한다.

엔코더 핀	STM32F103 GPIO 핀	설정
채널 A	GPIOB 12	Falling/Rising Edge Detect EXTERNAL Interrupt 설정
채널 B	GPIOB 13	Falling/Rising Edge Detect EXTERNAL Interrupt 설정

앞서 M 방식의 주기를 1ms 로 두기로 했으므로, MCU 의 타이머 설정을 1ms 로 설정하고, GPIOB 12 와 GPIOB 13 을 Rising/Falling EXTI 모드로 설정하고 인터럽트를 활성하도록 한다.

아래 코드는 개념적 접근으로 보도록 하며, 사용하는 MCU 에 따라 변경이 필요할 수 있다.

ㄱ. motor_encoder.h 헤더 파일

Motor_encoder.h

```
#ifndef SRC_MOTOR_ENCODER_H_
#define SRC_MOTOR_ENCODER_H_

/* 엔코더 측정 정보 열거형 */
typedef enum
{
    EM_PULSE_NONE,
    EM_PULSE_A_RISING,
    EM_PULSE_A_FALLING,
    EM_PULSE_B_RISING,
    EM_PULSE_B_FALLING,
}_EM_PULSE_STATE;

/* 엔코더 상태 정보 열거형 */
typedef enum
{
    EM_ENCODER_STOP = 0,
    EM_ENCODER_DIRECTION_CW = 1,
    EM_ENCODER_DIRECTION_CCW = -1,
} _EM_ENCODER_DIRECTION;

/* 엔코더 구조체 */
typedef struct
{
    uint16_t x1CPR;              /* 1 채널 PPR */
    TIM_HandleTypeDef *htim; /* 타이머 구조체 */
```

```
        GPIO_TypeDef * ENCODER_PORT;
        uint16_t ENCODER_A_PIN;  /* A 채널 GPIO 핀 */
        uint16_t ENCODER_B_PIN;  /* B 채널 GPIO 핀 */
        double tmrPeriodSec;          /* M 방식 타이머 주기 */
        int32_t pulseCnt;             /* 현재 측정된 펄스수 */

        double RPM;
        _EM_ENCODER_DIRECTION direction;
    }_MOTOR_ENCODER;

    /*초기화 함수*/
    void ENCODER_Init(_MOTOR_ENCODER * encoder, uint16_t x1CPR, TIM_HandleTypeDef *htim,
    double tmrPeriodSec);
    /*클리어 함수*/
    void ENCODER_Clear(_MOTOR_ENCODER * encoder);
    /*타이머 만기마다 호출되는 함수*/
    void ENCODER_TMR_CALLBACK(_MOTOR_ENCODER * encoder);
    /* A 채널 펄스 에지 측정 콜백 함수 */
    void ENCODER_A_EDGE_CALLBACK(_MOTOR_ENCODER * encoder, uint32_t GPIO_Pin);
    /* B 채널 펄스 에지 측정 콜백 함수 */
    void ENCODER_B_EDGE_CALLBACK(_MOTOR_ENCODER * encoder, uint32_t GPIO_Pin);
    /* RPM 취득 함수*/
    double ENCODER_GetRPM(_MOTOR_ENCODER * encoder);
    void ENCODER_PrintRPM(_MOTOR_ENCODER * encoder);
    /*회전 방향 취득 함수*/
    _EM_ENCODER_DIRECTION ENCODER_GetDirection(_MOTOR_ENCODER * encoder);
    #endif /* SRC_MOTOR_ENCODER_H_ */
```

ㄴ. motor_encoder.c 소스 파일

초기화 함수에 아래와 같이 주기 T_p 인 tmrPeriodSec 을 계산하여 두도록 한다. 이는 추후 RPM 을 계산할 때 사용된다.

☞ 초기화 함수

초기화 함수

```
#include "motor_encoder.h"
/* 초기화 함수 */
void ENCODER_Clear(_MOTOR_ENCODER * encoder)
{
    encoder->RPM = 0;
    encoder->pulseState = EM_PULSE_NONE;
```

```
    }
    void ENCODER_Init(_MOTOR_ENCODER * encoder, uint16_t x1CPR, TIM_HandleTypeDef *htim,
double tmrPeriodSec)
    {
        encoder->x1CPR = x1CPR;    /* 1 채널 PPR 정보 */
        encoder->htim = htim;         /* 타이머 정보 */
        encoder-> tmrPeriodSec = tmrPeriodSec;  /* M 방식 주기 */
        encoder->direction = EM_ENCODER_DIRECTION_CW;
        ENCODER_Clear(encoder);
    }
```

☞ A/B 채널 GPIO EXIT 핸들러 함수

A 채널과 B 채널 신호가 연결된 GPIO 의 Rising/Falling 외부 인터럽트(EXTI) 핸들러 함수에서 아래 콜백 함수들을 호출하도록 하여, A 채널과 B 채널의 Rising/Falling 에지 에서 모두 펄스의 수를 증가시키도록 한다.

Motor_encoder.c

```
static inline void encoder_RestartTimer(_MOTOR_ENCODER * encoder)
{
    /* timer reset but there may be some timing error */
    encoder->htim->Instance->CNT = 0;
}

/*
 * A 채널 콜백 함수
 * 상승/하강 에지 검출 시 호출되어야 함
 */
void ENCODER_A_EDGE_CALLBACK(_MOTOR_ENCODER * encoder, uint32_t GPIO_Pin)
{
    uint8_t pinAState, pinBState;
    _EM_PULSE_STATE pulseState;
    if(GPIO_Pin == encoder->ENCODER_A_PIN) /* A Channel*/
    {
        pinAState = getPinState(encoder->ENCODER_PORT, encoder->ENCODER_A_PIN) ;
        pinBState = getPinState(encoder->ENCODER_PORT, encoder->ENCODER_B_PIN) ;
        /*
        * 회전 방향 검출
        * 만일, A signal level == B signal level 이라면, 회전 방향은 cw.
        */
        encoder->direction = (pinAState == pinBState) ?
                EM_ENCODER_DIRECTION_CW : EM_ENCODER_DIRECTION_CCW;
        /* 펄스 에지 상태 */
        if(pinAState) { /* if pin status is high, rising edge */
```

```
                    pulseState = EM_PULSE_A_RISING;
                }
                else { /* if pin status is low, falling edge */
                    pulseState = EM_PULSE_A_FALLING;
                }
                /* 지터 노이즈 처리 */
                if(encoder->pulseState != EM_PULSE_NONE && encoder->pulseState !=
                        EM_PULSE_B_RISING && encoder->pulseState != EM_PULSE_B_FALLING)
                {
                    encoder->pulseState = pulseState;
                    return;
                }
                /* 펄스수 증가 */
                if(encoder->direction == EM_ENCODER_DIRECTION_CW) {
                    encoder->pulseCnt++;
                } else {
                    encoder->pulseCnt--;
                }

                if(encoder->pulseState == EM_PULSE_NONE)
                    encoder_RestartTimer(encoder);
        }
    }

    /*
     * Channel B 의 경우 나머지는 동일하고, 회전 방향 검출만 반대로 바꾸어 주면 된다.
     */
    void ENCODER_B_EDGE_CALLBACK(_MOTOR_ENCODER * encoder, uint32_t GPIO_Pin)
    {
        ...
            encoder->direction = (pinAState != pinBState) ?
                EM_ENCODER_DIRECTION_CW : EM_ENCODER_DIRECTION_CCW;
        ...
    }
```

☞ 타이머 Callback 함수

MCU 의 타이머 핸들러에서 호출하도록 하며, 타이머가 완료되는 시점에서 그 동안 들어온 펄스의 수와 주기로 RPM 을 계산하고, 펄스수를 클리어한다.

Motor_encoder.c

```
static inline void encoder_UpdateMMethod(_MOTOR_ENCODER * encoder)
{
    double RPM;
    uint32_t CPR = encoder->x1CPR;
```

```
        CPR *= 4;
        /* RPM 계산 */
        RPM = 60.0f * encoder->pulseCnt / (double)CPR / (double)encoder->tmrPeriodSec;
        encoder->RPM = RPM * encoder->direction;
        encoder->pulseCnt = 0;
}


/* 1ms 타이머 핸들러에서 호출해야 한다 */
void ENCODER_TMR_CALLBACK(_MOTOR_ENCODER * encoder)
{
        encoder_UpdateMMethod(encoder);
}
```

☞ 기타

테스트를 위하여 아래와 같이 RPM 정보를 취득하고 정보를 표시하도록 하였다.

Motor_encoder.c

```
double ENCODER_GetRPM(_MOTOR_ENCODER * encoder)
{
        return encoder->RPM;
}


_EM_MOTOR_DIRECTION ENCODER_GetDirection(_MOTOR_ENCODER * encoder)
{
        return encode->direction;
}


void ENCODER_PrintRPM(_MOTOR_ENCODER * encoder)
{
        printf("%08d : %f\r\n", HAL_GetTick(), encoder->RPM);
}
```

ㄷ. main.c 구현

실제 MCU의 외부 인터럽트 핸들러인 GPIO_EXTI_Callback() 함수에서는 위에서 작성
한 Callback 함수들을 호출하고 있으며, 1ms 타이머 인터럽트 핸들러 함수인 HAL_TIM_
PeriodElapsedCallback() 함수에서는 위에서 작성한 ENCODER_TMR_CALLBACK()
함수를 호출하고 있다.

---

main.c

```
#include "stdio.h"
#include "math.h"
#include "dc_motor_speed.h"
#include "motor_encoder.h"

/* Motor 선언 */
_S_DC_MOTOR DC_Motor1;

/* Encoder 선언 */
_MOTOR_ENCODER Encoder1;

/* EXTI Interrupt handler */
void HAL_GPIO_EXTI_Callback(uint16_t GPIO_Pin)
{
  ENCODER_A_EDGE_CALLBACK(&Encoder1, GPIO_Pin);
  ENCODER_B_EDGE_CALLBACK(&Encoder1, GPIO_Pin);
}

/* 1ms Timer Interrupt handler */
void HAL_TIM_PeriodElapsedCallback(TIM_HandleTypeDef *htim)
{
  if(htim->Instance == TIM4) {
    ENCODER_TMR_CALLBACK(&Encoder1);
  }
}

int main(void)
{
  ...

  /*
  * 엔코더 초기화 : 1 채널 PPR = 360, 타이머 주기 = 1ms
  */
  ENCODER_Init(&Encoder1, 360, &htim4, 0.001);

  /* 엔코더를 위한 타이머 시작*/
  HAL_TIM_Base_Start_IT(&htim4);

  while (1)
  {
    /* 회전 정보 표시 */
    ENCODER_PrintRPM(&Encoder1);
    if(USER_BtnCheckClick() == 0) continue;
    … 회전 속도 조정 ….
  }
}
```

위 코드의 실행 결과는 아래 그림과 같이 약 1000RPM 회전 속도에서 오차율 4% 정도가 나온다.

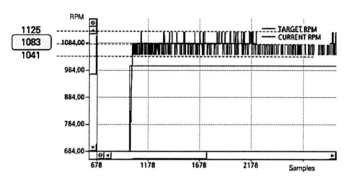

Figure III-83 M 방식 속도 측정 결과

$$오차율(\%) = \frac{오차}{참값} \times 100 = \frac{1125 - 1083}{1083} \times 100 = 3.9\%$$

 이렇게 측정된 센서 이산 데이터는 고정된 값이 아니라 위 그림과 같이 노이즈가 섞여 있는 아날로그 신호가 측정된다. 이 센서 노이즈는 폐루프 제어 시스템에서 지속적인 작은 진동을 만들어 내는데, 이를 개선하기 위하여 필터 설계 편에서 보았던 디지털 저주파 통과 필터를 사용하기도 한다.
 이때 저주파 통과 필터로 입력되는 센서 아날로그 신호에 안티-애일리아싱 필터를 장착하고, 차단 주파수는 저주파 통과 필터의 위상 지연이 폐루프 제어 시스템의 안정성에 해당하는 루프 주파수 응답의 위상 여유를 저하시키지 않기 위하여 이득 교차 주파수의 약 5 ~ 10 배 이상으로 선정하는 것이 좋다.
 이런 이유에 대해서는 PID 제어기 편에서 다루게 될 것이다.

2.4.5. 모터 소프트 제어 펌웨어

부하의 관성이 큰 시스템의 경우 갑자기 전압을 높혀 속도를 빠르게 하거나, 반대로 전압을 낮춰 갑작스러운 속도 감속을 하면, 아래 왼쪽 그림의 계단 응답처럼 원치 않는 오버슈트나 언더슈트 또는 진동을 발생시킨다.

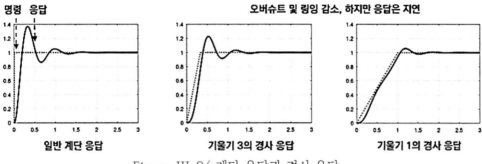

Figure III-84 계단 응답과 경사 응답

이런 진동 오동작에 때문에 사용자가 부드러움을 느끼는 감성적 성능이 떨어질 것이고, 기계적/전기적 진동으로 인해 시스템 수명이 단축되는 등 안 좋은 시스템이 된다.

특히, 한 번의 펄스로 한 스텝씩 움직여 동작 시퀀스 순서가 맞게 동기화가 되어야 회전을 하게 되는 스테핑 모터에서는 관성으로 인해 한 스텝 더 또는 덜 돌아가 이 동기화가 틀어져 모터가 더이상 회전하지 않거나, 버벅거리며 회전하게 된다. 이런 현상을 탈조 현상이라 한다.

이런 문제에 대한 대책으로 위 그림의 기울기 경사 응답처럼 들어온 명령의 형상을 부드럽게 바꾸어 회전 속도를 천천히 가속시키거나 천천히 감속시키는 방법을 사용하여 오버슈트 및 링잉을 방지할 수 있다.

이런 방식을 소프트 스타트(Soft Start) 방식, 램핑(Ramping) 방식 또는 입력 모양의 변형(Input Shaping)이라 하며, 모터 분야에서는 가/감속 제어라 부른다. 스테핑 모터나 관성이 큰 부하의 모터에서는 필수적으로 적용되는 알고리즘이다.

가. 제어 시스템에서의 소프트 제어

아래는 개루프(Open Loop) 제어 시스템과 폐루프(Closed Loop) 제어 시스템에서 사용하는 예이다.

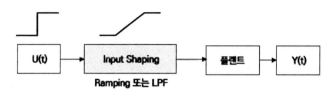

Figure III-85 개루프 제어에서의 소프트 스타트

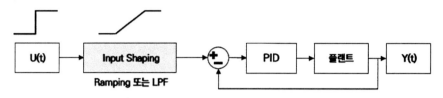

Figure III-86 폐루프 제어에서의 소프트 스타트

이렇게 입력 명령의 모양을 제어함으로써 속도 또는 위치 제어에서 목표 속도 또는 목표 위치에 오버슈트없이 부드럽게 안착시킬수 있다.

하지만, 위 구성과 같은 폐루프(Closed Loop) 제어의 경우 명령에 대한 응답에 오버슈트 및 링잉이 없다고 시스템의 안정성이 좋아지는 것은 아니기 때문에, 외란에 대한 안정성은 따로 구분하여 고려되어야 한다.

이런 알고리즘의 구현은 계단 명령에 대해 저주파 통과 필터를 장착하거나 선형 보간을 사용하여 경사 신호로 변형하여 처리할 수도 있다. 또는 미리 정하여 놓은 일정 속도 패턴 모양의 데이터를 두고 제어하는데, 이를 속도 프로파일(Speed Profile)이라 부른다.

나. 가/감속 토크에서의 기울기

앞서 모터의 가/감속에서 필요한 관성 모멘트와 토크에 대해서 살펴보았었다.

소프트 스타트 알고리즘 중 직선 경사 신호로 만들어 제어하는 알고리즘의 경우 부드러운 동작이 우선이겠지만, 제어하는 기울기는 가/감속 토크에도 관련이 되는데, 이에 대해 살펴보도록 하자.

아래 그림처럼 목표 속도 명령이 내려오면 실제로 구동은 해당 목표 속도에 도달하기 위하여 경사 신호로 부드럽게 가속 또는 감속을 한다.

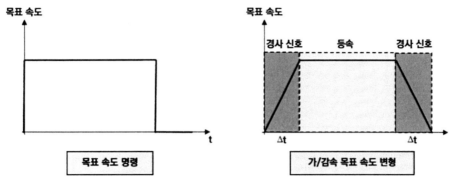

Figure III-87 경사 신호로 변형

이때, 가속에 필요한 총 토크 T_{Total} 은 아래와 같이 등속 구간의 토크(부하 토크) T_L 과 가속 토크 T_A 의 합이다.

$$T_{Total} = T_L + T_A$$

여기서 가속 토크는 부하의 관성 모멘트 J 와 각가속도 α 의 곱으로 볼 수 있다.

$$T_A = J \times \alpha \ : \ \alpha = \frac{d\omega}{dt}$$

부하 토크 T_L 과 관성 모멘트 J 는 모터의 선정 편을 참조하여 구할 수 있다. T_{Total} 은 모터의 정격 토크로 두기로 하고, 마찰 토크는 무시하기로 한다.
위의 수식들로 토크에 만족하는 각가속도 α 는 아래와 같이 구할 수 있다.

$$\alpha(\text{rad/s}^2) = \frac{T_{Total} - T_L}{J}$$

각가속도 α 가 각속도의 기울기 이므로, 결국 각속도 변화량 $\varDelta\omega$ 는 입력 신호를 변형하여 주기적으로 명령을 갱신하는 주기 $Step_{Interval}$ 시간과 함께 아래와 같이 구해질 수 있다.

$$\Delta\omega(\text{rad/sec}) = \alpha \times Step_{Interval}$$

RPM 으로는 1 rad/sec = 60/2π rpm 이므로 이를 코드 구현에 사용하도록 할 것이다.

다. 소프트 스타트 코드 구현

여기서 구현하는 코드는 명령 신호를 경사 신호로 모양을 변형하는 하나의 예로 실시간 연산하여 제어하고 있는데 만일, MCU 의 연산 속도가 충분히 빠르지 못하다면 위치를 일일이 계산하는 것이 아닌, 메모리 테이블에 미리 계산하여 저장해 놓는 룩업 테이블(Lookup Table) 방식으로 속도 프로파일을 구현한다.

ㄱ. profile.h

Profile.h

```c
#ifndef SRC_PROFILE_H_
#define SRC_PROFILE_H_

#include "main.h"

/* 속도 프로파일 정보 */
typedef enum
{
  EM_PROFILE_STOP,
  EM_PROFILE_ACCELERATION,
  EM_PROFILE_DECELERATION,
} _EM_PROFILE_STATE;

/* 속도 프로파일 구조체 */
typedef struct
{
  /* flag */
  uint8_t run;
  _EM_PROFILE_STATE state;
  double profile_step;
  double target;
  double cur_profile;
} _MOTOR_PROFILE;

/* 속도 프로파일 초기화 함수 */
void PROFILE_Init(_MOTOR_PROFILE *profile, double profile_step);
/* 속도 프로파일 정지 */
void PROFILE_Stop(_MOTOR_PROFILE *profile);
/* 속도 프로파일 다음 위치 계산 */
_EM_PROFILE_STATE PROFILE_NextProfile(_MOTOR_PROFILE *profile, double *cur_profile);
/* 목표 RPM 설정 */
void PROFILE_SetTarget(_MOTOR_PROFILE *profile, double target);

#endif /* SRC_PROFILE_H_ */
```

ㄴ. profile.c

초기화 함수는 아래와 같다. 주기마다 증가되어야 할 Step 을 인자로 받도록 한다.

Profile.c

```
#include "math.h"  /*M_PI*/
#include "profile.h"

/* 프로파일 초기화 함수 */
void PROFILE_Init(_MOTOR_PROFILE *profile, double profile_step)
{
  profile->run = 0;
  profile->profile_step = profile_step;
  printf("PROFILE : profile step = %f\r\n", profile->profile_step);
  profile->state = EM_PROFILE_STOP;
}
```

아래 코드의 PROFILE_Stop() 함수는 Profile 을 정지 즉, 모터를 정지시킨다.

목표치를 정해주는 함수인 PROFILE_SetTarget() 함수를 통해 목표 속도가 정해지면, PROFILE_NextProfile() 함수를 통해 초기화 함수에서 정해진 Step 으로 최종 목표가 될 때까지 증가 또는 감소시키게 된다.

따라서, PROFILE_NextProfile() 함수를 주기적으로 호출하여 계산된 현재 Profile 값을 읽어 모터를 구동하면 된다.

Profile.c

```
/* 프로파일 정지 함수 */
void PROFILE_Stop(_MOTOR_PROFILE *profile)
{
  profile->state = EM_PROFILE_STOP;
  profile->cur_profile = 0;
  profile->target = 0;
}
/*
* 정해진 주기로 다음 위치 계산
*/
_EM_PROFILE_STATE PROFILE_NextProfile(_MOTOR_PROFILE *profile, double *cur_profile)
{
  /* 목표에 도달했다면 정지 */
  if(profile->cur_profile == profile->target)
  {
    profile->state = EM_PROFILE_STOP;
    *cur_profile = profile->cur_profile;
    return profile->state;
```

```
        }

    /* 프로파일 증가 또는 감소 */
    if(profile->cur_profile <= profile->target)
    {
      profile->state = EM_PROFILE_ACCELERATION;
      profile->cur_profile += profile->profile_step;
      if(profile->cur_profile > profile->target)  profile->cur_profile = profile->target;
    } else {
      profile->state = EM_PROFILE_DECELERATION;
      profile->cur_profile -= profile->profile_step;
      if(profile->cur_profile < profile->target)  profile->cur_profile = profile->target;
    }

    if(profile->cur_profile >= 0) /* CW */
    {
      profile->state = profile->cur_profile <= profile->target ?
          EM_PROFILE_ACCELERATION:EM_PROFILE_DECELERATION;
    } else {
      profile->state = profile->cur_profile >= profile->target ?
          EM_PROFILE_ACCELERATION:EM_PROFILE_DECELERATION;
    }

    *cur_profile = profile->cur_profile;
    return profile->state;
}

void PROFILE_SetTarget(_MOTOR_PROFILE *profile, double target)
{
    profile->target = target;
}
```

ㄷ. dc_motor_speed.c 수정

dc_motor_speed.c 에서는 아래와 같이 주기적으로 Profile 함수를 호출하기 위하여 프로파일 Timer Callback 함수를 선언하였고, 아래와 같이 수정하였다.

dc_motor_speed.h

```
#include "profile.h"

typedef struct
{
...
_MOTOR_PROFILE PROFILE; /* 추가 */
```

```
}_S_DC_MOTOR;

/* 프로파일 함수 */
void S_DCMOTOR_SetProfileRPM(_S_DC_MOTOR *dcMotor, double targetRPM);
void S_DCMOTOR_PROFILE_TMR_CALLBACK(_S_DC_MOTOR *dcMotor);
```

dc_motor_speed.c 파일에는 아래 함수를 추가한다.

dc_motor_speed.c

```
void S_DCMOTOR_PROFILE_TMR_CALLBACK(_S_DC_MOTOR *dcMotor)
{
  double targetRPM;

  if(!dcMotor->PROFILE.run) return;
  /* 다음 프로파일을 계산한 후 targetRPM 변수로 계산된 프로파일을 얻어옴 */
  if(PROFILE_NextProfile(&dcMotor->PROFILE, &targetRPM) == EM_PROFILE_STOP) {
    return;
  }
  /* 프로파일 속도로 구동 */
  S_dcmotor_SpeedRun(dcMotor, targetRPM);
}

 /* 목표하는 프로파일 속도 설정 */
void S_DCMOTOR_SetProfileRPM(_S_DC_MOTOR *dcMotor, int16_t targetRPM)
{
  if(targetRPM > 0) {
    dcMotor->emMotorDirection = EM_SMOTOR_DIRECTION_CW;
  } else if(targetSpeed < 0){
    dcMotor->emMotorDirection = EM_SMOTOR_DIRECTION_CCW;
  }
  PROFILE_SetTarget(&dcMotor->PROFILE, targetRPM);
  dcMotor-> targetRPM = targetRPM;
  dcMotor->PROFILE.run = 1;
}
```

ㄹ. main.c 수정

위에서 작성된 프로파일을 사용하기 위하여 프로파일 초기화는 아래와 같이 구현하였다.

main.c

```
main()
{
....
```

```
/*
* 프로파일 초기화 예
*/
double intervalSec = 0.001;     /* 프로파일 호출 주기 */
double maxTorque = 40.2e-3;  /* 최대 토크 */
double constTorque = 0.0294f; /* 등속 토크 */
double loadMoment = 7.5e-5;  /*부하 관성 모멘트*/
double maxAlpha = (maxTorque - constTorque)/loadMoment;  /* 최대 가속도 계산 */
/*
* 한 주기 당 증가 또는 감소되어야 하는 속도 변화량 계산
* alpha = omegaStep/intervalSec -> omegaStep = alpha * intervalSec
*/
double omegaStep = maxAlpha*intervalSec;

double maxRPM = 2550;
double maxTarget = maxRPM;

/*
* RPM to omega
* 1 rad/sec = 60/2pi rpm
*/
double profile_step = (omegaStep * 60 / (2 * M_PI)) / maxRPM * maxTarget;
PROFILE_Init(&DC_Motor1.PROFILE, profile_step);
...
}
```

intervalSec 변수는 가속/감속 주기 간격인 초를 의미하고, maxTorque 변수는 모터의 최대 토크로 두기로 한다.

intervalSec 주기 시간마다 PROFILE_NextProfile() 함수를 호출하여 속도를 가속 또는 감속하기 위한 주기를 위해, DC 모터에서 보았던 M 방식의 Encoding 방식을 사용하고, M 방식에서 사용한 타이머의 1ms 완료 시점을 프로파일의 간격 intervalSec 으로 함께 사용하기로 한다. 이렇게 해서 다른 타이머의 사용없이 Profile 을 사용할 수 있다.

const_Torque 는 시스템이 등속 운동에서 필요한 토크이며, loadMoment 는 관성 모멘트로 모터 선정 과정에서 계산에 대해 살펴본 바 있다.

이 코드의 목표는 이 변수들과 위에서 보았던 수식들을 이용하여 최종 감속/가속을 하는 각속도 증가 Step 을 계산하고 이를 PROFILE_Init() 함수를 통해 넘겨주는 것이다.

또한, 안전 계수는 보통 1.5 이상의 2 ~ 3 배를 주지만 여기서는 1.0 으로 하기로 한다.

ㅁ. Profile 호출

아래와 같이 타이머 콜백 함수에서는 ENCODER 와 Profile 을 위한 함수를 호출한다.

버튼을 한번 누르면 회전 속도를 0 에서 1023 으로 설정하고, 다시 누르면 -1023, 다시 누르면 0 으로 속도가 가변하도록 구현해 보았다.

```
main.c
void HAL_TIM_PeriodElapsedCallback(TIM_HandleTypeDef *htim)
{
  if(htim->Instance == TIM4) {
    /* 엔코더 콜백 함수 호출*/
    ENCODER_TMR_ISR(&Encoder1);
    /* 프로파일 콜백 함수 호출*/
    S_DCMOTOR_PROFILE_TMR_CALLBACK(&DC_Motor1);
  }
}

int main(void)
{
  uint8_t motorMode = 0;
  ....
   /* 앞에서 본 프로파일 초기화*/
   ....
  PROFILE_Init(&DC_Motor1.PROFILE, profile_step);
  ....
  /* 타이머 시작 */
  HAL_TIM_Base_Start_IT(&htim4);

  while (1)
  {
    /* 엔코더 정보 표시 */
    ENCODER_PrintRPM();
    if(USER_BtnCheckClick() == 0) continue;
    /* 버튼을 누르면 모드 증가 */
    motorMode++;
    if(motorMode > 3) {
        motorMode = 0;
    }

    switch(motorMode)
  {
      case 1:
        S_DCMOTOR_SetProfileRPM(&DC_Motor1, 1023);
        break;
      case 2:
        S_DCMOTOR_SetProfileRPM (&DC_Motor1, 0);
        break;
      case 3:
        S_DCMOTOR_SetProfileRPM (&DC_Motor1, -1023);
```

```
        break;
    default:
        S_DCMOTOR_SetProfileRPM (&DC_Motor1, 0);
        break;
    }
  }
}
```

아래는 위 코드의 테스트 결과이다.

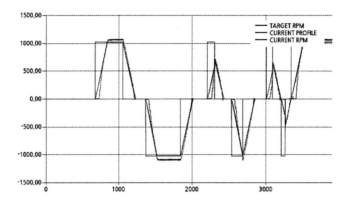

 앞서 원했던 것과 같이 계단 입력 명령이 경사 신호 모양으로 변형되어 실제 플랜트에 입력되는 것을 볼 수 있으며, 동작에서는 감성적으로도 회전이 부드럽게 출발하고 정지하는 것을 느낄 수 있다.

3. 주파수 응답 측정 방법

앞서 플랜트의 이해와 설계를 위한 모델링에 대해 살펴봤는데, 모델링에 들어가는 각 계수들의 값을 알 수 있다면, MATLAB/OCTAVE 등의 소프트웨어를 이용하여 시간 영역과 주파수 영역에서의 시뮬레이션을 해볼 수 있다.

이런 과정을 통해 플랜트가 설계되고 구현되었다면, 실제 시스템에서 응답을 통해 성능이 맞게 나오는지 검증해야 할 것이다.

시간 영역에서의 검증은 계단 응답에 의한 정착 시간, 상승 시간, 정상상태 오차, 오버슈트, 링잉 등의 측정을 통해 비교적 쉽게 할 수 있다.

주파수 영역에서의 검증은 주파수 응답을 측정해야 하며, DC 이득, 대역폭, 위상 지연 등을 확인해야 한다.

특히, PID 제어기와 같은 폐루프(Closed Loop) 구성에서 루프 전달함수에 대한 주파수 응답을 구한 후 위상 여유와 이득 여유를 확인하여 안정성을 검사하는 작업은 매우 중요한데, 이에 대해서는 PID 제어기 편에서 살펴보도록 한다.

이런 주파수 응답을 측정하는 방법에는 입력 신호에 전압 신호를 생성하고, 응답 전압을 취득하여 보드선도를 그려주는 DSA(동적 신호 분석기, Dynamic Signal Analyzer)라는 장비를 이용할 수 있다. 이 DSA 장비는 다양한 신호의 주파수 특성을 분석하는데 사용되는 계측 장비로, 주파수 분석, 필터링 등 복잡한 신호 분석에 사용된다.

하지만, 입/출력 신호가 전압 신호가 아닌 경우 전압 신호로 변환하는 변환기가 필요하다는 점과 장비가 비교적 고가라는 단점을 가진다.

이런 이유로, 이 장에서는 앞서 구현한 플랜트에 대해 직접 주파수 응답을 측정하는 디지털 구현 방법에 대해 살펴보기로 한다.

3.1. 주파수 응답 측정 순서와 기초 이론 요약

주파수 응답의 측정 순서와 기초 이론 편에서 살펴본 이론들에 대해 정리를 해보도록 한다.

주파수 응답 곡선인 보드선도를 얻기 위하여 시스템 임펄스 응답의 라플라스 변환인 전달함수를 통해 손으로 그리는 방법과 MATLAB/OCTAVE 를 통해 그리는 방법은 많이 살펴봤고, 여기에서는 직접 시스템에 입력을 주고 그 응답으로 보드선도를 그리는 방법을 살펴볼 것이다.

아래와 같은 시스템 구성으로 주파수 응답을 확인할 수 있다.

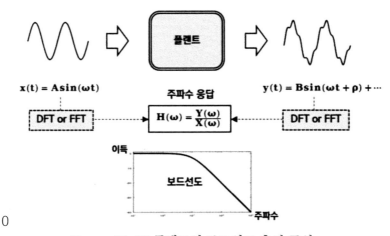

Figure III-88 플랜트의 보드선도 측정 구성

위의 그림과 같이 입력 신호 x(t)를 주고 응답으로 나오는 y(t)를 관찰하는 것이다.
이론 편에서 살펴보았던 것처럼 임의의 주파수 ω_1 에 대한 주파수 응답을 구하고 싶다면, 입력 신호 x(t)에서 ω_1 에 대한 주파수 성분 $X(\omega_1)$를 측정하고, 출력 신호 y(t)에서 ω_1 에 대한 주파수 성분 $Y(\omega_1)$를 측정하여 출력/입력으로 나누면 된다.

가. 입력과 출력을 정의한다.

주파수 응답을 측정하기 위하여 입력과 출력을 정해야 하는데, 여기에서는 앞서 구현한 플랜트인 속도 구동기에 RPM 명령을 입력으로 주고, 엔코더 센서를 통해 출력되는 속도 정보를 출력으로 두어 주파수 응답 측정을 직접 구현하여 보도록 한다.

나. 입력 신호를 전달한다.

입력 신호 x(t)는 다른 신호를 사용할 수도 있지만, 찾고자 하는 주파수의 정현파를 사용하는 것이 출력 응답에 이 주파수가 주성분이 되어 특성을 잘 보이기 때문에 정현파 신호를 사용하는 것이 일반적이다.

따라서, 신호 x(t)에는 측정하려는 주파수 성분에 해당하는 주파수의 정현파 x[t] = A × sin(2πft) 신호를 입력한다. 여기에서 A 는 신호의 크기를 의미하며, 시스템 특성에 따라 임의로 정하면 된다.

예를 들어, 일정 주기 T_s 마다 x(nTs) 즉, n 을 증가시키며 x[n] = A × sin(2πf(nTs)) 데이터를 전달하는 것이다.

다. 출력 신호를 측정한다.

센서를 이용하여 출력되는 신호를 일정 주기마다 측정하는데, 여기서는 엔코더 센서를 이용한 속도 출력이 된다. 이 데이터가 y[n] 데이터가 된다.

라. 입력과 출력의 주파수 성분을 검출한다.

입력 신호 x[n]과 출력 신호 y[n] 각각에 대해 측정하려 했던 주파수 성분 X(ω), Y(ω)를 계산한다.

이때 제한된 샘플링 수 N 개의 이산 데이터에 대해 주파수 성분 $X(\omega_1)$, $Y(\omega_1)$을 찾는 도구로 DFT 또는 FFT 가 있다는 것을 기초 이론 편에서 살펴보았었다.

일반적으로 FFT 가 빠르다고 알려져 있지만, 주파수 응답 측정의 경우에는 단일 주파수 ω_1 에 대한 주파수 성분만 찾으면 되므로, DFT 가 상대적으로 더 빠른 성능을 보일 수 있다. 따라서, 여기에서는 이 DFT 를 사용하여 구현해 보도록 할 것이다. 물론, FFT 로 구현해도 된다.

DFT 수식은 아래와 같다.

$$X[k] = \sum_{n=0}^{N-1} x[n]e^{-j\frac{2\pi k}{N}n} = \sum_{n=0}^{N-1} x[n]\left(\cos\left(\frac{2\pi k}{N}n\right) - j\sin\left(\frac{2\pi k}{N}n\right)\right)$$

(k: 주파수 번호, N: 샘플 데이터 개수, n: 샘플 데이터 번호)

X[k]는 k 번째 주파수 성분으로 복소수로 표시되며, 크기와 위상 정보를 가진다.

이때, k 번째 주파수 성분의 아날로그 주파수 f_k 는 데이터의 샘플링 주파수 f_s 로 계산되며 아래와 같다.

$$f_k = k \times \frac{f_s}{N}$$

이 DFT 의 결과로 신호의 크기와 위상을 구하면 되는데, DFT 편에서 본 것과 같이 실제 신호의 크기로 변환하기 위해서는 켤레 복소수가 없는 경우에는 1/N 으로 곱하고, 켤레 복소수가 있는 경우에는 2/N 으로 곱해 주어야 하지만, 아래에서 보듯이 Y(ω)/X(ω)의 나누기이므로, 서로 상쇄되기 때문에 DFT 결과를 그냥 사용할 수도 있다.

마. 이득과 위상을 계산한다.

위에서 구한 주파수 성분 X(ω), Y(ω)으로 이득과 위상 지연을 아래와 같이 계산한다.

$$Gain(dB) = 20\log10\left(\frac{\text{출력 신호의 크기}}{\text{입력 신호의 크기}}\right) = 20\log10\left(\frac{|Y(\omega)|}{|X(\omega)|}\right)$$

$$Phase(degrees) = \text{출력 신호의 위상} - \text{입력 신호의 위상} = \arg(Y(\omega)) - \arg(X(\omega))$$

바. 보드선도를 그린다.

주파수 별로 위의 과정들을 반복하여 이득과 위상을 측정한 후 보드선도에 각각의 주파수에 대한 이득 곡선과 위상 곡선을 그린다.

3.2. 주파수 응답 측정 코드의 구현

위에서 본 순서대로 앞서 구성한 플랜트를 아래와 같은 구조로 임의의 신호를 주어 나오는 출력을 보고 주파수 응답을 구현할 수 있다.

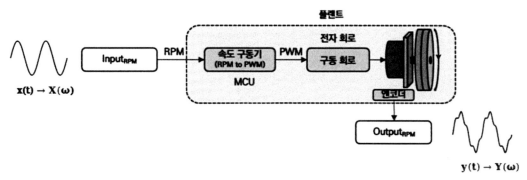

Figure III-89 플랜트의 주파수 응답 측정 방법

위 구성에서 입력 x(t)는 측정하고자 하는 주파수를 가진 정현파이고, 출력 y(t)는 엔코더의 RPM 출력이다.

이 출력 정현파의 주성분은 입력으로 준 신호의 주파수이지만, 비선형성 또는 노이즈 등의 이유로 다른 주파수의 신호도 섞여 있게 되므로, 해당 주파수 성분만 검출하는 것이다.

> ### 측정 주파수 선정 함수

주파수의 선정은 측정하고자 하는 주파수의 구간을 균등하게 나누어 해당 주파수들을 측정할 수도 있고, 저주파 영역을 좀 더 세밀히 관찰할 수 있도록 로그 스케일로 분할하여 저주파 구역은 좀 더 세밀하게 측정하고, 고주파는 좀 덜 세밀하게 측정하도록 할 수도 있다.

여기에서는 아래와 같이 1Hz ~ 200Hz 까지의 범위를 로그 스케일로 20 분할하여 측정하기로 한다.

FRA 구조체와 로그 스케일 분할 함수

```
#define FRA_NUM_POINTS 20 /* 로그 스케일 분할 개수 */
/*
* FRA 측정 정보
*/
```

```
typedef struct {
        uint16_t Period_N;
        uint16_t Amplitude;
        uint16_t Offset;

        double startFrequency;
        double endFrequency;
        /* 로그 스케일 주파수 배열 */
        double logFrequency[FRA_NUM_POINTS];
}_FRA_Info;
_FRA_Info FraInfo;
/*
* FRA 측정 주파수 구역을 로그 스케일로 분할한다.
*/
void makeLogFrequency()
{
    /* 로그 스케일 분할 */
    for (int i = 0; i < FRA_NUM_POINTS; i++)
    {
        double ratio = (double)i / (double)(FRA_NUM_POINTS - 1);
        FraInfo.logFrequency[i] = FraInfo.startFrequency * pow((FraInfo.endFrequency /
FraInfo.startFrequency), ratio);
    }

    /* 로그 스케일 주파수 출력 */
    for (int i = 0; i < FRA_NUM_POINTS; i++) {
        printf("%.2f Hz\n", FraInfo.logFrequency[i]);
    }
}
```

측정 주파수에 근접하는 조건 검색 함수

측정하고자 하는 주파수에 근접하는 조건을 찾아야 한다.

$$f_k = k \times \frac{f_s}{N}$$

수식에서 보이는 것처럼 DFT 를 통한 정수 k 번째 주파수는 샘플수 N 과 샘플링 주파수 f_s 의 관계로 정해지는데, N 은 정수이고 샘플링 주파수 f_s 는 MCU 클럭 속도 등에 의해 해상도가 제한되므로 정확히 원하는 주파수에 맞추기 힘들다.

따라서, 최대한 근접하는 조건을 찾아야 하는데, 여기서는 k = 1 로 고정하기로 하기로 하고, 엔코더 샘플링 주기인 1ms 이상 ~ 10ms 이하에서 100us 단위로 증가시켜가며 근접한 샘플링 주기 $1/f_s$ 를 선택하고, 샘플링 개수 N 은 최소 2 주기가 될 수 있도록 4 ~ 최대 200 개 범위 내에서 원하는 주파수에 가장 근접한 조건을 찾도록 구현할 것이다.

시간은 오래 걸리지만, 가장 간단한 방법은 아래와 같이 모든 조건을 계산하여 오차가 가장 작은 조건을 찾는 것이다.

근접 주파수 검색 함수

```c
typedef struct {
        int16_t totalSampleN;
        double samplingT;
        double measureFreq;  /* 근접 주파수*/
}_BEST_N_F;
/*
*오차가 가장 작은 근접 주파수 조건 sampingT 와 N 을 찾는 함수
*/
_BEST_N_F findBest_N_F(double targetFreqeuncy)
{
  _BEST_N_F fraBestN_F;
  double min_diff = 1e+6;
  /* 최소 오차 조건을 찾는다. */
  for (int totalSampleN = 4; totalSampleN < 200; totalSampleN++)
  {
    for (double samplingT = 10e-6; samplingT <= 10e-3; samplingT += 10e-6)
    {
      double frequency = 1.0f / (double)totalSampleN * 1.0f/samplingT; /*k = 1*/
      double diff = fabs(frequency - targetFreqeuncy);
      if (diff < min_diff) {
        fraBestN_F.totalSampleN = totalSampleN;
        fraBestN_F.samplingT = samplingT;
        fraBestN_F.measureFreq = frequency;
        min_diff = diff;
      }
    }
  }

  return fraBestN_F;
}
```

주파수 응답 구현 함수

아래와 같이 앞에서 본 내용대로 DFT 를 이용하여 구현해 보았다.
내용은 찾아진 가장 근사한 주파수의 Sine 파형을 플랜트에 입력 신호로 주고, 출력되는 엔코더 응답에 대해 DFT 를 수행하는 것이다.
여기에서 Sampling100usTmrFlag 변수는 100us 타이머에서 계속 증가시키도록 구현하도록 한다.

주파수 응답 구현 함수

```
_FREUQNCY_RESPONSE FRA_GetResponse(double measureFrequency)
{
    uint16_t sampleN, periodCount;
    _COMPLEX in, out;
    double abs_in, abs_out;
    double cos_v, sin_v;
    double curSP, curPV;
    uint32_t count_100us;
    _FREUQNCY_RESPONSE responseXW = {0.0f, 0.0f};

    /* 근접 주파수 검색 */
    _BEST_N_F bestTarget = findBest_N_F(measureFrequency);

    if(bestTarget.totalSampleN < 2) {
        return responseXW;
    }
    /* 샘플링 주기*/
    count_100us = (uint32_t)(bestTarget.samplingT/100e-6);
     /* 출력할 정현파의 각 주파수 */
    double omega = 2e0 * M_PI / (double)bestTarget.totalSampleN; /*k = 1*/

    /* 복소수 변수 초기화 */
    in.Real = in.Imag = 0;
    out.Real = out.Imag = 0;
    /* 초기 위치 */
    curSP = FraInfo.Offset;

    for(periodCount = 0; periodCount < FraInfo.Period_N; periodCount++)
    {
        sampleN = 0;
        while(1)
        {
            /*
             * 근사한 주파수에 맞게 선택된 샘플링 주기 대기
             */
            if(Sampling100usTmrFlag < count_100us) continue;
            Sampling10usTmrFlag = 0;
```

```
                /* 정현파 계산 후 모터 출력 */
                curSP = FraInfo.Amplitude * sin(omega*sampleN) + FraInfo.Offset;
                S_DCMOTOR_SetRPM(&DC_Motor1, curSP);
                /* 엔코더 출력 측정 */
                curPV = ENCODER_GetRPM(&Encoder1);

                /*
                * DFT 계산
                 * DFT : X(w) = SUM[x(t) * cos(2pikn/N) - jx(t)sin(2pikn/N)]
                 * k = 1 로 고정., : 실수부, 허수부 각각 계산 후 합산
                 */
                cos_v = cos(omega*sampleN);  sin_v = sin(omega*sampleN);
                in.Real += curSP * cos_v;
                in.Imag -= curSP * sin_v;

                out.Real += curPV * cos_v;
                out.Imag -= curPV * sin_v;

                if(++sampleN >= bestTarget.totalSampleN) break;
            }
        }

        /* 측정된 주파수 정보 */
        responseXW.Frequency = bestTarget.measureFreq;

        /* 입/출력 신호의 크기 계산 */
        abs_in = sqrt(in.Real*in.Real + in.Imag*in.Imag) * 2.0f/(double)(bestTarget.totalSampleN *
FraInfo.Period_N);
        abs_out = sqrt(out.Real*out.Real + out.Imag*out.Imag) * 2.0f/(double)(bestTarget.totalSampleN
* FraInfo.Period_N);

        /* 이득 계산 = 출력 크기/입력 크기 */
        responseXW.Gain = 20*log10(abs_out/abs_in);
        /* 위상 계산 : 출력 위상 - 입력 위상*/
        responseXW.Phase = 180.0f/M_PI * (atan2(out.Imag, out.Real) - atan2(in.Imag, in.Real));
        if(responseXW.Phase > 0) responseXW.Phase -= 360.0f;

        return responseXW;
    }
```

사실, 이미 해당 주파수의 정현파 입력 신호의 크기와 위상을 알고 있는 상태이기 때문에, 입력 신호에 대한 DFT 는 필요없을 수 있지만, 다른 신호의 가능성을 생각해 구현해 놓았다.

> ## 주파수 응답 호출 함수

　아래와 같이 위에서 만든 함수를 호출하여 주파수 응답을 구한다. 여기에서는 1Hz ~ 200Hz 까지의 범위를 로그 스케일로 20 분할하여 측정하도록 구현한 것으로, 이 함수를 호출하면 주파수 응답을 구할 수 있다.
　또한, 플랜트의 모든 구간이 선형한 것이 아니기 때문에, 주파수 응답을 측정할 구간을 정해야 하는데, 여기에서는 1500RPM 기준으로 500RPM 의 크기를 가지는 정현파로 측정하도록 한다.

FRA 함수

```
void FRA_Measure(double samplingPeriod)
{
    int i;
    _FREUQNCY_RESPONSE responseXW;

    /* fra 측정 정보 */
    FraInfo.Period_N = 10;    /* 10 periods */
    FraInfo.Offset = 1500;
    FraInfo.Amplitude = 500; /* 500 * sin(wt) + 1500; */
    FraInfo.startFrequency = 1;
    FraInfo.endFrequency = 200;

    /* 측정할 주파수 구간을 로그 스케일 분할 */
    makeLogFrequency();

    /* 모터 초기 속도 설정 및 안정화 대기*/
    S_DCMOTOR_SetRPM(&DC_Motor1, FraInfo.Offset);
    HAL_Delay(100);

    /* 각각의 주파수 응답 측정*/
    for(i = 0; i < FRA_NUM_POINTS; i++)
    {
        responseXW = FRA_GetResponse(FraInfo.logFrequency[i]);
        printf("%f, %f, %f\r\n", responseXW.Frequency, responseXW.Gain, responseXW.Phase);
    }
    S_DCMOTOR_SetRPM(&DC_Motor1, 0.0f);
}
```

　앞서 구성한 모터 플랜트에 대해 위에서 구현한 주파수 응답 코드를 실행한 결과는 아래와 같다.

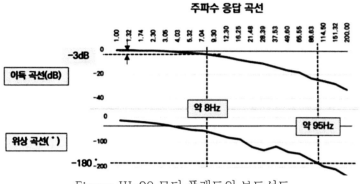

Figure III-90 모터 플랜트의 보드선도

대역폭은 약 8Hz 정도이며, 위상 지연이 -90° 이상이므로 2 차 이상의 시스템임을 유추해 볼 수 있다.

이제 플랜트의 주파수 응답 곡선인 보드선도를 모델링한 전달함수 없이도 얻을 수 있게 되었으며, 이를 통해 전달함수를 근사하여 시뮬레이션을 해보거나, 폐루프(Closed Loop) 제어기를 구성했다면 제어기를 포함하여 루프 전달함수의 주파수 응답을 구해 안정성을 판단해 볼 수 있다.

이에 대해서는 PID 제어기의 주파수 응답 곡선 취득 편에서 살펴보도록 한다.

4. 전달함수 추정 방법

기초 이론 편과 DC 모터 편에서 시스템의 모델링을 통해 전달함수를 구하는 방법을 살펴보았었다.

물론, 시스템의 정확한 모델링으로 전달함수를 도출하고 이를 통해 제어기를 설계하고 여러 상황에 대해 시뮬레이션하는 것이 가장 좋은 방법이겠지만, 플랜트를 정확한 매개변수로 모델링하기란 무척 어려운 일이다.

예를 들어, 액츄에이터인 DC 모터의 경우 앞서 모델링한 전달함수 $H(s) = \frac{\omega(s)}{V_{in}(s)} = \frac{K_T}{(L_a s + R_a)(J s + C) + K_T K_E}$ 를 사용할 수 있다. 하지만, 이 전달함수에 포함된 코일의 인덕턴스, 관성 모멘트, 마찰 계수, 토크 상수, 역기전력 상수 등의 특성치를 모터 제조업체에 문의하더라도 구할 수 없는 경우가 많기도 하고, 소자 오차 및 환경에 따른 특성 변화 등도 고려해야 한다. 이런 경우 실험을 통해 매개변수들의 값들을 추정하기도 한다.

특히, 앞서 구성한 플랜트의 경우 브러쉬 DC 모터뿐 아니라 구동 회로도 포함하고 있기 때문에, 플랜트에 대해 정확하게 모델링하는 것은 더 힘들 수 있다.

하지만, 제어기의 설계나 새로운 제어 알고리즘을 설계하는 등의 시뮬레이션 작업을 하자면 전달함수가 필요한데, 여기에서는 모델링을 통한 방법이 아니라 주어진 시스템에 실제 제어 신호를 주고 그로부터 나오는 응답을 분석하여 거꾸로 전달함수를 추정하는 방법에 대해 알아본다.

물론, 실제 모터와 같은 액츄에이터를 직접 설계해야 하는 경우라면, 모터 자체의 모델링과 시뮬레이션을 통해 모든 파라미터들의 값을 결정하고, 모터의 구성 부품들을 선정하는 작업이 필요할 수도 있겠지만, 제어기 설계에서 상용 모터를 사용하는 경우라면 추정된 전달함수를 사용하는 것만으로도 충분할 수 있다. 이 선택은 시간과 정성을 들여 정확한 모델링을 할 필요가 있는 시스템인가를 고려하여 결정할 수 있다.

이런 전달함수의 추정은 시간 영역과 주파수 영역에서 모두 가능한데, 일반적으로 기초 이론 편에서 봤던 1 차 표준 시스템 또는 2 차 표준 시스템으로 근사 추정함으로써 해당 수식들로 해석에 사용한다.

시간 영역에서의 전달함수 추정은 노이즈 잡음 등에 의한 측정 오차뿐 아니라, 과제동 시스템과 임계 시스템의 경우 진동이 없어 판별하기 어려운 경우가 많고, 주파수 영역의 전달함수 추정 역시 주파수 응답 측정 오차가 문제가 되는데, 특히 DC 이득과 공진점 크기의 측정 오차에 의해 추정된 전달함수의 정확도가 저하되는 경우가 많다.

따라서, 이 장에서 보게 될 시간 영역과 주파수 영역에서의 추정 방식들을 함께 사용하여 가장 근사한 전달함수로 추정하는 것이 좋다.

4.1. 시간 영역에서의 추정 방법

시간 영역에서 전달함수를 추정하는 방법은 시스템에 계단 신호를 주고, 이에 대해 나오는 계단 응답을 관찰하고 분석하여 표준 전달함수로 추정하는 방식이다. 이때 노이즈 등에 의한 측정 오차에 대한 대응으로 여러 번 측정하여 평균을 한 응답으로 추정하는 것이 좋다.

4.1.1. 1 차 표준 전달함수 추정

계단 응답에 링잉이 없는 시스템은 1 차 전달함수로 추정해 볼 수 있다.

가. 1 차 표준 전달함수 추정

1 차 표준 전달함수의 수식은 아래와 같다.

$$H(s) = K \times \frac{1}{\tau s + 1}$$

여기서 τ(타우)는 시정수이며, 정상상태 응답의 63.2%에 도달하기까지의 시간(초)이고, K 는 DC 이득이다. 혹은, 99.3%의 정착 시간은 5τ(타우)이므로, 정착 시간에서 시정수를 유추 해도 된다.

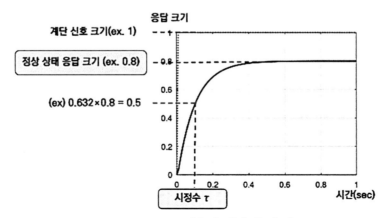

Figure III-91 시스템 계단 응답 예

위 계단 응답 그림은 시스템에 크기 1 의 단위 계단 신호를 입력으로 주었을 때 정상상태에서의 출력 응답 크기가 0.8 인 경우이다.

따라서, DC 이득은 아래와 같다.

$$K = \frac{\text{응답 크기}}{\text{입력 크기}} = \frac{0.8}{1} = 0.8$$

또한, 시정수 τ 는 정상상태 응답 0.8 의 63.2%인 0.5 까지의 도달 시간이 0.1 초이므로, 위 계단 응답의 전달함수는 아래와 같이 추정해 볼 수 있다.

$$H(s) = 0.8 \times \frac{1}{0.1s + 1} = \frac{8}{s + 10}$$

나. 지연이 있는 1 차 표준 전달함수

계단 응답에 지연이 있는 경우도 많은데, 시간 T_d 지연에 해당하는 라플라스 식은 e^{-sT_d} 이며, 이 지연이 직렬로 연결된 전달함수는 아래와 같다.

$$H(s) = K \times \frac{1}{\tau s + 1} \times e^{-sT_d}$$

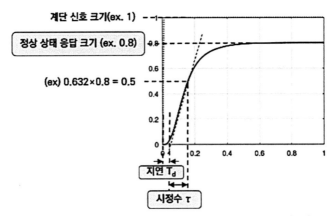

Figure III-92 지연이 있는 시스템 계단 응답 예

위의 계단 응답에 대한 전달함수를 추정해보면, 시정수 0.1 초, DC 이득 0.8 로 위에서 본 것과 동일하고, 지연 T_d 는 0.05 초이므로, 전달함수는 아래와 같이 추정될 수 있다.

$$H(s) = \frac{8}{s + 10} \times e^{-0.05s}$$

☞ 라플라스 지연의 근사

위 전달함수에서 라플라스 지연의 지수 함수가 해석을 어렵게 하기 때문에, 아래와 같이 지수 함수를 근사하여 많이 사용된다. 지수 함수는 테일러 급수에 의해 아래와 같이 근사 가능하다.

$$e^x \approx 1 + x + \frac{x^2}{2!} + \cdots$$

x 가 0 에 가까울 때는 위의 지수 근사식에서 1 차 또는 2 차로 절단하여 근사한다. 따라서, 2 차 절단으로 근사할 때는 $e^{-sT_d} \approx 1 - sT_d + \frac{(-sT_d)^2}{2}$로 근사 가능하지만, 일반적으로 극점의 형태로 되도록 아래와 같이 근사하여 시스템을 해석한다.

$$e^{-sT_d} \approx \frac{1}{e^{sT_d}} = \frac{1}{1 + sT_d + \frac{(sT_d)^2}{2}}$$

이렇게 근사된 지연 수식으로 MATLAB/OCTAVE 를 이용하여 전달함수를 해석할 수 있다.

4.1.2. 2차 표준 전달함수 추정

2차 시스템의 과제동 또는 임계 제동 시스템의 경우 계단 응답에 링잉이 없기 때문에 1차 시스템과 응답이 비슷하여 시간 영역에서 구분하기 어렵다.

이런 이유로 시간 영역에서는 계단 응답에 링잉이 있는 시스템에 대해서만 2차 부족제동 시스템으로 전달함수를 추정하는 경우가 많다.

아래는 2차 표준 전달함수 편에서 본 수식들이며, 이를 통해 추정 가능하다.

$$H(s) = K \frac{\omega_n^2}{s^2 + 2\zeta\omega_n s + \omega_n^2}$$

K 는 DC 이득이며, 지연이 있는 경우에는 앞에서 본 것과 마찬가지로 지연에 해당하는 $e^{-sT_{delay}}$를 곱해주면 된다.

항목	수식
감쇠 공진 주파수 (Damped Resonant Frequency) (진동 주파수)	$\omega_d = \omega_n\sqrt{1-\zeta^2}$
퍼센트 오버슈트 (Percent Overshoot)	$\%M_P = e^{-\frac{\pi\zeta}{\sqrt{1-\zeta^2}}} \times 100$

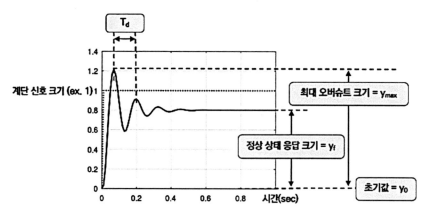

Figure III-93 링잉이 있는 계단 응답

① DC 이득 K 를 구한다.

$$K = \frac{y_f}{\text{입력 계단 신호 크기}}$$

위 예의 경우 DC 이득은 0.8 이다.

② 아래와 같이 오버슈트 공식에서 감쇠비 ζ 를 구할 수 있다.

$$M_P = \frac{y_{max} - y_f}{y_f - y_0} = e^{-\frac{\pi\zeta}{\sqrt{1-\zeta^2}}} \rightarrow \therefore \zeta = \sqrt{\frac{\ln^2 M_p}{\ln^2 M_p + \pi^2}}$$

M_P 는 오버슈트로 %M_P/100, y_{max} 는 최대 오버슈트 크기, y_f 는 정상상태 크기, y_0 는 초기값이다.

위 예의 예의 경우 y_{max} = 1.23, y_0 = 0, y_f = 0.8 이므로 아래와 같이 구해질 수 있다.

$$M_P = \frac{y_{max} - y_f}{y_f - y_0} = \frac{1.23 - 0.8}{0.8 - 0} = 0.5375$$

$$\zeta = \sqrt{\frac{\ln^2 M_p}{\ln^2 M_p + \pi^2}} = \sqrt{\frac{\ln^2 0.5375}{\ln^2 0.5375 + \pi^2}} = 0.1939$$

③ 고유 공진 주파수 ω_n을 구한다.

$$\omega_d = \frac{2\pi}{T_d} = \omega_n\sqrt{1 - \zeta^2} \rightarrow \therefore \omega_n = \frac{2\pi}{T_d} \times \frac{1}{\sqrt{1 - \zeta^2}}$$

위 예의 경우 T_d = 0.15 초 이므로, 고유 공진 주파수(Natural Resonant Frequency)는 아래와 같다.

$$\omega_n = \frac{2\pi}{T_d} \times \frac{1}{\sqrt{1 - \zeta^2}} = \frac{2\pi}{0.15} \times \frac{1}{\sqrt{1 - 0.1939^2}} = 43.698$$

위에서 구한 값들을 2 차 표준 시스템 전달함수 식에 적용하여 아래와 같이 근사 추정할 수 있다.

$$H(s) = K\frac{\omega_n^2}{s^2 + 2\zeta\omega_n s + \omega_n^2} = \frac{1458}{s^2 + 16.56s + 1823}$$

4.2. 주파수 영역에서의 추정 방법

주파수 영역에서의 추정 방법은 앞서 주파수 응답 측정 방법 편에서 본 것처럼 주파수 응답 곡선인 보드선도를 구할 수 있도록 구현되어야 한다.
또한, 주파수 응답의 측정 오차에 대한 대응으로 여러 번 측정하여 평균이 되는 보드선도를 사용하는 것이 정확도를 조금 더 올릴 수 있는 방법이다.

일반적으로 아래에서 같이 2 차 이하의 시스템으로 추정하는데, 2 차 이상의 시스템으로 추정하고 싶은 경우에는 다음 장에서 보게 될 2 차 과제동/임계제동 시스템 추정과 같은 방식으로 코너 주파수들을 조합해서 전달함수를 추정할 수도 있다.

4.2.1. 1 차 표준 전달함수 추정

보드선도에 공진점이 없고, 이득이 -20dB/decade 로 감쇠하는 경우에는 1 차 전달함수로 추정할 수 있다.

$$H(s) = K \times \frac{\omega_c}{s + \omega_c}$$

여기에서 K 는 DC 이득이고, ω_c 는 차단 주파수(rad/sec)이다.

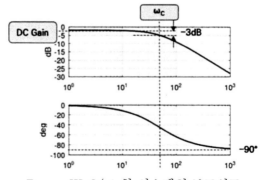

Figure III-94 1 차 시스템의 보드선도

만일, 단위가 dB 인 경우 아래와 같이 정수로 변환하면 된다.

$$\mathrm{DC_{Gain}(dB)} = 20\log_{10} \mathrm{K} \rightarrow \therefore \mathrm{K} = 10^{\frac{\mathrm{DC_{Gain}(dB)}}{20}}$$

위의 경우 DC 이득은 대략 -2dB 이므로, 0.794 이며, ω_c = 50rad/sec 이므로, 아래와 같이 추정 가능하다.

$$\mathrm{H(s)} = 0.794 \times \frac{50}{\mathrm{s}+50}$$

이를 MATLAB/OCTAVE 의 bode() 함수를 이용하여 보드선도를 그려보면 거의 동일하게 나옴을 알 수 있다.

하지만, 실제 제어 시스템의 주파수 응답을 측정하여 그린 보드선도에서 DC 이득을 측정할 때는 시간 영역에서의 확인보다 상대적으로 오차가 큰 경우가 있으므로, 이 DC 이득의 경우는 시간 영역에서 계단 응답으로 확인하는 것이 좋다.

반면, 시간 영역에서의 시정수 측정은 주파수 영역의 차단 주파수 측정보다 노이즈 등의 영향으로 애매한 경우가 있으므로, 시간 영역과 주파수 영역의 추정 방법을 함께 사용한다면 조금 더 근사한 전달함수를 추정할 수 있을 것이다.

4.2.2. 2 차 과제동/임계제동 시스템의 전달함수 추정

시간 영역에서는 계단 응답에 오버슈트와 링잉이 없어 1 차 시스템과 구분하기 어려웠던 2 차 과제동/임계제동 시스템은 주파수 영역에서는 -40dB 이상의 이득 감쇠율과 -90° 이상의 위상 지연을 가져 구분이 가능하기 때문에 아래와 같이 추정할 수 있다.

아래의 α, β 는 주파수 응답 곡선이 꺾이는 코너 주파수(Corner Frequency)로 이로부터 전달함수를 추정하는 것이다.

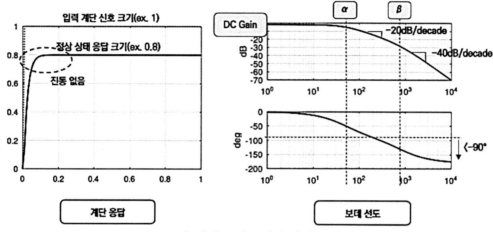

Figure III-95 2 차 과제동 시스템의 계단 응답과 보드선도

보드선도 편에서 살펴본 내용으로, 코너 주파수 α [rad/sec]와 β [rad/sec]에 대하여 아래와 같이 추정할 수 있다.

$$H(s) = K \times \frac{\alpha\beta}{(s + \alpha)(s + \beta)}$$

여기에서 전달함수 표준 형식 편의 시스템 차수 간소화 편에서 우세 극점에 대해서 살펴보았듯이, $\beta > 10\alpha$ 조건이라면, 중요치 않은 영역의 극점인 β 항은 무시하고 해석이 편한 1 차 시스템으로 근사할 수도 있다.

DC 이득인 K 는 주파수 응답 측정을 통해 구해진 보드선도에서 알아보기 어려운 경우가 많은데, 이럴 경우 시간 영역에서의 계단 응답으로 구하도록 한다.

4.2.3. 2 차 부족제동 시스템의 전달함수 추정

부족제동 시스템의 경우 보드선도에 공진점이 나타나기 때문에 이를 이용하여 전달함수를 추정한다.

아래와 같이 시간 영역의 계단 응답과 함께 보면 좀 더 수월하게 추정할 수 있다.

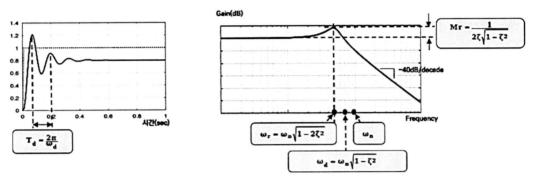

Figure III-96 2 차 부족제동 시스템의 계단 응답과 보드선도

ω_n 은 시스템의 고유 진동 주파수(Natural Resonant Frequency)이고, ω_d 는 감쇠 공진 주파수(Damped Resonant Frequency)로 시간 영역에서 계단 응답의 링잉 주기로 나타난다. ω_r 은 공진 주파수(Resonant Frequency)로 보드선도에서 이득이 가장 큰 점으로 나타난다.

항목	수식
공진점 크기 (Resonant Peak)	$M_r = \dfrac{1}{2\zeta\sqrt{1 - \zeta^2}}$
공진 주파수 (Resonant Frequency)	$\omega_r = \omega_n\sqrt{1 - 2\zeta^2}$

아래와 같은 표준 형태의 2 차 시스템 표준 전달함수로 추정한다.

$$H(s) = K\frac{\omega_n^2}{s^2 + 2\zeta\omega_n s + \omega_n^2}$$

① DC 이득 K 를 구한다.

주파수 응답 곡선에서 DC 이득인 K 의 경우 보드선도에서 알아보기 어려운 경우가 많기 때문에, 시간 영역의 계단 응답에서 구한다.

② 감쇠비 ζ 를 구한다.

감쇠비 ζ 는 공진점의 크기 M_r 수식으로 구할 수 있다.

$$M_r = \frac{1}{2\zeta\sqrt{1-\zeta^2}}$$

공진점의 크기 M_r 은 이득이 가장 큰 지점에서 DC 이득을 뺀 값이다.

③ 고유 공진 주파수 ω_n 을 구한다.

아래 수식으로부터 고유 공진 주파수 ω_n 을 구한다.

$$\omega_r = \omega_n\sqrt{1-2\zeta^2}$$

④ 보드선도의 공진점 크기가 부정확한 경우 시간 영역의 계단 응답을 이용한다.

주파수 응답을 측정할 때 공진 주파수는 정확히 측정이 되지만, 공진점에서의 이득이 너무 커서 정확도가 낮은 경우가 있다.

이런 경우 아래와 같이 계단 응답에서의 감쇠 공진 주파수 수식도 이용하여 아래 2 개의 방정식으로 감쇠비 ζ 와 고유 공진 주파수 ω_n 을 구할 수 있다.

$$\omega_d = \frac{2\pi}{T_d} = \omega_n\sqrt{1-\zeta^2}$$

$$\omega_r = \omega_n\sqrt{1-2\zeta^2}$$

이렇게 구해진 계수들을 위의 2 차 표준 전달함수 식에 대입하여 전달함수를 추정할 수 있다.

4.2.4. 3차 전달함수 추정

 보통은 2차 전달함수 추정으로 충분하지만, 간혹 2차 이상의 공진점의 영향이 큰 경우에는, 3차 이상의 전달함수로 추정해야 할 필요성이 생긴다. 이런 경우 3차 이상의 전달함수를 시간 영역에서 계단 응답으로 추정하기란 쉽지 않기 때문에, 주파수 영역에서 추정해야 한다.

 이때 앞서 본 1차, 2차 전달함수 추정 방법들을 조합해서 사용하면 되는데, 가령 공진점이 없는 경우 2차 과제동/임계제동 전달함수 추정에서 봤듯이 코너 주파수들을 찾아 1차 전달함수들로 조합해서 만들 수 있다. 이때, 우세 극점을 확인하여 고주파 영역의 필요가 없는 극점들은 제거하여 간소화한다.

 아래 그림과 같이 공진점이 있는 경우 1차 전달함수와 2차 전달함수를 각각 추정하여 직렬 연결의 형태로 추정 가능하다.

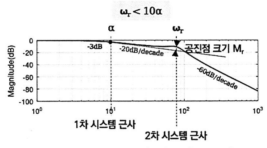

Figure III-97 3차 시스템 보드선도

 3차 이상의 전달함수 추정은 상대적으로 오차가 크기 때문에, 공진 주파수 ωr 이 저주파 영역의 극점 α 보다 5 ~ 10배 작은 영역에 있어 우세 극점에 해당하고 공진점의 크기가 큰 경우에만 사용하는 것이 좋다.

① 극점 α 에 대한 1차 전달함수 근사

 위 보드선도의 경우 $\alpha = 10rad/sec$ 이므로, 1차 전달함수는 아래와 같이 근사할 수 있다.

$$H_1(s) = \frac{\alpha}{s + \alpha} = \frac{10}{s + 10}$$

② 공진점에 의한 2차 전달함수 근사

위 보드선도에서 $\omega_r < 10\alpha$ 이므로, 공진점에 부근에 위치한 극점도 우세 극점으로 취급하여 2차 전달함수로 근사하도록 한다.

보드선도에서 공진점의 크기가 약 7.5dB 정도 되므로, 아래와 같이 앞에서 본 공진점의 크기 M_r 공식과 MATLAB/OCTAVE 의 solve() 함수를 이용하여 풀어보면 감쇠비 ζ 는 약 0.22 정도 나오게 된다.

```
MATLAB/OCTAVE

pkg load symbolic      % symbolic 패키지 로드 : for OCTAVE only
syms z                 % 심볼릭 변수 선언
zeta = solve(10^(7.5/20) == 1/(2*z*sqrt(1-z^2)), z); % Mr 방정식을 solve 함수로 계산
vpa(zeta)              % 실수로 표현
```

고유 공진 주파수 $\omega_n \approx \omega_r = 80$rad/sec로 두어 근사하면 아래와 같이 2차 표준 형식으로 구할 수 있다.

$$H_2(s) = \frac{\omega_n^2}{s^2 + 2\zeta\omega_n s + \omega_n^2} = \frac{80^2}{s^2 + 2 \times 0.22 \times 80 \times s + 80^2}$$

③ 3차 전달함수로 근사 추정

위에서 구한 1차 전달함수와 2차 전달함수를 직렬 연결하고, DC 이득 K 는 위 보드선도에서 1(= 0dB)이므로, 아래와 같이 3차 전달함수로 추정할 수 있다.

$$H(s) = K \times H_1(s) \times H_2(s) = \frac{6400}{s^3 + 45.2s^2 + 6752s + 6400}$$

5. ON/OFF 제어기

　ON/OFF 제어기는 가장 간단한 형태의 제어기로, 특정 시스템의 출력을 원하는 목표값에 가깝게 유지하기 위해 ON-OFF 또는 MAX-MIN 으로 제어한다. 즉, ON 또는 OFF 로 이진 제어되는 액츄에이터인 경우, 현재 상태값 PV 가 목표값 SP 보다 낮으면 액츄에이터 ON, 높으면 액츄에이터 OFF 하는 방식의 제어기를 말한다.

$$u(t) = \begin{cases} 1 & \text{if PV} < \text{SP} \\ 0 & \text{if PV} \geq \text{SP} \end{cases}$$

　여기에서 u(t)는 제어 출력을 의미하며, 이런 ON/OFF 제어기는 Bang-Bang 제어기라고도 한다.
　아래 온도 제어 시스템 구성은 방 온도가 설정 온도보다 낮으면 온수 밸브를 ON 하고, 방 온도가 설정 온도보다 높으면 온수 밸브를 OFF 하는 ON/OFF 제어기를 가지는 시스템이다.

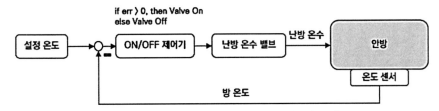

Figure III-98 ON/OFF 온도 제어 시스템

　특히, 이런 ON/OFF 제어기는 아래 그림처럼 센서 측정 노이즈 등의 영향으로 액츄에이터를 켜고 끄는 빈도가 높아질 수 있는데, 이는 에너지 손실 증가와 시스템의 수명 단축이라는 큰 문제가 생긴다.

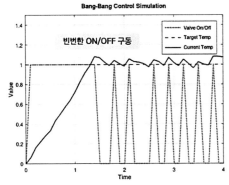

Figure III-99 액츄에이터의 빈번한 ON/OFF 구동

이런 이유로, 아날로그 신호를 패드백받아 디지털 이진 제어를 하는 분야에서는 아래 수식처럼 히스테리시스 구간을 두어 안정적으로 제어하는 것은 필수이다.

$$u(t) = \begin{cases} 1 & \text{if } PV < SP - \Delta \\ 0 & \text{if } PV > SP + \Delta \end{cases}$$

히스테리시스(Hysteresis)란 ON 과 OFF 되는 지점에 문턱값(Threshold) Δ를 두어 그 사이 구간에서는 이전 출력을 유지하는 것을 말한다.

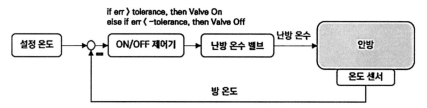

Figure III-100 히스테리시스 ON/OFF 온도 제어 시스템

아래와 같이 밸브가 ON 되는 시점과 OFF 되는 시점 구간을 달리 둠으로써 ON/OFF 빈도가 줄어드는 것을 볼 수 있다.

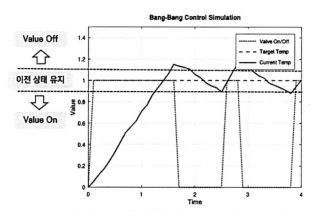

Figure III-101 히스테리시스 구간 적용 제어

ON/OFF 제어기는 가격이 싸고 간단하다는 장점이 있지만, 정밀 제어는 힘들고, 링잉이 지속적으로 발생하게 되며, 정상상태 오차를 0 으로 만들기는 힘들다는 단점이 있다.
이런 이유로 ON/OFF 제어기는 주로 온도 조절기, 히터, 조명 시스템 등과 같은 간단한 제어에서 사용된다.

6. PID 제어기

이 장에서는 폐루프 제어기인 PID 제어기를 이용해서 앞서 구성한 플랜트인 모터의 속도 제어에 대해서 알아본다.

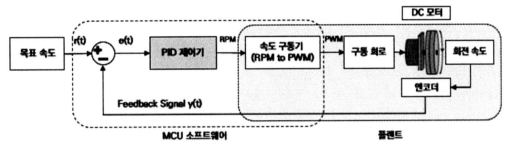

Figure III-102 PID 제어기를 이용한 속도 제어 시스템

PID 제어기는 비례(Proportional), 적분(Integral), 미분(Derivative)의 제어를 포함하는 고전적이고 대표적인 폐루프 선형 제어기로 구조가 단순하고 견실하여 구현이 쉽기 때문에, 많은 산업 및 자동화 응용 분야에서 사용되며, 특히 온도 제어, 속도 제어, 위치 제어 등의 분야에서 널리 사용된다.

하지만, 선형 제어기인 PID 제어기는 비선형(Non-Linear) 시스템, 지연이 있는 시스템, 시간 가변 시스템(Time-Varying System) 등에서 성능의 균일성을 유지하기 어렵다는 점과 튜닝이 다소 어렵다는 단점도 가진다.

특히, P, I, D 의 계수들을 조절하는 튜닝 작업에 따라 성능에 큰 차이를 보이므로, 안정적이고 높은 성능을 낼 수 있도록 계수들의 선정 작업에 신중을 기해야 한다.

이 장에서는 PID 제어기의 전반적인 특성들과 디지털 구현에 대해서 살펴보도록 한다.

6.1. PID 제어기의 구조와 특성

PID 시스템의 일반적인 구성은 아래와 같다.

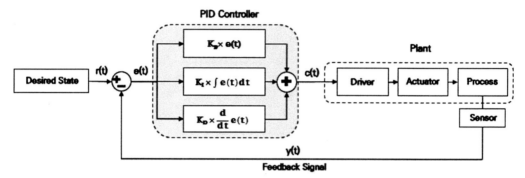

Figure III-103 PID 제어기 블록 다이어그램

 여기에서는 액츄에이터(Actuator)와 이를 구동하기 위한 구동기(Driver)를 포함하여 플랜트로 정의하기로 한다. 프로세스는 액츄에이터의 동작에 의해 변화되는 상태이다.

 위 블록 다이어그램에서 목표 상태(Desired State)는 시스템에 목표하는 명령으로 SP(Set Point) 또는 기준 신호(Reference Input)라 부르기도 한다. 피드백 신호(Feedback Signal)는 프로세스 상태를 센서를 통해 읽어 참조하는 것으로 이 값을 PV(Process Value)라 한다. PID 제어기의 출력으로부터 나오는 출력 c(t)는 제어 신호(Control Signal)라 하며, 만일 구동기(Driver)가 PWM 제어기라면 이 PID 의 출력은 듀티비(0% ~ 100%)로 생각할 수 있다.

 위 구성에서 오차 e(t)의 입력에 대한 PID 제어기의 제어 출력 c(t)는 아래와 같다.

$$c(t) = K_p e(t) + K_I \int e(t)dt + K_D \frac{de(t)}{dt}$$

 여기에서 오차(Error)는 아래와 같이 원하는 상태 r(t)와 피드백 받은 프로세스의 현재 상태 y(t)의 차이가 된다.

$$e(t) = r(t) - y(t)$$

위 식에서, K_P, K_I, K_D 는 각각 비례 이득, 적분 이득, 미분 이득이라 하는데, 이들의 역할을 간단히 시간 영역에서 보면 비례항 (P)는 현재 오차에 대응하여 즉각적인 제어 신호를 생성하여 목표에 빠르게 추종할 수 있도록 하고, 적분항 (I)는 과거의 오차를 누적하고 이를 보상하는 출력으로 정상 상태 오차를 제거할 수 있다. 미분항 (D)는 오차의 변화율로 미래의 오차를 예측하고 보상하는 출력을 함으로써 오버슈트 및 링잉을 제거하는 역할을 한다.

PID 제어기는 이런 각각의 P, I, D 요소들의 역할들로 제어 시스템에서 최적의 제어가 될 수 있도록 하는 제어기이다.

PID 제어기의 라플라스 전달함수

위 PID 제어기의 시간 함수를 라플라스 변환하여 입력 E(s)와 출력 C(s)의 전달함수로 표현하면 아래와 같다.

$$C_{PID}(s) = \frac{C(s)}{E(s)} = K_P + \frac{K_I}{s} + K_D s$$

아래는 PID 전달함수로 표현한 폐루프 블록 다이어그램이다.

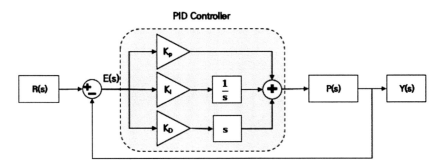

Figure III-104 PID 제어기의 라플라스 블록 다이어그램

PID 제어기의 입/출력 단위

위의 PID 제어기의 구성에서 PID 제어기의 입/출력 단위에 대해 생각해 보도록 하자.

☞ 입력 명령/피드백 신호의 단위

PID 의 입력 명령 $r(t)$와 피드백 신호 $y(t)$의 단위는 오차인 $e(t) = r(t) - y(t)$를 계산하기 위해서 서로 동일해야 한다.

예를 들어, 모터의 경우 피드백되는 프로세스 $y(t)$의 단위가 센서를 측정하여 얻은 움직인 거리 [m]이라면, 입력 명령 $r(t)$의 단위도 거리 [m]이어야 한다는 의미이다.

가령 프로세스 $y(t)$ 단위가 거리인 [m]인데, 입력 명령으로 속도 제어를 하고 싶다고 하면 $r(t)$ 단위는 속도인 [m/sec]가 되어 오차 $e(t)$는 ([m/sec]-[m])라는 정해지지 않은 단위 값으로 원하는 제어가 되지 않는다.

이런 경우 프로세스 값에 적절한 변환을 통해 단위를 맞춰줘야 하는데, 여기에서는 프로세스(거리)를 미분하여 속도로 만든 후 피드백시켜 주면 될 것이다.

☞ 출력의 단위

PID 제어기의 출력 신호의 단위는 무차원으로 간주되는데, 이 PID 출력 단위는 입력 받는 쪽의 단위를 따른다.

위 PID 블록 다이어그램에서 플랜트가 전압 Volts 를 입력받아 거리 이동을 하는 시스템이라면, PID 제어기의 출력은 전압 Volts 단위가 된다.

이런 단위 변환의 이해는 K_P, K_I, K_D 이득들의 단위가 시스템에 의존적으로 정해진다고 이해할 수 있다.

만일, 오차 $e(t)$ 단위가 움직이는 속도 [m/sec]이고 PID 출력 단위가 [volts]라면, 비례항 이득 K_P 의 단위는 [volts•sec/m], 적분항 이득 K_I 의 단위는 [volts/m], 미분항 이득 K_D 의 단위는 [volts•sec²/m] 가 된다고 개념적으로 이해할 수 있다.

따라서, PID 출력은 입력을 받는 플랜트의 입력 범위만 맞춰주도록 각 이득들의 설정 작업(튜닝)과 제한을 해주면 된다.

이런 PID 제어기의 형태에 맞춰 항상 비례항, 적분항, 미분항이 모두 사용되는 것은 아니다. P 제어기, PI 제어기, PD 제어기, PID 제어기가 일반적으로 사용되는 형태이며, 이들 형태에 대해 시간 영역과 주파수 영역에서의 각각의 특징을 살펴봄으로써 PID 제어기의 동작을 이해해 보도록 한다.

특히, 각 제어기의 전달함수와 플랜트의 전달함수가 직렬로 연결되기 때문에, 주파수 영역의 보드선도 결합에서 dB 이득들과 위상이 서로 더하기 연산으로 그려진다는 것을 상기하면서 본다면, PID 제어기의 동작에 대한 보다 깊은 이해를 할 수 있을 것이다.

6.1.1. P 제어기

PID 제어기에서 K_I, K_D 이득은 0 으로 두고, 비례항인 P(Proportional) 항만 사용한 제어기를 P 제어기라 한다.

이 P 제어기는 목표 상태에 추종하도록 입력 오차 e(t)에 K_P 비례 이득을 곱하여 출력하는 $c(t) = K_p e(t)$인 비례 제어로, 전달함수는 아래와 같다.

$$C_P(s) = \frac{C(s)}{E(s)} = K_P$$

아래는 임의의 플랜트를 제어하는 P 제어기의 폐루프 블록 다이어그램의 예이다.

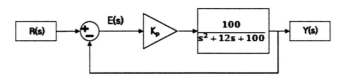

Figure III-105 P 제어기 블록 다이어그램

아래에서 이 블록 다이어그램의 예로 시간 영역과 주파수 영역에서의 P 항의 특성에 대해서 살펴보도록 하자.

가. 시간 영역

아래 그림은 위 블록 다이어그램에서 $K_P = 5$ 일 때의 계단 입력 신호 R(t)에 대한 계단 응답 Y(t), 오차 E(t)와 P 제어기의 출력 그래프이다.

비례항은 아래 그림과 같이 발생된 오차 E(t) = R(t) − Y(t)에 대해 지연없이 오차에 비례하여 바로 K_P × E(t) 제어 신호를 출력하는 역할을 하는데, K_P, K_I, K_D 의 이득 중 목표값에 도달하는 시간(Rising Time)에 가장 큰 영향을 미친다.

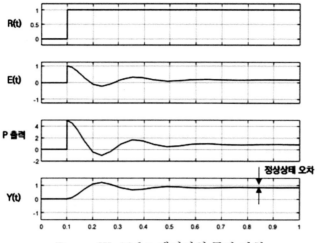

Figure III-106 P 제어기의 동작 파형

정상상태 오차

 P 제어기 단독으로 사용했을 경우 제어 분해능, 플랜트 분해능 등의 원인에 의해 목표 명령과의 오차를 완전히 제거하지 못할 수 있다는 단점이 있다. 즉, 정상상태 오차가 0 이 아닐 수 있다. 이런 이유로 보통은 P 제어기 단독 사용보다는 PI 또는 PID 제어기를 많이 사용한다.
 이는 라플라스 최종치 정리로 알아볼 수 있는데, 이 부분에 대해서는 다음 장의 PI 제어기 편에서 자세히 살펴보도록 한다.

K_P 에 따른 안정성 문제

아래 그림은 K_P 이득의 크기에 따른 Y(t)의 출력의 예이다.

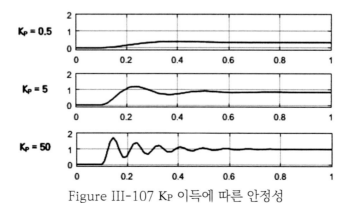

Figure III-107 K_P 이득에 따른 안정성

위의 계단 응답을 살펴보면, P 이득 K_P 를 높혔을 경우 오버슈트가 커지고, 링잉이 발생하며, 최악의 경우 발진을 할 수 있어 불안정해지는 경우가 많다. 이는 아래 주파수 영역에서의 동작을 보면 명확해진다.

반대로 이득을 낮췄을 땐, 너무 천천히 오차를 보상함으로써 반응이 늦어지게 된다.

나. 주파수 영역 (루프 전달함수의 주파수 응답)

루프 전달함수의 주파수 응답을 통하여 K_P 이득이 안정성에 주는 영향에 대해서 살펴보도록 하자.

앞에서 본 임의의 플랜트 P(s)를 제어하는 P 제어기 블록 다이어그램의 루프 전달함수는 아래와 같다.

$$L(s) = C_P(s) \times P(s) = K_p \times \frac{100}{s^2 + 12s + 100}$$

K_P 는 상수이므로, 보드선도 편에서 보았듯이 이득 곡선에만 영향을 주고, 위상 곡선에는 영향을 주지 않는다.

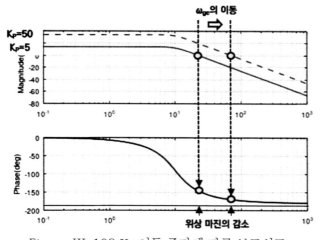

Figure III-108 K_P 이득 증가에 따른 보드선도

위의 보드선도에서와 같이 K_P 이득의 크기의 증가는 이득 교차 주파수(Gain Cross Over Frequency, ω_{gc})가 오른쪽으로 밀려나는 영향을 주는데, 이는 대역폭(Bandwidth)이 넓어져서, 응답 속도가 빨라짐을 의미한다.

하지만, 안정성 입장에서 보면 위상 여유(Phase Margin)가 감소하게 되어 오버슈트 및 링잉 등의 발생을 초래하고, 최악의 경우 불안정해져 발진이 발생하는 경우까지 생길 수 있다.

2 차 시스템의 위상 여유와 댐핑비 ζ 와의 관계, 오버슈트와 위상 여유와의 관계 등에 대해서는 시스템 안정성 편에서 살펴보았었다.

다. 피드 포워드(Feedforward) 제어기

개루프(Open Loop) 제어기와 마찬가지로, 피드 포워드(Feedforward) 제어기는 시스템의 모델과 입력 신호를 이용해 미리 예측되는 출력을 계산하여 제어를 하는 동작을 하는 방식이다.

이런 피드 포워드 제어기는 예측되지 않은 시스템의 특성 변화와 외란에 대한 충분한 대응이 어렵다는 단점이 있어 폐루프(Closed Loop) 제어기와 함께 사용하는 것이 일반적이다. 이렇게 폐루프 제어기와 함께 사용하면, 빠른 응답이나 오버슈트 개선과 같은 제어 성능을 향상시킬 수 있다는 장점을 가진다. 하지만, 정확한 시스템 모델이 필요하고 해석 및 설계가 복잡하다는 단점도 있다.

이 피드 포워드 제어기를 P 제어기에서 다루는 것은, 아래와 같은 P 제어기의 진동 특성때문이다.

아래는 P 제어기의 폐루프 블록 다이어그램의 예이다.

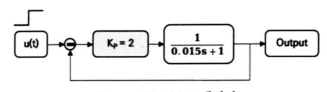

Figure III-109 P 제어기

이 P 제어기의 동작을 생각해 보면, 오차가 줄어들수록 출력도 줄어들게 되어, 결국 아래 응답과 같이 목표값을 기준으로 큰 진동을 하게 된다.

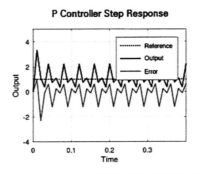

Figure III-110 P 제어기의 계단 응답

이런 경우 아래와 같이 목표치에 근사하는 출력치를 미리 알고 있다면, 이 출력값을 피드 포워드로 적용하여 진동을 줄일 수 있다.

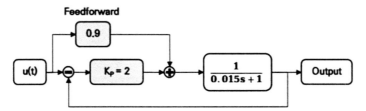

Figure III-111 피드 포워드를 적용한 P 제어기

아래와 같이 피드 포워드를 적용한 경우 진동이 줄어드는 것을 볼 수 있다.

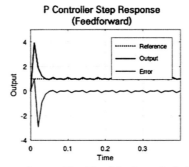

Figure III-112 피드 포워드를 적용한 P 제어기의 계단 응답

이렇듯 P 제어기에 피드 포워드 제어기를 함께 사용함으로써, 빠른 응답과 오차 감소를 얻을 수 있고, 상대적으로 작은 K_P 이득을 사용할 수 있어 안정성 향상의 효과를 얻을 수 있다.

6.1.2. PI 제어기

PI 제어기는 Proportional-Integral 의 약자로 비례-적분 제어기를 의미한다. 앞에서 본 비례 제어기인 P 제어기에 적분 제어가 더해진 제어기로 정상상태 오차의 개선을 주목적으로 한다.

이 PI 제어기는 비례항인 K_P 항에 K_I 적분항이 더해지는 구조로, 입력 오차 $e(t)$에 대한 PI 제어기의 출력 시간 함수는 $c(t) = K_p e(t) + K_I \int e(t) dt$ 이며, 라플라스 전달함수는 아래와 같다.

$$C_{PI}(s) = \frac{C(s)}{E(s)} = K_p + K_I \times \frac{1}{s} = \frac{K_P s + K_I}{s}$$

아래는 임의의 플랜트를 제어하는 PI 제어기의 폐루프 블록 다이어그램의 예이다.

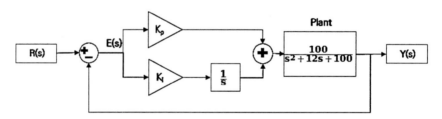

Figure III-113 PI 제어기의 블록 다이어그램

아래에서 이 블록 다이어그램의 예로 시간 영역과 주파수 영역에서의 PI 제어기의 동작 특성에 대해서 살펴보도록 하자.

가. 시간 영역

아래 파형은 위 PI 제어기의 블록 다이어그램에서 $K_P = 5$, $K_I = 20$ 일 때의 계단 입력 신호 $R(t)$에 대한 계단 응답 $Y(t)$, 오차 $E(t)$, 비례항 P 출력과 적분항 I 출력의 그래프이다.

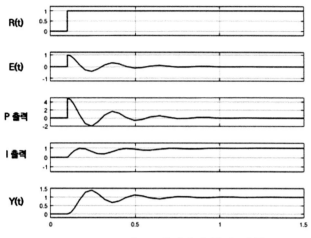

Figure III-114 PI 제어기의 동작 파형

위 계단 응답 파형에서 보는 것처럼, 오차 E(t) (= R(t) - Y(t))에 바로 반응하는 P 항과 다르게, PI 제어기의 I 항은 이전 오차값들을 계속 더하여 적분하여 출력하고 있기 때문에, 이전 오차들의 누적에 대한 반응 지연이 생긴다.

따라서, 비례항이 없는 적분항만으로는 빠른 입력 또는 높은 주파수의 노이즈에 대한 대응이 어렵다. 또한, 이미 출력이 목표치에 도달했더라도 이전 오차값들이 적분되어 있기 때문에 출력에 지연이 발생하고, 이는 계단 응답에 오버슈트 및 링잉을 발생시킬 수 있다.

정상상태 오차의 개선

P 제어기의 경우 정상상태 오차가 0 이 아닐 수 있다는 단점을 가지는데, 여기에 오차를 적분하는 적분항을 더함으로써 정상상태 오차를 0 이 되도록 구성한다.

적분기는 시스템의 유형을 한 단계 올리는 역할을 하며, 계단(Step) 입력에 대해서는 정상상태 오차를 0 으로, 경사(Ramp) 신호에 대해서는 적분 이득 K_I 의 크기에 따라 오차가 개선된다.

이를 라플라스 최종치 정리를 이용하여 살펴보도록 하자.

PI 제어기의 전달함수는 아래와 같다.

$$C_{PI}(s) = \frac{K_P s + K_I}{s}$$

또한, 오차(Error)는 아래와 같다. P(s)는 플랜트의 전달함수이다.

$$E(s) = R(s) - Y(s) = R(s) - E(s) \times C_{PI}(s) \times P(s) \rightarrow \therefore E(s) = \frac{R(s)}{1 + C_{PI}(s)P(s)}$$

입력 R(s)가 단위 계단 입력 신호 u(t)일 경우 라플라스 변환은 $\frac{1}{s}$ 이므로, 라플라스 최종 치 정리에 의해 정상상태 오차는 아래와 같이 0 이 나옴을 볼 수 있다.

$$\lim_{s\to 0} sE(s) = \lim_{s\to 0} s \times \frac{\frac{1}{s}}{1+\frac{K_P s + K_I}{s}P(s)} = \lim_{s\to 0} \frac{s}{s+(K_P s + K_I)P(s)} = 0$$

따라서, PI 제어기의 경우 P 제어기만 단독으로 사용했을 때 발생되던 정상상태의 오차 발생이 해소되며, 이것이 PI 제어기 사용의 가장 큰 목적이다.

R(s)가 경사 입력 신호일 경우 경사 신호의 라플라스 변환은 $\frac{1}{s^2}$ 이며, 정상상태 오차는 아래와 같다.

$$\lim_{s\to 0} sE(s) = \lim_{s\to 0} s \times \frac{\frac{1}{s^2}}{1+\frac{K_P s + K_I}{s}P(s)} = \lim_{s\to 0} \frac{1}{s+(K_P s + K_I)P(s)} = \frac{1}{K_I P(0)}$$

경사 입력에 대해서는 적분항의 이득 K_I 가 커질수록 정상상태 오차가 작아짐을 볼 수 있다.

K_I 에 따른 안정성

아래 그림은 $K_P = 5$ 인 상태에서 K_I 이득의 크기에 따른 Y(t)의 출력의 예이다.

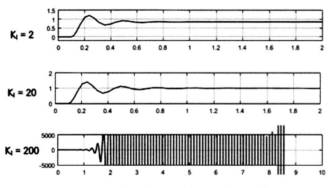

Figure III-115 K_I 이득에 따른 안정성

위의 계단 응답을 살펴보면, K_I 가 2 로 작을 경우 정상상태 오차가 서서히 사라지게 되어 응답이 느리며, K_I 가 200 으로 너무 클 경우 발진이 발생하게 된다.

나. 주파수 영역 (루프 전달함수의 주파수 응답)

위에서 본 PI 제어기의 전달함수는 아래와 같다.

$$C_{PI}(s) = \frac{K_P s + K_I}{s} = K_P \frac{s + \frac{K_I}{K_P}}{s}$$

이 PI 제어기의 보드선도는 아래와 같다.

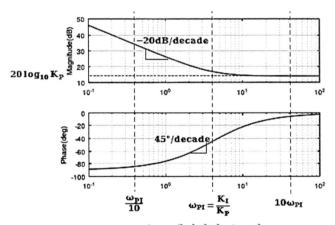

Figure III-116 PI 제어기의 보드선도

PI 제어기는 플랜트 P(s)와 직렬로 연결이 되므로, 앞에서 본 PI 제어기의 폐루프 블록 다이어그램의 루프 전달함수는 아래와 같다.

$$L(s) = C_{PI}(s) \times P(s) = \frac{K_P s + K_I}{s} \times \frac{100}{s^2 + 12s + 100}$$

이렇게 플랜트에 직렬로 연결되는 PI 제어기의 주파수 영역에서의 역할은 아래 그림과 같이 PI 제어기는 루프 전달함수의 주파수 영역에서 보면, 저주파 영역 이득(Low Frequency Gain)을 +20dB/decade 의 기울기로 올려 준다.

이 루프 전달함수의 저주파 이득은 저주파 외란과 상승 시간(Rising Time)의 동작에 관련이 있는데, 높을 수록 저주파 외란에 더 큰 힘으로 반응할 수 있어 외란 대응에 효과적이다.

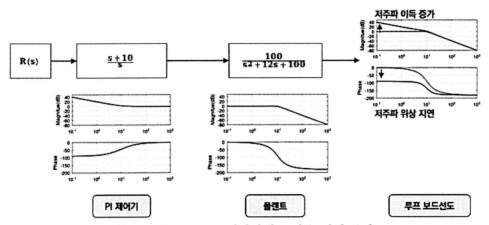

Figure III-117 PI 제어기의 주파수 영역 동작

하지만, 위 보드선도의 저주파 영역에서 PI 제어기에 의해 위상 지연이 생기고 있는 것을 간과해서는 안된다. 이 지연으로 인해 저주파 영역의 응답 지연이 생기고, 오버슈트와 링잉이 발생할 수 있다.

만일, K_i 가 매우 커진다면 저주파 이득이 커져 좋아 보일 수 있지만, 이 위상 지연의 영향으로 위상 여유(Phase Margin)가 감소하며 안정성을 저하시킬 수 있다는 점에 주의해야 한다.

이런 이유로 PI 제어기의 튜닝에서는 경험 규칙에 의하여 $\omega_{PI} \leq \frac{Bandwidth}{10}$ 로 P 이득과 I 이득에 대한 튜닝을 진행하기도 한다.

6.1.3. PD 제어기

PD(Proportional-Derivative) 제어기는 비례 제어기에 미분 제어가 더해진 비례–미분 제어기로, 오버슈트 제한 및 안정성 강화, 과도응답 개선이 주 목적이다.

이 PD 제어기는 비례항인 K_P 항에 미분항이 더해지는 구조를 가지는데, 입력 오차 e(t)에 대한 PD 제어기의 출력 시간 함수는 $c(t) = K_p e(t) + K_D \frac{de(t)}{dt}$ 이며, 라플라스 전달함수는 아래와 같다.

$$C_{PD}(s) = \frac{C(s)}{E(s)} = K_p + K_D \times s$$

PD 제어기로만 사용하는 경우는 많이 없지만, PID 제어기에서 미분기의 역할에 대해 알아보기 위해 살펴보기로 한다.

아래는 임의의 플랜트를 제어하는 PD 제어기의 폐루프 블록 다이어그램의 예이다.

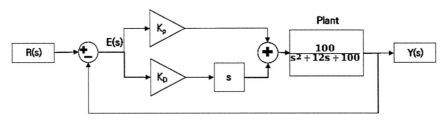

Figure III-118 PD 제어기의 블록 다이어그램

아래에서 이 블록 다이어그램의 예를 통해 시간 영역과 주파수 영역에서의 PD 제어기의 동작 특성에 대해서 살펴보도록 하자.

가. 시간 영역

아래 파형은 위 PD 제어기의 블록 다이어그램에서 $K_P = 5$, $K_D = 2$ 일 때의 계단 입력 신호 R(t)에 대한 계단 응답 Y(t), 오차 E(t), 비례항 P 출력과 미분항 D 출력의 그래프이다.

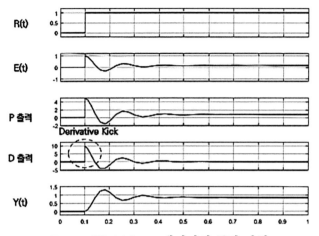

Figure III-119 PD 제어기의 동작 파형

위의 계단 응답 파형과 같이 오차를 미분하는 D 항은 오차 변화에 큰 변동을 가지며 반응을
하게 된다. 이런 오차의 미분은 오차의 변화율로 오차가 어떻게 변하고 있는 지에 대한 경향
을 의미한다. 이 경향에 K_D 이득을 곱함으로써, 미래의 오차를 미리 예측하여 출력하는 원리
를 가진다.

예로 오버슈트의 경우 오버슈트가 발생할 것에 대한 예측의 값이 미리 나감으로써 오버슈트
를 줄이는 효과가 있다.

원리는 이렇지만, PD 제어기가 하는 역할은 아래 주파수 영역에서 더욱 명확해진다.

☞ 미분 킥(Derivative Kick)

$\frac{de(t)}{dt}$의 오차에 대한 미분 형태가 되는데, 제어 주기(샘플링 주기) dt 는 보통 매우 짧은
순간이기 때문에, D 항은 노이즈와 같은 영향에 의한 작은 오차의 변화에도 큰 값으로 출
력할 수 있다. 이런 현상을 미분 킥(Derivative Kick)이라 한다. 이런 현상을 방지하기
위하여 일반적으로 미분항에는 저주파 통과 필터를 직렬로 연결하여 사용한다. 이에 대
해서는 PID 구현 편에서 살펴보도록 할 것이다.

나. 주파수 영역 (루프 전달함수의 주파수 응답)

위에서 본 PD 제어기의 전달함수는 아래와 같다.

$$C_{PD}(s) = K_P + K_D s = K_D(s + \frac{K_P}{K_D})$$

이 PD 제어기의 보드선도는 아래와 같다.

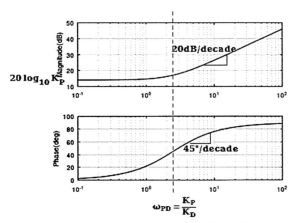

Figure III-120 PD 제어기의 보드선도

PD 제어기는 플랜트 P(s)와 직렬로 연결되므로 루프 전달함수는 아래와 같다.

$$L(s) = C_{PD}(s) \times P(s) = (K_P + K_D s) \times \frac{100}{s^2 + 12s + 100}$$

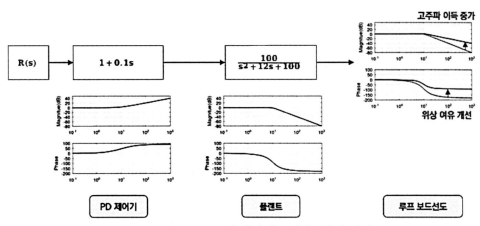

Figure III-121 PD 제어기의 주파수 영역 동작

 위의 그림과 같이 PD 제어기는 루프 전달함수의 위상 그래프를 보면, 고주파 영역에서 위상 지연을 감소시켜 위상 여유를 보상하여 안정성을 개선하는 효과를 보인다. 이런 위상 여유 개선은 오버슈트 및 링잉의 개선 효과도 보임을 알 수 있다.
 하지만, 이득 그래프의 경우를 보면 고주파 영역에서의 이득을 증가시키게 되는데, 이는 고주파 노이즈에 민감할 수 있어 지속적인 작은 진동이나, 소음 노이즈 등을 유발할 수 있다는 단점을 가진다. 이런 이유로 미분항에 저주파 통과 필터를 직렬로 연결하여 설계하는 것이 일반적이며, 이때 미분항 K_D 의 값과 저주파 통과 필터의 차단 주파수를 잘 조절하는 것이 중요하다.
 이에 대해서는 PID 디지털 구현 편에서 살펴보도록 할 것이다.

6.1.4. PID 제어기

PID 제어기는 앞서 본 비례(Proportional), 적분(Integral), 미분(Derivative) 제어를 모두 하는 제어기로, 오차 e(t)에 대한 PID 제어기의 출력 시간 함수는 $c(t) = K_p e(t) + K_I \int e(t)dt + K_D \frac{de(t)}{dt}$와 같으며, 전달함수는 아래와 같다.

$$C_{PID}(s) = \frac{C(s)}{E(s)} = K_P + \frac{K_I}{s} + K_D s$$

이 PID 제어기의 동작에 대해서 살펴보도록 한다.

가. 시간 영역

앞서 PI 제어기와 PD 제어기의 시간 영역/주파수 영역에서의 동작을 이미 보았으므로, PID 제어기의 동작을 쉽게 이해할 수 있다.

여기에서는 PID 제어기의 비례, 적분, 미분의 동작에 대해 정리를 해보도록 하자.

PID 제어기의 비례항(Proportional)은 현재 오차에 비례하여 지연없이 출력을 조절한다. 오차는 원하는 목표와 현재 상태 사이의 차이인데, 오차가 커지면 이에 비례하여 제어 입력도 증가하게 된다. 비례항의 이득 K_P 가 커질 수록 시스템의 응답을 빠르게 할 수 있지만, 안정성과 오버슈트 문제를 고려해야 한다.

PID 제어기의 적분항(Integral)은 시간에 대한 오차의 적분으로 누적 오차를 보정한다. 이런 동작으로 적분 제어는 정상상태 오차를 없애거나 최소화할 수 있다.

하지만, 적분항의 이득 K_I 가 너무 크면 시스템이 불안정해져 오버슈트 및 링잉이 발생할 수 있다.

PID 제어기의 미분항(Derivative)은 오차의 변화율에 비례하여 출력을 조절하여, 오차의 빠른 변화에 반응하여 오버슈트를 줄이고 시스템의 안정성을 향상시킬 수 있다.

하지만, 미분항의 이득 K_D 가 너무 커지면, 고주파 노이즈에 민감해지며, 지속적인 작은 진동 또는 소음 노이즈를 유발하고, 기계적 마모 등으로 인한 시스템의 수명을 단축시킬 수 있다.

따라서, PID 제어기에서는 이들 K_P, K_I, K_D 이득 계수들이 적절한 값을 가지도록 조절하는 작업이 필요하며 이를 튜닝(Tuning) 작업이라 한다.

나. 주파수 영역(루프 전달함수의 주파수 응답)

주파수 영역에서 PID 제어기의 보드선도를 보면서 플랜트와 직렬로 연결되었을 때, 루프 보드선도로의 영향을 이해해 보도록 한다.

PID 제어기의 이득 K_I 와 K_D 는 일반적으로 K_P 에 비해 매우 작은 값을 가지기 때문에, PID 제어기의 주파수 영역에서의 동작에 대해 이해의 연속성을 위해서, 아래와 같이 앞서 본 PI 제어기와 PD 제어기의 직렬 연결로 근사해서 생각해 볼 수 있다.

$$C_{PID}(s) = \frac{K_d s^s + K_P s + K_I}{s} \approx K_P \times \frac{\left(s + \frac{K_I}{K_P}\right)}{s} \times \left(\frac{K_D}{K_P}s + 1\right) : \text{when } K_I K_D \ll K_P$$

아래 그림은 $K_P = 10$, $K_I = 1$, $K_D = 0.1$ 일 때의 PID 제어기의 보드선도다.

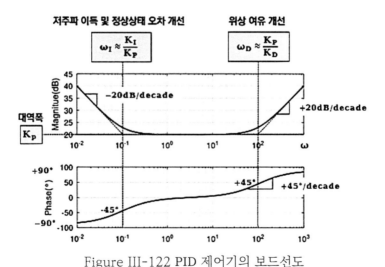

Figure III-122 PID 제어기의 보드선도

위 보드선도에서 이득 K_P 와 코너 주파수 ω_I, ω_D 를 주의깊게 보면서 앞서 살펴본 내용들을 정리해보면 아래와 같다.

이득 K_P 는 루프 전달함수의 이득 교차 주파수를 변화시켜 대역폭을 조정할 수 있다. 이 이득 K_P 가 커질수록 이득 교차 주파수는 커지며, 이는 시스템의 대역폭이 넓어짐을 의미하므로 시스템의 응답 반응을 빠르게 한다. 하지만, 너무 클 경우 위상 여유가 줄어들어 안정성이 저하되어 오버슈트와 링잉이 발생된다.

K_I 와 K_P 로 결정되는 코너 주파수 ω_I (rad/sec)는 이 이하의 저주파 영역에서 이득을 키워 정상상태 개선과 저주파 외란에 대한 대응을 한다.
하지만, 적분기로 인하여 위상 지연이 $-90°$부터 시작되므로, 시스템 반응 속도에 대한 지연이 발생되며, 너무 클 경우 위상 여유가 줄어들어 안정성이 저하된다.

K_P 와 K_D 로 결정되는 오른쪽 코너 주파수 ω_D(rad/sec) 이상의 고주파 영역에서는 위상이 $+90°$까지 $+45°$/decade 로 증가되는데, 이를 이용하면 시스템 루프 보드선도에서 위상 교차 주파수에서의 위상을 보상함으로써 위상 여유를 개선하여 안정성을 강화할 수 있어 오버슈트와 링잉을 억제하는 효과를 가진다.
하지만, 고주파 이득도 함께 증가되므로, 작은 진동이나 소음 노이즈가 발생될 수 있다.

이렇듯 PID 제어기의 이득 K_P, K_I, K_D 들은 각각 독립적으로 동작하지 않고, 서로 연관되어 동작함을 알 수 있다. 따라서, 튜닝 작업에 의해 이 이득값들을 조정할때도 이런 상관 동작을 이해해 두어야 한다.
PID 제어기의 주파수 응답의 형태를 기억해두면, 주파수 영역에서 시스템 요구사항에 맞는 루프 보드선도 모양이 될 수 있도록 이득 K_P 와 코너 주파수 ω_I, ω_D 의 위치를 튜닝할 수 있다. 이런 주파수 영역에서의 튜닝 방식을 루프-성형(Loop Shaping) 튜닝 방식이라 하며, 이는 이후 튜닝 편에서 살펴보게 될 것이다.

또한, 주파수 영역이 아닌 시간 영역의 튜닝에서도 PID 제어기의 K_P, K_I, K_D 이득에 따른 영향에 대해 좀 더 깊게 이해할 수 있어, 더 빠르고 효율적인 튜닝 작업을 할 수 있다.

6.2. 디지털 PID 제어기

이 장에서는 폐루프 제어기인 PID 제어기를 이용해서 앞서 구성한 플랜트인 모터의 속도 제어를 구현해 본다.

6.2.1. 디지털 PID 제어기의 제어 주기

디지털 PID 제어기 구현에는 제어 주기, 즉 구현된 PID 함수를 호출하는 주기에 대한 시간 정보가 사용되므로, 이를 먼저 살펴보도록 한다.

폐루프 제어기의 제어 주기는 센서에서 피드백 신호를 받고 한 번의 제어 연산을 하여 출력을 갱신하는 주기를 의미하는데, 이 주기가 일정해야 균일한 성능과 원하는 주파수 응답을 얻을 수 있다. 일반적으로 센서의 샘플링 주기를 폐루프 제어기의 제어 주기로 사용하는 경우가 많으므로, 아래에서는 샘플링 주기 또는 샘플링 주파수의 용어를 사용하기로 한다.

디지털 필터 및 제어기에서 샘플링 주기 T_s 의 중요성에 대해서는 기초 이론 편에서 살펴보았다.
나이퀴스트 샘플링 이론에서 본 것처럼 처리하려는 신호의 최대 주파수의 최소 2 배 이상의 샘플링 주파수면 완전히 복원 가능하지만, 실시간으로 처리하는 시스템의 경우 5 배 ~ 10 배 이상의 샘플링 주파수가 필요하다고 살펴보았었다. 이렇게 샘플링 주파수를 선정하였다면, 저주파 통과 필터 등 안티-애일리아싱 필터를 사용하여 샘플링 주파수의 반인 $f_s/2$ 보다 높은 주파수의 신호가 디지털 시스템으로 들어올 수 없도록 해야 한다.
또한, 폐루프 디지털 제어기의 경우 제어 주기를 선정하는 조건은 시스템의 응답 성능, 시스템의 안정성 등을 고려해야 한다.

이런 샘플링 주기를 빠르게 하면 응답 속도 향상, 노이즈 감소, 외란 제거 성능 등의 장점을 가지지만, 어느 정도 빨라지면 성능이 극적으로 좋아지지는 않는다.
오히려 과한 샘플링 주기는 하드웨어 비용의 상승, 데이터 처리 비용 증가, 높은 주파수의 스위칭 동작으로 인한 전력 손실과 효율 저하, EMI 성능 열하 등이 발생할 수 있으므로, 이런 면들을 고려하여 적절한 샘플링 주파수를 선정해야 한다.

따라서, PID 제어기에서의 샘플링 주파수(제어 주기)는 시스템 특성과 요구사항에 맞게 많은 시뮬레이션과 시험을 통해서 신중하게 결정해야 하는데, 초기 샘플링 주파수 선정에서는 대표적으로 아래와 같은 항목들을 고려한다.

특히, 튜닝 중 PID 제어기의 샘플링 주파수가 변경된다면, 이후 디지털 PID 제어기 구현에서 보게 될텐데, PID 제어기의 각 항들은 샘플링 주파수에 영향을 받기 때문에 처음부터 다시 튜닝을 진행해야 하므로, 시스템 특성에 따라 아래와 같은 항목들의 경험규칙을 검토해 초기에 적절한 샘플링 주파수를 선정하는 것이 좋다.

가. 입력 명령 주파수와 샘플링 주파수

입력되는 명령의 최대 주파수보다 샘플링 주파수가 충분히 빨라야 디지털 PID 제어기에서 적절한 처리가 가능하다. 따라서 입력되는 대역 제한된 명령의 최대 주파수보다 5 ~ 10 배 이상의 샘플링 주파수를 선정하도록 한다.

대역 제한된 명령의 최대 주파수를 알기 어려운 경우, 명령의 최소 입력 주기를 기준으로 선정하기도 하기도 하는데, 명령을 펄스 파형으로 간주해 최소 입력 주기의 무릎 주파수(Knee Frequency)인 $\frac{3.5}{\text{최소 입력 주기}}$ [Hz]의 5 ~ 10 배 이상의 샘플링 주파수를 선정할수도 있다. 가령, 10ms 주기로 PID 제어기에 명령을 주는 시스템이라면, PID 제어기의 샘플링 주파수는 1.7KHz ~ 3.5KHz 정도를 사용할 수 있다.

나. 대역폭과 샘플링 주파수

제어 시스템은 당연히 대역폭(Bandwidth) 내의 신호들을 처리할 수 있어야 하기 때문에, 목표하는 대역폭의 10 배 이상의 샘플링 주파수를 선정한다.

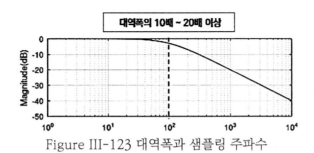

Figure III-123 대역폭과 샘플링 주파수

목표하는 대역폭은 성능과 외란 제거 등 여러가지 고려사항이 있지만, 그 중 원하는 정착 시간의 근사 수식으로 정할 수 있다.

시스템 종류	정착 시간

1 차 시스템	$T_s \approx 5\tau = \dfrac{5}{\omega_c}$
2 차 임계제동 시스템	$T_s \approx \dfrac{4.4}{\omega_n}$
2 차 부족제동 시스템	$T_s \approx \dfrac{4.0}{\zeta \omega_n}$

이런 대역폭에 의한 샘플링 주파수 선정은 일반적인 온도 제어 시스템 등의 1 차 시스템과 같은 공진이 없는 안정된 시스템에서 간단하게 적용시켜 볼 수 있는 방법이다.

하지만, 2 차 이상의 플랜트에 대한 폐루프 제어 시스템의 샘플링 주파수는 안정성을 고려하여 아래와 같은 조건들도 고려되어야 할 뿐 아니라, 공진점이 있는 플랜트에서 너무 낮은 샘플링 주파수를 가진 제어기는 가청 주파수 20Hz ~ 20KHz 대역에서의 진동을 유발해 소음 노이즈가 발생되는 경우가 있으므로, 부드러운 제어를 위해서도 조금 더 높은 샘플링 주파수로 선정한다.

다. 공진점과 샘플링 주파수

공진점의 크기가 제어에 미치는 영향은 앞서 계속 살펴보았듯이, 안정성 저하, 큰 오버슈트와 링잉 등의 안 좋은 영향을 미친다.
만일, 무거운 부하 또는 과도한 관성 등에 의해 플랜트가 공진점이 큰 시스템이라 한다면, 이 공진 주파수에 대한 처리를 할 수 있도록 샘플링 주파수를 선정해야 한다.

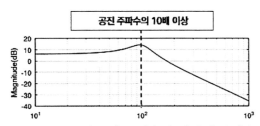

Figure III-124 공진 주파수와 샘플링 주파수

이 공진 주파수보다 10 배 이상의 주파수를 가지도록 선정하기도 하는데, 아래 위상 교차 주파수 기준과 비교하여 적당한 샘플링 주파수를 선정한다.

라. 위상 교차 주파수와 샘플링 주파수

2 차 이상 시스템에서는 안정성에 관련된 이득 여유에 해당하는 위상 교차점에서도 처리 가능해야 한다.

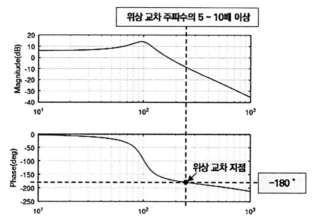

Figure III-125 위상 교차 주파수와 샘플링 주파수

이런 위상 교차 주파수의 5 ~ 10 배 이상의 샘플링 주파수를 선정하기도 하기도 하는데, 연산 속도가 충분치 않다면 적어도 2 배 이상은 가지도록 하여 위상 정보는 유지하도록 한다. 일반적으로 이 조건에서 필요로 하는 제어 주기가 가장 빠르기 때문에, 시스템의 연산 및 동작 속도가 충분하고, 공진점이 있는 시스템이라면 이 조건으로 선정하는 것이 좋다.

마. 캐스케이드 구조에서의 제어 주기

캐스케이드(Cascade) 구조는 내부 루프(Inner Loop)와 외부 루프(Outer Loop)로 구성되는데, 내부 루프에서 외란에 더 빠르게 반응함으로써 외란에 대한 강인성을 높혀 주고, 지연이 큰 시스템에서는 응답 속도를 좀 더 빠르게 할 수 있다는 장점이 있기 때문에, PID 제어 시스템에서 아래 블록 다이어그램과 같은 멀티 루프 형식의 캐스케이드 구조를 사용하기도 한다.

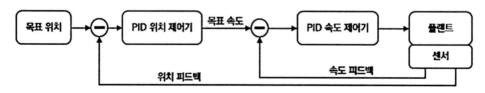

Figure III-126 위치 제어 시스템의 캐스케이드 구조 예

이와 같은 캐스케이드 제어기의 튜닝은 내부 루프의 PID 속도 제어기를 안정적이고 충분한 성능을 낼 수 있도록 튜닝한 후 이를 하나의 큰 플랜트로 두고 외부 루프의 PID 위치 제어기를 튜닝하는 순서를 가지면 된다.

여기에서 내부 루프 PID 속도 제어기는 외부 루프 PID 위치 제어기 출력의 대역폭을 처리할 수 있어야 하므로, 일반적으로 내부 루프 PID 속도 제어기의 제어 주파수는 외부 루프 제어 주기의 5 ~ 10 배 이상의 제어 주파수를 가지도록 한다.

바. 디지털 PID 제어기의 코너 주파수 위치

앞서 PID 제어기의 구조와 특성 편에서 PID 제어기의 주파수 영역 코너 주파수들에 대한 역할과 동작 특성에 대해서 알아 보았었다. 이 코너 주파수들의 위치 선정은 디지털 PID 에서 샘플링 주파수도 고려되어야 한다.

아래는 아날로그 PID 와 Bilinear 로 변환한 디지털 PID 제어기의 보드선도이다.

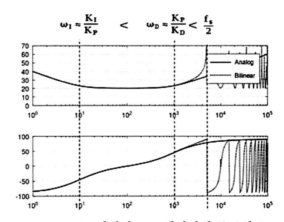

Figure III-127 디지털 PID 제어기의 보드선도

위 보드선도와 같이 디지털 PID 제어기에서 코너 주파수 ω_I, ω_D 의 위치는 나이퀴스트 샘플링 이론에 의해 샘플링 주파수 f_s 의 반 즉, $f_s/2$ 보다 충분히 작아야 원하는 성능을 얻을 수 있을 것이다.

사. 샘플링 주파수 선정 예

이 책의 속도 제어기에서는 모터의 로터리 엔코더에 대해 M 방식으로의 펌웨어를 구현할 때 주기 시간을 1ms 로 두었기 때문에, PID 제어기의 샘플링 주기는 1ms 로 사용할 것이다.

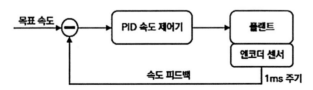

Figure III-128 속도 제어기

즉, 위 그림에서 1ms 주기로 엔코더 센서에서 회전 속도를 샘플링하고, 이 주기마다 샘플링 된 회전 속도 데이터로 PID 제어 연산을 한 후 출력한다.

이렇게 결정한 제어 주기를 앞서 보았던 위상 교차 주파수와 PWM 주기 조건으로 적정한 지 확인해보자.

아래는 주파수 응답 측정 편에서 측정했던 모터 플랜트의 보드선도다.

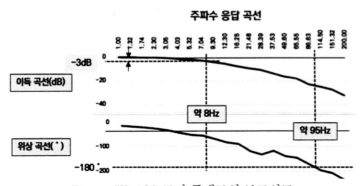

Figure III-129 모터 플랜트의 보드선도

PID 제어기를 장착한 시스템의 루프 보드선도는 아니지만, 플랜트 보드선도의 위상 교차 주 파수로 필요한 샘플링 주파수를 근사하여 추정할 수 있다.

위 그림에서 위상 교차 주파수 (-180° 지점의 주파수)가 약 95Hz 정도이고, 이의 10 배 이 상되는 1KHz(1ms)의 PID 제어 주기는 적당하다 할 수 있다.

또한, 액츄에이터 제어의 PWM 주파수와도 관계가 있는데, 제어 선형성을 위해서 최소 2 개 이상의 PWM 파형이 포함될 수 있도록 PID 제어 주기를 선정하는 것이 일반적이다.

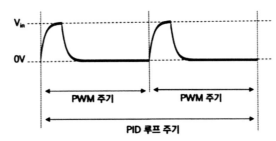

Figure III-130 PID 제어기 제어 주기와 PWM 주기

모터의 회전 속도 제어 편에서 구현했던 속도 제어기의 PWM 주파수는 2KHz 로 설정했었고, 여기에서 결정한 PID 제어기의 제어 주기는 1KHz 이므로 만족한다 할 수 있다.

6.2.2. 기본 디지털 PID 제어기 구현

이 장은 앞서 본 기본 구조의 PID 제어기에 대해 수치 해석적 방식과 Z 변환 방식을 이용하여 C 언어로 구현해 보도록 한다.

가. 수치 해석적 방식

PID 제어기의 시간 함수는 아래와 같다.

$$c_{PID}(t) = K_p e(t) + K_I \int e(t)dt + K_D \frac{de(t)}{dt}$$

위 시간 함수의 디지털 구현에서 비례항은 K_P 에 오차 e(t)를 곱하여 그냥 더해주면 되지만, 적분항과 미분항의 경우 수치 해석적 방식으로 구현 가능하다.

> **적분항**

적분항의 구현은 아래와 같이 오일러 적분을 사용하여 구현할 수 있다.

$$I_{Term} = K_I \int e(t)dt \approx I_{Term} + K_I \times E[n] \times \Delta t$$

위의 수식에서 E[n]은 현재 오차, Δt는 샘플링 주기(제어 주기) T_s 를 의미한다.

> **미분항**

미분항의 구현은 수치 미분을 사용하여 구현할 수 있다.

$$D_{Term} = K_D \frac{de(t)}{dt} \approx K_D \times \frac{E[n] - E[n-1]}{\Delta t}$$

여기에서 오차(Error)는 아래와 같이 원하는 상태 SP 와 피드백 받은 현재 프로세스의 상태값 PV 의 차이가 된다.

$$E = SP - PV$$

위의 내용들을 종합하여 PID 제어기를 C 코드로 구현해보면 아래와 같은데, PID 제어기의 출력 범위를 제한하는 리미터(Limiter)는 플랜트가 받아들일 수 있는 입력 범위에 해당한다. 만일, 플랜트가 PWM 신호를 받는 경우 0 ~ 100%가 될 것이다.

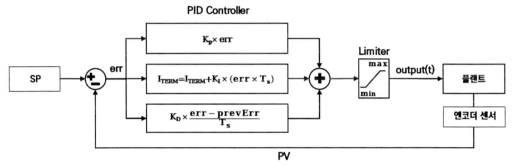

Figure III-131 PID 제어기 기본 구현

PID 제어기의 수치 해석적 구현

```
/* 샘플링 시간(제어 주기) = 1ms */
#define PID_Ts = 1e-3;

/* Kp, Ki, Kd 이득 */
const double PID_KP = 5.0f;
const double PID_KI = 2.0f;
const double PID_KD = 0.002f;

/* PID 출력 범위 제한*/
donst double PID_OutMax = 100.0f;
donst double PID_OutMin = 0.0f;

/*
* Ts 주기마다 PID_Update() 함수가 호출되어야 한다.
* SP : Set Point : 목표 명령
* PV : Process Value : 센서 피드백
*/
double PID_Update(double SP, double PV)
{
  double output;
  double Err = SP - PV;
```

```
    static double prevErr = 0.0f; /* 이전 오차 */
    /* 오차 미분 계산 */
    double dTerm = (Err - prevErr)/PID_Ts;
    /* 오차 적분 계산 */
    static double iTerm = 0.0f;
    iTerm = iTerm + Err * PID_Ts;

    /*
    * PID 출력 계산
    */
    output = PID_KP * Err + PID_KI * iTerm + PID_KD * dTerm;

    /* Limiter : 출력 범위 처리 */
    if (output > PID_OutMax) {
      output = PID_OutMax;
    } else if (output < PID_OutMin) {
      output = PID_OutMin;
    }

    /* 이전 오차 저장 */
    prevErr = Err;
    /* 출력값 리턴 */
    return output;
  }
```

☞ 실수 연산 속도와 정밀도 고려

　위에서 살펴본 PID 제어기 연산은 실수 연산들인데, 이때 실수의 정밀도와 연산 속도를 고려해야 할 경우도 있다.

　일반적으로 10^{-7} 정도의 정밀도를 가지는 부동 소수점 Float 형 또는 10^{-19} 정도의 정밀도를 가지는 복수 정밀도인 double 형의 사용은 정밀도에서 충분할 수 있다. 또한, 실수 연산의 곱하기와 나누기 연산 속도가 정수 연산에 비해서는 느리지만, 보통의 경우는 충분하다.

　하지만, 샘플링 주기가 us 단위 이하로 빠를 경우에는 이에 대한 고려를 해야 할 경우도 있는데, 이런 경우 $K'_I = K_I \times T_s$, $K'_D = \frac{K_D}{T_s}$ 로, $I_{Term} = I_{Term} + K'_I \times E[n]$, $D_{Term} = K'_D \times (E[n] - E[n-1])$과 같은 수식으로 이득 K'_I, K'_D 가 상수 샘플링 주기 T_s 와의 연산을 미리 포함하도록 하여, 실수 연산을 줄이는 효과를 가지기도 한다.

나. Z 변환을 통한 PID 제어기의 디지털 구현

앞에서 수치 해석적 방식으로 PID 제어기의 디지털 구현에 대해 알아보았다.

여기에서는 PID 제어기의 라플라스 전달함수를 Z 변환해서 디지털 PID 제어기를 구현해보도록 한다. 대부분 수치 해석 방식과 동일하지만, 적분기의 Bilinear 변환 방식과 미분기에 저주파 통과 필터를 장착하는 등에서는 Z 변환을 통한 구현 방식을 알아두는 것이 더 유용하게 사용된다.

PID 제어기의 라플라스 변환은 아래와 같다.

$$C_{PID}(s) = \frac{C(s)}{E(s)} = K_P + \frac{K_I}{s} + K_D s$$

Z 변환 방식과 주파수 특성

디지털 구현을 위해서는 위의 라플라스 형식을 Z 변환해야 한다.

Z 변환 편에서 라플라스 변환을 Z 변환하는 방식에 대해 아래와 같은 방식이 있음을 살펴보았었다. Forward Euler 방식은 안정성 문제로 제어 시스템에서는 잘 사용되지 않는다.

☞ Backward Euler 근사 방식

$$s \approx \frac{1}{T_s} \times \frac{z-1}{z}$$

☞ Bilinear (Tustin) 근사 방식

$$s \approx \frac{2}{T_s} \times \frac{z-1}{z+1}$$

먼저, 아래와 같이 저주파 통과 필터와 고주파 통과 필터의 변환을 통해 이 2 가지 방식에서 저주파 영역과 고주파 영역의 특성을 살펴보기로 한다.

Bilinear 방식의 경우 MATLAB/OCTAVE 의 c2d() 함수의 'tustin'으로 변환한 것과 동일하다.

MATLAB/OCTAVE	
pkg load control	% control 패키지 로드 : for OCTAVE only
pkg load signal	% signal 패키지 로드 : for OCTAVE only
s = tf('s');	% 특수 변수 만들기

```
Hs_LPF = 100/(s+100);

Ts = 1e-3;                     % 샘플링 주기 = 1ms
z = tf('z', Ts);               % 특수 변수 만들기
se = (z-1)/z/Ts;               % Backward Euler
Backward_LPF = 100/(se + 100)  % 라플라스 전달함수를 써준다.
st = 2/Ts * (z-1)/(z+1);       % Bilinear
Bilinear_LPF = 100/(st + 100)

figure(1)
bode(Hs_LPF, Backward_LPF, Bilinear_LPF);

Hs_HPF = s/(s+100);
Backward_HPF = se/(se + 100)   % 라플라스 전달함수를 써준다.
st = 2/Ts * (z-1)/(z+1);       % Bilinear
Bilinear_HPF = se/(st + 100)

figure(2)
bode(Hs_HPF, Backward_HPF, Bilinear_HPF);
```

위 MATLAB/OCTAVE 코드의 결과 보드선도는 아래와 같다.

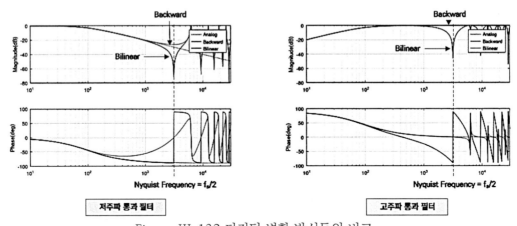

Figure III-132 디지털 변환 방식들의 비교

위 보드선도에서 보듯이 Bilinear 변환 방식은 저주파 통과 필터에서 Backward Euler 변환 방식보다 고주파에서 조금은 더 노이즈에 강할 수 있다. 하지만, 고주파 통과 필터의 고주파 영역에서는 주파수 응답 왜곡 즉, 이득과 위상의 왜곡이 발생한다는 단점과 Backward 방식보다는 약간은 더 수식이 복잡하다는 단점이 있다.

반면, Backward Euler 방식의 변환 방법은 수식이 간단하여 구현이 쉽지만, 저주파 통과 필터에서는 고주파 노이즈에 다소 민감할 수 있다는 단점이 있다.

이런 이유로 저주파 통과 필터 특성이 있는 적분기는 Bilinear 방식으로 변환해 볼 것이다.

반면, 고주파 통과 필터 특성이 있는 미분기는 고주파 영역에서의 위상 보상 동작이 중요하기 때문에 Bilinear 방식 보다는 Backward Euler 방식이 많이 사용되어 진다.

적분항의 Z 변환

적분항의 경우 고주파로 갈수록 신호 감쇠가 커지는 저주파 통과 필터 특성을 가지고 있기 때문에, Bilinear 방식을 통해 구현해 보도록 한다.

$$\frac{Y_I(s)}{E(s)} = K_I \frac{1}{s} \approx \frac{Y_I(z)}{E(z)} = K_I \frac{T_s}{2} \times \frac{z+1}{z-1} = K_I \frac{T_s}{2} \times \frac{1+z^{-1}}{1-z^{-1}}$$

여기에서 E(s)는 오차이며, $Y_I(s)$는 PID 적분기의 출력을 의미한다. 이를 차분 방정식으로 만들기 위하여 정리하면 아래와 같다.

$$Y_I(z) = K_I \frac{T_s}{2} \times \left(E(z) + E(z)z^{-1} \right) + Y_I(z)z^{-1}$$

차분 방정식으로 변환하면 아래와 같다.

$$Y_I[n] = K_I \frac{T_s}{2} \times (E[n] + E[n-1]) + Y_I[n-1]$$

이 차분 방정식은 C 코드로 아래와 같이 구현될 수 있다.

I Term 의 Bilinear C 코드

```
iTerm = iTerm + PID_KI * PID_Ts * 0.5f * (Err + prevErr);
```

적분기를 Backward Euler 변환 방식으로 변환한 결과는 수치 해석적 방식과 결과가 동일하다. 위와 같이 Bilinear 변환 방식은 Backward Euler 방식보다 구현이 다소 복잡하여 연산 속도가 조금 더 느리다는 단점이 있지만, 주파수 정확도가 조금 더 높다는 장점을 가진다.

적분항의 구현에 어떤 변환 방식을 사용하더라도 시스템 특성에 따라 성능이 동일할 수도 있지만, 일반적으로 샘플링 주파수가 처리하고자 하는 최대 주파수의 10 배 이하보다 작다면 Bilinear 방식을 사용하는 것이 주파수 응답 특성에 좋다.

미분항의 Z 변환

Backward Euler 변환이 계산이 간단하여 연산 효율성이 높고 고주파 영역에서의 특성이 좋기 때문에, 고주파 영역에서 미분기의 빠른 응답 특성이 필요한 경우에는 일반적으로 Backward Euler 변환을 사용한다.

변환 결과는 앞에서 본 수치 해석적 구현과 동일하다.

$$\frac{Y_D(s)}{E(s)} = K_D s \approx \frac{Y_D(z)}{E(z)} = K_D \times \frac{1}{T_s} \times \frac{z-1}{z} = K_D \times \frac{1}{T_s} \times \frac{1 - z^{-1}}{1}$$

여기에서 E(s)는 오차이며, $Y_D(s)$는 PID 미분기의 출력을 의미한다. 이를 차분 방정식으로 만들기 위하여 정리하면 아래와 같다.

$$Y_D(z) = K_D \times \frac{1}{T_s} \times \left(E(z) - E(z)z^{-1} \right)$$

차분 방정식으로 변환하면 아래와 같다.

$$Y_D[n] = K_D \frac{1}{T_s} \times (E[n] - E[n-1])$$

이 차분 방정식은 C 코드로 아래와 같이 구현될 수 있다.

D Term 의 Backward C 코드

```
dTerm = PID_KD * (Err - prevErr)/ PID_Ts;
```

6.2.3. PID 제어기 보완 구현

앞에서 기본 구조의 PID 제어기를 디지털 코드로 구현해 보았다. 여기에서는 기본 구현된 PID 제어기의 약점과 그에 대한 보완 방법에 대해 살펴보도록 한다.

가. 적분기의 적분 포화(Integral Windup)

PID 제어기의 적분 포화(Integral Windup)는 오차를 계속 적분하는 적분기의 출력이 제어 범위 이상으로 증가하여 제대로 제어가 되지 않는 현상을 의미한다.

이런 적분기 출력에서 적분 포화가 일어났다면, 제어 가능한 출력 범위 구간으로 해소될 때까지 오버슈트 및 정착 시간 지연, 응답 지연 등의 문제가 발생된다.

아래 그림은 [-5 ~ 5]까지 PID 제어기의 출력이 제한되는 시스템에서 PID 적분기의 적분 포화 현상을 나타낸 그림이다.

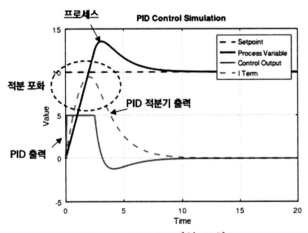

Figure III-133 적분 포화

위 그림에서 보이는 것과 같이 적분 출력이 PID 제어기의 출력 범위를 넘어서서 계속 증가하다가, 목표에 도달하더라도 바로 반응을 하지 못해 지연이 생기고, 그로 인해 큰 오버슈트가 발생하는 것을 볼 수 있다.

이런 문제는 PID 제어기가 제어 출력을 하더라도 플랜트가 외란 등의 원인으로 오차를 계속 가지고 있다면 적분기는 이 오차를 계속 누적하게 되므로, 일반적인 제어 시스템에서 빈번하게 일어나는 문제 중 하나이다. 심할 경우에는 시스템의 안정성에도 영향을 줄 수 있으므로, 반드시 보완해야 하는 문제이다.

안티-와인드업(Anti-Windup)

위와 같은 적분기의 포화(Integral Windup) 현상을 방지하는 기술을 안티-와인드업(Anti-Windup, 적분 포화 방지)이라 한다.

대표적으로 적분항에 제한을 두는 클램핑 방식(또는 Limiter 방식), 제어기 출력이 제어 범위를 벗어나면 역계산하여 적분항에서 일정값을 빼주는 역계산(Backward Calculation) 방식, 제어기 출력이 제어 범위를 벗어나면 적분기의 동작을 중지시키는 조건부(Conditional) 적분 방식 등의 안티 와인드업 방식들이 있다.

이 중 아래 그림과 같이 적분기에도 리미터(Limiter)를 두어 적분기 출력을 제한하는 클램핑 방식이 구현과 조정이 간단하여 일반적으로 사용되는 방식이다.

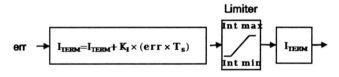

Figure III-134 적분 포화 리미터

리미터(Limiter)는 아래 코드와 같이 적분항의 값이 제한된 범위에 있도록 구현하면 된다.

적분항의 출력 제한 코드

```
/* 적분 계산 */
iTerm = iTerm + Err * PID_Ts;

/* 적분 포화 처리(리미터) */
if (iTerm > ITERM_MAX) {
    iTerm = ITERM_MAX;
} else if (iTerm < ITERM_MIN) {
    iTerm = ITERM_MIN;
}
```

아래 그림과 같이 적분 제한을 시킴으로써 적분항이 출력 범위로 들어오는데 더 적은 지연이 발생하여 오버슈트의 크기가 줄어드는 것을 볼 수 있다.

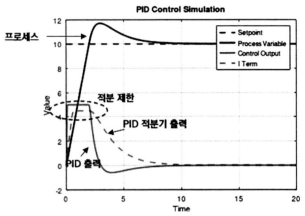

Figure III-135 적분 리미터에 의한 적분 포화 개선

또 다른 방식인 역계산 방식은 PID 제어기의 계산 최종치가 min/max 에서 벗어난 정도에 따라 일정 비율을 곱한 값으로 역계산하여 적분 이득에서 빼주는 방식이다. 하지만, 일반적으로 일정 비율의 값을 정하기 까다롭기 때문에, 보통의 경우 위의 간단한 리미터 방식이 선호된다.

나. 미분기의 미분 킥(Derivative Kick)

PID 제어기의 미분기의 구현에서 미분 킥(Derivative Kick) 현상을 고려해야 한다.

$$D_{Term} = K_D \times \frac{Error[n] - Error[n-1]}{T_s}$$

PID 제어기의 샘플링 시간(제어 주기) T_s 는 응답 특성을 위해 보통 매우 짧은 순간이기 때문에, 미분항은 작은 오차의 변화에도 큰 영향을 받게 되어 매우 큰 출력 변화를 일으킬 수 있다. 이런 현상을 미분 킥(Derivative Kick) 현상이라 한다.

작은 노이즈에도 영향을 받을 수 있는 이런 미분기의 미분 킥 현상으로 인한 제어 출력 변화는 시스템에 급격하거나 지속적인 진동을 발생시킬 수 있는데, 이로 인해 소음 노이즈가 발생할 수 있고, 기계적 마모를 일으켜 시스템의 수명을 단축시킬 수도 있다.

따라서, 이에 대한 보완이 필요한데, 보완 방식에는 미분기에 필터를 장착하는 미분항 필터링 방식, 미분기의 값을 제한하는 미분항 클램핑 방식 등과 미분 이득 K_D 를 낮게 튜닝하는 방식이 있다.

이 중 미분항에 저주파 통과 필터를 장착하는 방식에 대해 살펴보도록 한다.

아래 그림과 같이 미분항에 저주파 통과 필터를 직렬로 연결하여 미분기로 입력되는 오차의
고주파 변화량을 감쇠시키는 것이다.

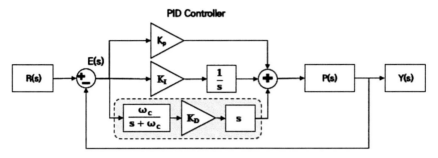

Figure III-136 미분항의 저주파 통과 필터

위 블록 다이어그램의 경우 차단 주파수 ω_c 를 가지는 1 차 저주파 통과 필터를 사용하였으
며, 이때 PID 전달함수는 아래와 같다.

$$PID(s) = (K_p + \frac{K_I}{s} + K_D s \times \frac{\omega_c}{s + \omega_c}) \times E(s)$$

시간 영역에서의 효과

아래 그림과 같이 미분기에 저주파 통과 필터를 장착함으로써 미분 킥을 줄이는 효과를 가
지게 된다.

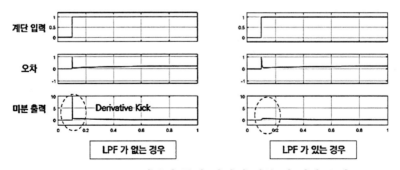

Figure III-137 저주파 통과 필터의 미분 킥 저감 효과

이렇게 미분항에 저주파 통과 필터의 사용은 시간 영역에서 확인이 가능하지만, 실제 중요
한 것은 아래 주파수 영역에서의 동작을 고려해야 한다.

위상 보상을 고려한 저주파 통과 필터의 차단 주파수

PID 제어기의 미분기에 직렬 연결된 저주파 통과 필터에서 단순히 노이즈 또는 미분 킥의 크기만 고려하여 차단 주파수를 결정하면 안된다.

이는 PID 제어기의 미분기가 위상을 보상해 시스템의 안정성 개선을 위해 사용되는 용도이며, 이는 오버슈트 및 진동을 최소화하는 역할을 하기 때문이다.
이런 안정성을 고려하여 미분기에 직렬 연결되는 저주파 통과 필터의 차단 주파수를 결정하는 방법은 주파수 영역에서 보면 더욱 명확하게 이해할 수 있다.
아래 그림과 같이 해당 플랜트에 대해 PID 제어기의 이득들을 선정했다고 생각해보자.

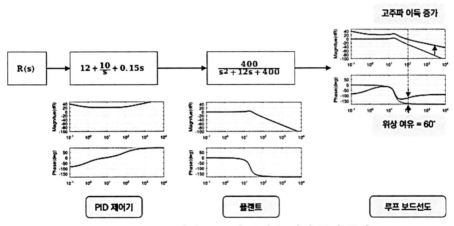

Figure III-138 기본 PID 의 주파수 영역 동작 동작

위의 튜닝은 좋은 튜닝이라 할 수는 없지만, 위상 여유 60°에 집중하기로 한다.
위의 보드선도에서 보듯이 미분기의 +20dB/decade 고주파 이득 기울기 영향으로 루프 보드선도의 고주파 영역의 감쇄 기울기가 -40dB/decade 에서 -20dB/decade 로 감소했으며, 이로 인해 10^4 rad/sec 에서 -40dB 정도의 감쇄 이득으로 고주파 노이즈의 영향을 받을 수 있다. 여기에서 원하는 이득의 감쇄 기울기는 -40dB/decade 이다.

이것을 보완하기 위해서는 저주파 통과 필터를 연결한 미분기로 고주파 이득을 감소시켜줘야 한다.
아래는 저주파 통과 필터의 차단 주파수를 이득 교차 주파수(Gain Crossover Frequency)인 100rad/sec 로 준 예이다.

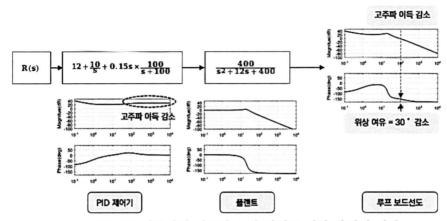

Figure III-139 미분항의 저주파 통과 필터로 인한 안정성 저하

PID 제어기의 미분기 고주파 이득이 감소된 것을 볼 수 있고, 이 결과로 고주파 영역인 10^4 rad/sec 에서 감쇠 이득이 -80dB 정도로 줄어 들었다.

하지만, 너무 낮은 저주파 통과 필터의 차단 주파수는 필터의 위상 지연이 영향을 미쳐 미분기의 역할인 위상 보상을 충분히 할 수 없기 때문에, 위상 여유가 30°로 줄어든 것을 볼 수 있다.

이런 이유로, 이렇게 미분기에 직렬 연결된 저주파 통과 필터의 차단 주파수는 저주파 통과 필터의 위상 지연이 튜닝된 시스템에 영향을 미치지 않도록 이득 교차 주파수(Gain Crossover Frequency)의 10 배 이상을 사용한다. 여건이 안된다면 최소한 5 배 이상은 두도록 한다.

위의 루프 보드선도에서 위상 교차 주파수는 약 100rad/sec 이며, 아래는 저주파 통과 필터의 차단 주파수를 이득 교차 주파수(Gain Crossover Frequency)의 10 배 정도인 1000rad/sec 로 준 예이다.

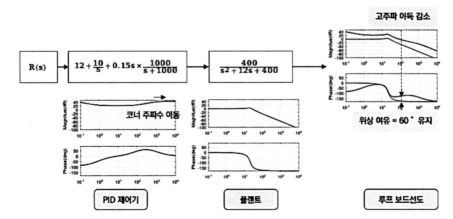

Figure III-140 미분항의 높은 차단 주파수를 가진 저주파 통과 필터

위와 같이 튜닝된 시스템에 영향을 주지 않고, PID 제어기 미분기의 고주파 영역 이득은 제한시켜 주어 고주파 영역인 10^4 rad/sec 에서 이득이 -60dB 정도로 줄게 되었으며, 위상 여유 역시 60°를 유지하고 있음을 볼 수 있다.

제어 주기를 고려한 저주파 통과 필터의 차단 주파수

위에서 위상 보상을 고려하여 저주파 통과 필터의 차단 주파수를 선정해야 한다는 것을 알아보았다.

이 차단 주파수는 디지털 PID 제어기에서 나이퀴스트 샘플링 이론에 따라 샘플링 주파수(제어 주기) f_s 의 반, 즉 $f_s/2$ 보다는 충분히 작아야 한다. 가능하다면, $f_s/5$ ~ $f_s/10$ 이하로 저주파 통과 필터의 차단 주파수를 선정하면 연속 시간에서의 응답과 비슷한 응답을 얻을 수 있다.

[미분기 + LPF] 디지털 코드 구현

저주파 통과 필터의 장착은 디지털 필터 편을 참조하여 따로 분리된 저주파 통과 필터(LPF)로 구현할 수도 있다.

여기에서는 [미분기 + LPF] 전달함수를 Backward Euler 방식을 이용한 변환으로 코드를 좀 더 간단하게 할 수 있는 방법에 대해 살펴본다.

미분기와 차단 주파수가 ω_c 인 1 차 저주파 통과 필터(LPF)의 직렬 연결 전달함수는 아래와 같다.

$$\frac{Y_D(s)}{E(s)} = K_D(s \times \frac{\omega_c}{s + \omega_c}) \rightarrow \frac{Y_D(z)}{E(z)} = K_D(\frac{1 - z^{-1}}{T_s} \times \frac{\omega_c}{\frac{1 - z^{-1}}{T_s} + \omega_c})$$

위의 식을 풀어 차분 방정식으로 정리하면 아래와 같이 나오게 된다.

$$y_D[n] = \frac{K_D(E[n] - E[n-1]) + \frac{1}{\omega_c}y_D[n-1]}{\frac{1}{\omega_c} + T_s}$$

이 차분 방정식을 C 코드로 아래와 같이 간단하게 구현할 수 있다.

PID 제어기의 수치 해석적 구현

```
/*
* 미분기 + 1 차 LPF
* lpfTau = 1/lpf_wc
*/
dTerm = (PID_KD * (Err − prevErr) + dTerm * lpfTau) / (lpfTau + PID_Ts);

/* PID 출력 계산*/
output = PID_KP * Err + PID_KI * iTerm + dTerm;
```

이렇게 [미분기 + LPF] 전달함수를 한번에 변환하여 구현하는 방식 중 설정하려는 차단 주파수가 샘플링 속도(제어 주기)의 5~ 10 배 이하인 경우에는 즉, 샘플링 속도가 충분히 빠른 경우 Bilinear 변환 방식의 주파수 특성이 좀 더 안정적일 수 있지만, 샘플링 속도가 충분히 빠르지 못하다면 Bilinear 변환 방식의 [미분기 + LPF] 에서는 신호 왜곡이 발생할 수 있으므로, 시스템의 특성에 맞는 변환 방식을 선택하여 사용하도록 한다.

6.2.4. 디지털 PID 제어기 최종 코드

앞에서 본 내용들을 정리하면 아래와 같이 실제 사용할 수 있는 PID 제어기의 코드를 작성할 수 있다.

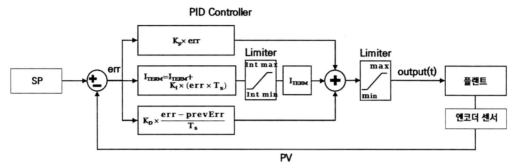

Figure III-141 PID 제어기 블록 다이어그램

아래는 PID 헤더 코드이다.

PID.h 헤더 파일

```
#ifndef _PID_CONTROLLER
#define _PID_CONTROLLER
/*
* PID 제어기 구조체 정의
*/
typedef struct {
  double Kp;              // 비례 이득
  double Ki;              // 적분 이득
  double Kd;              // 미분 이득
  double integral;        // 적분 값
  double derivative;      // 미분 값
  double prev_error;      // 이전 오차
  double integral_min;    // 적분 최소값
  double integral_max;    // 적분 최대값
  double out_min;         // 출력 최소값
  double out_max;         // 출력 최대값
} CONTROLLER;

double PID_Update(PIDController *pid, double setpoint, double process_variable, double ts);
void PID_Init(PIDController *pid, double Kp, double Ki, double Kd,  double integral_min, double
integral_max, double out_min, double out_max);
#endif
```

아래는 PID 소스 코드의 예이다.

PID.c 소스 코드

```c
#include <stdio.h>
#include "PID.h"

/*
* PID 제어기 초기화 함수
*/
void PID_Init(PIDController *pid, double Kp, double Ki, double Kd,  double integral_min, double
integral_max, double out_min, double out_max) {
    pid->Kp = Kp;
    pid->Ki = Ki;
    pid->Kd = Kd;
    pid->integral = pid-> derivative = 0;
    pid->prev_error = 0;
    pid->integral_min = integral_min;
    pid->integral_max = integral_max;
    pid->out_min = out_min;
    pid->out_max = out_max;
}

/*
* PID 제어기 업데이트 함수 : 제어 주기마다 호출되어야 한다.
*/
double PID_Update(PIDController *pid, double setpoint, double process_variable, double ts) {
    /* 오차 계산 */
    double error = setpoint - process_variable;
    double dTerm;

    /* 적분 계산 */
    pid->integral += error * ts;

    /* 적분 포화 처리 Limiter*/
    if (pid->integral > pid->integral_max) {
        pid->integral = pid->integral_max;
    } else if (pid->integral < pid->integral_min) {
        pid->integral = pid->integral_min;
    }

    /* 미분 계산 */
#ifdef DIRIVATIVE_LPF
    dTerm = (pid->Kd * (error  - pid->prev_error) + dTerm * lpfTau) / (lpfTau + ts);
#else
    double derivative = (error - pid->prev_error) / ts;
    dTerm = pid->Kd * derivative;
#endif
```

```
/* PID 제어 계산 */
double output = (pid->Kp * error) + (pid->Ki * pid->integral) + (derivative);

/* 출력 범위 처리 : Limiter */
if (output > pid->out_max) {
  output = pid->out_max;
} else if (output < pid->out_min) {
  output = pid->out_min;
}

/* 이전 오차 업데이트 */
pid->prev_error = error;

return output;
}
```

PID 제어기 테스트 코드

아래는 위 PID 제어기의 C 코드를 앞서 모터의 속도 제어 코드로 테스트하는 예이다. K_P = 2, K_I = 1.2, K_D = 0.02 로 임의의 이득값으로 설정하였다.

PID 제어기 테스트 코드

```
#include "pid.h"
PID_CONTROLLER PID1;  /* PID 생성 */
double motorRPM = 0;

/*
* 타이머 인터럽트 핸들러
* sampling period : 1ms
*/
void HAL_TIM_PeriodElapsedCallback(TIM_HandleTypeDef *htim)
{
  if(htim->Instance == TIM4) {
    /* 엔코더 M 방식 회전 속도 계산 */
    ENCODER_TMR_ISR(&Encoder1);
    /* 피드백 신호인 속도 검출 */
    double process_variable = ENCODER_GetRPM(&Encoder1);
    /* PID Update 함수 호출 후 모터 속도 제어(플랜트로 출력) */
    double control_output = PID_Update(&PID1, motorRPM, process_variable, 0.001);
    S_DCMOTOR_SetRPM(&DC_Motor1, (double)control_output);
  }
}
```

```
   int main()
  {
    ...
    double maxRPM = 2550;
    double integral_min = 0;          // 적분 최소값
    double integral_max = maxRPM; // 적분 최대값
    double out_min = 0;               // 출력 최소값
    double out_max = maxRPM;      // 출력 최대값
    double ts = 0.001;
    /* PID 제어기 초기화 : Kp, Ki, Kd*/
    PID_Init(&PID1, 2.0, 1.2, 0.02, integral_min, integral_max, out_min, out_max);

    while (1)
    {
      ENCODER_PrintRPM(&Encoder1);
      if(USER_BtnCheckClick() == 0) {
         continue;
      }
      /* 버튼을 누를 때마다 500RPM 씩 증가 : 타이머 인터럽트 핸들러에서 제어된다*/
      motorRPM += 500;
      if(motorRPM > DC_Motor1.maxRPM)
              motorRPM = 0;
    }
    return 0;
  }
```

위의 코드는 PID 이득들이 튜닝이 안되어 있기 때문에, 아래와 같은 불안정한 응답을 보일 수 있다.

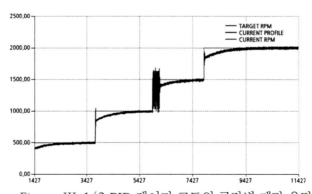

Figure III-142 PID 제어기 코드의 구간별 계단 응답

이에 대한 PID 제어기의 안정적인 튜닝은 PID 제어기 튜닝 방식 편에서 살펴보도록 할 것이다.

6.2.5. 기타 고려사항

앞에서 기본적인 PID 제어기를 구현하였는데, K_P, K_I, K_D 가 적절한 이득을 가질 수 있도록 튜닝을 하면 제어하는데 무리가 없다.

하지만, 시스템의 특성 차이로 인해 또는 좀 더 나은 성능을 위해, 기본 PID 제어기에 아래와 같은 고려 사항들에 대해 처리해 주기도 한다.

가. 입력 신호 모양 조절(Input Shaping)

PID 제어기는 입력 목표 신호의 급격한 변화에 대해 오버슈트가 발생할 수 있다. 물론, 이는 PID 제어기의 각 이득들을 조절하여 대응할 수 있지만, 그로 인해 보통은 시스템 응답이 늦어지게 된다.

이는 정착 시간(Settling Time)이 늦어지는 것은 감안할 수 있다고 해도, 외란(Disturbance)에 대한 응답이 늦는 것은 용납하지 못하는 시스템에서는 문제가 될 수 있다.

이런 시스템 즉, 급격한 입력 명령 신호의 변화에 오버슈트가 없어야 하지만, 외란에 대한 대응 능력은 충분히 갖추어야 하는 시스템에서 사용할 수 있는 기술 중의 하나가 입력 명령 신호의 모양을 변화시켜 PID 제어기로 주는 것이다.

이에 대해서는 모터의 소프트 제어 편에서 살펴본 바 있다.

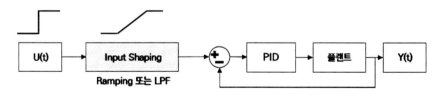

Figure III-143 입력 모양 조절

이 입력 신호 모양 조절(Input Shaping) 알고리즘은 결국 입력 신호가 포함하는 고주파 신호 크기를 작게 만들어 시스템의 오버슈트 및 링잉을 작게 하고자 하는 기술이다.

자주 사용되는 방식에는 계단 신호를 경사 신호로 변형하는 경사 신호 방식, S 커브 모양으로 만드는 S 커브 방식과 목표 신호에 저주파 통과 필터를 장착하는 방식 등이 있다.

이들 방식 중 경사 신호 방식(Ramping Method)은 입력되는 계단 목표 신호를 경사 신호로 단계적으로 증가 또는 감소시킴으로써 급작스러운 입력 변화를 막는 방법으로 부드럽게 목표치에 도달할 수 있도록 하는데, 이 경사 신호 방식은 모터의 소프트 제어 편에서 구현해 보았다.

아래와 같이 계단 응답과 경사 응답에 대해 MATLAB/OCTAVE 로 확인해 볼 수 있다.

MATLAB/OCTAVE

```
pkg load control    % control 패키지 로드 : for OCTAVE only
% transfer function
s = tf('s');
Plant = 100/(s^2 + 2*0.1*20*s + 100);
% 신호 생성
t=0:0.01:10
Step_Input = (t)=0.01);     % 계단 신호
Slope = 0.2;
Ramp_Input = Slope*t;     % 경사 신호
Ramp_Input(Ramp_Input > 1) = 1;
% 계단 응답
[Step_Response,t]=lsim(Plant,Step_Input,t)
figure(1)
plot(t, Step_Input, 'k--', t, Step_Response, 'k', 'linewidth', 1.2)
legend('step input', 'step response');
title('NO RAMPING')
% 경사 응답
[Ramp_Response,t]=lsim(Plant,Ramp_Input,t)
figure(2)
plot(t, Ramp_Input, 'k--', t, Ramp_Response, 'k', 'linewidth', 1.2)
legend('ramp input', 'ramp response');
title('RAMPING')
```

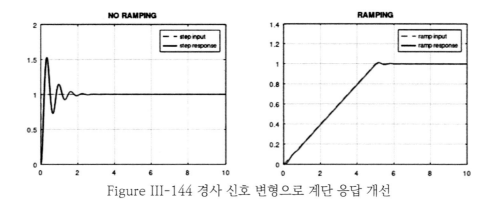

Figure III-144 경사 신호 변형으로 계단 응답 개선

위와 같이 오버슈트와 링잉이 발생하는 신호에 목표 신호를 경사 신호로 만들 경우 부드럽게 정착하는 것을 볼 수 있다.

하지만, 응답 속도와 정착 시간(Settling Time)이 늦어지고 있으므로, 시스템의 특성과 요구사항에 따라 경사 신호의 경사도를 조절하는 작업이 필요하고, 모터의 소프트 제어 편에서 보았듯이 구현이 다소 복잡하다는 단점이 있다.

이런 이유로 목표 신호에 저주파 통과 필터를 직렬로 장착하여 PID 제어기의 입력으로 주는 방식이 구현이 간단하여 많이 사용된다.

특히, 폐루프 시스템에 공진점이 있어 계단 응답에 링잉이 발생하는 경우, 이런 방식들은 입력 명령 신호의 공진 주파수에서의 주파수 성분 크기를 충분히 줄여 입력함으로써 링잉을 개선하는데 도움이 된다.

나. 비선형 시스템에서의 성능 개선

PID 제어기는 기본적으로 선형 제어기이므로, 선형 시스템에 대해서는 효과적으로 제어 가능하지만, 비선형 시스템에서 최적의 성능을 못낼 수도 있다. 이런 경우 퍼지 제어기를 적용한 PID 제어기, 모델 예측 제어기 등과 같은 고급 기법을 사용하기도 하지만, 설계 및 검증이 복잡하다는 단점을 가진다.

따라서, PID 제어기로 비선형 시스템을 제어하는 경우, 일반적으로 시스템에서 비선형 구간은 잘라내고 선형 구간만 사용하는 방법 또는 소프트웨어 또는 하드웨어적으로 비선형을 선형화하는 방법들을 사용한다.

> **플랜트의 선형 구간만 제어**

선형 구간만 제어하는 방식은 비선형 구간은 잘라내어 제어 구간에서 제외시키고, 선형 구간만 유효한 제어 구간으로 정하는 방식이다.

우리가 앞서 모터의 개루프 속도 제어를 구현한 그래프는 아래와 같으며, X 축이 명령이고, Y 축이 실제 모터의 회전 속도이다.

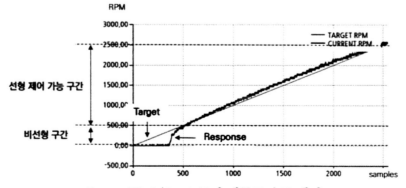

Figure III-145 DC 모터 개루프 속도 제어

아래에서 볼 보정을 통한 선형화 방법으로 제어하는 방법도 있지만, 위 그래프의 저속에서 구동 자체가 없는 비선형 구간의 경우에는 보정하여 선형화하기 어렵다. 따라서, 이 예의 경우 비선형 구간을 잘라내고 500RPM ~ 2500RPM 까지의 구간만 제어 목표 구간으로 두고, 제품 스펙을 정하는 방법을 사용할 수도 있다.

비선형 시스템의 선형화

시스템의 비선형 구간을 선형화하여 PID 제어기의 성능을 개선할 수 있으며, 아래와 같이 2 가지 측면에서 생각해 볼 수 있다

☞ 비선형 플랜트의 입/출력 선형화

하나는 비선형 플랜트의 입/출력 선형화이다. 위 모터 플랜트의 개루프 속도 제어의 선형 구간이라 했던 구간도 그래프에서 보듯이 정확한 선형이 아니다. 이 구간의 플랜트 입력과 출력과의 관계를 선형화하는 것이다.

예를 들어, 아래와 같이 [0 ~ 10]의 목표 명령에 대해 [0 ~ 1]의 위치로 이동하는 시스템을 생각해 보자.

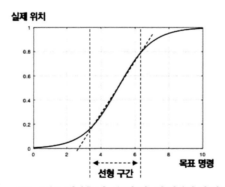

Figure III-146 입/출력 응답의 선형/비선형 구간

위 그림에서 시스템이 지원 가능한 위치 범위는 [0.0 ~ 1.0] 이지만, 선형한 위치 구간은 약 [0.15 ~ 0.8] 임을 알 수 있다. 이런 경우 앞에서 본 것처럼 비선형 구간은 포기하고 [0.15 ~ 0.8] 구간만 사용하고 나머지 구간은 제어에서 제외하는 방식이 있을 수 있다. 하지만, 이런 방식은 제어 구간이 좁아진다는 단점이 있다.

따라서, 가능하다면 선형화하여 사용하는데, 기본 개념은 입력된 명령을 원하는 위치에 맞는 목표로 변환하여 PID 제어기에 전달하는 것이다. 예를 들어, 위의 경우 0.2 위치로 이동하고자 2 라는 명령을 입력했다면, 내부에서 명령 2 를 실제 위치 0.2 에 해당하는 3.5 정도로 변환하여 PID 제어기로 입력하는 것이다.

예를 들면, 위의 경우 전체 구간을 한번에 다차 방정식으로 보정할 수도 있고, 구간을 나누어 [0.0 ~ 0.15], [0.15 ~ 0.8]과 [0.8 ~ 1.0] 구간으로 나누어 각각의 1 차 직선 방정식으로 근사 보정하는 방법을 사용할 수 있을 것인데, 아래 피드백 센서의 오차 보정을 보면 이해가 갈 것이다.

☞ 피드백 센서 출력의 오차 보정

폐루프 PID 제어기에서 실제 응답이 비선형인 경우가 있는데, 이는 피드백 센서의 오차 때문에 발생하는 경우가 많다. 이에 대한 대표적인 예로 홀 센서(Hall Sensor)의 히스테리시스 오차가 있다.

이런 센서의 출력 즉, 피드백 신호가 정확하게 측정되어야 PID 제어기에서 충분한 성능을 발휘할 수 있다.

아래는 PT100 온도 센서의 출력의 예이다. PT100 온도 센서는 온도에 따라 저항의 값이 바뀌는 온도 센서로, 0℃에서 100Ω 저항을 가지고 있으며, 온도 변화에 따른 PT100 센서의 저항값들은 아래 그림의 왼쪽 테이블과 같이 표로 제공된다.

따라서, 현재 온도를 측정하기 위해서는 저항을 측정한 후 온도로 변환하면 된다.

하지만, 변하는 온도에 대한 모든 저항값들을 가지고 계산할 수는 없기 때문에, 저항과 온도와의 관계 방정식으로 도출하게 된다.

저항값(Ω)	온도 ℃
18.52	-200
60.2558	-100
100	0
138.5	100
175.9	200
212.1	300
247.1	400
280.9	500
313.7	600
345.3	700
375.7	800

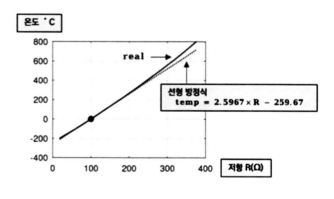

Figure III-147 PT100 온도 센서의 직선 방정식

가장 쉬운 방법은 위와 같이 1 차 선형 방정식으로 도출하는 것이다.

위의 그림은 0℃와 100℃에서의 저항값 2 점으로 직선 방정식을 만든 선형 보상의 예이다. 위에서 보듯이 선형 변환하는 방식은 오차가 조금 크다는 단점이 있다.

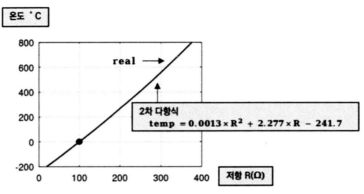

Figure III-148 PT100 온도 센서의 2 차 방정식

위 그림은 곡선 접합(Curve Fitting)을 이용하여 2 차 다항식으로 도출한 예이다. 이렇게 다차 다항식을 사용하는 것이 조금 더 정확할 수 있지만, 연산이 많고 특성 변화에 더 민감할 수 있다는 단점이 있다.

이런 이유로, 구간을 나누어 구간별로 선형 변환하는 보간(Interpolation) 방식도 많이 사용된다.

☞ 모델링에서 선형화를 위해 사용되는 근사 함수들

아래 표의 작은 값에서의 근사 방식들은 테일러 급수 $f(x) = \sum_{n=0}^{\infty} \frac{f^{(n)}(a)}{n!}(x-a)^n$ 에서 유도된 정리들로 모델링 단계에서 선형화에 많이 사용된다.

근사 선형화 수식 (x ≪ 1)
$(1+x)^n \approx 1 + nx$
$e^x \approx 1 + x$
$\sin(x) \approx x$
$\cos(x) \approx 1$
$\tan(x) \approx x$

또한, 앞에서 본 다항식으로의 선형화는 소프트웨어적인 방법으로 보간법(Interpolation), 곡선 접합(Curve Fitting) 등의 수치해석 방식을 사용하여 다항식을 도출하여 구현할 수 있다.

이런 보정을 위한 다항식의 도출 방법에서 MATLAB/OCTAVE 의 polyfit() 함수 또는 마이크로소프트 사의 엑셀 그래프에서의 추세선 기능은 유용하게 사용된다.

게인 스케쥴링(Gain Scheduling)

게인 스케쥴링(Gain Scheduling) 알고리즘은 비선형 시스템을 PID 제어기로 제어하기 위한 알고리즘 중의 하나로, 특정 조건에 따라 PID 제어기의 게인(이득)들을 가변적으로 조절하는 알고리즘을 말한다.

보통은 영역 분할을 통한 이득의 선형화와 시간 분할을 통한 응답 속도의 개선에 사용된다.

☞ 영역 분할을 통한 이득의 선형화

앞의 예에서 비선형 구간을 선형화했다 하더라도 이것이 비선형 시스템의 모든 구간 이득들도 선형화된다는 것을 의미하는 것은 아니다.

이런 경우 구간을 정해 PID 제어기의 각 이득들을 조절하는 방식을 이득 선형화 또는 게인 스케쥴링이라 한다. 예를 들어, 드론의 경우 높은 고도와 낮은 고도로 구분하여 PID 제어기의 이득들을 다르게 적용할 수 있을 것이다.

아래 그림과 같은 구간별 플랜트의 이득이 다른 위치 제어 시스템의 예를 생각해 보자.

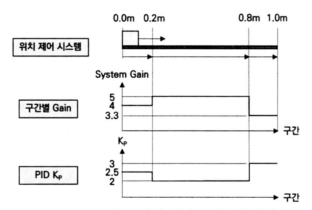

Figure III-149 구간별 게인 스케쥴링 기법

예를 들어, PID 제어기를 튜닝하여 시험을 해보니 시스템의 요구사항에 맞는 성능을 내려면, [0.0 ~ 0.2] 구간에서는 $K_P = 2.5$, [0.2 ~ 0.8] 구간에서는 $K_P = 2$, [0.8 ~ 1.0] 구간에서 $K_P = 3.0$ 이 필요하다면, 구간들을 나누어 PID 이득들을 따로 주어, 피드백 신호가 해당 위치 구간에 들어왔을 경우 해당하는 PID 이득들로 동작할 수 있도록 구현하여 필요한 성능을 낼 수 있도록 하는 것이다.

이런 스케쥴링 방식은 구간을 통과하는 지점에서 응답에 왜곡이 발생할 수 있다는 단점이 있기 때문에 이를 감안하고 사용 여부를 결정하도록 한다.

☞ 시간 분할을 통한 응답 속도의 개선

이 게인 스케줄링은 위의 예와 같이 구간을 분할하는 알고리즘도 있지만, 시간적으로 구간을 분할하여 반응 속도 개선을 위해 사용하는 경우도 있다.

앞서 계속 보아왔듯이, 안정성과 성능은 상충 관계에 있기 때문에, 시스템 특성과 요구 사항에 따라 위상 여유(마진) 등 안정성 등을 확보하기 위하여 이득(Gain)을 크게 올리지 못하고 제한해야 하는 경우 성능 저하가 발생하게 된다.

이런 경우 과도 응답 성능을 요구사항에 맞추지 못하게 될 수 있는데, 이를 충족시키기 위하여 목표 신호를 받은 후 일정 시간 동안만 큰 이득의 PID 제어로 빠른 응답을 하고 일정 시간 후 안정성을 보장하는 PID 이득의 제어로 돌아오도록 구현하는 등의 예가 그 예이다.

아래 그림은 이런 시간 분할 게인 스케줄링의 예이다.

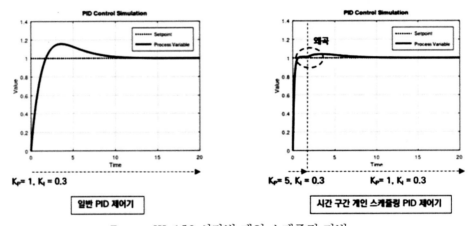

Figure III-150 시간별 게인 스케줄링 기법

오른쪽 그림과 같이 게인 스케줄링을 사용한 PID 제어가 상승 시간의 단축과 작은 오버슈트를 구현할 수 있지만, PID 이득의 변경 시점에 생기는 신호의 왜곡이 생긴다는 단점이 있다.

또한, 이와 같은 게인 스케줄링 PID 제어기 같은 경우 각각의 게인들에 대한 위상 여유와 같은 안정성 확인과 많은 시험을 통한 시스템의 안정적인 동작을 확인하는 작업이 반드시 필요하다.

다. 데드밴드(Deadband) 알고리즘

PID 제어기는 오차로 제어 연산과 출력을 계속하고 있으므로, 센서 측정 노이즈 등에 의한 작은 노이즈에도 반응하여 출력 또한 지속적으로 변동하게 되는데, 이런 PID 제어기의 동작은 전력 손실, 소음 노이즈(Audible Noise)와 지속적인 작은 진동 등을 만든다. 특히, 작은 진동은 열 발생, 기계적 마모 등을 일으켜 시스템의 수명을 단축시킨다.

 이에 대한 방안으로는 데드밴드(Deadband)라 불리는 알고리즘 방식으로 입력 명령이 없는 상태에서 일정 기간 오차의 변화가 없게 되면 PID 동작을 잠시 중지시켜 출력의 변화를 막는 방법이다. 이러한 기능을 통해 시스템이 작은 오차에는 반응하지 않고, 오차가 일정 범위 이상일 때만 반응하도록 할 수 있다.

 데드밴드(Deadband) 알고리즘은 일종의 허용 오차 범위(히스테리시스)를 두는 방식으로, 오차가 이 데드밴드 범위 내에 있으면 PID 제어기가 제어 출력을 조정하지 않고 현재 상태를 유지하다가, 새로운 목표 입력 또는 외란 등에 의해 오차가 데드밴드 영역을 벗어나면 PID 제어기는 다시 오차에 따라 동작하도록 한다. 이 데드밴드 범위는 시스템의 특성 또는 요구사항에 따라 설정한다.

 아래는 데드밴드 모드로의 진입 조건과 탈출 조건에 대한 예로 구현에는 시스템의 특성에 맞는 알고리즘으로 구성하는 것이 일반적이다.

> ### 데드밴드 모드의 진입 조건

 데드밴드 알고리즘은 아래 그림과 같이 일정 시간 동안 데드밴드 영역 안에 오차가 머물러 있다면, 데드밴드 모드로 진입하여 PID 제어기의 동작을 멈추고 출력을 고정한다.

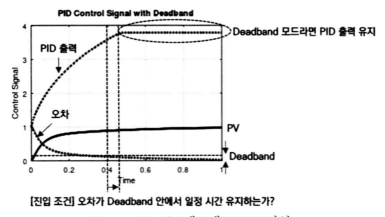

Figure III-151 데드밴드 모드 진입

> ### 데드밴드 모드의 탈출 조건

 위와 같은 조건으로 데드밴드 모드로 진입하여 PID 제어기의 동작을 멈추었다면, 데드밴드 모드에서 탈출하여 PID 제어기를 다시 동작시키는 조건은 오차가 데드밴드 영역을 벗어나거나, 새로운 목표 명령이 입력되는 것이다.

 오차가 데드밴드 영역을 벗어나는 탈출 조건 알고리즘에는 오차가 단순히 데드밴드 영역을 벗어나면 탈출하는 일반 히스테리시스 방식과 오차를 적분하다 데드밴드 영역을 벗어나면 탈출하는 적분형 방식이 많이 사용된다.

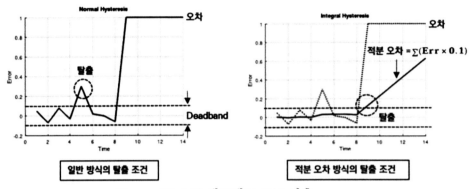

Figure III-152 데드밴드 모드 탈출

 위의 그림과 같이 일반 방식의 경우 작은 노이즈에 의한 오차의 변화에도 데드밴드 모드에서 벗어나는 조건이 될 수 있다는 약점이 있다.
 이런 약점을 보완할 수 있는 적분형 방식은 오차에 특정 가중치를 곱해서 적분한 적분 오차를 탈출 조건으로 사용한다. 위의 그림에서는 0.1 이라는 가중치를 곱해서 적분한 경우이다.
 하지만, 적분형 방식은 위 그림에서 보듯이 데드밴드 모드 탈출에 적분으로 인한 약간의 지연이 발생된다.
 만일, 데드밴드 알고리즘을 사용하려고 한다면, 이런 점들을 고려하여 적당한 알고리즘을 선택하여 구현해야 한다.

6.3. 루프 주파수 응답 측정 방법

이 장에서의 내용은 플랜트의 주파수 응답 측정의 연장선이므로, 주파수 응답 측정 방법 편을 먼저 이해하고 있어야 한다.

여기에서는 PID 제어 시스템의 루프 주파수 응답을 측정하는 방식에 대해 살펴보도록 한다. 이 루프 주파수 응답(보드 선도)은 안정성에 관련된 위상 여유와 이득 여유를 확인할 수 있어 매우 중요하다. 또한, 루프 보드선도는 이런 안정성에 관한 정보 이외에도 다른 중요한 정보들을 담고 있는데, 이에 대해서는 PID 제어기 튜닝의 루프-성형 튜닝 편에서 자세히 살펴보도록 할 것이다.

루프 주파수 응답을 구하기 위해서는 아래와 같이 피드백 값을 고정한 상태에서 출력과 입력 주파수 특성의 비를 구하면 된다.

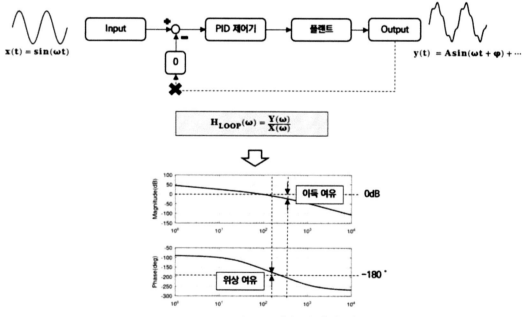

Figure III-153 루프 주파수 응답 측정

주파수 응답 구현 함수

앞서 플랜트의 주파수 응답 측정 방법 편에서 구현했던 DFT 를 이용한 주파수 응답 측정 코드를 PID 제어기 사용으로 수정하면 되므로, 주파수 응답 측정 방법 편의 내용을 이해하고 있어야 한다.

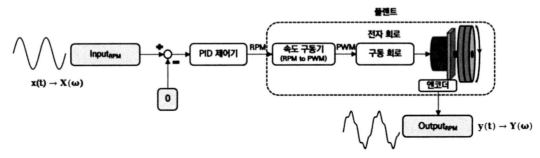

Figure III-154 루프 주파수 측정을 위한 시스템 구성

아래와 같이 USE_PID_FRA 로 define 하여 코드를 수정하였다.

주파수 응답 구현 함수

```
_FREUQNCY_RESPONSE FRA_GetResponse(double measureFrequency)
{
    uint16_t sampleN, periodCount;
    _COMPLEX in, out;
    double abs_in, abs_out;
    double cos_v, sin_v;
    double curSP, curPV;
    uint32_t count_100us;
    _FREUQNCY_RESPONSE responseXW = {0.0f, 0.0f};

    /* 근접 주파수 검색 */
    _BEST_N_F bestTarget = findBest_N_F(measureFrequency);
    if(bestTarget.totalSampleN < 2) {
        return responseXW;
    }
    /* 샘플링 주기*/
    count_100us = (uint32_t)(bestTarget.samplingT/100e-6);
     /* 출력할 정현파 각 주파수 */
    double omega = 2e0 * M_PI / (double)bestTarget.totalSampleN; /*k = 1*/

    /*변수 초기화 */
    in.Real = in.Imag = 0;
    out.Real = out.Imag = 0;
    curSP = FraInfo.Offset;
#ifdef USE_PID_FRA
    PID_MotorRPM = FraInfo.Offset;
```

```
#endif

    for(periodCount = 0; periodCount < FraInfo.Period_N; periodCount++)
    {
        sampleN = 0;
        while(1)
        {
            /* 근사한 주파수에 맞게 선택된 샘플링 주기 */
            if(Sampling100usTmrFlag < count_100us) continue;
            Sampling10usTmrFlag = 0;

            /* 정현파 출력 */
            curSP = FraInfo.Amplitude * sin(omega*sampleN) + FraInfo.Offset;
#ifdef USE_PID_FRA
            /* 타이머 인터럽트 핸들러에서 PID 제어기 입력으로 들어간다. */
            PID_MotorRPM = curSP;
#else
            S_DCMOTOR_SetRPM(&DC_Motor1, curSP);
#endif
            /* 엔코더 출력 측정 */
            curPV = ENCODER_GetRPM(&Encoder1);
            /*
             * DFT : X(w) = SUM[x(t) * cos(2pikn/N) - jx(t)sin(2pikn/N)]
             * k = 1 로 고정.
             */
            cos_v = cos(omega*sampleN);  sin_v = sin(omega*sampleN);
            in.Real += curSP * cos_v;
            in.Imag -= curSP * sin_v;
            out.Real += curPV * cos_v;
            out.Imag -= curPV * sin_v;

            if(++sampleN >= bestTarget.totalSampleN) break;
        }
    }

#ifdef USE_PID_FRA
    PID_MotorRPM = FraInfo.Offset;
#endif

    /* 입/출력 크기 계산 */
    abs_in = sqrt(in.Real*in.Real + in.Imag*in.Imag) * 2.0f/(double)(bestTarget.totalSampleN *
FraInfo.Period_N);
    abs_out = sqrt(out.Real*out.Real + out.Imag*out.Imag) * 2.0f/(double)(bestTarget.totalSampleN
* FraInfo.Period_N);

    /* 측정된 주파수 정보 */
    responseXW.Frequency = bestTarget.measureFreq;
```

```
    /* 이득 계산 */
    responseXW.Gain = 20*log10(abs_out/abs_in);
    /* 위상 계산 */
    responseXW.Phase = 180.0f/M_PI * (atan2(out.Imag, out.Real) - atan2(in.Imag, in.Real));
    if(responseXW.Phase > 0) responseXW.Phase -= 360.0f;

    return responseXW;
}
```

아래 코드도 마찬가지로 PID 출력으로 수정하였다.

FRA 함수

```
void FRA_Measure(double samplingPeriod)
{
    int i;
    _FREUQNCY_RESPONSE responseXW;

    /* fra 정보 */
    FraInfo.Period_N = 10;    /* 10 periods */
    FraInfo.Offset = 1500;
    FraInfo.Amplitude = 500; /* 500 * sin(wt) + 1500; */
    FraInfo.startFrequency = 1;
    FraInfo.endFrequency = 200;

    /* 로그 스케일 분할 */
    makeLogFrequency();

#ifdef USE_PID_FRA
    PID_MotorRPM = FraInfo.Offset;
#else
    S_DCMOTOR_SetRPM(&DC_Motor1, FraInfo.Offset);
#endif

    HAL_Delay(100);

    for(i = 0; i < FRA_NUM_POINTS; i++)
    {
        responseXW = FRA_GetResponse(FraInfo.logFrequency[i]);
        printf("%f, %f, %f\r\n", responseXW.Frequency, responseXW.Gain, responseXW.Phase);
    }
#ifdef USE_PID_FRA
    PID_MotorRPM = 0;
#else
    S_DCMOTOR_SetRPM(&DC_Motor1, 0);
#endif
```

```
}
```

디지털 PID 구현 편에서 본 타이머 인터럽트 핸들러에서 호출되는 PID_Update() 함수에 전달되는 process_variable 을 0 으로 고정한다면, 위의 코드로 PID 제어 시스템의 루프 주파수 응답을 구할 수 있을 것이다.

폐루프 상태에서 루프 주파수 응답 추출

하지만, 위의 개루프 형태의 측정은 직접 코드를 구현해서 동작시켜 보면 알겠지만, 저주파 영역의 측정에서는 PID 제어기의 적분기로 인해 출력이 커져 플랜트의 동작이 제어 범위 이상으로 움직일 수 있다.

이는 작은 시스템에서는 소음 진동과 주파수 응답 측정 오차 정도로 그칠 수 있지만, 큰 시스템에서는 시스템 파손, 안전 사고 등과 직결된다.

따라서, 이와 같은 현상이 발생되는 선형 시스템의 경우 위와 같이 개루프로 측정하지 않고, 아래 그림과 같이 PID 폐루프 제어 동작을 그냥 유지하면서 입력에 대한 주파수 특성을 구하는 대신 오차에 대한 주파수 특성을 구하여, Y(ω)/E(ω)로 구하는 방식을 사용하기도 한다.

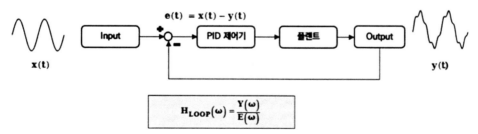

Figure III-155 폐루프 제어에서의 루프 주파수 응답 추출 방법

또는, 선형 시스템이라 가정했을 때, PID 제어 시스템의 폐루프의 주파수 응답 H(ω)를 구하고 이 결과를 $H(\omega) = \frac{G(\omega)}{1+G(\omega)}$ 인 폐루프 전달함수 수식을 사용해서 플랜트에 대한 주파수 응답 G(ω)를 계산하기도 한다.

제어 시스템의 루프 주파수 응답을 측정하여 실제 PID 제어기를 튜닝하고 안정성을 확인하는 작업에 대해서는 마지막 장에서 확인해 볼 것이다.

7. PID 제어기 튜닝 방식

PID 제어기의 튜닝(Tuning)은 PID 제어기의 K_P, K_I, K_D 이득과 다른 매개변수들을 조정하여 제어 시스템에서 원하는 성능을 얻는 과정을 의미한다. 이런 PID 제어기의 이득들과 매개변수 설정은 시스템의 안정성 및 응답 속도, 오버슈트/링잉과 같은 성능에 큰 영향을 미치므로 매우 중요하다.

PID 제어기의 튜닝 방식으로는 일반적으로 아래 표와 같은 방법들이 사용된다.

튜닝 방식	설 명
실험적 방식	실험적 방법은 시간 영역에서 PID 제어기가 적용된 시스템에 임의의 입력을 주고, 시스템의 응답을 확인하고 분석하면서 튜닝하는 방식이다. 입력 신호로는 계단 신호, 경사 신호, 정현파 신호 등이 많이 사용된다. 대표적인 방법으로 시행 착오(Trial&Error) 방식과 지글러-니콜스(Ziegler-Nichols) 방식이 있다.
수학적 분석 방식	수학적 방법은 시스템의 전달함수 모델을 사용하여 PID 제어기의 매개변수를 선정하는 방식이다. 극/영점의 배치 또는 상쇄를 통해 원하는 성능을 만족하도록 매개변수를 조정하는 방식이 있다.
주파수 응답 분석 방식	이 방법은 주파수 응답을 분석하여 원하는 루프 보드선도의 모양이 되도록 PID 제어기의 매개변수를 결정하는 방식이다. 폐루프(Closed Loop) 시스템에서 루프 주파수 응답을 분석하여 DC 이득, 대역폭을 통해 성능을 확보하고 위상 여유, 이득 여유 등 안정성 확보를 목표로 하면서 튜닝한다.

PID 제어기의 튜닝은 제어 시스템이 최적의 성능과 안정성을 가질 수 있도록 매개변수를 결정하는 작업이므로, 위 표의 하나의 방법으로만 결정하지 않고 서로 병행하며 튜닝하게 된다. 예를 들어, 수학적 분석 방법으로 최적의 매개변수들을 결정했지만 실제 시스템에서 원하는 성능이 나오지 않을 경우 실험적 방법을 통해 미세 튜닝(Fine Tuning)을 진행해야 한다.

특히, 부하의 무게가 무겁거나 관성이 커서 낮은 공진 주파수와 큰 공진점을 가진 시스템에서는 위상 여유가 부족한 경우가 많기 때문에, 실험적 방법, 수학적 방법으로 시간 영역에서 최상의 성능을 발휘하도록 매개변수들을 조정했다 하더라도, 반드시 주파수 응답 곡선을 통해 위상 여유, 이득 여유 등 안정성을 확인해야 한다.

이런 시스템의 경우 실험실 환경에서는 완벽해 보이더라도 외부 충격 등의 외란에 의해 발진하는 경우가 있기 때문이다.

7.1. 실험적 방식

실험적 방식은 시간 영역에서 매개변수들을 조절하면서 응답을 확인하는 실험을 반복적으로 하면서 튜닝하는 방법이다. 시스템에 대한 지식이나, 전달함수 또는 주파수 응답 데이터가 없는 상태에서도 실험적으로 튜닝할 수 있어 방법이 간단하고 직관적이기 때문에 많이 사용되는 방식이다.

7.1.1. PID 매개변수들의 역할

실험적 방식은 시간 영역에서 K_P, K_I, K_D 각 매개변수들을 조정하며 시험하기 때문에, 각 매개변수들의 역할을 알아야 할 필요성이 있다.

일반적으로 K_P, K_I, K_D 이득들이 증가함에 따른 영향은 아래와 같으며, 앞서 PID 제어기의 특성에 대한 이론에 대해서 살펴봤던 내용들을 상기하며 살펴보도록 한다.

	상승 시간 (Rising Time)	오버슈트 (Overshoot)	정착 시간 (Settling Time)	정상 상태 오차 (Steady State Error)	안정성 (Stability)
K_P 증가 ↑	감소	증가	미세 변화	감소	저하
K_I 증가 ↑	감소	증가	증가	제거	저하
K_D 증가 ↑	시스템 특성에 따라 미세 증가	적절한 K_D라면 감소	링잉 시스템에서 감소	-	적절한 K_D라면 안정성 향상

Figure III-156 PID 이득에 따른 시간 응답의 변화

비례항(Proportional) K_P 는 현재 오차에 비례하여 지연없이 출력을 조절하는 역할을 하기 때문에, K_P 가 클수록 빠른 상승 시간을 가져 시스템의 응답 속도가 개선되지만, 너무 클 경우 오버슈트와 링잉의 문제가 발생할 수 있다.

적분항(Integral) K_I 는 시간에 대한 오차의 적분을 수행하여 누적 오차를 보정한다. 즉, 정상상태 오차를 없애는 역할을 하지만, 너무 클 경우 안정성이 저하되어 오버슈트와 링잉이 발생될 수 있다.

미분항(Derivative) K_D 는 오차의 변화율에 비례하여 출력을 조절하므로, 오차의 변화를 예측하여 빠르게 반응하여 오버슈트를 줄이고 안정성을 향상시킬 수 있다. 그러나, 너무 큰 K_D 의 값은 노이즈에 민감하게 동작하여 미세한 진동을 발생시킬 수 있다.

7.1.2. 시행 착오(Trial & Error) 방식

시행 착오 방식은 임의의 입력 신호(보통은 계단 입력)를 주고, 시스템의 응답을 분석하면서 원하는 목표 성능에 도달할 때까지 PID 제어기의 각 매개변수들을 조정하는 방식으로 가장 많이 사용되고, 튜닝을 마친 후 미세한 성능 교정을 위한 미세 튜닝(Fine Tuning)에서는 거의 이런 방식으로 매개변수들을 조정한다.

앞에서 PID 제어기의 시간 영역과 주파수 영역에서의 특성에서 살펴봤듯이, K_P, K_I, K_D 이득들은 독립적으로 동작하지 않고 서로 연관되어 있으므로, 잘못된 이득의 선정은 전체 튜닝을 다시 해야 할 수도 있다. 이런 이유로 시행 착오 방식은 간단하지만 쉽지는 않다.

보통은 아래와 같이 K_P → K_I → K_D 순서로 매개변수 조정과 시험을 원하는 목표 성능이 나올 때까지 반복한다.

시간 영역에서의 튜닝 방법이지만, 앞서 PID 제어기의 주파수 영역 특성들을 고려하면서 튜닝하면 좀 더 손쉽게 할 수 있다.

이 튜닝 방식 편에서는 기본형 PID 제어기로 튜닝 예를 볼 것인데, 만일 [미분기 + LPF]의 형으로 사용하고 싶다면, LPF 를 OFF 한 기본형 PID 제어기 형태로 튜닝을 진행한 후, 시간 영역에서는 피드백 센서의 노이즈나 출력의 잔진동을 관찰하면서, 주파수 영역에서는 고주파 이득이나 위상 여유를 기준으로 저주파 통과 필터(LPF)의 차단 주파수를 튜닝하면 된다.

가. K_P 이득의 튜닝

PID 제어기의 주파수 영역에서 K_P 이득의 증가는 DC 이득과 대역폭의 증가를 의미하며, 이는 상승 시간(Rising Time)과 관계된다.

큰 값의 K_P 이득은 대역폭이 넓어져 응답은 빨라지지만, 루프 보드 선도의 이득 교차 주파수를 증가시킴으로써 위상 여유를 줄어들게 하고, 이는 안정성이 저하되어 오버슈트 및 링잉이 발생된다. 너무 작은 경우 대역폭이 좁아져 상승 시간이 더디게 된다.

K_P 이득의 조정 단계에서는 되도록 오버슈트가 30% 정도 이내에 링잉이 작은 상태를 유지하도록 하며, 정상상태 오차가 줄어들지 않을 때까지 증가시킨다. 이때, 상승 시간도 원하는 목표 성능이 나오는지 확인한다.

아래의 구성에서 이득 K_I 와 K_D 를 0 으로 두고 K_P 를 조절해 보자.

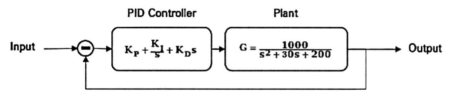

Figure III-157 제어 시스템 예

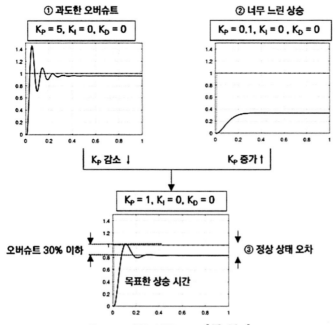

Figure III-158 K_P 이득 튜닝

①의 경우 과도한 오버슈트와 링잉이 발생하고 있으므로 K_P 를 감소시킨다.
②의 경우 정상상태 오차가 너무 크고, 상승 시간이 너무 느리므로, K_P 를 증가시킨다.
③처럼 적당한 오버슈트와 링잉, 정상상태 오차를 가지도록 한다.

나. K_I 이득의 튜닝

위의 K_P 이득 튜닝에서 정상상태 오차가 원하는 목표치 안에 들어오지 않을 경우 정상상태 오차를 감소시키기 위해 K_I 를 증가시키며 튜닝한다.

PID 제어기의 주파수 영역에서 K_I 이득의 증가는 저주파 이득을 증가시키지만, 위상 지연도 커지게 된다.

따라서, K_I 이득이 너무 커 많은 위상 지연이 발생하면, 마찬가지로 위상 여유를 줄어들게 하고, 이는 안정성이 저하되어 오버슈트 및 링잉이 발생된다. 반면, 작은 경우 너무 느리게 정상 상태 오차를 보정하게 된다.

위에서 구한 K_P 이득과 함께 K_I 를 조절해 보자.

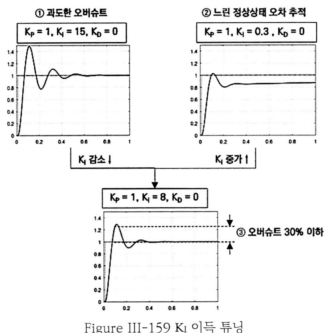

Figure III-159 K_I 이득 튜닝

①의 경우 과도한 오버슈트와 링잉이 발생하고 있으므로 K_I 를 감소시킨다. 오버슈트는 30% 이내를 유지하도록 하는데, 성능을 만족한다면 오버슈트는 낮을수록 좋다.
②의 경우 정상상태 오차를 너무 더디게 추적하므로, K_I 를 증가시킨다.
③처럼 적당한 오버슈트와 링잉을 가지며, 정상상태 오차가 없도록 한다.

다. K_D 이득의 튜닝

위 단계까지 K_P 와 K_I 이득의 조정으로 충분한 성능이 나온다면, 그냥 PI 제어기 형태로 사용하는 경우도 많지만, 오버슈트가 10% 이상을 넘어간다면, 아래 K_D 이득의 조정 단계를 가지도록 한다.

PID 제어기의 주파수 영역에서 K_D 이득의 증가는 위상의 보상으로 위상 여유를 개선하는 역할을 하지만, 큰 K_D 이득은 고주파 영역에서의 이득을 증가시킨다. 안정성이 개선되면 오버슈트 및 링잉이 줄어드는 효과를 가지만, 고주파 영역에서의 이득 증가는 작은 고주파 노이즈에도 진동 및 소음을 발생시킬수 있다.

 또한, 시간 영역에서 K_D 이득이 너무 크면 상승 시간은 줄어들지만 정착 시간이 느려지게 되고, 너무 작은 경우에는 오버슈트의 개선이 되지 않는다는 점을 생각하면서, 위에서 구한 이득 K_P, K_I 와 함께 K_D 를 조절해 보자.

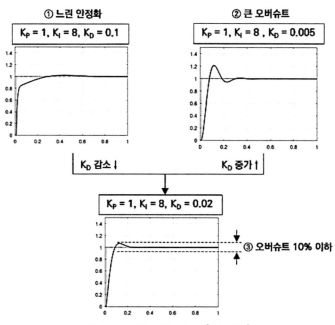

Figure III-160 K_D 이득 튜닝

①의 경우 정착 시간이 너무 느리므로, K_D 를 감소시킨다.
②의 경우 오버슈트가 목표 내에 들어오지 않으므로, K_D 를 증가시킨다.
③처럼 적당한 5 ~ 10% 이내의 오버슈트를 가지도록 한다.

만일, 원하는 성능이 나오지 않는다면, K_P, K_I, K_D 이득들에 대해 앞의 조정 단계를 반복하여 시험한다.

7.1.3. 지글러-니콜스 튜닝 방법

지글러-니콜스(Ziegler-Nichols) 튜닝 방법은 1940 년대에 Ziegler 와 Nichols 가 개발한 튜닝 방식으로, 여전히 널리 사용되고 있는 튜닝 방식 중의 하나이다.

이런 지글러-니콜스의 폐루프(Closed Loop) 튜닝 방식은 대표적인 한계 감도법 중 하나인데, 여기서 한계 감도법(Critical Gain Method)이란 폐루프 시스템에서 K_P 이득을 증가시키며 계단 신호를 주었을 때 발진을 시작하는 상태의 K_P 이득을 임계 이득 K_{CR} 로 두고 이를 바탕으로 PID 이득들을 구하는 방법을 의미한다.

이 지글러-니콜스의 폐루프(Closed Loop) 튜닝 방식은 K_P 이득을 아무리 증가시켜도 발진하지 않는 시스템의 경우 적용할 수 없다는 단점을 가지는데, 이런 경우 지글러-니콜스의 개루프(Open Loop) 튜닝 방식을 사용할 수 있다. 이 개루프 튜닝 방식은 다음 장에 볼 모델 베이스 튜닝 방식으로 다루기 때문에, 여기에서는 다루지 않는다.

또한, 비선형 시스템이나 시간에 따라 변하는 시스템 등 시스템의 특성에 따라 적용하기 어렵다는 제약이 있기 때문에, 적용이 가능한 시스템에서 매개 변수들의 초기 기준 이득치를 잡는 용도로 사용하고 앞에서 본 시행착오 방식으로 미세 튜닝하는 경우가 많다.

지글러-니콜스 방식에서 PID 의 수식은 아래와 같은 시간 형태를 사용한다.

$$PID(s) = K_p + \frac{K_I}{s} + K_D s = K_P(1 + \frac{1}{T_i s} + T_d s)$$

위에서 T_i 는 적분 시간 상수, T_d 는 미분 시간 상수라 하며, 각각 적분 강도와 미분 강도를 조절하는 기능을 한다. 이 상수들은 표준 PID 형식의 K_I, K_D 와는 아래와 같은 관계를 가진다.

$$K_I = \frac{K_P}{T_i}, \ K_D = K_P \times T_d$$

지글러-니콜스 방식 중 한계 감도법을 사용하여 튜닝하는 단계에 대해서 살펴보도록 한다.

① $K_I = K_D = 0$ 으로 두고, 일정 주기로 발진이 날 때까지 이득 K_P를 증가시킨다.

이득 $K_I = K_D = 0$ 으로 둔 상태로 발진이 날 때까지 이득 K_P 를 증가시키며, 이 시점의 이득 K_P 를 임계 이득 (한계 감도) K_{CR} 로 둔다.

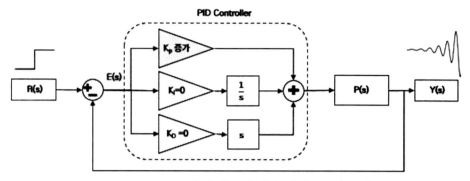

Figure III-161 임계 감도 측정을 위한 K_P 의 증가

② 진동하는 임계 주기 T_{CR} 을 측정한다.

　발진 파형의 진동 주기를 측정하고, 이 주기를 임계 진동 주기 T_{CR}(초)로 둔다.

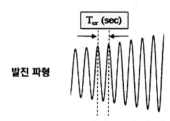

Figure III-162 임계 주기 측정

③ 아래 표에 맞게 계수들을 정한다.

　위에서 구한 임계 이득 K_{CR} 과 임계 진동 주기 T_{CR} 을 사용하여 아래 표로 계수들을 정한다.

제어기	K_P	T_I	T_D
P	$0.5K_{CR}$		
PI	$0.4K_{CR}$	$0.8T_{CR}$	
PID	$0.6K_{CR}$	$0.5T_{CR}$	$0.12T_{CR}$

　하지만, 실제 시스템에서는 위의 표가 잘 안 맞는 경우가 많기 때문에, 진동의 크기가 1 주기에 25% 이상으로 줄어드는 감쇠 진동은 안정하다고 판단되므로, 이에 맞춰 임계 이득 K_{CR} 의 1/2 배 정도로 K_P 이득의 값을 정하고, K_I 이득을 증가시켜 가며 정상상태 오차, 정착 시간을 조정하며, K_D 이득을 조정하여 오버슈트 및 교란(외란)에 충분히 대응할 수 있도록 시행착오 방식과 병행하는 방법을 많이 사용한다.

7.2. 수학적 분석 방식

　수학적 튜닝 방식을 사용하기 위해서는 시스템 요소들이 정확히 모델링된 전달함수가 필요하다는 어려움이 있다.
　하지만, 현실에서 시스템의 모든 매개변수들을 알아내기가 어려운 일이기 때문에, 앞서 전달함수 추정 방법 편에서 한 것처럼 추정된 전달함수를 이용하면 제어기의 튜닝을 위한 시뮬레이션에 사용될 수 있고, 실제 튜닝에서의 지침으로 사용할 수도 있다.

　이에 쉽게 접근할 수 있는 기초적인 수학적 튜닝 방식들에 대해 살펴보도록 한다.

7.2.1. 모델 기반 방식

　모델 기반 방식(Model Based Method)은 시스템의 모델을 이용하여 PID 제어기의 튜닝을 하는 방식으로, 2 차 시스템 이상에서도 사용되긴 하지만 복잡하고 오차가 상대적으로 크기 때문에, 여기에서는 플랜트가 간단한 1 차 시스템인 경우에 대해 원하는 응답 D(s)를 미리 정해 놓고 거꾸로 올라가며 제어기를 설계하는 방식에 대해서 살펴본다.

　2 차 이상의 시스템일 경우 시스템의 응답에 가장 크게 작용하는 극점인 우세 극점을 선택하여 1 차 시스템으로 근사 가능하다면, 이 방식으로 접근할 수도 있다.

　아래와 같이 플랜트가 1 차 시스템인 폐루프 시스템의 예를 보도록 한다.

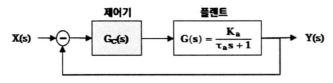

Figure III-163 1 차 시스템에서의 제어기

　위 블록 다이어그램에 대한 전달함수는 아래와 같고, 모델 기반 방식은 이 전달함수를 원하는 D(s)가 되도록 튜닝하는 방식이다.

$$\frac{Y(s)}{X(s)} = D(s) = \frac{G_C(s)G(s)}{1 + G_C(s)G(s)}$$

여기에서, G(s)는 플랜트의 전달함수, Gc(s)는 구하고자 하는 제어기의 전달함수, D(s)는 우리가 원하는 응답(Desired Response)을 의미한다.

따라서, 구하고자 하는 제어기의 전달함수인 Gc(s)에 대해서 정리하면 아래와 같다.

$$G_C(s) = \frac{1}{G(s)} \times \frac{D(s)}{1 - D(s)}$$

원하는 응답(Desired Response) D(s)는 링잉이 없는 응답을 위하여 아래와 같이 목표하는 시정수 $\tau_{desired}$ 를 가지는 1 차 시스템 응답으로 정의하도록 한다. 이로써 99.3% 정착 시간인 $5\tau_{desired}$ 를 예측할 수 있다.

$$D(s) = \frac{1}{\tau_{desired} \times s + 1}$$

플랜트 전달함수 G(s)와 이 D(s)를 대입하여 정리하면 아래와 같다.

$$G_C(s) = \frac{1}{\dfrac{K_a}{\tau_a s + 1}} \times \frac{\dfrac{1}{\tau_{desired} \times s + 1}}{1 - \dfrac{1}{\tau_{desired} \times s + 1}} = \frac{\tau_a s + 1}{K_a} \times \frac{1}{\tau_{desired} \times s}$$

이 Gc(s) 제어기를 PID 제어기의 전달함수와 비교하여 매개변수를 구하면, 아래와 같이 PI 제어기의 형태가 되며, 필요하다면 이득 K_D 를 조정하도록 한다.

$$K_P = \frac{\tau_a}{K_a \tau_{desired}}, \ K_I = \frac{1}{K_a \tau_{desired}}, \ K_D = 0$$

아래는 위의 내용을 MATLAB/OCTAVE 코드로 구현한 것이다.

MATLAB/OCTAVE

```
pkg load control    % control 패키지 로드 : for OCTAVE only
close all
s = tf('s');

% 플랜트 전달함수
tau_a = 1.5;
k_a = 0.5;
G = k_a/(tau_a*s + 1);

%목표하는 시정수 = 0.1, 99.3% 정착 시간 = 0.5
```

```
tau_desired = 0.1;

%PID 제어기 이득
Kp = tau_a/(k_a * tau_desired);
Ki = 1/(k_a * tau_desired);
Kd = 0;
PID = (Kp + Ki/s + Kd*s)

%폐루프 전달함수
H = feedback(PID*G, 1)

%계단 응답
figure
step(H, 1);
```

아래와 같이 원하는 계단 응답이 나오는 것을 볼 수 있다.

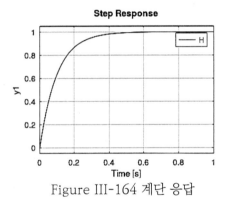

Figure III-164 계단 응답

이 모델 베이스 방식은 이후 PID 튜닝 방식 적용 편에서 앞서 구현한 모터 플랜트에 적용하여 사용해 볼 것이다.

7.2.2. 극점/영점 상쇄(Cancelation) 방식

제어 시스템이 원하는 성능을 가지게 하기 위해서, 시스템 전달함수의 극점과 영점을 분석하여 PID 제어기의 영점을 특정 위치에 배치시키는 수학적 방식이 있다.

이런 극점/영점의 배치 방식 중 손쉽게 사용해 볼 수 있는 것이 극점/영점 상쇄를 이용하는 것이다. 이 극/영점 상쇄에 대해서는 시스템 차수의 간소화 편에서 본 바 있다.

가. 극/영점 상쇄 방식

아래의 블록 다이어그램을 보자.

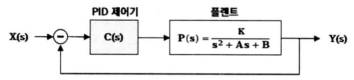

Figure III-165 시스템 블록 다이어그램

여기에서 플랜트는 허수 극점이 있어 링잉을 발생시키는 모델, 즉 부족제동 시스템으로 가정한다.

PID 제어기의 전달함수는 아래와 같다.

$$C(s) = \frac{K_D s^2 + K_P s + K_I}{s} = \frac{K_D}{s}(s^2 + \frac{K_P}{K_D}s + \frac{K_I}{K_D})$$

허수 극점을 없애기 위하여, 플랜트의 분모와 $(s^2 + \frac{K_P}{K_D}s + \frac{K_I}{K_D})$ 가 동일하도록 하면 아래와 같이 루프 전달함수 G(s)의 분모에는 s 항만 남게 된다.

$$G(s) = C(s) \times P(s) = \frac{K_D}{s}\left(s^2 + \frac{K_P}{K_D}s + \frac{K_I}{K_D}\right) \times \frac{K}{s^2 + As + B} = \frac{K_D K}{s} = \frac{K_\omega}{s}$$

$$: \frac{K_P}{K_D} = A \quad \frac{K_I}{K_D} = B$$

이에 대한 폐루프 전달함수 CL(s)는 아래와 같다.

$$CL(s) = \frac{G(s)}{1 + G(s)} = \frac{\frac{K_\omega}{s}}{1 + \frac{K_\omega}{s}} = \frac{K_\omega}{s + K_\omega}$$

위와 같이 페루프 시스템의 응답은 대역폭이 K_ω 에 의해 결정되는 1 차 시스템이 되어, 링잉이 없을 것임을 짐작할 수 있다.

이처럼 2 차 시스템인 플랜트에서 극/영점 상쇄 방식을 통해 1 차 응답으로 나온다면, 이득 K_ω 는 응답 속도에 해당하는 대역폭 조건 또는 필요한 루프 전달함수의 저주파 이득을 조건으로 결정할 수 있고, 위 수식을 풀면 PID 제어기의 각 이득들을 구할 수 있다.

이렇듯 극/영점 상쇄 방식은 링잉의 원인이 되는 허수 극점을 상쇄시켜 제거하고자 하는 것이 목적이다.

나. 극/영점 상쇄 예

아래와 같은 3 차 플랜트 전달함수 G(s)에 대해 진동이 없도록 페루프 제어를 해보도록 한다.

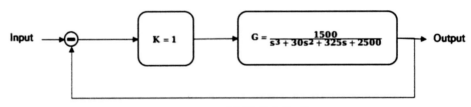

Figure III-166 플랜트의 예

① 플랜트의 극점/영점 분석

위 블록 다이어그램에 대해 MATLAB/OCTAVE 를 이용하여 극/영점도를 그려보면 아래와 같다. 물론, 분모인 특성 방정식을 직접 풀어 극점들을 구해도 된다.

```
MATLAB/OCTAVE

pkg load control    % control 패키지 로드 : for OCTAVE only
s = tf('s');
% 전달 함수 생성
G = 1500/(s^3 + 30*s^2+325*s + 2500);
% G(s)의 극/영점도
figure(1)
pzmap(G)
```

```
figure(2)
% 폐루프 전달함수
H = feedback(G, 1, -1)
% 계단 응답
step(H, 2)
```

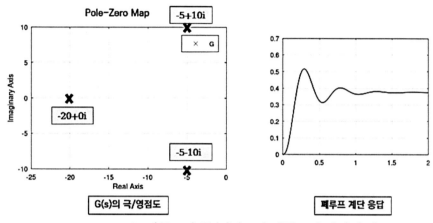

Figure III-167 개루프의 극/영점도와 폐루프의 계단 응답

플랜트의 전달함수 $G(s)$의 극점은 -20, -5±10i 를 가지며, 이 극점들 중 허수 극점으로 인해 위의 계단 응답과 같이 진동을 가진다.

② 허수 극점을 상쇄할 수 있는 PID 제어기의 파라미터 선정

여기에서 이 진동을 없애기 위해 아래 블록 다이어그램과 같이 제어기의 영점을 -5±10i 로 두어 극점(분모)과 영점(분자) 상쇄로 허수 부분을 없애고자 하는 것이다.

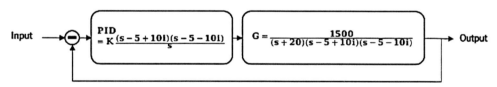

Figure III-168 허수 극점 상쇄

위 블록 다이어그램과 같이 허수 극점을 상쇄하면, 루프 전달함수 $G_o(s)$는 아래와 같이 된다. K 는 조정해야 할 제어기의 이득이다.

$$G_o(s) = \frac{1500 \times K}{s(s + 20)}$$

③ 감쇠비 ζ 에 의한 이득 K 의 선정

시스템 응답을 구하기 위하여 폐루프 전달함수를 구해보면 아래와 같다.

$$CL(s) = \frac{G_o(s)}{1 + G_o(s)} = \frac{\dfrac{1500K}{s(s+20)}}{1 + \dfrac{1500K}{s(s+20)}} = \frac{1500K}{s^2 + 20s + 1500K}$$

위처럼 플랜트가 3 차 시스템일 때 극/영점 상쇄를 하면 위와 같이 2 차 응답으로 나오게 된다.

이렇게 2 차 응답일 때는 감쇠비 ζ(제타)로 이득 K 를 결정할 수 있다. 위의 2 차 응답 CL(s)를 2 차 시스템 표준 형식 $H(s) = \dfrac{\omega_n^2}{s^2 + 2\zeta\omega_n s + \omega_n^2}$과 비교하면 아래와 같다.

$$20 = 2 \times \zeta \times \omega_n = 2 \times \zeta \times \sqrt{1500K}$$

링잉이 없고 다소 빠른 응답을 위하여 감쇠비 $\zeta = 0.707$ 일 때의 이득 K 를 구해보면 아래와 같다.

$$K = \left(\frac{20}{2 \times 0.707}\right)^2 \times \frac{1}{1500} \approx 0.13$$

④ 또는 근궤적(루트-로커스) 선도에 의한 이득 K 의 선정

위에서 2 차 응답에 대해 감쇠비 ζ 를 조건으로 계산하여 이득 K 를 결정했지만, 근궤적 (루트-로커스) 선도를 그려 선정하면 손쉽게 할 수 있다.

위 블록 다이어그램의 근궤적 선도는 아래와 같이 MATLAB/OCTAVE 를 이용하여 그려 볼 수 있는데, 이 근궤적을 그리는 방법은 안정성 이론 편에서 살펴본 바 있다.

MATLAB/OCTAVE

```
pkg load control      % control 패키지 로드 : for OCTAVE only
s = tf('s');
% 전달 함수 생성
G = 1500/(s^3 + 30*s^2+325*s + 2500);

PID = (s^2 + 10*s + 125)/s;
% 루트로커스 플롯 생성
figure;
rlocusx(PID*G);
```

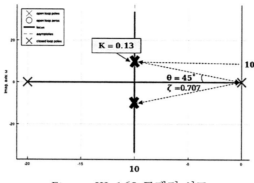

Figure III-169 근궤적 선도

위의 근궤적 선도에서 감쇠비 ζ 가 0.707 인 45°되는 지점에서의 만나는 극점의 이득 K 를 확인하면 0.13 이 나오게 된다.

⑤ 최종 응답 확인

위에서 구해진 이득 K 를 적용하여 계단 응답을 확인해 보면 아래와 같다.

```
MATLAB/OCTAVE

pkg load control      % control 패키지 로드 : for OCTAVE only
s = tf('s');
% 전달 함수 생성
G = 1500/(s^3 + 30*s^2+325*s + 2500);
K = 0.13;
PID = K*(s^2 + 10*s + 125)/s;
% 폐루프 전달함수의 계단 응답
figure;
HF = PID*G/(1+PID*G);
step(HF, 3)
```

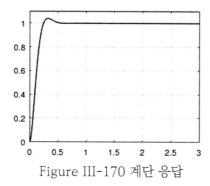

Figure III-170 계단 응답

위의 계단 응답과 같이 진동이 없어졌음을 볼 수 있다.

⑥ PID 제어기 이득 결정

위에서 구한 계수들에 의한 PID 제어기의 수식은 아래와 같다.

$$\text{PID} = \frac{K_D s^2 + K_P s + K_I}{s} = 0.13 \times \frac{s^2 + 10s + 125}{s}$$

위 수식을 풀면 $K_P = 1.3$, $K_I = 16.25$, $K_D = 0.13$ 을 구할 수 있다.

이와 같이 극/영점 상쇄 방식은 진동이 심한 시스템에서 전달함수가 어느 정도 정확한 경우 허수 극점을 상쇄하여 진동을 없애기 위한 기준 PID 이득값들을 정할 때 사용할 수 있는 간단하고 편리한 방법이다.

7.3. 주파수 응답 방식

주파수 응답 곡선을 분석하여 PID 제어기의 이득들을 튜닝하는 대표적인 방법으로 루프 보드선도의 모양을 조정하면서 튜닝하는 루프-성형(Loop Shaping) 방식이 있다.

7.3.1. 폐루프 시스템의 루프 주파수 응답

루프 주파수 응답은 루프 전달함수를 통해서 또는 시스템의 출력과 입력의 관계로 얻을 수 있다.

2 차 이상의 폐루프(Closed Loop) 시스템에서 루프 전달함수의 보드선도 분석 중 가장 중요한 것은 안정성과 관련된 이득 여유(Gain Margin)과 위상 여유(Phase Margin)일 것이다.

이 안정성을 확인하기 위한 목적 이외에도 루프 전달함수는 아래와 같은 정보들을 포함한다.

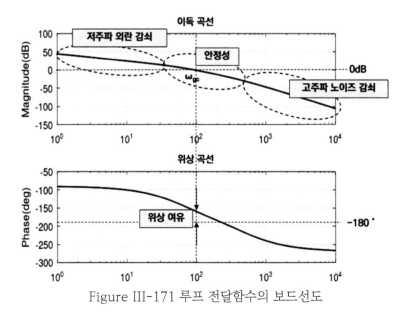

Figure III-171 루프 전달함수의 보드선도

가. 상대적 안정성 위상 여유와 이득 여유

시스템의 안정성은 성능만큼이나 중요한데, 불안정한 상태는 루프 전달함수의 0dB, -180°의 위상 지연인 지점이고, 이 지점에서 얼마나 떨어져 있는가가 상대적 안정성이라는 것은 시스템의 안정성 편에서 살펴보았었다.

위상 여유(Phase Margin)는 이득이 0dB 되는 지점(Gain Crossover)에서 위상 지연이 -180°에서 얼마나 떨어져 있는지를 의미한다.

이에 대해서는 30°이상이면 시스템 이득이 약 50% 정도 변화가 있더라도 안정하다고 판단한다. 하지만, 30%가 넘어가는 큰 오버슈트와 링잉을 시스템이 견딜 수 없는 경우들이 발생할 수 있으므로, 실무에서는 40° ~ 90° 사이를 선호한다.

이득 여유(Gain Margin)는 루프 전달함수의 위상이 -180° 지점(Phase Crossover)에서 이득이 0dB 와 얼마나 떨어져 있는지를 의미한다. 이 이득 여유는 최소 6dB 이상되도록 하는데, 일반적으로 충분한 여유를 두어 적어도 6dB ~ 12dB 이상을 목표로 가지도록 한다.

나. 저주파 영역의 이득

루프 전달함수의 저주파 영역에서의 이득은 이득 교차 주파수 ω_{gc} 이하 영역에서의 이득을 의미하며, 이는 정상상태 오차와 외란 제거, 응답 속도에 관련이 있다.

특히, 외란(Disturbance)은 저주파 영역에 존재하는 경우가 많기 때문에, 감도 전달함수 편에서 살펴본 바와 같이 외란에 관계되는 감도 전달함수 $S = \frac{1}{1+G(s)}$에서 루프 전달함수 $G(s)$의 저주파 이득이 커질수록 감도는 작아져 외란의 영향이 줄어든다. 즉, 외란에 더 큰 이득으로 빠르게 반응할 수 있다.

이런 이유로 예상되는 저주파 외란의 주파수 대역에서 충분한 이득을 제공하기 위하여, 일반적으로 루프 전달함수의 주파수 응답에서 외란 주파수 대역 내에 적어도 6dB 이상의 이득이 되도록 대역폭을 선정한다.

예를 들어, 0 ~ 20Hz 구간의 외란에 대응해야 하는 경우, 이 외란에 충분히 대응하기 위해서는 루프 보드선도에서의 이득이 0 ~ 20Hz 대역에서 적어도 6dB 이상은 유지해줘야 한다는 의미이다.

이런 이유로 설계 요구사항에 저주파 DC 이득에 대한 항목을 요구하는 경우도 있다.

다. 이득 교차점 ω_{gc}

루프 전달함수의 이득 교차(Gain Crossover) 주파수인 ω_{gc} 지점은 폐루프 전달함수의 대역폭(Bandwidth)과 비례 관계를 가지므로, 응답 속도와 외란 또는 노이즈 제거 성능과 관계된다. 따라서, 루프 전달함수의 이득 교차 지점 또한 설계 요구사항에 포함되는 경우가 있다.

위에서 저주파 영역 이득에 대해 살펴보았듯이, 외란 신호 주파수 대역 내에 충분한 이득을 제공해서 반응할 수 있도록 대역폭을 선정해야 하지만, 대역폭이 너무 넓어지면 노이즈 잡음도 포함하여 반응될 수 있기 때문에 이런 것들을 고려하여 대역폭을 정한다.

예를 들어, 20Hz 까지의 외란을 제거하려면, 최소 2 배 이상인 40Hz 이상의 대역폭을 설정해야 할 것이다.

일반적인 경험 규칙은 예측되는 저주파 외란 주파수의 약 5 배 ~ 10 배 이상의 충분한 대역폭을 가지도록 하여 외란에 대응이 가능하도록 하고, 이후 감쇠 기울기를 -40dB/decade 로 크게 하여 고주파 노이즈도 충분히 감쇠시키도록 하는 경우가 많다.

라. 이득 교차점 ω_{gc} 에서의 이득 기울기(Robustness)

모든 극/영점이 좌반면에 있는 최소 위상 시스템에서 이득 교차 주파수 ω_{gc} 에서의 이득 기울기는 위상 여유(Phase Margin)와 관련 지을 수 있는데, ω_{gc} 에서 기울기가 가파를수록 위상 여유는 줄어들게 된다. 따라서, 이 기울기가 너무 가파르다면 오버슈트 및 링잉이 발생할 수 있다.

이런 이유로 ω_{gc} 에서의 이득 기울기가 -20dB/decade ~ -25dB/decade 이하가 되도록 한다.

만일, ω_{gc} 지점에 플랜트의 공진점이 큰 공진 주파수가 있다면, 보드선도에서 이득 기울기의 균형이 무너지고, 큰 오버슈트와 링잉이 발생할 수 있으므로, 노치 필터 등을 사용하여 공진점을 낮추거나 공진점이 이 ω_{gc} 지점에 존재하지 않도록 제어기의 이득을 낮추거나 높이는 튜닝을 진행해야 한다.

마. 고주파 영역의 이득 감쇠

고주파 영역에서의 이득은 센서 등의 측정 노이즈(High Frequency Measurement Noise)를 제거하는 목적으로 충분한 감쇠를 제공하여야 한다.

따라서, 동작 영역인 대역폭(Bandwidth)을 지난 후 이득이 가파르게 감쇠되어야 노이즈를 제거하는 효과가 커지는데, 일반적으로 -40dB/decade 이상의 기울기를 가지도록 한다.

7.3.2. 루프-성형(Loop Shaping) 튜닝 기법

위에서 본 것과 같이 루프 전달함수의 보드선도는 이득/위상 여유, 대역폭, 저주파 외란 제거, 고주파 노이즈 제거 등에 대한 정보를 가진다.

이런 의미를 이해하고, 자신의 시스템이 어떤 루프 보드선도 모양을 가지고 싶은 지 미리 정하고, 그 곡선 모양에 맞추도록 제어기를 튜닝하는 방식을 루프-성형(Loop Shaping) 방식이라 한다.

루프-성형(Loop Shaping)의 주요 개념은 제어 시스템의 성능과 안정성 개선을 위해 주파수 영역에서 제어기의 전달 함수를 조정하는 것으로, 루프 보드선도의 모양을 맞추기 위해 PID 제어기 외의 필터를 추가하는 등의 추가 설계를 하기도 한다.

이런 루프-성형(Loop Shaping)은 이론적으로는 복잡한 과정을 가지지만, 앞서 살펴보았던 PID 제어기 이득들의 주파수 영역 특성과 동작을 이해했다면, 원하는 보드선도 곡선을 만들기 위해 PID 제어기의 매개변수들을 어떻게 조정할 것인가를 선택할 수 있다.

이해의 편이를 위하여 PID 제어기를 PI 제어기와 PD 제어기의 직렬 연결로 구성하여 실수 영점을 가지는 단순한 경우에 대해서 살펴보도록 한다.

$$PID(s) = \frac{K_d s^s + K_P s + K_I}{s} \approx K_P \times \frac{\left(s + \frac{K_I}{K_P}\right)}{s} \times \left(\frac{K_D}{K_P}s + 1\right) : \text{when } K_I K_D \ll K_P$$

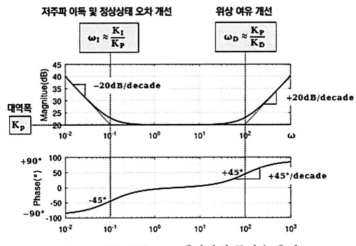

Figure III-172 PID 제어기의 주파수 응답

위 보드선도와 같은 PID 제어기의 주파수 응답 특성을 이용하여 시스템의 루프 보드선도를 원하는 모양으로 맞추는 것이다.

아래 폐루프 구성에서 이득 교차 주파수 ω_{gc} = 100rad/sec, 10^1rad/sec 에서의 저주파 이득 = 20dB, 위상 여유 = 60°를 가지는 것을 목표로 튜닝 예를 보면서 루프-성형(Loop Shaping) 튜닝에 대해 이해를 해보도록 한다.

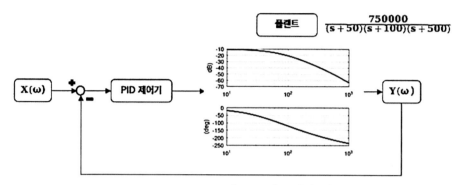

Figure III-173 폐루프 시스템의 예

아래와 같이 K_P, K_I, K_D 를 0 으로 둔 상태에서 $K_P \rightarrow K_I \rightarrow K_D$ 의 순서로 튜닝을 진행한다.

가. K_P를 통한 이득 교차 주파수 ω_{gc} 조정

이득 교차 주파수 ω_{gc} 는 폐루프 시스템의 대역폭과 비례 관계에 있기 때문에, 이를 조정하여 원하는 대역폭을 가질 수 있도록 정한다.

이득 교차 주파수 ω_{gc} 를 100rad/sec 에 두고 싶다면, 위 플랜트 전달함수의 보드선도에서 ω_{gc} 인 100rad/sec 에서의 이득은 -20dB 이므로, 이득을 +20dB 를 위로 올려야 한다.

$$20\text{dB} = 20\log_{10} K_P \rightarrow K_P = 10^{20/20} = 10$$

따라서, K_P = 10 으로 둔다.

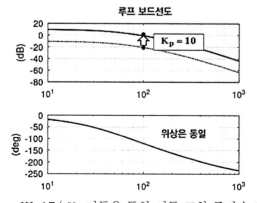

Figure III-174 K_P 이득을 통한 이득 교차 주파수 조정

나. K_I를 통한 저주파 이득 조정

PID 제어기의 왼쪽 코너 주파수 ω_I 의 위치는 위상 여유에 영향을 주지 않도록 튜닝해야 하는 것이 기본 규칙이지만, 원하는 저주파 이득을 위하여 아래와 같이 진행해 보도록 한다.

$\omega = 10\text{rad/sec}$ 에서의 저주파 이득이 +20dB 이상이길 원한다면, 위 K_P 이득을 적용한 10rad/sec 에서의 이득이 10dB 정도이므로, +10dB 정도 위로 올리면 된다.

왼쪽 코너 주파수인 $\omega_I = \frac{K_I}{K_P}$ 지점은 보드선도로 확인하며 정하든지, ω_I 까지 -20dB/decade 의 기울기 감쇠를 가지므로, $\omega_I = \omega \times 10^{\frac{dB}{-20}} = 10 \times 10^{\frac{-10}{-20}} \approx 31\text{rad/sec}$ 로 계산할 수도 있다.

따라서, 극점 $\omega_I = \frac{K_I}{K_P}$의 위치를 약 35rad/sec 로 두면, $\frac{K_I}{K_P} = \frac{K_I}{10} = 35 \rightarrow K_I = 350$가 된다.

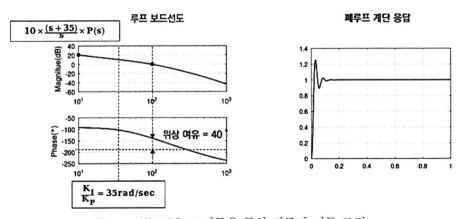

Figure III-175 K_I 이득을 통한 저주파 이득 조정

다. 위상 여유

오른쪽 코너 주파수 ω_D 는 K_D 이득에 관계된 것으로 위상 여유를 확보하여 시스템의 안정성을 강화한다.

위의 보드선도에서 위상 여유가 40°이므로 시스템이 어느 정도 안정적이라 할 수 있지만, 액추에이터의 제조 편차에 대한 대응과 10% 이하의 오버슈트로 좀 더 안정적인 응답을 위하여 20° 정도 보상하여, 위상 여유를 60° 정도로 올려보기로 한다.

오른쪽 코너 주파수인 $\omega_D = \frac{K_P}{K_D}$ 지점은 보드선도를 보면서 정할 수도 있고, $H(s) = \frac{s}{\omega_D} + 1 \rightarrow h(\omega) = \frac{j\omega}{\omega_D} + 1 \rightarrow deg = \tan^{-1}\left(\frac{\omega}{\omega_D}\right) \rightarrow \omega_D = \frac{\omega}{\tan(deg)}$ 이므로, 100rad/sec 에서 +20° 위상을 가지는 ω_D 는 $\omega_D = \frac{100}{\tan(20°)} \approx 275\text{rad/sec}$ 로 계산할 수도 있다.

따라서, $\frac{K_P}{K_D} = \frac{10}{K_D} = 275 \rightarrow K_D = \frac{10}{275} \approx 0.037$ 로 둔다.

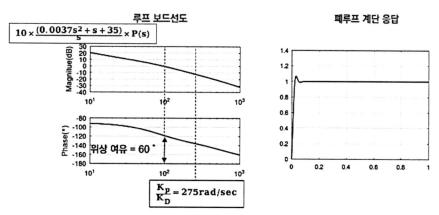

Figure III-176 K_D 를 통한 위상 여유 보상

위와 같이 위상 여유가 60° 정도로 올라가고, 계단 응답도 안정적인 성능을 보이는 것을 볼 수 있다.

라. 고주파 영역의 감쇠 기울기

위에서 위상 여유 개선을 위한 K_D 의 사용으로 고주파 이득이 증가하여 -40dB/decade 가 아니라 -20dB/decade 의 감쇠 기울기가 줄어드는데, 만약, 더 큰 고주파 이득 감쇠가 필요 하다면, [미분기 + 저주파 통과 필터]의 구성 또는 센서 측정에 저주파 통과 필터를 장착하여 대응할 수 있다.

이때의 저주파 통과 필터의 차단 주파수는 튜닝된 위상 여유에 영향을 주지 않도록 ω_{gc} 의 5 ~ 10 배 이상을 선택하도록 한다.

이렇게 루프-성형(Loop Shaping) 방식으로 주파수 영역에서 원하는 루프 보드선도의 모양을 가지도록, PID 제어기의 이득들을 조정해가며 튜닝할 수 있다.

시행 착오 방식의 튜닝이 성능이 잘 나올 수도 있지만, PID 제어기 튜닝의 어려움을 생각한 다면, 루프-성형(Loop Shaping) 방식이 편리하고 안정성 확인도 함께 진행할 수 있다는 장점이 있기 때문에, 주파수 응답을 측정할 수 있는 환경을 만들고, 함께 적용하여 튜닝하는 것이 좋다.

7.4. PID 튜닝 방식 적용

여기에서는 대표적으로 사용되는 방식들에 대해서 앞서 구현한 무부하 상태의 모터 플랜트
와 PID 제어기를 적용하여 간단히 튜닝해보도록 할 것이다.
아래 방식들을 통해 튜닝한 PID 이득들로 제어 시스템이 충분한 성능을 가지지 못한다면, 시
행 착오 방식에 의한 미세 튜닝이 필요할 수도 있다.

7.4.1. [실험적 방식] 지글러-니콜스 튜닝 방식

이 장에서는 앞서 구현한 PID 코드를 이용해서 지글러 니콜스 방식을 사용해 보도록 한다.

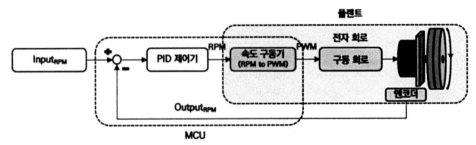

Figure III-177 폐루프 속도 제어기

$K_I = K_D = 0$ 으로 둔 상태로 발진이 날 때까지 K_P 를 증가시키면 아래와 같이 발진을 시작하
는 순간이 생기는데, 이때의 K_P 를 임계 이득 K_{cr} 로 두고, 링잉 주기를 임계 주기 T_{cr} 로 둔다.

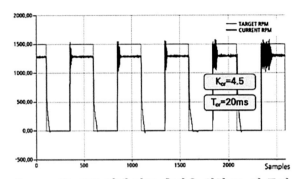

Figure III-178 임계 감도 측정을 위한 K_P 의 증가

여기에서 임계 이득 $K_{cr} = 4.5$ 로 측정되었으며, 임계 주기 T_{cr} 은 20ms 로 측정되었다.

이를 기준으로 아래 지글러 니콜스의 PID 튜닝표에 맞게 K_P, K_I, K_D 의 이득들을 정한다.

$$PID(s) = \left(K_p + \frac{K_I}{s} + K_D s\right) = K_P(1 + \frac{1}{T_i s} + T_d s)$$

제어기	K_P	T_i	T_d
PID	$0.6K_{CR}$	$0.5T_{CR}$	$0.12T_{CR}$

$$K_I = \frac{K_P}{T_i}, \ K_D = K_P \times T_d$$

계산된 각 이득의 값들은 아래와 같다.

$$Kp = 0.6 \times 4.5 = 2.7$$

$$T_i = 0.5 \times 0.02 = 0.01 \rightarrow K_I = \frac{K_P}{T_i} = \frac{2.7}{0.01} = 270$$

$$T_d = 0.12 \times 0.02 = 2.4e-3 \rightarrow K_D = K_P \times T_d = 2.7 \times 2.4e-3 = 6.48e-03$$

이 이득 계수들을 앞서 구현한 PID 제어 시스템에 적용하여 0RPM→1500RPM 계단 신호를 주었을때 응답은 아래와 같다.

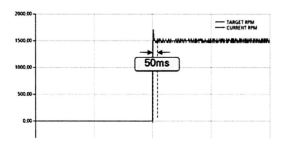

Figure III-179 지글러-니콜스 튜닝 결과

튜닝의 결과 정착 시간은 약 50ms 정도가 된다.

이런 시간 영역에서의 튜닝은 루프 보드선도를 통해서 위상 여유, 이득 여유의 안정성이 확인되어야 한다. 이 부분에 대해서는 마지막 장에서 살펴보도록 한다.

7.4.2. [수학적 분석 방식] 모델 베이스 방식

수학적 분석 방식 편의 모델 베이스 방식에서 1 차 시스템에 대해서만 살펴보았으므로, 플랜트 전달함수를 1 차 전달함수로 근사하여 튜닝을 진행해 보도록 한다.

아래와 같은 구성으로 플랜트의 계단 응답을 구해본다.

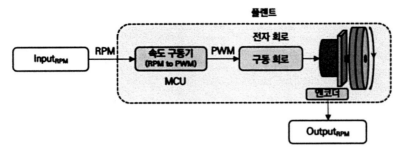

Figure III-180 개루프 시스템

여기에서는 아래와 같이 지연이 없는 1 차 전달함수로 근사하도록 한다.

$$H(s) = K_a \times \frac{1}{\tau s + 1} = K_a \times \frac{\omega_c}{s + \omega_c}$$

1 차 시스템 모델 베이스 튜닝의 PID 제어기 K_P 와 K_I 는 아래와 같이 구할 수 있다.

$$K_P = \frac{\tau_a}{K_a \tau_{desired}}, \ K_I = \frac{1}{K_a \tau_{desired}}, \ K_D = 0$$

아래는 위의 개루프 시스템에서 크기 1500RPM 에 대한 계단 응답이다.

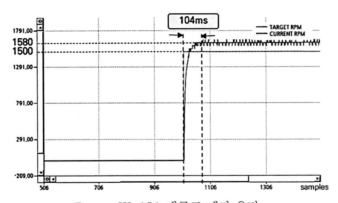

Figure III-181 개루프 계단 응답

위의 계단 응답에서 DC 이득은 아래와 같다.

$$K_a = DC \text{ 이득} = \frac{\text{출력 응답 크기}}{\text{입력 명령 크기}} = \frac{1580}{1500} \approx 1.05$$

전달함수에 필요한 시정수 τ(타우)를 구하기 위해, 일반적으로 정착 시간을 측정하는 것이 편리하다. 위 그림에서는 정착 시간이 약 104ms 로 측정되었으나, 노이즈 등의 이유로 시간 영역에서의 파형으로 시정수 5τ(타우)인 99.3% 지점을 찾기가 애매할 수 있다.

따라서, 이전에 플랜트에 대해 측정했던 아래 보드선도에서 차단 주파수를 구하기로 한다.

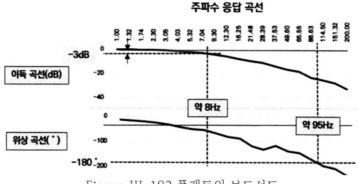

Figure III-182 플랜트의 보드선도

차단 주파수 f_c = 약 8Hz 이므로 $\omega_c = 2 \times \pi \times 8Hz = 50.3(rad/sec)$가 된다. 이를 통해 1차 전달함수를 아래와 같이 근사해 볼 수 있다.

$$H(s) = K_a \times \frac{\omega_c}{s + \omega_c} = 1.05 \times \frac{50.3}{s + 50.3}$$

따라서, 플랜트의 $\tau_a = \frac{1}{\omega_c} = \frac{1}{50.3} \approx 20ms$ 가 되는데, 목표하는 시정수인 $\tau_{desired} = 10ms$ 로 둔다면, K_P 와 K_I 는 아래와 같다.

$$K_p = \frac{\tau_a}{K_a \tau_{desired}} = \frac{20e-3}{1.05 \times 10e-3} = 1.9$$

$$K_I = \frac{1}{K_a \tau_{desired}} = \frac{1}{1.05 \times 10e-3} = 95.238$$

이 튜닝 결과들을 MATLAB/OCTAVE 로 시뮬레이션해보면 아래와 같다.

주파수 응답 구현 함수	
pkg load control	% control 패키지 로드 : for OCTAVE only
close all	% 모든 창을 닫음
s = tf('s');	% 특수 변수 생성
Ka = 1.05;	% DC 이득
% 시정수 계산	
wc = (2*pi*8);	
tau = 1/wc;	
% 전달함수	
H = Ka*wc/(s + wc);	
% 목표 시정수	
tau_desired = 10e-3;	
% PID 제어기	
Kp = tau/(Ka*tau_desired)	
Ki = 1/(Ka*tau_desired)	
PID = Kp + Ki/s;	
CL=feedback(H*PID, 1, -1);	
% 계단응답	
figure(1)	
step(CL)	

계단 응답 시뮬레이션 결과는 아래와 같이 5τ 인 99.3% 도달 시점은 50ms 가 된다.

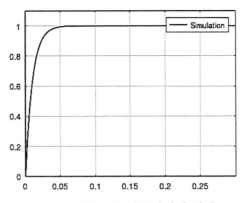

Figure III-183 시뮬레이션 결과

이 K_P, K_I, K_D 이득 계수들을 앞서 구현한 PID 제어 시스템에 적용하여, 1500RPM 크기의 계단 입력을 주었을 때 측정된 계단 응답은 아래 그림과 같다.

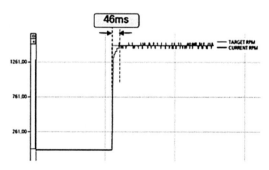

Figure III-184 모델 베이스 튜닝 결과

위 그림에서 X 축은 시간이고, Y 축은 모터의 RPM 인데, 정착 시간은 46ms 정도가 되며,
오버슈트가 없는 것을 확인할 수 있다.

7.4.3. 주파수 응답을 통한 안정성 확인

앞서 시간 영역에서의 튜닝 작업 후 시스템의 안정성 확인 작업은 반드시 필요하다.
폐루프 제어 시스템의 루프 주파수 응답을 구하는 방법을 알아봤었기 때문에, 이 루프 보드 선도로 위상 여유와 이득 여유를 확인하여 안정성을 확인할 수 있다.

여기에서는 앞서 지글러-니콜스 방식으로 튜닝한 제어 시스템에 대해 안정성을 확인해 보도록 한다.
지글러-니콜스 방식으로 튜닝된 이득들을 적용한 PID 제어 시스템의 루프 주파수 응답을 측정한 결과는 아래 루프 보드선도와 같다.

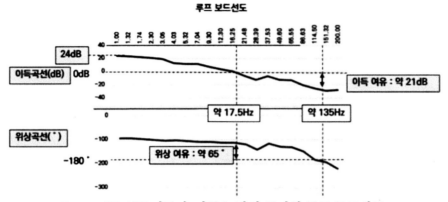

Figure III-185 지글러-니콜스 방식 튜닝의 루프 보드선도

위와 같이 약 65°의 위상 여유와 21dB 의 이득 여유를 가지는 안정적인 시스템으로 튜닝이 되었음을 확인해 볼 수 있는데, 안정성이 부족한 튜닝이 되었다면, 다시 처음부터 재튜닝을 진행하도록 한다.

이런 보드선도를 PC 에서 어플리케이션을 통해 그래프로 간편하게 확인할 수 있는 환경을 구축한다면, 앞서 본 루프-성형(Loop Shaping) 방식의 튜닝이 수월하므로, 함께 병행하여 빠른 튜닝과 좋은 성능의 결과를 얻을 수 있을 것이다.

이렇게 튜닝을 진행했다 하더라도, 분명 미세 튜닝(Fine Tunning)이 필요할 수 있는데, 이런 경우 시행 착오 방식으로 이득 계수들을 조금씩 수정하며 성능을 개선할 수 있다.

IV. [첨부] MATLAB/OCTAVE 기초 문법

유료 소프트웨어인 MATLAB 이 PC 에 설치되어 있다면 MATLAB 을 사용하고, MATLAB 이 없다면 OCTAVE 소프트웨어를 설치하고 실행시켜 본다.

GNU OCTAVE 는 오픈 소스 소프트웨어로 무료 소프트웨어이긴 하지만, MATLAB 과 문법이 호환되므로, MATLAB 코드를 거의 수정없이 사용할 수 있어, DSP 와 제어 시스템을 다루기에 충분히 좋은 소프트웨어이다.

물론, MATLAB 보다 속도가 느리고, 모든 기능을 지원하지는 않는데, 특히 MATLAB 의 강력한 기능인 시뮬링크와 필터 디자이너같은 GUI 기능 등을 지원하지 않는다는 단점은 있다.

OCTAVE 설치하기

https://octave.sourceforge.io/ 또는 GNU OCTAVE 공식 홈페이지인 https://www.gnu.org/software/octave/ 에서 자신의 시스템에 맞는 OCTAVE 설치 파일을 다운로드 받아 원하는 옵션을 선택 후 설치한다.

OCTAVE 실행하기

설치 후 GUI OCTAVE 를 실행하면 아래와 같은 창이 윈도우가 실행된다.

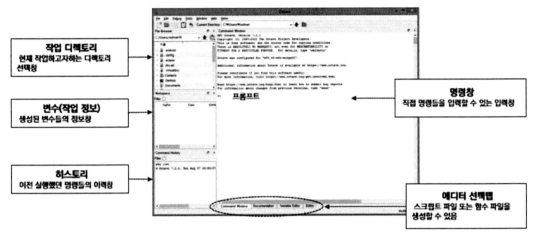

Figure IV-1 OCTAVE 윈도우 창

아래에서는 명령창에서 명령을 입력하며 기초 문법을 익힌 후, 조금 복잡한 문법의 경우 스크립트 파일이나 함수 파일을 생성하며 실습해 보도록 할 것이다.

OCTAVE 를 실행 후 패키지 설치

MATLAB 에서는 필요없는 작업이지만, OCTAVE 는 기능별로 패키지를 나누어 필요한 기능만 메모리에 로드할 수 있도록 하여 최적화되어 있다. 따라서, 사용하려는 패키지의 설치와 사용 전 패키지를 메모리로 로드하는 작업이 필요하다.

패키지 설치하기

"pkg list"명령으로 설치된 패키지를 확인할 수 있으며, 아래는 이 책에서 사용되는 패키지들이다.

패키지 이름	설 명
Symbolic 패키지	syms 명령 등 심볼을 이용한 함수의 사용
Control 패키지	제어 시스템의 라플라스 변환, 전달함수 등의 해석
Signal 패키지	디지털 필터 등 디지털 시스템 해석

이 패키지들은 모두 OCTAVE 를 설치하면 기본적으로 설치되어 있는 패키지들이지만, 설치되어 있지 않거나 상위 버전의 패키지를 설치하고 싶을 경우 설치 명령은 "pkg install -forge package_name" 이다.

"symbolic", "control", "signal" 들을 설치하기 위하여 OCTAVE 명령창(Command Window)에 아래와 같이 입력한다.

OCTAVE 명령창

```
>>pkg install -forge symbolic
>>pkg install -forge control
>>pkg install -forge signal
```

패키지 로드하기

OCTAVE 의 패키지는 함수들의 분야에 따른 구분으로 이루어 지는데, 필요한 함수 및 명령이 들어 있는 패키지를 사용하고자 할 때는 "pkg load package_name" 명령으로 로드 하여 사용하면 된다.

OCTAVE 명령창(Command Window)에 아래와 같이 로드하려는 패키지를 입력하여 에러 없이 로드가 되는지 확인한다.

OCTAVE 명령창

```
>>pkg load symbolic
>>pkg load control
>>pkg load signal
```
---

1. MATLAB/OCTAVE 기초 사용법

MATLAB/OCTAVE 의 기초적인 사용법에 대해 문법과 내장 함수들에 대해 살펴보도록 하자.

1.1. 기본 문법

MATLAB/OCTAVE 의 기본적인 문법은 아래와 같다.

주석 (Comment) 「%」

주석은 실제 코드에 적용되어 실행되진 않지만, 코드의 정보를 표시하기 위한 문자열을 의미한다.

주석은 C 언어에서는 "//" 또는 "/* ~ */"로 사용하는 반면, MATLAB/OCTAVE 에서는 "%"를 사용한다.

명령창에 아래와 같이 입력해보자. % 이후는 주석이 되어 실행되지 않음을 볼 수 있다.

명령창

```
>> a = 1  %this is comment
a = 1
```

블록 주석 처리는 여러 줄의 코드를 주석 처리하는 것으로 "%{ ~ }%"를 사용하며, 특히 이후 보게 될 스크립트나 함수에서 매우 유용하게 사용된다.

명령창

```
>> %{
block comment 1
block comment 2
%}
>>
```

이런 블록 처리 단축키로는 여러 줄의 코드를 선택하고, Ctrl-R 키로 주석 처리할 수도 있고, Ctrl-Shift-R 키로 주석 해제할 수도 있다.

> ### 콘솔 출력 제한 「;」

세미콜론 「;」 기호가 C 언어에서는 문장의 끝맺음을 의미하지만, MATLAB/OCTAVE 에서는 콘솔에 출력하는 것을 막는 역할을 한다.

명령창에 아래와 같이 입력해보자.

명령창

```
>> a = 1    % 아래와 같이 콘솔에 출력된다.
a = 1
>> a = 1;   % 콘솔에 출력되지 않는다.
>>
```

위와 같이 마지막에 세미콜론 「;」 이 있는 경우 콘솔에 출력이 되지 않는 반면, 세미콜론이 없는 경우 콘솔에 해당 변수의 값이 출력되는 것을 볼 수 있다.

> ### 지우기 명령

명령창 지우기 명령은 「clc」이고, 메모리 저장된 메모리 정보를 지우는 명령은 「clear」이다.

1.1.1. MATLAB/OCTAVE 변수

MATLAB/OCTAVE 는 행렬을 기본으로 연산하기 때문에 모든 변수를 행렬이라 봐도 좋지만, 이해의 편의를 위하여 MATLAB/OCTAVE 에서의 변수는 기본적으로 아래와 같이 스칼라, 벡터, 행렬로 구분할 수 있다.

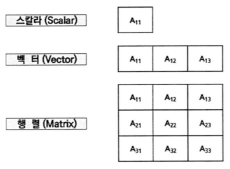

Figure IV-2 스칼라, 벡터, 행렬

C 언어와 비교하자면, 스칼라 변수는 1 차원 변수, 벡터는 2 차 배열, 행렬은 다차 배열로 생각할 수 있다.

변수 타입 및 변수 선언

C 언어에서는 변수를 사용하고자 할 때 미리 변수의 선언이 필요한데, 변수를 선언할 때 char, int 등 변수 타입과 변수 이름으로 선언해 주어야 한다.

하지만, MATLAB/OCTAVE 에서의 변수는 변수 타입을 정하지 않고 선언없이 사용할 수 있다. 변수 타입은 선언된 변수명에 할당자(=)로 값을 지정할 때 지정된 값의 타입에 따라 변수 타입이 자동 설정된다.

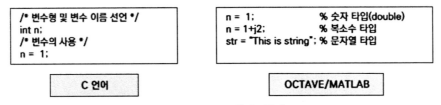

Figure IV-3 변수 선언

MATLAB/OCTAVE 에서는 위와 같이 별도의 변수 타입 선언없이 할당한 값에 맞추어 타입이 결정되는데, 숫자의 경우 별다른 설정이 없다면 배정밀 실수형(double)으로 사용된다. 물론 MATLAB/OCTAVE 의 변수 타입에도 수치형과 문자형이 있고, 수치형에는 기본으로 사용되는 double 형 외에도 int8, int16, int64, single 등의 형태가 있다.

MATLAB/OCTAVE 는 아래와 같이 변수없이도 계산할 수도 있다.

명령창

```
>> 12 * e^-1 + 10
ans =  14.415
```

또는 아래와 같이 변수 선언없이 바로 변수를 사용할 수도 있다.

명령창

```
>> x = 12
x =  12
>> y = e^-1;
>> z = 10;
>> x*y + z     % 계산
ans =  14.415
```

입/출력 표시

위와 같이 변수값을 화면에 직접 출력할수도 있지만, 아래와 같이 disp 함수를 이용하여 출력하거나, input 함수를 이용하여 사용자로부터 입력받을 수 있다.

입/출력 예

```
age = input('Enter age: ');
disp([' ' num2str(age) ' years old.'])
```

이 밖에 fprintf 함수를 이용하여, C 언어에서와 같이 특정 포맷으로 출력할 수도 있다.

1.1.2. 스크립트(Script)와 함수(Function)

앞서 명령창에 직접 명령을 입력하여 간단하게 수행 결과를 확인했다.

하지만, 명령의 수가 많아지면 그렇게 하기 쉽지 않은데, MATLAB/OCTAVE 는 스크립트 파일과 함수 파일로 명령들을 처리할 수 있다.

이런 스크립트 파일과 함수 파일들의 사용은 조건문, 반복문 등의 문법들을 사용할 수 있기 때문에 활용도가 크다.

OCTAVE 창에서는 아래와 같이 에디터 선택탭을 선택하면 스크립트 파일과 함수 파일을 생성하고 실행시킬 수 있는데, 호출되는 함수 이름과 동일한 파일은 같은 Workspace 디렉토리에 있어야 한다.

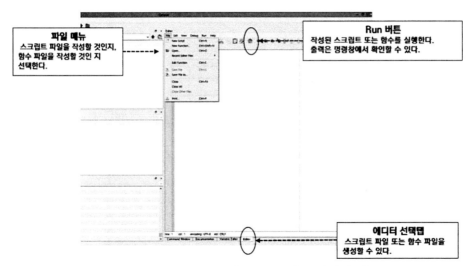

Figure IV-4 스크립트 또는 함수 에디터 창

두 파일 형식의 확장자는 .m 이라는 것은 동일하지만, 아래와 같은 차이가 있다

가. 스크립트(Script) 파일

스크립트 파일은 파일 내 각 라인들을 MATLAB/OCTAVE 가 해석하여 명령을 한 라인씩 실행시키는 것으로 일종의 배치 파일과 같다.

아래와 같은 Test_Sr.m 의 스크립트 파일을 만들어 보자.

Test_Sr.m

```
a = 1
b = 2
c = a + b
```

이를 실행시키기 위하여 아래처럼 명령창에 확장자를 뺀 파일 이름을 입력하거나, MATLAB/OCTAVE 의 에디터 창에서 Run 버튼으로 실행시키면 된다. 아래는 이를 명령창에서 실행시킨 결과이다.

명령창

```
>> Test_Sr
a =  1
b =  2
c =  3
```

이렇듯 스크립트 파일은 한 줄 한 줄 실행한 것과 같다. 이 책에서의 MATLAB/OCTAVE 코드들은 스크립트 파일로 작성된 것이다.

나. 함수(Function) 파일

함수 파일은 스크립트 파일과는 좀 다르게 인자를 전달받을 수 있으며, 리턴값을 전달할 수 있다.

함수 파일의 구조는 2 개의 인자와 하나의 리턴값을 가진다면 아래와 같다.

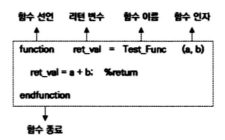

함수는 위의 형식과 같이 function 으로 시작하여 endfunction 으로 끝나야 하며, 인자 및 리턴값은 함수 이름에 전달할 값을 할당하면 되는데, 앞서 본 스칼라 변수나 다음에 보게 될 행렬일 수 있다.

함수의 이름은 파일명과 동일하게 만들어야 하는데, 따라서 위의 파일명은 Test_Func.m 이된다. 이는 MATLAB/OCTAVE 에디터의 파일 메뉴에서 함수를 생성하면 자동으로 같게 생성된다.

아래와 같이 Test_Func.m 으로 만들어 보도록 하자.

Test_Func.m

```
function retval = Test_Sum (a, b)
  retval = a + b;
endfunction
```

함수도 바로 호출하여 실행시킬 수 있는데, 이를 실행시키기 위하여 마찬가지로 아래처럼 명령창에 확장자를 뺀 파일 이름을 입력하던지 또는 MATLAB/OCTAVE 의 툴 버튼의 Run 을 실행시키면 된다.

스크립트와 마찬가지로 명령창에서 아래처럼 명령을 입력하면, MATLAB/OCTAVE 는 현재 Workspace 디렉토리에서 [명령.m] 파일을 찾아 명령 함수를 실행시킨다.

명령창

```
>> sum = Test_Sum(1, 2)
sum = 3
```

위와 같이 인자 a, b 를 받아 값이 출력이 되는 것을 볼 수 있다.

다. 익명(Anonymous) 함수

함수를 사용하고자 하면, 위와 같이 함수와 동일한 이름의 파일을 생성해야 한다. 하지만, 간단하게 사용할 함수가 필요하다면, 사용자가 직접 정의하여 내장 함수처럼 만들어 사용할 수 있는 방법으로 아래와 같이 사용할 수 있다. 이를 익명 함수라 한다.

$$myFunc = @(x1,.xn)function\_body$$

아래와 같이 명령창에 직접 입력하여 보자.

명령창

```
>> Cal_Sum = @(a,b) a+b;        % 익명 함수 선언
>> Cal_Sum(1,2)                 % 함수 호출
ans = 3
```

익명 함수는 이처럼 간단하게 사용할 수 있기 때문에, 종종 사용되어 진다.

라. MATLAB/OCTAVE 내장 함수

MATLAB/OCTAVE 에는 이미 만들어져 내장되어 있는 다양한 분야의 수많은 함수들이 있으며, 이 함수들을 호출하여 해석 및 분석 작업을 할 수 있다.

아래 내장된 수학 함수인 sin() 함수를 예를 들어 본다면, sin(pi/2) 와 같이 호출만 하면 된다.

이렇게 내장된 특정 함수의 사용법을 알고 싶다면 명령창에 help sin 과 같이 입력하면 함수의 사용 설명에 대해 살펴볼 수 있다.

명령창

```
>> sin(pi/2)
ans = 1
>> help sin
'sin' is a built-in function from the file libinterp/corefcn/mappers.cc
-- sin (X)
   Compute the sine for each element of X in radians.
```

이들 내장 함수들에 대해서는 이후 살펴보도록 할 것이다.

1.1.3. 제어문

앞서 스크립트와 함수에 대해서 살펴보았는데, 이들의 사용에 힘을 실어주는 것은 단순 배치 역할이 아닌 프로그래밍이 가능하다는 것이다.

C 언어의 if, switch, for, while 제어문과 같이 MATLAB/OCTAVE 에서도 이런 조건문, 반복문의 문법 구조가 있는데, 이 중 가장 많이 사용되는 조건문 if 와 반복문 for 에 대해서 살펴보도록 하자.

가. If ~ end 조건문

MATLAB/OCTAVE 에서의 if 문은 아래와 같은 형식을 가지고 있으며, end 로 닫아주어야 한다.

```
if 조건식 1
   동작 문장 1;
elseif 조건식 1
… 동작 문장 2;
else
… 동작 문장 3;
endif
```

아래와 같이 조건에 따른 동작으로 사용할 수 있다.

```
IfTest.m

function retval = IfTest (input1, input2)
  In = input("Input Number : ");  % input 함수로 키보드 입력
  if In == 0
    disp("Input = 0");            % disp 함수로 문자열 출력
  elseif In == 1
    disp(In);                     % disp 함수로 입력값 출력
  else
    fprintf("Input = %d\n", In);  % fprintf 함수로 문자열, 값 출력
  endif
endfunction
```

나. for ~ end 반복문

반복문 for 는 아래와 같은 형식을 가지며, 변수가 초기값부터 간격값 씩 증가하며 최종값이 될 때까지 반복하게 된다.

for 변수명 = 초기값 : 간격 : 최종값

..

endfor

간격은 생략할 수 있으며, 생략할 경우 기본값 1 이 된다.
중간에 빠져나오고자 할 때는 C 언어와 마찬가지로 break 문으로 빠져나올 수 있다.

ForTest.m

```
function retval = ForTest (input1, input2)
  for val = 0:2:10      % 반복문
    disp(val);          % 값 출력
    if val )= 8         % val 이 8 보다 크거나 같으면 반복문을 빠져나 옴
      break;
    endif
  endfor
endfunction
```

실행하면 0 부터 2 씩 증가하며 10 까지 반복해야 하지만, 조건문에 의하여 8 보다 크면 break 문으로 빠져나오게 되어 아래와 같이 OCTAVE 명령창에 출력되는 것을 확인할 수 있다.

ForTest.m

```
>> ForTest
0
2
4
6
8
```

1.2. 행렬 사용의 기초

MATLAB/OCTAVE 는 모든 변수는 행렬로 간주하여 연산된다. 따라서, MATLAB/OCTAVE 에서의 행렬의 선언, 접근 등의 사용법에 대해서 자세히 알아야 한다.

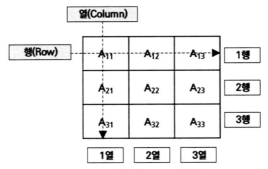

Figure IV-5 3×3 행렬

행렬의 모양은 우리가 아는 것처럼 가로 줄을 행, 세로 줄을 열이라 하며 위 그림과 같은 행렬을 3×3 행렬이라 한다.

이처럼 행의 개수를 m, 열의 개수를 n 이라 하면 m×n 행렬이라 한다.

1.2.1. 행렬의 기본 생성 및 접근

기본적인 행렬 생성 방법과 접근 방법에 대해서 살펴본다.

가. 행렬의 생성

MATLAB/OCTAVE 에서 기본적인 행렬의 생성 방법은 대괄호 「[ ]」를 사용하여 만드는데, 대괄호 「[ ]」 안에 스페이스 문자 또는 콤마 「,」로 구분하여 행렬을 만든다.

> 1×3 행렬 생성 예

1×3 행렬 즉, 1 개의 행과 3 개의 열을 가진 행렬을 생성하기 위하여 아래와 같이 명령창에 입력해보자.

명령창

```
>> Mat1x3=[1 2 3]    % 스페이스 구분
Mat1x3 =
   1   2   3
>> Mat1x3=[1,2,3]    % 콤마 구분
Mat1x3 =
   1   2   3
```

3×1 행렬 생성 예

위에서 1×3 의 행렬을 만들어 보았는데, 여기에서는 3×1 의 행렬을 만들어 보도록 한다. 대괄호 안에 세미콜론 「;」으로 구분하면 열 방향으로 행렬이 만들어진다.

명령창

```
>> Mat3x1=[1;2;3]
Mat3x1 =
   1
   2
   3
```

3×3 행렬 생성 예

위의 기본 내용을 토대로 3×3 행렬을 생성하기 위해서는 아래와 같이 할 수 있다.

명령창

```
>> Mat3x3=[1 2 3;4 5 6;7 8 9]
Mat3x3 =
   1   2   3
   4   5   6
   7   8   9
```

나. 행렬의 원소 접근

MATLAB/OCTAVE 에서는 모든 연산은 행렬 연산으로 처리된다고 했다. 이를 확인해 보자.

행렬 안의 원소에 접근할 때 C 언어에서는 a[0]과 같이 대괄호를 사용하지만, MATLAB/OCTAVE 에서는 괄호 「()」를 사용하고, 인덱스는 1 부터 접근된다.

처음 MATLAB/OCTAVE 을 사용할 때 혼동을 일으킬 수 있는 부분 중 하나이다.

> **기본 원소 접근 방법**

아래 그림과 같이, 괄호 「()」를 사용하고, 콤마 「;」로 행과 열을 구분하여, 해당 원소에 접근한다.

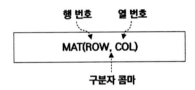

즉, 3×3 행렬에서 3 행 2 열의 원소인 A32 에 접근하기 위하여 A(3, 2)와 같이 사용할 수 있다.

명령창

〉〉 Mat3x3=[1 2 3;4 5 6;7 8 9]   % 행렬 생성
Mat3x3 =
  1 2 3
  4 5 6
  7 8 9
〉〉 Mat3x3(3, 2)   % Mattix 3 행 2 열에 접근
ans = 8

> **인덱스 원소 접근 방법**

위의 3×3 행렬을 일렬로 배열하면 "1 2 3 4 5 6 7 8 9"가 된다. 여기에서 3 행 2 열의 원소인 8 은 8 번째 인덱스에 있기 때문에 아래와 같이 인덱스로 접근할 수도 있다.

명령창

```
>> Mat3x3=[1 2 3;4 5 6;7 8 9]    % 행렬 생성
Mat3x3 =
   1  2  3
   4  5  6
   7  8  9
>> Mat3x3(8)                     % 인덱스 방식으로 행렬에 접근
ans = 8
```

> **행렬의 인덱스는 1 부터 시작**

 C 언어에서의 배열은 A[0]과 같이 0 번 인덱스부터 시작하지만, MATLAB/OCTAVE 에서 행렬의 시작은 인덱스 1 부터 시작된다. 즉, 3 개의 원소를 가진 1 차 행렬의 경우 A(1) ~ A(3)까지의 원소를 가진다.
 모든 변수는 행렬로 취급한다는 것과 1 부터 시작한다는 것을 확인하기 위하여 아래와 같이 입력해 본다.

명령창

```
>> A=5        % 스칼라 변수 : 내부에서는 행렬로 취급
A = 5
>> A(0)
error: A(0): subscripts must be either integers 1 to (2^63)-1 or logicals
>> A(1)       % 1 번 인덱스가 처음 인덱스
ans = 5
```

 위에서 스칼라 변수 A 를 선언했지만, MATLAB/OCTAVE 에서는 내부적으로 모든 변수를 행렬로 처리하므로 1×1 행렬로 취급된다. 또한, 인덱스는 0 부터 시작하면 에러가 발생되며, 1 부터 시작되는 것을 알 수 있다.

1.2.2. 행렬의 고급 사용

앞서 행렬을 생성하기 기본 방법으로 「[]」안에 스페이스 문자 또는 콤마 문자로 구분하여 일일이 원소 숫자를 손으로 써넣어 만들어 보았다. 하지만, 원소의 개수가 많아지면 하나 하나 손으로 선언하기에는 무리가 있다.

MATLAB/OCTAVE 에서는 형렬의 사용이 많기 때문에 행렬을 생성할 수 있는 많은 방법들을 제공한다. 이에 대해서 살펴보도록 한다.

가. 쌍점 「:」을 이용한 행렬의 생성 및 접근

MATLAB/OCTAVE 에서 쌍점 「:」은 구간을 의미하는데, 행렬의 생성뿐 아니라 원소 접근에서도 매우 많이 사용되는 구문이다.

> 쌍점 「:」을 이용한 행렬 생성

여기에서는 이를 쌍점 「:」을 이용하여 행렬을 생성해 보도록 하자.

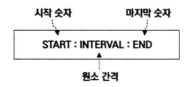

기본적으로 시작 숫자부터 원소 간격으로 마지막 숫자까지의 원소를 가지는 행렬 생성의 구문은 위와 같으며, INTERVAL 은 생략 시 1 의 값을 가진다.

원소를 10 개 가지는 1 차원 행렬은 아래와 같은 방법들로 생성 가능하며, 모두 동일한 결과를 가진다.

명령창
>> A1x10=1:1:10   % 1 ~ 10 까지 1 스텝의 원소 생성
A 1x10=
1 2 3 4 5 6 7 8 9 10
>> A1x10=1:10
A 1x10=
1 2 3 4 5 6 7 8 9 10

```
>> A1x10=[1:10]
A 1x10=
    1   2   3   4   5   6   7   8   9   10
```

아래와 같이 다차원 행렬을 생성할 수도 있다.

명령창

```
>> Mat4x3=[1:3 ; 4:6 ; 7:9 ; 10 11 12]
Mat4x3 =
     1    2    3
     4    5    6
     7    8    9
    10   11   12
```

쌍점 「:」을 이용한 행렬 원소 접근

구간을 의미하는 쌍점 「:」을 이용해서 위에서 생성한 Mat4×3 행렬의 1 행의 2 열과 3 열 원소에 접근은 아래와 같이 할 수 있다.

행렬 요소 접근 방법	설 명
arr(m, n)	m 행, n 열 원소
arr(:, n)	n 번째 열의 모든 원소
arr(m, :)	m 번째 행의 모든 원소를 참조
arr(:, n1:n2)	n1 번째 열부터 n2 번째 열의 모든 원소
arr(m1:m2, :)	m1 번째 행부터 n 번째 행까지의 모든 원소를 참조

아래와 같이 1 행의 2 열과 3 열을 선택하게 되면, 연산의 결과로 2 개의 원소를 가지는 1×2 의 1 차원 배열이 생성된다.

명령창

```
>> A1x2=Mat4x3(1 , 2:3)      % 1 행의 2 열, 3 열 원소 선택으로 행렬 생성
A1x2 =
    2   3
```

쌍점 「:」만 사용하면 모든 원소가 선택된다.
위의 행렬에서 2 행의 모든 원소를 선택하고 싶을 경우 아래와 같이 사용할 수 있다.

명령창
〉〉 A1x3=Mat4x3(2 , :)　　　　　　% 2 행의 모든 원소 선택
A1x3 =
4　5　6

1.2.3. 행렬 생성 함수

　앞에서 본 방식들처럼 행렬을 생성할 수 있지만, 아래와 같은 내장 함수들을 이용하면 정형화된 행렬의 모양에 맞추어 쉽게 생성할 수 있다.

함수	설명	예(명령창)
linspace()	시작 번호부터 마지막 번호까지 정해진 개수로 균등하게 나누어진 행렬을 생성한다.	〉〉 A = linspace(1, 10, 4) % 1~10 까지 4 등분 A = 　1　4　7　10
zeros()	모든 원소들의 값이 0 으로 채워지는 행렬을 생성한다. 인수는 행과 열의 개수가 들어간다.	〉〉 zeros(3, 2)　　　　% 3x2 영행렬 생성 ans = 　0　0 　0　0 　0　0
ones()	행과 열의 개수를 인자로 받아 모든 원소가 1 로 채워진 행렬을 생성한다.	〉〉 ones(3, 3)　　　　% 3x3 1 행렬 생성 ans = 　1　1　1 　1　1　1 　1　1　1
eye()	행과 열의 개수를 인자로 받아 대각선으로 1 이 채워진 단위 행렬(대각선 행렬)을 생성한다.	〉〉 eye(3, 3)　　　　% 3x3 단위 행렬 생성 ans = Diagonal Matrix 　1　0　0 　0　1　0 　0　0　1
logspace()	logspace(a, b, n)의 형식으로 10^a~10^b 까지를 n 등분한 행렬을 생성한다.	〉〉 logspace(1, 2, 4) ans = 　10.000　21.544　46.416　100.000

1.2.4. 행렬 처리 함수

앞에서 행렬을 생성하는 방법들에 살펴보았는데, 이 밖에 MATLAB/OCTAVE 에서는 아래 표와 같은 행렬들을 처리하는 내장 함수들을 제공한다.

함수	설명	예(명령창)
전치 '	' 문자로 전치 행렬로 변환할 수 있다.	>> Mat3x1 = [1; 2; 3] % 3x1 행렬 생성 Mat3x1 = 1 2 3 >> Mat3x1' % 행렬의 전치 -> 1x3 행렬로 전치 ans = 1 2 3

length	행렬의 길이 즉, 행의 원소들의 개수 출력	>> A=[1, 2 ; 3, 4]
		A =
		  1 2
		  3 4
		>> length(A)
		ans = 2

size	행렬의 행과 열의 개수 출력	>> size(A) ans = (2, 2)
sum	행렬의 각 행과 열의 합 출력 (행과 열은 옵션에 따름)	>> sum(A) % 열의 합 ans = 4 6 >> sum(A, 1) % 열의 합 ans = 4 6 >> sum(A, 2) % 행의 합 ans = 3 7
mean	원소들에 대한 행과 열의 평균 값 출력(행과 열은 옵션에 따름)	>> mean(A) % 열의 평균 ans = 2 3 >> mean(A, 1) ans = 2 3 >> mean(A, 2) % 행의 평균 ans = 1.5000 3.5000

max	각 열의 최대값 출력	〉〉 max(A) ans = 3 4
min	각 열의 최소값 출력	〉〉 min(A) ans = 1 2
inv	역행렬	Inv(A)
reshape	행렬의 모양 변환	〉〉 A=1:4 % 1x4 행렬 생성 A = 1 2 3 4 〉〉 B=reshape(A, [2 2]) % 2x2 행렬로 변환 ans = 1 3 2 4

1.3. 수학 연산

MATLAB/OCTAVE 와 같은 해석 소프트웨어의 사용에 연산 기능이 빠질 수는 없다. MATLAB/OCTAVE 소프트웨어에는 수많은 수학 함수들을 내장하고 있는데 이에 대해서 간단히 살펴보도록 하며, 일반 연산에서도 계산기 대신 MATLAB/OCTAVE 의 명령창을 사용하는 습관을 들이면 쉽게 적응할 수 있을 것이다.

1.3.1. 사칙 연산

MATLAB/OCTAVE 의 사칙 연산자에는 +, -, *, / 가 있다. 일반 스칼라 변수에 대한 사칙 연산은 C 언어와 동일하지만, 벡터 또는 행렬 연산에서 곱하기 *와 나누기 /의 연산자에는 조금 신경을 써야 할 부분이 있다.

이에 대해서 살펴보도록 한다.

가. 행렬의 덧셈/뺄셈 연산

행렬의 덧셈과 뺄셈 연산은 각 원소의 덧셈/뺄셈으로 스칼라 연산과 동일하다. 아래와 같이 명령창 입력하여 이를 확인하도록 한다.

명령창

〉〉 A = [1 2;3 4]
A =
  1 2
  3 4
〉〉 B = [1 2;3 4]
B =
  1 2
  3 4
〉〉 A + B   % 행렬의 각 원소끼리 더해진다
ans =
  2 4
  6 8

나. 행렬의 곱셈 연산

MATLAB/OCTAVE 에서 곱셈 연산은 행렬 곱셈과 원소들끼리의 곱셈으로 구분되어 진다.

ㄱ. 행렬끼리의 곱셈

행렬의 수학적 곱하기 연산은 아래와 같다.

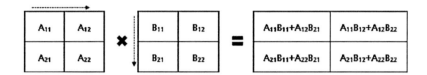

여기서 볼 수 있듯이 행렬의 곱셈 연산은 선행 행렬의 열의 개수와 후행 행렬의 행의 개수는 반드시 동일해야 한다.
아래는 2 행 2 열 행렬 연산의 결과이다.

명령창
〉〉A=[1 2;3 4]
A =
1 2
3 4
〉〉B=[1 2;3 4]
B =
1 2
3 4
〉〉A * B
ans =
7 10
15 22

ㄴ. 행렬 원소끼리의 곱하기 연산

행렬의 곱이 아닌 행렬의 원소끼리의 사칙 연산을 원할 경우 아래와 같이 연산자 앞에 점 「.」을 표시해 주어야 한다. 실제 이 원소끼리의 연산이 많이 사용된다.

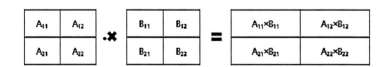

이 「.」 연산은 덧셈, 뺄셈 연산은 +, -와 동일하지만, 곱하기와 나누기 연산은 다른 의미를
가진다.
아래 곱셈의 예에서 보듯이 행과 열의 개수가 모두 동일해야 한다.

명령창

```
>> A = [1 2;3 4]
A =
  1  2
  3  4
>> B = [1 2;3 4]
B =
  1  2
  3  4
>> A .* B       % 행렬 원소끼리의 곱하기
ans =
  1   4
  9  16
```

다. 행렬의 나눗셈 연산

행렬의 나눗셈 연산도 곱하기 연산과 마찬가지로 그 의미가 다르다.

ㄱ. 행렬의 나눗셈 연산

MATLAB/OCTAVE 에서의 행렬의 나누기 연산은 슬래쉬 「/」 와 역슬래쉬 「\」 연산자를
제공한다.

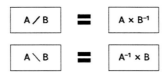

위 그림과 같이 행렬의 나눗셈 연산은 역행렬 연산 동작을 한다.

ㄴ. 원소끼리의 나눗셈 연산

행렬의 원소끼리 나눗셈 연산을 하려고 할 때는, 곱하기와 마찬가지로 연산자 「./」를 사용
해야 한다.

명령창

```
〉〉 A = [1 2;3 4]
A =
  1  2
  3  4
〉〉 B = [1 2;3 4]
B =
  1  2
  3  4
〉〉 A ./ B      % 행렬 원소끼리의 나누기
ans =
  1  1
  1  1
```

1.3.2. 논리 연산자

논리 연산자는 C 언어와 동일하며 아래와 같은 것들이 있다. 변수의 로직값은 0 이라면 false, 0 이 아니라면 true 가 된다.

기호	설명	예(명령창) (a = 1, b =2, c = 0)
&	AND 연산 두 변수가 모두 true 가 아닐 때만 1	>> a & b ans = 1 >> a & c ans = 0
|	OR 연산 두 변수가 모두 false 일 때만 0	>> a | c ans = 1
~	Not 연산자 원소의 값이 true 면 false, false 면 true 로 로직 상태를 바꾼다	>> ~a ans = 0 >> ~c ans = 1
xor	Exclusive OR 연산 두 로직값의 상태가 다를 때만 true	>> xor (a, b) ans = 0 >> xor(a, c) ans = 1

1.3.3. 관계 연산자

관계 연산자는 C 언어와 동일하며 아래와 같은 것들이 있다. 변수의 로직값은 0 이라면 false, 0 이 아니라면 true 가 된다.

기호	설명	예(명령창) (a = 1, b =2, c = 0)
==	두 값이 같다면 true	>> a == b ans = 0
~=	두 값이 같지 않다면 true	>> a ~= b ans = 1
>	크다면 true	>> a > b ans = 0

>=	크거나 같다면 true	
<	작다면 true	>> a < b ans = 1
<=	작거나 같다면 true	

아래와 같이 행렬끼리의 관계 연산은 각 원소끼리 연산이 된다.

명령창

>> A = [1 2;3 4]
A =
  1 2
  3 4
>> B = [4 5;6 7]
B =
  4 5
  6 7
>> C = A < 2   % 요소가 2 보다 작다면 1, 나머지는 0 : 이런 응용이 많이 사용된다.
C =
  1 0
  0 0

1.3.4. 심볼릭 연산

MATLAB/OCTAVE 에서는 방정식을 다항 행렬의 형태로도 처리할 수 있고, 심볼릭 변수를 사용하여 선언하고 연산할 수 있다.

방정식의 근을 구하는 함수인 roots() 함수와 solve() 함수를 통해 아래 방정식의 선언 방법과 사용 방법에 대해서 연습해 보자.

$$x^2 + 2x + 3 = 0$$

가. 다행 배열 방식

위의 방정식은 각 차수의 숫자들의 계수들로 배열을 선언할 수 있다. 즉, 위의 예의 방정식 2차 방정식이므로, 1×3 의 행렬로 아래와 같이 표현된다.

이 방정식에 대해 다항 행렬을 인자로 받는 roots() 함수를 통해 근을 구하면 아래와 같다.

```
명령창
>> roots([1 2 3])      % x^2 + 2x + 3 = 0 의 근
ans =
 −1.0000 + 1.4142i
 −1.0000 − 1.4142i
```

나. 심볼릭 변수

어떤 수식을 풀 때 위에서 본 것과 같이 숫자로 값을 알아내는 방법으로 근을 구할 수 있다. 하지만, 이렇게 수로 표현된 것이 아닌 기호 수식으로 해를 구하고 싶은 경우가 있다.

MATLAB/OCTAVE 에서는 이렇게 기호 형식의 함수를 처리하기 위하여 심볼릭(symbolic)이라는 기능을 제공한다.

이 심볼릭은 MATLAB 은 그냥 사용할 수 있지만, OCTAVE 에서는 symbolic 패키지에 포함되어 있으므로, 사용하기 전에 "pkg load symbolic"을 통하여 symbolic 패키지를 로드해야 한다.

심볼릭은 아래와 같이 "syms" 구문을 통해 사용하려는 심볼릭 변수를 정의한 후 사용할 수 있다.

아래와 같이 심볼릭 연산으로 근을 구하는 함수인 solve() 함수를 통해 방정식 근을 구해보도록 하자.

명령창

```
>> pkg load symbolic   % 심볼릭 패키지 로드 for OCTAVE only
>> syms a b x          % 심볼릭 변수 선언
>> f = a*x^2 - b*x;     % 함수 정의
>> r = solve(f, x)      % solve 함수
ans = (sym 2x1 matrix)
[0]
[ ]
[b]
[-]
[a]
```

다. 심볼릭 변수 처리 함수

아래 표는 심볼릭 변수를 처리하는 함수들이고, 예는 아래와 같이 심볼릭 변수들이 정의되어 있는 상태로 가정한다.

명령창

```
>> pkg load symbolic  % symbolic 패키지 로드 : for OCTAVE only
>> syms a b c d x y
```

함수	설명	예(명령창)
subs	심볼릭 변수에 특정값을 넣어 계산	>> f = a*x^2 - b*x; % 함수 정의 >> ra = solve(f, x) % solve 함수 ans = (sym 2x1 matrix) [0] [ ] [b] [-] [a] >> subs(ra, [a b] , [1 2]) % ra 에서 a = 1, b = 2 로 대입하여 값 출력 ans = (sym 2x1 matrix) [0] [ ] [1]

poly2sym	다항식 행렬을 심볼릭 다항식으로 변환	`>> y = poly2sym([1 2 0])`
		`y = (sym)`
		`    2`
		`x + 2*x`

sym2poly	심볼릭 다항식을 다항식 행렬로 변환	`>> sym2poly(x^2 + 2*x + 3)`
		`ans =`
		`    1   2   3`

numden	심볼 분수식의 경우 분자, 분모로 분리하여 나온다.	`>>y=(a*x^2 + b)/(c*x^2 + d); % 심볼릭 분수방정식`
		`>> [num, den] = numden(y) % 분모, 분자 분리`
		`num = (sym)`
		`    2`
		`a*x + b`
		`den = (sym)`
		`    2`
		`c*x + d`

expand	수식 전개	`>> y = (a*x + b)*(c*x + d) % 심볼릭 방정식`
		`y = (sym) (a*x + b)*(c*x + d)`
		`>> expand(y)     % 수식 전개`
		`ans = (sym)`
		`        2`
		`a*c*x + a*d*x + b*c*x + b*d`

simplify	수식을 보기 좋게 간단히 표현	`>> simplify(y)`

vpa	1/2 와 같은 분수형의 심볼링 숫자를 double 형으로 표시	`>> y = b/a;   % 심볼릭 방정식`
		`>> k=subs(y, [a b], [1 0.1])`
		`ans = 1/10`
		`>> vpa(k)`
		`ans = 0.1`

coeffs	심볼릭 다항식의 계수들을 분리	`>> y = 2*x^2 +3*x + 1 % 심볼릭 방정식`
		`>> coeffs(y, [x]) % 계수 분리`
		`ans = (sym) [1 3 2] (1x3 matrix)`

1.3.5. 기본 수학 함수

MATLAB/OCTAVE 에서 많이 사용되는 기본 수학 함수들에 대해서 살펴보자.

가. 기본 수학 함수

기본적으로 많이 사용되는 함수들에는 아래와 같은 수학 함수들이 있으며, 상용로그 표시 「e」는 MATLAB/OCTAVE 의 예약어이다.

함수	설명	예
자승 표현	2^(3)와 같이 자승을 사용	2^3
sqrt(x)	x 의 제곱근 (root(x))	sqrt(10)
exp(x)	지수 함수	exp(10)
log(x)	밑이 e 인 자연로그	log(10)
log10(x)	밑이 10 인 상용로그	log10(10)
factorial(x)	x 팩토리얼 = x!	factorial(10)
rand()	0 ~ 1 사이의 한 개의 난수 생성	10 − 5 * rand() % 5 ~ 10 사이의 난수 생성

나. 삼각 함수

MATLAB/OCTAVE 에서 사용 가능한 삼각 함수들에는 아래와 같은 것들이 있다.
파이(π)는 MATLAB/OCTAVE 에서 예약어로 「pi」로 사용한다.

함수	설명	예
sin(radian) cos(radian) tan(radian) cot(radian)	Radian 형식의 삼각 함수	sin(pi/4) % $\pi/4$ = 45° sine 값
sind(degree) cosd(degree) tand(degree) cotd(degree)	Degree 형식의 삼각 함수	sind(45) % 45° sine 값
asin(x) acos(x) atan(x)	실수 x 에 대한 $\sin^{-1}$, $\cos^{-1}$, $\tan^{-1}$ Radian 출력	atan(0.15) % tan(x)=0.15 가 되는 라디안 각도

만일, Degree 단위로 알고 싶다면 sind, cosd, tand 로 사용해야 하고, sin, cos, tan 과 같은 함수를 사용하고 싶다면 Radian 단위로 바꾸어서 사용해야 한다.

다. 복소수 처리

복소수는 수의 개념을 확장하여 실수 외에 허수까지 포함하는 수를 의미한다. 아래와 같이 실수부(real part)와 허수부(imaginary part)로 나뉜다.

$$a + bi$$

MATLAB/OCTAVE 에서 허수부의 표현은 예약어인 "j" 또는 "i"로 표현된다. 따라서, j 나 i 는 MATLAB/OCTAVE 의 예약어이므로 변수명 등으로 사용하지 말아야 한다.

함수	설명	예(명령창)
abs(x)	복소수 x 에 대한 절대값(크기)	〉〉 x=10+5i x = 10 + 5i 〉〉 abs(x) ans = 11.180
angle(x)	Radian 위상각 계산	〉〉 angle(x) ans = 0.46365
real(x)	실수 부분 출력	〉〉 real(x) ans = 10
imag(x)	허수 부분 출력	〉〉 imag(x) ans = 5
conj(x)	켤레 복소수 출력	〉〉 conj(x) ans = 10 − 5i

라. 미분

MATLAB/OCTAVE 에서 미분은 diff() 함수로 심볼릭 연산을 할 수 있다.
아래 함수에 대한 미분을 해보도록 하자.

$$f(x) = 2x^2 + 1 \ \rightarrow f'(x) = 4x$$

명령창

```
>> pkg load symbolic % symbolic 패키지 로드 : for OCTAVE only
>> syms x              % 심볼릭 변수 선언
>> f = 2*x^2 + 1;
>> diff(f, x)          % diff 함수로 x 에 대해서 미분
ans = (sym) 4*x
```

마. 미분 방정식

MATLAB/OCTAVE 의 dsolve() 함수는 미분 방정식을 푸는 함수로 심볼릭 변수에 대한 미분을 출력한다.

아래와 같은 2 차 선형 제차 미분 방정식을 초기값이 y(0) = 0.5, y'(0) = 0 인 경우에 대하여 dsolve() 함수를 이용하여 풀어보도록 하자.

$$\frac{d^2y}{dx} + 2\frac{dy}{dx} + y = 0$$

아래와 같이 스크립트 파일을 작성하여 실행시켜 본다.

```
Dsolve_ex.m

pkg load symbolic     % symbolic 패키지 로드 : for OCTAVE only
syms y(x)             % y(x) 함수를 심볼릭으로 선언

% 미분 방정식 수식의 요소 정의
dy = diff(y, x);      % diff 함수를 이용하여 y' 정의
dy2 = diff(dy);       % diff 함수를 이용하여 2 차 미분 y" 정의

% Initial Value : 초기 조건 정의 : 없으면 생략
cond1 = y(0) == 0.5;
cond2 = dy(0) == 0;

% dsolve 함수로 풀이
dsolve(dy2-(2*dy) + y == 0, cond1, cond2)
```

출력은 아래와 같다.

```
명령창

>> dsolve_ex
ans = (sym)
  /1  x\   x
```

```
|- - -|*e
\2  2/
```

이번에는 아래와 같은 2 차 선형 비제차 미분 방정식을 풀어보자.

$$\frac{d^2y}{dx^2} + 2\frac{dy}{dx} + y = \sin(x)$$

명령창

```
>> pkg load symbolic        % symbolic 패키지 로드 : for OCTAVE only
>> syms y(x)                % y(x) 함수를 심볼릭으로 선언
>> dsolve(diff(y, x, x)-(2*diff(y, x)) + y == sin(x))
ans = (sym)
x cos(x)
y(x) = (C1 + C2*x)*e + ------
2
```

바. 적분

적분은 MATLAB/OCTAVE 의 int() 함수를 이용하여 부정적분, 정적분을 풀 수 있다.
아래와 같이 사용하면 된다.

Int_ex.m

```
pkg load symbolic    % symbolic 패키지 로드 : for OCTAVE only
syms x               % 심볼릭 변수 선언
y = 4*x^3 + cos(x);  % 함수 선언
int(y, x)            % 변수 x 에 대한 적분
```

출력은 아래와 같다.

명령창

```
ans = (sym)
4
x + sin(x)
```

1.4. 그래프

그래프를 통한 해석은 직관적으로 분석하기 용이하기 때문에, MATLAB/OCTAVE 의 그래프 기능은 매우 자주 사용된다.

MATLAB/OCTAVE 는 2 차원뿐 아니라, 3 차원의 그래프를 그릴 수 있는 방법들을 제공하는데, 여기에서는 2 차원 그래프의 대표적인 함수인 plot() 함수와 subplot() 함수의 사용법에 대해서 살펴보도록 한다.

1.4.1. plot() 함수

2 차원 그래프의 대표적인 방법인 plot() 함수를 사용하는 방법에 대해 알아보도록 하자.
plot() 함수와 함께 그래프를 꾸미는데 사용되는 함수들은 아래 표와 같다.

함 수	설 명	예 제
plot(x, y,'line specifiers')	x : x 축의 데이터 행렬	plot(x, y, ':r*', 'linewidth', 2)
	y : y 축의 데이터 행렬	
	line specifier : 선의 특성 지정 ·종류 : (-(실선), :(점선), -.(일점 쇄선)) ·색깔 : r, b, g, c, m 등 ·표시 모양 : +, o, *, s, d, x ·linewidth : 선의 두께 지정	
title("텍스트")	그래프 제목	title("SIN/COS GRAPH")
xlabel("텍스트") ylabel("텍스트")	X 축, Y 축에 대한 라벨	xlabel("X") ylabel("Y")
legend("범례 1", "범례 2")	그래프의 출력 순서대로 곡선마다 범례로 표시	legend("sin", "cos");
axis([xmin xmax ymin ymax])	그래프의 좌표 축의 표시할 범위 지정	axis([0 100 -1 1])
figure(번호)	새로운 그래프 창 생성	figure(1) plot(x, y)
hold on hold off	같은 그래프에 중첩해서 그리는 모드 선택	

grid on	격자 표시	

가. plot() 함수

plot() 함수를 사용할 때 x 축 데이터 배열과 y 축 데이터 배열의 길이가 같아야 한다. 다음과 같이 plot_ex0.m 스크립트 파일의 예제를 작성하고 실행하여 본다.

```
plot_ex0.m

close all              % 실행된 모든 그래프 창 닫기
% 데이터 생성
x = 0:0.1:2*pi;        % x 축의 데이터 : 0 ~ 2*pi 까지 0.1 단위의 행렬
y_sin = sin(x);        % sin 데이터 행렬
y_cos = cos(x);        % sin 데이터 행렬
% 그래프 1 번에 sin 그래프
figure(1)              % 그래프 1 번
plot(x, y_sin);        % x 축은 x 데이터, y 축은 y_sin 데이터 그래프
% 그래프 2 번에 cos 그래프
figure(2)              % 그래프 2 번
plot(x, y_cos, ':r*', 'linewidth', 1.2);  % x 축은 x 데이터, y 축은 y_sin 데이터로 빨간 점선, 선 굵기 = 2
axis([0 7 -1 1]);                          % 그래프 축 범위 설정 : x = 0 ~ 7, y = -1 ~ 1
grid on                                    % 격자 표시 : 그래프에서 그리드 툴 버튼으로 해제 또는 표시할 수도 있다.
```

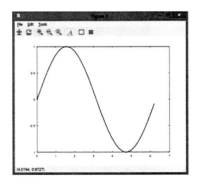 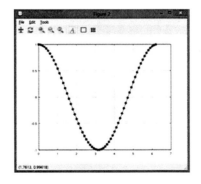

x/y 데이터 배열의 크기가 다를 때는 다음과 같이 데이터의 길이를 맞추어 그릴 수 있다. plot_ex1.m 스크립트 파일의 예제를 작성하고 실행하여 본다.

```
plot_ex1.m

close all              % 이전 실행된 모든 그래프 창 닫기
% 데이터 생성
x = 0:0.1:2*pi;        % x 축의 데이터 : 0 ~ 2*pi 까지 0.1 스텝의 행렬
```

```
y_sin = sin(x);             % sin 데이터 행렬
y_cos = cos(x);             % sin 데이터 행렬
x_d = 0:0.1:4*pi;           % 다른 길이의 x 데이터
plot(x_d(1:length(y_sin)), y_sin);  % 다른 길이의 x_d 에서 y_sin 과 같은 길이의 데이터만 선택
```

나. 그래프 정보 표시 및 응용

다음과 같이 plot_ex2.m 스크립트 파일의 예제를 작성하고 실행하여 본다.

```
plot_ex2.m

close all               % 이전 실행된 모든 그래프 창 닫기
% 데이터 생성
x = 0:0.1:2*pi;         % x 축의 데이터 : 0 ~ 2*pi 까지 0.1 스텝의 행렬
y_sin = sin(x);         % sin 데이터 행렬
y_cos = cos(x);         % cos 데이터 행렬
%그래프 1 번에 hold 를 사용하여 sin, cos 함께 그래프에 표시
figure(1)
plot(x, y_sin, 'r');    % 빨간색 실선 그래프
hold on                 % 아래 y_cos 를 같은 창에 출력
plot(x, y_cos, 'b');
hold off
title("SIN/COS GRAPH"); % title 표시
xlabel("X");            % x label 표시
ylabel("Y");            % y label 표시
legend("sin", "cos");   % 범례(legend) 표시
grid on                 % 격자 표시
```

hold on 을 사용하여 하나의 그래프에 여러 그래프를 중첩하여 그릴 수 있다.

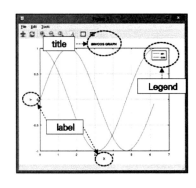

1.4.2. subplot() 함수

위의 plot() 함수에서 figure 함수를 이용하여 서로 다른 창에 sin 과 cos 그래프를 그리거나, hold on/hold off 를 사용하여 하나의 창에 겹쳐서 그리는 것을 해 보았다.

이 2 개의 그래프를 하나의 그래프에서 창을 나누어 그리고 싶을 경우 subplot() 함수를 사용하면 된다.

subplot(m, n, p)

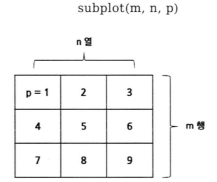

Figure IV-6 subplot() 그래프 위치

그래프를 m 행과 n 열로 나눈 다음, p 번째 그래프를 선택한 후 그리면 된다. 다음과 같이 subplot_ex.m 스크립트 파일의 예제를 작성하고 실행하여 본다.

---

subplot_ex.m

```
close all          % 실행된 모든 그래프 창 닫기
% 데이터 생성
x = 0:1:100;       % x 축의 데이터 : 0 ~ 100 까지 1 스텝의 행렬
y1 = x;            % y1 데이터 행렬
y2 = x.^3 + 1;     % y2 데이터 행렬
figure(1)
subplot(1, 2, 1)   % 그래프를 1 x 2 으로 나눈 후 1 번 하위 그래프 선택
plot(x, y1);       % 선택된 1 번 하위 그래프에 그린다.
grid on
subplot(1, 2, 2)   % 그래프를 1 x 2 으로 나눈 후 2 번 하위 그래프 선택
plot(x, y2);       % 선택된 2 번 하위 그래프에 그린다.
grid on
```

아래와 같이 그래프 창이 1 × 2 로 나뉘어져 그래프가 그려지는 것을 볼 수 있다.

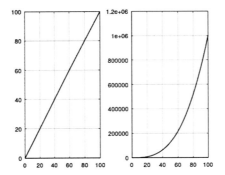

[색 인]

ㅇ

ㅈ

ㅊ